STUDIES AND TEXTS 84

THE LATIN
RHETORICAL COMMENTARIES
BY THIERRY OF CHARTRES

EDITED BY

KARIN MARGARETA FREDBORG

PONTIFICAL INSTITUTE OF MEDIAEVAL STUDIES

Published with the aid of a
grant from
Det Humanistiske forskningsråd,
Denmark

PA
6304
. R 8
T 540
1988

CANADIAN CATALOGUING IN PUBLICATION DATA

Thierry, de Chartres, ca. 1100-ca. 1150.
  The Latin rhetorical commentaries

(Studies and texts, ISSN 0082-5328 ; 84)
Text in Latin; introd. and notes in English.
Bibliography: p.
Includes index.
ISBN 0-88844-084-7

1. Cicero, Marcus Tullius. De inventione.   2. Rhetorica ad Herennium.
3. Rhetoric, Ancient.   I. Fredborg, Karin Margareta.   II. Pontifical Institute
of Mediaeval Studies.   III. Title.   IV. Series: Studies and texts (Pontifical
Institute of Mediaeval Studies) ; 84.

PA6304.R8T48 1988   808.5′1   C87-095247-1

PRINTED BY UNIVERSA, WETTEREN, BELGIUM

Distributed outside North America by
E. J. Brill, Leiden, The Netherlands
(Brill ISBN 90 04 08325 1)

Contents

Abbreviations

Auct. ad. Her.	*Rhetorica ad Herennium*
CIMAGL	*Cahiers de l'Institut du moyen âge grec et latin* (Copenhagen)
Com. Ad Her.	*Commentarius super Rhetoricam ad Herennium*
Com. De Inv.	*Commentarius super libros De inventione*
Med. Stud.	*Mediaeval Studies*
Med. & Ren. Stud.	*Mediaeval and Renaissance Studies*
PL	*Patrologia latina*

Introduction

A. THIERRY OF CHARTRES

Thierry as teacher of the liberal arts.

Thierry of Chartres, or more correctly Theodoricus Brito,[1] is a well-known twelfth-century master of theology and the liberal arts. His theological writings on Boethius's *Opuscula sacra* and on the book of *Genesis* have most recently been published by Nikolaus M. Häring, together with other theological writings from his school.[2] To the liberal arts Thierry's main extant contribution is in the field of rhetoric, the commentaries on Cicero's *De inventione* and the Pseudo-Ciceronian *Rhetorica ad Herennium*, which are edited here.

Thierry's teaching of the other disciplines of the liberal arts has come down to us only as fragments or quoted in secondary sources. According to one of the personal sections of the commentary on the *De inventione* (*Com. De Inv.* p. 108), Thierry was recognized by his contemporaries as a teacher of grammar — and a small fragment of his lectures or commentary on Priscian is still extant.[3]

For his teaching of dialectic we are even less well provided. Adalbert of Mainz (bishop 1137-1141) is known to have studied not only grammar and rhetoric, but also dialectic with Thierry; and John of Salisbury recalls that

---

[1] The form *Theodoricus Brito* was used by himself, *Com. De Inv.* p. 107, and by his student Clarembald, cf. Nikolaus M. Häring, *Life and works of Clarembald of Arras*, Studies and Texts 10 (Toronto, 1965), p. 64. Cf. Otto of Freising, *Ottonis et Rahewini Gesta Friderici*, ed. Georg Waitz (Hannover, 1912), p. 68 "Ex Gallia provincia, quae nunc ab incolis Brittania dicitur...est enim predicta terra clericorum acuta ingenia et artibus applicata habentium...quales fuerunt duo fratres Bernhardus et Theodericus" (app. crit., *Theodoricus, Theodricus*). Alexander Nequam mentions him as *Theodoricus* and *Terricus*, cf. Edouard Jeauneau, "Note sur l'Ecole de Chartres," *Studi Medievali* 3a ser. 5.2 (1964) 833 n. 75 (reprinted in "*Lectio philosophorum*," Amsterdam: Adolf M. Hakkert, 1973, p. 17).

[2] *Commentaries on Boethius by Thierry of Chartres and his school*, ed. Nikolaus M. Häring, Studies and Texts 20 (Toronto, 1971). All subsequent references to Thierry's theological treatises, the *Lectiones*, the *Glosa* etc., are to this edition.

[3] Cf. Karin M. Fredborg, "Tractatus Glosarum Prisciani in MS Vat. Lat. 1486," *CIMAGL* 21 (1977) 21-44.

Thierry occasionally lectured on Aristotle's *Topics*.[4] Furthermore, Thierry himself refers in the theological works to his teaching of *Logica*.[5] Apart from these testimonies, only Alexander Nequam (born 1157) appears to have been acquainted with Thierry's work in dialectic. The most important of Alexander's statements is that Thierry misunderstood a passage in Aristotle's *Sophistici elenchi* (171b15, 172a3) and "read 'plunulas' instead of 'per lunulas,' before the *Sophistici elenchi* passed into the hands of Adam of Petit Pont."[6] Since Adam Parvipontanus made use of the *Sophistici elenchi* in his *Ars disserendi*, which was published in 1132, Thierry would have been one of the earliest readers of this work in France.[7] Of Thierry's early interest in the New Aristotle further evidence is provided by his well-informed epitaph which credits him with being the first scholar in France to study the *Analytics* and the *Sophistici elenchi*:[8]

> Dissolvens logice nodos penetravit ad illa
>   que non adtigerant tempora nostra prius,
> primus Analeticos, primusque resolvit Helencos,
>   e Gallis Grecas accumulavit opes.

Though no work on dialectic by Thierry has so far been identified, his *Heptateuchon*, an ambitious collection of ancient and medieval textbooks for all the seven liberal arts, includes the texts of the *Prior analytics*, the *Topics* and the *Sophistici elenchi*.[9]

---

[4] Anselm of Havelsberg, *Vita Adalberti*, ed. Ph. Jaffé, *Monumenta Moguntina*, Bibliotheca Rerum Germanicarum 3 (Berlin, 1866), p. 590; John of Salisbury, *Metalogicon* 4.24, ed. Clemens C. J. Webb (Oxford, 1929), p. 191. John also studied rhetoric with Thierry, cf. *Metalogicon* 2.10, ed. Webb, p. 80.

[5] *Lectiones* 4.44, ed. Häring, p. 201, "Sed in Logica de hoc satis diximus"; ibid. p. 131, "Finis logice..."; p. 214, "Una species relativorum...sicut in dialectica dicitur."

[6] Cf. P. Meyer, "Notices sur les Corrogationes Promethei d'Alexandre Neckam," *Notices et extraits des manuscrits de la Bibliothèque Nationale* 35.2 (Paris, 1897), p. 667. For Alexander's acquaintance with Thierry, see Jeauneau, "Note sur l'Ecole de Chartres," p. 833 (reprint ed. "*Lectio philosophorum*," p. 17).

[7] Cf. Adam Parvipontanus, *Ars disserendi* in *Twelfth century logic* 1, ed. Lorenzo Minio-Paluello (Roma, 1956), p. xxi. In Alexander's revision of Adam's *Ars disserendi* Thierry is referred to twice, cf. ibid. pp. xix, xxiii, 36.13 and 104.6. Abelard also refers to his reading the *Sophistici elenchi* in *Logica 'Ingredientibus,'* traditionally dated to 1120, cf. *Aristoteles Latinus* 6.1-3, *De sophisticis elenchis*, ed. Bernard G. Dod (Leiden-Bruxelles: Brill-Desclée de Brouwer, 1975) p. xi.

[8] André Vernet, "Une épitaphe de Thierry de Chartres," *Recueil de travaux offert à M. Clovis Brunel* (Paris, 1955) 2: 670, vv. 25-28.

[9] A. Clerval's description of the *Heptateuchon* in his *Les Ecoles de Chartres au Moyen Age* (1895; reprint ed., Frankfurt am Main: Minerva, 1965), pp. 222-223, is not always correct and should be checked against the manuscripts. For the *Heptateuchon* see Edouard Jeauneau, "Le *prologus in Eptateuchon* de Thierry de Chartres," *Med. Stud.* 16 (1954) 171-175 (reprint ed. "*Lectio philosophorum*," pp. 87-91) and Lorenzo Minio-Paluello, "Note sull'Aristotele latino medievale," *Riv. d. filos. neoscol.* 46 (1954) 211-223 and "Note sull'Aristotele latino

Thierry was not only considered a pioneer in Aristotelian studies, but was also a major twelfth-century Platonist. According to himself, even his rivals grant him that status: "Platonem ei concedit," below p. 108; and in a laudatory dedicatory epistle Hermann of Carinthia calls him no less than "the soul of Plato restored to mankind from heaven." [10] Unfortunately, no work of his on Plato or the other Platonic writers has come down to us, but traces of this aspect of his studies can be found in his interesting commentary on the *Genesis* and his glosses on Martianus Capella. [11]

To this list of Thierry's writings on the liberal arts should perhaps be added a commentary on Boethius's *De arithmetica*, first identified by R. Klibansky [12] in the anonymous commentary in Bern, Burgerbibliothek MS 633, fols. 19ra-27ra. [13] However, further study of this particular commentary is required before it can be assigned its proper place among Thierry's writings.

The unusual breadth of Thierry's scholarship is confirmed by his students and contemporary admirers, and justly earned him, among other laudatory epithets, the title "artium studiosissimus investigator." [14]

Thierry's school.

Recent investigations into where Thierry taught and his precise relationship with the so-called School of Chartres and the schools at Paris have amply set out the evidence for his life. [15] These testimonia may conveniently be

---

medievale," *Riv. d. filos. neoscol.* 50 (1958) 212-218 (reprinted in *Opuscula: The Latin Aristotle*, Amsterdam: Adolf M. Hakkert, 1972, pp. 229-241 and 377-383).

[10] Hermann of Carinthia, translator of Ptolemy's *Planisphere*, cf. *Ptolemei Opera Minora*, ed. Johan L. Heiberg (Leipzig, 1907), p. clxxxv. Cf. Charles F. Burnett, "Arabic into Latin in twelfth century Spain: the works of Hermann of Carinthia," *Mittellateinisches Jahrbuch* 13 (1978) 108-112.

[11] Studies of this side of Thierry's thought, notably by Edouard Jeauneau and Nikolaus M. Häring, are listed in the bibliography. Thierry's glosses on Martianus Capella are discussed in Jeauneau, "Note sur l'Ecole de Chartres," pp. 830-839 (reprint ed. "*Lectio philosophorum,*" pp. 14-23); cf. Guillaume de Conches, *Glosae super Platonem*, ed. Edouard Jeauneau (Paris, 1965), p. 35.

[12] Cf. Raymond Klibansky, "The school of Chartres," in *Twelfth-century Europe and the foundations of modern society*, ed. Marshall Clagett, Gaines Post and R. Reynolds (Madison, 1961), p. 5.

[13] Incipit, "Ea quorum doctrinam artem extrinsecus....," explicit, "...quia inter eos inveniuntur differentiae eaedem, scilicet ternarius." Cf. Hermann Hagen, *Catalogus Codicum Bernensium* (Bern, 1875), 2: 489.

[14] John of Salisbury, *Metalogicon* 1.5, ed. Webb, p. 16.

[15] See Richard W. Southern, "Humanism and the school of Chartres," in *Medieval humanism and other studies* (Oxford, 1970), pp. 61-85; Jean Chatillon, "Les écoles de Chartres et de Saint-Victor," *La scuola nell'Occidente latine dell'alto Medioevo, 15-21 Aprile 1971: Settimane di Studio del Centro italiano di studi sull'alto Medioevo* 19 (Spoleto, 1972), pp. 795-839; Peter Dronke, "New approaches to the school of Chartres," *Anuario de estudios*

gathered from the fine studies by A. Vernet[16] and E. Jeauneau,[17] or, within a broader discussion of all the masters and students of the School of Chartres, from a major study by N. M. Häring.[18] For our purposes, it is sufficient to note that Thierry, a Breton by birth, was teacher both at Paris and Chartres and became archdeacon and later chancellor (after Gilbert de la Porrée) at Chartres. He is mentioned with these titles in the obituary of Chartres and in the dedicatory letter by Bernard Silvester in his *Cosmographia*, published c. 1148.[19] Unfortunately, we know neither the date nor the duration of his teaching at Chartres, since no charters preserve his signature as a teacher.[20] The uncertainty of date, however, does not overrule the fact that he actually taught at Chartres, since his epitaph clearly states that he was master (as well as archdeacon and chancellor) there:

> dignus Aristotelis successor Teodericus
>   hic jacet, hac tegitur nobile corpus humo.
> Sceptra magisterii tenuit regimenque scolarum
>   doctori summo lingua latina dedit.
>
>   .   .   .
>
> Doctorem, protholevitam simul et logothetem
>   hunc habuit Cartis vix habitura parem.[21]

It is quite possible that Thierry started his teaching at Chartres, since in his *Historia Calamitatum* Abelard mentions a certain master Terricus who

---

medievales 6 (1969; Barcelona, 1973) 117-140; John O. Ward, "The date of the commentary on Cicero's 'De inventione' by Thierry of Chartres (ca. 1095-1160?) and the Cornifician attack on the Liberal Arts," *Viator* 3 (1972) 221 n. 1; Nikolaus M. Häring, "Chartres and Paris revisited," in *Essays in honour of Anton Charles Pegis*, ed. J. Reginald O'Donnell (Toronto, 1974), pp. 268-329.

[16] Vernet, "Une épitaphe," pp. 660-670.

[17] Jeauneau, "Note sur l'Ecole de Chartres," pp. 821-865 (reprint ed. "*Lectio philosophorum*," pp. 5-49).

[18] Häring, "Chartres and Paris revisited," pp. 268-329.

[19] Cf. *Cartulaire de Notre-Dame de Chartres*, ed. Edouard de Lépinois et Lucien Merlet (Chartres, 1865), 3: 206, "(Nov. 5.) Obiit magister Teodoricus cancellarius et archidiaconus alme Marie, qui dedit huic ecclesie Bibliothecam septem liberalium artium et de legibus Romanis librum Institutionum Justiniani, librum Novellarum constitutionum ejusdem et librum Digestorum, et preter hec quadraginta quinque volumina librorum." Cf. the rubric in London, Brit. Lib. MS Royal 15. A. XXXII, fol. 3r (s. xiii) to Bernard Silvester's *Cosmographia*, "Ad virum litteratissimum et philosophantium amantissimum, magistrum Therricum Carnotensis ecclesie cancellarium et archidiaconum," (quoted from Vernet, "Une épitaphe," p. 663 n. 2). The *Cosmographia* was published between 1147 and 1148, cf. below note 39. The date for Thierry's signatures as archdeacon are uncertain, cf. Jeauneau, "Note sur l'Ecole de Chartres," p. 822 n. 6 (reprint ed. "*Lectio philosophorum*," p. 6).

[20] First pointed out by Southern, *Medieval humanism*, p. 70 n. 1, correcting Clerval, *Les Ecoles de Chartres*, p. 160.

[21] Vernet, "Une épitaphe," p. 669-670, vv. 1-4, 57-58.

intervened sarcastically at the Council of Soissons in 1121,[22] and who has reasonably been taken to be our Thierry.[23] The grounds for this identification are, briefly, that this Thierry was immediately cut short in his ridicule of the ignorant papal legate by "his bishop." The bishop in question would plausibly be Geoffrey of Chartres, since he is the only bishop singled out by name in this section of the *Historia Calamitatum* and since it was Geoffrey's particular policy at this council to appease Abelard's enemies and to ensure the favour of the papal legate. Hence, Geoffrey would certainly not have wished to provoke the legate's anger by condoning any reckless sarcasm from an impertinent master in his train.

Some scholars, notably D. E. Luscombe, reject this identification, since Abelard's vague "Terricus quidam scholaris magister" conflicts with two other testimonies, sometimes taken to show Abelard's acquaintance with Thierry.[24] Of these two, one is an admittedly unreliable and second-hand anecdote about Abelard secretly studying arithmetic with Thierry,[25] which should be balanced against Abelard's own professed ignorance of such study in his *Dialectica*.[26] The other is Abelard's reference in the *Theologia Christiana* to two unnamed brothers, one of whom held views on the creation similar to those of Thierry, while the other held some rather peculiar views on the celebration of the Mass.[27] With regard to the latter testimony I am not totally convinced that these unnamed brothers can only be Thierry and Bernard of Chartres, especially since the view ascribed to Bernard is quite at variance with all else we know about him. Hence, as far as I can see, it is possible to discard such testimonia and take the "Terricus quidam scholaris magister" of the *Historia Calamitatum* to refer to our Thierry, teaching at Chartres around 1121.

But Chartres was not the only nor necessarily the main location for Thierry's school. Anselm of Havelsberg, who is our most explicit source for what Thierry taught when and where, tells us in the biography of Adalbert of Mainz that Thierry taught Adalbert grammar, logic and rhetoric in Paris in the early 1130s.[28] Moreover, it was probably also at Paris that Clarembald

---

[22] Abelard, *Historia Calamitatum*, ed. Jacques Monfrin (Paris, 1967), p. 88, "Terricus quidam scholaris magister irridendo subintulit...."

[23] Cf. Vernet, "Une épitaphe," p. 661, Häring, "Chartres and Paris revisited," p. 286 and Chatillon, "Les écoles," p. 799 n. 12 against Southern, *Medieval humanism*, p. 70 n. 1.

[24] David E. Luscombe, *The school of Peter Abelard* (Cambridge, 1969), pp. 57-58.

[25] Ibid., p. 58 n. 2.

[26] Petrus Abaelardus, *Dialectica*, ed. Lambertus M. de Rijk, 2nd ed. (Assen, 1970), p. 59.

[27] Petrus Abaelardus, *Theologia Christiana* 4.80, ed. Eligius M. Buytaert, Corpus Christianorum: Continuatio Mediaevalis 12 (Turnhout, 1969), p. 302.

[28] Cf. note 4 above.

of Arras studied theology with Thierry, as was suggested by the editor of both Thierry's and Clarembald's theological commentaries, N. M. Häring.[29] Around 1142 Thierry is again mentioned among the teachers of Paris (as "doctor Carnotensis") by the author of the *Metamorphosis Goliae*.[30] In view of the dates which emerge from these testimonies, Thierry must have exercised his ecclesiastical and administrative duties at Chartres in the 1130s and early 1140s at the same time as he was teaching in Paris.

Such a combination of activities was not uncommon, as is attested in an interesting statement by William of Tyre, who describes his own education in Paris between c. 1145 and 1155 thus:

> Fuerunt autem nobis hoc medio tempore, quo in partibus transmarinis nostram in disciplinis transegimus adolescentiam < et > in paupertate volunta-ria literarum studiis etatis nostros dedicavimus dies, in liberalibus artibus doctores precipui viri venerabiles et pia recordatione digni, scientiarum vasa, thesauri disciplinarum, magister Bernardus Brito, qui postea [fuit] in patria unde ortus fuerat episcopus fuit Cornualenssis, magister Petrus Helie, natione Pictavenssis, magister Ivo, genere et natione Carnotenssis. Hii omnes magistri Theodorici senioris viri litteratissimi per multa tempora auditores fuerunt; horum tamen novissimus, magister Ivo, magistri Gilleberti Porrea Pictavenssis episcopi, quem post magistrum Theodoricum audierat, doctrinam profitebatur. Hos alternatim, *secundum quod eorum negocia presentes eos nobis permittebant vel absentes*, annis audivimus circiter decem. (My italics.)[31]

Clearly, William of Tyre's teachers did not teach continuously during these ten years, but occasionally attended to duties elsewhere, Petrus Helias presumably at Poitiers.[32] In the same manner, their teacher Thierry might have maintained his school in Paris in the 1130s and 1140s while occasion-ally exercising his administrative duties at Chartres. This might be the state of affairs to which the *Metamorphosis Goliae* then alludes by calling Thierry "doctor Carnotensis" (much in the same manner as this author continues his list of Parisian masters by calling Gilbert de la Porrée "presul Porretanus," combining Gilbert's name and title).

---

[29] Häring, "Chartres and Paris revisited," p. 280.

[30] *Metamorphosis Goliae*, ed. Robert B. C. Huygens, in "Mitteilungen aus Handschriften," *Studi Medievali* 3a ser. 3.2 (1962) 771. For the date of this poem see John P. Benton, "Philology's search for Abelard," *Speculum* 50 (1975), 199-217.

[31] Robert B. C. Huygens, "Guillaume de Tyr étudiant: un chapitre (XIX.12) de son 'Histoire' retrouvé," *Latomus* 21 (1962) 822.

[32] Cf. Margaret T. Gibson, "Introduction: Petrus Helias," in "The summa of Petrus Helias on Priscianus Minor, ed. James E. Tolson," *CIMAGL* 27-28 (1978) 159-161, with further references.

Such an interpretation of Thierry's teaching career, which has been eloquently advocated by R. W. Southern,[33] is attractive for a number of reasons. It is consistent with the substantial evidence for the growth of the schools at Paris and does partly explain the otherwise surprising decline of the school at Chartres after 1150; and, we may add, it also accords with our knowledge of Thierry's keen interest in dialectic, for which Paris certainly provided the best scope.

Southern's further assumption that the school at Chartres suffered an even earlier decline, immediately after the disappearance of the chancellor Bernard of Chartres in 1124,[34] I find more difficult to support; for every one of the other famous masters of the so-called School of Chartres can be shown to have taught there, at some point of time or another. Firstly, William of Conches, a student and imitator of Bernard of Chartres, presumably taught grammar there around 1125, at which time ("in iuventute") he composed the first version of his commentary on Priscian, which contains a number of references to Chartres.[35] Later in life William left Chartres and in the later revision of this Priscian commentary ("in senectute"), which belongs to the late 1140s, the references to Chartres are omitted and vaguer, non-local references substituted for them.[36] This deliberate effort to omit references to

[33] Southern, *Medieval humanism*, p. 66.

[34] Ibid., p. 68.

[35] For William of Conches being the student of Bernard, cf. John of Salisbury, *Metalogicon* 1.5, 1.24, ed. Webb, pp. 16-17, 57. For the references to Chartres in the early version ("In choro sancte Marie," "Carnotum"), see Edouard Jeauneau, "Deux rédactions des gloses de Guillaume de Conches sur Priscien," *Rech. d. théol. anc. et méd.* 27 (1960) 230-232 (reprint ed. "*Lectio philosophorum*," pp. 353-355). Two more may be added, cf. Leo Reilly, "Petrus Helias' Summa super Priscianum I-III: an edition and study," (Ph.D. diss., University of Toronto, 1975), p. 589. Since Reilly did not quote the texts, they are printed here:

Nec ergo nimis (minus MS) spisse debemus proferre *quis*, ut *Normannici* faciunt, nec nimis tenuiter, ut *Carnotenses*, sed inter utrumque ita scilicet quod *u* aliquantulum ibi sonet, sed parum. (*Glose super Priscianum*, Firenze, Bibl. Med.-Laur. MS San Marco 310, fol. 5vb.).

Pompeiius et *maiius*. Unde etiam in ecclesiis in prolatione huiusmodi dictionis est diversitas. Quidam enim si < c > volunt -*eius* pronuntiare quod *i* tantum sonet < in > consequente vocali, ut *Carnotenses*, dicentes quod, quia est de sequente syllaba, cum vocali ipsius tantum proferri debet. Alii vero, ut *Normanni*, dicunt quod quia ponitur loco duarum consonantium, quarum altera cum praecedente syllaba, altera cum subsequente sonabat, ideo sic debet confuse proferri quod aliquantulum cum utraque sonet − quod melius voce exprimi quam scripto doceri potest. (ibid., fol. 10vb.).

[36] In the late version, Paris, Bibl. Nat. MS 15130, William omits the first reference to local variations of pronunciation; in the second instance, William abbreviates the passage and substitutes a vague "quidam...alii," fol. 11va, for his former *Normanni* and *Carnotenses*. Cf. Karin M. Fredborg, "Some notes on the grammar of William of Conches," *CIMAGL* 37 (1981) 23-24.

Chartres leads us to believe that the revised version was no longer directed towards an audience located there. How long William taught at Chartres we do not know at all.

Furthermore, Gilbert de la Porrée conducted an admittedly small school at Chartres, before he went to teach a much larger group of students at Paris around 1141.[37] Finally, as mentioned above, Thierry certainly taught at Chartres although the date is not indicated in his epitaph. Such a continued presence of famous masters at Chartres after Bernard indicates the persistence of an important school though it apparently was small in Gilbert's last years there.

Whether the school at Chartres grew larger again, when Thierry succeeded Gilbert as chancellor, is difficult to assess. Thierry was certainly at the height of his fame then according to the dedicatory letters of Hermann of Carinthia (from 1143)[38] and Bernard Silvester (from 1148).[39] He was further active, under the title of "doctor Carnotensis," at the condemnation of Gilbert in 1148.[40] However, we do not know the names of any of his students from this later period, to which belongs the composition of a substantial part of his theological commentaries.[41] Indeed, all his well-known students appear to have studied with him in the 1130s or early 1140s: Adalbert of Mainz studied the trivium with Thierry in the first part of the 1130s;[42] Petrus Helias and Bernard Brito had studied with Thierry "for a long time" before 1145, when William of Tyre began his Parisian studies — and, in these late years, William studied under these masters rather than with the older Thierry.[43] Ivo of

[37] Cf. Eberhard of Ypres, *Dialogus*, ed. Nikolaus M. Häring, in "A Latin dialogue on the doctrine of Gilbert of Poitiers," *Med. Stud.* 15 (1953) 252, "Cui Carnoti quartus in lectionem, Parisius in aula episcopi fere tercentesimus assedi." John of Salisbury possibly studied with Gilbert at Chartres, cf. *Metalogicon* 1.5 and 2.10, ed. Webb, p. 16-17 and 82; Dronke, "New approaches," pp. 122-123.
[38] Hermann completed his translation of the *Planisphere* 1 June 1143 at Toulouse, cf. Burnett, "Arabic into Latin," p. 108.
[39] The *Cosmographia* was read to Pope Eugenius III during the Pope's stay in France 1147-1148, cf. the addition to Bernard Silvester, *Cosmographia*, Oxford, Bodl. Lib. MS Laud Misc. 515, fol. 188v, "in cuius presentia liber iste fuit recitatus in Gallia et captat eius benivolentiam," quoted by Reginald L. Poole, "The masters of the schools at Paris and Chartres 1136-1146," *Engl. Hist. Review* 35 (1920) 328 n. 5.
[40] Cf. Nikolaus M. Häring, "The writings against Gilbert of Poitiers by Geoffrey of Auxerre," *Analecta Cisterciensia* 22 (1966) 35. Thierry openly criticized Gilbert's theology, cf. *Lectiones* 1.21, 2.56, ed. Häring, pp. 139, 173; *Glosa* 2.44, ed. Häring, p. 278.
[41] Cf. Häring, *Commentaries on Boethius by Thierry*, pp. 24 and 33. The commentary on the *Genesis* is earlier and belongs to the 1130s, when Thierry taught the liberal arts, cf. ibid. p. 47.
[42] Cf. Max Manitius, *Geschichte der lateinische Literatur*. Handbuch der Altertumswissenschaft 9.2 (München, 1931), 3: 682.
[43] Cf. William of Tyre as quoted above p. 6.

Chartres must have been Thierry's student at least some time before 1140 to allow time for Ivo's subsequent studies with Gilbert de la Porrée, for Gilbert hardly gave formal lectures after becoming bishop in 1142.[44] John of Salisbury studied rhetoric and other matters with Thierry only in the earlier part of his student years in France, more precisely some time just before he studied grammar with William of Conches (1138-1141), renewed his study of rhetoric with Petrus Helias and began his later studies of theology. Repetitions, however, obscure the chronological details in John's account and his studies with Thierry cannot be fixed with greater certainty.[45] Finally, Clarembald of Arras probably studied theology with Thierry (and Hugh of St. Victor) around 1140, at least not many years later than 1141, the date of Hugh's death.

This brief sketch of Thierry's teaching career shows that his school flourished in the 1130s and early 1140s and was then, in all probability, situated in Paris, though he also taught in Chartres at a period of time which it is impossible to fix with any great certainty. The evidence for his life testifies fully to his fame as a teacher of both the liberal arts and theology and to his breadth of interests, but is very scanty when it comes to precise information and chronological details concerning the location of his school at the beginning and end of his long and distinguished career. It is regrettable that the only substantial part of this teaching of the liberal arts that has survived concerns rhetoric and not those areas which were more important to himself and his contemporaries, Neoplatonism and the New Aristotle. Yet, to judge from the immediate influence of these two rhetorical commentaries on twelfth-century rhetoric, they constitute an important chapter in the history of learning.

The authenticity and date of Thierry's rhetorical commentaries.

Since B. Hauréau in 1884 established that the Theodoricus Brito of the *De inventione* commentary was the same as Thierry of Chartres,[46] nobody has questioned its authenticity, which has further been confirmed by the discovery of Petrus Helias's commentary on the *De inventione*. The commentary on

---

[44] Ibid., "Horum tamen novissimus, magister Ivo, magistri Gilleberti..., quem *post* magistrum Theodoricum audierat, doctrinam profitebatur" (my italics). Eberhard of Ypres's language suggests that Gilbert's teaching, after he became bishop, was at least informal, "Et ipsi episcopo Pictavis adhaesi usque ad ipsius obitum, qui me docente Graecam noverat linguam, ego quoque ipso Latinam," from Häring, "A Latin dialogue," p. 252.

[45] John of Salisbury, *Metalogicon* 2.10, ed. Webb, p. 80; cf. Olga Weijers, "The chronology of John of Salisbury's studies in France (Metalogicon II.10)," *The world of John of Salisbury*, ed. Michael Wilks, Studies of Church History, Subsidia 3 (Oxford, 1984), pp. 109-116.

[46] Barthélemy Hauréau, *Journal des Savants* (Paris, 1884) 516-517.

the *Rhetorica ad Herennium* follows Thierry's commentary on the *De inventione* in one manuscript only, Berlin, Staatsbibliothek Preussischer Kulturbesitz MS lat. oct. 161, and bears no explicit indication of authorship. It includes, however, so many identifiable cross-references to the first commentary, that this too must be a work of Thierry's. A further confirmation of authenticity is provided by the late twelfth-century commentary on *Rhetorica ad Herennium* by Alanus, in London, British Library MS Harley 6324, which mentions and quotes by name Thierry's interpretation of *Rhetorica ad Herennium* 4.22.30.[47]

There have been differing views about the date of the commentaries.[48] From Thierry's students, Adalbert of Mainz and John of Salisbury, we know that Thierry lectured on rhetoric in the 1130s or slightly later, but the commentaries themselves give no precise indication as to when they were actually written down. We may infer that they were not composed before 1130, since the two prologues of the commentary on the *De inventione* provide a picture of Thierry as an already well-established Platonist and a master of grammar and rhetoric, who had become the object of widespread slander and envy from a certain dialectical school.[49] Unfortunately, we do not know from which particular school this criticism was directed, nor do the testimonies to Thierry's work on logic and his early interest in the New Aristotle afford much help here. It therefore remains a matter for conjecture whether we should take the addressee of Thierry's sarcastic harangue in the second prologue to be the enigmatic Cornificius of whom John of Salisbury speaks,[50] or, possibly, the Parvipontani who made Thierry a laughingstock for

---

[47] Alanus, *Com. Ad Her.*, London, Brit. Lib. MS Harley 6324, fol. 61ra, cf. Harry Caplan, "A mediaeval commentary on the *Rhetorica ad Herennium*," in *Of eloquence*, ed. Anne King and Helen North (Ithaca, 1970), p. 266. Cf. Magne Wisén, *De scholiis Rhetorices ad Herennium codice Holmiensi traditis* (Stockholm, 1905), p. 56.

[48] Richard W. Hunt argued for an earlier date in "The Introductions to the 'Artes' in the twelfth century," *Studia in honorem admodum reverendi patris Raymundi Josephi Martin* (Brügge, 1948), p. 93 (reprinted in *The history of grammar in the Middle Ages: Collected papers*, ed. Geoffrey L. Bursill-Hall. Amsterdam Studies in the theory and history of linguistic science, series 3. Studies in the history of linguistics 5, Amsterdam: John Benjamins, 1980, p. 125); cf. Richard W. Hunt, "The history of grammar in the Middle Ages: additions and corrections, edited by Margaret T. Gibson and Susan P. Hall." *Bodleian Library Record* 11.1 (1982) 14. Nikolaus M. Häring, "Thierry of Chartres and Dominicus Gundissalinus," *Med. Stud.* 26 (1964) 271-286 considered the *Com. De Inv.* to have been written after 1148.

[49] *Com. De Inv.*, pp. 49 and 107-108. Cf., especially, the latter: "Invidia falso vultu Dialecticae subornata Famam sic alloquitur ... Diva Potens, ... sine te schola nostra tepesceret.... Platonem ei concedit ut rhetoricam auferat, rhetoricam vero vel grammaticam quasi per hypothesim donat ut dialecticam subripiat — quidlibet vero potius quam dialecticam!"

[50] Cf. Ward, "Date of the commentary," pp. 219-273.

his ridiculous misreading of the *Sophistici elenchi*,[51] or whether some other school is here in question.

If these prologues thus only suggest 1130 as a terminus post quem, Thierry's *Lectiones* on Boethius's *De trinitate*, dating from c. 1148, provide the terminus ante quem, since Thierry there quotes the introduction of his commentary on the *De inventione*:

Lectiones prol. 25, p. 131:	*Com. De Inv.* p. 53.91-93:
Quidam finis inquit. Finis cuiuslibet artis, sicut alibi dicitur, est id ad quod tendit artifex per officium. Sicut finis rhetorice est persuadere dictione, sicut in *rhetorica* dicitur. Finis logice est veri et falsi discretio et eodem modo unaqueque ars proprium finem habet.	Finis artis cuiuslibet est id ad quod artifex tendit secundum officium. Finis igitur artis rhetoricae est id ad quod tendit orator secundum suum officium. Id autem est persuadere dictione.

It is important to note here that the principal significance of the quotation does not lie in the reference to "rhetorica" and in the statement that the end of rhetoric is "persuadere dictione," which might just as well refer to Cicero, *De inv.* 1.5.6. Rather, the reference hinges on the combination of this definition of the aim of rhetoric with the generalizing statement "finis cuiuslibet artis, sicut alibi dicitur," which has no parallel in Cicero.

For a more precise limitation of date between 1130 and 1148 we may turn to Thierry's student, Petrus Helias, whose commentary on the *De inventione* is strongly dependent on Thierry's, in both structure and doctrine.[52] This was composed, at the latest, not long after 1138 as can be inferred from the fact that the papal schism of Pope Anacletus II (1130-1138) is cited as an example of the rhetorical issue, constitutio negotialis. Since Petrus Helias firmly understood that this particular issue could be used only for litigation concerning unprecedented legal matter,[53] his use of Anacletus's ordinations

---

[51] Cf. Alexander Nequam quoted above p. 2.

[52] For the doctrinal dependence, cf. Karin M. Fredborg, "Petrus Helias on rhetoric," *CIMAGL* 13 (1974) 31-41. Peter took over both Thierry's accessus, cf. below pp. 49-55 and the structure of the commentary to *De inv.* 1, "Sex autem sunt capitula in quibus totus inventionis tractatus consumitur. Primum capitulum est de constitutione et de partibus eius; secundum etiam utrum causa simplex sit an coniuncta; tertium utrum controversia sit in scripto vel in ratione; quartum quoque in quo docetur quid sit quaestio causae, quid ratio et pariter quid rationis infirmatio, quid iudicatio, quid firmamentum. Quintum est in quo ostenditur quomodo partes causae sint pertractandae, sextum et ultimum de partibus orationis rhetoricae quomodo debeant in causa tractari," Cambridge, Pembroke College MS 85, section 3, fol. 85ra. Cf. *Com. De Inv.* pp. 78.1-8; 100.4; 101.36; 103.7; 104.46; 105.78; 106.15.

[53] Petrus Helias, *Com. De Inv.*, Cambridge, Pembroke College MS 85, section 3, fol. 85va, "Negotialis est illa in qua de novo iure constituendo quaeritur, id est in qua quaeritur quod ius constituendum sit de re qua *nondum* ius est constitutum ... quod tamen debet fieri *ad*

would only be appropriate if he composed the work close to the end of the schism, that is around 1138.[54] For already in 1139, the Lateran Council had provided the occasion to regulate the legality of Anacletus's ordinations and hence they could no longer serve as an example of litigation concerning unprecedented legal matters.

Because of the dependence of Petrus Helias's rhetorical commentary on that of Thierry's, Thierry's commentaries must be earlier. They were probably composed in the 1130s, when, as we have seen, Thierry also taught rhetoric to Adalbert of Mainz.

Sources.

The main sources of Thierry's rhetorical commentaries are the fourth book of Boethius's *De differentiis topicis*, Victorinus's commentary on the *De inventione* and, to a lesser extent, Horace's *Ars poetica.* Among more contemporary sources it is possible to point to the rhetorical commentaries composed by the late eleventh-century master Manegald and his student Willelmus. Who this Manegald was has not yet been established; but, as I have argued elsewhere, there are reasons to suppose that Willelmus was no other than Abelard's famous master, William of Champeaux.[55] The reasons for this identification are, briefly, that the number of manuscripts of Willelmus's commentaries indicates that he was a major twelfth-century master; that this Willelmus, like William of Champeaux, was also a student of Anselm of Laon and Manegald; that this Willelmus was intimately acquainted with Laon, where William of Champeaux must have studied with Anselm; that this Willelmus was an outspoken realist in the philosophical question of the Universals; and that he appears to have influenced Abelard in the rhetorical section of Abelard's glosses on Boethius, *De differentiis topicis.*

Thierry's dependence on the tradition of Manegald and William of Champeaux is to be found more precisely in his use of the same stock examples illustrating the text of the *De inventione* and the *Rhetorica ad Herennium* and in a few refinements of Boethian and Victorine rhetorical

---

similitudinem eorum quae pro iure sunt constituta. Ut si veniret nunc in controversiam an ordinati a Petro Leonis essent ad ordines promovendi negotialis est constitutio, quoniam de *novo iure* formando. *De huiusmodi enim re nullum ius constitutum fuit adhu[n]c"* (my italics).

[54] In 1139 at the Second Lateran Council Pope Innocent II stopped the ordinations of Pierre Leoni (= Pope Anacletus II); Geoffrey, bishop of Chartres, carried out his instructions "for all of France," cf. *Chronicon Mauriniacense* (PL 180: 189B).

[55] Cf. Karin M. Fredborg, "The commentaries on De inventione and Rhetorica ad Herennium by William of Champeaux," *CIMAGL* 17 (1976) 1-39.

theory.[56] A similar dependence is also apparent in some of the later twelfth-century rhetorical works written under Thierry's influence, notably in the commentary by Alanus on the *Rhetorica ad Herennium*[57] and on a section of the *Ars Versificatoria* by the rhetorician Matthieu of Vendôme, which, directly or indirectly, borrows a page-long section of Thierry's classical, illustrative examples (for *De inv.* 1.24.35), where character description (loci e persona) is the subject under discussion.[58]

More importantly, Thierry established and handed down to later medieval rhetoricians a standard of coherent technical terminology[59] and, more specifically, shaped the doctrine of three influential masters of the next two generations, Petrus Helias, Dominicus Gundissalinus and Ralph of Longchamp. The dependence of Petrus Helias and Ralph on Thierry is indicated in the apparatus of quotations and will be discussed briefly in the outline below of Thierry's rhetorical doctrine. Gundissalinus's dependence on Thierry, however, is closely associated with a particular new twelfth-century method, that of Accessus ad artem, which can best be discussed separately.

Didactic methods.

Thierry makes use of a number of twelfth-century stock devices in his teaching of rhetoric. Before the running commentary he gives an accessus, that is an introduction dealing with the key notions of the arts. The running commentary consists of textual divisions (sensus), discussions of particular points of doctrine (sententia), followed by glosses on details of the text, the so-called continuatio litterae or simply littera. These glosses include multifarious items: definitions of words, quite often taken from Victorinus, e.g. p. 76.70; paraphrases; formal indications of Cicero's kind of argument, e.g. pp. 86-91; or of the topics on which these arguments are based, e.g. p. 75.55,

---

[56] As indicated in the apparatus of quotations. For the *Com. De Inv.* such references are restricted to mainly doctrinal points and where Victorinus and Boethius are not the immediate source.

[57] Alanus, *Com. Ad Her.*, London, Brit. Lib. MS Harley 6324. E.g. on fol. 14rb Alanus also gives the anecdote about "Gallam subigo," found in Thierry, *Com. Ad Her.* p. 232.8-10; on fol. 32ra Alanus gives the same excerpt from Ulpian as Thierry in *Com. Ad Her.*, pp. 275-276. For Alanus, see Caplan, *Of eloquence*, pp. 247-270.

[58] Matthieu of Vendôme, *Ars Versificatoria* 78-79, ed. Edmond Faral, *Les arts poétiques du XIIe et du XIIIe siècle*, Bibliothèque de l'Ecole des hautes études 238 (1923; reprint ed. Paris: Librairie Honoré Champion, 1971), pp. 136-137. Cf. Thierry, *Com. De Inv.* p. 132.36-52; Petrus Helias, *Com. De Inv.* Cambridge, Pembroke College MS 85, sect. 3, fol. 90vb; Radulphus de Longo Campo, *In Anticlaudianum Alani Commentum*, ed. Jan Sulowski, Polska Akademia Nauk, Zakład historii nauki i techniki, Źródła do dziejów nauki i techniki 13 (Wrocław, 1972), p. 165.3-10.

[59] Cf. Ward, "Date of the commentary," p. 245.

occasionally supplemented with historical information and classical illustrative examples. In the littera sections Thierry does not differ significantly from commentaries on other classical authors, e.g. Horace,[60] nor from the earlier rhetorical commentaries by Manegald and William.[61]

What distinguishes Thierry's rhetorical commentaries from these, is his insistence on the careful definitions of rhetorical concepts; for example, his definition of causa, genus causarum, constitutio, quaestio and iudicatio, pp. 79.9-82.14; locus, argumentum, argumentatio, pp. 127.90-130.86; genera argumentorum, pp. 149-150; and the three levels of style, pp. 323.32-324.74.

In this emphasis on definition Thierry reminds us of his contemporary, William of Conches. In his *Philosophia mundi* 4.41 William had emphasized that his particular contribution to grammar was to be a more careful exposition of Priscian's definitions and indications of the true cause (causa inventionis) of the parts of speech and their distinctive features (accidentia). Such a program was intended to distinguish his work from that of the earlier grammarians who, he said, had only adequately managed the continuatio litterae and the indications of exceptions to grammatical rules.[62]

The preoccupation with definitions is found in both authors' introductions. Here, as has been pointed out by R. W. Hunt,[63] Thierry used a new introduction scheme which is based on Cicero's *De inventione* 1.4.5 (genus, officium, finis, materia, partes), Victorinus (ars extrinsecus / ars intrinsecus) and especially Boethius's *De differentiis topicis* 4 (adding species, instrumentum, artifex) and his *In Isagogen* (circa librum: intentio, utilitas). The medieval contribution was the definition and etymology of the art in question. The characteristically rhetorical origin for this particular introduction scheme was recognized by Thierry's contemporaries, e.g. the anonymous *Summa Sophisticorum elenchorum* (c. 1150), which blandly attributes this list of items circa artem to "Tullius."[64]

---

[60] Cf. *Catalogus translationum et commentariorum* 1-6, ed. F. Edward Cranz and Paul O. Kristeller, Washington 1960-1986; Birger Munk Olsen, *L'Etude des auteurs classiques latins aux XIe et XIIe siècles*, 1-2 (Paris, 1982-1985); John O. Ward, "From Antiquity to the Renaissance: glosses and commentaries on Cicero's *Rhetorica*," in *Medieval eloquence*, ed. James J. Murphy (Berkeley, 1978), p. 32 n. 14.

[61] Cf. Mary Dickey, "Some commentaries on the De inventione and Ad Herennium of the eleventh and early twelfth centuries," *Med. & Ren. Studies* 6 (1968) 1-41.

[62] Cf. Jeauneau, "Deux rédactions," p. 218 (reprint ed. "*Lectio Philosophorum*," p. 341). The text of William's *Philosophia mundi* in PL 172: 100-102 is inaccurate.

[63] Cf. Hunt, "Introductions," pp. 86-93 (reprint ed. *Collected papers*, pp. 118-125).

[64] *Summa Sophisticorum elenchorum*, in Lambertus M. de Rijk, *Logica Modernorum* 1 (Assen, 1962), p. 265.

The date of the introduction of this new accessus scheme is important for Thierry's commentaries in two respects. Did it originate with Thierry? Secondly, the Spanish scholar Dominicus Gundissalinus, has a section on rhetoric in his *De divisione philosophiae* which corresponds verbatim to Thierry's introduction, with few exceptions: did Gundissalinus copy Thierry, or the other way round?

With regard to the first question, we may note that this introduction scheme must have been current already in the youth of William of Conches, more precisely in the mid 1120s when he wrote his early version of the *Glose super Priscianum*. In the only existing printed excerpt from the very beginning of this introduction, William enumerates only the definition, etymology, genus, officium, finis, materia, partes and artifex.[65] Here species and instrumentum are missing. But if we read beyond the printed passage we find that William omitted these items with polemical intent, since he goes on to argue against his contemporaries accepting species of grammar, e.g. Latin grammar and Greek grammar. Nor does he accept, with any decisiveness, whether grammar has an instrumentum of its own.[66]

If William in the 1120s found it necessary to discuss all items of the full accessus scheme, including species and instrumentum, we may safely assume that this type of introduction antedates Thierry's rhetorical commentaries. Thierry added only the introductory distinction between ars extrinsecus, covering precisely the items of the accessus, as distinct from the ars intrinsecus, the rules of the art proper. This distinction had from the late eleventh century been commonly discussed by rhetoricians, though they availed themselves of a different accessus scheme.[67] Thierry also introduced for some items, but not all, a generalizing statement: "materia artis *cuiuslibet*, ...

---

[65] Printed in Hunt, "Introductions," p. 92 (reprint ed. *Collected papers*, p. 124).

[66] William of Conches, *Glose super Priscianum*, Firenze, Bibl. Med.-Laur. MS San Marco 310, fols. 1ra-1va:

> In principio huius artis haec sunt consideranda: quid sit ipsa ars, quod nomen artis, quae causa nominis, quod genus, quod officium, quis finis, quae materia, quae partes, quis artifex, quae intentio auctoris.
>
> ... Instrumentum vero non habet haec ars, velut dialectica argumentationem habet instrumentum, rhetorica orationem rhetoricam. Vel dicatur instrumentum eius esse grammatica oratio, quemadmodum < rhetoricae > rhetorica oratio, dialecticae dialectica oratio.
>
> Speciem iterum non potest habere. Est enim species specialissima, teste Boethio (*In Cat.* PL 64: 260A-261A) et Aristotele (*Cat.* 8 [11a25-31]), qui in *Praedicamentis* dicit quod genera sunt ad aliquid, ut disciplina et scientia, species vero materiae, ut grammatica. Et ideo non consentimus eis qui volunt quod grammatica in Latina lingua et grammatica in Graeca et ceterae sunt species huius artis — sed tunc nos et Graeci diversas haberemus artes, quod esse non potest. Sunt enim artes generales et eaedem apud omnes, quamvis diverse Graecus eas per diversas expliceret voces.

[67] Ward, "Date of the commentary," pp. 254-258.

officium *cuiuslibet* artis, ... finis artis *cuiuslibet*, pp. 51.56; 53.84; 53.91.[68] In the next generation Petrus Helias extended these generalizations to cover all items, except the definition, and added a new item, place in the curriculum (ordo docendi / discendi).[69]

The items listed under the group circa librum lack the stability of the items ad artem. William of Conches only mentions intentio in the early version of his Priscian commentary, but adds auctor in the late, revised version.[70] Thierry has intentio and utilitas in both rhetorical commentaries.[71] Petrus Helias adds other items in his rhetorical commentary,[72] but omits the section in his grammatical *Summa super Priscianum*.[73]

Thierry's part in the development of the introductions to the Artes is thus not that of an innovator, since he took over a schema in general currency already in the 1120s; rather, he joined an established tradition and gave impetus to the next generation's formal acceptance of it as an established procedure that must be used for all the arts, as we can deduce from the opening words of Petrus Helias's commentary on the *De inventione*:

> According to the established procedure of our teaching we must also for rhetoric discuss the following points: what is rhetoric, what is the genus of rhetoric ... (Sicut ordo nostrae doctrinae exigit, ita quoque circa artem rhetoricam consideranda sunt haec: primo quid sit rhetorica, deinde genus ....[74]

To the generation of Petrus Helias belonged Gundissalinus. For Gundissalinus this introduction scheme is pivotal to the overall structure of his *De divisione philosophiae*, which treats each major science and all the arts according to it and links the order of the individual arts according to Petrus Helias's "ordo docendi / discendi."

But Gundissalinus went further than that and simply adopted Thierry's introduction to the commentary on the *De inventione* as his own section on rhetoric. The only deviations are where Gundissalinus did not agree with Thierry,[75] and some slight modifications notably where Thierry made

---

[68] Cf. Thierry, *Lectiones* prol. 25, ed. Häring, p. 131.

[69] Cf. Hunt, "Introductions," pp. 88-89 (reprint ed. *Collected papers*, pp. 120-121); Petrus Helias, *Summa super Priscianum*, ed. Reilly, 1: 1-4; Karin M. Fredborg, "The dependence of Petrus Helias' Summa super Priscianum on William of Conches' Glose super Priscianum," *CIMAGL* 11 (1973) 5.

[70] Edited in Jeauneau, "Deux rédactions," pp. 243-246 (reprint ed. "*Lectio philosophorum*," pp. 366-369).

[71] As in the anonymous *Commentum super Boethium, De arithmetica*, Bern, Burgerbibl. MS 633, fol. 20ra.

[72] Cf. Fredborg, "Petrus Helias on rhetoric," p. 32.

[73] Petrus Helias, *Summa super Priscianum*, ed. Reilly, 1: 4.

[74] Petrus Helias, *Com. De Inv.*, Cambridge, Pembroke College MS 85, section 3, fol. 84ra.

[75] Contrary to Thierry, *Com. De Inv.* p. 51.45-48, Gundissalinus and his Arabic source

cross-references to what he was going to say later in the body of the commentary.

Most scholars agree that Gundissalinus borrowed from Thierry,[76] though N. M. Häring in 1964 ventured the interpretation that Thierry, as an elderly man, borrowed from Gundissalinus.[77] In view of more recent investigations into the development of these introductions and after the discovery of Petrus Helias's rhetorical commentary from c. 1138, I find it impossible to support the arguments for Thierry's supposed plagiarism. In general, it is unlikely on chronological grounds, since Gundissalinus was active and mentioned in Spanish charters as late as 1190[78] while Thierry, as we have seen, was an older man when William of Tyre studied in Paris in 1145-1155. Nor is it likely that Thierry, in old age according to Häring,[79] would have gone to a very recent Spanish treatise for material which had been part of his familiar French tradition current since the 1120s and, more importantly, which was based on Thierry's main sources for both the introduction and the body of the commentaries, Boethius and Victorinus.[80]

In particular, it appears to me that the slight divergencies between the two works are better explained by Gundissalinus adapting Thierry's material to his needs than the other way round. In the body of the commentary Thierry made clear that he deliberately had discussed certain matters in the accessus rather than in the running commentary, since he found such a rearrangement necessary for an understanding of Cicero's opening remarks in the *De inventione*.[81] Such statements are better interpreted as an indication of a well-planned commentary — as the structure of the commentary itself clearly attests — than as cover up for fraud.

Secondly, some of Gundissalinus's adaptations are clumsy and give him away as a plagiarist. The section on ars extrinsecus, which serves as an explanation for adopting the accessus form, and all the definitions in the generalizing statements, e.g. "the 'genus' of every art is ... the subject matter of every art is ... etc," Gundissalinus had placed in the section on grammar,

---

held that rhetoric was a part of logic, *De divisione philosophiae*, ed. Ludwig Baur, Beiträge zur Geschichte der Philosophie des Mittelalters 4. 2 (Münster, 1903), pp. 71.16-18, 73.21-74.2.

[76] Richard McKeon, "Rhetoric in the Middle Ages," *Speculum* 17 (1942) 17; Hunt, "Introductions," pp. 93, 109 (reprint ed. *Collected Papers*, pp. 125, 141); Ward, "Date of the commentary," pp. 251-261; Fredborg, "Commentary of Thierry of Chartres," pp. 6-11.

[77] Häring, "Thierry of Chartres and Dominicus Gundissalinus," pp. 271-286.

[78] Cf. Hunt, "Introductions," p. 91 (reprint ed. *Collected papers*, p. 123); Marie-Thérèse d'Alverny, "Notes sur les traductions médiévales d'Avicenne," *AHDLMA* 27 (1952) 343.

[79] Häring, "Thierry of Chartres and Dominicus Gundissalinus," pp. 275, 278.

[80] Ibid., p. 274.

[81] Cf. Thierry below, pp. 70.1-2; 71.29; 71.37; 72.52-54; 78.31.

the first art treated.[82] In all later sections (on poetics, rhetoric, logic etc.) he just repeats the list of items without further explanation. However, at the beginning of the rhetoric section, and nowhere else, Gundissalinus suddenly makes an unwarranted reference to these generalizing statements and explains that he will not repeat them here.[83] Why exactly in the rhetoric section and not (more logically) in the poetics section following grammar? There is no need for such a statement in the rhetoric section — unless Gundissalinus realized that there were definitions in Thierry's rhetorical commentary that he had used already and intended to omit here.

If, on the other hand, we assume that Thierry — in a somewhat complicated manner — were the imitator and took Gundissalinus's generalizing statements from the grammar section and combined them with the Spaniard's rhetoric section, we shall have to explain why Thierry only used some and omitted others. Surely Thierry's introduction would have been more polished and elegant if he had availed himself of all the generalizing statements; again Häring's chronology does not accord with our more recent knowledge of the development of this accessus scheme, especially from the fact that Petrus Helias around 1138 wrote an accessus for his rhetoric commentary which includes a complete round of generalizing statements.[84] If Thierry in old age copied the young Spaniard, he was inexplicably conservative and transformed Gundissalinus's accessus back to a stage of development prior to and cruder than the stage represented by Thierry's student Petrus Helias.

Furthermore, Gundissalinus either had a deficient copy of Thierry's commentary or, by a slip of the pen, omitted the second part of a complex analogy between the goal and usefulness of rhetoric and between the duty of rhetoric and the intentions of the orator. This omission violates the sense of Gundissalinus's text, which can only be restored by recourse to the full text of Thierry's introduction:

---

[82] Gundissalinus, ed. Baur, p. 43.10-18; genus p. 47.2-3; materia p. 47.10; partes p. 47.16-20; species p. 50.1-3; officium p. 50.7-8; finis p. 51.1-2; instrumentum p. 51.4-5; artifex p. 52.8-9.

[83] Gundissalinus, ed. Baur, p. 64.1-2, "Quoniam diffiniciones istorum iam supra posuimus, eas hic repetere superfluum iudicamus." Cf. Ward, "Date of the commentary," p. 253.

[84] Thierry has generalizing statements for materia, officium and finis only. Petrus Helias's rhetorical commentary has a section on ars intrinsecus / extrinsecus and has generalizing statements for genus, materia, officium, finis, partes, instrumentum and artifex, Cambridge, Pembroke College MS 85, section 3, fols. 84ra-vb. Later 12th-century rhetorical commentaries have generalizing statements for most items, e.g. Alanus, *Com. Ad Her.*, London, Brit. Lib. MS Harley 6324, fols. 1ra-2vb; Anon. *Com. De Inv.*, Venezia, Bibl. Naz. Marc. MS lat. IX.23 (4686), fol. 1ra-vb; Anon. *Com. Ad Her.*, ibid. fol. 41ra-vb. The Priscian commentaries by William of Conches have no generalizing statements in either version; the late version, though, has an entry on ars intrinsecus / extrinsecus, cf. Jeauneau, "Deux rédactions," p. 244 (reprint ed. "*Lectio philosophorum*," p. 367).

Gundissalinus, *De div. philos.*, ed. Baur, p. 67.12-15:

Hoc autem est persuadere quantum in se dicente est, et si in auditoribus remaneat semper, tum hunc finem ars consequitur. *similiter* intencio artis sive oratoris est movere auditores ut sibi credant; officium vero id solum quod prediximus. (My italics.)

Thierry, *Com. De Inv.* p. 53.93-1:

Id autem est persuadere dictione, quod est persuadere quantum in se dicente est, etsi in auditoribus remaneat. Et hunc finem semper ars consequitur. Est autem alius finis artis quem non semper consequitur, id est auditoribus persuadere, ut supra monstratum est.

Non est autem idem finis artis quod eius utilitas nec officium quod eius intentio, propterea quod eius utilitas varia et multiplex est, finis vero id solum quod praediximus. Similiter intentio artis est, sive oratoris, movere auditores ut sibi credant, officium vero id solum quod praediximus.

The curious "similiter" (keyed to what?) and the abbreviation bear the mark of carelessness on the part of Gundissalinus,[85] while it is difficult here to envisage Thierry laboriously restoring a complicated analogy for which Gundissalinus did not provide sufficient material.

Finally, Gundissalinus mismanaged an adaptation of one of Thierry's cross-references. Thierry referred his readers to a fuller exposition of topics for argument, the circumstantiae, to be given later in the body of the commentary. Gundissalinus inadvertedly kept the future tense of Thierry's introduction, but changed the "in sequentibus" to "in Tullio":

Gundissalinus, *De div. philos.*, ed. Baur, p. 66.2:

Sed quid sit circumstantia in Tullio melius dicetur.

Thierry, *Com. De Inv.* p. 52.75-76:

Sed quid sit circumstantia in sequentibus melius dicetur.

Since Gundissalinus was not to comment upon Cicero, the future tense of "dicetur" makes no sense.[86] Worse still, Cicero himself did not use the list of circumstantiae, but a different and much longer list of topics; the circumstantiae were introduced only later into Latin rhetorical instruction by Pseudo-Augustine, Boethius and Victorinus.[87] In no way could "the circumstantia be better defined in Cicero."

---

[85] This difficulty was overlooked by Häring, "Thierry of Chartres and Dominicus Gundissalinus," p. 276.

[86] Cf. Häring, ibid. p. 279, who condones the (illogical) future tense, against McKeon, "Rhetoric in the Middle Ages," p. 17, n. 2.

[87] Ps.-Augustinus, *Rhetorica*, ed. Carolus Halm, *Rhetores Latini Minores* (1863; reprint

So Gundissalinus, not Thierry, was the plagiarist and his treatise *De divisione philosophiae* exemplifies the "scissors and paste" method which D. A. Callus has shown that Gundissalinus also used for his *De anima*.[88] Also, on chronological grounds, Gundissalinus belonged firmly to the generation of scholars following Thierry, adopting the standardization of the general appliance of this accessus scheme including Petrus Helias's addition of the "ordo discendi / docendi" for the arts. Thierry's introduction is more succinct, briefer and less argumentative than the later introductions of Petrus Helias, Alanus or the compilation of Ralph of Longchamp. It thus provided Gundissalinus with ideal material for his cento of Arabic and Latin learning.

Rhetorical doctrine.

Thierry, like his predecessors and contemporaries, considered Cicero to be the author of both the *De inventione* and the *Rhetorica ad Herennium*; furthermore he followed the customary order of first teaching the *De inventione*, called *Rhetorica prima*, then the *Rhetorica ad Herennium*, called *Rhetorica secunda*. Although both manuals agree on most points, they differ on the number of the rhetorical issues, the rhetorical syllogism, the theory of counter-argument and the list of topics for argument. These divergencies Thierry took pains to sort out, not with the aim of exploring their diverse authorship, but in order to establish a coherent terminology and doctrine. In these efforts he relied heavily on the priority of the *De inventione*, which had a long established authority in the Middle Ages due to Victorinus's commentary and Boethius's adaptation in book four of his *De differentiis topicis*.

The priority of the *De inventione* is clear also from Thierry's organization of the two commentaries. The first has the fullest introduction and is further divided into two parts, each with its own prologue. The first part covers *De inv.* 1.1.1-1.14.19 and deals with Cicero's introduction and his discussion of the prerequisites of rhetorical invention: the choice of type of speech (genera causarum), the issues (constitutiones, status) with their corollaries (ratio, rationis infirmatio, firmamentum etc.). Finally, part one deals with the more general planning of arguments for the various parts of a speech.

Part two deals with the individual parts of a speech according to their specific aims and with examples of topics and arguments proper to the individual types of speech and their issues found in book two of the *De inventione*.

Frankfurt am Main: Minerva, 1964), p. 141; Victorinus, *Explanationes*, ed. Halm, ibid., p. 207; Boethius, *De differentiis topicis*, (PL 64: 1212C-1213D).

[88] Cf. Daniel A. Callus, "Introduction of Aristotelian learning to Oxford," *Proceedings of the British Academy* (1943) 251.

On the other hand, Thierry's commentary on the *Rhetorica ad Herennium* only has a brief accessus, no prologues and is much shorter and not elaborately subdivided. Given this priority of the *De inventione* it is only natural that the most penetrating discussion of rhetorical doctrines is to be found in the first commentary. In the second commentary Thierry for the most part repeats and refers back to the first commentary, and there either implicitly, as indicated in the apparatus of quotation, or explicitly prefers the terminology of the *De inventione*, e. g. *Com. Ad Her.*, pp. 241.91; 242.27; 259.86.

To facilitate an understanding of Thierry's attempt to bring the *De inventione* and the *Rhetorica ad Herennium* into agreement, the following summary analysis may be useful:

The topics for argument.

The system of topics, to which Thierry constantly refers, is based on the list of topics found in *De inv.* 1.24.34-1.28.43:

Loci ex attributis personae:

nomen
natura
victus
fortuna
habitus
affectio
studium
consilia
facta
casus
orationes

Loci ex attributis negotio:

a. continentia cum negotio (summa negotii, causa, triplex administratio negotii = ante rem, in re, post rem)

b. in gestione negotii (locus, tempus, occasio, modus, facultas)

c. adiuncta negotio (maius, minus, par, simile, contrarium, disparatum, genus, pars, eventus)

d. consequentia negotium (testimonium personae, indicium naturae)

A different list of topics, the seven or eight circumstantiae, is occasionally used by Thierry. The circumstantiae take the form of a superstructure to Cicero's list of topics. Thus "quis" incorporates the "loci ex attributis personae"; "quid" and "cur" the "loci ex continentibus cum negotio"; the "ubi," "quando," "quomodo," "quibus auxiliis" correspond to the "loci in gestione negotii." All the circumstantiae are found in the "loci ex adiunctis negotio" which are comparable particular topics inferred from outside the case. The eighth circumstantia, "opinio," was added to this list by Victorinus[89] and incorporates the last section of the "loci ex attributis negotio," the "loci e consequentibus negotium."

Furthermore, Thierry superimposes Cicero's list of topics on the embryonic system in *Rhet. ad Her.* 2.2.3-2.8.12 as made explicit in *Com. Ad Her.* pp. 245-251.

The *Rhetorica ad Herennium*'s list of topics is clearly not to Thierry's satisfaction, since he occasionally complains that the *Rhetorica ad Herennium* lacks precision with regard to the topics: "non assignat liber per quae attributa hoc fiat," e.g. *Com. Ad Her.* pp. 229.18; 230.60-61; 258.47-48; 287.83; 288.92-93. Thierry here paves the way for scholars of the next century, when we find Robert Kilwardby preferring, in a similar vein, Cicero's (and Boethius's) succinct system of topics to the diffuse treatment in the *Rhetorica ad Herennium*.[90]

In this pursuit of assigning topics to every detail of argument Thierry reflects the main interest of twelfth-century rhetoric. Accordingly, it is in this area that he most often refers to the diverse opinions of his contemporaries – which, actually, have proved very difficult to locate among the extant rhetorical commentaries from the 1090s to the 1130s. From the lack of correspondence between the extant commentaries and Thierry's references we must conclude that Thierry drew on a larger rhetorical tradition than is available to us today.

The rhetorical argument.

The doctrine of the two types of rhetorical argument, the deductive five-part argument and rhetorical induction, presents Thierry with a number of terminological problems. In the first commentary he argues strongly against the position that the five-part argument could be a "syllogismus," since a "syllogismus" needs no corroboration of the premisses within it, *Com. De Inv.* p. 157.[91]

Furthermore, the five-part argument differs in details of terminology and structure in the *De inventione* and the *Rhetorica ad Herennium*. The term proposition means the major premiss in the former (and often elsewhere[92]),

---

[89] Victorinus, ed. Halm, p. 207.

[90] Cf. Robert Kilwardby, *De ortu scientiarum* 61 § 616, ed. Albert. G. Judy, in *Auctores Britannici medii aevi* 4 (London-Toronto, 1976), p. 210.

[91] Cf. Quint. *Inst.* 5.10.6 for an elucidation of the terminology (epicheirema, ratiocinatio, syllogismus); an excellent modern introduction to ancient rhetorical terminology is provided in *Ad C. Herennium libri quattuor de ratione dicendi*, ed. and trans. Harry Caplan (London-Cambridge, Mass.: Loeb series, 1954).

[92] Cf. Desmond P. Henry, *The logic of Saint Anselm* (Oxford, 1967), p. 241.

but proposition-to-be-proved in the latter. Structurally, the two treatments of the five-part argument (epicheirema) are incongruous as well. The table below shows how Thierry tried to account for these discrepancies in two ways, the second of which is the more satisfactory interpretation:

Com. Ad Her. p. 262:

a) *Rhet. ad Her.* 2.18.28   *De inv.* 1.37.67

     propositio   = propositio

     ratio   = approbatio propositionis

     rationis confirmatio   = assumptio

     exornatio   = approbatio assumptionis

     complexio   = conclusio

b) *Com. Ad Her.* p. 264:

     propositio   = conclusio

     ratio   = propositio + assumptio

     rationis confirmatio }   { approbatio propositionis

     exornatio   } = { approbatio assumptionis

     complexio   = conclusio

Confirmatio and reprehensio.

In the doctrine of argumentation, only the *De inv.* 1.29.44-1.30.49 goes into such detail as to divide arguments into probable and necessary arguments. Thierry here follows Victorinus's interpretation[93] that the subdivision of probable arguments corresponds to the grouping of topics, *Com. De Inv.* pp. 151.62-152.71. Also the three kinds of necessary arguments are given a topical interpretation by Thierry. The first two, complexio and enumeratio, he calls inferences of the nature of "divisio"; the third, simplex conclusio, is called a simple inference, *Com. De Inv.* pp. 149.96-150.20. Later in the commentary, they are simply called inferences based on topics, *Com. De Inv.* p. 162.93-97.

The attention Thierry gives to topics might seem somewhat puzzling, but it was quite a current concern, as we can infer from Petrus Helias's detailed exposition of the way Thierry and other medieval rhetoricians interpreted these types of argument.[94] More puzzling is Thierry's terminology "divisio." This has parallels only in the rhetorical theory of style and in a single passage in Abelard. In the *Dialectica*[95] Abelard discusses similar disjunctive arguments and classifies them under the topic a divisione, so perhaps this terminology is taken from contemporary dialectic. It is, however, more likely

---

[93] Victorinus, ed. Halm, p. 237.

[94] Petrus Helias's comments are quoted in the apparatus of quotation.

[95] Petrus Abaelardus, *Dialectica* 3.2, ed. de Rijk, p. 447.27-30.

that Thierry uses the term "divisio" under the influence of *Rhetorica ad Herennium* 4.40.52, where a very similar illustrative example is used for the figure of style, called divisio.

The reduction of rhetorical types of arguments to inferences classified by topics is an interesting example of how medieval rhetoricians tried to bridge the gap between their relatively slender knowledge of classical rhetoric and their acquaintance with Aristotelian dialectic — which could not provide for non-syllogistic terminology. They had little or no access to the fuller analysis by Quintilian of rhetorical arguments, but a consuming interest in the assignment of topics.

When Thierry came to deal with counter-argument (reprehensio), he was faced with divergent subdivisions in the two manuals. The *Rhet. ad Her.* 2.20.31-2.29.46 treats reprehensio according to the structure of the five-part argument. The *De inv.* 1.42.79-1.51.96 applies a complex fourfold scheme, in which the first part deals purportedly with refutation of premises and corresponds to the subdivision of probable and necessary arguments from *De inv.* 1.29.44-1.30.49. The three other kinds of counter-argument are based on a refutation of the conclusion and looser modes of refutation. Thierry prefers the more elaborate set of counter-arguments from the *De inventione* and, perhaps even pedantically, assigns each example of counter-argument to its specific place in these subdivisions in the commentary on the *Rhetorica ad Herennium*. A table of Cicero's modes of counter-argument might clarify our understanding of Thierry's intentions there, *Com. Ad Her.* pp. 264.32-272.9.

De inv. 1.42.79-1.51.96:

a. reprehensio sumptorum:

(argumenta non probabilia)	(argumenta non necessaria)
non credibile	complexio reprehensa
non comparabile, dissimile	enumeratio falsa
iudicatum partim improbatum	simplex conclusio falsa
iudicatum omnino improbatum	
non signum	

b. reprehensio conclusionis

c. reprehensio generis argumentationis:

prima species:	secunda species:
falsum	pars argumentationis male accommo-
commune	data
vulgare	plura pollicitus pauciora demonstrans
leve	totum — pars
remotum	negotium — persona
mala definitione	ratio infirma

controversum

perspicuum

non concessum

turpe

offensum

contrarium

inconstans

adversum

ratio falsa

ratio parum idonea

d. aeque firma vel firmior argumentatio.

In *Rhet. ad Her.* 2.20.31-2.29.46 counter-argument consists of detecting faults in the expositio, ratio, confirmatio, exornatio and complexio respectively. More than once the two manuals use the same examples of faulty arguments. Without a word on the different — and incompatible — structures of the respective systems of counter-argument, Thierry adjusts all examples of the *Rhetorica ad Herennium* to the complex subdivisions of counter-argument of the *De inventione*, e. g. *Com. Ad Her.* p. 266.11. This procedure has perils of its own: examples of counter-argument common to both manuals may create special difficulties, since, as discussed above, the theory of the five-part argument in the two manuals differs in structure and terminology, cf. *Com. Ad Her.* p. 265.74-86.

The issues.

In one case only is the *Rhetorica ad Herennium* adopted as the preferred authority, namely with regard to the issues (constitutiones and status in scripto). The *De inventione* has a somewhat more complex list of issues than that of the *Rhetorica ad Herennium*, but the two systems are compatible except for the additional category of sub-issues in the *De inventione* dealing with legal written authority (status in scripto).[96]

1. *De inv.* 1.8.10-1.11.16:
   constitutio coniecturalis
   constitutio definitiva
   constitutio translativa
   constitutio generalis: negotialis
                        iuridicialis absoluta
                        iuridicialis assumptiva: concessio
                                         remotio
                                           relatio
                                           comparatio

---

[96] Cf. John O. Ward, "Constitutio negotialis," *Prudentia* 1. 2 (1969) 29-48.

   status in scripto: de scripto et sententia
                      contrariae leges
                      ambiguum
                      ratiocinativum
                      definitivum

2. *Rhet. ad Her.* 1.11.18-1.15.25:
   constitutio coniecturalis
   constitutio legitima: scriptum et sententia
                         contrariae leges
                         ambiguum
                         definitio
                         translatio
                         ratiocinatio
   constitutio iuridicialis absoluta
   constitutio iuridicialis assumptiva: concessio
                                        remotio criminis
                                        translatio criminis
                                        comparatio

In his commentary on the *De inventione* Thierry brings the two lists of
issues into agreement in two moves. First, he explains the discrepancy
between the two manuals by claiming that Cicero modelled the *De inventione*
upon Greek sources which did not accept the issues based upon legal written
material (status in scripto) as issues proper, *Com. De Inv.* pp. 102.58-
103.98. He does not further elucidate his conjecture as to the different
sources of the two manuals. It is not difficult, however, to see how he arrives
at this interpretation, since Cicero explicitly mentions the Greek rhetorician
Hermagoras in his discussion of the issues, *De inv.* 1.6.8 and 1.9.12. The
author of the *Rhetorica ad Herennium* 4.1.1-4.4.7, on a different issue, claims
independence of Greek rhetors. That the actual source of the list of issues in
the *Rhetorica ad Herennium* bears a Greek name, master Hermestes, appears
not to have troubled Thierry, *Com. Ad Her.* p. 238.84-92.

Secondly, Thierry proceeds to incorporate into the constitutio legitima
both the Ciceronian issues definitiva, translativa and negotialis (= status
ratiocinativus, *Com. De Inv.* pp. 102.69-103.98) and the sub-issues, *Com.
Ad Her.* p. 238.99-7.

Thierry and his student Petrus Helias were the first medieval rhetoricians
to attempt to reconcile the treatment of issues in the two manuals. Their
approach later became the authoritative one under the influence of Alanus's
commentary on the *Rhetorica ad Herennium*.[97]

---

[97] Cf. Fredborg, "Petrus Helias on rhetoric," pp. 36-38.

The parts of rhetoric: inventio, dispositio, pronuntiatio, memoria, ornatus.

The disproportion between Thierry's deep concern with and elaborate discussions of invention as compared with his summary treatment of other parts of rhetoric (as found in the *Rhetorica ad Herennium*) betrays his interests as well as his sources. He is steeped in a Boethian and Victorine tradition, where invention plays the major role, and he makes only limited use of other rhetorical sources, e.g. Quintilian and Martianus Capella. Most of his discussion of the other parts of rhetoric hardly goes beyond mere paraphrase, except in the case of performance (pronuntiatio). Here Horace's *Ars poetica* vv. 89-118 is often and aptly quoted in conformity with the medieval poetical tradition which took these verses to be a chapter on pronuntiatio and customarily linked them with the section on performance in the *Rhetorica ad Herennium*.[98]

Even the discussion of style (elocutio) and the figures of speech is surprisingly bald, adding little more than a retranslation of the Greek names of these figures and an indication of their individual differences.[99] To us, perhaps, the most interesting part of Thierry's discussion is his view that different levels of style (the grand, the middle and the humble style) are independent of subject matter. Humble subject matter, according to Thierry, can be treated in grand style though the opposite rarely happens. And authors frequently vary their style — ascending and descending, as it were, a ladder of styles, *Com. Ad Her.* pp. 323.39-324.67. Here Thierry belongs to the group of medieval scholars favouring an elocutionary concept of style, as opposed to the more popular material concept of style, which found one of its foremost proponents in John of Garland and his "rota Virgilii."[100]

The greater interest in invention reminds us of the fact that a medieval (and, to a certain extent, also a classical) student would study the figures of speech in his first courses of grammar. On the other hand rhetoric augmented grammar by providing certain methods of literary analysis of the classical authors. Here especially the drill in finding rhetorical topics was very common, occasionally supplemented with indication of issues. In this respect Thierry's analysis of the prologues to the *De inventione* and the *Rhetorica ad*

---

[98] Cf. Geoffrey of Vinsauf, *Documentum* 2.2.162-271, ed. Edmond Faral, *Les arts poétiques*, pp. 317-318; Anon., *In artem poeticam Horatii*, Zürich, Zentralbibliothek MS Rheinau 76, fol. 16va, "*Versibus exponi. Vere diversae materiae volunt servare descriptas vices, id est diversis metris scribi, quia diversis pronuntiationibus vult exponi. Et hoc est res comica non vult exponi tragicis versibus, id est pronuntiationibus.*"

[99] Caplan, *Of eloquence*, p. 250.

[100] Cf. Franz Quadlbauer, *Die antike Theorie der Genera dicendi im lateinischen Mittelalter*, Sitz. d. Österr. Akad. d. Wiss., phil.-hist. Klasse 241.2 (1962) 114.

Herennium and of the model speeches in the *Rhetorica ad Herennium*
4.8.12-4.11.16, which exemplify the three levels of style, is illuminating. We
here get a glimpse of medieval literary interpretation, as it was practiced
orally in the grammar courses and in the extant medieval commentaries to
classical authors, very few of which have yet been edited.

The immediate influence of Thierry's rhetorical commentaries.

Thierry's attempts to streamline rhetorical doctrine by energetically adopting
the terminology of Cicero's *De inventione* and by carefully defining rhetorical
concepts bore fruit immediately in Petrus Helias's commentary on the *De
inventione* from c. 1138. Peter follows Thierry's division of the first book of
the *De inventione* and makes use of Thierry's definitions both in his accessus
and in the body of the commentary. Peter, however, is prone to quote
Boethius and Victorinus at greater length and often, where Thierry tries hard
to sort out conflicting medieval doctrines and terminology, Peter carefully
reports these medieval discussions only to revert to the authoritative views
of Victorinus and Boethius. For instance, the interesting medieval discussions
about Cicero's three types of necessary argument, *Com. De Inv.* p. 149.96.
are dutifully reported, but Peter's conclusion is simply a wholehearted assent
to Victorinus's view.[101] Another example of this attitude is Peter's treatment
of the difficult group of topics, the adiuncta negotio, *Com. De Inv.*
pp. 143.20-144.47, where Peter solves the problem of affinity with kindred
dialectical topics by simply quoting Boethius's solution in *De differentiis
topicis* 4.[102]

Since Peter's commentary on the *Rhetorica ad Herennium*, which he
mentions in his commentary on the *De inventione*,[103] has not been found, it
is difficult to assess how he would have handled the conflicting terminology
and doctrine of the two manuals, apart from his abovementioned solution to
the division of issues. But it is reasonable to assume that in this work Peter
would display the same dependence on his master Thierry and a certain
conservatism. It would be highly desirable to find Peter's commentary on the
Rhetorica ad Herennium, though we have so far looked in vain, since it is
quoted — and compared with Thierry's — by the next important rhetorician
from the twelfth century, Alanus.[104] Alanus shares many views with Thierry,

---

[101] Petrus Helias, *Com. De Inv.*, Cambridge, Pembroke College MS 85, section 3, fol. 93ra.
Text in Fredborg, "Petrus Helias on rhetoric," p. 39-40.

[102] Ibid., fol. 92ra, citing Boethius, *De differentiis topicis* (PL 64: 1215C-D).

[103] Cf. Fredborg, "Petrus Helias on rhetoric," p. 33.

[104] Alanus, *Com. Ad Her.*, London, Brit. Lib. MS Harley 6324, fol. 61ra (on *Rhet. ad Her.*
4.22.30). Text in Fredborg, "Petrus Helias on rhetoric," p. 31 n. 3.

but in comparable sections, e.g. the accessus of his commentary on the *Rhetorica ad Herennium* and those of Thierry and Petrus Helias to their commentaries on the *De inventione*, Alanus appears much closer to Peter than to Thierry. In view, however, of the additional difficulty raised by the many versions of Alanus's unedited commentary,[105] the exact nature of Thierry's influence on twelfth-century rhetoric and how this may have been transmitted through a lost commentary by Peter, is too complex to settle here and awaits further study.

In the present state of research Thierry's immediate influence on medieval rhetoric stops with Ralph of Longchamp. Around 1213 Ralph wrote a commentary on Alain of Lille's poem *Anticlaudianus*.[106] In the section on rhetoric Ralph three times mentions a rhetorical commentary and commentator,[107] whom we may now identify as Thierry. In fact, Ralph's section on rhetoric — which is rather extensive compared with what he wrote on the other liberal arts — is mainly a compilation of exerpts from the *De inventione*, Thierry's commentary on this and a single excerpt from Thierry's commentary on the *Rhetorica ad Herennium*, all rearranged to follow the line of argument in the poem *Anticlaudianus*. From Thierry's commentary on the *De inventione* Ralph has made extensive literal excerpts from the accessus and the running commentary on the parts of a speech, on the respective difference between causa, quaestio, iudicatio and constitutio, as well as the section on the issues and the topics. Ralph's excerpts are indicated in the apparatus of quotation to the texts below. Here it suffices to give one example of Ralph's manner of adapting Thierry's commentary to his own:

Ralph, *In Anticlaudianum*, ed. Sulowski, p. 146

In admirabili genere causae insinuatione utendum est, non principio, si auditores omnino infesti fuerint. Unde habemus in *Commento super Rhetoricam*: Qui ab irato pacem perspicue quaerit, non modo eam non invenerit, sed potius iram auget et odium commovet. Si vero non omnino infesti fuerint, tunc principio possumus uti ad benevolentiam

Thierry, *Com. De Inv.* p. 111.82-89.

In admirabili, etc. Incipit ostendere in quo genere causae quo exordio utendum sit. Et in admirabili quidem, *si sint omnino auditores infesti*, tum insinuatione utendum est. Nam qui ab irato pacem perspicue petit, non modo eam non invenit, sed potius auget et commovet odium. Si vero omnino non fuerint infesti, tunc principio utendum est. In

---

[105] Cf. Caplan, *Of eloquence*, p. 268; Ward, "From Antiquity to the Renaissance," pp. 38, 58.

[106] Radulphus de Longo Campo, *In Anticlaudianum Alani commentum*, ed. Sulowski, p. VIII.

[107] Ibid., pp. 146.21, 153.13, 154.2. Cf. Hunt, "Introductions," p. 103 n. 2 (reprint ed. *Collected papers*, p. 135).

comparandam aliquando ad attentio-   ceteris autem generibus causarum sem-
nem, aliquando ad docilitatem, ali-   per principio utendum est, sed aliquando ad quodlibet istorum.   quando ad benivolentiam comparan-
                                         dam, aliquando ad docilitatem, ali-
                                         quando vero ad attentionem aut ad duo
                                         de illis aut ad tria simul.

Thierry's rhetorical commentaries, to judge from the masters reading and
quoting him, were confined to the schoolroom. Whether they gained wider
influence is at present impossible to know. Also, at this stage, when no other
rhetorical commentaries from the period have been edited, it would be
premature to describe the rhetoric of the twelfth century as such. By Thierry
we are introduced to a fairly high level of classroom rhetoric, but we learn
little about its practical application and even less about the relations between
the medieval tradition of Ciceronian rhetoric and the other kinds of rhetoric
of that time (the art of letter writing, poetics and law) that co-existed with
it. This might even be deliberate. Thierry appears to have wanted first and
foremost to place rhetoric within the highly theoretical structure of the liberal
arts, conceived as a body of learning with well-defined areas of operation.
Thierry's accessus, his keen interest in terminology and his division of the
first book of the *De inventione* into two separate parts, all appear directed
towards placing rhetoric in a theoretically firm place within the hierarchy
of learning of his day. At best his rhetorical commentaries should be ap-
proached with respect for those aims, which also determined which doctrines
his immediate medieval successors chose to hand down.

B. EDITION

Earlier editions of the commentary on the De inventione:

Thierry's commentary on Cicero's *De inventione* is found in eight manuscripts.[108] Partial editions have previously been made from the Leiden (L),

---

[108] Since the completion of this edition, a short fragment of another manuscript has turned
up, see Appendix, below pp. 364-367. Furthermore, a "Summa mag<istri> Theodori<ci>"
bound with the *De inv.* and *Auct. ad Her.*, is mentioned in a thirteenth-century booklist in a
manuscript from Waltham Abbey, now in the collection of manuscripts in Mr. Passmore
Edward's Museum, London. This booklist also includes, among classical, biblical and
philosophical texts, Petrus Helias's grammar, William of Conches's *Philosophia* and Parisian
dialectical sententiae from the schools of the Nominalists, the Parvipontani and the Melidu-
nenses. Cf. M. R. James, "Manuscripts from Essex monastic libraries," *Essex Archaeological
Society, Transactions* 21 (1933-1934) 43 and N. R. Ker, *Medieval libraries of Great Britain.*
Royal Historical Society, Guides and handbooks no. 3. 2nd edition (London: Offices of the
Royal Historical Society, 1964), pp. 192-193.

the Berlin (Ph), the London (A) and the Bruxelles (B) manuscripts. These earlier editions are mentioned individually under the manuscript concerned. Of the three most important early editions the first was made from the Leiden manuscript by W. H. D. Suringar in his *Historia Critica Scholiastarum Latinorum* (Leiden, 1843), pp. 213-252, which covers pp. 49-73.96 of the present edition. The second and third were made by N. M. Häring – an edition of the accessus (pp. 49-55 of the present edition) based on the manuscripts A, B, L and Ph in "Thierry of Chartres and Dominicus Gundissalinus," *Med. Stud.* 26 (1964) 281-286; and an edition of the two prologues in "Chartres and Paris revisited," *Essays in honour of A. Ch. Pegis,* ed. J. R. O'Donnell (Toronto, 1974), pp. 292-294; they correspond to pp. 49.1-12 and 107-108.36 of the present edition.

Manuscripts:

A =   London, British Library MS Arundel 348, fols. 102r-179v (s. xii fin); membr., 1 col. (ca. 28 lin.). Modern foliation. The text was written by two scribes, the second of whom (writing fols. 132r-179v) corrected the first. The manuscript is incomplete, since the last quaternion is missing with only the catchword indicated in the bottom margin of the preceding quaternion. The text in A stops at *De inv.* 2.57.170 (= text, below p. 212.30). Two folios are lost between fols. 119 and 120, corresponding to pp. 87.87-91.10 of the text below. The loss of the two folios is indicated by a fourteenth-century hand in the lower margin of fol. 133v: "deficiunt 2 folia in alio."

Other items in A are: *De inv.* fols. 1r-51r; *Rhet. ad Her.* fols. 51v-101r; and Boethius, *Com. maior in Arist. De Interpretatione* fols. 180r-276v. The manuscript is described in *The Catalogue of the Arundel Manuscripts in the British Museum* (London, 1834), p. 104.

In addition to Häring's editions the text of A has been used for the excerpts edited by M. Dickey, "Some commentaries on the De inventione and Ad Herennium of the eleventh and early twelfth centuries," *Med. & Ren. Stud.* 6 (1968) 1-41. Other excerpts are edited from A by K. M. Fredborg, "The commentary of Thierry of Chartres on Cicero's De inventione," *CIMAGL* 7 (1971) 1-36.

B =   Bruxelles, Bibliothèque Royale MS 10057-62, fols. 2ra-30va (s. xii); membr., 227 × 151 mm., 2 cols. (ca. 40 lin.). Medieval foliation I-XXX, modern foliation 2-31. The text is written by the same scribe throughout, with his own occasional corrections. The text is complete, with the very beginning reiterated on fols. 30v-31r by a second, larger hand.

Thierry's commentary is bound with (a) excerpts from William of Conches's *Philosophia mundi* and *Dragmaticon* and Macrobius's *Saturnalia* fols. 33r-58r and with (b) Cicero, *Orationes in Catilinam* 1-4, Sallustius, *Bellum Catilinarium, Bellum Jugurthinum* fols. 59v-146v. Section (b) belonged to the Egmond monastery, before rebinding. The manuscript is described by A. Vernet, "Un remaniement de la *Philosophia* de Guillaume de Conches," *Scriptorium* 1 (1946-1947) 247-252, by Fr. Masai, "Extraits du commentaire de Thierry de Chartres au *De inventione* de Cicéron," *Scriptorium* 5 (1951) 117-123 and "A propos du commentaire de Thierry de Chartres au *De inventione* de Cicéron," *Scriptorium* 5 (1951) 308-309 and by J. Marchal, *Catalogue des manuscrits de la Bibliothèque Royale* 1 (Bruxelles-Leipzig, 1842), p. 202 (which incorrectly ascribes Thierry's commentary to Apuleius).

Manuscript B has been used for an edition of the two prologues (corresponding to the text below pp. 49 and 107-108) by Paul Thomas, "Une commentaire du Moyen Âge sur la Rhétorique de Cicéron," *Mélanches Graux* (Paris, 1884), pp. 41-45; P. Thomas further edited some excerpts on *De inv.* 2.19.58 because of the quotations of an otherwise unknown fragment of Paulus's *Institutiones* in "Deux citations du iurisconsulte Paul," *Revue de l'instruction publique en Belgique* 21 (1878) 30-31, corresponding to the text below pp. 185.86-97; 186.23-32. Ph. Delhaye edited a passage corresponding to pp. 201.18-212.26 in "L'Enseignement de la philosophie morale au XIIe siècle," *Med. Stud.* 11 (1949) 77-99. The editions of Thomas and Delhaye are discussed by Masai in his articles in *Scriptorium* 5 (1951). Manuscript B has also been used by M. Dickey and K. M. Fredborg in the articles mentioned under manuscript A and by N. M. Häring in his abovementioned editions of the accessus and the prologues.

H = Heidelberg, Universität Bibliothek MS Salem 7.103, fols. 142ra-173vb (s. xii fin); membr., 210 × 140 mm., 2 cols. (ca. 45 lin.); modern foliation. The text is written by the same scribe throughout, with his occasional corrections. The very end of the commentary is missing in this manuscript. The text stops at *De inv.* 2.58.174: "bene vero deli-" corresonding to p. 214.93 of the text below.

Thierry's commentary is bound with (a) fols. 1r-32v Anon. *Sententiarum metrice redact. libri* 6, cf. F. Stegmüller, *Repertorium Commentariorum in Sent. P. Lombardi* (Würzburg, 1947) 1: 8, no. 22 ɪ; (b) fols. 33r-45r Hildebert of Tours, *Vers. de myst. missae* (ᴘʟ 171: 1177-1192), fol. 45v *Metrica quaedam*; (c) "Contra iudeos," *viz.* ubi invenias argumenta; (d) fols. 46v-87v Ivo of Chartres, *De eccles. sacramentis* (ᴘʟ 162: 505-568); (e) fols. 87v-90v Ps.-August., *Sermones varii* (ᴘʟ 39: 278, 294, 295 [partially abbreviated]); (f) fols. 90v-93v *De missa celebranda homilia duo*; (g) fols. 93v-104r *Explanationes theologicae*; (h) fols. 104v-135v *Sententiae from the school of Anselm of Laon*, ed. O. Lottin, *Psychologie et morale aux XIIe et XIIIe siècles* 5 (Gembloux, 1959) (= the siglum "r"); (i) fols. 136r-141v *Citationes patrum.* I owe the description above to the kindness of the librarian, W. Werner.

Thierry's commentary in this manuscript was first identified by R. Klibansky in "Peter Abailard and Bernard of Clairvaux," *Med. & Ren. Stud.* 5 (1961) 22 n. 3.

L = Leiden, Bibliotheek Rijksuniversiteit ᴍs B. P. L. 189, fols. 42r-45v (s. xii); membr., 125 × 70 mm., 1. col. (ca. 53 lin.). Modern foliation. The text is written by the same scribe throughout, with rare corrections. This manuscript preserves only a fragment of Thierry's commentary and stops at *De inv.* 1.5.7, corresponding to the text below p. 73.96. The manuscript belonged formerly to Petrus Daniel as indicated on fol. 41r "Petri Danielis 1566 Aurel." and on fol. 53v "Petri Danielis, Aurel. 1564." Later the manuscript became the possession of Petrus Petavus, where it had the pressmark A.13.

Other items in this manuscript are (a) fols. 1-8 Iohannis Constantiensis, *Epistola* (s. xii); (b) fols. 9-34 *Collectio canonum* (s. xii); (c) fols. 35-41 Terentius, *Comoediarum fragmenta* (*Andriae* Periocha C. Sulpit. Apoll., *Eunuchi* didascalia & prologus, *Heaut.* didascalia) with glosses from the beginning of the tenth century; (d) fols. 46r-47r Cicero, *De inventione* 1.1.1-1.9.19, preceded by Thierry's commentary written in the same hand; (e) fols. 48-53 Aur. Prudentius, *Psychomachia* vv. 376-710, cf. P. G. F. P. N. Merula, *Codices manuscripti III, Codices Bibl. Publ. Latini* (Leiden, 1912), pp. 91-92.

The manuscript was used in Suringar's edition of Thierry's commentary, as mentioned above under earlier editions. Suringar believed the commentary to have been written in the sixth century ("a little after 526") because he falsely identified Theodericus as the emperor Theoderic. Unlike P. Thomas (see description of manuscript B), Suringar thought highly of the author:

Tam docte Ciceronem interpretatus est, nec multum seculi sui maculis inquinatus, ut magnopere dolendum sit, quod longe major commentarii pars desideretur. Fieri potest, ut plenius apographum inter nondum excussos peregrinarum bibliothecarum thesauros lateat. Quod si quando, idque ita fore speramus, a justis harum rerum aestimatoribus reperiatur, non dubitamus quin insigne literis accessurum sit incrementum (p. 212).

Suringar's edition is not without flaws. He was too sympathetic to the meaning of the text and, not infrequently, omitted to indicate where he tacitly corrected scribal errors in L. His conjectural skills, however, were considerable and he is often proved right by the seven new manuscripts which have been found since the publication of his edition. Since most of his tacit corrections are proven right by the help of the other manuscripts I have deemed it unnecessary to burden the reader with a list of his errors in the apparatus.

M =   München, Bayerische Staatsbibliothek MS clm 3565, fols. 174ra-219va (s. xv); (Aug. Civ. 65), membr., 2 cols. (ca. 47 lin.). Occasional, modern foliation. The text is written by the same scribe throughout. At fol. 194rb the scribe omits — without indication of a lacuna — "ac multos ... earum," corresponding to pp. 121.96-128.7 of the text below. Another omission, fol. 200ra, is remedied, without further indication, by insertion on fol. 216v (after "... eo quod," p. 209.33) of the missing passage "sit divisionis ... approbatum etc.," corresponding to pp. 149.2-152.85. A similar transposition caused by omission at fol. 202rb of "locis ... infertur," corresponding to the text below pp. 161.47-164.60 occurs at fol. 203rb after "hac autem etc." (= text below p. 168.73). This second correction by transposition, which is indicated by the scribe both at fol. 202rb and fol. 203rb, caused the scribe to inadvertently continue beyond the omitted passage and reiterate the text pp. 164.60-168.73 "non esse accusandum ... in hoc autem." For the reiterated passage I have used the siglum Mᵃ.

Other items in this manuscript, all written in the same hand, are (a) fols. 1r-156r Giles of Rome, *Commentaria in Rhetoricam Aristotelis*, cf. Ch. Lohr, "Medieval Latin Aristotle commentaries, authors A-F," *Traditio* 23 (1967) 335; Giles of Rome's commentary is available in print in Aegidius Romanus, *Commentaria in Rhetoricam Aristotelis* (Venice, 1515; repr. Frankfurt: Minerva, 1968); (b) fols. 157r-173r Grillius, *Commentum in Ciceronis Rhetorica* ed. J. Martin, "Ein Beitrag zur Geschichte der Rhetorik,"

Studien z. Geschichte und Kultur des Altertums 14, Heft 2-3 (Paderborn, 1927); (c) fols. 220r-222r Victorinus, *Explanationes in M. T. Ciceronis Rhetoricam* (incomplete), ed. C. Halm, *Rhetores Latini Minores* (Leipzig, 1863; repr. Frankfurt: Minerva, 1964). Cf. *Catalogus cod. lat. bibl. reg. Monacensis*, vol. 2, 2 (München, 1894), editio altera p. 109.

O =   London, British Library MS Harley 5060, fols. 89r-138v, Anno 1426; membr., 189 × 127 mm., 1 col. (lin. ca. 39). The text is written by one scribe. Modern foliation. The commentary is acephalous and omits the first prologue. Furthermore, there are interpolations in the text from an unidentified commentary belonging to the rhetorical tradition of Petrus Helias and Alanus. The longer interpolations (given in the apparatus to pp. 70.1-7; 77.26; 86.42-44; 88.24; 89.48; 189.6 below) are mainly loose quotations from Victorinus, Justinian and Aristotle's *Analytica priora*. Through comparisons with Petrus Helias and Alanus, indicated in the apparatus criticus, they can be dated to the second half of the twelfth century. The most interesting interpolation is the reference to the mixed syllogisms of *Analytica priora* 1.9-22 (30a15-40b16) which are rendered in the typically wrong spelling of the late twelfth century as "syllogismi incisi (= mixti)," cf. L. M. de Rijk, "Some new evidence on twelfth century logic," *Vivarium* 4.1 (1966) 22.

Other items in this manuscript are (a) Cicero, *De officiis* fols. 1r-82v and (b) Cicero, *Pro Marcello* fols. 82v-88v, cf. *A Catalogue of the Harleian Manuscripts in the British Museum* 3 (London, 1809), p. 243.

The text of O was first identified by J. O. Ward, "The date of the commentary on Cicero's 'De inventione' by Thierry of Chartres (ca. 1095-1160?) and the Cornifician attack on the Liberal Arts," *Viator* 3 (1972) 259 n. 104.

P =   Praha, Státní Knihovna ČSR MS VIII. h. 33 (Truhlár 1651), fols. 1-34v, Anno 1462. It formerly (1609) belonged to Bibliotheca Rosenberg and later to monasteria Trebonensis. Chart. Modern foliation. Thierry's commentary is cast in the form of a marginal gloss surrounding the *De inventione*. The commentary is incomplete and omits the two prologues and glosses after *De inv.* 1.45.84 (corresponding to p. 165.68 below). The rest of *De inventione*, fols. 34v-85r, and the *Rhetorica ad Herennium*, fols. 86r-169v, contain no glosses and only a few rubrics. Cf. J. Truhlár, *Catalogus codicum manu scriptorum latinorum qui in C. R.*

Bibliotheca publ. et univ. Prag. asservuntur I (Praha, 1905), p. 661 no. 1651.

The text of P reflects an abbreviated version not readily comparable to that of the other manuscripts because of rephrasing and abbreviations. Where the text of P occasionally is comparable in shorter passages, the variants of P are noted in the apparatus criticus, but neither smaller omissions (less than 25 lines) nor specimens of rephrasing are otherwise stated in the apparatus. A typical example of this version's manner of abbreviation is printed in the appendix.

Ph =   Berlin, Staatsbibliothek Preussischer Kulturbesitz MS lat. oct. 161 (formerly Cheltenham, Phillips 9672), fols. 1ra-35vb (s. xii); membr., 195 × 130 mm., 2 cols. (ca. 45 lin.). Modern foliation. The text is written by the same scribe throughout, with his own occasional corrections. The text is complete, but the second prologue (text below pp. 107-108.36) has been situated at the end, fol. 35va-vb.

Other items in this manuscript are (a) fol. 36ra-va, a *reportatio* of master Manegald's commentary on the *De inv.* 1.28.41-42 comparable to Manegald's extant commentary on *De inv.* 1.1.1-2.15.49 in Köln, Dombibliothek MS 197, fols. 1-49v, where the corresponding section on rhetorical topics *ex adiunctis negotio* is found on fol. 24r; (b) Thierry of Chartres's commentary on the *Rhetorica ad Herennium* fols. 36vb-75vb. The manuscript is incorrectly described by H. Schenkl, *Sitz. d. kaiserl. Akad. d. Wissenschaften, Phil.-Hist. Klasse* 127. 9 (Wien, 1892) 30, as containing four items: *De inv.* with a commentary and *Rhet. ad Her.* with a commentary.

The manuscript was used by R. Ellis for an edition of the first prologue in "Petronianum," *The Journal of Philology* 9 (1880) 61.

Gund. =   Dominicus Gundissalinus, *De divisione philosophiae*, ed. L. Baur, Beitr. z. Geschichte d. Philos. d. Mittelalters 4. 2-3 (Münster, 1903) 43-53, 63-69. Since Gundissalinus at an early date copied Thierry's accessus, his section on rhetoric and excerpts from the grammar section of the *De divisione philosophiae* have been collated with the manuscripts of Thierry's accessus to the *Com. De Inv.* and his textual variants are indicated in the apparatus criticus.

Rad. =   Radulphus de Longo Campo, *In Anticlaudianum Alani commentum*, ed. J. Sulowski, Polska Akademia Nauk, Zakład historii nauki i techniki, Zródła do dziejów nauki i techniki 13 (Wrocław-Warszawa-Kraków-Gdańsk, 1972).[107] Unlike Gundissalinus,

Ralph of Longchamp provides a rather free adaptation of Thierry's commentary, as exemplified above, pp. 29-30. Hence, Ralph's testimony is noted in the apparatus only insofar as his text is literally comparable with the manuscripts of Thierry's commentaries. As a guideline for where Ralph adapts freely, the apparatus of quotation mentions his citation in the form of "cf. *Rad.*" Literal quotations are stated there without the "cf."

The text of the commentary on De inventione.

The text is established from the manuscripts A, B, H, L, M, O and Ph. Ralph of Longchamp and P constitute individual versions of their own and, for these versions, only readings supporting the reading of other manuscripts are indicated in the apparatus. Gundissalinus's quotations of Thierry's accessus are fully indicated. Neither P, Gundissalinus or Ralph holds readings which significantly affect the grouping of manuscripts.

The great majority of textual variants are individual and insignificant mistakes, e.g. misunderstanding of abbreviations, omission by homoioteleuta and misapprehension of letters with similar features. In general, the textual tradition is sound and there are remarkably few significant variants from which to establish a stemma. Varying degrees of contamination in H, O and Ph further obscure the grouping of manuscripts. Most importantly, however, medieval literal commentaries, like Thierry's, which are based on a strict technical terminology and have additional guidance from the lemmata of the (ancient) text commented upon, lend themselves easily to the (doctrinally orientated) copyist's own conjectures and emendations. The frequent recurrence of the same set of technical terms would enable the careful scribe to correct mistakes in his exemplar. With due regard to the paucity of significant variants, a certain degree of contamination and the implicit risk that a sound reading is a possible (good) conjecture, the text is established on the basis of the following groupings of manuscripts.

The manuscripts A, B, H, L, M, O and Ph fall in two distinct groups: BM(O)Ph and AH(L). The distinction between these two groups is based on the following variants, taking into account that O is contaminated and/or influenced by extracts from other twelfth-century authors and L is only a fragment, covering up to p. 73.96 of this edition:

50.33 dicitur BM *Rad.*: est AHLO *Gund.*: dicitur vel est Ph, *def.* P.

66.29-30 inter navem et civitatem A^{ac}BHMOPh: et rectorem et nautam *add.* A^{pc}L, *def.* P.

106.94 dempserunt BMOPh: dimiserunt AH, *des.* L, *def.* P.

164.44 quod affertur et ad id cuius causa affertur BMOPh: cuius causa affertur et ad id quod affertur AH, *des.* L, *def.* P.

169.90-91 ponit et tractat AH: tractat BOPh: ponit M, *des.* LP.

169.95-96 aliud conclusio argumentationis, aliud BMOPh: conclusio argumentationis aliud, aliud AH, *des.* LP.

169.9-10 ictu oculorum BMOPh: aspectu oculorum AH, *des.* LP.

173.1-2 quo et quid ... quid BO: quod et quid ... quid Ph: quod M: quando quid ... quod AH, *des.* LP.

173.7 conveniant singulis constitutionibus BMOPh: singulis constitutionibus conveniant AH, *des.* LP.

175.64 quoniam BOPh: quia inde M: non AH, *des.* LP.

183.32 damnum BMOPh: civitatis *add.* AH, *des.* LP.

185.75 transitur BMOPh: fit transitus AH, *des.* LP.

185.92 sive in quocumque BMOPh: et AH, *des.* LP.

189.1-2 constitutionis causa BMOPh: constitutionis animi AH, *des.* LP.

196.25 definitione[1] BMPh: comparatione AH, *des.* P, *def.* O.

The group BMOPh.

Within the group BM(O)Ph, Ph appears to be contaminated from AH; and O, independently influenced by other twelfth-century rhetorical commentaries, is perhaps also contaminated from AH:

50.33 dicitur BM *Rad.*: dicitur vel est Ph: est AHLO *Gund., def.* P.

99.92 et BM: *om.* AO: quod Ph, quia tunc H, *des.* L, *def.* P.

174.27 non tamen AB[pc]HOPh: bene B[ac], non bene M, *des.* L.

Within the group BMOPh, the manuscripts M and Ph often go together against the true reading of the other manuscripts, e.g.:

53.5 non est ABHLO: defuerit M, defuit vel non est Ph, *def.* P.

63.40 atque tenere ABLO: et tenere H[pc]MPh, et tenere atque H[ac], *def.* P.

74.8 consentire affirmat ABHO: assentire confirmat MPh, *des.* L, *def.* P.

93.87 recti ABHO: iniqui M *Rad.*: recti et iniqui Ph, *des.* L, *def.* P.

140.18 egimus ABHO: agimus MPh, *des.* L, egit P.

181.55-56 amplificandum BHO: amplificandam A: probandum (nonsense) MPh, *des.* LP.

184.63 appellat ABHO: vocat MPh, *des.* LP.

189.18 est ABHOPh[pc]: non *add.* MPh[ac], *des.* LP.

The late manuscript O, alert to additions and interpolations from other rhetorical treatises from the twelfth-century, as indicated in the description of this manuscript above, appears to be contaminated with the other branch of the tradition, AH.

50.39 quam rem AHLO: quod BPh, quid M (ut P) (sicut *Gund.*)

52.76 dicetur BHLMPh *Gund.*: ostendetur AO, *def.* P.

53.3 a similitudine BMPh: ad similitudinem AHLO, *def.* P.

85.15-16 quantum ad quantitatem, quale ad qualitatem, cuiusmodi ad comparationem: *ss* A: cuiusmodi ad comparationem + quantum ad quantitatem, quale ad qualitatem *in marg. add.* H: cuiusmodi ad comparationem, quantum ad quantitatem, quale ad qualitatem O: cuiusmodi ad comparationem BMPh (omitting what appeared to be a gloss), *des.* L, *om.* P.

92.34 cautum BHMPPh: sancitum A, sancitum et cautum O: factum *Rad.*

94.95 moveri BH^{pc}MPh *Rad.* (movere H^{ac}): oriri AO, *des.* L, *def.* P.

96.65 dicit deprecationem ... accidere BMPh *Rad.*: deprecationem ... accidere dicit AHO, *des.* L, *def.* P.

108.27 conscios BMPh: consocios AHO, *des.* L, *def.* P.

157.47 enuntiationem B^{pc}MPh: enumerationem AB^{ac}HO, *des.* L, *def.* P.

188.79 parte ipsius MPh^{pc}: parte illius B: parte patris AHOPh^{ac}, *des.* LP.

189.8 diligere BMPh: metuere AHO, *des.* LP.

The group BMOPh is generally superior to the other manuscripts, though M and Ph are individually inferior to B and O is contaminated.

The group AHL.

In the group AHL, L is only a short fragment and accordingly does not contribute much to the grouping of manuscripts. A and L are individually the most ungrammatical and nonsensical of all early manuscripts, but belong to the same subgroup by sharing at least one significant variant:

66.29-30 inter navem et civitatem A^{ac}BHMOPh: et rectorem et nautam *add.* A^{pc}L, *def.* P.

(58.84 coadiuvant A^{ac}BMOPPH: coadunant A^{pc}HL).

H is contaminated with the other branch of the tradition:

61.81 quorum ALMOPPh: cuius BH.

64.69 simulatio AB^{pc}MPh: assimulatio O: similitudo B^{ac}L: similitudo vel simulatio H, *def.* P.

66.28 quia A^{pc}LOM: quasi A^{ac}B: quasi vel quia H, *def.* P.

68.90 sapientiam BH^{ac}LO: eloquentiam cum sapientia H^{pc}MPh, *def.* P.

114.84 fit etiam docilis AOPh: fit causae etiam docilis H, fit causae docilis M, fit docilis B, *des.* L, *def.* P.

Finally, the manuscripts A and B separate themselves consistently from the other manuscripts both in textual variants, word order and in the frequent abbreviation of the Ciceronian lemmata after p. 200, e.g.:

200.57 etc. Iste locus HMOPh: *om.* AB, *des.* LP.
200.58 dignatos HMPh: dignatus O: dignos AB, *des.* LP.
200.59 habet duas HMOPh: duas habet AB, *des.* LP.
200.60 de libra id est HMOPh: *om.* AB, *des.* LP.
200.61 etc. Locus HMOPh: *om.* AB, *des.* LP.
200.66 locus iste HMOPh: iste AB, *des.* LP.
201.5 tempore ... loco HMOPh: loco ... tempore AB, *des.* LP.
202.17-18 cogente recedendum HMOPh: cogente recedente receden-
    dum AB, *des.* LP.

The manuscripts A and B are not the only manuscripts which represent this urge to shorten the long (and dreary) assignment of topics at the end of the *De inventione*; but A and B do so earlier and much more consistently than the other individual manuscripts.

Because of the contamination in HPh and O and because of the relatively inferior readings of AHL, the text is mainly based on BMOPh and the stemma below:

Until p. 200   After p. 200

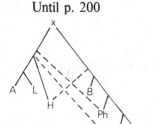
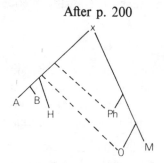

All variants are indicated in the apparatus, except insignificant individual ones. Cross-contamination between the two main groups of manuscripts has made it impractical to designate the groups by special sigla. To keep the apparatus within reasonable limits the following variants are not recorded when found only in two manuscripts:

autem : vero   quia : quare (rare)
aut : vel   quia : quoniam
ergo : igitur   tunc : tum
ideo : idcirco   velut : veluti
id est : hoc est : scilicet
ille : is : iste : hic

A twelfth-century Latin literal commentary is difficult to follow without the text of the author commented upon. The Ciceronian lemmata in Thierry's manuscripts are often perfunctorily indicated and stated in a very abbreviated form. Nor do the Ciceronian lemmata occur in the form adopted as the best reading in a modern edition of the *De inventione*. To facilitate an understanding of the lemmata as Thierry read his Cicero manuscript(s), the deviations from Stroebel's text or the agreement with some particular manuscript(s) of Stroebel's edition are fully indicated in the critical apparatus. Stroebel's text, *Rhetorici libri duo, M. T. Ciceronis scripta quae manserunt omnia* 2 (Leipzig: Teubner, 1915) is referred to as *Stroebel* and his variants as (e.g.) *P²J apud Stroebel*, both in italics.

The edition of the commentary on the Rhetorica ad Herennium.

The commentary on the *Rhetorica ad Herennium* is found only in one manuscript, Berlin, Staatsbibliothek Preussischer Kulturbesitz MS lat. oct. 161 (Phillips 9672), fols. 36vb-75vb (s. xii). This manuscript is described above, p. 36. The manuscript, MS, is written by the same scribe throughout who also wrote Thierry's commentary on the *De inventione*, which precedes it (Ph).

The text has many smaller lacunas and two larger omissions at *Rhet. ad Her.* 2.29.46-31.50 (= end of book two) and at *Rhet. ad Her.* 4.55.69-56.69 (= very end of book four). Apart from the classical orthography and a full rendering of the very abbreviated lemmata and standard abbreviations of rhetorical terms, e.g. "R." for "rhetorica," "rhetoricam" etc., all deviations of the text from the manuscript and all corrections by the scribe are indicated in the apparatus.

As in the edition of *Com. De Inv.* the lemmata of *Rhetorica ad Herennium* are keyed, as far as possible, to the text and variants of a good modern edition. Here is chosen the edition of F. Marx, *Incerti auctoris de ratione dicendi ad C. Herennium libri quattuor* (Leipzig: Teubner, 1894), on which later modern editions depend. Marx's edition is very superior to Thierry's copy. To facilitate an understanding of Thierry's commentary and a comparison with Marx's text, the lemmata are rendered as they appear in Marx unless Thierry's copy has authority in one or more manuscripts mentioned in Marx's apparatus. It has not been possible, even from the very full apparatus of Marx's edition, to place Thierry's copy unequivocally in Marx's stemma. Thierry's copy probably belonged to the group of contaminated manuscripts avoided by Marx. It appears closest to the manuscript *d* in Marx's edition. Marx's text is indicated in the apparatus as *Marx*, his variants as (e.g.) *d apud Marx*, both in italics. Deviation from Marx's text and agreement with Marx's variants are fully indicated in the apparatus, except for minor changes of word order and minor archaisms — not always correctly adopted by Marx — concerning assimilation in prefixes. Archaisms preserved by Thierry are left in the text.

Orthography.

The orthography of this edition follows the rules of classical Latin disregarding — in the apparatus — the following deviations:

1. *e* for *ae, oe; i* for *y, y* for *i.*
2. occasional confusion *c* and *t* (*negocium*), *c* and *qu* (*loquutus*), *c* and *sc* (*noscivus, fascinus*), *b* for *p* (*obtimus*).
3. the consistent peculiarity of Ph (= MS in *Com. Ad Her.*) to spell *sumo, sumpsi, sumptum* as *summo, supsi, suptum* and *quidquid* as *quiquid.*
4. confused use of double consonants (*epiloggus*).
5. omission of *h* (the poet *Oratius*, cf. *ereticus* for *haereticus*), *Com. Ad Her.* p. 232.13; superfluous addition of *h* (*themerarie*); *rhetorica* spelled *rethorica, retorica* or *R.*
6. Nor have I indicated rubrics in the margin or dittography from end of line or column to the beginning of the next.

Editorial abbreviations.

The following abbreviations are used in the apparatus:

ac *ante corr.* }	ante correctionem
add.	addidit, addiderunt
cod(d).	codex, codices
corr.	correxit, correxerunt
def.	defecit, defecerunt (verbis aliquibus omissis)
del.	delevit
des.	desinit
exp.	expunxit
hinc	hinc incipit vel revertit codex (verbis quibusdam omissis)
hom.	homoioteleuton
lac.	lacuna
lin.	lineae, linearum
litt.	litterae, litterarum
marg.	margine
om.	omisit, omiserunt

pc *post corr.* }	post correctionem
ras.	rasura
ss	suprascripsit
transpos.	transposuit
< >	addendum, addenda
[ ]	omittendum, omittenda
***	lacuna
< *** >	lacunam suspicor
† †	locus corruptus esse videtur

Commentarius super Libros
De Inventione

Sigla

A	= London, Brit. Lib. MS Arundel 348, fols. 102r-179v (s. xii).
B	= Bruxelles, Bibl. Roy. MS 10057-62, fols. 2r-30v (s. xii).
H	= Heidelberg, Univ. Bibl. MS Salem 7.103, fols. 142ra-173vb (s. xii).
L	= Leiden, Bibl. d. Rijksuniv. MS B. P. L. 189, fols. 42r-45v (s. xii).
M	= München, Bayr. Staatsbibl. MS clm 3565, fols. 174ra-219va (s. xv).
O	= London, Brit. Lib. MS Harley 5060, fols. 89r-138v (s. xv).
P	= Praha, Státní Knihovna ČSR MS VIII.h.33 (Truhlár 1651), fols. 1r-34v (s. xv).
Ph	= Berlin, Staatsbibl. Preuss. Kulturbesitz MS lat. oct. 161 (Phillips 9672), fols. 1ra-35vb (s. xii).
Alan.	= Alanus, *Commentum super Rhetoricam ad Herennium*, London, Brit. Lib. MS Harley 6324, fols. 1ra-68va.
Gril.	= Grillius, *Commentum in Ciceronis rhetorica*, ed. Josef Martin, "Ein Beitrag zur Geschichte der Rhetorik," *Studien zur Geschichte und Kultur des Altertums* 14. 2-3 (Paderborn, 1927).
Gund.	= Dominicus Gundissalinus, *De divisione philosophiae*, ed. Ludwig Baur, Beiträge zur Geschichte der Philosophie des Mittelalters 4. 2-3 (Münster, 1903), pp. 43-53 (*ad grammaticam*), pp. 63-69 (*ad rhetoricam*).
P. Hel.	= Petrus Helias, *Commentum super De inventione Ciceronis*, Cambridge, Pembroke College MS 85 section 3, fols. 84ra-99rb.
Rad.	= Radulphus de Longo Campo, *In Anticlaudianum Alani commentum*, ed. Jan Sulowski, Polska Akademia Nauk, Zakład historii nauki i techniki, Zródła do dziejów nauki i techniki 13 (Wrocław-Warszawa-Kraków-Gdańsk, 1972).

Stroebel	= *M. T. Ciceronis scripta quae manserunt omnia* 1.2, ed. Edward Stroebel (Leipzig: Teubner, 1915).
Codices apud Stroebel	= codices apud Stroebel adhibiti
C	= codices apud Stroebel.
H	= Würzburg, Univ. Bibl. MS M.p. misc. f. 3 (s. ix).
P	= Paris, Bibl. Nat. MS lat. 7774A (s. ix).
S	= Sankt Gallen, Stiftsbibl. MS 820 (s. ix-x).
L	= Leiden, Bibl. d. Rijksuniv. MS Voss. lat. F. 70 I (s. x).
R	= Leningrad, Publichnaia biblioteka im. M. E. Saltykova-Shchedrina MS F vel. 8 auct. class. lat. (s. ix-x).
M	= (mutili) consensus codicum mutilorum *HPSLR* vel *HP*.
J	= (integri) omnes vel plurimi codices integri a Stroebel citati.
i	= (integri) pauci codices integri a Stroebel citati.
Vict.	= Q. Fabius Laurentius Victorinus, *Explanationes in Rhetoricam M. Tullii Ciceronis.* In *Rhetores Latini Minores*, ed. Carl Halm (Leipzig, 1863).
Will.	= Willelmus Campellensis, *Commentum super De inventione Ciceronis*, York, Minster Lib. MS XVI.M.7 fols. 1ra-51rb; *Commentum super Rhetoricam ad Herennium*, ibid., fols. 51rb-68vb.

\<Theodorici Britonis Commentarius super Rhetoricam Ciceronis\>

\<PROLOGUS PARTIS PRIMAE\>

Ut ait Petronius: nos magistri in scholis soli relinquemur nisi multos
palpemus et insidias auribus fecerimus. Ego vero non ita. Nam medius
fidius paucorum gratia multis mea prostitui. Sic tamen consilium meum
contraxi, ut vulgus profanum et farraginem scholae petulcam excluderem.
5 Nam simulatores ingenii exsecrando studium et professores domestici
studii dissimulando magistrum, tum etiam scholasticae disputationis
histriones inanium verborum pugnis armati, tales quidem mea castra
sequuntur, sed extra palatium, quos sola nominis detulit aura mei, ut in
partibus suis studio pellaciae Theodoricum mentiantur. Sed ut ait Persius:
10 esto dum non deterius sapiat pannucea Baucis. Atque haec hactenus, ne
cui praefatio incumbit is eam prolixitatis arguens forte rescindat atque hic
initium commentarii sumat.

\<ACCESSUS CIRCA ARTEM RHETORICAM\>

Circa artem rhetoricam decem consideranda sunt: quid sit genus ipsius
15 artis, quid ipsa ars sit, quae eius materia, quod officium, quis finis, quae
partes, quae species, quod instrumentum, quis artifex, quare rhetorica
vocetur.

---

titulus: commentarius: *sic infra* p. 108.1 *Rad.*, glosa rhetoricae H, annotationes L *manu
saec. xvi, titulus def.* ABMOPPh.   1 relinquemur: relinquimur AH.   3 mea: viam H,
in ea M.   9 pellaciae: pallaciae A^{pc}, palaciae A^{ac}, fallaciae L^{pc}. | Theodoricum: Theoderi-
cum ALM.   14 circa: *hinc incipiunt* OP *Gund.*   14-23 circa ... docetur: *post* p. 55.32
faciat *transp.* P.   14 consideranda: inquirenda et consideranda H, inquirenda O^{ac}.
14-15 quid ... eius: scilicet quid sit ipsa, quod genus eius, que *Gund.*   15 quod: quid
BMPh.   15-16 quod ... species: que partes, que species, quod officium, quis finis *Gund.*
16 rhetorica: sic *Gund.*   17 vocetur: quo ordine sit legenda *add. Gund.*

1 Petr. *Sat.* 3.2.
4 vulgus profanum: Hor. *O.* 3.1.1.
7 castra: *Cf.* Abelard, *Hist. Cal.*, p. 66: "castra scholarum nostrarum."
9 Pers. 4.20.
14-55.32 *Gund.*, pp. 63.21-68.17, cf. supra, p. 15.
14-15 genus, materia, officium, finis: *De inv.* 1.4.5-1.7.9; partes, species, instrumentum,
actor: Boeth. *Top.* 4 (PL 64:1207A; 1211C).

Artem definiendi haec et dividendi et rationibus comprobandi antiqui
rhetores artem extrinsecus vocant, eo quod extra et antequam ad doctri-
20 nam agendi perveniatur oportet ista praescire. Intrinsecus vero artem
appellant ipsam artem eloquendi, quia ad eam prior scientia introductoria
est. Non tamen idcirco haec distinguimus quod duae artes sint, sed
quoniam his duobus modis una eademque ars docetur.

Deinde circa librum Tullii, quem exposituri sumus, consideranda duo
25 sunt: quae sit in ipso auctoris intentio et quae libri utilitas. Horum
unumquodque eo ordine quo proposuimus ostendendum est.

Genus igitur artis rhetoricae est qualitas ipsius artificii secundum eius
effectum. Hoc autem est quod ipsum artificium est pars civilis scientiae
maior. Nam civilis ratio dicitur quicquid civitas aut rationabiliter dicit aut
30 agit. Dicimus enim: ratio est hoc vel illud facere vel dicere. Item civilis
ratio dicitur scientia dicendi aliquid rationabiliter et faciendi, et haec
quidem ratio scientia civilis dicitur, cuius quidem pars integralis et maior
rhetorica dicitur. Nam sapientia, id est rerum conceptio secundum earum
naturam, et rhetorica civilem scientiam componunt. Etenim, nisi quis
35 sapiens et eloquens fuerit, civilem scientiam habere non dicitur.

Maior vero pars civilis scientiae dicitur rhetorica, quoniam magis
operatur in civilibus quam sapientia, etsi sine sapientia nihil prosit.
Maximam enim virtutem habet eloquentia in civitate, si sapientiae iuncta
sit, quam rem in sequentibus Tullius ostendit.

18-23 artem ... docetur: *adhibuit Gund. ad grammaticam, sed vice eiusdem ad rhetoricam
add.* quoniam diffiniciones istorum iam supra posuimus, eas hic repetere superfluum iudica-
mus.   18 artem: scienciam *Gund.* | haec et: hoc est L, hic et M, hanc et O.
19 rhetores: *om. Gund.* | extra et: prius extra *Gund.*   20 praescire: praesciri M, praedis-
cere vel praescire O.   20-22 artem ... est: *aliter Gund.*   22 idcirco haec: idcirco hoc
H, idcirco hic MO, ista sic *Gund.*   22-23 quod ... quoniam: quasi artem extrinsecus duas
artes esse velimus, sed quod *Gund.*   23 eademque: eadem BP, et eadem *Gund.*
24-25 deinde ... utilitas: *om. Gund.*   25 in ipso: ipsius L, in ipsa Ph, *om.* O, *def. Gund.*
28 hoc: haec B, hic M.   32 civilis scientia BPh.   33 dicitur: est AHLO, dicitur
vel est Ph.   34 et rhetorica: et rhetorica (rhetoricam A^{ac}) est A, et rhetoricam L, est
rhetoricam O. | etenim nisi: nisi enim P *Gund.*   37 civilibus: causis *add.* AL *Gund.* | etsi:
et si sit L^{pc}, et MOP, cum *Gund.*   38 sapientiae: sapientia AM.   39 quam rem: quod
BPh, quid M, ut P, sicut *Gund.*

18-23 *Rad.*, p. 139.26-140.2.
18-19 antiqui rhetores: Cic. *De orat.* 1.42.188; *Vict.*, p. 170-171.
25 intentio, utilitas: cf. Boeth. *Comm. in Cat.* (PL 64:159A; 161A).
27 genus = qualitas: cf. *Vict.*, p. 171.17.
27-30 Cf. *Rad.*, p. 137.22-24.
30-39 Cf. *Rad.*, pp. 137.27-138.5.
33-34 sapientia, natura: cf. *Vict.*, p. 171.31.

40   Item secundum Boethium genus artis rhetoricae est quod ipsa est
      facultas, id est facundum efficiens, quod est esse maiorem partem civilis
      scientiae. Dicitur autem una eademque scientia et ars in magistro,
      quoniam regulis artat discipulum, et facultas in oratore, quoniam eum
      efficit facundum.
45   Non est autem dicendum rhetoricam aut logicam esse aut eius partem
      idcirco quod logica circa thesim solam, id est circa generaliter proposita
      tantummodo versatur, rhetorica vero circa hypothesim solam, id est circa
      particulariter proposita tantummodo versatur.

      Definitio artis rhetoricae apud antiquos rhetores varia et multiplex est.
50 Nam quidam hoc modo definiunt: ars rhetorica est bene dicendi scientia.
      Alii autem sic: rhetorica est scientia utendi in privatis et publicis causis
      plena et perfecta eloquentia. Sunt alii qui hoc modo eam definiunt:
      rhetorica est scientia apposite dicendi ad persuasionem de causa propo-
      sita. Definiunt etiam philosophi rhetoricam aliis modis, quos modos qui
55 scire desiderant legant Quintilianum, *De institutionibus oratoriis*.

      Nunc de materia artis. Materia artis cuiuslibet est id quod artifex debet
      secundum artem tractare. Materia igitur artis rhetoricae est hypothesis,
      quae a Latinis causa dicitur, quoniam illam orator secundum artem
      rhetoricam tractare debet. Hypothesis vero sive causa est res quae habet
60 in se controversiam in dicendo positam de certo dicto vel facto alicuius

---

45-48 non ... versatur: *om. Gund.*   46 generaliter proposita: genera agendi L.   49 de-
finitio ... est: *aliter Gund.*   50 nam ... modo: quidam enim sic P, quidam enim sic
eam *Gund.*   53 apposite: apposita L, apte vel apposite H. | persuasionem: persuadendum
L^{pc}O.   54 etiam: et M, autem H, alii O.   55 desiderant legant: desiderat legat L *Gund.*
| institutionibus: instructionibus *Gund.* | oratoriis: oratoris *Gund.*   56 nunc ... artis[1]: *om.*
Gund.   56-57 materia[2] ... tractare *Gund. ad grammaticam.*

      40 Boeth. *Top.* 4 (PL 64:1207A-B).
      40-41 *Rad.*, p. 138.5-7.
      45 logica / pars logicae: cf. contra *Gund.*, p. 73; *Will.*, fol. 1vb, "logicae supponitur"; Isid.
(PL 83:94C).
      45-48 Cf. *Rad.*, p. 138.23-26.
      49-55 Cf. *Rad.*, p. 135.8-12.
      50 quidam: Quint. *Inst.* 2.15.38.
      51-52 alii: *Vict.*, p. 156.24.
      52-54 alii: Cic. *De Inv.* 1.5.6; *De orat.* 1.31.138.
      55 Quint. *Inst.* 2.15.1-38.
      56-59 Cf. *Rad.*, p. 138.21-23.
      57 hypothesis: cf. Boeth. *Top.* 4 (PL 64:1205D).
      58 Cf. *Vict.*, p. 213.42.
      59-67 Cf. *Rad.*, pp. 138.28-139.4.

certae personae, ut haec controversia an Orestes iure occiderit matrem an non.

Non autem dico homicidium aut furtum aut adulterium aut aliquod huiusmodi esse materiam artis rhetoricae, sed rem in controversia positam
65 quae probabilibus argumentis aut vera aut falsa esse ostendi potest, ut argumentis probabilibus ostenditur an Orestes iure occiderit matrem an non.

Quae res causa dicitur eo quod causari dicitur de aliqua re aliquem impetere et in litem adducere. Vel ideo causa dicitur quod antiqui dicebant
70 causari de aliqua re querelare, inde causa dicitur quasi de aliqua re querela.

Hypothesis vero, id est suppositum, dicitur quoniam sub thesi continetur. Dicitur eadem quaestio implicita circumstantiis, id est certis determinationibus personarum, factorum, causarum, locorum, temporum, modorum, facultatum, quae circumstantiae hoc versu designantur: quis,
75 quid, ubi, quibus auxiliis, cur, quomodo, quando. Sed quid sit circumstantia in sequentibus melius dicetur.

Civiles autem controversiae aut de iusto ante iudices esse solent et tunc illae controversiae causae iudiciales dicuntur, aut de utili apud rei publicae aut privatae procuratores et tunc causae deliberativae dicuntur, aut de
80 honesto apud populum in contionibus et tunc causae demonstrativae dicuntur. Sunt igitur hae tres res, id est iustum, utile, honestum, fines omnium causarum ex quibus omnes causae nascuntur, id est civiles controversiae. Haec igitur causa triplex artis rhetoricae materia est.

61-62 an non: suam *Gund.*   63 non: nunc A, nam O. | aut adulterium: *om.* O *Gund.* | aliquod: aliquo A, aliquid LO *Gund.*   64 positam: propositam A, posita P *Gund.* 66 ostenditur: ostendatur O, ostendi potest Ph.   66-67 an non: suam *Gund.*   68 de aliqua re aliquem: d.a. rem aliquam M, aliquem de aliqua re AHLP.   69 et: id est B, aut P *Gund.* | adducere: ducere OP *Gund.*   72 implicita: implicata A^{ac}MPh.   74 hoc: in hoc OP *Gund.* | versu: versiculo *Gund.*   76 sequentibus: Tullio *Gund.* | melius: *om.* HO *Gund.* | dicetur: ostendetur AO.   77 controversiae: quaestiones B^{ac}P, constitutiones Ph^{ac}. | iudices: in foro *add.* O (*cf. P. Hel.*, fol. 84rb, "In foro enim ante rostra navium tractabatur causa iudicialis").   78-79 utili ... procuratores: honesto apud senatores in Capitolio O (*cf. P. Hel.*, fol. 84rb, "In Capitolio quoque tractabatur deliberativa causa"). | rei ... privatae: rem (rei B^{ac}) publicam aut privatim B, r. p. aut privati L, principem aut private per *Gund.* 80 honesto: utili O. | contionibus: Martii campi *add.* O (*cf. P. Hel.*, fol. 84rb, "In [de] Campo rursus Martio tractabatur causa demonstrativa").   81 res: *ss* A, *om.* BPh.

70 Cf. Tert., Cassiod., Boeth., Plin., in *Thes. ling. lat., s.v.*
72-75 Cf. *Rad.*, p. 139.4-8.
74-75 Cf. *Will.*, fol. 15vb, "quis, quid, ubi, cur, quomodo, quando, quibus auxiliis"; cf. Boeth. *Top.* 4 (PL 64:1205D; 1212C-D); *Vict.* p. 207.1.
76 Cf. infra pp. 128.28-130.86.
77-83 Cf. *De Inv.* 1.5.7; Boeth. *Top.* 4 (PL 64:1207C-D); *Vict.*, p. 175.22; *Rad.*, p. 141.7-13.

Officium autem cuiuslibet artis est id quod artifex debet facere secun-
85 dum artem. Officium igitur artis rhetoricae est id quod orator debet facere
secundum artem rhetoricam. Id autem est apposite dicere ad persuadendum, id est dicere ea quae conveniunt et sufficiunt ad persuadendum, etsi
orator non persuadeat. Unde Aristoteles in *primo Topicorum*: orator non
semper persuadebit, sed, si ex contingentibus nihil omiserit, sufficienter
90 eum habere propositum dicemus.

Finis artis cuiuslibet est id ad quod artifex tendit secundum officium.
Finis igitur artis rhetoricae est id ad quod tendit orator secundum suum
officium. Id autem est persuadere dictione, quod est persuadere quantum
in se dicente est, etsi in auditoribus remaneat. Et hunc finem semper ars
95 consequitur. Est autem alius finis artis quem non semper consequitur, id
est auditoribus persuadere, ut supra monstratum est.
Non est autem idem finis artis quod eius utilitas nec officium quod eius
intentio, propterea quod eius utilitas varia et multiplex est, finis vero id
99 solum quod praediximus. Similiter intentio artis est, sive oratoris, movere
auditores ut sibi credant, officium vero id solum quod praediximus.

Partes autem artis rhetoricae sunt, quae convenientes oratorem efficiunt
et quarum, si una defuerit, non est orator. Dictae partes a similitudine
partium integralium, quae si conveniunt totum exsistit, si autem una
5 defuerit totum non est. Hae autem partes quinque sunt: inventio, dispo-

---

84-85 officium ... artem: *Gund. ad grammaticam.*   85-86 officium ... artem: *om.* LM
(*hom.*).   85 igitur: autem HPh[ac], *def.* LM.   88 non[1]: *ante* non *lac. 2 fere litt.* A, semper
add. B, *post* non *lac. 2 fere litt.* H. | persuadeat: suadeat B, persuadet *Gund.*   89 ex: de
A[ac]OP *Gund.*   91 finis ... officium: finis autem artis cuiuslibet est id ad quod tendit orator
per officium O, finis autem est id ad quod tendit artifex per officium, et perpenditur ex officio
finis *Gund. ad grammaticam.*   92 secundum suum: per *Gund.*   93 quod: hoc autem
Gund.   94 in se dicente: in se est (+ persuadere in *add.* A[ac]) dicente A, in se dicentem
L, in se decens O.   95-99 est ... praediximus: *om. Gund.*   99-1 similiter ... praediximus: *om.* A (*hom.*).   99 movere: commovere OP, monere vel movere Ph, *def.* A.
2-5 sunt ... partes: *om. Gund.*   2 convenientes: convenientis H[ac], convenienter LM.
3 a similitudine: ad similitudinem AHLO.   4 exsistit: exsistat BHL, efficiunt P.
5 non est: defuit vel non est Ph, defuerit M.

84-90 Cf. *Rad.*, p. 138.10-15.
88 Arist. *Top.* 3, 101b5-11. (*Aristoteles Latinus* 5.1-3 *Topica*, ed. L. Minio-Paluello
[Bruges-Paris: Desclée de Brouwer, 1969], pp. 7-8).
91-96 Cf. *Rad.*, p. 137.6-10.
93 Cf. *Lectiones*, p. 131, "finis cuiuslibet artis *sicut alibi dicitur* est id ad quod tendit artifex
per officium, sicut finis rhetorice est persuadere dictione, sicut in Rhetorica dicitur."
97-99 Cf. *Rad.*, p. 139.14-16.
4 partes integrales: cf. infra p. 76.93-97; Boeth. *Top.* 4 (PL 64:1208A).
5-6 Cf. ordinem officiorum oratoris in *Auct. ad Her.* adhibitum, ubi elocutio ultimo
tractatur.

sitio, pronuntiatio, memoria, elocutio. Si igitur hae quinque res in aliquo
conveniunt orator est, si autem una defuerit non est orator. Et hac
similitudine dicuntur partes, cum sint officia oratoris.

Species autem artis rhetoricae sunt genera causarum. Genera vero
10 causarum sunt qualitates causarum generales secundum ipsarum fines.
Nam fines causarum sunt, ut superius dictum est, aut iustum aut honestum
aut utile. Inde igitur omnes causae qualitatem hanc recipiunt, quod aut
iudiciales aut demonstrativae aut deliberativae dicuntur.

Generales vero ideo dicuntur huiusmodi qualitates causarum, quoniam
15 unumquodque istorum generum omnes constitutiones continet. Bene
autem dicuntur genera causarum quoniam ex qualitatibus praedictorum
finium omnes causae gignuntur. Species vero artis rhetoricae dicuntur
genera causarum non quod rhetorica de ipsis praedicetur, sed hac similitudine quod omnes partes rhetoricae in singulis causarum generibus
20 exercentur, sicut genus totum singulis speciebus inest.

Instrumentum autem artis rhetoricae est oratio rhetorica, quae constat
ex sex partibus: exordio, narratione, partitione et ceteris. Quae oratio
idcirco instrumentum dicitur, quoniam per eam orator agit, sicut aliquis
artifex per instrumentum agit in materiam.

25   Artifex vero huius artis est orator. Orator vero est vir bonus dicendi
peritus, qui in privatis et publicis causis plena et perfecta utitur eloquentia.
Rhetor vero et orator in hoc differunt, quod rhetor quidem doctor artis
est, orator vero qui secundum artem causas civiles tractare novit. Et saepe
contingit, quod neque rhetores sunt oratores neque oratores rhetores.

6 pronuntiatio: annuntiatio M, elocutio PPh. | elocutio: enuntiatio B^ac, pronuntiatio PPh.
7 conveniunt: convenerint LPh. | orator est: perfectum oratorem reddunt *Gund.* | non
est orator: perfectus orator non erit *Gund.* | et: ex *add. Gund.*   8 partes: artis *add. Gund.*
11-12 utile aut honestum HO *Gund.*   12 hanc qualitatem OP *Gund.*   13 delibe-
rativae aut demonstrativae HPh.   22 sex: septem A^ac M^ac O, quinque *Gund.* | partitione:
patitione A, petitione O, petitio P (*cf. ordo partium epistolarum secundum artem dictaminis*).
| et ceteris: confirmatione, epilogacione *Gund.*   26 causis: negotiis *Gund.*   29 neque[1]:
non BOP, nec *Gund.* | sunt: sint BHPh. | neque[2]: nec O *Gund.*, et P.

9 Cf. Boeth. *Top.* 4 (PL 64:1207B, 1211B).
15-20 Cf. *Rad.*, p. 141.17-23.
21-22 instrumentum: cf. Boeth. *Top.* 4 (PL 64:1208B; 1211B); *Rad.*, p. 139.19-21.
25 artifex: cf. Boeth. *Top.* 4 (PL 64:1208D; 1211C).
25-26 "vir bonus, dicendi peritus": Cato *apud* Quint. *Inst.* 12.1.1; *Gril.*, p. 13.17 et multi
alii.
25-26 Cf. *Rad.*, p. 137.16-18.
26 Cf. *Vict.*, p. 156.24.
27 rhetor: cf. *Vict.*, p. 156.23.
28-29 Cf. *Rad.*, p. 137.18-20.

30   Ars autem ista rhetorica dicitur a copia loquendi; "rhetoros" enim
      Graece "copia loquendi" Latine dicitur. Inde rhetorica dicitur haec
      scientia quod eloquentem faciat.

<ACCESSUS CIRCA LIBRUM>

      Ostensis illis, quae circa artem rhetoricam consideranda sunt, nunc quae
35   circa hunc librum Tullii inquirenda sunt dicendum est. Intentio Tullii in
      hoc opere est unam solam partem artis rhetoricae, scilicet inventionem,
      docere. Utilitas vero libri est scientia inveniendi orationem rhetoricam.
      Nunc accedamus ad prooemium.

      30 rhetoros: rhetores AH^{ac}M *Gund.* | loquendi: dicendi B^{ac}HM^{ac}.   31-32 inde ...
scientia: *om.* L, ideo scilicet O.   35 inquirenda ... Tullii: *om.* M (*hom.*).   36 est: *ss*
A, videamus O, videtur Ph, *def.* M.

      30 copia loquendi: cf. *De inv.* 1.1.1; *Vict.*, p. 157.6-11.
      30-31 Cf. *Rad.*, p. 135.13-14.
      35, 37 intentio, utilitas: cf. Boeth. *Com. in Cat.* (PL 64:159A; 161A).

\<Pars prima in librum primum\>

\<IN PROOEMIUM TULLII\>

1.1.1. *Saepe et multum hoc mecum cogitavi.* Studendum esse arti rhetoricae Tullius intendit persuadere tum artem rhetoricam commendando, in
quo reddit lectores attentos, tum eam defendendo contra Platonem et
Aristotelem. Quorum Plato affirmaverat rhetoricam non esse artem, sed
5 hominibus naturaliter insitam, Aristoteles autem artem quidem esse
affirmabat, sed malam, eo quod per eam multotiens veritas impugnaretur,
quia et falsitas pro vero in opinionem hominum induceretur. Ideoque
necessarium putat Tullius in hoc prooemio et artem probare contra
Platonem et bonam esse contra Aristotelem, in qua re reddit auditores
10 erga artem rhetoricam benivolos, qui ab ea alienati erant auctoritate
illorum philosophorum.

Igitur Tullius contra tantos philosophos locuturus utitur quodam genere
prooemii, quod dicitur insinuatio, quasi non audens aperte tantae auctori-
tati contradicere. Quid autem insinuatio sit, in sequentibus dicetur. Utitur
15 etiam genere causae deliberativo, iuxta illam qualitatem causae quae
dicitur admirabile genus causarum. Est enim admirabile genus causae,
cum id defenditur a quo auditores alienati sunt. Tullius igitur iuxta
ordinem deliberationis in primis ponit partes ipsius deliberationis, deinde
exsecutiones partium, postea sententiam suam quid sibi potius de alterutra
20 parte videatur, ad ultimum probationem suae sententiae; et in his quattuor
totum prooemium consumitur.

Partes ergo deliberationis sic ponit. *Saepe cogitavi mecum an rhetorica
plus boni attulerit hominibus an mali*, non utrum bona an mala sit. Non
enim Tullius in hoc loco quaerit qualitatem artis quam ex se habet, sed
25 quam accipit ex eis qui ea utuntur. Artem enim rhetoricam ex se bonam

---

3 eam: eandem AHLPh.   5 hominibus: omnibus HPh.   9 qua re: quo A, qua B.
18 partes ipsius: ipsas causas L, partes MP.   21 consumitur: continetur A^{pc}, con-
sumatur O.   23 an^1: an plus AOP.

3-4 Cf. *Gril.*, pp. 2-3.
14 Cf. infra, pp. 111.79-81; 114.85-117.89.
16 Cf. *De inv.* 1.15.20.
17-21 Cf. *Vict.*, p. 155.13-22; *Gril.*, pp. 4.14-5.4.

esse apud omnes constat, mala vero multa confert hominibus, si mali ea abutantur.

Cum igitur constet artem ex se bonam esse, in malis vero hominibus nocivam, in bonis autem utilem, cum, inquam, hoc sit, non quaerit Tullius
30 simpliciter an bona an mala sit—hoc enim ambiguitatem faceret, utrum de natura artis an de effectu deliberaretur—immo vero circa effectum delibe- rat, an plus boni scilicet an plus mali hominibus efficiat. Si enim plus mali confert, malam esse hominibus constat, qualiscumque in se fuerit, nec ei studendum est, quod Aristoteles putavit; si autem plus boni, bonam esse
35 putandum est. Bonum enim sive malum aequivoce dicitur, vel quod retinet in se qualitatem alterius eorum, vel quod bonam rem vel malam efficit.

Dicit autem Tullius se *saepe* cogitasse ut frequentiam notet cogitationis, *multum* vero ut assiduitatem studii, *secum* autem ut genus deliberationis ostenderet. Deliberat enim quis aliquando secum, aliquando vero cum
40 aliis.

Bono autem ordine quaesivit *bonine an mali plus attulerit,* quoniam eloquentia prius profuit, postea vero nocuit *hominibus* id est rebus privatis, *et civitatibus* id est rebus publicis. Nam his duobus constat res publica.
45   *Copia dicendi ac summum eloquentiae studium.* Alterum istorum effectus est artis rhetoricae, id est *copia dicendi,* quae est eloquentia, quoniam rhetorica eloquentes facit; alterum autem causa est artis rheto- ricae, quoniam si quis perfecte in eloquentia studuerit, per illud *studium summum* id est perfectum, artem rhetoricam assequi poterit. Bene ergo
50 Tullius artem rhetoricam per eius causam atque effectum designavit.

Nam cum et nostrae rei publicae detrimenta considero. Hic incipit partium deliberationis exsecutio. Exsequi autem partes praedictae delibe- rationis nihil est aliud quam ostendere partim commoda, partim incom- moda ex rhetorica consecuta esse, ut inquiratur quae eorum magis ex ea
55 consecuta sint.

Quoniam igitur Tullius insinuatione utitur, ut defensionem dissimulet, prius partem incommodorum ostendit dicens, *nam cum considero detri- menta* id est diminutiones, *nostrae rei publicae,* quas praesens oculis vidi, et cum *colligo* in *animo* id est fama et memoria recolo, *maximarum*

---

27 abutantur: amputantur A[ac], abutuntur B[ac]OPh[ac].   32 scilicet: *ss* A, *om.* MPPh.
37 notet: notat HLPh[ac], denotet AOP, *om.* B   39 vero: *om.* LMOPPh.   41 quaesivit: quae sint AM, quae sunt B, quaesi H[ac].   49 assequi: consequi HO.   51 rei ... considero: *om.* P | detrimenta considero: etc. O. | detrimenta: detrimentum L, damna vel detrimenta Ph, *def.* OP.   52-53 exsequi ... ostendere: ostendit enim O.

43-44 res publica: cf. *Vict.,* pp. 157.3; 166.7.

60 *civitatum veteres calamitates* id est debilitationes sive destructiones; cum,
inquam, hoc *considero* quasi praesens, illud vero *colligo* quasi absens,
video id est intellego, *non minimam partem incommodorum invectam* esse
per disertissimos homines, id est per eos qui habent satis eloquentiae,
parum vero vel nihil sapientiae.

65   Dicendo autem detrimentum, quod leve damnum dici solet, et *veteres
calamitates* non novas et *non minimam partem incommodorum,* haec,
inquam, dicendo, satis attenuat partem illam quae ad vituperium artis
rhetoricae pertinere videtur. Non autem dicit invectum esse malum per
artem rhetoricam, sed *per disertissimos,* ut non arti, sed arte abutenti culpa
70 ascribatur.

  Cum autem res a nostra memoria propter vetustatem remotas, etc.
Partem commodorum hic ponit et, sicut studio defendendi artem partem
incommodorum attenuavit, ita eodem studio partem commodorum amplificat dicens: *cum instituo repetere* id est cum propono ad memoriam
75 reducere, *ex litterarum monumentis* id est per annales aut per historias, *res
a nostra memoria propter vetustatem remotas* id est res ante nostram
aetatem gestas et quae propter antiquitatem a communi memoria cecide-
runt; cum, inquam, haec considero, *intellego* ex *eloquentia* id est ex
rhetorica, rationi *animi* id est sapientiae iuncta haec bona provenire,
80 urbium scilicet constitutiones et cetera quae sequuntur, quae definire
superfluum iudicavi. Suasu enim rhetoricae omnia praedicta frequenter
evenire solent. Quod autem dixit ea fieri *facilius* per eloquentiam, sic est
intellegendum, quod haec duo, scilicet sapientia et eloquentia, in rectis
persuasionibus se coadiuvant et neutrum sine altero valet, sed tamen eius
85 rei maius instrumentum eloquentia est.

  Ac me quidem diu cogitantem, etc. Positis partibus deliberationis et
eisdem exsecutis, ponit in hoc loco suam sententiam quattuor propositionibus comprehensam, quarum tres praemittit et easdem probat, ex quibus
probatis quartam in fine prooemii infert, scilicet studendum esse elo-
90 quentiae. Illarum vero propositionum, quas praemittit et probat, prima est

60 calamitates: calamitatum M, *om.* O. | debilitationes: deliberationes A[ac]H[ac]O.
61 quasi[2]: ut BO.   66 haec: hoc APh, hic O, sic P.   69 abutenti: abutendi A[ac]L.
75 per[2]: *om.* HO.   76 res: *om.* OP.   77 a communi: actionis Ph.   78 haec: hoc
HM. | ex[1]: *ss* A, *om.* O, per Ph. | eloquentia: eloquentiam Ph.   79 rationi: cum ratione
Stroebel, ratio A.   81 suasu: suasi L, sed vasu M, usu P.   82 evenire: evenive B[ac],
provenire ALOPPh.   84 coadiuvant: coadunant A[pc]HL.   87-88 propositionibus:
propositoribus A, thesibus, id est propositionibus O.

65 leve damnum: cf. *Gril.,* p. 11.17.
75 Cf. *Vict.,* p. 158.9.
81 superfluum: cf. *Vict.,* p. 158.12.

quod *sapientia sine eloquentia parum* prosit *civitatibus*, id est ad congre-
gandum homines ut iure vivant, quod maxime per eloquentiam administratur. Secunda propositio est *eloquentiam sine sapientia plerumque*
nimis obesse, numquam vero *prodesse. Plerumque* autem ideo dixit, quia
95 nec semper nec nimis semper nocet etsi frequenter; sed ubi ait quod *ratio*
duxit eum in hanc sententiam, ibi appellavit rationem firma argumenta,
quibus fuerat inductus in hanc sententiam.

   Quare si quis omissis rectissimis atque honestissimis studiis, etc. Positis
99 duabus propositionibus, prima scilicet atque secunda, ex eis sic infert: quia
eloquentia sine sapientia multum obest, ergo si aliquis studuerit in sola
eloquentia, *is* et *sibi inutilis* et *patriae perniciosus* est, quia nec sibi consulit
et patriae nocet.

   Studium autem *rationis et officii* appellavit studium sapientiae, quod
5 philosophiam nominamus. Est enim sapientia integra cognitio aut *ratio-*
nis, quae pertinet ad speculativam et logicam, aut *officii*, quod ad ethicam
pertinet. Rectissimum autem ad rationem refertur, honestum vero ad
officium, quod est congruus actus uniuscuiusque secundum morem
patriae. Exercitatio vero dicendi definitio est studii eloquentiae.

10   *Qui vero ita sese armat eloquentia*, etc. Tertiam propositionem his
verbis Tullius ostendit, et est sensus verborum talis: *qui vero ita sese armat*
eloquentia id est qui ita robustus sapientia defendit se quasi quibusdam
armis per eloquentiam, *ut non oppugnare patriam*, sed *pro* ea pugnare
possit, id est per eloquentiam sapientiae iunctam defendere patriam aptus
15 sit; qui, inquam, talis est, *is videtur* utilis *suis rationibus* id est rebus suis
gerendis, *et publicis rationibus* amicus id est in ordine gerendorum, quae
ad rem publicam pertinent, benignus.

   Ratio enim in hoc loco ordo gerendorum dicitur. Bene autem dicit de
isto quod et sibi et patriae utilis sit contra hoc, quod de illo dixerat qui
20 solam eloquentiam tenet, quod scilicet et *sibi inutilis* sit et *patriae*
perniciosus.

   1.1.2. *Ac si volumus huius rei quae vocatur eloquentia*, etc. Propositiones superius positas ab hoc loco probare incipit ordine converso, quo eas

---

91 sapientia ... prosit: sapientiam ... prodesse *Stroebel.*   93 plerumque: *om.* HL.
94 nimis: nimium *Stroebel, om.* OP.   95 ubi: ut MPh, cum P.   99 propositionibus:
thesibus O.   1 aliquis: quis HO.   4 quod: qui A^{ac}, quam MOPh.   9 exercitatio:
in exercitatione *Stroebel.*   10 sese *Stroebel*: se HMO *i apud Stroebel.*   11 sese: se
BHLO *i apud Stroebel.*   12 robustus: robuste A^{pc}, *om.* L.   15 utilis: sensus utilis M,
utilissimus *Stroebel.*   16 amicus: amicissimus *Stroebel.* | id est: *om.* BL.   20 et^1: *om.*
LMOPh.

   91-92 Cf. *Vict.*, p. 158.12.
    9 Cf. *Vict.*, p. 159.30.
   18 Cf. *Vict.*, p. 160.5.

superius posuerat. Nam postremam propositionem primo probat, deinde
25 mediam, ultimo loco primam.

    In primis igitur eloquentiam sapientiae iunctam multum prodesse
ostendit dicens: *si volumus considerare principium* eloquentiae, id est
eloquentiae inchoationem, *reperiemus* illud principium *causa honestissima
natum* id est honestissimo impulsu animi inchoatum, *et optimis rationibus*
30 *profectum* id est optimo ordine gestum. Nam causa est animi impulsus ad
aliquid agendum. Ratio vero est gerendorum ordo ex causa venientium,
ut quid quo loco facias ac dicas intellegas. Nam qui vult inchoationem
alicuius rei inquirere, ei primum eiusdem inchoationis causa attendenda
est.

35   Quod autem interposuit *sive artis* initium *sive studii*, etc., istud, inquam,
dubitatio quaedam est de origine eloquentiae, utrum ex arte an ex studio
an <ex> exercitatione an ex naturali facultate, id est ex ingenio naturali,
nascatur. Inter studium autem et exercitationem hoc interest, quod
studium est animi ad aliquid agendum pertinacia, exercitatio vero suscepti
40 actus continuatio.

    Ordo autem totius sententiae verborum talis est: si, inquit, volumus
considerare inchoationem eloquentiae, cuius origo aut ars est aut studium
aut aliquid de ceteris, si, inquam, hoc volumus considerare, reperiemus
illam inchoationem ex honestissima causa natam. Inter initium autem et
45 principium hoc interest, quod initium quidem in hoc loco dicitur origo
eloquentiae ex qua nascitur, quam originem Tullius sub quadam dubitatione ostendit; principium vero dicitur inchoatio eloquentiae secundum
actum.

    1.2.2. *Nam fuit quoddam tempus*, etc. Causas ex quibus nata est, id est
50 secundum actum inchoata, eloquentia volens Tullius ostendere primo
ruditatem hominum bestialem, quae in principio mundi fuit, breviter et
commode descripsit, ut per eloquentiam iunctam sapientiae tunc primo
et propter hoc inchoatam ostendat et ruditatem illam hominum fuisse
depulsam et civitates constitutas et multa alia commoda, quae in littera
55 ostenduntur. Quae res facit lectores arti rhetoricae benivolos.

    Sensus autem verborum talis est: quoddam tempus fuit in principio
mundi, in quo homines rudes erant et more bestiarum vivebant nec ullum

---

28 causa honestissima: ex causis honestissimis *Stroebel.*   29 id est: et L, *om.* M.
30-32 nam ... intellegas: *om.* L.   30 animi: *lac. 3 fere litt.* H, *def.* L.   32 ac: aut AO.
| inchoationem: incoactionem A *et sic saepius.*   45 quidem: *om.* H, quidam M.
51 quae: quam H, quia M.   52 tunc: tum A, ut M.   57 ullum: illum M, illud O.

30-31 Cf. *Vict.*, p. 160.4-6.
38-40 Cf. *Vict.*, p. 160.8.

studium sapientiae exercebant, sed solas vires corporis absque ulla ratione, in quo tempore quidam vir sapiens et eloquens, quia in homine
60 animam divinam et rationem inesse videbat, unde videlicet sciebat eum
aptum esse cui persuaderi posset, idcirco tunc et hac de causa impulsus
ille sapiens coepit uti eloquentia et ruditatem depulit et homines ad iure
vivendum congregavit et congregatis iura recte vivendi monstravit. In qua
sententia ostenditur et inchoatio exercitii eloquentiae et causa ex qua
65 coepit exerceri, et ordo quo commodissime gesta est et profuit.

    Nunc litteram perscrutemur. *Vagabantur.* Notat sine domibus esse.
Propagabant vitam id est sustentabant, *ferino victu* id est crudis carnibus
et herbis et talibus, quibus ferae solent uti. Vel *ferino victu,* quia more
ferarum ultra diurnam ventris saturitatem non prospiciebant. *Pleraque*
70 dicit, quia non omnia *viribus corporis administrabant* id est faciebant.
Nam naturales appetitus, ut sitire, esurire et talia, non *viribus corporis nec
ratione* agebant.

    Nondum divinae religionis, etc. Hic dicit eos nondum exercuisse
studium sapientiae, quae in duobus, in divinis scilicet atque humanis,
75 versatur. Rationem autem *divinae religionis* cognitionem divinorum appellavit, quae theorica, id est speculativa, dicitur, rationem autem *officii*
appellavit humanorum cognitionem, quam ethicam vocant.

    Nemo nuptias, etc. Prosequitur ea quae ad ethicam pertinent, quoniam
ea sunt circa quae maxime orator versatur. *Nuptias legitimas* vocat
80 copulationem maris et feminae secundum legum dispensationem. Incertos
autem *liberos* quorum parentes ignorantur, qui ideo incerti erant quia
legitimae nuptiae non erant. *Ius* autem appellavit iustitiam; quod autem
addidit *aequabile,* proprietas iustitiae est eo quod per eam distribuitur
unicuique quod suum est. *Non acceperat* dixit quasi ab alio non didicerat.
85   *Ita propter errorem,* etc. Inter errorem et inscientiam hoc interest, quod
inscientia est nescire quod vere nescias, error vero est si putas te scire
quod nescis. Caecitatem ad inscientiam, temeritatem retulit ad errorem.

---

59 homine: hominem AM.   62 ruditatem: illorum *add.* L, ruditates O. | iure: bene et
iure Ph.   63 congregavit: aggregavit MPh.   66 perscrutemur: perscrutemus H,
prosequamur Ph.   67 ferino *J apud Stroebel*: fero *Stroebel.*   69 diurnam: indiurnam
B, diurnem M, *om.* P.   73 nondum: non namdum A, non de H^{ac}O.   74 atque: et
LOPPh.   81 quorum: cuius BH.   82 autem[1]: *ss* A, *om.* LM.   83 aequabile:
aequale A^{ac}B^{ac}P, aequalem O.   85 inscientiam: inscientia A, scientiam L, scientia O.
86 inscientia: inscitia O *et sic saepius.*

69 Cf. *Vict.,* p. 160.33.
85-87 *Gril.,* p. 18.9-11.
87 Cf. *Gril.,* p. 18.15.

Perniciosissimis satellitibus, etc. Vires corporis dicit esse cupiditatis ministras ad se saturandam, quae cupiditas in animis hominum quandam
90 exercet tyrannidem, postquam usus rationis deest. *Abutebatur* vero dicitur quasi male utebatur.

Quo tempore quidam magnus, etc. Tempus quando usus eloquentiae inchoatus est ostendit. Magnum vero dicit virum propter virtutem, sapientem propter discretionem. Materiam autem dicit inesse animis hominum,
95 quae materia possibilitas est ipsius animi, ut ex rudi fiat ipse virtuosus aut discretus aut contra. Opportunitatem vero *ad maximas res* appellat ipsius animi facilitatem ad maxima facienda, si per doctrinam ipse animus eliciatur, id est ad actum commoveatur. Sunt enim multae materiae ex
99 quibus, etsi non facile, tamen possibile est aliquid fieri, quorum utrumque *animis hominum* inerat, unde boni naturaliter, sed meliores per doctrinam effecti.

Qui dispersos homines, etc. Diximus superius quid esset causa ex qua eloquentia nata fuit et quid esset ratio, id est rei gerendae ordo necessa-
5 rius, quo ipsa eloquentia perfecta est. Causam superius ostendit, nunc ergo de ratione dicit et idcirco ait *ratione quadam compulit in unum*. Ut autem ostenderet ordinem rei gerendae, idcirco dixit *compulit* quasi invitos, deinde vero *congregavit* quasi iam volentes, *inducens* quasi inductionibus utens ad ostendendum quid utile, quid honestum. Compellere
10 autem et congregare nihil aliud est quam civitatem facere.

Primo propter insolentiam, etc. *Insolentiam* vocat boni studii desuetudinem. *Reclamantes* vero dicit, quia invitos primo compulit, *studiosius* vero *audientes*, quia postea iam volentes congregavit. *Rationem* vero et *orationem* appellat illius viri sapientiam et eloquentiam; vel secundum
15 Victorinum ratio ad sententiarum gravitatem refertur, oratio vero ad ornamentum verborum. Feros vero vocat illos quia crudeles, immanes autem quia furiosi. Et contra feros quidem opposuit *mites*, contra immanes vero *mansuetos*.

1.2.3. *Ac mihi quidem videtur*, etc. Probavit eloquentiam iunctam
20 sapientiae multum prodesse civitatibus, nunc vero probat aliam proposi-

---

89 ministras: ministros MPh.   94 inesse: in *add.* APh[ac], *om.* M.   96 contra: c *et lac. 7 fere litt.* L, extra O, econtra Ph.   97 maxima facienda: motum faciendi L.   1 sed: *om.* B, sunt L.   7 dixit: ait H, dicit MPPh.   16 ornamentum: ornatum HM, ornamenta Ph *Vict.*   17 opposuit: apposuit BPh, posuit H.

88-90 Cf. *Vict.*, p. 161.9.
7-10 Cf. *Vict.*, p. 162.10.
9-10 Cf. *Vict.*, p. 162.11.
15 *Vict.*, p. 163.8.

tionem, scilicet sapientiam sine eloquentia parum prodesse constitutioni
aut regimini civitatum. Dicit ergo in hoc loco sibi videri conversionem
hominum praedictam numquam provenire ex tacita sapientia, quae scilicet
sine verbis exemplo boni operis persuadet, nec inopi sapientia, quae
25 scilicet in persuadendo sine arte utitur verbis naturalibus, quoniam illa
conversio est a consuetudine, quae iocunda est, subita traductio, id est
transmutatio ad rationem vitae contrariam, id est ad ordinem vivendi
contrarium.

    Age vero urbibus constitutis, etc. Dixit superius non solum per elo-
30 quentiam *urbes* esse *constitutas*, sed *bella restincta* fuisse et *societates* et
amicitias comparatas fuisse. Postquam ergo de constitutione urbium dixit,
nunc de reliquis subiungit dicens, *urbibus constitutis*, ut homines inter se
fidem tenerent ac iusti essent et alii aliis oboedirent et non tantum pro
patria laborarent, sed etiam, si opus esset, morerentur; ut haec, inquam,
35 omnia fierent, non poterat esse, nisi sapientes homines per eloquentiam
iunctam sapientiae praedicta esse facienda persuasissent; nec aliter fortior,
cum per vires dominari posset, voluisset debilioribus adaequari et *a*
consuetudine, quae propter vetustatem iam altera natura esset, recedere
nisi gravi ac suavi *oratione commotus*.

40   Nunc litteram videamus. *Fidem colere* est fidem exercere atque tenere,
quod pertinet ad societatem faciendam vel conservandam. *Parere alii sua*
voluntate est non vi, sed amore alii oboedire, quod pertinet ad amicitiam.
Firmas autem *societates* dixit ad differentiam earum quae dolosae sunt,
sanctas vero *amicitias* ad differentiam earum quae inhonestae sunt.
45 *Excipere labores communis commodi causa* nihil est aliud quam pati
labores propter commodum patriae. *Ratione* vero aliquid invenire est per
discretionem illud excogitare, inventum autem *eloquentia persuadere* est
per eloquentiam in opinionem hominum illud inducere. *Gravi* inquit *ac*
suavi. Gravitas ad sententias, suavitas vero ad ornatum verborum refertur.
50 *Ad ius* vero *descendere sine vi* nihil est aliud quam sine ulla coactione ad
tenendam iustitiam humiliari. Iocundissimam vero consuetudinem appellat bestialitatem hominum superius descriptam, quae propter antiquitatem
vim naturae obtinebat.

    21 parum: nihil O.   24 exemplo: exemplum LO.   31 comparatas: compertas A,
copulatas L, paratas O. | ergo: vero HO, autem P.   33 tantum: tamen AM, thi H.
34 haec: *om.* MPh. | inquam: numquam M, inquit Ph, autem P.   35 poterat: potant A^{pc}
(portant A^{ac}), poterant MOP.   36 praedicta: praeditam M, praedictam Ph, ista P.
37 cum: qui B.   38-p. 76.1 consuetudine ... perpenderentur: *om.* P.   39 commotus:
permotus H, commonitus L, promotus O.   40 atque: et MPh, et ... atque H^{ac}.
43 firmas: firma M, firmissimas *Stroebel*. | dolosae ... quae: *om.* L.   44 sanctas: sactas B,
def. L, sanctissimas *Stroebel*. | vero: *om.* MPh.   49 ornatum: ornatus M, ornantiam O.

    49 Cf. *Vict.*, p. 165.1.

Ac primo quidem sic nata, etc. Probavit propositiones, has scilicet
55 eloquentiam sapientiae iunctam multum prodesse et sapientiam sine
eloquentia parum prodesse civitatibus. Repetit igitur breviter quae praedicta sunt, ut ad aliam propositionem transeat. Dicit enim eloquentiam sic
natam, id est inchoatam, sicut ipse superius ostendit, dicit etiam eandem
esse *longius* progressam, id est optima ratione profectam, sicut ipse
60 optime ostendit. Maximas vero res *pacis et belli* appellat ea quae per
eloquentiam gesta sunt tam in pace quam in bello. Summam autem
utilitatem appellat eam quae cum honesto est.

Postquam vero commoditas quaedam, etc. Tertiam hic incipit probare
propositionem, eloquentiam scilicet sine sapientia multum obesse. Dicit
65 autem quosdam versutos homines fuisse, qui consecuti eloquentiam sine
sapientia perverterunt urbes et vitas hominum labefactaverunt.

Littera vero sic iungenda est: eloquentia iuncta sapientiae, ut praedictum est, multum profuit, sed *postquam commoditas quaedam* id est
simulatio, *prava virtutis imitatrix*—sunt enim quidam qui per eloquentiam
70 suam simulant se habere sapientiam, cum non habeant—*sine ratione officii*
id est sine sapientia, *dicendi copiam* id est eloquentiam *consecuta est. Tum
ingenio freta malitia,* id est mali homines in calliditate sua confisi
perverterunt *urbes,* id est a bono statu ad malum deduxerunt, *et vitas
hominum* labefactaverunt, id est a virtute in vitium cadere fecerunt.
75 Notanda vero est differentia inter sapientiam et calliditatem, nam sapientia
numquam sine virtute est, calliditas vero in multis sine virtute reperitur.

1.3.4. *Atque huius quoque exordium,* etc. Sicut superius ostendit multa
bona per eloquentiam inchoata esse et ad finem perducta, ita in hoc loco
ostendit inchoationem mali, quod per eloquentiam vacuam a sapientia
80 contigit. Dicit ergo sibi videri quoddam tempus fuisse in quo eloquentes
homines, qui et sapientes essent, occupati fuissent circa solas res publicas
nec ad privata negotia accedere potuissent. Quoniam vero sapientes non
poterant accedere ad privata negotia, asserit Tullius quosdam versutos
homines tum fuisse, qui in privatis se exercentes tantam garrulitatem
85 consecuti sunt, ut verum contradicerent, et ex assiduitate dicendi ita
audaces facti sunt, ut multas iniurias civibus et amicis sapientum inferrent.

---

54 nata: natam A, *om.* B.   63 commoditas quaedam: commoditas L, *om.* O.
65 consecuti: sunt *add.* B.   66 sapientia: sapientiam A, qui *add.* B.   69 simulatio:
similitudo B^{ac}L, similitudo vel simulatio H, assimulatio O.   74 in: ad HO.   77 exor-
dium: *om.* O, mali *add.* Ph (=*Cic.*).   79 a: cum A^{ac}, *om.* B, et O. | a sapientia: sapientia
B, et sapientiam O.   80 contigit: contingit A^{ac}H^{ac}O.   81 occupati fuissent: occupatos
fuisse AB^{ac}H^{ac}LO.   82 potuissent: potuisse AB^{ac}H^{ac}L, potuisset MO.   84 exercentes:
et *add.* L, qui *add.* H.   86 sapientum: sapientium AH. | inferrent: inferent MO.

62 *Vict.,* p. 165.30.

Propter quas iniurias oportuit illos superiores causa defendendi amicos
suos ad privatas causas accedere ibique, cum illi garruli propter clamorem
pares aut superiores esse sapientibus a vulgo crederentur, inde fiebat, ut
90 a plebe indocta ad gubernationem civitatum garruli eligerentur, ac per hoc
rebus publicis maximum periculum merito contigit, atque ita eloquentia
sine sapientia multum obfuit.

Nunc textum inquiramus. *Veri simillimum* id est valde veri simile.
Confirmat opinionem suam sine dubietate esse. *Neque in publicis*, etc.
95 Publicas res appellat communia in civitate, ut est ipsa civitas et muri et
templa et consimilia; causas etiam publicas ad haec pertinentes. *Infantes*
vocat ineloquentes. *Nec vero ad privatas*, etc. Privatas causas dicit causas
pertinentes ad res uniuscuiusque. *Magnos ac disertos*, etc. *Magnos* id est
99 sapientes, *disertos* id est eloquentes, contra hoc quod dixerat *infantes et*
insipientes. Sed cum a summis, etc. Summos vocat quos superius *magnos*
ac disertos <vocavit>, propterea quod in summitate rei publicae constituti
essent, maximas vero res dicit res publicas. *Non incallidos*, etc. *Non*
incallidos vocat versutos, qui dolo ac fraude virtutem imitantur. *Ad parvas*,
5 etc. Privata causa alia parva, alia magna. Dicit ergo illos malos a parvis
incepisse, deinde ad magnas causas se ingessisse.

Quibus in controversiis, etc. De parvis dicit a quibus inceperunt. *Stare*
vero a mendacio contra verum est uti mendaci oratione contra veram
causam. Cum ergo sic incepissent et in parvis loqui contra verum
10 consuevissent, *assiduitas dicendi* ita fecit audaces, ut etiam ad magnas
causas privatas se ingererent et amicis magnorum hominum tantas iniurias
inferrent, *ut necessario* id est quadam necessitate—non enim sua
sponte—*illi superiores* id est rei publicae administratores, *propter iniurias*
civium id est illatas civibus, *cogerentur* id est inviti pellerentur, *opitulari* id
15 est auxiliari, *suis necessariis* id est amicis. Necessarius autem amicus
dicitur ab amicitiae utilitate.

Itaque cum in dicendo, etc. Dictum est magnos homines in causis
amicorum restitisse malis, et ita *cum in dicendo* id est in agendo causas,

91 rebus publicis: rebus rei publicae B, rei publicae Ph. | contigit: contingit AHO.
96 etiam: et BM, scilicet L. | haec: *om.* B, hoc M.   98 ac: et MO.   2 ac: a H^{ac}, et
MO.   3-5 non^2 ... parvas etc.: *om.* M (*hom.*).   3-4 non^2 ... vocat: id est H, callidos
vocat L, *def.* M.   5 malos: magnos L, parvos O.   10 ita: aliud A^{pc}. | fecit: verum *add.*
A, eos *add.* L.   11 privatas: privatos A, *om.* L.   12-13 id est ... sponte: *post* 16
utilitate *posuit* O.   14 cogerentur *i apud Stroebel*: congerentur A, cogeretur *Stroebel.* |
pellerentur: compellerentur L, cogerentur O.   16 ab: propter ob Ph. | utilitate: utilitatem
A^{ac}MPh.   17 dicendo: dicendiri A, dicendi BL.

94 Cf. *Vict.*, p. 166.36.
98-99 Cf. *Vict.*, p. 166.42.
4 *Vict.*, p. 166.44.

par aut *superior* id est aequalis aut victor, *visus esset* id est falso crederetur,
20 *is qui omisso studio* id est dimisso—notat negligentiam; studium sapientiae
philosophiam vocat—*nihil praeter eloquentiam comparasset* id est acqui-
sivisset; cum, inquam, ita esset, contingebat ut *multitudinis iudicio* id est
stultorum existimatione—nam multitudo stultorum est, paucitas vero
sapientum, et suo iudicio non est sapiens qui se laudando ingerit—*vide-*
25 *retur*, etc., id est dignus rector rei publicae reputaretur.

Hinc nimirum, etc. Quia mali homines facti sunt rectores civitatum,
inde *nimirum* res pervenit ad hunc exitum ut res publica periclitaretur.
Non iniuria dicit, quia merito damnum patitur qui sibi inconsulte rectorem
eligit *ad gubernacula* id est ad regimen; et est metaphora inter navem et
30 civitatem. Nam gubernacula et naufragia navium sunt. *Temerarii atque*
audaces. Hoc interest inter audacem et temerarium, quod temerarius
semper in malo ponitur, audax vero potest interdum et pro bono accipi.
Bene itaque Tullius, postquam dixit temerarios, subiunxit audaces, ut ex
praecedenti verbo qualitas audaciae notaretur. *Maxima* et *miserrima*
35 *naufragia.* Perseverat in metaphora. Post *maxima* subiunxit *miserrima*, ut
augeret; quorum prius ad quantitatem, alterum vero ad qualitatem refertur.

Quibus rebus, etc. Dictum est eloquentiam in malis hominibus habuisse
malum effectum tam in privatis causis quam in regimine civitatum. Dicit
ergo propter has res, id est propter hos effectus quos habuit in malis,
40 *tantum odii* suscepisse, id est intantum esse habitam odio *atque invidiae*
id est infestationi. Invidia enim et livorem significat et infestationem, ac
si diceret: intantum propter praedictum incommodum facta est eloquentia
infesta. *Ut homines ingeniosissimi* sicut Aristoteles et Plato et eorum multi
sequaces. *Ex seditiosa* et *tumultuosa vita* id est ex studio eloquentiae
45 seditioso propter discordias quas mali persuadebant, *tumultuosa* propter
contentiones eorum irrationabiles; ut illi, inquam, ingeniosi ex tali *vita* id
est ex tali vitae studio ad cetera studia quieta, id est ad alias artes, quae
huiusmodi litibus carent, se transferrent, sicut aliquis nauta turbatus

---

24 sapientum: sapientium AHL, sapientis M.   24-25 videretur: videtur AHLPh.
28 quia: quasi A^acB, quasi vel quia H. | merito: multo M, monte O. | damnum: donum O. |
inconsulte: inconsultum ABHO, inconsolute M.   30 civitatem: et rectorem et nautam *add.*
A^pcL.   31 interest: est BL.   34 et: ac H *Stroebel.*   40 tantum odii: tamen odii A,
cum malis M, tantum odium O. | intantum: in tam A, in tanto B, in tantam M.
41 infestationi: infestatione AB^pc, infestatio M. | et¹: *om.* OPh.   45 tumultuosa: tumul-
tuoso HOPh.   48 se: sese L, *om.* O.

31-32 *Gril.*, p. 31.8.
32 *Vict.*, p. 167.17.
33-34 *Gril.*, p. 31.11-13.
35 *Gril.*, p. 31.14.
43 Cf. supra p. 56.3-4, infra p. 67.64-65; cf. *Gril.*, p. 30.

tempestate libenter se tranfert in portum. Eandem metaphoram tenet
50 quam superius notavimus. Vel de rectoribus civitatum dicit quod propter
indignationem res publicas dimiserint et in otium se contulerint.

Quare mihi videntur, etc. Quia ingeniosi deseruerunt studium eloquentiae, id est rhetoricam, et ad ceteras artes, ad theoricas scilicet et practicas,
se contulerunt, idcirco, inquit Tullius, videntur *mihi cetera studia* id est
55 ceterae artes, *recta atque honesta, recta* quantum ad practicam, *honesta*
vero quantum ad theoricam, *per otium concelebrata,* etc. *Otium* hic
appellat cessationem ab administratione rerum saecularium, *concelebrata*
dicit ab eis laudabiliter tractata, *enituisse* id est claruisse tum fama tum
pulchritudine. *Hoc vero* id est studium rhetoricae *a plerisque eorum,* quasi
60 diceret: non ab omnibus, *desertum obsolevisse* id est viluisse *eo tempore,*
etc. *Desertum* dicit, quando *multo vehementius* erat tenendum et studendo
adaugendum. Vehementiam vocat in hoc loco perseverantiam in aliqua re.

Quaeritur in hoc loco quos Tullius reprehendat, an eos quos superius
optimos vocavit an alios. Et dicimus quod alios reprehendit, Graecos
65 scilicet auctores in quibus indignatio superavit perseverantiam. Sic ergo
intellegendum est quod dixit *plerisque eorum* id est ingeniosorum, non
optimorum. Sunt enim multi ingeniosi, qui virtute carent.

1.3.5. *Nam quo indignius,* etc. In studio artis rhetoricae perseveran-
dum fuisse probat ab honesto, ab utili, a facili. Dicit ergo *nam quo* id est
70 quanto, *indignius* id est contra rei dignitatem. *Rem honestissimam,* etc.
Rem honestam et rectam vocat studium eloquentiae: honestum quidem
quia honorabile est, rectum vero, quia per eloquentiam rectum ostenditur;
et est persuasio ab honesto. *Violabat* id est corrumpebat. *Stultorum,* etc.
Hic persuadet a facili. Nam quia stulti id est insipientes, et improbi id est
75 virtute carentes, erant adversarii, idcirco eis resistere facile fuit. *Cum
summo rei publicae,* etc. Hic ab utili persuadet. Nam quoniam ipsi mali
magnum detrimentum, id est magnam diminutionem, rei publicae infere-
bant, ideo eis resistere fuit utile.

51 dimiserint: dimiserunt AO. | contulerint: contulerunt MO.   52 deseruerunt: deser-
viunt A^ac, desuerunt B, dimiserunt L.   54 contulerunt: transtulerunt O, contulerint Ph.
55 recta²: tam A, autem *add.* M   56 vero: *om.* AM. | concelebrata: et celebrata A,
percelebrata O, celebrata Ph^ac.   57 cessationem: concessationem M, cessionem Ph.
60 eo *J apud Stroebel: om. Stroebel,* et M.   61 dicit: dico LMOPh. | quando: quia H,
quoniam O. | studendo: studio A^{pc}B^{ac} *Stroebel,* studendum A^{ac}H^{ac}O.   64 quod: quia M,
quidem Ph. | reprehendit: reprehendat L, *om.* M.   70 quanto: inquanto AHM.
72 quia¹: et A^{ac}B^{ac}, quia et O.

64-65 Graeci: cf. *Gril.,* p. 32.9-17; *Vict.,* p. 168.3-8.
69 Cf. *Vict.,* p. 168.14-18.

Eo studiosius, etc. Tota constructio sic colligenda est: *nam quanto*
80 *indignius*, etc., *eo* id est tanto *studiosius* id est attentius, *et illis resistendum*
in causis scilicet iudicialibus *et rei publicae consulendum* in causis scilicet
deliberativis.

1.4.5. *Quod nostrum illum*, etc. Persuadet ab auctoritate. *Quod* id est
malis resistere, *non fugit Catonem* id est Cato non illud fugit. *Nostrum* id
85 est Romanum; praefert Romanos Graecis, quia Graeci propter garrulos
a studio rhetoricae cito desierunt. *Quibus in hominibus*, etc. Commendat
illos, quorum auctoritate persuadet, dicendo eos habere summam virtutem, id est perfectam sapientiam. *Et summa virtute*, etc. In quibusdam est
auctoritas sed non magna, quia non habent perfectam sapientiam, sed in
90 illis est maxima auctoritas qui perfectam habent sapientiam. *Quae et his
rebus*, etc. Dicit sapientiam et auctoritatem per eloquentiam ornari et per
eandem defendi rem publicam.

Quare meo quidem animo, etc. Quia honestum, quia utile, quia facile,
quia magni viri studuerunt, ergo non *minus* propter malos *studendum est*
95 *eloquentiae*. Secundum Victorinum hic ponitur quarta propositio, haec
scilicet quod eloquentiae studendum sit, unde hortatur sapientes ut
eloquentiae studeant. *Meo animo* id est secundum meam existimationem.
Etsi id est quamvis, *privatim et publice* id est in privatis causis et publicis,
99 *perverse abutuntur* id est pervertendo res ea utuntur. *Sed eo vehementius*,
etc. Studendum esse eloquentiae hortando persuadet ab utili, ab honesto,
a possibili; et ab hoc loco quidem incipit artem rhetoricam commendare
reddens attentos. Dicit ergo non minus propter malos studendum, sed
vehementius, *ne mali plurimum possint* id est ne in summa potestate sint,
5 quorum potestas ad detrimentum bonorum est et ad omnium perniciem,
id est destructionem. Hortatio est ab utili; utile enim est mala repellere.
Cum praesertim, etc. Item hortatio ab utili et honesto. *Cum praesertim* id
est praecipue, *hoc sit unum* id est unicum et singulare, *quod* et ad privata
et ad publica *maxime pertineat*, id est utile sit.
10   *Hoc tuta*, quia per eloquentiam et timemur et defendimur. *Hoc honesta.*
Hucusque ab utili, nunc ab honesto simul et ab utili. Dicit ergo *hoc*

85 quia: qui A^{pc}BHL, quod A^{ac}.   86 desierunt: desternunt A^{ac}, discesserunt H, desierant
L. | hominibus: omnibus LMOPh.   89-90 sed ... sapientiam: *om.* A (*hom.*).
90 sapientiam: eloquentiam cum sapientia H^{pc}MPh, *def.* A.   98 privatim: privatum M,
private Ph. | id est: *om.* BPh.   99 perverse *J apud Stroebel: om. Stroebel.*   2 et:
quidem A, quia H.   6-7 utile ... utili: *om.* M (*hom.*).   7 hortatio: id est *add.* A, est
add. BH, *def.* M. |et: ab *add.* A, ab LO.   8 quod: quidem ALM. |et²: *om.* HPh.   9 ad:
om. HO.   10 timemur: tuemur L.

85-86 Cf. *Vict.*, pp. 168.22; 168.27.
95 *Vict.*, pp. 168.39-169.6.
11 Cf. *Vict.*, p. 169.16.

honesta id est venerabilis, *hoc illustris* id est magnae famae, quod est utile
et honestum. *Hoc eodem*, etc., ac si diceret: per eloquentiam homo
iocundus est, id est ceteris placet, quod similiter utile et honestum est.

15 *Nam hinc*, etc. Determinat quomodo eloquentia utilis sit tam in publicis
quam in privatis, ita scilicet *si praesto est sapientia* id est si iuncta est
sapientiae; et hoc est quod ait: *nam hinc*, etc., quantum ad publica; *hinc
ad ipsos*, etc., hoc dicitur quantum ad privata. Laus ad illustre, honos vero
et dignitas ad honestum. *Hinc amicis quoque*, etc. Hoc ad tutum refertur.

20 Tutum autem posset esse praesidium et non certum, idcirco haec duo
coniunxit.

   Ac mihi quidem, etc. Augmentum laudis rhetoricae per comparationem
talem. *Cum*, inquit, homines in *multis rebus sint humiliores* quantum ad
magnitudinem *et infirmiores* bestiis quantum ad vires, tamen in hoc

25 homines bestias *maxime* superant, *quod loqui possunt* id est quod apti nati
sunt ad loquendum. *Maxime* vero dicit, quia etiam calliditate superant.
Quare praeclarum, etc. Quia praeclarum est homini in loquendo superare
bestias, ergo multo praeclarius est alios homines in eodem superare quod
contingit ex rhetorica, ut scilicet in ea re antecellat hominibus, in qua re

30 ipsi homines praestant bestiis.

   Hoc si forte, etc. Usque ad hunc locum contra Aristotelem probavit
rhetoricam bonam esse ex effectu eius, scilicet ex eloquentia quae bona
est. Amodo vero contra Platonem, qui dicebat rhetoricam non esse artem,
sed naturam. Dicit ergo sic: *hoc*, scilicet eloquentia, *si forte non natura*

35 *modo* id est si non tantummodo ex naturali ingenio habetur. Praeclare
dixit non tantummodo; est enim initium eloquentiae a natura, ab arte vero
perfectio. *Forte* vero dixit, quia temperate contra Platonem loqui voluit.
Neque exercitatione, etc. Voluerunt quidam solo usu absque arte acquiri
eloquentiam, quos iterum repellit. Et sic colligitur tota constructio: si non

40 tantummodo *natura* vel *exercitatione* eloquentia *conficitur*, sed *etiam* arte
comparatur id est acquiritur. Commendat a possibili. Studendum enim
eloquentiae est, quia arte comprehendi potest. Si, inquam, hoc est, *non
est alienum* id est ab utilitate remotum, *videre* id est intellegere, *praecepta*
antiquorum de rhetorica. Colligit enim Tullius illa praecepta et apertius

45 ea dicit.

   14 id est: et B, *om.* O.   17 quantum ... publica: *om.* M, quia cum ad publica O. | hinc[2]:
hic HM.   18 ad ipsos ... hoc: *om.* M. | hoc dicitur: *om.* O.   21 coniunxit: etc. *add.*
A, iunxit MO.   22 augmentum: argumentum AH[ac]O.   24-25 quantum ... superant:
om. O.   25 homines: omnes A[ac]BH[ac]LPh, *def.* O.   26 calliditate: in calliditate H,
calliditatem O.   34 hoc: haec A[pc]HO, enim A[ac].   37 vero: *om.* AH.   45 ea dicit:
lac. 8 fere litt. L. | dicit: dixit A, tradit B, *lac.* L.

   22 Cf. *Vict.*, p. 169.28-32.
   33 Cf. *Gril.*, p. 35.2.

Sed antequam, etc. Postquam fecit Tullius benivolos lectores defendendo artem, attentos autem eandem commendando, nunc demum reddit
lectores dociles praelibando ea, de quibus tractaturus est. *Nam his rebus,*
etc. Reddit causam quare ista, quibus ars extrinsecus docetur, cognos-
50 cenda sint ante praecepta, quibus ars intrinsecus continetur. Facile vero
est quod sine magno labore potest fieri, expeditum vero quod sine ullo.
Rationem vero et *viam artis* appellat praecepta artis rationabiliter ordinata.

<DE ELEMENTIS ARTIS RHETORICAE:
GENUS, OFFICIUM, FINIS, MATERIA, PARTES>

1.5.6. *Civilis quaedam ratio*, etc. Genus artis ostendit. Dictum est autem
in principio quid esset genus artis, nunc ergo litteram videamus. Dicendo
autem quandam civilem rationem esse, *quae constat ex multis*, etc., hoc,
inquam, dicendo, significat illam civilem rationem quae versatur in
5 disceptatione. Alia est enim civilis ratio in opere, ut aliquid facere aut
dicere sine ulla disceptatione de eis, alia vero est ratio disceptandi de
dictis aut factis. Haec disceptatrix dicitur scientia dicendi et faciendi, et
constat ex multis rebus quantum ad numerum, ex *magnis* quantum ad hoc
quod utilia et difficilia sunt, de quibus in ea disceptatur, ut est honestum,
10 iustum, utile. Huius disceptatricis integralis *pars* una est rhetorica, alia
vero est sapientia, id est rerum conceptio secundum earum naturam. Nam
rhetorica iuncta sapientiae facit civilem scientiam disceptatricem. Nisi

---

49-50 docetur ... intrinsecus: *om.* L.   50 sint: sunt A^acH, *def.* L.   1-7 dictum ...
et[2]: genus artis ostendit; genus artis qualitas est [est] quod ipsa ars maior pars civilis scientiae,
illa videlicet quae facit eloquentem. Quod ut melius liquescat paulo altius ordinamur (*sic*).
Scimus: ratio est quicquid agunt vel dicunt rationabiliter cives ad utilitatem patriae. Eius sunt
duae species, ordo gerundorum (generandorum O) et civilis scientia. Ordo gerundorum
(generandorum O) est illa civilis ratio quae consistit in dictis et factis, scilicet (sed O) quae
facta et dicta sunt in actu et rei publicae administratione[m], ut inducendo exercitum et
educendo et in murorum aedificiis et similibus. Civilis vero scientia est quae et ipsa quidem
in dictis et factis consistit, sed quae facta et dicta in verbis et sola ratione consistunt, cuius sunt
duae partes irregulares: una cum lite et alia sine lite cum disceptatione. Illa quae est cum lite
rhetorica nominatur; quae vero sine lite cum disceptatione scientia legum dicitur. Haec autem
rhetorica eloquentes efficit et, cum sit integralis pars civilis scientiae, maior esse dicitur eo
quod maiorem habet effectum in civilibus negotiis. Unde Tullius in prologo: 'sapientia sine
eloquentia parum, cum eloquentia multum prodest.' Nunc ad litteram veniamus: *civilis
quaedam ratio* etc. *Civilis* scientia *quaedam* vero dixit ubi alterum (*sic*) speciem removet,
ordinem scilicet gerendorum (generando O). Nam 'quidam' in hoc loco discretivus est.
Sequitur: *quae multis* (multi sunt O) *et magnis rebus constat* O, *cf. Vict.,* p. 171.   6 eis:
eo A^acH, et M.   7 aut: vel de H, et L.   9 est: *om.* A, *ss* BH.   11 est[1]: et A^ac, *om.*
LM. | sapientia ... naturam: scientia legum O (*cf. Alan.,* fol. 1va, "legis peritia..., quod est
sapientia."

4-7 Cf. *Vict.,* p. 171.22-25.
11 *Vict.,* p. 171.31.

enim quis et eloquens fuerit et naturas rerum bene cognoverit, huiusmodi
civilem scientiam habere non potest. Amplam vero dixit quasi ad multa,
15 magnam vero quasi ad utilia et difficilia pertinentem, artificiosam vero
eloquentiam rhetoricam vocavit, quasi artificium eloquendi.

Nam neque cum his, etc. Fuerunt multi quorum alii putabant civilem
scientiam tantum esse rhetoricam, alii vero eam esse solam sapientiam et
non ex his constare. Ab utrisque dicit Tullius se dissentire, et hoc est quod
20 ait: *nam neque cum his*, etc. *Rhetoris vi et artificio*, etc. Artificium rhetoris
appellat scientiam docendi artem rhetoricam, vim vero scientiam exer-
cendi ipsam secundum praecepta. *Quare hanc*, etc. Quia rhetorica iuncta
sapientiae facit civilem scientiam, igitur rhetorica est scientia huius
generis, id est huius qualitatis, quod sit pars civilis scientiae. Genus enim
25 in hoc loco pro qualitate rei sive maneria accipitur. *Facultatem* vero
rhetoricam appellat ab effectu suo, eo quod facilem et aptum in eloquendo
reddit oratorem.

Officium autem, etc. Ostendit officium artis rhetoricae et finem et inter
ipsa differentiam, quae quoniam superius diligenter expedita sunt, nunc
30 de littera aliquid dicamus. *Quid in officio*, etc. Quod est dicere: officium
consideratur quando quid orator debeat facere secundum artem attenditur,
finis vero quando *quid officio conveniat*, id est secundum officium fieri
debeat, consideratur. *Ut medici*, etc. Similitudo est per quam praedicta
intellegantur. *Item oratoris est*, etc. Adaptatio similitudinis. *Item* hoc est
35 similiter.

1.5.7. *Materiam artis*, etc. Docet nos materiam artis rhetoricae, sed
quoniam diligenter dictum est in superioribus, quid sit artis rhetoricae
materia et quibus in generibus contineatur, nunc sufficit solam litteram
investigare.

40   Ars et facultas in hoc differunt quod ars est praeceptio, qua ad aliquid
citius faciendum per praecepta formamur; et vocatur ars eo quod regulis

13 naturas rerum: scientiam legum O.   14 amplam: ampla AO *Stroebel, lac. 4 fere litt.*
H.   17 his: iis *Stroebel*, hic O.   18 sapientiam: scientiam legum O.   19-20 ab
utrisque ... ait: *om.* M.   19 Tullius: enim O, *om.* Ph, *def.* M.   22 praecepta:
praeceptam A, ipsius *add.* M, *om.* O.   23 sapientiae: scientiae legum O.   30 quid:
quicquid B, quod Ph *Stroebel.* | officio: officium B, officiorum O.   31 quid: quod A,
quidem B.   32 officio C *apud Stroebel*: effici *Stroebel*.   33 medici: medicina AH,
officium dicimus esse *add.* L, officium *add.* Ph.   38 sufficit: sufficiat MPh.

24-25 Cf. *Vict.*, p. 171.11-16.
29 Cf. supra p. 53.84-90.
37 Cf. supra pp. 51.56-52.62.
40-43 Cf. *Vict.*, pp. 156.15; 174.18.
41-42 regulis artet: cf. Serg. *In Donat.*, ed. Keil G L IV, p. 486.14; Sedul. Scott. *In Mai.
Donat.*, ed. D. Brearley, PIMS Studies & Texts 27 (Toronto, 1975), p. 31; P. Abelard, *Scritti
di Logica*, p. 320.8.

artet. Facultas vero eadem res dicitur eo quod facundum reddat. Facultas
tamen ab arte procedit, quoniam per praeceptionem fit aliquis facundus.
Sicut igitur artis materia causa est, ita eandem causam facultatis materiam
45 esse necesse est, quoniam orator secundum facultatem, quam ex arte
consequitur, causas pertractat.

Omnis ars dixit, quia generaliter de materia cuiuslibet artis praemisit,
ut competentius ad artem rhetoricam descenderet. Ut si medicinae, etc.
Similitudinem inducit de una arte ad aliam. Artem vero versari in materia
50 nihil est aliud quam eam in materia exerceri. Item quibus, etc. Adaptatio
similitudinis et ad artem rhetoricam descensus.

Forsitan dicet aliquis quod hic potius ea dici debuissent, quae ante
prooemium dicta sunt, sed nos idcirco praemisimus quod eorum cognitio
ad prooemium valde est necessaria.

55   Has autem res, etc. Opiniones quorundam auctorum ponit de materia
artis rhetoricae. Plures autem dixit propter eos, qui materiam supra
modum assignaverunt, sicut illi qui exhortationem et consolationem in
materia ponunt. Pauciores vero propter eos qui citra modum materiam
assignant, sicut illi qui demonstrativam causam de materia tollunt.

60   Nam Gorgias, etc. Ostendit qui ultra modum materiam assignant, illi
scilicet qui in verbis Gorgiae erraverunt putantes quod ille philosophus
omnem rem artis rhetoricae materiam assignasset dicens oratorem posse
optime, etc. Sed ille veram sententiam protulit, quam Tullius quoque in
libro De oratore confirmat. Non enim dixit quod de omnibus rebus
65 loqueretur, quod illi putaverunt, sed optime de omnibus rebus, id est de
quacumque re loquitur de ea optime loquitur. Veluti dicitur: bene litteratus
et sapiens optime omnia exponit, non quod omnia sed quod ea optime,
de quibus loquitur.

Unde Tullius non reprehendit eum, cum Hermagoram reprehendat
70 ponentem materiam in paucioribus multo quam omnes res sint. Hic
infinitam, etc. Infinitum plus est quam immensum et ad numerum refertur,

---

44 sicut: sic L. | ita: in L, om. O. | eandem: eadem AL, om. O. | causam: causa AL. |
materiam: materia LO.   47 artis: om. B, generaliter add. O.   50 materia: materiam
AHPh.   51 ad: om. A, ss L.   53 prooemium: praemium A^ac, om. L, per omnium M.
| nos: om. LO.   57 consolationem: consultationem O, conclusionem Ph.   58 materia:
materiam MO. | citra: circa A, ultra L.   60 assignant: assignat A, designant B.
63 optime: dicere add. HL. | quam: quem A, quod B. | quoque: om. AO.   66 re: ss A,
om. BL.   67 optime[2]: om. ABL.   70 hic: hinc B, om. H.

52-53 ante prooemium: ad Accessum supra pp. 49-55.
57 Cf. Vict., p. 174.31-37.
59 Cf. Vict., p. 174.38.
60-68 contra Gril., pp. 39.24-40.4.
64 De Orat. 1.15.64-65; sed cf. De Orat. 1.22.103; 3.32.129.

immensum autem ad quantitatem. *Videtur* autem dixit quantum ad eos, qui putaverunt eum dixisse quod non dixit.

Aristoteles autem, etc. Opinionem Aristotelis de materia ponit, quam
75 etiam sequitur, quoniam nihil vel ultra vel citra modum de materia constituit. Nam Aristoteles putavit materiam *rhetoris* id est oratoris, *in tribus generibus rerum* contineri, id est nec ultra protendi nec infra contrahi, scilicet in causa demonstrativa et deliberativa et iudiciali. Dicit autem Aristotelem *huic arti plurima adiumenta* tribuere, quoniam primus
80 inventionem distincte et aperte scripsit. Inventio enim adiumentum oratoris dicitur, quoniam per eam et se defendit et adversarios impugnat; *ornamenta* autem tribuit Aristoteles, quoniam ipse primus elocutionem sub certis regulis comprehendit.

Demonstrativum est, etc. Dixit illa tria praedicta materiam artis rhetori-
85 cae esse, vult ostendere hic quid sit unumquodque eorum. Dicit ergo demonstrativam causam esse quae *tribuitur,* etc., id est in qua tractatur de laude vel vituperatione *alicuius certae personae.*

Sciendum vero est Tullium definire hic demonstrativam causam secundum hoc, quod individua est et in publicis negotiis agitur. Nam in privatis
90 negotiis inter consultos iuris vel ante praetorem speciales <causae>, id est sine certa persona, tractari solent, quando fortis vir laudatur generaliter; et quamvis huiusmodi causa nomine certae personae careat, tamen, quoniam habet alias circumstantias aliquas vel nonnumquam omnes, idcirco convenienter causa appellatur.
95 Deliberativam vero dicit esse quae posita est *in disceptatione.* Hoc habent aliae, ideo subiungitur *habet in se,* etc., id est quisque de illa re dicit quod sentit. Quidam libri habent *positum in consultatione,* sed hoc posset esse etiam si unus ab alio consilium acciperet, ideo subiungitur quod
99 reliquum est. Civilem vero dixit, quoniam omnis deliberatio aut de publicis est aut de privatis, ex quibus civitas constat.

Iudicialem vero dicit esse quae posita est *in iudicio,* id est quae ante iudices tractatur et ab eis definitur. Et est integra iudicialis causae

---

72 autem: aut A, vero quantum H, quantum *add.* M, quantum Ph. | dixit: dicere M, dixisse Ph.   74 opinionem: autem *add.* AH. | quam: quem A, qui L.   75 etiam sequitur: insequitur B, inde sequitur O, et sequitur Ph. | vel[1]: *om.* AL, est B. | vel citra: *om.* L. 79 Aristotelem: Aristoteles MO. | tribuere: tribuisse H, habuisse A^{ac}, adhibuisse A^{pc}. 82 ornamenta: ornamentam A^{ac}, adiumenta L, ornamentum O.   84 praedicta: dicta BH, *om.* L.   86 in qua: quae BHLMOPh.   87 vituperatione: vituperio AHPh^{ac}. 90 speciales: specialis A^{pc}BL, specialiter H.   95 deliberativam: deliberativum LPh, deliberativa O.   96 habent: *des.* L.   97 consultatione P^{2}S^{3}i *apud Stroebel:* disceptatione *Stroebel.*   2 dicit: dixit AHO.

79-83 Cf. *Vict.,* p. 175.11-12.
89-92, 74.26, 75.38 individua / specialis: cf. Boeth. *Top.* 4 (PL 64:1207B).

descriptio, quae dicta est; illud autem, quod sequitur, iudicialis causae
5 divisio est. Est enim una species eius in qua unus accusat aut defendit, alia
vero in qua neuter aut accusat aut defendit, sed vel petit vel recusat, id est
denegat quod petitur. *Et quemadmodum nostra*, etc. Posita Aristotelis
sententia se illi consentire affirmat.

1.6.8. *Nam Hermagoras*, etc. Hermagoram vituperat, quod thesim et
10 hypothesim utramque materiam rhetoricae assignavit. Redarguit autem
illum de duplici ignorantia, scilicet quod nec vim thesis, id est eius
difficultatem, attendit nec se ipsum cognovit, qui scilicet polliceretur se
esse tantae scientiae in rhetorica, quod per eam naturales quaestiones
tractare et consequi posset. Litteram sic iunge: materia artis rhetoricae
15 tota in praedictis generibus continetur et ideo Aristoteli consentio; nam
Hermagorae non consentio in hoc quod quaestionem superapposuit,
appellans quaestionem naturalem quaestionem aut moralem.

Causam esse dicit, etc. Definit causam secundum Hermagoram, cui
definitioni Tullius consentit dicens *quam nos quoque*, etc. Dixit ergo
20 Hermagoras *causam esse rem quae habet in se controversiam*; sed quia
controversia alia est in factis, alia in dictis, ad differentiam illius, quae est
in factis, subiunxit *in dicendo positam*. Quoniam vero hoc totum habet
causa commune cum thesi, idcirco additum est *cum interpositione*, etc.,
id est circumstantiis implicitam. Nam interpositio *certarum personarum*
25 in causa nihil est aliud quam in causa circumstantiarum inclusio, sive
causa sit specialis sive individua. Vel potius haec descriptio constat ex
duabus differentiis, quarum prior est *habere in se controversiam*, posterior
vero totum illud quod reliquum est. Non enim aptum est aliquid appellari
controversiam nisi in dictis sit.

30 *Nam ei*, etc. Vere oratori huiusmodi rem materiam attribuimus; nam
eius partes divisivas esse ponimus illa tria, quae superius diximus esse
materiam artis. *Quaestionem autem*, etc. Thesim describit. In hac vero
descriptione patet quod interpositionem certarum personarum appellat
circumstantiarum in causa inclusionem. Aliter enim non removeret omnes
35 circumstantias.

5 aut: alius MO.   7 nostra: *om.* A, mea H, quidem *add.* Ph.   8 consentire affirmat:
assentire confirmat MPh.   11 duplici: publici AB^ac, publitia M, publia O. | ignorantia:
ignorantiam A, *om.* M.   12 qui: quod HM. | polliceretur: perolliceatur (-cetur A^ac) A,
publiceretur M, polliceatur O.   14 litteram sic iunge: continuatio H, litteram sic continua-
bitis O.   17 quaestionem²: *om.* HO.   18 dicit *i apud Stroebel*: dicat *Stroebel*.
22 subiunxit: subiungit A, dicens *add.* B, quae est *add.* H. | positam: posita H, positum O.
23 commune: communem A, esse M.   30 ei JP³S³ *apud Stroebel*: eas *Stroebel.* |
oratori: oratoris A^acO, etc. *add.* M. | attribuimus: id tribuimus B, tribuimus H.   31 poni-
mus: et *add.* HM, posuimus O.   33 certarum: *om.* HMPh.

Sed diligenter quaerendum est utrum causa esse possit sine ea circumstantia, quae dicitur persona. Et Boethius quidem in quarto *Topicorum*
dicit causarum alias esse speciales, alias individuas et hanc divisionem in
omnibus generibus causarum ponit. Grillius vero in *Commentario super*
40 *Rhetoricam* affirmat demonstrativam causam esse non posse sine certa
persona. Si vero certa persona non insit, non demonstrativum vocat, sed
appellativum, quod ipse communem locum esse dicit. Quintilianus quoque in tertio *Institutionum oratoriarum* dicit non sibi videri vocari proprie
causam quae a propria persona remota sit. Hoc ergo dicendum est quod
45 Boethius improprie causas appellavit illa specialia. Alii vero auctores
proprie vocabulo usi sunt et extra certam personam causas esse negave-
runt.

   Quid sit bonum, etc. Ponit exempla ad thesim pertinentia. *Quas
quaestiones*, etc. Non denegat Tullius oratorem uti transsumptionibus
50 quando thesim inducit, ut facilius per eam suam hypothesim probet, sed
dicit *ab officio* remotam, id est oratorem non intendere eam principaliter
probare. *Nam quibus in rebus*, etc. Vere remotae sunt ab officio oratoris,
quia, cum ad philosophi officium solum pertineant, ita sunt difficiles, quod
in eis philosophi ingenia sua et plurimum laborem consumpserunt et
55 veritatem non perfecte assecuti sunt. Et est argumentum a minore ad
maius, quia, si in illis quaestionibus ingenium philosophi consumitur,
multo magis orator in eis frustraretur. Bene vero dixit quasi *parvas*. Nam
ad comparationem earum rerum, de quibus tractant philosophi, parvae res
reputantur ea de quibus oratores loquuntur.

60   *Quodsi magnam*, etc. Hucusque ostensum est quod Hermagoras difficultatem thesis non cognoverit, nunc vero illud tractat quod *nec quid
polliceatur* intellexerit. Sensus autem litterae talis est: multi, ut magnitudinem suae scientiae ostentent, solent ex eo, quod ipsi possint, non ex eo,
quod ars possit, arti aliquid assignare. Veluti si quis potens in omnibus
65 scientiis assignaret arti rhetoricae comprobare physicas et ethicas quaestiones, cum istud non sit arti rhetoricae possibile sed ei, qui in scientiis
perfectus est. Si ergo Hermagoras magnae scientiae fuisset, videretur ea
intentione hoc dixisse. Nunc vero cum parum sciverit, constat eum non
ex eo quod ipse posset, sed ex sui ignorantia hoc polliceri.

   38 alias²: esse *add.* OPh.   41 insit: insint B, insunt Hᵃᶜ, sit O.   43 institutionum:
contionum Aᵃᶜ, constitutionum Aᵖᶜ, institutione O.   48 quid: et quid *Mi apud Stroebel*,
ecquid *Stroebel.*   60 magnam: magum M, magno O.   63 ostentent: ostenderentur M,
ostendere O. | possint: possunt BMO.   67 videretur: videtur B, videatur O.
68 dixisse: dixisset HO.   69 ex²: *om.* AM.

   39 *Gril.*, p. 40.18.
   42 Quint. *Inst.* 3.5.7 (cf. 3.5.15).
   55-56 *Gril.*, p. 45.13.

70 Inter studium et disciplinam hoc interest, quod studium est animi applicatio cum magna voluntate ad aliquid percipiendum, disciplina vero praecepta doctoris quibus formamur. His duobus scientia omnis comparatur, id est acquiritur.

Nunc vero, etc. Hic ostenditur quod Hermagoras parum sciverit. *Neque*
75 *eo*, etc. Hic invectionem aliquantulum temperat. Ubi vero dicit *non mendosissime*, non negat quin mendose vel mendosius. *Nam satis*, etc. Vere *non mendosissime*, quia excerpta bene de aliis collocavit. Inter ingenium et diligentiam hoc interest, quod ingenium est vis animi innata qua bene discernimus, diligentia vero studium dicitur. *Verum oratori*, etc.,
80 *ex arte loqui* est secundum artem vel causas tractare vel aliquid aliud persuadere, quod Hermagoras non potuit; *de arte* vero loqui est artem ipsam docere, quod minimum est ad comparationem alterius.

1.7.9. *Quare*, etc. Quia qui plus vel minus materiae apponit peccat, ergo constat quod Aristoteli visum est. *Partes autem*, etc. Partes artis
85 rhetoricae sub certo numero ostendit, de quarum numero, quia multi dubitaverunt, idcirco dixit *quas plerique*, etc.

Quaeritur autem utrum inventio an scientia inveniendi pars sit artis rhetoricae, idem de dispositione et de ceteris quaerendum est. Sed videtur quod Boethius scientias esse voluerit, qui in quarto *Topicorum*, quoniam
90 partes facultatis sunt, facultates esse confirmat appellans artem rhetoricam facultatem. Potest autem convenienter dici quod ipsa inventio et dispositio et ceterae partes artis sint; et hoc quadam similitudine dictum est. Nam sicut totum non potest esse perfectum, si una pars defuerit, ita rhetorica ars est inveniendi et disponendi et ceterorum. Quod si unum illorum
95 defuerit, non est ars integra, et ad hanc quidem sententiam videtur Tullius accedere, quoniam definit non ipsas scientias, sed inventionem et dispositionem, etc. Hanc autem sententiam meliorem esse iudico. Si quis vero aliam tenere voluerit, dicet quod Tullius quidem definivit ipsam inven-
99 tionem, etc., ut per horum definitiones partium descriptiones perpenderentur.

71 percipiendum: praecipiendum A^{ac}, agendum vel percipiendum H, perficiendum O. 75 invectionem: inhunctionem A, inunctionem Ph, inventionem BMO. 77 excerpta: excepta ABO, exceprta Ph. | de: ab BO. 79 qua: quam ABM. 84 autem: has A, artis O. 85 ostendit: ponit A, comprehendit H. 94 ceterorum: ceterarum AH. 98 quidem: *om.* A^{pc}HM, quidem fuit A^{ac}.

70-71 studium: Cic. *De Inv.* 1.25.36.
71-72 disciplina: cf. *Vict.*, p. 177.2.
89 Boeth. *Top.* 4 (PL 64:1208A,C).
88-95 Cf. *Rad.*, p. 144.6-12.
92 Cf. supra pp. 53.2-54.8.

Inventio est, etc. Describit inventionem rhetoricam. Veras res vocat hic necessaria argumenta, veri similes autem probabilia, quibus causa probatur.

5   *Dispositio*, etc. Describit dispositionem et ceteras partes. *Distributio* vero *in ordinem* nihil est aliud quam argumentorum in locis competentibus ordinata positio.

Idonea autem verba et idoneas sententias ad inventa, id est argumenta, accommodamus quando verbis et sententiis ornatis argumentamur. Quid
10 autem sit ornatus verborum et sententiarum in *Rhetorica ad Herennium* competentius dicitur.

Firme autem animo percipere est memoriter retinere quae sunt apta ad inventionem, sive sint verba sive res, id est sententiae.

Pronuntiationem autem dicit constare ex his duobus, ex moderatione
15 scilicet vocis et corporis, secundum dignitatem, id est qualitatem rerum ac verborum. Debet enim orator modum prolationis et gestum vultus sive corporis adhibere secundum ea quae dicit et de quibus dicit.

Cum autem quinque praedicta partes sint artis rhetoricae, de iudicio quaeritur utrum extra rhetoricam sit an in aliqua parte rhetoricae continea-
20 tur, quod verius est. Nam in inventione principaliter continetur, etsi in aliis partibus opus sit iudicio.

Nunc his rebus, etc. Quinque rebus praedictis, sicut promiserat, ostensis, scilicet genere artis et officio, etc., restabat ut ratione probaret ita esse sicut de eis dixerat; sed quia illud ad artem extrinsecus pertinet, cum
25 Tullius de arte intrinsecus in hoc opere intendat, idcirco de genere artis et officio et fine probationes quasi opus prolixum et multorum verborum

---

16 prolationis: probationis AM, orationis O.   17 et ... dicit²: *om.* O. | dicit²: *om.* B, *def.* O.   26 et fine: *om.* H, quae sunt didascalica, id est ad magistros pertinentia *add.* O, (*cf. P. Hel.*, fol. 84ra, "illud quoque videndum est quod ea, quae <ad> artem extrinsecus pertine<n>t, appellat Varro, peritissimus Latinorum, didascalica; didascalus enim doctor dicitur, unde dicuntur didascalica quasi doctrinalia, quoniam magis ad doctrinam et magisterium pertinent quam ad artis exercitium.")

2-4 Cf. *Rad.*, p. 142.14-15.
5-7 Cf. *Rad.*, p. 142.16-18.
8-9 Cf. *Rad.*, p. 142.21-23.
10 Cf. Theod. *Com. Ad Her.*, infra pp. 323ff.
12-13 Cf. *Rad.*, p. 143.23-24.
14-17 Cf. *Rad.*, pp. 143.27-144.1.
18-21 Cf. *Will.*, fol. 1vb, "sed quaeritur, cum rhetorica dicatur habere quinque partes, quare Tullius in *Topicis* (2.6) inquit 'omnis diligens ratio disserendi distribuitur in duas partes, in scientiam inveniendi et scientiam iudicandi'; quod sic solvitur: logica strictim aliquando accipitur, aliquando large. Quando strictim ... tunc continet dialecticam et rhetoricae partem illam quae vocatur inventio large accepta, scil. ut et iudicium contineat...."

indigens in aliud tempus differt. Quoniam vero artem intrinsecus scribere
intendit, idcirco de duabus reliquis se scripturum promittit.

Sed tamen in hoc libro non agit nisi de materia et inventione, in *Libro*
30 autem *ad Herennium* et de materia et de omnibus partibus perspicue
tractat. Quid autem sit ars extrinsecus, quid intrinsecus superius dictum
est.

Constitutis dixit quasi definitis. Coniunctim vero de his duobus agendum esse dicit. Nam qui docet exercere partes artis rhetoricae, quod est
35 artem intrinsecus docere, oportet ut doceat in qua re exerceantur, quod
est materiam docere. Notandum vero quod quamvis tractet de materia et
materia causa sit, tamen non est verum dicere quod tractet de causa.
Tractare enim de materia est ostendere quae sit materia tum per definitionem tum per divisionem, tractare vero de causa est ipsam causam agere.
40 *Quare inventio*, etc. Ecce hic dicit quomodo *coniuncte* de materia et
inventione acturus sit, scilicet ostendendo qualiter inveniendum sit in
omni genere causarum. Inventionem vero dicit esse principem aliarum
partium, quoniam, nisi prius aliquid inveniatur, non est quod disponatur
vel quod pronuntietur, etc. *Potissimum* vero dixit quasi principaliter. Nam
45 incidenter quaedam quae ad elocutionem pertinent tractat, ut argumentorum expolitiones et locos communes.

\<DE SEX PRAEREQUISITIS AD INVENTIONEM\>

\<DE CONSTITUTIONIBUS\>

1.8.10. *Omnis res*, etc. Incipit de inventione tractare hoc ordine, primo
ostendens quae sit constitutio causae, secundo an simplex sit causa an
coniuncta, tertio scripti an rationis sit controversia, quarto quid quaestio,
5 quid iudicatio, quid firmamentum, quinto quomodo partes causae pertractandae sint, sexto quomodo fiant partes orationis. Et in his quidem sex
in quibus vel materiam vel quod ad materiam aptum est invenire docemur,
in his, inquam, totus tractatus inventionis continetur.

---

28 reliquis: rebus *add.* AB, scilicet materia et partibus artis *add.* O.   33 coniunctim:
ss A, coniuncte H *Stroebel*, coniunctum M, convenimus O.   34 dicit: dixit H, *om.* O.
35 exerceantur: exerceatur HO.   36 tractet: tractat ABHMPh.   39 vero: *ss* A, *om.*
BH.   5-6 pertractandae: tractandae A, pertractabiles O.   6 fiant: stant A, fient O.
8 tractatus: orationis *add.* M, conatus O.

31 Cf. supra pp. 50-55.
45-46 incidenter ... expolitiones: cf. *De inv.* 1.34.57-40.74, cf. infra pp. 154.37; 160.25
(expolitio: cf. *Auct. ad Her.* 4.42.54; loci communes: cf. *De inv.* 2.15.48-50).

Sed antequam ad litteram accedamus, dicendum est quid sit causa, quid
10 sint genera causarum, quid constitutio, quid quaestio, quid iudicatio et
quomodo haec omnia a se invicem differant.

Causa igitur, ut supra diximus, est res quae habet in se controversiam
in dicendo positam de certo dicto vel facto alicuius certae personae. Quae
definitio sic est intellegenda, quod causa nihil est aliud quam oratorum
15 controversia de certo dicto vel facto alicuius certae personae disceptan-
tium.

Ipsam vero controversiam appello litem eorum ex intentione et depulsione constantem cum rationibus et confirmationibus utriusque partis.
Quae lis in iudicialibus placitum dicitur, in deliberativis vero consultatio,
20 in demonstrativis vero contio vocatur. Haec igitur triplex controversia
materia est artis rhetoricae sive oratoris, quoniam orator secundum artem
rhetoricam tractat ipsam controversiam. Tractare vero controversiam est
rationabiliter intendere sive depellere.

In omni vero disceptatione, in qua factum conceditur, animus audito-
25 rum sive iudicum rationem aliquam naturaliter quaerit statim audita
depulsione. Haec ergo quaestio rationis sive infirmationis, quae quaestio
tacita in animis iudicum versatur, causae quaestio dicitur. Quam cito enim
defensor in causa dicit, "iure feci," animus iudicis secum naturaliter
inquirit utrum hoc sit an non. Ad hanc autem iudicum quaestionem
30 tacitam defensor rationem adducit, accusator vero rationis infirmationem.

Iudicatio vero est auditis et ratione et rationis infirmatione de eisdem
iudicum inquisitio. Sed in coniecturis, quoniam ab defensore sola facti
negatio profertur et ratio, quare non fecerit, non adducitur, idcirco in
animis iudicum non de ratione et rationis infirmatione, sed utrum fecerit
35 an non, inquisitio est. Ad quam quaestionem accusator coniecturas
inducit, defensor autem earum infirmationes.

Sed videtur similiter in coniecturali, sicut in ceteris, iudicatio esse
diversa a prima quaestione, cum iudex, auditis et coniectura et infirmatione eius, possit dubitare quid horum probabilius sit. Sed haec dubitatio

11 omnia: *om.* MO.   12 in se: *om.* HPh.   17 intentione: intende A, intentionem
H.   18 confirmationibus: infirmationibus H, informationibus O.   26 quaestio rationis:
enim *add.* A, ratio quaestionis H.   30 adducit: inducit MOP.   31 est: *om.* BPh.
32 ab: ad AP, a H, in *add.* M.   39 quid: qua A^{ac}, quod BHMP.

12-13 *Rad.*, p. 153.27-28.
14-16 *Rad.*, p. 141.14-17.
17-20 *Rad.*, pp. 153.28-154.4.
19 consultatio = deliberatio: cf. *De inv.* 2.25.76; *Vict.*, p. 283.32.
24-30 *Rad.*, p. 154.5-12.
31-36 *Rad.*, p. 154.15-20.
37-45 *Rad.*, p. 154.22-31.

40 quoniam tunc est, quando nihil oratoribus restat dicendum, idcirco
dicimus eam non pertinere ad causam, sed ad iudicium. Iudicatio vero,
etsi ex vocabulo ipso videtur pertinere ad iudicium, non tamen idcirco
dicitur iudicatio, sed ideo quia, audita ratione et rationis infirmatione, est
dubitatio in animis exspectans confirmationem utriusque. Si igitur non
45 restent confirmatio et reprehensio, illa dubitatio iudicatio non est dicenda.
In coniecturali vero, quia a defensore ratio non adducitur quare non
fecerit, idcirco nec animus iudicis rationis confirmationem exspectat.

Sed videtur iterum quod in aliis constitutionibus multotiens iudicatio
deficiat, quando scilicet ratio vel eius infirmatio confirmationis non
50 indiget. Contra hoc dicimus quod non est causa in qua et ratio et rationis
infirmatio aliquid probabilitatis non habeant. Immo vero illud dicitur
causa asystaton, id est sine statu. Si igitur aliqua res causa est, in illa
utrumque eorum aliquid probabilitatis habet, unde nascitur iudicatio.
Quoniam enim utraque pars aliquid probabilitatis habet, ideo dubitatio est
55 quae harum praevaleat, quae dubitatio iudicatio dicitur.

Nunc accedamus ad constitutionem, cui praedicta praemisimus, ut res
melius intellegeretur. Igitur causae constitutio est quaestio ex qua causa
nascitur, id est dubitatio principalis in tota controversia. Dubitationem
autem appello aliquod dubium circa quod et oratores et animi auditorum
60 demorantur; et idcirco status dicitur, quoniam circa idem statur, id est
mora fit.

Status vero alius principalis, alius incidens. Principalis status est illud
dubium quod principaliter in causa tractatur, quod et constitutio dicitur,
quoniam inde causa constituitur, id est tota oratorum controversia sumit
65 originem. Incidens vero status est, qui accidit dum illud principale
tractatur, velut aliqua dubitatio quae contingit ex capitulo legis in causam
adducto.

Constitutio igitur et causa in hoc differunt, quod constitutio est illa res
dubia quae principaliter in causa tractatur, causa vero est tota oratorum
70 controversia continens in se intentionem et depulsionem et argumenta
utriusque partis et status tam principales quam incidentes.

---

40 quando: quoniam AO.   41 dicimus: dicens A, diximus O. | iudicium: audicium A,
iudicem MPh.   51 infirmatio: confirmatio M, informatio O. | habeant: habent A, *lectio
incerta* B, habuerunt O.   52 asystaton: assistatio H, assistetio O.   59 aliquod: aliquid
BO, aliud M.   64 inde: in MOP.   65 dum illud: dum ille M, dicitur O. | principale:
principaliter AO.   66 causam: causa HM.

50-52 sine ratione = asystaton: cf. *Gril.*, p. 49.8-10; *Vict.*, p. 181.19-22.
57-71 *Rad.*, pp. 154.33-155.15.
62 status incidens / principalis: cf. Boeth. *Top.* 4 (PL 64:1210D); *Vict.*, p. 179.15-18.

Sic igitur se habent constitutio et causa sicut dubium, quod principaliter
in aliqua quaestione continetur, et ipsa quaestio. Nam quaestio est de eo
quod est dubium rationabilis inquisitio sive controversia; illud vero
75 dubium, cuius illa inquisitio est vel de quo illa est controversia; illud,
inquam, dubium est quasi constitutio quaestionis sive controversiae.

Cum autem sic differant causa et constitutio et utraque earum dicatur
rhetorica quaestio sive controversia et earundem unaquaeque materia sit
artis rhetoricae, tamen non est dicendum quod sint duae quaestiones
80 diversae sed una sola quaestio, nec diversae materiae sed una sola materia.

Nam sicut dubium aliquod quaestio dicitur et de eo inquisitio quaestio
vocatur, non tamen hoc et illud diversae sunt quaestiones sed una penitus
quaestio; et sicut etiam tractare vel solvere hoc et illud non est diversa
tractare vel solvere, et sicut affirmatio et quod affirmatione dicitur non
85 sunt diversae veritates sed una penitus veritas neque hoc dicere est diversa
dicere; sicut, inquam, est in praedictis, ita de causa et constitutione
dicendum est quod sint una quaestio rhetorica, una hypothesis, una
materia artis rhetoricae.

Sed si constitutio est hypothesis, omnis vero hypothesis causa est,
90 omnem igitur constitutionem causae causam esse necesse est. Hoc autem
falsum est. Nam quamvis affirmatio et quod affirmatione dicitur sint una
et eadem veritas et illa veritas sit id, quod affirmatione dicitur, non tamen
idcirco affirmatio est id, quod affirmatione dicitur. Sic igitur, quamvis
constitutio causae et causa sint eadem hypothesis, non tamen idcirco
95 constitutio causae est causa quam constituit. Quomodo autem constitutiones sint partes causarum in sequentibus dicemus.

Notandum etiam quod constitutio et auditorum prima dubitatio penitus
sint una res et una quaestio, sicut de causa et de constitutione dictum est.
99 Tamen ex intentione et depulsione est constitutio, quoniam inde res aliqua
est dubia quod unus intendit et alius depellit; ex constitutione vero est
auditorum dubitatio. Nam quoniam aliquod dubium est in controversia,
idcirco auditores dubitant.

81 aliquod: aliquid AB^pc.   86 et: de *add.* HMO.   87 sint: sit B, sicut O.
91 sint: non sint B^ac, sicut O, sunt Ph.   98 de²: *om.* AB.   2 aliquod: aliquid AO.

89-96 Cf. *Will.*, fol. 8ra-rb, "notandum est etiam quod quaestio et causa, de qua agitur, est
idem ... quaestio fit de facto vel de nomine ... quaestio vel de nomine vel de qualitate vel de
translatione est constitutio. Ergo omnis quaestio est constitutio. ... Nota quia causa aequivocum. Vocatur enim causa negotium ita informatum quod tendit (tantum MS) ad aliquem finem
et quod fit de facto vel de nomine vel de qualitate vel de translatione. ... Vocatur etiam causa
non solum illud negotium ita informatum ... sed ... tota actio placitationis"; Anon. *Com. s.
De Inv.*, MS Durham Cath. Lib. C.IV.29, fol. 198ra, "causa, quaestio, constitutio. Habent enim
quaedam ex istis multas aequivocationes et secundum M<agistrum G<uillelmum>, qui haec
omnia non attendit, frustra laborat in rhetorica."

Ordo igitur totius propositi talis est, quod de aliquo principaliter
5 intenditur ac depellitur et per hoc fit illud dubium. De illo vero dubio tota
causa constituitur constans ex intentione et depulsione. Ex eodem dubio
dubitatio in auditoribus exoritur. Ad hanc vero dubitationem ab oratoribus rationes et rationum infirmationes adducuntur, ex quibus nascitur
iudicatio, ad quam adducuntur confirmatio et reprehensio, post quas nihil
10 restat nisi peroratio. Istae igitur tres partes orationis rhetoricae ad
constitutionem adducuntur. Prooemium vero et narratio et partitio eandem praecedunt, quoniam sunt quaedam praeparatio ad constituendam
causam. Genera vero causarum sunt qualitates causarum generales secundum ipsarum fines, sicut superius dictum est.
15   Nunc ad litteram accedamus. *Omnis res*, etc. Rem *quae habet in se
controversiam* causam appellat. *In dictione*, etc. Notat hic genera causarum, demonstrativum quidem genus dictionem, deliberativum vero ac
iudiciale disceptationem appellans.
    Facti aut nominis, etc. Hic constitutiones enumerat, *facti quaestionem*
20 constitutionem coniecturalem appellans, quoniam coniecturalis constitutio dubitatio est de facto. *Quaestionem* vero *nominis* definitivam constitutionem appellat, eo quod concesso facto oratores de nomine rei, id est
quid ipsa res sit, controversantur. Quaestio vero *generis* nihil est aliud
quam, facto concesso et quid ipsum sit constante, ipsius facti qualitatis aut
25 quantitatis aut comparationis dubitatio. *Actionis* vero quaestio est de
tractatione causae dubitatio. Miro autem compendio et causam et genera
causarum et constitutiones in hac littera distinxit.
    Dicendo autem *quae habet in se controversiam* removit causas asystatas,
id est quae ex altera aut ex utraque parte deficiunt. *Eam igitur*, etc. Quia
30 causa continet in se huiusmodi *quaestionem*, id est quia huiusmodi
quaestio causam constituit, ergo huiusmodi quaestio causae constitutio
dicitur.
    Constitutio est, etc. Constitutionem definit appellans conflictionem
causarum illud dubium circa quod principaliter confligunt causantes, id
35 est oratores controversantur. Nam causas ponit hic pro causantibus, id est
pro oratoribus. Bene vero dixit conflictionem illam profectam esse *ex
depulsione intentionis*, quoniam illud dubium, quod principaliter in causa
tractatur, inde est dubium et causam constituit, quod unus orator proba-

---

12 constituendam: constituendum HO.   16 dictione: dictionem AH, disceptatione O.
17 ac: aut AB, et OPh.   33 conflictionem: actionem A^{ac}, constitutionem A^{pc}HMP.
36 vero: *om.* B, *ss* Ph, ergo O.   38 orator: oratorum HM.

17-18 dictio, disceptatio: cf. *Vict.*, p. 179.37.
36-39 *Rad.*, p. 155.17-20.

biliter intendit et alius eodem modo depellit. Secundum Quintilianum
40 haec definitio data est per causam; nam conflictio causarum proprie
dicitur depulsio intentionis quae facit constitutionem.

Sed ut ostenderet ipsam conflictionem hic accipi pro constitutione,
ideo addit eam profectam esse *ex depulsione intentionis*. Eodem modo in
Rhetorica ad Herennium constitutionem definit dicens eam esse primam
45 deprecationem oratoris cum insimulatione coniunctam, id est id de quo
principaliter controversatur.

Fecisti, non feci, etc. Exemplum constitutionis est, non quod haec verba
sola sint constitutio, sed his verbis conflictionem causarum significat. *Cum*
facti, etc. Constitutionibus nomina assignat et causas nominum reddit.
50 Dicit ergo Tullius primam constitutionem vocari coniecturalem, *quoniam*
coniecturis id est suspicionibus *causa* probatur. Huic constitutioni nomen
datur ex modo actionis, qui est quod coniecturis causa probatur.

Cum autem, etc. Vim vocabuli appellat rem, cuius est vocabulum. Huic
quoque constitutioni nomen datur ex modo actionis, qui est definitio.
55   *Cum vero qualis*, etc. Quamvis haec constitutio et de qualitate et de
quantitate et de comparatione fiat, tamen quia frequentius fit de qualitate,
quae genus facti dicitur, idcirco a frequentioribus constitutio generalis
vocatur. Et huic quidem constitutioni non ex modo actionis, sed ex re de
qua controversia est, id est ex facti qualitate, nomen datur. Vim autem
60 retulit ad comparationem et quantitatem, genus autem ad qualitatem,
negotium vero dictum vel factum personae.

At cum causa, etc. Translativae constitutioni nomen assignat. Translativa vero constitutio dicitur ipsius causae tractationis quaestio, quo <cri-
mine> scilicet aut quando aut apud quos iudices aut a quibus oratoribus
65 aut quomodo causa tractanda sit.

Pendet vero causa ex eo quod eam constituit, sicut in hac constitutione
constituitur causa ex eo, quod *non aut is*, etc., hoc quantum ad intendentem, *aut non cum eo*, etc., hoc quantum ad depellentem, vel e
converso. *Aut non apud quos* quantum ad locum et ad iudicem. *Quo*
70 *tempore*. Non enim in omni tempore licet causas agere, ut post meridiem
aut in nefastis diebus. *Qua lege*. Non enim eidem legi rusticus et miles

---

53 cum autem: *om.* A, causas B.   63 quo: qua A, quomodo O.   64 a: *om.* MO.
66 eam: causam *add.* AH, causam M^ac.   70 in: *om.* HO.   71 nefastis diebus:
festivis diebus O, festo die P.

39 Quint. *Inst.* 3.6.4-11.
44 *Auct. ad Her.* 1.10.18.
52 Cf. *Vict.*, p. 180.24.
54 Cf. *Vict.*, p. 180.30.
55-58 Cf. *Rad.*, p. 156.12-28.
58 Cf. *Vict.*, p. 180.42.
67-73 *Rad.*, p. 156.12-18.

subiacent. *Quo crimine.* Nam aliquis, cui crimen intenditur, frequenter dicit, "non respondebo tibi de hoc crimine, quia alia vice me purgavi," vel si quid aliud est propter quod transferat causam ab aliquo crimine.

75 Sed in definitiva constitutione videtur idem incidere, cum unus dicit non esse sacrilegium quod commissum est, alius vero illud intendit, in qua causa videtur reus vitare responsionem de sacrilegio; sed non vitat, quia paratus est definitione ostendere non esse sacrilegium. In translatione vero criminis omnino vitat responsionem.

80 *Qua poena.* Solent enim poenam transferre cum nolunt subire iudicium, nisi aliqua gravi poena excepta, sicut ille, qui praecidit manum Romano militi, non vult subire iudicium, nisi excipiatur praeiudicium. Sed hoc similiter videtur incidere in deprecationem. Differt autem, quod in hac nondum confitetur se peccasse, in illa vero confessio peccati petit veniam.

85 *Quia actio*, etc. Reddit causam nominis; translationem vero in toto, commutationem autem in parte intellegit. Aliquando enim unum aliquid in causa commutat et non totam causam.

Huic autem constitutioni secundum Victorinum nomen datur ex modo actionis, transferendo enim agitur. *Atque earum*, etc. Dicit nullam causam 90 esse quae non constituatur uno istorum modorum.

1.8.11. *Ac facti quidem*, etc. Ostensis causis nominum ipsarum constitutionum, repetit de eisdem, ut vel dividat vel exemplificet. Ac primum coniecturalem dividit assignans ei tria tempora. Exemplum de praeterito iudiciale est, de praesenti demonstrativum, de futuro vero deliberativum; 95 et ponit quidem exempla causarum pro ipsis constitutionibus vel potius ipsarum constitutionum. Nam constitutio est prima controversia oratorum, haec vero est utrum hoc sit an non, quare idem est causa et constitutio et quaestio, sed differunt supradicto modo.

99 *Nominis controversia est*, etc. Vult apertius ostendere quare definitiva constitutio vocetur nominis controversia, dicens *quo in genere*, etc. Dicit ergo eam esse nominis controversiam, non ideo quod de facto non constet, sed quod illud factum uni hoc et huius nominis, alii vero illud et illius nominis esse videtur, et hoc est quod dicit: *quod de re non* convenit, 5 id est quid sit res, cum tamen de facto constet. *Quare*, etc. Quia quid sit res non convenit, ergo definiendum, etc.

77 sed: tamen *add.* BO. 80 poena: etc. *add.* AH. 84 confitetur: confitentur M, confiteatur O. 85 vero: *om.* MPPh. | in toto: in totam A^{ac}, in tota A^{pc}, *om.* M. 89 earum: harum Ph *Stroebel*, eas O. 92 exemplificet: exemplicet A^{ac}H, amplificet B. 94 vero: autem M, *om.* O. 95 ipsis: *om.* B, ipsius H. 99 est: *om.* BHM. 3 uni: alii HO. 4 convenit: conveniat *Stroebel*. 6 definiendum etc.: etc. M, definiendum est O, definienda res erit *Stroebel*.

88 Cf. *Vict.*, p. 181.8.

Ut si quis, etc. Exemplificat de hac constitutione. *Sacrum* appellat ea
quae consecrata sunt in ministerium templorum, ut vasa vel reliquias,
privatum vero armarium vel capsas vel huiusmodi. *Atque adversarii*, etc.,
10 id est quam *adversarii dicunt.*

1.9.12. *Generis*, etc. Repetit de generali, ut eam multipliciter dividat;
et primo differentias eius ad priores constitutiones ostendit, dicens in ea
neque de facto neque de nomine facti controversari, sed de quantitate et
comparatione et qualitate. Generalem vero constitutionem in tres species
15 dividit, dicens *quantum et cuiusmodi et quale, quantum* ad quantitatem,
quale ad qualitatem, *cuiusmodi* ad comparationem referens.
Notandum vero quod hae quattuor constitutiones ad praedicamenta
referuntur hoc modo: coniecturalis et definitiva ad substantiam, id est de
substantia rei, fiunt; generalis vero fit aut de quantitate aut de qualitate aut
20 de ad aliquid; translatio vero de reliquis, id est de actione aut de passione
et de ceteris. Sunt igitur haec decem genera rerum omnium constitutionum et quaestionum elementa, id est res ex quibus constitutiones et
quaestiones nascuntur.
Iustum an iniustum, etc. Ponit exempla quae pertinent ad qualitatem;
25 sed videtur plane secundum haec exempla quod et iudicialis causa, quae
de iusto est, et deliberativa, quae de utili, et demonstrativa, quae de
honesto; videtur, inquam, quod hae tres causae penitus sub generali
contineantur, quia iustum et utile et honestum ad qualitatem pertinere
videntur.
30 Sed dicimus quod non in omni iudiciali causa controversia est de
qualitate facti, etsi finis controversiae iustum sit. Aliud est enim esse finem
controversiae, aliud esse rem de qua controversia est. Verbi gratia, utrum
Ulixes occiderit Aiacem; in hac causa non de iusto aut iniusto, sed: an
fecit? quaeritur. Orator tamen tendit ad hunc finem, ut persuadeat partem
35 suam habere aequitatem. Ita de ceteris generibus dicendum est.
Sed quoniam Hermagoras in iudicialibus quidem differentiam causae et
finis cognovit, in aliis vero non sic, idcirco deliberativam et demonstra-

8 ministerium: ministerio H, ministeriis O.   11 generis: vero *add.* MO.   14 vero:
ergo AOPh, igitur P.   15-16 quantum^2 ... qualitatem: *om.* BMPh, *in marg. add.* H, *post*
cuiusmodi ad comparationem referens *inseruit* O, quantum ad quantitatem, quale ad qualitatem
cuiusmodi ad comparationem, *ss* A   20 ad: *om.* ABMPh. | aliquid: aliud B^{ac}M. | aut de:
et de AO, vel BH, aut P.   21 de: *om.* ABH.   27 inquam: autem M, in generali
O. 33 Aiacem: adiacem A, an non *add.* O.   34 fecit: fecerit M.   35 habere aequitatem: habere iniquitatem M, aequam esse O.

17-23 Cf. Quint. *Inst.* 3.6.23-24; cf. *P. Hel.*, fol. 86rb-va (ed. Fredborg, *CIMAGL* 13, p. 40
n. 43); cf. *Rad.*, p. 156.27-33.

tivam generali *supposuit,* cuius errorem non mediocrem reprehendit hic
Tullius, ne videatur *sine causa non* secutus, si non reprehenderet; et
40 breviter reprehendit, ne longa digressio impediat eum cito redire ad
propositum.

Si deliberatio et demonstratio, etc. Propositum est probare deliberationem et demonstrationem non esse species generalis constitutionis. Primo
igitur utitur quinquepertito syllogismo, cuius propositio talis est: si haec
45 duo *genera sunt causarum,* tunc *non possunt* esse *partes alicuius generis
causae.* Quae propositio sic intellegenda est. Genera namque causarum,
ut dictum est, appellat qualitates causarum generales secundum earum
fines, partes vero generis vocat constitutiones quattuor, quae omnes sub
unoquoque genere causae continentur. Facit igitur propositionem ex uno
50 oppositorum negando aliud sic: *si deliberatio et demonstratio sunt genera
causarum,* tunc *non possunt* esse *partes generis causae,* id est non possunt
esse constitutiones, quarum unaquaeque sub unoquoque genere causarum
continetur.

Eadem enim res, etc. Praedictae propositionis est approbatio et est
55 sensus talis: vere si illa duo sunt genera causarum, tunc non sunt constitutiones. Nam eadem res non potest aliquid continere et ab eodem
contineri, quod tunc contingeret, quoniam unaquaeque constitutio sub
unoquoque genere causae continetur.

Sed si quis dicat genera causarum contineri in constitutionibus, sicut e
60 converso constitutiones in generibus causarum continentur, si quis, inquam, hoc dicat, non est verum. Nam cum unumquodque genus omnes
constitutiones contineat, impossibile est aliquod genus causarum sub
aliqua illarum quattuor constitutionum contineri, quoniam omnes constitutiones sub eadem constitutione continerentur.

65 Quod si quis iterum dicat non omnes constitutiones sub unoquoque
genere causa contineri, quoniam omnis coniecturalis vel definitiva vel

---

42-44 etc. ... syllogismo: nititur contra Hermagoram dicentem demonstrativum et deliberativum genus causae species esse generalis constitutionis, utendo quinquepertito syllogismo
secundum suam sententiam, deinde quadripertito (quid repertito O), postea tripertito—et isti
syllogismi demonstrativi; consta<n>t enim ex per se notis (persona vocis O). Primo igitur
utitur quinquepertito syllogismo, qui approbatur per se notis O (*cf. P. Hel.,* fol. 86va, "hic
itaque reprehendit eum Tullius, quia utitur contra eum primo quidem quinque syllogismo
pertito, deinde quadripertito, postea tripertito."   47 qualitates: qualitatem MO. | causa-
rum: earum APh.   54 est[1]: *om.* H, et M.   55 tunc: *om.* MO.   58 continetur:
contineretur APh, dicuntur continetur M.   59 quis: hoc *add.* AO, ut Hermagoras *add.* P.
64-65 sub eadem ... constitutiones: *om.* O (*hom.*).   64 continerentur: continentur
BM, *def.* O.   65 dicat: hoc *add.* A, dicit Ph, *def.* O.

44 Cf. *Vict.,* p. 184.37.

generalis vel translativa in iudiciali genere causae non continetur et ita de
ceteris generibus, si quis, inquam, hoc dicat, sciat omnem constitutionem
sub unoquoque genere causae contineri, quod ex hoc manifestum est: nam
70 pluralitas sive diversitas constitutionum non contingit ex numero vel
varietate rerum, quae tractantur, vel negotiorum, sed ex modis et varietati-
bus intendendi et depellendi, quos omnes modos in unoquoque genere
causae esse manifestum est. Verbi gratia: tractatur ab oratoribus utrum
Ulixes occiderit Aiacem; tractatur vero ab aliis utrum Canius contra
75 Gaium coniuraverit. Ecce hic res diversae et diversa negotia tractantur et
tamen una et eadem coniecturalis constitutio utrique negotio inest; ita de
ceteris dicendum est. Nam si idem modus depulsionis est, et eadem est
constitutio, quamvis diversis generibus causarum insit. Non autem dico
eandem secundum genus constitutionis, sed individualiter et numero
80 eandem, si modus similiter idem fuerit.
   Sed coniecturalis constitutio de praeterito, cum sit pars divisiva coniecturalis constitutionis, non videtur esse in deliberativo genere causarum,
quoniam deliberatio de futuro est. Iuridicialis quoque constitutio, cum
semper de praeterito sit, non videtur cadere in deliberationem. Non ergo
85 omnes constitutiones in unoquoque genere causae esse videntur. Non
tamen verum est. Nam cum dicimus deliberationem omnem de futuro
esse, hoc referimus ad finem deliberationis, id est ad utilitatem. Quaecumque enim res, sive praeterita sive praesens sive futura, in deliberatione
tractetur, tamen omnino non aliud quam quid utile vel inutile consecu-
90 turum sit deliberatur.
   Deliberatio autem, etc. Assumptio est ab antecedenti posito. *Nam aut
nullum*, etc. Probatio assumptionis per triplicem disiunctam, cuius duabus
partibus negatis tertia infertur. Videtur autem disiuncta falsa esse, eo quod
disiunctioni aliquid addi potest, sed non est curandum qualis in se ipsa
95 fuerit, si secundum Hermagoram necessario recipienda est. Solent enim
huiusmodi disiunctiones fieri secundum id quod sufficit ad confutandum
adversarium.
   Non tamen dicendum est quod disiunctio illa falsa sit. *Nam.* Necesse
99 est concedere aut *nullum* illorum trium esse *genus causae aut solum*

67 in: *om.* B, *ss* H, sub AO.   68 sciat: hoc sciat AB.   69 causae: causarum AB.
74 Aiacem: an non *add.* AHO. | Canius: Antonius O, *non legitur* M. 75 Gaium: Gaum M,
Augustum O, Caesarem P.   83 iuridicialis: iudicialis AO.   85 causae: causarum AHO.
87 referimus: referemus B^{ac}MP, deferimus O. 87-p. 91.10 referimus ... vis: *om.* A (*2 foliis
amissis*).   94-95 in se ipsa fuerit: ipsa sit in se BO, in se fuerit H.   95 si: sed HO.
99 illorum: eorum BH.

74 Canius: cf. Boeth. *De cons. philos.* 1.4.27.
81-85 Cf. *Vict.*, p. 181.29-34.

iudiciale aut, si praeter iudiciale aliud de reliquis esse genus causae concedatur, necessario idem de altero concedetur, cum id alterum ab utroque diversum finem habeat. Superfluum igitur esset quartum membrum disiunctioni superapponere sic: aut nullum illorum trium genus
5 causae est, aut iudiciale solum, aut iudiciale et aliud de reliquis, aut illa tria.

Nam iudiciale genus causae esse et necesse est et ab omnibus conceditur. Reliqua vero aut simul ponuntur in generibus causarum propter eandem rationem, sub quam cadunt, aut simul tolluntur per eandem
10 rationem.

Nullum, etc. Destruit primum membrum disiunctae propter hoc quod Hermagoras concedebat multas causas esse. Si enim multae causae sunt, et aliquod genus causae esse necesse est. *Unum autem*, etc. Destruit secundum membrum per hoc, quod dicit deliberationem et demonstratio-
15 nem et inter se esse dissimiles et a iudiciali plurimum dissidere et quoniam haec tria diversos fines habent. *Relinquitur ergo*, etc. Ex duobus negatis infertur reliquum, et est tota probatio assumptionis syllogismus disiunctae propositionis.

Deliberatio igitur, etc. Hic est conclusio quinquepertiti syllogismi, in
20 qua conclusione ponitur primae consequens propositionis. *Male igitur*, etc. Enthymema est cuius conclusio provenit ex eo, quod in priore conclusione positum est.

1.10.13. *Quod si generis*, etc. Post quinquepertitum syllogismum ponit Tullius quadripertitum cuius assumptio, non propositio, probatur. Et est
25 sensus propositionis talis: si haec duo genera causarum, deliberatio scilicet et demonstratio, non sunt constitutiones, tunc multo minus sunt partes generalis constitutionis.

---

9 quam: qua HM. | per: propter HPh.   16 duobus: duabus BO.   19 igitur *J apud Stroebel*: ergo M, *om*. *Stroebel.*   21 cuius: *ss* B, *om*. M, cum O.   24 et: et est iste syllogismus incisus et perseverus. Incisivus dicitur syllogismus qui habet propositionem modalem. Et sunt tres incisiones syllogismorum, ut dicit Aristoteles in suis *Analeticis* (*A. Priora* 1.9-22 30a15-40b16, *Aristoteles Latinus* 3.1-4, *Analytica Priora*, ed. L. Minio-Paluello [Bruges-Paris: Desclée de Brouwer, 1962], pp. 21-50) et per se notae. Iste autem est primae incisionis, quia propositio est modalis, cum O (*cf. Anon. Venetianus in De inventione*, 1.10.14: "... ponit quartum categoricum incisivum. Est autem incisivus syllogismus iuxta Aristotelem in *Prioribus Analyticis* quotiens prima propositio modalis est, assumptio autem simplex, conclusio vero modalis. Ponit autem Aristoteles tres incisiones trium figurarum ... ponit autem Tullius hic primum modum secundae incisionis, *Venezia, Bibl. Marc. MS San Marco Lat. XI. 23 (4686)*, fol. 8ra. *De syllogismis incisivis* = *syllogismis mixtis, vide supra* p. 35).
25 scilicet: *om*. HOPh.

24 Cf. *Vict.*, p. 187.1.

Pars autem, etc. Istud non est probatio praemissae propositionis, sed expositio de hoc quod dixerat constitutionem partem esse causae. Pars
30 autem causae constitutio dicitur, non quod integraliter causam componat, sed ideo quod quattuor constitutiones causam generaliter dividunt in singulas causas—haec quidem hanc, illa vero illam, alia vero aliam constituunt—quemadmodum substantiales differentiae partes generis dicuntur, non quod de his genus praedicetur, sed eiusdem generis divisivae
35 esse perspiciuntur.

Non enim, etc., *constitutio accommodatur ad causam*, quoniam quattuor constitutiones et dividunt et constituunt causam, sicut praedictum est, tum etiam propter hoc quod constitutio est causae constitutio, non causa constitutionis causa. Praeiacet igitur ipsa causa et ei constitutio advenit.

40 *Sed demonstratio*, etc. Hic est assumptio a parte antecedentis. *Quod ipsa*, etc. Istud est probatio assumptionis. *Multo igitur*, etc. Istud est conclusio quadripertiti syllogismi. Quid autem sit quinquepertitus, quid quadripertitus syllogismus in sequentibus melius dicetur.

Deinde si constitutio, etc. Iste syllogismus tripertitus est, cuius composi-
45 tio talis est. Nam proposita hypothetica propositione aliquid adiungitur consequenti in assumptione, deinde illud idem antecedenti adiungitur in conclusione, cuius generis est iste syllogismus, "si est homo, est animal; sed si est animal, est substantia. Igitur si est homo, est substantia." Nunc partes Tulliani syllogismi videamus. *Si constitutio*, etc., id est si omnis
50 constitutio *intentionis depulsio est*, quicquid *non est depulsio intentionis* non est aliqua *constitutio*. Nam per hoc, quod dixit *constitutio et pars eius quaelibet*, nihil aliud intellegi voluit nisi omnis constitutio.

Notandum vero est quod Hermagoras definivit constitutionem sic: constitutio est depulsio intentionis; quae definitio nullo modo delibera-
55 tioni et demonstrationi convenire potest eo quod deliberatio vel demonstratio non est sola depulsio vel intentio, sed ex utroque eorum constat. Vel forsitan intentio et depulsio non solent dici nisi in iudiciali genere; et cum auctores constitutionem definiunt, non generaliter hoc faciunt, sed secundum illud genus, quod prius et difficilius ceteris est,
60 solent definitionem constitutionis ex parte assignare.

31 in: et HMPh, etiam O.   35 perspiciuntur: dicuntur perspiciuntur M, prospiciuntur OPh.   37 causam: *om.* BMOPh.   40 sed *P³RJ apud Stroebel*: at *Stroebel*. 41 probatio: propositio B, approbatio MO.   44-45 compositio: propositio HM. 45 adiungitur: coniungi H, adiungit O.   48 substantia²: substantia et dicitur analeticus ab Aristotele syllogismus mediae propositionis, quia mediae propositioni aliquid additur O. 49 id est: *om.* BM, quid O.   55 et: aut HM.

39 Cf. *Vict.*, p. 186.25.
43 Cf. infra pp. 157.19-160.22.

At si quae, etc. Hic est assumptio et est sensus litterae talis: si quicquid
non est depulsio intentionis non est constitutio, tunc deliberatio vel
demonstratio non est constitutio, eo quod nullum eorum est sola depulsio,
sicut dictum est. *Si igitur*, etc. Hic est conclusio. Huius autem syllogismi
65 propositio vocatur a primo ad secundum, assumptio vero a secundo ad
tertium, conclusio autem a primo ad tertium.

    Placet autem, etc. Conclusionem prioris syllogismi ponit quasi proposi-
tionem, cuius antecedens assumit et consequens concludit. Bene autem
dixit Hermagorae placere hanc esse definitionem constitutionis, tum ut
70 videatur ex concessis Hermagorae argumentari, tum etiam ne ex parte sua
sic definire constitutionem videatur. *Sive constitutionem*, etc. Ponit alias
definitiones constitutionis secundum Hermagoram, ex quibus dicit eadem
inconvenientia provenire. *Confirmationem* autem vocavit Hermagoras
intentionem ratione adiuncta, *deprecationem* vero depulsionem ratione vel
75 infirmatione adiuncta.

    1.10.14. *Deinde coniecturalis*, etc. Categoricum syllogismum quadri-
pertitum ponit, in quo sola propositio probatur. Syllogismi autem sententia talis est: nullum genus constitutionis vel species continet omnes
constitutiones; et hoc est quod dicit: *ex eadem parte eodem in genere*. Nam
80 partem ad speciem retulit.

    Nam generalis constitutio diversas species habet atque hoc genus
causae vel pars, scilicet deliberativa causa vel demonstrativa, continet
omnes constitutiones. Nam species deliberativi generis una est deliberatio
propter se, alia est deliberatio propter aliud, tertia est deliberatio tum
85 propter se tum propter aliud; et ita in ceteris generibus possunt species
inveniri. Nam omnes constitutiones, ut praedictum est, in unoquoque
genere causae continentur. Ergo nullum istorum vel constitutio vel pars
constitutionis est.

    Nunc litteram videamus. *Coniecturalis causa*, etc. Quod est dicere: hoc
90 genus causae, scilicet coniecturalis causa, vel huius generis quaelibet pars,
id est species, non potest esse coniecturale et definitivum, id est non
potest continere coniecturalem constitutionem et definitivam. *Rursus*, etc.
Quasi diceret: illud idem dicendum est de ceteris generibus, scilicet de
definitiva causa, generali, translativa. Et quid per singula? Illud idem
95 dicendum est de omni constitutione; et hoc est quod subiungit: *et omnino*

---

    62 vel: et BHO.   65 vero: *om.* H, autem O.   81 atque: ad M, ac O, at Ph.
82 demonstrativa: causa *add.* MPh.   87 causae: *om.* BO.   92 rursus *RJ apud*
Stroebel: om. Stroebel.   95 subiungit: subiunxit MO.

    64-66 Cf. *Vict.*, pp. 187.44-188.2.

nulla constitutio, etc. *Ideo quod unaquaeque*, etc. Istud est approbatio propositionis.

Quod autem dixit *ex se et ex sua natura*, etc., sic intellegendum est,
99 quod unaquaeque species constitutionis continet convenientia suae naturae, id est partes suas non partes alterius constitutionis. *Naturam* autem constitutionis dicit illud idem, quod superius *vim* appeiiavit. Illud autem est substantia ipsius constitutionis, ut coniecturalis constitutio inde habeat substantiam, id est esse, quod factum negatur, definitiva vero quod non
5 conveniat quid ipsa res sit de qua agitur; ita de ceteris.

Altera assumpta, etc. Responsio est ad tacitam obiectionem eius, qui diceret ideo unam constitutionem ab alia contineri, eo quod una incidit in aliam, sicut definitiva solet incidere in coniecturalem, et e converso. Contra hoc ergo dicit Tullius quod, quamvis una constitutio incidat in
10 aliam, non tamen propter hoc *vis constitutionis augetur*, id est non propter hoc ea, quae coniecturalis est, super hoc, quod est coniecturalis, fit etiam definitiva vel e converso. Hoc enim esset vim constitutionis augeri, sed *numerus constitutionum duplicatur*, id est constitutiones in alias incidunt.

At deliberativa causa, etc. Assumptio est, cuius talis sensus est: hoc
15 genus causae, scilicet causa deliberativa, vel aliqua pars, id est species deliberationis, continet omnes constitutiones vel aliquas diversi generis aut diversae speciei vel unam solam speciem constitutionis continet. *Ergo ipsa*, etc. Conclusio est. *Genera igitur*, etc. Istud est conclusio ex omnibus argumentis praemissis.

20 **1.11.14.** *Haec ergo*, etc. Sententia Hermagorae destructa, dividit generalem constitutionem in species duas, iuridicialem et negotialem. Littera sic continuatur: quia deliberatio et demonstratio sunt genera causarum, ideo generalis constitutio non est dividenda per haec, sed per has duas species. Non enim ponitur hic illativa coniunctio in vi illativae,
25 sed in vi causalis coniunctionis, scilicet pro "ideo."

Sed antequam veniamus ad definitiones ipsarum specierum generalis constitutionis a Tullio positas, praemittendum est quid appellemus iuridicialem, quid negotialem. Iuridicialis igitur est illa generalis constitutio in qua de qualitate aut quantitate aut comparatione praeteriti facti dubi-

---

99 unaquaeque: una BMPPh. | convenientia: convenientiam HO.   3 habeat: habet B^{pc}MOPPh, habent B^{ac}.   15 aliqua pars: aliquas partes AO.   20 haec: hoc A, hic M. 22 littera ... continuatur: littera igitur sic intellegitur A, continuatio H.   23 haec: hoc AO.

28-34 Cf. Boeth. *Top.* 4 (PL 64:1209D).
28-35 *Rad.*, p. 157.8-14.

30 tatur, qualiter scilicet aut quantum aut quomodo aliquid factum sit.
Negotialis vero est illa generalis constitutio in qua de praesenti aut futuro
dubitatur, qualiter scilicet aliquid in praesenti aut in futuro faciendum sit,
quod contingit quando aliquid in lege aut in consuetudine ita generaliter
cautum est, quod inde controversia sit, quid secundum illud generale
35 specialiter et definite faciendum sit. In huiusmodi igitur controversia ex
generalibus specialia aut per maius aut per minus aut per simile aut directa
ratiocinatione aut indirecta coniciuntur.

Haec autem constitutio negotialis vocatur quasi laboriosa, eo quod in
ea ex eo, quod generaliter scriptum est aut in consuetudine generaliter
40 tenetur, ad speciale quod non est scriptum ratiocinando pervenitur, et
perveniendo nova iura ex aequitate praecedentis iuris formantur. Unde
Martianus assertionem legis aut consuetudinis in hac constitutione esse
dicit, hoc est secundum ius iam praestitutum ratiocinationem fieri.

In iuridiciali vero, quia de praeterito dubitatur, idcirco non ex positivo
45 iure ratiocinando qualiter aliquid faciendum sit certatur, sed absque ulla
ratiocinatione ratio rei, de qua dubitatur, inquiritur. Nam ratio proprie de
praeterito dicitur, ratiocinatio vero de futuro. Unde Martianus in iuridiciali assertionem naturae esse dicit. Nam in iuridiciali natura aequi et recti
quaeritur, id est quid iustum sit absque ulla raticionatione. Similiter ratio
50 praemii aut poenae in ea quaeritur, quoniam ratio praemii vel poenae ex
merito venit, meritum vero secundum praeteritum consideratur.

In negotiali vero non quid iustum sit aut ratio praemii vel poenae
quaeritur, sed, quid faciendum esse vel non faciendum statuatur, ex scripto
vel consuetudine consideratur. Consideratio vero ad positionem iusti
55 pertinet. Positio vero iusti est non de eo quod iam iustum est, sed de eo
quod statuitur ut amodo iustum esse teneatur.

Atque ideo negotialem de futuro esse necesse est, quoniam ex eo, quod
iam esse iustum statutum est, conicitur a simili aut a maiori aut a minori
aut a contrario quid de reliquo faciendum sit. A simili ita: "si patris
60 interfector culleo insuitur, haec poena debet manere matricidam." A

---

33 in²: *om.* HPh.   34 cautum: sancitum A, sancitum et cautum O.   40 pervenitur:
perveniatur BMOPh.   42 assertionem: assertione BO.   44 iuridiciali: iudiciali BO.
45 ratiocinando: in ratiocinando AO. | certatur: tractatur MOP.   58 conicitur:
perpenditur (+ qui dicitur *ss*) A, convincitur H[ac], commiscetur O. | aut¹: *om.* A, ac O.
60 manere *Mart. Cap.* 5.465: in *add.* AOP.

38-43 *Rad.*, p. 157.14-18.
42 *Mart. Cap.* 5.454, ed. Halm, p. 459.1 (ed. Dick, p. 225.5-6).
46-66 Cf. *Rad.*, p. 157.20-36.
47 *Mart. Cap.* 5.454, ed. Halm, p. 458.33 (ed. Dick, p. 225.6).
60-63 interfector ... poena: *Mart. Cap.* 5.465, ed. Halm, pp. 461.28-462.3 (ed. Dick,
pp. 230.22-231.11).

maiori hoc modo: "si licet iugulare exulem, licet et verberare." A
contrario hoc modo: "si defensor patriae meretur praemium, desertor
dignus est poena."

Quoniam autem negotialis de futuro est, idcirco dicuntur *consulti iuris*
65 eidem constitutioni *praeesse*, quoniam secundum ius statutum coniciunt
quid sit statuendum.

Nunc ad definitiones Tullii accedamus. *Iuridicialis est,* etc. Haec
definitio facta est per species ipsius iuridicialis, quarum specierum una est
in qua natura aequi et recti quaeritur, id est in qua quaeritur quid sit iustum
70 absque ulla ratiocinatione, sed aequum ad utilitatem, rectum vero ad
honestatem refertur. Quidam libri habent *aequi et iniqui natura,* quod satis
planum est.

Alia vero species est iuridicialis *in qua praemii aut poenae ratio
quaeritur,* id est in qua non de aequitate factorum vel rectitudine princi-
75 paliter contenditur, sed de meritis ipsorum factorum ratione disquiritur,
et utramque speciem de praeterito esse ex praemissa expositione manifestum est.

Negotialis, etc. Definit negotialem dicens eam constitutionem esse
negotialem *in qua consideratur quid iuris sit,* id est quid iustum consti-
80 tuendum sit, *ex civili more et aequitate,* id est secundum legem aut
consuetudinem. Nam civilem, morem consuetudinem appellat, civilem
vero aequitatem legem. *Cui diligentiae,* etc. Dicit Tullius huic constitutioni
diligenter tractandae *praeesse* consultos iuris, id est peritos iuris, et hanc
controversiam definire, inde nova iura formando.

85   **1.11.15.** *Ac iuridicialis quidem,* etc. Diximus superius definitionem
iuridicialis factam esse per eius species, nunc ergo illas species exsequitur
hic Tullius, et eam quidem speciem in qua natura aequi et recti quaeritur
absolutam iuridicialem nominat, eam vero in qua ratio praemii aut poenae
quaeritur *assumptivam* vocat.

90   Absoluta vero ideo dicitur eo quod in ea factum ipsum simpliciter et
absolute esse iustum vel iniustum contenditur, assumptiva vero ideo quod
in ipsa ex parte depellentis factum ipsum non simpliciter et absolute esse

---

61 maiori: minori A^{pc}O. | si licet: si cilet B, scilicet AMO.   64 est: *om.* AH. | iuris *C
apud Stroebel*: iure *Stroebel.*   65 coniciunt: conicitur M, constituitur AO.   71 iniqui
P^3 *apud Stroebel*: recti *Stroebel.*   74 non: *om.* BO.   75 de: *om.* OPh. | disquiritur:
discutitur H, inquiritur O.   79 quid^1: quod AM.   85 quidem: *om.* AO. | definitionem:
definitione AM.   86 iuridicialis: iudicialis B, iuridicialem Ph.   87 recti: iniqui M, recti
et iniqui Ph.   88 iuridicialem: iudicialem B, *om.* O.   90 eo: *om.* MO.   91 ideo:
eo AO, idem H.

64 Cf. *Vict.,* p. 190.4, 23; Boeth. *Top.* 4 (PL 64:1209D).
87-97 Cf. *Rad.,* p. 158.2-12.

iustum defenditur, sed esse iustum tali tempore, tali loco, tali ex causa, tali eventu ostenditur. Sicut ergo in aliis rebus aliquid simpliciter et
95 absolute potest dici, ut solem moveri necesse est, aliud autem absolute quidem nequaquam sed adiuncta determinatione, ut legere Socratem necesse est quando legit, ita in absoluta et assumptiva intellegendum est.

Rursus in absoluta consideratur quale sit in se ipsum factum, in
99 assumptiva vero non quale sit in se ipsum factum consideratur, sed qualis sit causa facti contenditur. Verbi gratia: dare arma et impedimenta hostibus in se quidem neque utile neque necessarium, sed causa maioris incommodi vitandi et utile et necessarium esse convincitur.

Sed diligenter investigandum est de causa iuridiciali, in qua ratio
5 praemii aut poenae quaeritur, quomodo assumptiva nominetur, cum Cicero in secundo libro huius *Rhetoricae* post omnes species assumptivae de ratione praemii aut poenae tractet. Ad quod dicimus quod assumptivae duae species sunt, una in qua—etsi non absolute—tamen de qualitate facti aut quantitate aut comparatione quaeritur; alia vero species est in qua de
10 ratione praemii aut poenae, non de qualitate facti aut quantitate aut comparatione, quaeritur. Postquam ergo Tullius in secundo libro de priore specie secundum omnes partes suas tractavit, deinde ad aliam speciem se progredi promittit. Sic ergo intellegendum est, quod superius diximus, quod scilicet omnis iuridicialis quae de poena aut praemio est assumptiva
15 est, sed non e converso.

Nunc ad litteram accedamus. *Absoluta est*, etc. Absolutam definit dicens absolutam esse *quae ipsa in se*, etc., id est in qua quaeritur quale sit ipsum factum in se, iustum scilicet an iniustum. *Assumptiva*, etc. Assumptivam definit dicens eam esse *quae ex se*, etc., id est quae ipsum
20 factum in se iustum esse non contendit, *foris autem*, etc., id est aliqua determinatione adiuncta iustum esse defendit.

Eius partes, etc. Assumptivam subdividit in quattuor partes. Sed sciendum quod haec subdivisio non generaliter de assumptiva, sed de quadam specie assumptivae fit, in qua scilicet de natura aequi et recti
25 quaeritur, non vero de illa in qua de praemio aut poena consideratur, quod in sequentibus melius patebit.

Notandum etiam quod in defensionibus comparatio validior est relatione criminis, relatio vero criminis remotione, remotio vero concessione.

95 moveri: movere H^{ac}, oriri AO. | autem: *om.* AO, vero M.   2 quidem: quod *add.* A, quam O. | necessarium: esse *add.* A, est *add.* M.   4 causa: ea HM.   6 Cicero: citius A^{pc}, Tullius O.   14 aut: de *add.* HM.   16 absolutam: eam HO.   18 assumptiva: assumptam AB, assumptivam Ph.   28 vero^{2}: *om.* H, autem O.

6 *De inv.* 2.37.110-39.115.
22-25 contra, *Vict.*, p. 190.36-38.

Nam ille qui dicit factum illud, quod praetulit, honestius et utilius esse
30 quam illud, quod dimisit, ille, inquam, firmius se defendit quam si crimen
in alium referat, id est si dicat, "feci quidem, sed ille meruit." Ille enim
se profuisse affirmat, hic autem non profuisse, sed merito nocuisse. Sed
hic item qui dicit se merito fecisse defendit se firmius per ostensionem
meriti, quam ille qui removet crimen, id est qui dicit se fecisse, sed
35 impulsum ab alio. Ille enim accusando adversarium se defendere, non
autem accusare intendit. Quod autem concessio debilior sit ceteris
manifestum est, cum in ea fateatur quis se peccasse, sed veniam postulat.
Quanto autem unaquaeque constitutio debilior est, tanto difficilior. Igitur
Tullius secundum ordinem difficultatis enumerat hic assumptivas, in
40 sequentibus autem secundum ordinem dignitatis enumerat easdem
converso modo.
  Nunc litteram inspiciamus. *Concessio*, etc. Haec definitio concessionis
nihil habet obscurum. Dicit enim concessionem esse in qua *reus*, id est
accusatus, non defendit factum, sed se peccasse fatetur, quae concessio in
45 aliis constitutionibus non contingit. Quamvis autem accusatus peccatum
fateatur, tamen constitutio vel controversia est utrum venia danda sit an
non.
  Haec in duas partes, etc. Inter purgationem et deprecationem hoc
interest, quod in purgatione quidem peccatum conceditur, sed animus
50 excusatur aut per *imprudentiam* aut per *casum* aut per *necessitatem*. Casus
autem impedimentum est ne fiat aliquid quod debuit fieri, necessitas vero
impulsio qua fit aliquid quod non debuit fieri. In deprecatione vero nec
animus quidem excusatur, sed sola venia postulatur. Haec differentia ex
verbis libri patet.
55   Dicit enim in purgatione culpam removeri, id est intentionem sive
voluntatem excusari per unum praedictorum trium, in deprecatione vero
dicit reum confiteri *se consulto peccasse* id est scienter et sponte, sed petit
veniam per aliqua beneficia. Deprecatio vero alia manifesta, ut si quis
coram omnibus veniam imploret, alia vero occulta sive obliqua, ut si quis
60 sic dicat, "forsitan non feci, sed, si facerem, iustum esset me veniam
impetrare, tum propter hoc tum propter illud." Et aperta quidem deprecatio numquam apud iudices, qui non possunt parcere culpam confitenti,

33 se¹: *om.* BPh.   37 quis: *om.* AO, quidem Hᵃᶜ.   44 concessio: confessio HPh.
46-47 an non: necne AO.   49 purgatione: purgationem AB.   52 quod: cum A,
non *add.* H.   60 sic: *om.* AHO.   62 qui: quia HM.

41 Cf. *Vict.*, p. 190.39.
58-59 Cf. *De inv.* 2.34.104.
58-65 Cf. *Rad.*, p. 140.21-27.
61-63 *Vict.*, p. 191.24.

sed apud imperatorem aut senatum tractatur, obliqua vero apud omnes.
Quoniam autem vix aliquis in causis peccatum confitetur, idcirco Tullius
65 dicit deprecationem *raro accidere.*

Remotio criminis, etc. Haec definitio remotionis criminis facta est per
ipsius species, quarum specierum una est cum removens crimen dicit se
fuisse alterius in illa re vicarium, in qua re, si quid criminis est, sibi non
debere imponi. Et haec quidem species remotio facti dicitur, non quod
70 accusatus factum neget, sed ideo quia dicit factum illud non esse suum
officium sed ad alium pertinere. Haec autem species designatur per
definitionis partem priorem, hanc scilicet *cum id crimen quod infertur ab
se in alium reus removere conatur.* Nam ab se bene removet crimen qui,
quamvis vicarius sit, tamen dicit factum non esse suum, sed alterius.
75   Est autem alia species remotionis criminis, quae species dicitur remotio
causae, cum reus dicit aut alium hominem aut aliquam rem causam fuisse
quare non fecerit, quod debuit fieri. Non enim negat suum officium esse
quod debuit fieri, sed dicit aut alium aut aliud causam fuisse, quare non
debuit exsequi, etsi sit suum officium.
80   Haec autem species designatur per definitionis posteriorem partem,
hanc scilicet *ab sua culpa vi et potestate,* etc., *vi* quidem, si dixerit aliquam
rem causam fuisse, quare non fecerit, *potestate* vero si dixerit hominem
fuisse causam. Exempla autem istarum remotionum de secundo libro
sumantur. Exemplum quidem remotionis facti est de iuvene qui in foedere
85 pro imperatore porcam tenuit; exemplum quidem remotionis causae
secundum hominem, ut de legatis Rhodiorum qui removent causam in
quaestorem, secundum rem vero, ut de eisdem qui removent causam in
pecuniam.
     Hoc autem interest inter casum et remotionem causae, quod in casu
90 quidem notatur eventus rei praeter intentionem gerentis et peccatum
conceditur, in remotione vero causae non conceditur peccatum, sed causa
facti in alium aut in aliud refertur.
     Factum autem, etc. Nam imperator debuit quia suum officium erat,
potuit vero quia imperator erat.
95 *Relatio criminis est,* etc. Nihil aliud est relatio criminis quam mali pro
malo redditio. Videtur ergo quod reus peccatum confiteatur, cum malum

     65 raro: perraro *Stroebel.*   68 alterius: *om.* AB.   71 species: definitio M, speciem
O.   77 esse: fuisse A^{pc}O, *om.* M.   81 vi et P^{2}J *apud Stroebel: om. Stroebel.* | dixerit:
dixerat AM.   82 potestate: potestatem ABPh.   85 quidem: vero AHM.   92 aut
in: vel in M, vel O.   95 criminis est: criminis AHM, *om.* O.

     67-71 Cf. *Rad.,* p. 159.10-13.
     73-74 Cf. *Rad.,* p. 159.13-14.
     75-79 Cf. *Rad.,* p. 159.21-24.
     83 *De inv.* 2.29.86-31.94.
     95-96 Cf. *Rad.,* p. 160.7.

pro malo se reddidisse non neget, sed non est ita. Redditio enim mali pro malo vindicta est, vindicta vero est iusta. Non ergo reus dicit se peccasse,
99 sed vindictam de malo sibi illato iuste sumpsisse.

Videtur etiam relatio criminis esse remotio eiusdem. Cum enim dicit se provocatum fuisse, videtur dicere alium fuisse causam quare fecerit. Sed dicimus quod remotio criminis est causae aut facti remotio absque ulla redditione mali pro malo, referre vero crimen est non removere causam
5 in alium, id est non ostendere alium fuisse causam, sed malum pro malo reddere. Quae differentia aperte ostenditur ex definitione auctoris, qui ait *relatio criminis*, etc., id est illud factum dicitur relatio criminis, quod *iuste dicitur* esse *factum ideo quod alius,* etc., id est quod alius iniuste provocaverit.

10 *Comparatio est,* etc. Comparatio est duarum rerum inter se aut plurium secundum maius aut minus aut aequale. Sed in causis civilibus non secundum aequale, sed secundum maius aut minus comparatio tractatur, quae comparatio ab auctoribus compensatio proprie dicitur.

Haec autem compensatio fit cum aliquid, quod in se malum est, iuste
15 tamen fecisse causa maioris mali vitandi aut, quod in se bonum est, iuste tamen dimittere causa maioris boni adipiscendi contendimus, id est id quod fecimus et de quo accusamur plus profuisse quam obfuisse probamus. Compensatio ergo illa comparatio est, in qua de eadem re contenditur utrum plus boni an mali contulerit an non. Nam sunt quaedam
20 comparationes in quibus unum magis et minus dicitur de duobus, ut "sapientior est Socrates in grammatica, quam Plato in dialectica," aut duo de uno, ut "peritior est Tullius in rhetorica quam in dialectica." Haec ergo tertia comparatio compensatio proprie dicitur et in civilibus causis ad defensionem assumitur. Velut quidam imperator ab hostibus conclusus,
25 cum non posset effugere, depactus est cum hostibus se dare eis arma et impedimenta, ut sic evaderet; quod ut fecit, postquam inde accusatus est, usus est hac comparatione dicens magis illud factum profuisse Romanis quam obfuisse.

Littera sic exponitur. *Comparatio est,* etc., id est comparatio tunc ad
30 defensionem inducitur, *cum aliquid factum utile et honestum* esse ostendimus. Verbi gratia: conservare vitam militum utile et honestum est. *Quod*

---

98 est iusta BPh.   3 quod: quoniam BPh.   7 id est: *om.* AO, *ss* H. | iuste: iure *Stroebel.*   8 alius[1]: aliud M, aliquis *Stroebel.*   20 magis: maius B^pc^HO.   24 conclusus: inclusus A^pc^O.   30 honestum *Cass. apud Stroebel*: rectum *Stroebel.*

22-28 compensatio: cf. Fortunatianus, ed. Halm, pp. 93.20; *Vict.,* pp. 191.3, 281.34; *Sulp. Vict.,* ed. Halm, pp. 318.5, 345.16; *Gril.,* p. 70.3; *Mart. Cap.* 5.457, ed. Halm, p. 459 (ed. Dick, p. 226).

ut fieret, etc., hoc est ut conservaretur vita militum, *dicitur* reus *commi-*
sisse, id est fecisse, id de quo accusatur, quod est dare arma et impedimenta hostibus. Sed in hac comparatione videtur reus peccatum conce-
35 dere, cum dicit se magis profuisse quam obfuisse; nam se in aliquo
obfuisse concedere videtur. Sed non est verum. Non enim sequitur: si in
aliquo facto magis profuit aliquis quam obfuit, ergo in eodem obfuit; sicut
nec hoc sequitur: si animalis hoc est magis definitio quam illud, ergo hoc
vel illud definitio est eius.
40   Nunc breviter repetenda est divisio assumptivae constitutionis. Dictum
est igitur assumptivam constitutionem dividi in haec quattuor: concessionem criminis, remotionem, relationem, comparationem; concessionem
vero in purgationem et deprecationem; purgationem autem in tria: in
imprudentiam, casum, necessitatem; at vero deprecationem in apertam et
45 obliquam. Item dictum est remotionem criminis dividi in remotionem
facti et causae, remotionem vero causae tum in personam, tum in rem.
       Quaeritur igitur, cum partes assumptivae constitutionis ista dicantur,
utrum unumquodque istorum sit assumptiva constitutio an non. Et
dicimus quod nullum istorum constitutio est, immo vero ista esse quae ad
50 defensionem ex altera parte assumuntur. Nam constitutio ex intentione et
depulsione constat, concessio vero criminis et remotio et cetera ad
depulsionem tantum pertinent. Non ergo istae constitutiones assumptivae
sunt.
       Deprecatio enim nullo modo constitutio est, sed in causis, cum alia
55 defensio deficit, a defensore assumitur. Item imprudentia, casus, necessitas non sunt purgationes, sed per ea fit purgatio. Dicemus igitur ista esse
partes assumptivae constitutionis, non quia aliquod eorum assumptiva sit
constitutio, sed quoniam ista res quaedam sunt per quas assumptiva
constitutio dividitur. Solet enim Tullius ea partes appellare per quae
60 aliquid dividitur, quamvis illud de eis nullo modo praedicetur.
       Quaeritur etiam cum iuridicialis in species dividatur praedictas, quare
negotialis sine divisione ponitur cum eandem divisionem habere posse
videatur. Sed dicimus quod negotialis, ut dictum est, de futuro est. Illa
vero divisio de eo quod iustum est potest fieri. Nam absolutum et

38 hoc[2]: haec APh.   43 in[3]: *om.* BMO.   46 remotionem ... tum[1]: *om.* O. | tum[1]:
del. A, *ss* H, *def.* O. | tum[2]: *ras.* A, *ss* H, *om.* O. | in[2]: et *super ras.* A.   48 unumquodque:
unumquidque AO.   52 tantum: tamen A, non M. | non: nunc BH.   56 ea: hoc AO,
haec HM, eas Ph[ac].   57 aliquod: aliquid AMO.   59 ea: eas AH.   64 nam: namque
A[pc], nam quod O.

45 Cf. supra p. 96.69-79.
47-60 Cf. *Gril.*, p. 52.9-12.
59-60 Cf. supra (*De inv.* 1.7.9) p. 76.92.
63 Cf. supra p. 92.31; 92.57.

65 assumptivum de eo quod iam iustum est dici possunt, non vero de eo
quod nondum iustum est, sed iustum esse statuitur.

1.11.16. *In quarta constitutione*, etc. De translativa constitutione
repetit, tum ut eius inventorem ostendat, tum ut constitutionem esse
confirmet, de qua constitutione quoniam superius diligenter diximus nunc
70 ad alia transeamus. Notandum tamen est quod inter species translativae
constitutionis ponit in hoc loco *quomodo* per quod intellegit duo, quae
superius posuit: *quo crimine, qua poena.*

Huius constitutionis, etc. Ostendit inventorem translativae constitutionis. Inventor vero translativae constitutionis duobus modis dicitur: vel qui
75 primus coepit eo modo causam constituere, quod est naturalis ingenii, vel
qui primus de ista constitutione praecepta dedit, quod Tullius tribuit
Hermagorae.

Post ab hoc inventam, etc. Confirmat hic constitutionem esse contra
illos, qui dicebant eam non esse constitutionem, sed potius constitutionis
80 destructionem. Sed tamen in eo quod rationabiliter transfert causam de
actione constituit, quamvis aliam destruat.

Inter translationem autem et remotionem hoc interest, quod remotio
de praeterito est, translatio vero de futuro. Item translatio actionis causae
translatio est, remotio vero facti aut causae ipsius facti remotio est. Sicut
85 autem remotio non est constitutio, sed quaedam species depulsionis, ita
de translatione dicendum est.

1.12.16. *Et constitutiones quidem*, etc. In hoc loco Victorinus partes
constitutionum appellat qualitates earum, id est differentiae per quas ipsae
constitutiones dividuntur. Promittit autem se daturum exempla de consti-
90 tutionibus tum, quando ostendet cui constitutioni quae argumenta
conveniant, quod erit in secundo libro. *Nam argumentandi*, etc. Reddit
rationem quare tunc potius danda sint exempla quam nunc et promittit
argumenta esse dilucidiora, si eisdem in tempore exempla supponat; et
hoc est quod ait: *nam argumentandi*, etc.

70 tamen: *om.* AMO.   74 inventor ... constitutionis: qui O. | constitutionis: *om.* H, *def.*
O.   78 inventam: inventa AO.   80 de: cum A, *om.* O.   81 actione: etc. *add.* A,
actionem O.   85 species depulsionis: species repulsionis M, depulsio intentionis A^pc O.
92 quam nunc: *ss* H, quae nunc AO, quam non Ph^ac. | et: *om.* AO, quia tunc H, quod
Ph. | promittit: quia dicit *add.* O.   93 eisdem: eodem A^pc O (eadem A^ac), eiusdem BH^pc.
94 nam ... etc.: *om.* M. | argumentandi: argumenta de eis A, argumentari dicitur O, *def.*
M.

74 Cf. *Vict.*, p. 192.24-28.
85 Cf. supra p. 98.48-59.
87 *Vict.*, p. 192.38.

95   Genera vero causarum sunt causarum qualitates secundum earum fines,
quod scilicet una causa deliberativa est, alia vero demonstrativa, alia
iudicialis. Exempla vero causarum sunt res singulae quae in controversias
adducuntur, quas Victorinus appellat themata, id est proposita ad contro-
99 versandum de eis.

<CENTER><UTRUM CAUSA SIMPLEX SIT AN CONIUNCTA></CENTER>

1.12.17. *Constitutione causae*, etc. Dictum est quid sit constitutio et quae
eius partes. Hoc enim erat primum de illis sex, quae superius proposuimus. Nunc igitur tractat de secundo, *utrum* scilicet *causa simplex sit an*
5 *coniuncta. Simplex* causa proprie dicitur in qua de una sola re fit
controversia, quam dicit Tullius continere *in se absolutam quaestionem
unam* id est continere in se dubitationem de una re, quae dubitatio fit
absoluta, id est absque comparatione; *coniuncta* vero in qua de duabus
rebus aut de pluribus rebus vel per disiunctionem vel comparationem
10 controversia fit.
     Per disiunctionem controversia est in qua de duobus vel de pluribus
disiunctive et absque comparatione quaeritur et eorum aliis vel alio
destructis reliquum confirmatur. Huiusmodi vero causam dicit Tullius
constare *ex pluribus quaestionibus*, id est continere in se absolute dubi-
15 tationem de pluribus rebus, quam rem declarat supposito exemplo *utrum
Carthago diruatur*, etc. Nam in hoc exemplo cum de pluribus rebus
disiunctive quaeratur quae earum facienda sit, tamen nulla fit mentio de
praelatione unius ad alteram.
     Sed videtur similiter quod in simplici causa de duabus rebus quaeratur,
20 cum ibi quaestio sit divisa per affirmationem et negationem. Nam res
diversae affirmatione et negatione proponuntur, sed quaerere de duabus
rebus est quaerere quae earum sit aut quae earum facienda sit aut quae
earum potior sit vel potius facienda sit. In simplici vero causa non sic
quaeritur, sed de una sola re, utrum illa sit an non.
25   Per comparationem vero controversia est in qua de duabus rebus, quae
earum potior aut de pluribus quae earum potissima sit, quaeritur. Quam

---

95 causarum²: earum BP, *om.* O.   2 constitutione: constitutiones ABHMO. | causae:
om. A, esse O.   4 scilicet: *om.* H, si O.   5 coniuncta *i apud Stroebel*: iuncta BPh
Stroebel.   7 una: sola *add.* AᵖᶜO.   9 rebus²: *om.* AH.   14 absolute: absolutam MO,
om. P.   17 earum: et A, et si O.

98 *Vict.*, p. 192.45.
 2 Cf. supra pp. 80.56-99.86.
 3 Cf. supra p. 78.2-8.

rem iterum ostendit Tullius supposito exemplo *utrum exercitus in Mace-*
doniam, etc. Sed in hoc exemplo, cum de duobus quaeratur, nulla videtur
notari comparatio ex verbis auctoris. Unde quidam dixerunt omnem
30   quaestionem de duobus per comparationem fieri nec oportere poni ibi
vocabulum comparationis, quoniam in hoc quod de duobus est intellegatur esse quaestio comparationis. Sed errant. Nam in hoc exemplo
quamvis in serie libri non contineatur vocabulum comparationis, tamen
ex superiori definitione subintellegitur.

<UTRUM IN RATIONE AN IN SCRIPTO SIT CONTROVERSIA>

36   *Deinde considerandum,* etc. Tertium de propositis tractat, scilicet an in
ratione an in scripto sit controversia. Ratio in hoc loco dicitur consideratio de aliquo an sit, quae est coniectura, aut quid sit aut quale vel
quantum vel quomodo se habeat, aut quo more vel iure agendum sit, quod
40   ad translationem pertinet. Scriptum autem dicitur vel lex vel senatus
consultum vel testamentum vel alia huiusmodi verba, quae in aliqua
auctoritate consistunt.
Controversia igitur in ratione nihil est aliud quam controversia, quae
de aliquo est an ipsum sit, quae est coniecturalis constitutio, aut quid
45   ipsum sit, quae est definitiva, aut cuiusmodi, quae dicitur generalis, aut
quo more vel iure agendum sit, quae translativa vocatur.

1.13.17. Controversia vero in scripto dicitur esse illa controversia de
scripto cum certatur aut quid velit scriptor, et haec controversia vocatur
de scripto et sententia, id est voluntate scriptoris, eo quod unus oratorum
50   dicit scriptum tantum sequendum esse, alius vero voluntatem; aut de
contrariis legibus quae potius tenenda sit; aut quid lex significet quod
contingit cum aliqua ambiguitas in verbis legis consistit; aut quid non
scriptum ex eo quod scriptum est perpendi potest, quae controversia
ratiocinativa dicitur, eo quod orator per maius aut per minus aut per simile
55   aut alio modo ratiocinatur, id est conicit, quid non scriptum ex scripto
perpendi possit; aut quid lex dicat aliquid esse, veluti quid lex dicat esse
navem relinquere et consimilia, quae controversia definitiva dicitur.

27-28 Macedoniam: Macedonia BMPh.   28 duobus: duabus B, pluribus O. |quaeratur:
quaeritur AO.   30 duobus: duabus BM.   36 considerandum: *om.* AO, consulis H, est
add. P.   48 certatur: tractatur OP.   49 est: de *add.* OP. |oratorum: orator A, oratori
H, *om.* M, oratore P.   52 legis: legum A, *om.* H.

36 Cf. supra p. 78.4.
37-46 Cf. *Rad.,* pp. 160.32-161.8.
40-42 Cf. *Vict.,* p. 193.20-22.
54-56 Cf. *Rad.,* p. 163.8-10.

Quinque igitur controversiae sunt de *genere scriptionis*, id est de qualitate scripti, quas superius enumeravimus, quas esse separatas, id est
60 diversas, a constitutionibus manifestum est. Nam constitutio est controversia de re an ipsa sit aut quid sit aut cuiusmodi sit aut quo more vel iure agenda sit. Istae autem controversiae non sunt illiusmodi, sed sunt de scripto, quid scilicet scriptor eius velit aut quid scriptum significet et cetera, quae superius determinavimus. Non enim hic controversatur de
65 aliquo an ipsum sit, aut quid sit et cetera, quae superius in constitutionibus determinavimus. Amplius, constitutiones principales controversiae sunt, id est causam constituunt, istae autem non constituunt sed causa constituta incidunt aliquo scripto in causam ad auctoritatem adducto.

Quaeritur quae differentia sit inter ratiocinativam controversiam et
70 negotialem, et dicimus quod in negotiali de re principaliter, etsi secundum certam legem aut consuetudinem, intenditur, sicut in illa controversia de eo qui fecit pupillum heredem et ipsi pupillo secundos heredes constituit; cum autem infra annos mortuus esset pupillus, contendunt agnati et heredes de rebus pupilli, quae pupillo non ex parte patris sed aliunde
75 acciderant, quorum debeant esse secundum testamentum. In hac igitur controversia non principaliter de verbis testamenti, sed de re ipsa secundum verba testamenti contenditur.

In ratiocinativa vero, quamvis ipsa non sit principalis controversia sed incidens, tamen in ea de verbis scripti propositi principaliter intenditur.
80   Inter definitivam vero controversiam, quae est in scripto, et definitivam constitutionem hoc interest, quod in constitutione definitiva quaeritur de re quid ipsa sit, in controversia vero scripti quaeritur de re quid ipsam esse lex dicat.

Cum autem in *Libro ad Herennium* omnes istae controversiae de
85 scripto dicantur constitutiones, in hoc autem libro dicantur separatae esse a constitutionibus, quaeritur quomodo hoc possit esse sine contrarietate. Et dicimus quod omnes controversiae de scripto constitutiones sint, si non incidant sed principaliter tractentur; et tunc non dicuntur constitutio-

58 igitur: *om.* A, ergo Ph[ac], enim M, ita P.   59 separatas: superatas AO.
63 scilicet: sed H, *om.* M.   68 adducto: inducto AHM.   69 ratiocinativam: ratio ornativam AH. | controversiam: causam AO.   73 agnati: cognati AHOM, *cf. De inv.* 2.42.122.   78 vero: *om.* M, causa *add.* O, tamen P.   79 tamen: cum HPh.
85 dicantur[1]: dicuntur BO.   88 dicuntur: dicantur AH.

66-68 Cf. Boeth. *Top.* 4 (PL 64:1210D); *Vict.*, p. 179.15-18.
71-72 Cf. *De inv.* 2.42.122-123.
75-79 Cf. *Rad.*, p. 163.11-14.
80-83 Cf. *Rad.*, p. 163.1-4.
84 *Auct. ad Her.* 1.11.19-13.23.

nes in ratione, sed in scripto. Non igitur omnis constitutio in ratione, sed
90 quasdam esse in scripto manifestum est.

Sed Graeci de scriptis numquam causas constituunt, etsi apud illos in
causas controversiae de scripto saepe incidant; apud Graecos igitur nulla
constitutio in scripto, sed omnis in ratione consistit. Apud Romanos vero
ante praetorem vel ante consultos iuris multae causae de scripto aguntur,
95 illi igitur constitutiones causarum de scripto faciunt.

Tullius vero hanc *Rhetoricam* secundum Graecos scripsit, illam autem
ad Herennium secundum Romanorum consuetudinem. Idcirco igitur in
hoc opere dixit controversias de scripto a constitutionibus esse separatas.

99   **1.13.18.** *Ratio autem*, etc. Ostendit superius quid esset controversia in
scripto et quae eius species. Nunc autem ostendit quid sit controversia in
ratione. Species autem eius superius ostendit cum constitutiones enumera-
bat. Dicit ergo *ratio est* id est controversia in ratione est, *cum omnis oratio*,
etc., id est cum probatio non *consistit* in auctoritate scripti, sed in aliquo
5 argumento, quo probatur an res sit vel quid sit, etc.

<DE QUAESTIONE, RATIONE IUDICATIONE, FIRMAMENTO>

Ac tum, etc. Epilogando priora transit ad quartum ostendendum, scilicet
quid quaestio, quid ratio, quid iudicatio, quid firmamentum causae, quae
omnia dicit a constitutione proficisci, id est procedere. Nam constitutio
10 est quaestio ex qua causa nascitur. Illa vero quaestio est illa res quae fit
dubia per intentionem et depulsionem. Inde vero naturaliter nascitur
quaestio tacita in animis auditorum, ad quam quaestionem inducuntur
ratio et rationis infirmatio, ex quibus item nascitur in animis iudicum
tacita quaestio quae dicitur iudicatio, ad quam demum adducuntur
15 confirmatio et reprehensio, post quas nihil aliud restat nisi peroratio.

Sed de firmamento quaeritur quid sit et ubi debeat poni, utrum in
ratione an in rationis infirmatione an in confirmatione vel in reprehensione. Et dicimus quod firmamentum est multiplex argumentum defensoris ad iudicationem adductum, id est multa argumenta insimul coadu-
20 nata ad defensionem, quae in confirmatione intelleguntur esse. Nam
firmamentum nihil est aliud quam confirmatio rationis, quae confirmatio,

---

92 incidant: incidunt ABHMPh.   3 oratio: quaestio *Stroebel.*   7 ostendendum:
ostendit BO, ostendendo H.   10 fit: sit BMO.   14 adducuntur: adducitur M, inducuntur O, inducitur P.   16 sit et: sit M, *om.* O.   19-20 coadunata: coadducta AH,
coadunatur Ph.

7 Cf. supra p. 78.4.

ut in *Libro ad Herennium*, dicitur esse duplex: sententia vel cum ratione vel sine ratione. Sed in coniecturali constitutione non est firmamentum, cum defensor nullam rationem attulerit quare non fecerit.

25 Quoniam autem firmamentum est rationis defensoris multiplex confirmatio, idcirco a Tullio vocatur *firmissima argumentatio*, quoniam vero post iudicationem affertur, idcirco dicitur esse *aptissima ad iudicationem*.

Patet igitur quomodo omnia praedicta ex constitutione profiscantur, quae quoniam diligenter cum de constitutione egimus tractata sunt, nunc 30 ad litteram veniamus.

Quaestio est, etc. Controversiam hic appellat animi dubitationem de alterutra parte. Causarum vero conflictionem constitutionem appellat. Dicit autem rationem continere causam, quoniam, si ratio ex altera parte non sit, causa non stat, quam rem in *pervulgato exemplo* Tullius de-
35 monstrat.

1.14.18. *Ex* hac *deductione rationis*, etc. Deductionem rationis vel diductionem appellat rationem et eius infirmationem, quoniam unum eorum aliud deducit vel diducit, id est attenuat sive infirmat.

1.14.19. *Quot autem in causa*, etc. Diximus superius causam esse rem 40 in controversiam adductam, constitutionem vero esse quaestionem ex qua causa nascitur. Possunt igitur esse in eadem causa plures constitutiones, quoniam una et eadem res pluribus modis potest in controversiam adduci. Secundum varietatem vero constitutionis variantur ea quae ex constitutione profiscuntur.

<DE PARTIBUS>

46 *His omnibus*, etc. Quintum docet, scilicet quomodo partes causae pertractandae sint. Partes causae proprie constitutiones dicuntur eo quod causa alia est coniecturalis, alia definitiva, etc. Non ergo dicitur constitutio pars esse huius causae vel illius, sed causae generaliter sic divisae. Pars vero

---

22 ut: aut M, *om*. OP.   24 nullam: nulla AB, in illa H.   27 aptissima *M²i apud Stroebel*: appositissima *Stroebel*.   29 egimus: agemus A, *om*. H.   33 quoniam: quam H, quomodo O.   34 stat: constat A, stant M, stabit O.   37 diductionem: deductionem HMO, *cf*. deductione *Stroebel*, diductione *C apud Stroebel*.   39 quot: quod AHO. 42 in controversiam: in controversia H, introversiam M.   46-47 pertractandae ... causae: *om*. O (*hom*.).   47 sint: sunt MPh, *om*. P, *def*. O.   48 alia¹: *om*. H, aliqua O.

22 *Auct. ad Her*. 4.17.24-25.
39 Cf. supra pp. 79.12; 103.9-10.
46 Cf. supra p. 78.5.

50 huius causae vel illius proprie dicitur id causae quod primo vel quod
medio vel quod ultimo loco dicendum est, quod ex usu loquendi potest
perpendi, cum dicimus, "prima pars causae dicta est," et consimilia.

Partes igitur causae in hoc loco dicuntur principium et medium et finis
causae; sed haec significatio "partis causae" non potest intellegi nisi ex
55 adiunctione horum verborum, scilicet "dicere," "tractare," "ordinare,"
"cogitare" et consimilium. Non enim huiusmodi partes assignantur
causae secundum se, sed secundum ordinem rerum quae in causa dicen-
dae sunt. Quae partes magis proprie dicerentur esse partes rerum in causa
dicendarum quam ipsius causae. Utrumque tamen proprie et ex usu
60 loquendi dicitur.

Possunt igitur huiusmodi partes et simplici causae et coniunctae
assignari. Nam in omni causa sunt quaedam quae convenit dici in
principio, quaedam in medio, quaedam autem in fine, qui ordo si varietur,
tractatio causae inconveniens est. Unde Tullius monet istum ordinem
65 praeconsiderandum esse, scilicet ut ne primum medio nec medium
discrepet imo.

Sunt enim quidam qui solum cogitant quod instat, nihil vero de post
dicendis providentes. Isti contrarietatem et confusionem incurrunt, quoniam principia non dicunt secundum ea quae in medio vel fine dicenda
70 sunt.

Si ergo illa principia cum causa non congruunt, id est non sunt apta
causae principia, postquam igitur aliquis constitutionem invenerit, id est
cognoverit, deinde an causa sit simplex an iuncta, tertio an controversia
sit scripti an rationis, quarto quae quaestio, quae ratio, quae iudicatio,
75 quod firmamentum causae esse debeat, postquam, inquam, omnia ista
invenerit, tunc quinto loco debet ordinem dicendi animo praecogitare,
quod est partes totius causae considerare.

Quare cum videntur, etc. Sextum ingreditur ostendere, scilicet partes
orationis, et est illatio a prioribus sic: quia ordo causae praevidendus est,
80 igitur secundum illum ordinem partes orationis proferendae sunt. Prius
enim et constitutio et ratio et iudicatio et argumenta per artem reperienda
sunt et praevidenda et curiosa cogitatione pertractanda, id est memoriae
commendanda, postea vero ipsa inventa per rhetoricam orationem pro-
ferenda ordine competenti.

58 dicerentur: dicentur A^{ac}M, dicuntur A^{pc}.   63 varietur: variaretur MO, variatur P.
65 ne *Hor.*: nec AHOM.   73 iuncta: coniuncta HMPO.   78 videntur *Stroebel*:
videtur HO, vide BMPh, iudicio A, iudicatio P.   81 argumenta: argumentatio A, argumentum O.

65-66 Cf. Hor. *A.P.* 152.
78 Cf. supra p. 78.6.

85   Notandum vero est quod dixit ordinandas esse ceteras partes orationis,
quasi essent aliae partes orationis rhetoricae praeter has quas subiungit.
Sed non est ita; nam Tullius, quod dictum est, sic intellexit: postquam
animo praedicta ordinaveris, tum denique cetera ordinanda sunt, quae
cetera sunt partes orationis. Quas duas distinctiones Tullius sub eodem
90 genere feminino coniunxit. Vel *certae partes orationis*. Ponit enim in hoc
loco numerum certarum partium orationis non earum de quibus dubitatur
an sint partes an non.

Hae partes, etc. Merito dicit sibi videri. Nam multi huic numero
dempserunt, alii vero addiderunt. Rhetorica vero oratio est totius causae
95 a principio usque ad finem competens tractatio, cuius partes sunt sex,
quae in libro enumerantur. Quarum partium duae, prima scilicet et ultima,
movent auditores; nam prooemium animos auditorum ad audiendum
commovet, peroratio vero vel ad memoriam vel ad indignationem vel ad
99 misericordiam excitat. Duae vero aliae, narratio scilicet atque partitio,
docent; nam his duabus tota summa causae aperitur. Reliquae vero duae,
confirmatio scilicet et reprehensio, probant; nam ex utraque parte et
propria argumenta confirmantur et contraria reprehenduntur.

Sed quaeritur quomodo intendens reprehenderit, cum nondum adver-
5 sae partis argumenta audiverit. Et dicimus quod eius reprehensio argumentationem adversarii consequitur. Quomodo ergo est continua oratio?
Quia est sine interrogatione et responsione.

Sciendum vero est tractationem causae esse ex confirmatione et reprehensione solum aliquando, cum non est opus aliis, sed sine illis non
10 posse consistere.

Quaeritur de partibus orationis rhetoricae an ita sint partes orationis ut
species an ut totius. Et dicimus unamquamque earum esse rhetoricam
orationem, sunt igitur partes ut species. Potest autem contingere quod
componant integraliter orationem aliquam.

15   Et quoniam de sex propositis diligenter tractatum est, huic volumini
terminum hic ponimus.

---

90 certae: ceterae MOP *Stroebel.*   91 certarum: ceterarum BMP.   93 hae: eae
Stroebel.   94 dempserunt: dimiserunt AH.   99 scilicet: *om.* BPh.   5 audiverit:
audierit AO, audivit H, audierunt M.   7 responsione: reprehensione A[ac]H, repulsione M.
9 solum: solus H, similis O.   12 unamquamque: unam quamcumque A, unam
quamquam B.   14 componant: componat M, componatur OP.   14-p. 109.12 aliquam
... auditoris: *om.* P.   16 hic: hinc A, autem H, *om.* M.

97-3 Cf. *Will.*, fol. 7rb-va, "sciendum est quod tota oratio ad causam probabilem faciendam
laborat docendo sive movendo affectum. Exordium movet ... conclusio similiter movet. ...
Narratio vero nudis verbis docet ... et partitio similiter; sed confutatio et confirmatio docet et
movet argumentose."
6-7 Cf. Boeth. *Top.* 4 (PL 64:1206D).

\<Pars secunda in librum primum\>

\<PROLOGUS PARTIS SECUNDAE\>

Invidia falso vultu Dialecticae subornata Famam sic alloquitur et fallacibus verbis, ut solet, aggreditur.

"Diva potens, notum est cunctis quantum rerum in te consistat momentum. Nam, ut taceam quod auctoritate tui iudicii rerum humana-
5 rum pretium libretur, illud singulare tuum totus praedicat orbis, quod coelitum gestamina vicissim assumas:

> Saturni falcem, fulmen Iovis, Archadis alas,
> Gradivi frameam, tum spicula caeca Dionae,
> tum Phoebi citharam, tum spicula certa Dianae.

10 Te omnes poetae ac oratores sequuntur, te quidam ex sectatoribus meis summum bonum esse reputant, te mundus omnis timet offendere, te etiam ego ipsa veneror, tum propter antiquam familiaritatem et amicitiam et tum praesertim, quia sine te schola nostra tepesceret. Cum igitur et in divinis et in humanis tam potens appareas, quid est quod tam patienter opprobria
15 sustines?

"Ecce Theodoricus Brito, homo barbarae nationis, verbis insulsus, corpore ac mente incompositus, mendacem de se te vocat, quod ei nomen meum super omnes non ascribas. Idcirco igitur te verbis turpissimis persequitur ille superbus, invidus detractor, inimicis supplex, amicis
20 contumeliosus, sicut etiam sui discipuli de eo attestantur. Quare age et, quod maxime de tuis donis appetit aut meretur, illud ei subtrahe, ut ne promeruisse videatur."

1-p. 108.36 invidia ... respondi: *in finem huius commentarii transp.* Ph fol. 35va. 8-9 caeca ... Dianae: certa Dionae H, caeca Dionae Dianae M. 8 Dionae: Dianae A^{ac}B^{ac}. 12 ipsa: ipse HM. | et²: *om.* BO. 16 Theodoricus: Theodericus MPh. 20 de eo: deo A, de ipso O. 21 quod: *om.* A, quae BOPh.

1 Fama ... Invidia: cf. Abelard, *Hist. Cal.*, p. 64; Raymond Klibansky, "Peter Abailard and Bernard of Clairvaux," *Med. & Ren. Stud.* 5 (1961) 22.
7-9 Saturni ... Dianae = 7 planetae: cf. N. M. Häring, "Chartres and Paris revisited," p. 293 n. 110.
7-8 Saturni falcem, fulmen Iovis, Gradivi framea: cf. *Mart. Cap.* 5.425, ed. Halm, p. 451 (ed. Dick, p. 211).

Talibus Invidiae verbis Fama permota alas concutit, sonos multiplicat,
urbes et nationes duce Invidia peragrat, rumoribus implet, Theodoricum
25 ubique accusat, ignominiosis nominibus appellat. Cum vero rudibus et
indiscretis loquitur, Boeotum crasso tunc iurat in aere natum; quando vero
religiosis tunc nigromanticum vel haereticum vocat. At inter conscios
veritatis tacet, et si de eo mentio fiat, aliam historiam inceptat.
In scholis vero et scholarium conventibus mentes commutat ut ignomi-
30 niam eius lucretur. Platonem ei concedit ut rhetoricam auferat, rhetoricam
vero vel grammaticam quasi per hypothesim donat ut dialecticam subripiat—quidlibet vero potius quam dialecticam! Tum mores eius improbos,
tum neglegentiam in studio, tum longas interpositiones inculcat. Ad
ultimum cum cetera deficiunt obicit eum legere provectis, ut novos
35 detineat vel potius corrumpat ut ulterius non possint apud eum proficere.
Hactenus Invidiae respondi.

\<DE PARTIBUS ORATIONIS\>

In superiori commentario dicta sunt ea quae ad prooemium libri et genus
artis et officium et finem et materiam pertinebant. Nunc autem de his
dicemus quae ad instrumentum artis rhetoricae pertinent, id est de
partibus orationis quarum prima est exordium, a quo sumatur tractandi
5 exordium.

\<Exordium\>

1.15.20. *Exordium est oratio*, etc. Definit hanc partem orationis, quae
dicitur exordium, postea dividit per species ostendens in quo genere
causae quo exordio utendum sit, ad ultimum docet quomodo unaquaeque
10 species exordii fieri debeat.

---

23 concutit: quatit A; *cf.* Verg. *A.* 3.226: Harpyiae quatiunt ... alas.   24 Theodoricum:
Theodericum MPh.   26 iurat in: vocat in A^{pc} (vocant in A^{ac}), *om.* B.   27 nigroman-
ticum: nicromaticum APh, nicromanticum B, ignomeraticum O. | conscios: consocios AHO.
29 mentes: merces AHMO. | commutat: committit A, mutat B^{pc} (amutat B^{ac}).
29-30 ignominiam: ignorantiam BPh.   32 quidlibet: quilibet A, quibuslicet B, quodlibet
O.   33 inculcat: inculpat H, incumbet O.   34 obicit: *post lacunam 6 fere litt.* tantum
M, oportet Ph.   36 respondi: respondis A, respondit O.   7 est oratio: *om.* A, est O.
9 causae: *om.* H, anunc M.

26 Cf. Hor. *Ep.* 2.1.244; Guillelmus de Conchis, *Dialogus de Substantiis Physicis* (=*Dragmaticon*), p. 210.
1-2 Supra pp. 49.14-55.32.
7-10 Cf. *Vict.*, p. 194.36-38.

Definitio igitur exordii talis est: *exordium est oratio*, hoc habent ceterae orationes, ideo subiungit *comparans idonee animum auditoris*, id est faciens docilem aut benivolum aut attentum auditorem secundum hoc, quod causa exigit. Nam quandoque causa unum de illis tantum aut duo
15 aut etiam tria exigit. Sed quia in ceteris partibus orationis rhetoricae comparantur etiam idonee animi auditorum, ideo dicitur *ad reliquam dictionem* id est reperta, ut praeparet animos auditorum ad audiendum. Non enim aliqua partium orationis rhetoricae propter hoc reperta est praeter prooemium. Haec autem definitio assignata est secundum effec-
20 tum exordii. Nam ea ostenditur quid exordio efficiatur.

    Quod eveniet, etc. Ostendit quomodo idonee comparet, *si* scilicet *eum benivolum*, etc., quod est si unum istorum trium aut duo aut etiam illa simul secundum idoneitatem causae *fecerit. Quare*, etc. Quia idonee comparandus est animus, ideo ad bene exordiendum praenoscendum est
25 *genus causae* id est qualitas rei, quae adducitur in controversiam.

    Superius dictum est tria esse genera causarum, hic vero quinque. Sed ibi dictum est tres esse qualitates causarum principales, scilicet secundum fines causarum, quae qualitates a Victorino dicuntur esse substantiales ipsis causis, eo quod omnes causae ex suis finibus oriuntur. Nam nihil a
30 civibus in controversiam adducitur nisi causa utilitatis aut honestatis aut iustitiae. Istae vero qualitates causarum, quae hic enumerantur, accidentales sunt, quoniam non efficiunt causas, et continentur in prioribus. Sed tamen haec quoque genera causarum dicuntur, quoniam unumquodque eorum omnes constitutiones continet, sicut de prioribus dictum est.
35   Ista vero genera causarum quinque sunt. Nam causa, id est res quae habet in se controversiam, tunc est honesta quando de ea controversiam constituere honestum est, ut si quis pro socio vel pro patre causas agat, quae causa satis benivolos vel attentos facit sine ullo prooemio; et hoc est quod ait: *honestum causae genus est*, etc. Bene vero dixit *statim*, ut
40 removeat illud genus causae in quo pars honestatis continetur et pars turpitudinis, propter quam partem turpitudinis animus auditoris haesitat. Per aliam vero partem huius definitionis alia genera removet. Nam illis generibus non favet animus auditoris *sine nostra oratione*. Sciendum vero

12 subiungit: subiungitur AHO.   21 quod: quid AH.   23 fecerit *i apud Stroebel*: confecerit *Stroebel.*   26-27 tria ... dictum est: *om.* B (*hom.*).   26 vero: modo A, *def.* B, *om.* H, autem P.   36 controversiam: causam A, causa controversiam H.   37 pro[2]: *om.* AM.   39 est: *om.* AH.

12-15 Cf. *Rad.*, p. 144.20-22.
26-34 *Rad.*, p. 145.14-22.
28 *Vict.*, p. 195.39.
43-48 Cf. *Rad.*, p. 145.25-29.

hoc genus causae non aliter esse honestum nisi ex utraque parte fuerit
45 honestum, veluti si quis ex una parte pro patre agat, alius vero ex alia parte
aut pro patre aut pro aliquo, pro quo honestum sit eum agere. Si autem
altera pars fuerit inhonesta, illud genus causae non honestum dicitur, sed
anceps.

Illa vero causa admirabilis dicitur de qua aliquos audere controversari
50 mirum est, quoniam de huiusmodi re controversari putant auditores esse
abominabile et ideo animi eorum ab huiusmodi controversia alienati sunt,
veluti si aliqui adducerent in controversiam an Deus sit an non et similia.

Humilis vero causa est de qua vile est controversari, et ideo ab
auditoribus *neglegitur et non* multum attendenda *videtur.*

55 *Anceps* vero causa est vel de qua iudicare difficile est, et hoc est quod
ait: *in quo iudicatio dubia est*; aut quae ex una parte honesta est, ex alia
parte inhonesta, ut si unus fratrum patrem accuset et alius defendat.

Obscuritas vero contingit vel ex tarditate auditorum aut ex rei difficultate aut ex imbecillitate loquentis eo quod non intellegat quod dicit. Sed
60 de hac tertia obscuritate non fit hic mentio, quoniam de perfecto oratore
loquitur. Obscura igitur causa dicitur vel quando *auditores tardi sunt* ad
intellegendum vel quando res difficilis est ad tractandum. Nam causam
implicitam esse *negotiis difficilioribus ad cognoscendum* nihil est aliud
quam causam esse talem, ut difficile sit cognoscere quomodo negotian-
65 dum de ipsa sit, id est quomodo tractanda sit. Haec vero differt a dubia
iudicatione, quod ibi multiplex ratio utriusque partis parit difficultatem
iudici, hic autem perplexio rei facit difficultatem oratori. *Quare*, etc.
Quoniam sunt diversae qualitates causarum, igitur diverso modo exordiendum est.

70 *Igitur exordium*, etc. Praecognitis generibus causarum dividit exordium
in species, ut doceat in quo genere causae quo exordio utendum sit.
Principium est oratio, etc. Definit illam speciem exordii quae dicitur
principium; et dicit *principium est oratio*, hoc habet quaelibet oratio, et
idcirco subiungit *conficiens auditorem*, etc. Sed quia hoc totum habet
75 insinuatio, ideo addidit haec duo adverbia *protinus* et *perspicue*; *protinus*
quidem, id est sine circuitione, nam insinuantes faciunt quasdam circui-

45 patre: parte A^{ac}HO.   46 patre: parte HO.   52 adducerent: adducent AM,
adducant H^{ac}.   54 neglegitur: neglegi HPh.   57 accuset: accusat A^{ac}BHPh.
59 dicit: dicitur BMOPh.   60 tertia: *om.* BPh.   63 implicitam: implicatam AM.
65 haec: hoc BPh, hic M.   67 quare: autem *add.* AH.   74 conficiens *P² apud
Stroebel*: perficiens *Stroebel.*   75 addidit: addit BH. | protinus¹ ... perspicue: *om.* AH
(*hom.*).

52 *Rad.*, p. 146.4.
53 Cf. *Rad.*, p. 146.7.
58-61 Cf. *Vict.*, p. 196.37-40; cf. *Rad.*, p. 146.10-13.
76-77 Cf. *Rad.*, p. 145.3-4.

tiones, id est digressiones, ne videantur defendere quod tamen defendunt; *perspicue* vero, id est sine dissimulatione.

Insinuatio vero, etc. Haec definitio ex superiori satis potest intellegi,
80 sed eleganter dixit *subiens*, quasi latenter faciens quicquid principium aperte facit.

1.15.21. *In admirabili*, etc. Incipit ostendere in quo genere causae quo exordio utendum sit. Et in admirabili quidem, *si* sint *omnino auditores infesti*, tum insinuatione utendum est. Nam qui ab irato pacem perspicue
85 petit, non modo eam non invenit, sed potius auget et commovet odium. Si vero omnino non fuerint infesti, tunc principio utendum est. In ceteris autem generibus causarum semper principio utendum est, sed aliquando ad benivolentiam comparandam, aliquando ad docilitatem, aliquando vero ad attentionem aut ad duo de illis aut ad tria simul.
90   Quid autem istorum et in quo genere causae per principium comparandum sit, subsequenter determinat dicens quod in humili causa ad tollendum contemptum acquirenda est per principium attentio. In ancipiti vero opus est benivolentia, si partem turpitudinis et partem honestatis habuerit. Si autem dubiam iudicationem habuerit, in exordio debet exponi de qua
95 re iudicandum sit, ut auditor fiat docilis. In honesto autem genere vel poterit exordium ex toto dimitti, quoniam ipsa honestas causae vim exordii obtinet, et tunc, si placet, poterimus causam inchoare vel *a narratione* vel a recitatione alicuius capituli legis vel ab aliquo argumento,
99 id est a confirmatione. Sunt enim multae causae in quibus non est opus nisi sola confirmatione, vel, si placet uti exordio, benivolentiam comparabimus, ut, qui ante erant, fiant magis benivoli.

1.16.21. *In obscuro* autem opus est docilitate.
Nunc quoniam quas res, etc. Demonstravit quid esset exordium, deinde
5 quid efficeret, scilicet docilem aut benivolum aut attentum, postea ubi fiat, id est in quinque generibus causarum, deinde qua specie eius in quo

---

79 vero: *om.* A *Stroebel.*   80 subiens: subiciens HPh[pc].   84-86 tum ... infesti: *om.*
O (*hom.*).   85 petit: quaerit AP (*Rad.*), *def.* O. | invenit: muniet H, obtinet P, *def.* O. |
commovet: movet AM, *def.* O.   86 si: sed si AB, *def.* O. | fuerint: erunt AB, fiunt M, *def.*
O.   87 autem: quidam A, *om.* Ph.   89 vero: *om.* AM.   90 quid: quod ABHMPh.
| causae: *om.* H, *ss* AB.   91-92 tollendum: intellegendum A[pc]B[ac]H.   6 eius ... causae:
om. H | eius in: vel A, *def.* H.

80-81 Cf. *Rad.*, p. 145.6.
84-89 *Rad.*, p. 146.22-25.
91-95 Cf. *Rad.*, p. 146.26-30.
95-98 Cf. *Rad.*, p. 146.16-18.
 4-10 Cf. *Vict.*, p. 196.42-46.

genere causae utendum est et quid ea ibi efficiat. Nunc ergo demonstrat *quibus rationibus*, id est per quas res rationabiliter possit fieri benivolus aut docilis aut attentus auditor, sive per principium sive per insinuatio-
10 nem; et hoc est docere quomodo unaquaeque species exordii debeat fieri.

1.16.22. *Benivolentia quattuor ex locis*, etc. Locos benivolentiae appellat res ex quibus benivolentia trahitur, id est per quas facimus nobis auditores benivolos. Sunt autem istae res aut attributa nostrae personae aut adversariorum aut iudicum aut nostrae causae attributa; vel potius non
15 dicemus praedicta locos esse benivolentiae, sed locos argumentorum per quae benivolentia persuadetur.

Ab nostra, etc. Enumerat quibus modis per attributa nostrae personae fiat auditor benivolus. Primus ergo modus est factorum et officiorum nostrorum enuntiatio sine iactatione. Officium autem est quod ex legibus
20 vel ex debito naturae, id est ex naturali iustitia, necesse est nos implere. Factum vero in hoc loco dicitur quod supra quam debemus praestamus. Facta vero et officia esse de attributis personae in tractatu confirmationis ostendemus.

Secundus modus est purgatio nostrae personae a criminibus illatis, id
25 est impositis, olim et a suspicionibus inhonestis, quae de nobis <ab> aliquibus iniectae sunt. Aliud autem est illatio criminis quae fit in faciem, aliud iniectio suspicionis quae fit in absentem. Haec vero purgatio fit per attributa personae, scilicet per convictum, per studium, per facta et consimilia.
30   Tertius modus est ostensio adversitatis quam passi passurive sumus. Hoc autem attributum ad casum pertinet. Nam *incommoda* ad praeteritum infortunium, *difficultates* vero ad futurum referuntur, quorum enumeratione auditor commovetur et fit benivolus.

Quartus modus est supplicatio, quae continet precem et obsecrationem.
35 Obsecrationes vero non tantum sunt preces, sed preces cum adiuratione.

---

15 praedicta: praedictos A^{pc}, praecepta H.   18 ergo: *om.* MO.   23 ostendemus: ostendimus AO.   26 aliquibus: a quibusdam AB.   29 consimilia: similia B, per similia O, cetera P.

13-14 *Rad.*, p. 147.2-3.
14-114.77 Cf. supra pp. 21-22; infra pp. 127.97-148.77.
17-19 *Rad.*, p. 147.6-7.
19-21 *Vict.*, p. 197.14-15.
22-26 *Rad.*, p. 147.7-10.
22 Cf. infra p. 135.21.
27-31 *Rad.*, p. 147.10-12.
34-36 Cf. *Rad.*, p. 147.13-16.

Hoc autem attributum ad affectionem pertinere videtur vel ad dictum
personae.

Ab adversariorum autem, etc. Ostendit quibus modis fiat benivolentia
per attributa personae adversariorum. *Invidiam* vero appellat hic infesta-
40 tionem, quando scilicet aliquos infestos reddimus; *contemptionem* vero
despectum vocat. Primus ergo modus est per quem ducimus in odium.
Hic autem est ostensio facti adversariorum spurci, hoc est immundi,
superbi contra maiores, crudelis contra subditos, malitiosi contra omnes.
Manifestum est autem factum, id est consuetudinem faciendi, de qua
45 agitur hic, de attributis personae esse.

Secundus modus est per quem ducimus *in invidiam*. Hic autem est
ostensio fortunae adversarii in qua non in sua causa confidit et quomodo
arroganter et intoleribiliter sua fortuna utatur. Posset enim <ita> esse
fortunatus ut non inde superbiret. Sub fortuna vero continentur haec: *vis*
50 id est corporis virtus vel famulorum, *potentia* id est dominium, *divitiae* id
est numerata pecunia, *cognatio* id est nobilitas, *pecuniae* id est in peco-
ribus et praediis.

Tertius modus in *contemptionem* id est in despectum, ducit per attributa
personae, quae ad habitum et studium pertinent, scilicet per inertiam, etc.
55 Iners vero dicitur qui laborem quem posset pati abhorret, neglegens vero
qui officium suum neglegit, ignavus autem tardus animo. Desidia vero
dicitur exercitii desuetudo. Nihil ergo aliud est *desidiosum studium* quam
studium desidiae. *Luxuriosum* vero *otium* est ab officiis cessatio dedita
luxuriae.

60 *Ab auditorum*, etc. Per haec adverbia *fortiter*, etc., quattuor virtutes
designat ita, ut per hoc adverbium *mansuete* scilicet iustitia et temperantia
habeantur. *Ut ne quae*, etc. Dicit significationem nimiae adulationis, id est
apertae, vitandam esse in laudando auditores. *Et si de his*, etc. Primus
modus laudandi auditores per habitum fuit, id est per virtutem. Iste vero
65 secundus modus est per fortunam, id est per bonam famam auditorum.

---

36 ad dictum: a dictio B, a dicto Ph, sic adiectio O.   38 autem: *om.* AM.   42 hoc
est: id est AHPh^ac.   43 crudelis: crudeles AOPh.   50 divitiae: *del.* Stroebel.   51 id
est²: *om.* ABMPh.   53 modus: est *add.* AB. | in²: *om.* MOPh.   58 otium: otiosum A^pc,
officium O. | dedita: dediti HO.   62 quae: qua *Stroebel.*   63 et *J apud Stroebel: om.*
Stroebel. | his: iis *Stroebel.*

41-45 Cf. *Rad.*, p. 147.17-21.
46-48 *Rad.*, p. 147.21-23.
53-54 *Rad.*, p. 147.25-26.
60-62 *Rad.*, p. 147.30-32.

A rebus istis, etc. Non determinat quibus attributis haec fiant, quoniam secundum qualitatem causae variantur.

1.16.23. *Attentos autem*, etc. Docet quibus modis attentus fiat auditor. *Magna* in hoc loco dicuntur res magnae dignitatis. Haec autem tria,
70 *magna* scilicet et cetera, ad qualitatem facti pertinent, quae dicitur modus in attributis negotio. *Aut ad omnes*, etc. De praedictis etiam tribus dicendum est ad quos pertinent, id est esse facta magnorum, sive hominum sive deorum, aut esse ad utilitatem rei publicae. Hoc autem est de eodem attributo, id est de modo facti, vel potius a facto et ab eventu. *Et*
75 *si pollicebimur*, etc. Hoc ad summam causae pertinet, quae est in attributis negotio. Exponere vero iudicationem est summam controversiae ostendere breviter, ut per eius brevitatem attentos faciamus.

Dociles vero, etc. Ostendit quibus modis fiat docilis auditor. *Nam et cum docilem*, etc. Quia summam causae superius posuerat et hic repetit,
80 idcirco hoc dicit: *nam is*, etc., *attentissime paratus audire est* qui, audita summa controversiae, desiderat audire propter promissionem brevis tractationis. Sunt enim quidam attenti sed, quia timent prolixitatem, non sunt attentissimi. Fit igitur quis attentissimus per promissionem brevis tractationis et in eodem fit etiam docilis per expositionem iudicationis.

85 **1.17.23.** *Insinuatione igitur*, etc. Docuit quomodo fieret principium. Nunc docet quomodo insinuatio fiat, qua insinuatione et dociles et benivoli et attenti sive per attributa personae sive per attributa negotio fiunt auditores, sicut per principium, sed per insinuationem latenter. Dicit autem in quo genere causae utendum sit insinuatione, scilicet in admira-
90 bili, quando *animus auditoris* omnino *infestus est*, id est alienatus.

Docet autem quibus ex causis *maxime* alienetur, quoniam sunt multae causae, sed praecipuas ostendit, ut contra unumquodque vulnus congruam medicinam apponat. Sunt autem tres causae praecipuae, scilicet quando turpe est pro quo agitur, sive sit persona sive negotium, et quando
95 adversarii persuasio auditorem ab oratore alienavit, et quando auditor defessus est.

---

66 a: ab *Stroebel*, de A. | *vel* istis ipsis *J apud Stroebel, om. Stroebel.* | quibus: a quibus AB.   78 vero: *om. Stroebel.*   78-79 et cum: cum et A, *om.* H   80 is *Stroebel*: hic A, his BHMOPh.   80-81 audire ... audire: est audire M (*hom.*).   81 controversiae: controversia A, *def.* M.   84 fit: causae *add.* HM. | etiam: *om.* BM.   87 per[1] ... sive[2]: *om.* BH (*hom.*).   96 defessus: professus A, persu defessus H, defensus M.

93-10 Cf. *Rad.*, pp. 148.24-149.9.

1.17.24. *Si causae*, etc. Docet quomodo contra unumquodque trium insinuandum sit. Ac primo quidem, si causa fuerit turpis, tunc benivo-
99 lentia insinuanda est his modis, scilicet transmutatione, quando id quod diligitur, sive sit persona sive res, ponitur pro eo in quo auditor offenditur, velut si quis pro Verre ponat victoriam quam ipse de Dacis habuerit; vel e converso si quis pro turpi facto nobilis personae eius nobilitatem opponat; vel personam pro persona, velut si quis dicat, "memento patris
5 eius" et consimilia; vel res pro re, ut Vergilius pro turpi facto Aeneae inducit quomodo patrem humeris sustulit, etc. Et haec quidem trans-mutatio est insinuatio benivolentiae ab ipsa causa.

Deinde dissimulatione defensionis velut Sinon apud Vergilium defen-sionem suam dissimulat et tamen, postquam vidit auditores mitigatos,
10 coepit pedetemptim dicere, "mortem meam volet Ulixes." Dicit etiam idem Sinon facta Graecorum, quae Troianis displicebant, sibi quoque indigna videri, id est displicere. Et haec dissimulatio est insinuatio benivolentiae a nostra persona.

Ab adversariorum vero persona insinuatio benivolentiae est occulta
15 detract<at>io quae fit per negationem, quam de nobis ironice facimus, ut contrarium de adversariis intellegatur. Ac sic nec apertis verbis laedimus et tamen subintellegitur quod volumus.

A persona vero iudicum insinuatio benivolentiae est inductio exempli quomodo aliqui probi iudices de eadem re aut de consimili aut de maiori
20 aut de minori iudicarint. Ac sic et ipsis iudicibus se magnis comparari placet et rerum comparatio consimile iudicium insinuat.

Sic igitur contra turpem causam insinuatio benivolentiae fit quattuor modis, a causa per transmutationem, a nostra persona per dissimulatio-nem, a persona adversariorum per occultam detractationem, a persona
25 iudicum per exempli inductionem.

97 contra: totum A, *ss* H, *om*. M.   1 diligitur: diligit A^{ac}HM.   4 opponat: apponat
HM. | pro: per Ph, si M. | persona: qua H, *om*. M.   9 mitigatos: attigatos H, *om*. M.
13-14 a nostra ... benivolentiae: *om*. M (*hom*.).   14 ab: ad H, *def*. M.   15 facimus:
dicimus vel facimus AB.   19 de^2: *om*. AB (*Rad*.).   20 iudicarint: iudicant AB^{ac},
iudicantur O. | magnis: magis ABO.   25 exempli: exemplum A, exemplorum H.

3 Verres: cf. *Will*., fol. 12va, "sicut si Verres, qui est turpis persona, vicisset Dacos, quod
est honestum negotium" (Fredborg, *CIMAGL* 17, p. 17). P. Courcelle, "Pages inédites de
Grillius sur le De inventione," *Revue de Philologie* 3 ser. 29.1 (1955) 34-38.
   5 Verg. *A.* 2.721-748.
   8 Verg. *A.* 2.77-104.
   14-16 Cf. *Rad*., p. 149.10-13.
   18-21 Cf. *Rad*., p. 149.14-17.
   22-25 Cf. *Rad*., p. 148.18-21.

116 THIERRY OF CHARTRES

1.17.25. *Sin oratio*, etc. Docet quomodo insinuandum sit quando persuasio adversarii animos auditorum a nobis alienavit, quod poterit cito percipi ab eo qui novit per quas res fides soleat fieri, id est per quas res unus alii persuadere soleat. Haec autem insinuatio docilitatis est insinuatio 30 et fit tribus modis.

Primus modus est quando promittimus nos firme et rationabiliter responsuros contra id quod pro firmissimo adversarii induxerunt, et praecipue contra id quod ab auditoribus probatum est. Nam haec pro- missio animos auditorum ad audiendum et ad intellegendum reducit.

35 Secundus modus est quando dictum adversarii repraesentamus in exordio et praecipue illud dictum quod *nuperrime* id est novissime, dixit eo quod melius in memoria teneatur, et contra illud nos dicere aliud promittimus. Differt autem iste modus a superiori, quod ibi contra res quas inducit adversarius, hic autem contra verba eiusdem nos dicturos 40 promittimus.

Tertius modus est dubitatio propter copiam rationum *quid primum* dicatur, hoc quantum ad primum modum, aut *cui loco potissimum* id est quibus verbis adversarii prius respondeatur, hoc quantum ad secundum modum. Haec autem dubitatio admirative pronuntianda est, ac sic simulat 45 oratorem esse copiosum ad contradicendum et firmo animo paratum, quem adversarii putabant esse perturbatum. Auditores vero per hoc credent se ipsos potius fuisse temerarios in assentiendo uni parti, non altera audita, quam istum *sine causa* id est temerarie, confidere.

Sin auditoris, etc. Docet quomodo insinuandum sit quando auditor 50 defessus est. Haec autem insinuatio attentionis est, et fit duobus modis: aut promittendo brevitatem maiorem quam proposueramus, aut auditores recreando per aliquem iocum aut per rem novam, id est per novum rumorem, si causa permittat. Haec autem recreatio duplici modo fit, scilicet aut per rem *quae nata sit ex tempore*, id est quae casu aliquo 55 occurrit oratori dum loquitur, velut si quis sternutando nimis acclamaverit tunc orator ad hoc iocari potest, per quod auditores recreabit; et hoc est quod ait Tullius: *quod genus*, etc., id est ut si res dabit strepitum, id est sternutationem aliquam vel tussim vel consimile; vel acclamationem, id est nimiam vocis exaltationem in loquendo, aut per hoc quod iam dictum est, 60 aut per rem quae ad recreandum auditores provisa et parata sit antequam veniatur in causam, sicut per *apologum* aut per *fabulam*.

37 aliud: alia H, aliquid MOPh. 41 quid: quod BMPh. 48 temerarie: temerario ABHMO. 53 permittat: permittit OPh.

31-33 Cf. *Rad.*, p. 149.21-23.
41-46 Cf. *Rad.*, p. 149.23-27.
50-53 Cf. *Rad.*, p. 149.28-32.

Apologi sunt sermones formati, id est allegoricae fabulae quae ex
animalibus vel ceteris rebus per similitudinem sumuntur ad instructionem
morum, cuiusmodi est illa de urbano et rustico mure. Fabula vero est
65 absque ulla similitudine, ut de Medea et consimilibus. Aut aliquid triste
vel horribile inducendum est ad recreationem, quando *dignitas rei* id est
qualitas causae, non permittit iocari. *Nam ut cibi*, etc. Similitudo sumpta
a cibis, per quam ostenditur quod, sicut stomachus aut dulcibus aut amaris
recreatur, ita animus aut iocosis aut tristibus.

70   **1.18.25.** *Exordium*, etc. Quae sunt propria principii et quae insinuationis iam dixit; nunc dicet quae sunt eis communia. Nam, ut ait Tullius,
commune est principio et insinuationi quod utrumque debet esse sententiosum, non proverbiosum, sed multas res paucis verbis et apertis comprehendens. Utrumque etiam debet esse grave, id est debet in se continere
75 res magni ponderis, id est magnae validitatis, ad commovendum et alia
quae nobis aut orationi pariant dignitatem.

    Proptereaque, etc., vel *praetereaque*, etc. Reddit causam quare sic
faciendum est exordium. Vel potest legi *praeterea*, ut sit augmentative
dictum sic: praeter omnia praedicta *id faciendum est*, etc. *Splendoris*, etc.
80 Splendorem hic appellat verborum sonoritatem, quae est in verbis,
quorum prolatio auribus periocunda est, veluti cum dicitur hoc nomen
"Eurialus" iocunde sonat, cum vero dicitur "Xerxes" aspere. Festivitatem
vero ornatum vocat, concinnitudinem autem consonantiam verborum
dicit. Non autem docet ista expellenda esse omnino a prooemiis, sed ut
85 *minimum* de unoquoque ibi apponatur.

    Propterea, etc. Dicit quare nimietas praedictorum vitanda sit, quoniam
scilicet inde auditor suspicatur oratorem in apparatione prooemii et
diligentia magis quam in sua causa confidere, ac sic nec capit fidem ex
oratione nec orator videtur ei authenticus, id est talis cui credendum sit.

---

66 vel: et H, aut Ph. | inducendum: iudicandum B, inde iocandum H.   69 iocosis:
iocundis H, iocis Ph.   70 sunt: sint HMO.   71 sunt: sint HO.   75 validitatis:
validitudinis AHOPPh^{ac}.   77 proptereaque *C apud Stroebel*: propterea *Stroebel*. | vel
praetereaque: *om.* A. | praetereaque: *om. cod. apud Stroebel*, praeterea HM.   78 praeterea:
propterea A. | augmentative: argumentative B^{ac}HO.   79 id: id est ad A, hoc ad B, hoc OPh.
81 periocunda: iocunda AH.   84 expellenda: extollenda AB^{ac}, exempla H.
88 sua: sui B, *om.* H.   89 authenticus: ss B, attenticus A, autentius H, attentius M.

64 Cf. Hor. *Serm.* 2.6.80; *Vict.*, p. 200.1; Manegaldus (ed. Dickey, *Med. & Ren. Stud.* 6
[1968] 21).
82 Eurialus, Xerxes: cf. Aug. *Dial.* 7, ed. J. Pinborg, Synthese Historical Library 16
(Dordrecht & Boston, 1975), p. 100 (ed. W. Crecelius, *Jahresber. ü. d. Gymn. z. Elberfeldt*
[Elberfeldt, 1857], p. 12).

90   **1.18.26.** *Vitia vero*, etc. Docuit quae facienda essent in prooemiis,
nunc quae vitanda sunt docet. Cum ait *certissima*, ostendit et supra
nonnihil se de vitiis exordii dixisse. Ait enim *splendoris minimum*, etc.,
sed haec maxima, et ideo *summopere*, etc.

    Commune et *vulgare* in hoc differunt, quod vulgare omnium commune
95 est, commune vero in hoc loco dicitur quod in eadem causa utriusque
partis est. Omne ergo vulgare est commune, sed non e converso. *Commu-*
tabile vero est quando idem ab utroque dicitur uno verbo commutato vel
dempto vel addito.

99   *Longum est*, etc. Verba appellat singulas dictiones, sententias vero ea
quae dictionibus coniunctis dicuntur.

    Separatum, etc. Veluti si homicida tibi accusandus sit et tu ab adulterii
facinoribus exordium sumas. Istud dicit Tullius non esse *ductum ex causa*
nec esse *membrum*, id est non cooperari sequenti orationi.

5   *Translatum* autem in hoc differt a separato, quod in translato genus
causae ignoratur et ideo pro uno aliud usurpatur, in separato vero hoc
vitium est quod, cum de una re accusatio debeat fieri, de alia, quae non
pertinet, inchoatur. Hic igitur secundum rem de qua agitur notatur vitium,
ibi vero secundum effectum prooemii.

10   *Contra praecepta*, etc. Huius differentia ad superiora ex verbis libri satis
patet.

<NARRATIO>

1.19.27. *Narratio est*, etc. Definit narrationem, postea dividit et ab aliis
narrationibus breviter se expedit, ut ad eam narrationem veniat de qua
15 intendit, postremo docet quomodo oratoris narratio debeat fieri. Dicit
ergo quod narratio est illa pars orationis qua exponuntur, id est aperte
dicuntur, res gestae, id est civilia negotia vel ea quae in historiis continentur, vel per quam ut gesta exponuntur, id est ea quae numquam gesta
fuerunt, sive sint probabilia sive non, sic affirmantur ac si gesta fuissent,
20 sicut sunt ea quae in comoediis aut fabulis continentur.

---

    92 se: *om.* BHO. | minimum: *om.* ABH.   93 summopere *C apud Stroebel:* summo
opere *Stroebel.*   99 appellat: vocat A, appellant B.   1 dictionibus: de dictionibus M,
distinctionibus O.   2 separatum *Stroebel:* separatim BHPh.   3 ductum *Stroebel:*
dictum ABHM.   4 cooperari: comparari ABPh.   5 in translato: translatum A,
intranslativo HM.   8 notatur: utatur A, vocatur O.   17 vel: *om.* ABH.   17-18 in
... ea quae: *om.* O (*hom.*).   18 per quam: *om.* M. | quam: quas H, *def.* MO.
19 fuerunt: fuerint AM.

    99-1 Cf. *Vict.*, p. 201.1-3.
    2-4 *Vict.*, p. 201.6.
    17-20 Cf. *Vict.*, p. 201.22-23.

Narrationum, etc. Narrationem dividit in tres species, quarum prima est
in qua *ipsa causa* id est res de qua controversandum est, *et omnis ratio*
id est tota origo constitutionis quare scilicet controversatur, exponitur; et
haec quidem narratio oratoria narratio dicitur.

25   Altera vero species dicitur *digressio*, id est rei extrinsecae narratio; quae
quattuor de causis fit, scilicet aut ut aliquem criminemur, velut si quis de
aliqua re Ulixem accusans ad mortem Palamedis digrediatur, aut ut per
simile aliquid exprimamus, ut illud Vergilii:

> Poenorum qualis in arvis, etc.

30 aut ut auditores recreemus, ut in *Verrinis* descriptio amoenitatis Siciliae,
quae tamen non aliena est a probatione adulterii de qua agebatur—nam in
amoenis locis libido citius commoveri solet—aut ut amplificemus id quod
iam probatum est, ut in *Verrinis* amplificat Tullius, cum dicit maioris
avaritiae fuisse Verrem qui non visa concupiverit, quam Eriphylam quae
35 visum aurum adamavit. Haec ergo species narrationis ad causam pertinet,
etsi non principaliter.

Tertia vero species, quae est poematum aut historiarum, a causa remota
est, tamen et delectat et prodest, et hoc est quod ait: *quod delectationis*,
etc. *Eius partes*, etc. Breviter hanc speciem divisionibus transcurrit, ut ad
40 propositum revertatur. Dicit ergo huiusmodi narrationis duas esse species,
quarum una hac intentione fit, ut per introductam personam eius personae
qualitas exprimatur, ut apud Terentium Micio introducit Demeam talibus
utentem verbis quibus rigor et austeritas personae ostenduntur.

Alia vero species hac intentione fit, ut per eam solummodo gesti aut
45 ut gesti expositio fiat, sive per personas introductas sive non, ut *fabula* id
est res quae in solo ficto est et verisimilitudine et veritate caret—ut angues
volantes trahebant currum Medeae, aut *historia* id est narratio de re gesta
ante nostram aetatem, ut illa est cuius initium est iste versiculus, "*Appius
indixit*," etc.; aut est *argumentum* id est narratio rei fictae et verisimilis,

---

29 in arvis: in armis A, marius H (*Rad.*).   34 visa: visam BM. | concupiverit:
concupierit OPh, *lac. 11 fere litt.* H. | Eriphylam: Eriphilia A.   37 est: *om.* MO.
39 divisionibus: divisionis H, (deductionibus B^{ac}) de disiunctionibus B^{pc}, definitionibus Ph,
divisione P.   43 utentem verbis: verbis utentem A, verbis H.   49 indixit: *om.* A,
induxit BHM.

21-23 Cf. *Rad.*, p. 150.6-7.
25-31 Cf. *Rad.*, p. 150.10-15.
29 Verg. *A.* 12.4.
32-38 Cf. *Rad.*, p. 150.15-21.
33 Cic. *Verr.* 2.4.18.39 (*Vict.*, p. 202.6).
42 Micio: Ter. *Ad.* 60, apud *De inv.* 1.19.27.
48 Appius: Ennius apud *De inv.* 1.19.27.

50 ut apud Terentium: *"Nam is,"* etc. Sed hic videtur Terentius ea intentione
narrare ut per introductam personam qualitatem personae exprimeret; sed
hic non ita persona introducitur, ut ex eius verbis eiusdem qualitas
exprimatur, sed alterius.

Contingit autem ut in narratione, quae est in personis, negotia osten-
55 dantur et e converso, sed hoc non intenditur. Ergo secundum intentionem
diversitas illarum specierum consideranda est. Ideo ait Tullius quod in
narratione, quae est *in personis*, et res, id est negotia, exponuntur et
sermones et animi, id est ex sermone secundum mores personae ipsi
attributo qualitas animi perspici possit, sed tamen huiusmodi narratio in
60 persona, id est in notatione qualitatis eius, versatur.

Notandum vero est quod haec tria nomina: fabula, historia, argumentum, nomina sunt proprie rerum quae narrantur et tamen narratio per
haec dividitur, unde Tullius dixit, *historia est res gesta*, etc. Possunt etiam
esse nomina narrationum, sed non in hoc loco.

65   *Hoc in genere*, etc. Ostendit breviter qualis debeat esse narratio quae
est in personis. Festivitatem vero ornatum appellat; varietatem autem
rerum, ex qua ornatus conficitur, ostendit subsequenter. Nam quod unus
gravis est, id est severus sicut Demea, alius lenis sicut Micio, quod item
unus sperat aliquid habere ut Charinus Philomenam, et alius idem metuit
70 ut Pamphilus, deinde quod unus eorum male suspicatur de alio, quod
eorum sunt contraria desideria, quod patres dissimulant amorem filiorum,
quod errant in notitia filiarum, quod iuvenes misericordia commoventur
erga amicas, quod modo bene modo male et utrumque insperato contingit, quae omnia in fine comoediae ad concordem exitum rediguntur, in
75 his, inquam, omnibus et rerum varietas et animorum dissimilitudo exprimitur, ex quibus tam ornatus verborum quam sententiarum sumuntur, de
quibus in elocutione promittit se tractaturum.

1.20.28. *Nunc de narratione*, etc. Ab his de quibus non intendebat
breviter se expedivit, nunc docet quomodo oratoria narratio fieri debeat.
80 *Brevis erit*, etc. Merito ait, *unde necesse est.* Nam non debet Troianum

---

50 is: his ABMO.   54-55 ostendantur: ostenduntur BO.   56 ideo: in eo A, id H.
59 attributo: attributorum H, attributae O.   65 breviter: *om.* BH.   68 lenis: levis
AMO.   68-69 item unus: item minus A, (ita B^{ac}) unus B^{pc}, itus unus Ph.   69 idem:
illud idem BPh, aliud idem O.   74 rediguntur: reducuntur HO.

50 Ter. *And.* 51, apud *De Inv.* 1.19.27.
65-74 Cf. Theod. *Com. Ad Her.*, infra p. 235.92-1; Manegaldus & *Will.* (=*In Primis*), ed.
Dickey, *Med. & Ren. Stud.* 6 (1968) 23-24.
67-73 Demea, Micio: cf. Ter. *Ad.*; Pamphilus, Charinus, parentes, Glycerium, Davus: cf.
Ter. *And.*

bellum a gemino ove ordiri, et hoc est quod subiunxit: *et non ab ultimo*,
etc. *Et si cuius*, etc. Item brevitas conservatur, si summa rei, id est quid
factum sit, dicatur et non ceterae circumstantiae, id est cur et quomodo
et cetera quae necessaria non sunt, explicentur. *Et si non longius*, etc. Item
85 brevitas conservatur non procedendo ultra necessarium, ut Statius:

> et mea iam portum tetigit ratis.

Et si non fiat digressio. Superius dixit digressionem oratori esse utilem,
hic vero brevitati contrariam esse; sed illam digressionem dicit esse
vitandam quae ad causam minime pertinet. *Et si ita*, etc. Item brevitas
90 conservatur, si ea tantummodo dicantur ex quibus alia possint intelligi,
ut si dicamus, "venit de villa," intellegimus eum profectum illuc fuisse. *Et
si non ab eo*, etc. Veluti si quis dicat, "profectus ab urbe sum, et cum
essem profectus ab urbe ad villam veni."

Octo ergo docet quibus brevitas conservari potest, quorum primum et
95 secundum ad initium narrationis pertinent, tertium vero ad finem, cetera
autem ad medium maxime pertinere videntur. *Ac multos*, etc. Nonum est
de falsa brevitate vitanda praeceptum. Falsa vero brevitas est quando res,
quae dicuntur, paucioribus verbis dici non possunt, quarum tamen rerum
99 quaedam superfluae sunt in causa, et ideo, quamvis brevis putetur esse
oratio propter paucitatem verborum, tamen prolixa est propter superfluitatem rerum. Quam rem Tullius competenti exemplo declarat, dicens
accessi, etc.

Sed cum in hoc exemplo priora per ultimum possunt intelligi, idcirco
5 videtur quod istud praeceptum idem sit quod quintum; sed non est. Nam
in superiori veram brevitatem facere, hic vero falsam brevitatem cognoscere docet. *Quare*, etc. Quia in multitudine rerum est longitudo, id est
superfluitas, ergo vitanda est huiusmodi oratio. *Supersedendum* vero dixit
quasi ab huiusmodi vitio cessandum.

10   **1.20.29.** *Aperta autem*, etc. Docuit quomodo fieret brevis narratio,
nunc quomodo *aperta*, id est intelligibilis fiat, quod erit si idem ordo
narrandi rem servetur, quo ordine res gesta est, et non tantummodo

---

82 si cuius: sicut MO.   86 et mea: et viam H, *lac. 5 fere litt.* O, *cf.* Stat. *Theb.* 12.809,
"et mea iam longo meruit ratis aequore portum."   90 possint: possunt AM.
96-p. 128.7 ac ... earum: *om.* M.   8 vero: *om.* APh.   11 quod: quae H, docet quod O.

81 Hor. *A. P.* 147; cf. *Vict.*, p. 204.26.
86 Stat. *Theb.* 12.809.
92-93 *Vict.*, p. 205.19-20.
94-96 Cf. *Vict.*, p. 204.27-28.

secundum seriem rei, ut scilicet id quod primo factum est primo, quod
deinde postea narretur, sed etiam secundum ordinem temporis, ut scilicet
15 prius distinguatur quid priore die, posterius vero quid posteriore die
gestum sit et deinceps; et hoc est quod ait, *si ut quidque*, etc. *Ut ita
narrentur*, etc., hoc est quod superius dixit *rerum gestarum aut ut
gestarum*, etc.

  Hic erit, etc. Docuit quid esset faciendum ut aperta fieret narratio, nunc
20 docet quid vitandum, ne fiat obscura. Ait enim *ne quid perturbate*, etc.
Perturbate narrat qui ordinem rerum ac temporum non servat, *contorte*
vero quando, etsi ordinem servet, tamen oblique, id est obscure, de uno
ad aliud procedit ita, ut non appareat quomodo ab illa ad hanc descen-
derit; quemadmodum Aristoteles in *Categoriis*, cum ante de divisivis
25 differentiis loqueretur, postea ad constitutivas obscure transiens subintulit
dicens, "quare quaecumque praedicati differentiae fuerint," etc. *Ne quam
in aliam*, etc. Haec omnia in praeceptis brevitatis dicta sunt, quare non
oportet hic repetere. *Nam saepe*, etc. Dicit quod prolixitas aliquando
magis impedit intellectum quam obscuritas, id est difficultas narrationis.
30 *Ac verbis*, etc. In libro elocutionis vocat dilucida verba, quae sunt usitata
et propria.

  1.21.29. *Probabilis*, etc. Docet quomodo narratio fiat probabilis. Ea,
quae solent apparere in veritate, sunt ea per quae apparitio veritatis, id est
verisimilitudo, solet esse in narratione. Haec autem sunt octo, id est
35 septem circumstantiae et octavum, opinio, sine qua parum valent cetera.
Si enim contra opinionem auditorum protulerit in narratione circumstantias, nulla inde verisimilitudo nascitur.

  Prima ergo circumstantia est "quis," id est attributum personae, quod
Tullius dignitatem, id est qualitatem, personae appellat dicens *si perso-
40 narum*, etc. Nam in narrando qualitas personae servanda est, velut
Horatius in *Arte poetica* praecipit dicens:

      intererit multum Davusne loquatur an heros

---

15 quid[1]: quod ABP.   16 si ut: sint A, sed ut BPh.   19 hic erit etc.: *om.* BH
(*hom.*)., hoc erit etc. O.   22 servet: servat ABHOPh.   26 etc.: eaedem essent etiam
subiecti O.

24 Arist. *Cat.* 1 (1b21) (*Aristoteles Latinus* 1.1-5 *Categoriae*, ed. L. Minio-Paluello
[Bruges-Paris: Desclée de Brouwer, 1961], p. 6).
30 *Auct. ad Her.* 4.12.17.
35 Cf. *Vict.*, p. 207.1 et supra p. 21.
42 Hor. *A. P.* 114.

et cetera quae sequuntur, et alibi:

        scriptor. Honoratum si forte reponis Achillem
45   impiger

sit et cetera, quae sequuntur.

    Secunda circumstantia est "quid," id est summa facti vel administratio ne-
gotii triplex, id est ante rem et in ipsa et post. Tertia circumstantia est "cur,"
id est causa; quas duas circumstantias designavit dicens *si causae*, etc.
50   *Si facultates*, etc. Hic notatur quarta circumstantia, scilicet "quibus
auxiliis," id est facultas. Subsequenter vero designantur quinta et sexta
circumstantia, id est "locus" et "tempus"; sed per hoc quod post *tempus*
subiunxit et *idoneum* et *satis spatii*, designavit et temporis qualitatem et
occasionem. De septima vero circumstantia, id est de "modo," tacuit,
55   quoniam non in omnem narrationem incidit. Nam narratio coniecturalis
causae modum facti non continet, quoniam factum omnino negatur.

    Si res, etc. Dicit narrandum esse secundum opinionem auditorum, id
autem fit tribus modis, scilicet si vel secundum naturam, id est mores,
eorum, qui agunt, dicantur ipsi aliquid agere—velut Terentius narrat
60   meretrices in alienis domibus esse deliciosas ac cibos fastidire, at apud se
vorare

        atrum panem cum hesterno iure—

vel secundum rumorem vulgi vel secundum opinionem auditorum.

1.21.30. *Illud autem*, etc. Docuit quae servanda essent in narratione,
65   nunc docet nec in omni causa narrandum esse, cum scilicet aut obest aut
nihil prodest narratio; nec, si narrandum est, oportere tamen in uno loco
causae semper enarrare, sed aliquando ante argumenta, aliquando post,
aliquando alibi nec iterum aliter quam commodum nostrae causae exigit.

    Obest tum, etc. Exemplis ostendit singula quae proposuit. Dicit autem
70   narrationem, quando ipsa offendit, argumentis esse particulatim immiscendam, ut ipsa leniant eius offensionem. *Nihil prodest*, etc. Iuncturam
verborum nota. Nam ait *nihil interest nostra*, etc., id est non est ad
nostram utilitatem. *Quae illius*, etc. *Leviter* attinguntur ea quae breviter
dicuntur, *diligenter* vero ubi nihil dimittitur, *enodate* quod aperte dicitur.

---

46 sit: *om.* A *Hor.*, fit H.   50 facultates: facultas AO, facultatem H. | circumstantia: *om.*
A, circumstantiam H.   51 designantur: designatur AO, de H.   53 qualitatem:
quantitatem AHPh.   69 tum: tamen B, cum O. | proposuit: posuit A, imposuit BH.
70 offendit: ostendit BHO.   71 leniant: leniat A, leviant H.   73 illius *J apud Stroebel*:
dicenda *Stroebel.*   74 dimittitur: dimittatur HPh.

44-45 Hor. *A. P.* 120.
54 Cf. *Vict.,* p. 207.25-30.
62 Ter. *Eun.* 939.

\<Partitio\>

76 **1.22.31.** *Recte habita*, etc. Ad tertiam partem rhetoricae orationis procedit, scilicet ad partitionem, de qua primo ostendit quid efficiat, deinde eius species et quid unaquaeque earum in causa efficiat, postremo quomodo unaquaeque species debeat fieri. Dicit ergo partitionem in causa hoc
80 efficere, ut sit omnino illustris, id est ornata, et perspicua, id est intellegibilis. Nam partitio est distributio eorum quae in narratione ponuntur, ut intellegatur quid in concessione et quid et quantum in controversia relinquatur. Unde manifestum est quod huiusmodi partitio et ornat orationem distribuendo et causam intellectui subicit. Non est autem
85 dicendum quod Tullius partitionem definierit, sed effectum eius, ut utilitatem doceat, ostendit.

Partes eius, etc. Dicit duas esse species partitionis, quarum una est distributio eius quod est in causa ab eo quod non est in causa; et haec *pertinet ad aperiendam causam*, id est ad distinguendam causam ab eo
90 quod non est in causa, ut si accusator Orestis post narrationem sic dicat, "aliud de hac re quam narravi, quae convenit mihi cum adversario (id est matrem esse occisam), aliud autem in causa est, utrum scilicet iure occiderit necne."

Altera vero species est enumeratio rerum de quibus causa constituitur,
95 et haec *pertinet ad constituendam* causam, id est ad ducendum rem in controversiam. *Ex qua*, etc. Ostendit effectum prioris speciei. *Destinatur* vero dixit quasi distinguitur *in quo*, etc., id est quod in causa est, ab eo quod non est; et hoc quidem pertinet ad illustre. *Ex qua conficitur*, etc.
99 Ostendit effectum posterioris speciei; et hoc pertinet ad perspicuum, quia auditor tenet in memoria rerum numerum certum, quibus in confirmatione vel reprehensione tractatis sciat finem causae fore.

Nunc utroque, etc. Docet amodo quomodo unaquaeque species fieri debeat. *Quae partitio*, etc. Dicit quomodo convenienter prior species fiat,
5 si scilicet id quod convenit sic proferatur, ut et sibi prosit et adversario noceat, quod est inclinare ad commodum causae, ut *interfectam esse*, etc. Nam nominando matrem et filium auditores a facto abhorrere facit. *Item contra*, etc. Aliud exemplum a parte defensoris. Nam ponendo regis et

80 omnino: oratio B^{ac}HOP.   88-90 et haec ... causa: *om.* HO (*hom.*).   88 haec: hoc PPh, *def.* HO.   93 necne: an non OPh.   98 quidem: quod AO, *om.* H. | illustre: illustres H, illustrem O.   6 inclinare: inclinat B, inclinatio H.

81-83 Cf. *Rad.*, p. 151.8-10.
90-93 Cf. *Rad.*, p. 151.12-14.

reginae propria nomina, quae in ore omnium erant, commovet magis
10 quam si nomen mariti et uxoris posuisset.

Deinde quid, etc. Docuit quomodo in priori specie id quod convenit
proferendum esset, nunc docet quomodo in eadem specie id quod in
controversia est convenienter proferatur, si scilicet eius prolatio iudicationem ostendat, id est sic sub quaestione proferatur, ut intellegatur de quo
15 iudicium est faciendum.

1.22.32. *Quae autem partitio*, etc. Ostendit quomodo altera species
partitionis debeat fieri. Haec autem species, sicut dictum est, exponit
distribuendo, id est ostendit enumerando, res de quibus controversandum
est. Debet ergo brevis esse et absoluta et paucitatem habens. Brevis
20 quidem in verbis, cum scilicet ponuntur sola verba quae necessaria sunt
ad breviter enumerandum, non ad ornandum. Nam ab huiusmodi partitione extraneus est ornatus verborum sive sententiarum, quamvis inter
ornatus divisio ponatur, sed alia quam causae partitio. *Haec in hoc genere*,
etc. Reddit causam quare debeat habere brevitatem. Partes vero causae
25 appellat, sicut superius dictum est, quod in principio causae et quod in
medio et quod in fine tractatur.

Absolutio est, etc. Absoluta est partitio in toto, quando scilicet nulla
pars causae praetermittitur quae non in enumeratione contineatur. Et
quoniam absolutio non debet brevitatem excludere, idcirco dicit absolu-
30 tionem amplecti *omnia genera*, id est generaliora quae universa continent
de quibus dicendum est. Nam minor est multitudo generum quam
specierum.

Paucitas, etc. Paucitatem habet partitio, quando in ea nihil superfluum
ponitur. Superfluum vero tunc ponitur, quando positis in partitione
35 generibus, quae sufficiunt, cum eisdem species *permixte*, id est in eadem
partitione, enumerantur. Paucitas ergo in generibus est sine admixtione
specierum. Ut autem sciamus paucitatem servare, ideo et genus describit
et partem generis, id est quodlibet continens et sub eo contentum.

13-14 si ... proferatur: *om.* A (*hom.*).   14 proferatur: profertur H, *def.* A.
16 autem *J apud Stroebel*: *om. Stroebel.*   23 haec: hoc B, hic O.   35 permixte *C apud*
Stroebel: permixtim *Stroebel, cf. infra* p. 127.85 permixtim.

19 Cf. *Vict.*, p. 210.35.
23 divisio = ornatus: cf. *Auct. ad Her.* 4.40.52; divisio = species partitionis: cf. *Vict.*,
p. 208.40; divisio = partitio: cf. *Auct. ad Her.* 1.10.17.
25 Cf. supra p. 106.93-3.
27 Cf. *Vict.*, p. 210.35.
36-37 Cf. *Vict.*, ibid.

1.23.32. *Nam qui ita,* etc. Ponit exemplum vitiosae partitionis, in qua
40 scilicet cum genere ipsius species enumeratur.

1.23.33. *Hoc igitur,* etc. Quia species non est cum genere in partitione
ponenda, *igitur vitandum est ne* ponatur species alicuius generis, quasi res
diversa et ipsi generi sub aliquo toto pars coaequaeva, cuius speciei genus
ante positum est. *Quod si,* etc. Dixit genera ponenda esse in partitione et
45 sine speciebus. Sed quoniam sunt quaedam genera, quae propter multitudinem specierum subdivisionibus indigent, idcirco dicit, cum illud
inciderit, tunc post partitionem *simpliciter,* id est generaliter, expositam
subdividendum esse in exsecutione causae.
   Atque illud quoque, etc. Non tantum praedicta pertinent ad vitandum
50 superfluitatem in partitione, sed etiam ista quae sequuntur. Nam in
utroque superfluitas, et in proponendo plura quam satis et in partiendo
cum non est partiendum. *Ac sunt,* etc. Dicit multa genera divisionum et
esse et a philosophis tractari, a quibus se transtulisse quae necessaria sunt
oratori affirmat, quoniam in antiquioribus rhetoribus nihil invenerat de
55 partitione.
   Atque his, etc. Docet quod facta partitione deinde eo ordine in agendo
causam exsequenda est, quo ordine proposita est, ita ut post exsecutionem nihil restet nisi peroratio, quam rem exemplo Terentii comprobat,
ostendens et quomodo Terentius *breviter* et *commode,* quantum ad
60 absolutionem et paucitatem, partitus est et quomodo partitionem eodem
ordine est exsecutus.

<CONFIRMATIO>

1.24.34. *Confirmatio est,* etc. De quarta parte quae est confirmatio tractat
hoc ordine: in primis definiendo, deinde locos argumentorum osten-
65 dendo, postea argumenta quae ex his locis trahuntur enumerando, ad
ultimum argumentationes exponendo. Confirmatio autem est pars orationis rhetoricae reperta ad probandum propositum. Confirmationem igitur
definit, dicens eam esse illam partem orationis *per quam oratio* id est
orator, *adiungit fidem nostrae causae* id est nostram partem comprobat.
70 Quod autem ait *nostrae causae* commune est tam accusatori quam
defensori; nam uterque confirmatione utitur. Sed quoniam narratio quo-

51 et²: *om.* AH.   56 atque: atqui AHPh, ad quod O.   59 et¹: *om.* BO.   63 est¹:
lac. 2 fere litt. B, *om.* O.

58 Cf. Ter. *And.* apud *De inv.* 1.23.33.
68-69 *Rad.,* p. 151.25.

que fidem facit, ideo additum est *argumentando*. Hoc enim proprium
confirmationis est. Hucusque integra definitio est, sed quoniam argumentorum alia probabilia sunt, alia necessaria, idcirco in hac definitione
75 divisionem argumentorum inseruit appellans *auctoritatem* probabilia
argumenta, *firmamentum* vero necessaria.
  Huius partis, etc. Quomodo hic tractet de locis et argumentis vult
ostendere. Nam sunt duo modi tractandi, unus quidem cum distincte
ostenditur qui loci et quae argumenta quibus generibus causarum et
80 constitutionibus conveniunt, quod docet in secundo libro; alius autem
modus est cum loci et argumenta communiter et non distinguendo
enumerantur, quem modum Tullius hic exsequitur. Hos modos Tullius in
littera distinguit dicens *huius partis*, etc. *Silvam* vero et *materiam* appellat
locos et argumenta sic communiter tractata, *silvam* quidem ad locos
85 referens, *materiam* vero ad argumenta, *permixtim* vero ad *silvam*, confusum autem ad *materiam*. Argumentationes autem more suo argumenta
appellat, quae omnia in secundo libro certis praeceptis distinguentur, sicut
materia informis. Et hoc est quod ait: *post autem*, etc. Rationes argumentandi vocat argumenta quae trahuntur ex locis.
90   *Omnis res*, etc. Dicendum est quid argumentum sit, quid argumentatio,
quid locus argumenti; deinde ad id quod volumus ostendere competenter
descendemus. Argumentum igitur est ratio rei dubiae faciens fidem, id est
rei dubiae probatio. Argumentatio vero est explicatio argumenti per
orationem, id est oratio per quam ordine competenti fit argumentum,
95 unde Tullius expolitionem argumenti eam vocat.

\<Loci argumentorum\>

Locus vero argumenti est sedes ipsius argumenti, id est res continens in
se argumentum et ex qua nascitur et eliciendum est. Nam sicut non in
99 omni loco pisces nascuntur vel aves, sed unus locus naturalis sedes est
piscibus, alius autem avibus, alius vero ceteris animalibus, et horum
locorum periti cito et facile inveniunt quod quaerunt; sicut, inquam, hoc

---

82 quem modum: quemadmodum AH.   85-86 confusum: confuse *Stroebel*, confusam
Ph.   90 omnis *iS³ apud Stroebel*: omnes B *Stroebel*. | res: *om.* BH.

75-76 Cf. *Will.*, fol. 15va, "vel aliter: *fidem* subdividit per *auctoritatem* et *firmamentum*.
Auctoritatem vocat probabilem argumentationem ... firmamentum vero dicit necessariam
argumentationem"; *Rad.*, p. 151.26-27.
  92 argumentum: cf. Boeth. *Top.* 4 (PL 64:1212B) (Cic. *Top.* 2.8).
  93 argumentatio: cf. Boeth. *Top.* 2 (PL 64:1183A).
  95 expolitio: *De inv.* 1.40.74.
  97 locus: Cic. *Top.* 2.8.
  98-99 Nam sicut non in omni loco...: cf. Quint. *Inst.* 5.10.21-22.

est, ita in ratione disserendi et in rhetorica sunt quaedam res, ex quibus
sunt origines probationum quasi sedes naturalis argumentorum, et istarum
5 rerum periti cito et facile probationem rei propositae inveniunt.

Sunt autem in ratione disserendi loci argumentorum maximae propositiones aut earum differentiae. Nam maximae propositiones prima sunt
probationum principia, differentias vero maximarum dico esse quod una
earum est a definitione, alia vero a genere et ita de aliis; quae differentiae
10 idcirco loci argumentorum dicuntur quoniam ipsos locos argumentorum
continent. Nam plures maximae sunt, quarum unaquaeque a definitione
est, et ita de aliis. Et hi quidem loci, quia generales sunt, ad quaestionem
generalem, id est ad thesim, pertinent.

In rhetorica vero quoniam hypothesis, id est particularis quaestio quae
15 est de certa persona, tractatur, idcirco particulares loci, id est circumstantiae septem, reputantur sedes esse argumentorum. Circumstantiae
vero sunt quaedam particularia quae personis aut negotiis insunt, ex
quibus argumenta fiunt in causa, ut aliquod genus vel aliqua species vel
aliqua definitio vel aliqua causa et consimilia, quibus aliquid ostenditur aut
20 de persona aut de negotio.

In ratione igitur disserendi sedes argumentorum sunt haec maxima
propositio, "unde adest definitio, et quod definitur," et haec alia, "cui
adest species, et genus," et consimiles, quarum una ad omnem definitionem pertinent, alia vero ad omnem speciem et sic aliae generaliter ad
25 multa pertinent. In rhetorica vero sedes argumenti est vel hoc genus vel
haec species vel haec definitio et consimilia, quae particularia esse
quantum ad praedictas maximas patet cuilibet.

Nunc de circumstantiis. Sunt igitur duo de quibus in rhetorica quaestione agitur, persona scilicet atque negotium. Persona est ille vel illa qui
30 vel quae ducitur in causam, negotium vero est dictum vel factum personae
propter quod ipsa devocatur in causam. Circumstantiae vero sunt res quae
insunt ipsi personae aut negotio. Quae idcirco dicuntur circumstantiae,

---

4-6 et istarum ... argumentorum: *om.* A (*hom.*).   5 probationem: probatione B, *def.*
A.   7 differentiae: *hinc* M.   23 adest: abest AMOPh.   29 ille: illae MPh, iste O.
30-31 negotium ... causam: *om.* M (*hom.*).   31 devocatur in causam: detinetur in
causa B, *def.* M.

6-11 Cf. Boeth. *Top.* 2 (PL 64:1186A).
12-15 Cf. Boeth. *Top.* 2, 4 (PL 64:1186A,B; 1205C,D; 1215D-1216A).
15-16 Boeth. *Top.* 4 (PL 64:1212C).
22 Cf. Boeth. *Top.* 3 (PL 64:1196D).
22-23 Cf. Boeth. *Top.* 3 (PL 64:1197A).
22-27 Cf. Boeth. *Top.* 4 (PL 64:1216B-C).
29-31 Cf. Boeth. *Top.* 4 (PL 64:1212A); *Rad.*, p. 164.4-8.
32-34 Cf. *Rad.*, p. 164.13-15.

quoniam circumstant personam aut negotium, id est circa illa sunt de
quibus quaestio est, nec sine ipsis rhetorica quaestio staret. Nisi enim haec
35 circumstent, nulla dubitatio auditores remoratur.

Ista etiam personam atque negotium determinant, unde etiam civilis
quaestio dicitur esse implicita circumstantiis, quasi per hoc restricta circa
certam personam atque negotium. Nam si haec personae atque negotio
detrahantur, fit ipsa dubitatio thesis; si vero rei de qua generaliter
40 dubitatur haec adiungantur, fit ipsa dubitatio hypothesis. Verbi gratia: si
quaeratur utrum ducenda sit uxor, thesis quidem est; si vero ad hanc
dubitationem certa persona addatur, ipsa fit hypothesis, velut si dicatur
utrum Catoni ducenda sit uxor. Si autem persona dematur, ad thesim
dubitatio revertitur. Unde circumstantiae dicuntur efficere civilis quaestio-
45 nis substantiam.

Sed quaeritur, cum istae circumstantiae sint loci argumentorum, quomodo circumstantiis implicita sit civilis quaestio vel quomodo substantiam
eius ipsae efficiant. Non enim in quaestione loci argumentorum esse
debent.

50 Ad quod dicimus quod ideo circumstantiae dicuntur implicare causam
vel eius substantiam efficere, non quod de ipsis in quaestione quaeratur,
sed ideo quod persona et negotium in causam venire non possunt nisi ex
eorum aliquibus circumstantiis. Nam ex aetate hominis aut ex eius victu
aut ex eius studio aut ex aliis ipsi personae attributis, item ex ipsius negotii
55 causa aut loco aut tempore aut ex aliis ipsi negotio attributis persona vel
negotium in causam deducitur. Si quis enim aliquem accusaret et non
secundum eius aetatem aut fortunam aut studium aut cetera ipsi personae
attributa vel si non loco vel tempore et ita de aliis, quae sunt ipsi negotio
attributa, nisi, inquam, ita quis intenderit aut depulerit, nullo modo stare
60 causa poterit. Sic igitur circumstantiae causam implicant aut eius substantiam efficiunt.

Circumstantiae vero sunt vel attributa personae vel attributa negotio.
Attributa personae sunt ea quae ipsius personae sunt, per quae aliquid de
persona convenienter probatur, ut nomen personae nomen est; similiter
65 fortuna personae fortuna dicitur et victus personae victus et ita de aliis,
quae personae attributa sunt. Illae vero circumstantiae, quae sunt attributa

---

41 sit: est AHMPh.   54 aut[1] ... studio: *om.* M. | eius: *om.* AHO, *def.* M.
65 fortuna[2]: *om.* ABHMPh.

34 Cf. *Iul. Vict.*, ed. Halm, p. 374.35.
44 Cf. Boeth. *Top.* 4 (PL 64:1212C).
46-49 Cf. Boeth. *Top.* 4 (PL 64:1212B).
51-61 Cf. Boeth. *Top.* 4 (PL 64:1212B-C; 1213C-D).
62-69 Cf. Boeth. *Top.* 4 (PL 64:1212D-1213C).

negotio, sunt ea quae sunt ipsius negotii, ut summa negotii summa dicitur,
similiter causa vel administratio vel locus vel tempus vel modus vel
occasio vel facultas; unumquodque istorum negotii dicitur.

70   Non autem omnia attributa negotio sunt circumstantiae ipsius negotii,
id est non insunt ipsi negotio praesenti de quo agitur, sed per quandam
relationem ei negotio, de quo agitur, sunt adiuncta et extrinsecus collocata
quaedam. Alia vero, cum sint similiter extrinseca nec ad negotium
aliquam relationem habentia, tamen quoniam sunt quaedam auctoritates,
75 quibus probatur negotium, non inconvenienter illa dicuntur esse attributa
negotio.

Quamvis autem adiuncta negotio sint extrinseca, tamen secundum
circumstantias praesentis negotii adducuntur ita ut causa causae aut
summa negotii praesentis, et sic aliae circumstantiae per quandam relatio-
80 nem conferuntur circumstantiis alterius negotii, ex qua collatione nascuntur loci illi qui dicuntur adiuncta negotio, ut maius, minus, simile et
consimilia. Similiter consequentia negotium, etsi extrinseca sint, tamen
quoniam vim aliquam auctoritatis habet ad probandum negotium ideo loci
argumentorum dicuntur, quamvis neque a persona neque a negotio
85 ducantur, id est neque eis inhaereant neque ad ea aliquam relationem
habeant, sed ad aliquod testimonium pertineant.

Nunc ad litteram accedamus. *Omnis res*, etc. Rem hic appellat causam,
id est hypothesim quae argumentis comprobatur. Bene vero dixit *argu-*
mentando. Nam, etsi per narrationem confirmetur, non argumentando sed
90 exponendo. *Ac personis*, etc. Attributa personae enumerat quae sunt
undecim, quorum primum nomen est. Nomen autem hic appellat proprium nomen, sive sit praenomen sive agnomen sive cognomen sive ipsius
personae nomen, ex cuius interpretatione aliquod argumentum duci
possit, ut si quis dicat Pompeium diligere favorem, quod ex interpreta-
95 tione nominis eius potest perpendi, vel Verres fur est, quod ex origine
vocabuli probari potest.

Definitio autem nominis talis est: *nomen est quod unicuique personae*
attribuitur, id est proprium; hoc est subiectum definitionis. Deinde hic

72-74 ei ... relationem: *om.* A (*hom.*).   73 similiter: simpliciter H, *def.* A.   85 ea:
eam HM.   87 omnis *iS³ apud Stroebel*: omnes B *Stroebel.*   88 comprobatur:
approbatur A, opprobatur B, confirmatur P.   97 est²: *om.* ABHO.

70-82 Cf. Boeth. *Top.* 4 (PL 64:1214A-C).
82-86 Cf. Boeth. *Top.* 4 (PL 64:1214D).
89 Cf. *Vict.*, p. 213.37.
91-93 Cf. *Vict.*, pp. 214.34-215.6.
91-95 Cf. *Rad.*, p. 164.17-19.
95-96 Verres fur: cf. *Will.*, fol. 15vb: "Vere iste verrit Siciliam, quia Verres dicitur."
Abelard, *Scritti di Logica*, p. 257.24 (Fredborg, *CIMAGL* 17, p. 17); Cic. *Verr.* 2.4.95.

99 incipit definitio sic: *quo suo*, etc. Suum quidem refertur ad agnomen vel
    cognomen, proprium vero ad nomen ipsum, quod propter personam
    principaliter repertum est; certum autem ad praenomen, eo quod alia
    certificat. Et est sensus definitionis talis: nomen est quo persona appellatur
    sive illud sit agnomen sive cognomen, etc.

5   *Naturam definire*, etc., *difficile*, ideo quoniam vario et multiplici modo
    dicitur natura, sive causa nascendi sive naturalia sive diuturna consuetudo
    vel alio modo. Naturam autem hic appellat naturalia, id est ea quae alicui
    attributa sunt ab ipsa causa nascendi, sive animi sint sive corporis sive
    extrinseca, ut aetas, sexus et consimilia. Genera etiam et species et

10 differentiae substantiales et propria et accidentia a natura attributa, omnia
    haec sub natura continentur, sed Tullius enumerat ea tantum, quorum
    indiget ad rhetoricam, et dividendo descendit ad illa naturalia, quae sunt
    in homine et quae ad personam pertinent, quibus indiget orator. Nam de
    naturis divinorum ad theologos, de naturis autem brutorum animalium,

15 quae generali nomine bestias appellat, de his, inquam, tractare ad phy-
    siologos pertinet. Orator tamen ex his aliquando communem locum
    incidenter trahit.

    1.24.35. *Atque hominum*, etc. *Genus hominum* hic appellat naturalem
    hominum diversitatem quae ex naturalibus contingit. Naturalia vero, quae

20 sunt circa personam, tripliciter dividit, scilicet in ea quae sunt ex animo,
    ut naturaliter acutum esse vel hebetem, et ea quae sunt ex corpore, ut esse
    longum vel brevem, et ea quae sunt ab extrinsecis, ut ea quae ex loco vel
    ex tempore vel ex consanguinitate vel ex sexu contingunt personae. Nam
    sexus ab extrinsecis est, quoniam est naturalis discretio generis ad alium

25 vel ad aliam.
    Ponit autem primo exempla eorum, quae ab extrinsecis veniunt. Inter
    nationem vero et patriam hoc interest quod natio secundum genus linguae
    consideratur, patria vero secundum civitatem. *Praeterea*, etc. Ponit exem-
    pla naturalium quae sunt ex corpore. *Acutus*, etc. Exempla naturalium

30 quae sunt ex animo. *Comis* vero dicitur in hoc loco non a corporis ornatu,
    sed ab animi naturali facetia. Similiter *officiosus* ab animi naturali aptitu-
    dine dicitur. *Nam quae industria*, etc. Bene dixi quae a natura dantur.
    Nam si illa eadem *industria*, id est studio et animi applicatione, comparen-
    tur, id est acquirantur, tunc ad habitum pertinent.

2 repertum: repertus A, inventum H.   15-16 physiologos: philosogos A, philosophos
H^ac.   20 animo: anima ABHMOPh.   25 ad: *om.* HMPh.   31 officiosus: *del.*
Stroebel.

8-9 Cf. *Vict.*, p. 216.27.
26-28 *Rad.*, p. 164.32-35.

35   Sumuntur autem argumenta a naturalibus, a *sexu* ut Vergilus:

> rumpe moras. Varium et mutabile semper
> femina.

A *natione* ut, si quis probet aliquem cautum esse, quia Graecus sit,
Ovidius:

40   vix bene barbarica Graeca notata manu.

A *cognatione* ut Statius:

> Cadmus origo patrum.

A *patria*:

> tellus mavortia Thebae.

45 Ab *aetate* ut Ovidius:

> a iuvene et cupido credatur reddita virgo.

Ab attributis *corpori* ut Statius de Polynice:

> celsior ille gradu procera in membra.

Ab *animo* ut idem Statius de Tydeo:

50   sed non et viribus infra
> Tydea fert animus totosque infusa per artus.
> Maior in exiguo regnabat corpore virtus.

Ecce argumenta a natura corporis et animi ad probandum quod uterque
eorum validus fuerit.

55   **1.25.35.** *In victu,* etc. Victum appellat nutrituram, quam dividit in
apud quos et *quo more,* etc. *Apud quos* id est in cuius domo et familia, ut
Lucanus de Pompeio:

38 esse: *om.* BO.   39 Ovidius: ut Ovidius O.   51 Tydea: Tydeo BH.
55 dividit: dividat H, divideat M^{pc}.   56 quos^{1+2} *J apud Stroebel*: quem *Stroebel.* |in cuius:
intus HM.

35-46 Cf. *Rad.,* pp. 165.26-166.6.
36-52 Cf. Matthieu de Vendôme, *Ars Versificatoria* in E. Faral, *Les arts poétiques du XIIe
et du XIIIe siècle,* Bibliothèque de l'École des hautes études 238 (Paris, 1923), pp. 136-137.
36 Verg. *A.* 4.569-570.
40 Ov. *Her.* 3.2.
42 Stat. *Theb.* 1.680.
44 Stat. ibid.
46 Ov. *Her.* 5.129.
47-54 Cf. *Rad.,* p. 165.3-10.
48 Stat. *Theb.* 1.414.
50-52 Stat. *Theb.* 1.415-417.
55-59 Cf. *Rad.,* p. 166.7-11.

solitus Sillanum lambere ferrum.

Quo more. Mos est consuetudo patriae. Distat enim an sit nutritus
60 secundum morem illius patriae an illius. Arbitrium vero vocat iudicium
voluntarium aut patris aut patrui ad cuius arbitrium educatus sit. Differt
enim an arbitrio consanguinei an alienioris. Alius autem est arbiter
secundum cuius electionem sit aliquis nutritus in aliqua re, alius vero
doctor *liberalium artium*, id est illarum septem quae liberis ante virilem
65 vestem tradebantur, alius vero praeceptor *vivendi*, scilicet in ethica, quam
discebant puerili veste deposita.

Quo in negotio, etc. Negotium appellat actum laboriosum quo lucremur
aliquid, ut mercaturam, militiam, agriculturam et similia. Quaestum vero
appellat lucrum aliquod, artificium autem artem aliquam in qua aliquis
70 *occupatus sit* aut docendo aut exercendo. *Quo modo rem,* etc. Ex administratione domus suae et ex consuetudine, quam in ea habet, potest
cognosci qualis sit in re publica futurus aliquis.

Haec ergo undecim ad victum, id est ad nutrituram, cuiusque pertinent,
quae omnia vel quaedam nutrituram cuiusque component. Sumuntur
75 autem ab his partibus nutriturae multa argumenta, ut apud Terentium
senex in *Andria* vitam nati commendans fere omnia praedicta ponit et a
victu argumentum laudis assumit dicens:

nam is postquam excessit ex ephebis Sosia, etc.

In fortuna, etc. Fortuna proprie dicitur status vitae, quem adipiscitur
80 aliquis vel ex arbitrio vel ex casu temporis vel ex hominum institutione.
Iste autem status vel felicitatem vel infelicitatem confert. Nam libertas
quaedam pars felicitatis est, servitus vero ad infortunium pertinet. Ita de
aliis exemplis, quae sequuntur, poteris distinguere. *Iure an iniuria,* etc.
Bene addidit haec potestati, quia non uno modo capimus potestatem.
85 *Felix,* etc. *Felix* et *clarus* ad famam pertinent, quorum unum alterius

---

58 Sillanum: *cf.* Luc. *Phars.* 1.330 *app. crit. apud ed. C. M. Francken* (Leiden: Sijthoff,
1896-1897).   60 arbitrium: *cf.* arbitratu *Stroebel.*   62 alienioris: alieni B, alienoris H.
69 aliquod: aliquid BM. | autem: aut A, *om.* M.   78 is: his ABH[ac], hi M.
80 aliquis: quis O (*Rad.*), *om.* AHMPh.   85 alterius: *om.* AM.

---

58 Luc. *Phars.* 1.330.
60-62 Cf. *Vict.,* p. 217.34.
68 Cf. *Vict.,* p. 218.7.
78 Ter. *And.* 51, cf. *De inv.* 1.19.27.
79-80 Cf. *Rad.,* p. 166.13-14.

determinatio est. *Quales liberos*, etc. Non utrum liberos habeat, quod
naturae est, sed quales ut Vergilius:

> vade, ait, o felix nati pietate.

Aut si de non vivo, etc. Mors naturae est, sed qualitas mortis ad fortunam
90 pertinet. Sumitur autem argumentum a qualitate mortis ad coniecturan-
dum qualiter quis vixit, qui taliter mortuus est, ut Iuvenalis refert Neronem
a cerdonibus esse interemptum.

1.25.36. *Habitum autem*, etc. Habitus est animi aut corporis in aliqua
re perfectio constans, id est diuturna, et absoluta, id est plena. Sed videtur
95 superfluum quod post perfectionem addidit absolutum; sed dicimus quod
epitheton est ad maiorem expressionem perfectionis. *Aut virtutis*, etc.
Exempla sunt pertinentia ad habitum. Inter scientiam et artem hoc
interest, quod ars est praeceptio qua formamur ad aliquid agendum,
99 scientia vero artis effectus est, qui ex usu procedit.

Non natura, etc. Nondum sufficiebant praedicta ad definitionem habitus, ideo subiunctum est *non natura*, etc. Habitus enim ex studio et
applicatione, non ex natura. Aliud autem studium et aliud industria,
quoniam industria est providentia quaedam quare aliquid aut scire aut
5 facere volumus. Quid autem sit studium postea dicetur. *Affectio est*, etc.
Diximus habitum esse perfectionem in aliqua re diuturnam ex applicatione natam, *affectio* vero *animi est aut corporis* subita mutatio cito
recedens, ut si quid boni nobis nuntietur et laeti esse incipiamus, vel si
quis in aliquam infirmitatem incidat et cito sanetur. Nam per hoc quod
10 dixit affectionem esse *ex tempore*, intellexit eam ad tempus non diuturnam.

Studium autem, etc. Haec definitio studii nihil habet obscurum. Nam
esse occupatum in aliqua re nihil est aliud quam illi dare operam. Sed
quoniam aliquam damus operam, sed non assidue neque *vehementer*, id
15 est intente, ideo adiunctum est *assidua*, etc.; sed quoniam talis occupatio
nondum est studium, nisi adsit magna voluntas, idcirco additum est *cum*

89 aut: ac *Stroebel.*   92 esse: *om.* HO. | interemptum: intemptum A, intereptum MPh,
interfectum O.   95 absolutum: absolutam Ph *Stroebel.*   99 qui: quod Ph, vel AHMO.
5 est: *om.* MO.   6 diuturnam: diuturna AM, et *add.* O.   7 natam: natura AH.
8 quid ... si: *om.* M (*hom.*). | incipiamus: incipimus B, *def.* M.

86-88 Cf. *Vict.*, p. 218.25; Verg. *A.* 3.480.
87-92 Cf. *Rad.*, p. 166.18-24.
91-92 Iuv. *Sat.* 4.153.
97-99 Cf. *Vict.*, pp. 156.15; 174.18.
7-9 Cf. *Rad.*, p. 167.5-6.

magna voluntate. Ut philosophiae, etc. Dat exempla non quae studium
sint, sed quorum studium sit.

    Consilium est, etc. *Consilium est ratio* id est discretio, *vere excogitata*
20 id est veraciter inventa ad faciendum aliquid vel non faciendum. *Facta*
autem, etc. Factum alicuius personae dicitur quod ipsa persona exercere
consuevit; casus autem personae dicitur eventus qui ei solet accidere;
dictum autem id quod solet dicere. Quae omnia per tria tempora dividuntur et secundum consuetudinem perspiciuntur. Nam si aliquid *fecerit*
25 vel *dixerit* vel ei aliquid *acciderit* et non consuete, non hoc attributum
personae dicitur, sed forsitan illud dictum aut factum de quo persona in
causam ducitur, vel illud dictum aut factum quod est administratio negotii,
vel casus ille qui est inopinatus eventus ex confluentibus causis sine
intentione gerentium, qui casus ad modum facti pertinet.
30   Ex his igitur undecim attributis personae sic argumenta trahuntur. A
nomine quidem quando per etymologiam, id est originem vocabuli,
aliquid boni vel mali de persona persuadetur. A natura vero quando per
aliquid naturale ipsi personae insitum de persona ipsa aliquid probatur.
A victu autem quando per nutrituram ipsius personae aliquid de ipsa
35 monstratur. A fortuna vero quando affirmatur vel negatur de persona
aliquid per qualitatem quam accipit a fortuna, veluti si dicamus, "nequam
est quia servus est, superbus quia dives." Ab habitu autem quando per
animi et corporis in aliqua re perfectionem ex studio natam laudatur
persona aut vituperatur aut de ea aliquid probatur, veluti si quis dicat,
40 "debes ire ad illum magistrum, quia perfectus est in artibus," vel "istum
hominem imitari, quia perfectus est in virtutibus," vel quia aliquis corpus
palaestra perfecte roboravit, idcirco dicimus eum facile victurum. Ab
affectione quando qualitas animi aut corporis aliquo casu repentino
mutatur et per illam mutatam aliquid de persona conicitur, veluti si
45 aliquem qui alacer esse solitus sit tristem videamus, inde aliquid de ipso
conicimus; vel aliquem invidum et idcirco frequenter tristem videamus
laetum, inde coniecturam accipimus quia aliquid mali viderit. A studio
vero quando per hoc quod aliquis alicui rei frequenter et intente dat
operam et ex voluntate in ea occupatus est, probatur aliquid de aliquo;

---

    17 voluntate *C apud Stroebel*: voluptate *Stroebel.* | ut: *om.* BH.   19 est[1]: *om.* BH, sit
M. | vere *J apud Stroebel*: : vera B, veri O, *om. Stroebel.*   21 persona: *om.* AB.
23-p. 137.80 dictum ... adducitur: *om.* P.   33 aliquid[1]: aliquod AHPh, aliud M. | aliquid[2]:
ali H, aliquod Ph.   37 superbus: autem *add.* A, est *add.* B, superius H.   38 natam:
natura A, naturali M, non natura O, *om.* H.   40 in: omnibus *add.* H.   45 tristem: esse
add. B[pc]Ph.

    17-19 exempla: cf. *Vict.*, p. 219.39.

50 veluti si quis probet aliquem non machinari malum vel non esse luxuriosum per hoc quod in liberalibus artibus ex toto occupatus sit. A consilio
autem quando laudatur persona vel aliquid de ea persuadetur per hoc,
quod provida excogitatrix sit quid faciendum sit et quid non, veluti si de
aliquo dicamus quod difficile sit contra illum bellum gerere, eo quod
55 promptus in consilio sit. A factis vero et casibus et orationibus quando per
facta personae consueta aut per id quod ei evenire solitum sit aut per dicta
consueta coniectamus quid facturus sit aliquis, quid ei eventurum sit aut
quid etiam sit dicturus.

Differt autem casus a fortuna, quod casus est eventus alicuius damni quod
60 solet homini accidere, fortuna vero est condicio cuiusque, id est status vitae
quem quisque adipiscitur vel ex arbitrio vel ex casu temporis vel ex hominum
institutione. Ex arbitrio, veluti si quis sponte se faciat pauperem, ut aliquod
temporale bonum acquirat; ex casu temporis, veluti si quis oppressus bello
cadat in paupertatem vel factus victor in aliquam dignitatem elevetur; ex
65 institutione, veluti si quis servus a parentibus nascatur, non hoc naturae est,
sed humanae institutionis; vel si quis heres alicuius regni nascatur, hoc ad
institutionem, non ad naturam pertinet.

Attendendum est igitur diligenter in his undecim non solum quid in
argumentum adducatur, sed ex qua vi ipsius rei capiatur argumentum, veluti
70 si ex nomine ducatur argumentum, non solum nomen attendendum est, sed
ex vi nominis, id est ex eius origine, probatio facienda est. Similiter si
naturalia ad argumentum adducantur, ita facienda est probatio, ut vis naturae
sit argumenti materia. Ita de omnibus aliis faciendum est. Qualitas igitur
personae, quam ex unoquoque horum undecim adipiscitur, attendenda est,
75 ut fiat argumentum ab attributis personae. Nam si quis dicat, "ex consilio
fecit hoc" vel "quia est de domo Sillae, fecit hoc" et consimilia, non idcirco
argumentum est ab attributis personae, nisi ex vi nutriturae vel consilii, quae
in aliquo est, probetur aliquid de ipso. Ita una et eadem res in diversa

---

55-56 per facta: perfecta BO, perfectae H, perfectam M.   57 coniectamus: coniectura-
mus B, coniectamur Ph. | quid¹: aut quid MO.   69 capiatur: captatur HM.   70 sed:
etiam *add.* B, *om.* H.   71 eius: cuius BM.   74 quam: quod A, *om.* O.   76 Sillae:
cf. supra p. 133.58 Sillanum. | consimilia: et *add.* BH.

50-51 Cf. *Rad.*, p. 167.18-20.
59-67 Cf. *Rad.*, pp. 167.31-168.5.
60-62 Cf. supra p. 133.79-80; cf. Theod. *Com. Ad Her.*, p. 286.34-39.
69 vis loci: cf. Boeth. *Top.* 2 (PL 64:1185D); *Will.*, fol. 41rb, "vis est ab ante factis";
fol. 43va, "a simili vel tota vis a tempore"; fol. 46rb, "vis est a modo, a consilio, a causa";
fol. 55rb: "vis est a natura"; Abelard, *Dialectica*, ed. L. M. De Rijk (Assen, 1970), p. 253.16,
"locus est vis inferentiae"; John of Salisbury, *Metalogicon*, ed. Webb (Oxford, 1929), p. 152
(PL 199:909B), "locus est vis inferentiae."

attributa convertitur per hoc, quod diverso modo et secundum eius diversas
80 qualitates in argumentum adducitur.

1.26.37. *Negotiis autem*, etc. Attributa negotiis enumerat. Attributa
vero negotio sunt, ut superius diximus, aut circumstantiae ipsius negotii,
ut summa negotii et causa et locus, etc., aut sunt extrinseca sed adiuncta,
id est relata competenter ad negotium, ut maius et simile, etc., aut sine
85 ulla relatione, cum sint extrinseca, in testimonium adducuntur. Sed ipsae
circumstantiae negotii dividuntur in duo. Nam eorum quaedam maxime
adhaerent negotio et ideo dicuntur continentia cum ipso, quoniam ipsum
negotium aut summatim continent aut efficiunt. Quaedam autem, [quae]
etsi non efficiant vel summatim contineant, tamen, quoniam vel in eis
90 negotium geritur vel per ea, non inconvenienter in gestione negotii
dicuntur. Sunt igitur quattuor genera attributorum negotio: continens cum
negotio, in gestione negotii, adiunctum negotio, consequens negotium.
    Continentia cum ipso negotio, etc. Ostendit quae sint continentia cum
negotio et videtur quodammodo notare quare dicantur continentia cum
95 negotio, quia scilicet *semper affixa* sunt, etc., id est maxime adhaerent.
Sed *semper esse affixa* dixit quantum ad summam negotii et ad causam,
non *separari* vero quantum ad administrationem, vel potius e converso.
    Ex his, etc. Continentia cum negotio in quinque dividit, in summam
99 negotii et causam et triplicem administrationem. *Brevis complexio negotii*
est brevis propositio ipsius negotii constans ex talibus verbis quae augeant
ipsum negotium aut attenuent. Valet igitur iste locus ad amplificandum
potius quam ad probandum. Dicitur autem adhaerere ipsi negotio,
quoniam eius summam continet, id est quid factum sit simpliciter signi-
5 ficat sine ceteris circumstantiis, sicut definitio dicitur adhaerere ei quod
definitur, quoniam ostendit quid ipsum sit. Ipsum igitur negotium in se
neque est argumentum neque locus argumenti, sed eius propositio talis
locus amplificationis.
    Deinde causa, etc. Causam summae appellat causam facti unde contro-
10 versia est, *per quam* causam dicit negotium factum esse. Sed quoniam
causa alia est ratiocinativa, quando propter commodum adipiscendum vel

---

81 negotiis²: negotii BH.   85 adducuntur: adducantur BH.   86 eorum: earum HPh,
om. P.   87 ipso: negotio *add.* AB.   88 quae: sunt quae O, *om.* P.   93 negotio:
om. BHM.   94 quodammodo: quaedam B, quod amodo M.   95 id est: et AO.
97 administrationem: ministrationem AHM, triplicem *add.* O.   8 amplificationis: est *add.*
MOPh.   9 causa: tam A, causam H.

82 Cf. supra pp. 129.66-130.86.
99-6 Cf. *Rad.*, p. 168.20-25.
2-8 locus amplificationis: cf. Boeth. *Top.* 4 (PL 64:1213A).
10-15 Cf. *De inv.* 2.5.17; *Vict.*, p. 222.3-9.

incommodum vitandum fit aliquid, alia vero impulsiva, quando aliqua
commotione animi in aliquod factum praecipitamur, quoniam, inquam,
haec duplex causa est, ideo dixit *quam ob rem* quantum ad ratiocinativam,
15 *cuius* vero *rei causa* quantum ad impulsivam.

Sed videtur quod consilium, quod in attributis personae est, sit causa
ratiocinativa, quae est in attributis negotio. Contra quod dicimus quod,
quamvis consilium sit causa alicuius facti ratiocinativa, non tamen hoc
attributum personae est illud attributum negotio. Nam consilium personae
20 consilium dicitur non facti, causa vero causa dicitur facti non personae.
Nam esse attributum personae nihil est aliud quam esse nomen ipsius aut
eius naturam aut eiusdem consilium, etc. Esse vero attributum negotio
nihil est aliud quam esse summam negotii vel causam ipsius, etc. Quamvis
igitur una et eadem res sit et personae consilium et causa facti ratiocina-
25 tiva, non tamen hoc attributum personae est illud attributum negotio.
Idem de causa impulsiva et de affectione personae dicendum est.

Item, quando per hoc attributum personae, quod est consilium, fit
argumentum, tunc ostenditur qualis persona sit in consilio; quando vero
ab hoc attributo, quod est causa, fit argumentum, tunc consideratur
30 propter quid factum sit aliquid, non qualis ipsa persona sit. Similiter in
affectione conicitur aliquid ex mutatione personae, in causa vero impulsiva quid eius causa sit consideratur. Sic igitur una et eadem res secundum
diversos modos argumentandi in diversa attributa convertitur.

Deinde, etc. Administratio negotii est factum quo ipsum negotium
35 administratur, id est per quod quis aggreditur negotium vel perpetrat vel
eo perpetrato exit. Dividitur igitur in tria, in praeparationem et dum fit et
exitum. Sub exitu autem continentur omnia, quae post perpetrationem
negotii facit aliquis, ut competenter a negotio exeat.

Unumquodque autem istorum trium factum est diversum ab ipso
40 negotio, quod in controversia est, et ab eo, quod est attributum personae.
Nam haec administratio negotii est. Sed haec administratio, quae dicitur
"dum fit," videtur esse idem quod ipsum factum de quo controversia est.
Sed non est. Immo est illud quod fit, dum ipsum factum committitur, sicut
equum pungere dum dat ictum, socios hortari et consimilia, quorum
45 nullum esse occisionem ipsam manifestum est, immo vero eis administrari
negotium.

Videtur iterum quod administratio negotii sit causa ipsius negotii, eo
quod per eam ipsum efficitur. Et dicimus quod per eam quidem fit, sed

---

12 fit: sit BOPh.   16 est: *om.* BPh.   24 personae: et *add.* AH.   29 ab: ad MO.
31 vero: vel *add.* A, personae *add.* B.   32 eius: cuius ABHOPh.   35 administra-
tur ... negotium: *om.* O (*hom.*). | per: quia H, *def.* O.

48-49 per / propter causam: cf. Boeth. *Top.* 4 (PL 64:1213A).

non propter eam. Non est igitur causa facti finalis, quae pertinet ad
50 circumstantiam quae est "cur." Fit ergo argumentum ab administratione
negotii vel quando ipsa praeparatio usque ad inchoationem negotii
describitur vel quod in ipso gerendo ad perpetrandum vel quod post ad
facile exeundum.

1.26.38. *In gestione autem*, etc. Ista pars attributorum negotio conti-
55 net sub se quattuor circumstantias reliquas, id est "ubi," "quando,"
"quomodo," "quibus auxiliis." Nam "quis" pertinet ad attributa personae, "quid" vero et "cur" ad continentia cum negotio, reliqua vero ad
hanc partem. Sed haec circumstantia quae est "quando" dividitur in
spatium temporis et occasionem. Quinque igitur in gestione negotii
60 considerantur: locus, tempus, etc. In gestione autem negotii esse dicuntur
haec, quoniam sunt in ipso negotio gerendo necessaria ita, ut adiaceant
facto et facti administrationi. Nam locus facti locus et administrationis
dicitur et tempus similiter et cetera dicuntur. Non sunt igitur facta sed
factis adiacentia. Rursus haec nec causa facti sunt nec causae facti
65 adiacent. Non enim sunt propter quid, sed in quo aut quomodo aut per
quid facilius.

Attendendum est igitur diligenter quod attributa personae ipsi quidem
adiacent, sed nullum eorum alteri. Nam nomen personae non dicitur
naturae nomen aut victus consilii victus et ita de ceteris. Circumstantiae
70 vero negotii adiacent quidem ipsi negotio, sed rursus alterum eorum alteri.
Nam summa negotii adiacet quidem ipsi negotio, sed rursus summae
cetera adiacent. Nam causa summae causa dicitur et administratio similiter et ita de ceteris; sed causa naturaliter praecedit administrationem,
administrationi vero adiacent ea quae in gestione negotii sunt. Patet igitur
75 differentia. Litteram nunc inspice.

Qui locus, etc. Locum dicit secundum quod in praedicta divisione
secundo loco positum est. Nota autem quod gestio negotii est ipsa
administratio. In gestione autem sunt ea, quae ipsi administrationi adiacent. *Locus consideratur*, etc. Locus in se non valet ad probandum aliquid,
80 sed ex eo quod ipsi administrationi competenter adiacet, quam competentiam appellat opportunitatem *ad negotium administrandum. Ea autem
opportunitas*, etc. Ostendit ex quibus rebus sit opportunitas loci. Magnitudinem appellat ipsius loci capacitatem, intervallum vero distantiam ad alia

50 ergo: igitur B, vero H.   55 sub se: in se HM, ipsas B.   59 in: *bis* AH.
64 nec causa: necessaria BPh^ac.   80-81 competentiam: competenter B, incompetentiam
HPh, competendam M.

54-58 Cf. *Rad.*, p. 169.1-5.
63-64 non facta sed adiacentia: cf. Boeth. *Top.* 4 (PL 64:1213C).

loca. Cuius distantiae species sunt longinquitas et propinquitas. *Natura*
85 vero *loci* est quod ipse tumulosus est vel planus vel saxosus et consimilia,
quae ipsi loco innata sunt. Et non tantum natura loci consideranda est,
sed etiam regionis circumstantis.

Ex his etiam, etc. Attributiones appellat ea quae loco adiacent, id est
quae loci esse dicuntur. *Alienus*, etc. Quaeritur etiam *an locus sit ipsius*
90 personae de qua agitur *aut fuerit*, an *alienus*. Nam multa audemus in loco
nostro facere quae non alibi et e converso. Ex his qualitatibus locorum
multa in causis aut persuadentur, si locus ostendatur opportunus, aut
dissuadentur, si contrarium.

1.26.39. *Tempus autem*, etc. Aeternitatem vocat hic perpetuitatem, id
95 est spatium quod cum mundo incepit et cum mundo desinet. Non autem
dicit quod *difficile* sit perpetuitatem *definire*, nam dictum est paucis quid
ipsa sit. Similiter de partibus temporis leve est dicere de unaquaque per
se quid ipsa sit. Generalem autem temporis definitionem assignare
99 difficillimum est, et ideo transit ad partem perpetuitatis definiendam, qua
orator in causis utitur. Certam significationem hic appellat mensuram
temporis notam et ab hominibus signatam.

Tempus ergo aliquod est *cum certa significatione alicuius spatii*, id est
aliquod tempus habens notam et signatam mensuram sui spatii, sive illud
5 spatium sit annuum sive menstruum etc. *In hoc*, etc. In causis ab
oratoribus et praeterita et praesentia et futura tempora considerantur, ut
inde aliquid argumenti eliciatur.

Praeteritum autem triplex est, unum ita vetustum ut sit obsoletum, id
est ab auctoritate vacuum ut sit incredibile; alterum autem tametsi vetus-
10 tum et ab memoria nostri temporis remotum, tamen, quia est ab histo-
riographis celebratum, credibile est; tertium autem quod *nuper* gestum est.
Quaeritur quid valeat in civilibus causis illud praeteritum quod est incredibile, et dicimus quod huiusmodi fabula aliquando inducitur ad recreationem. *Et item*, etc. Praesens vero in duo dividitur, in id quod inchoatur—et
15 hoc vocatur instans *in praesentia*—et in id quod *maxime* fit, id est quod
ad perfectionem appropinquat. *Et quae consequuntur*, etc. Futurum
similiter dividitur in *serius* et *ocius*.

1.27.40. *Occasio autem*, etc. Tempus, de quo nunc egimus, est spatium quo aliquid ostenditur potuisse fieri aut non potuisse aut ex eius

86 et: sed H, quia B.   87 circumstantis: circumstantia HO.   90 aut: an *add.* A, an
BMO. | an: *om.* BHO.   95 incepit: cepit (=coepit) MPh.   8 vetustum: venustum H,
vestutum M.   16 consequuntur: consequitur AP, consequantur *Stroebel*.   18 egimus:
agimus MPh, egit P.   19 non: fieri *add.* MOPh.

20 longinquitate aut ex brevitate. *Occasio* vero est faciendi aliquid opportunitas nata ex qualitate temporis, sicut aestate vel hieme, nocte vel die et
consimilibus. *Pars* vero *temporis* dicitur occasio eo quod utrumque, et
spatium scilicet et occasio, tempus esse intellegitur. Nam quando dicitur
"in tempore venisti," non aliud ibi per tempus nisi opportunitas intelle-
25 gitur.

    Quare, etc. Quia est pars temporis talis, ergo *differt* a *tempore*, id est
a spatio de quo superius egimus, in *hoc* scilicet quod est talis pars. *Nam
genere*, etc. Bene dixi quod in hoc differt, *nam* in *genere* convenit. *Verum*,
etc. Convenit quidem in genere, sed differt quod illud quidem spatium est
30 annorum aut anni aut alicuius partis eorum, hoc vero opportunitas
faciendi aliquid secundum spatium. *Quare*, etc. Quia occasio est talis res,
ergo differt a spatio in hoc quod ipsa alia pars temporis est atque species.

    Haec distribuitur, etc. Dividit occasionem in tria, ex quibus nascitur
omnis occasio. Non vero aliquid eorum occasio, et tamen divisiva sunt
35 occasionis, quae ex his nascitur. Sunt enim qualitates temporis ex quibus
occasiones nascuntur. *Publicum* ad totam civitatem, *commune* ad totum
mundum, *singulare* vero ad unumquemque hominem *privatim* refertur.

    1.27.41. *Modus autem*, etc. *Modus* proprie dicitur qualitas facti secun-
dum animum facientis. Ista vero qualitas dividitur per prudentiam et
40 imprudentiam, quae sunt habitus animi, non quod aliquid istorum sit
qualitas facti, sed quoniam ex his qualitas facti nascitur. Nam quoniam
aliquis prudens est, inde factum sumit hanc qualitatem quod *clam* vel
palam vel *vi* vel *persuasione* factum sit; quoniam vero imprudens, inde
sumit factum hanc qualitatem quod inscienter vel casu vel necessitate vel
45 aliqua affectione animi, sicut ira vel amore vel ceteris, factum sit. Item
partes purgationis dicuntur *inscientia, casus, necessitas,* non quod aliquod
eorum purgatio sit, sed quoniam per haec et purgatio fit et dividitur.
Tullius igitur hic modum facti dividit in ea, ex quibus ipse modus oritur.

    Prudentiae autem ratio, etc. Isti quattuor modi sunt ex prudentia. Nam
50 ex unoquoque eorum ostenditur quod prudenter aliquid factum sit. Ex eo
enim quod aliquid fit *clam* potest perpendi quod ex consilio factum sit;
similiter ex eo quod *palam*, velut si quis ad cognatam eius, quam ducturus
est, iret coram multis ea intentione, ut postea legitime posset suam

---

27 egimus: egit B, *om.* H.   28 genere[1]: genera AHO.   34 non: nunc Ph, est *add.*
MO. | aliquid: aliquod AHO, aliud M.   36 commune: vero *add.* MPh.   40 aliquid:
aliquod MPPh.   49 autem: *del. Stroebel.* |ratio: *om.* H, oratio O.   51 aliquid: aliquod
APh.   52 quis: aliquis A, quid B.   53 postea: plus M, post APh.

38-39 Cf. *Rad.*, p. 169.17.
46-47 purgatio: cf. *De inv.* 1.11.15.

dimittere. Ex eo etiam quod *vi*, id est tali modo cui resisti non possit, patet
55　quod ex consilio factum sit. Illud etiam, quod *persuasione* alicuius fit,
manifestum est consilio factum esse.

　　Imprudentia autem, etc. Quod est dicere: imprudentia dividitur per ea
ex quibus animus purgatur aut ostenditur esse commotus, ex quibus
omnibus qualitates factorum nascuntur. Cum autem dicimus impruden-
60　tiam per ea dividi, non ideo dicimus quod imprudentia praedicetur de eis,
sed idcirco quod divisiva sunt imprudentiae in hoc quod per imprudentiam partim fit purgatio animi, partim commotio. Dicendum est igitur
quod Tullius res ipsas dividit ex quibus modi factorum nascuntur, ut ex
rebus ipsis sic divisis varietas modorum deprehendatur.

65　　　Quaeritur in quo differat argumentum a modo ab eo argumento quod
est ab his attributis personae, a consilio scilicet, ab habitu, ab affectione.
Et dicimus quod, quando argumentum fit ab attributis personae, ostenditur qualitas ipsius personae; quando vero fit argumentum a modo, non
qualis sit persona, sed quomodo facit ostenditur. Similiter inter causam
70　et modum hoc differt quod in causa propter quid consideratur, in modo
vero quale ipsum factum sit ex animo facientis ostenditur. Maxime autem
differentia locorum spectatur ex intentione argumentantis, etsi idem in
argumentum adducatur. Verbi gratia: cum affectio animi in argumentum
adducitur, siquidem ostendere intendat quale sit factum, tunc est argumen-
75　tum a modo, si autem propter quid, tunc est a causa.

　　Facultates, etc. Facultas proprie dicitur aliquod auxilium *sine* quo non
potest aliquid fieri aut quo aliquid *facilius* fit, ut facultas discendi artem
rhetoricam sine ingenio non potest esse, facilius vero ipsa ars discitur si
magister doctus et benivolus fuerit. Facultas autem dupliciter dicitur. Nam
80　et personae dicitur facultas, quae inter attributa personae ad fortunam
pertinet. Item dicitur facultas faciendi aliquid, quae in gestione negotii
consideratur et nascitur ab illa facultate, quae est in attributis personae.
Et haec quidem attributum negotio dicitur, quoniam est facultas faciendi,
illa vero attributum personae quoniam personae facultas dicitur. Ex hac
85　ergo distinctione poterunt argumenta distingui. Fere autem ex omnibus
attributis facultas faciendi nascitur. Nam et locus et tempus et administratio adiuvant et cetera similiter, non tamen est aliquod eorum facultas
faciendi, sed ex eis.

　　57 imprudentia[2]: autem *add.* BH.　　60 ea: eam ABHMPh.　　74 siquidem: si quando
A, si quid B, si quis O. |ostendere: ostenditur A, ostendo H[pc] (ostendat H[ac]).　　77 discendi:
dicendi A, discendia M.　　79 fuerit: sit MPh.　　80 et: *om.* AB.　　83 haec: hoc
MOPh.　　87 est: *om.* AHMPh. | aliquod: aliquid AM.

　　76-79 Cf. *Rad.*, p. 169.21-25.

1.28.41. *Adiunctum autem*, etc. Octo sunt, ex quibus in rhetorica
90 argumenta ducuntur, septem scilicet circumstantiae et octavum, opinio
sive testimonium. Sed circumstantiae aut sunt eius negotii, quod in causa
tractatur, aut extrinseci, quae per quandam comparationem adducuntur.
Si ergo circumstantiae extrinseci negotii comparentur circumstantiis
praesentis negotii, in eo quod comparantur dicuntur adiuncta negotio, id
95 est relata aliquo modo ad praesens negotium, velut si persona personae
aut factum facto aut causa causae aut tempus tempori aut locus loco aut
cetera ceteris comparentur, ut aliquid de praesenti negotio probetur.

Extrinsecorum vero relatio ad praesens negotium novem modis fit,
99 quos modos Tullius in littera distinguit. Notandum vero est quod unaquaeque circumstantia extrinseci negotii potest referri his novem modis
ad circumstantias praesentis negotii, veluti causa extrinseci negotii potest
referri ad causam praesentis negotii sive per *maius* sive per *minus* sive per
simile sive aliis modis. Ita de administratione extrinseci negotii et de
5 ceteris circumstantiis dicendum est.

Quaeritur, quando persona ad personam refertur, quomodo fit argumentum ab attributis negotio, cum videatur esse argumentum ab attributis
personae, quae extrinsecus adducuntur. Amplius, si attributa extrinsecae
personae sunt adiuncta praesenti negotio et omnia adiuncta praesenti
10 negotio sunt eidem attributa, igitur attributa extrinsecae personae videntur
esse attributa praesenti negotio.

Dicimus igitur quod adiunctum negotio dicitur quicquid extrinsecus per
aliquam relationem adducitur ad probandum aliquid sive de praesenti
negotio sive de praesenti persona. Et, quamvis persona ad personam
15 referatur, non ab attributo personae dicitur esse argumentum, sed ab
attributo negotio, quoniam illa collatio personae ad personam non alia de
causa fit, nisi ut praesens negotium probetur. Adiunctum igitur negotio sic
intellegitur quasi scilicet relatum ad praesentem causam, ut aliquid in ea
confirmetur aut augeatur.

20 Quamvis autem attributa extrinsecae personae vel negotio sint adiuncta
praesenti negotio, non tamen illa attributa dicuntur esse attributa praesenti
negotio. Nam inde consequeretur quod propriae eorum circumstantiae
essent praesentis negotii circumstantiae.

Notanda est igitur falsa complexio, haec scilicet, "attributa extrinseco
25 negotio sunt adiuncta praesenti negotio, sed omnia adiuncta praesenti
negotio sunt eidem negotio attributa; igitur illi attributa sunt huic attri-

---

92 extrinseci: ex thesi A (*et sic saepius*).   4 aliis: per aliis A, in aliis B, aliis aliis H.
8 adducuntur: adducitur BMOPh.   13 adducitur: adducuntur H, addicatur O.
15 ab¹: *om.* AM, *ss* B.   25-26 sed omnia ... illi attributa: *om.* M.   26 negotio²: *om.*
A, *def.* M. | illi: illa AB, *def.* M.

buta." Quod non procedit. Aliter enim in assumptione et aliter in
conclusione accipitur "attributum praesenti negotio." Nam in conclusione
pro circumstantia propria praesentis negotii, ibi autem sive pro circum-
30 stantia propria sive pro relato ad id. Nam illa extrinseca non sunt ex se
attributa praesenti negotio, sed ex relatione quam habent ad id. Ablata
igitur relatione veritas enuntiationis constare non potest.

   Nam id quod forsitan posset dici, quod scilicet ipsae relationes extrinsecorum non ipsa relata sint adiuncta negotio, hoc, inquam, videtur
35 esse Boethio contrarium, qui in quarto *Topicorum* ita dicit, "sumuntur
vero argumenta non ex contrarietate, sed ex contrario," etc.; deinde
subiungit, "ut appareat non ex relatione sumi argumenta, <sed> ab
adiunctis negotio." Sed in eodem libro videtur velle Boethius quod septem
circumstantiae praesentis negotii, si per se considerentur, sunt aut attri-
40 buta personae aut continentia cum negotio aut in gestione negotii; si
autem illae eaedem ad aliqua extrinseca referantur, in hoc dicuntur esse
adiuncta negotio. Ac sic quaestio praedicta cassatur.

   Sed Tullius videtur esse huic sententiae contrarius, qui dicit adiunctum
negotio esse *id quod* est *maius vel minus* vel *simile ei negotio de quo*
45 *agitur*; unde adiuncta negotio videntur esse extrinseca, sed ad negotium
relata. Adiuncta igitur negotio sunt ea, quae superius diximus, et ad hanc
sententiam verba Boethii applicanda sunt.

   Maius et minus, etc. Exsequitur unumquodque de praedictis novem, et
primum de maiori et minori et pari ostendit unde unumquodque eorum
50 nascatur. Dicit autem unumquodque eorum ex tribus nasci, scilicet *ex vi*,
etc. Vis autem proprie dicitur in singulis rebus potestas sive virtus
proficiendi aut nocendi. Numerus vero rerum aut personarum pluralitas,
ut Scipio solus et privatus interfecit Gracchum, multo magis igitur
consules debent persequi Catilinam. In hoc exemplo et vis intellegitur in
55 privato et consule et numerus per hoc, quod Scipio solus intellegitur,
plures vero consules.

29-30 propria ... circumstantia: *om.* MO (*hom.*).   29 propria: *om.* A, *def.* MO. |
praesentis: ipsius B, *def.* MO.   41 referantur: referuntur H, referatur M.   42 cassatur:
cessatur BM, quassatur H.   43 esse: *om.* MPh.   45 esse: *ss* B, *om.* AHO.
52 pluralitas: pluraritas AH.

33 relationes: cf. Abelard, *Scritti di Logica*, p. 262.22-32; *Will.*, fol. 19va (Fredborg,
CIMAGL 17, p. 24); cf. *Alan.*, fol. 27rb, "Sunt autem adiuncta circumstantiae extrinseci
negotii et extrinsecae personae relatae ad praesentem personam et ad praesens negotium, et
ex relatione vim probandi recipientes."
35-38 Boeth. *Top.* 4 (PL 64:1214c).
38-42 Boeth. *Top.* 4 (PL 64:1212c; 1214B).
43 *De inv.* 1.18.41.
46 Cf. supra pp. 130.70-73; 143.17-19.
52-56 Cf. Cic. *Cat.* 1.1.3 (*Vict.*, p. 227.26-34).

Figuram vero negotii appellat collectionem circumstantiarum, ex quibus ipsum negotium figuratur, id est determinatur atque discernitur, sicut
aliquod corpus ex lineamentis suis formatur. Figura igitur negotii per
60 maius, per minus vel per par figurae alterius negotii comparatur, quando
maior collectio circumstantiarum aut minor in uno quam in alio aut par
in utroque colligitur, ita tamen ut figura negotii, quae est ex pluralitate
circumstantiarum aliquo modo disposita, comparetur alii figurae, non ipsa
pluralitas paucitati.
65 Figuram enim negotii sive collectionem circumstantiarum appello
convenientiam sive concordiam circumstantiarum circa idem negotium, ut
si attributa personae cum attributis negotio et ipsa inter se concordent,
sicut in aliquo negotio est convenientia personae, causae, administrationis, loci, temporis et ceterorum vel omnium vel aliquorum, in alio vero
70 aut tanta convenientia aut maior aut minor. Staturam vero corporis vocat
corporis compositionem.

1.28.42. *Simile aut*, etc. Similitudo est unitas qualitatis quae aut in
compositione corporali est, ut:

>   os humerosque deo similis

75 aut ex collatione naturalium, ut in Turno multa naturalia erant consimilia
naturis leonis, aut in duabus personis ex consimilitudine dictorum vel
factorum, ut Cicero de Antonio "ut Helena," inquit, "Troiani, sic tu,
Antoni, huius belli semen fuisti."
Prima ergo similitudo dicitur imago, secunda collatio, ubi frequenter
80 multa multis assimulantur, aliquando tamen unum naturale uni. Tertia
vocatur exemplum. De imagine et collatione Tullius hic mentionem facit,
de exemplo vero tacet. Collationem multorum ad multa notat ubi dicit *ex
conferenda*, unius vero ad unum ubi dicit *assimulanda*.
Contrarium est, etc. Quod est dicere: contrarium alicui est quod est res
85 diversi generis ab eo plurimum distans. Sub contrario ponit hic Tullius et
quae appellat Aristoteles contraria et privationem et habitum. *Disparatum*

59 igitur: vero AM.   60 per¹: et *add.* A, vel HOPh.   63 disposita: deposita A,
disposito O.   64 paucitati: figuram *add.* B, figurari *add.* H.   74 os: *om.* H, hos AMP.
|deo: deos BH.   79 dicitur: *om.* M, esse *add.* O.   83 conferenda: conferunda *Stroebel.*
84 est¹: *om.* B, vero *add.* Ph.

57-59 figura: cf. *Vict.*, pp. 226.27-29; 227.18-22.
74 Verg. *A.* 1.589 (*Vict.*, p. 228.12).
75-76 Cf. Verg. *A.* 12.4 (*Vict.*, p. 228.16).
77-78 Cf. Cic. *Phil.* 2.22.55 (*Vict.*, p. 228.25-27).
79-81 imago, collatio, exemplum: cf. *Vict.*, p. 228.9.
86 Arist. *Cat.* 10, 11b18-19 (*Aristoteles Latinus* 1.1-5 *Categoriae*, p. 31); cf. *Vict.*,
p. 228.42.

autem, etc. Disparata vocat ea quae sunt opposita tamquam affirmatio et
negatio. Quartum vero genus oppositionis, id est relativorum, quantum ad
rhetoricam pertinet, in superioribus tractatum est, ubi de maiori, minori,
90 pari, simili dictum est.

   Genus est, etc. Cum adiuncta negotio sint extrinseca, genus autem insit
naturaliter partibus suis, quaeritur quomodo genus et pars sint de
adiunctis negotio. Dicimus igitur quod esse genus, id est continens, et esse
partem, id est contentum, relativa sunt et quando ab uno eorum ad
95 probandum aliud sumitur argumentum ex vi continentiae vel ex eo quod
continetur, tunc est argumentum ab adiunctis negotio; velut si dicam, "in
toto genere mulierum est levitas, igitur in hac parte," vel "in hac parte
mulierum est castitas, non igitur in toto genere luxuria." Quando autem
99 genus de parte praedicatur et non ex vi continentiae vel contenti aliquid
de toto vel de parte probatur, tunc potest fieri argumentum a natura, velut
si dicatur, "succurre nobis, quia homines sumus" et consimilia.

   Eventus, etc. Eventus proprie dicitur *exitus*, id est finis, ad quem
naturaliter res solet venire. Nisi enim soleat semper, sed casu aliquando
5 contingit aliquid ex aliquo, non propter hoc dicitur eius eventus. Sicut
autem praedicta ad praesens negotium referuntur, ita etiam eventus dicitur
negotii eventus. Est autem extrinsecus illi negotio cuius dicitur eventus.
Est enim penitus aliud, sed tamen naturaliter ad id solet consequi, ut
poenitentia malum factum consequi solet vel odium arrogantiam.

10   **1.28.43.** *Quarta autem*, etc. Octo superius diximus esse, ex quibus
argumenta in rhetorica ducuntur, scilicet septem circumstantias et octavum, quod est "opinio" sive testimonium. De septem circumstantiis satis
dictum est, nunc ergo de octavo, quod dicitur consequens negotium—non
quod testimonium aliquando non praecedat, sed ideo quod testimonium
15 frequentius solet consequi a frequentioribus sic est nominatum.

   Testimonium vero duplex est, aut personae aut naturae indicium.
Testimonium personae sic distinguit Tullius a nomine, ut quia res aliqua
ab aliquo vel ab aliquibus tali nomine appellatur ideo bona vel mala esse

---

88 oppositionis: appositionis BO.   89 maiori: et *add.* BH.   99 contenti: contempti
A, continenti BH.   2 succurre: suctare H, sicurre Ph.   4 venire: evenire BPh.
5 contingit: contigit AM.   7 extrinsecus: extrinsecum BOPh. | cuius: unus A, cum O.
9 poenitentia: poenitentiam ABHOPh. | arrogantiam: arrogantia ABHMPh.   11 ducun-
tur: dicuntur AO.   14 ideo: omnino A, ita M.

95, 99 Cf. supra p. 136.69.
   9 Cf. *Vict.*, p. 229.33.
  10 Cf. supra pp. 128.28-130.86.
  10-15 Cf. *Rad.*, pp. 169.34-170.2.
  12 opinio: cf. *Vict.*, p. 207.9.

comprobatur. Differt autem hoc a nomine quod est in attributis personae;
20 ibi enim ab origine vocabuli ducitur argumentum, hic vero ab auctoritate
appellantis. Deinde a principibus et inventoribus, id est a principalibus
inventoribus, postea ab inventionis comprobatoribus atque aemulis, id est
imitatoribus, in quibus omnibus auctoritas consideratur et rem solet
consequi; postremo a lege, id est ab aliquo scripto legali, quod sit de
25 aliqua *re*, hoc est de toto, aut alicuius *rei*, hoc est de parte, aut consuetudine aliquorum, quae est extra scriptum, a qua sumitur multotiens
testimonium, aut ab actione.

Actionem vero appellat accusationem in aliquem vel pro aliquo defensionem. Sumitur enim testimonium ad probandum quod aliquis bonus
30 vel malus sit ex eo, quod ab aliquo accusatur vel defenditur. Quidam libri
habent *pactio*. Nam aliquando auctoritas ducitur aut a iudicio alicuius aut
ab eius scientia aut ab eiusdem artificio, id est ab arte in qua occupatus
sit, postremo ab omnibus attributis personae, si sic inducantur, ut argumentum faciat vis auctoritatis, non vis nominis aut consilii aut nutriturae
35 aut aliorum.

Deinde natura, etc. Postea distinguit indicium naturae. Naturam negotii
appellat eventum qui naturaliter solet consequi ex aliquo facto, ut ex
parricidio furor, ex atroci scelere commisso mentis trepidatio, ex pudi-
bundo facto rubor. Postremo omnia illa quae solent esse naturaliter signa
40 aut alicuius maleficii aut nocentis animi aut innocentis aut alterius rei—ut
cruor caedis, insomnia aut suspiria amoris et cetera, quorum enumeratio
infinita est, ad aliquod factum solet naturaliter consequi—aut hominum
comprobatio aut eorum offensio. Sed haec in testimonio personae et
indicio naturae negotii diversis respectibus poni possunt.
45 Et quidem omnia ista naturales eventus negotii sunt, ex quibus omnibus, si sic fiat argumentum, ut in indicio naturae aliquid confirmetur, tunc
fit argumentum a consequentibus negotium; veluti si dicamus, "rubor vultus testimonio est, quid ipse egerit, aut pallor indicat vel mentis trepidatio.
Natura enim nescit mentiri." Si autem sic argumentemur, ut dicamus, "fac
50 hoc vel noli istud facere, quia ad hunc vel illum exitum devenies," si,
inquam, ita dicamus, tunc est argumentum ab eventu in adiunctis negotio.
Sic igitur una et eadem res, id est eventus, diverso modo ad aliquid

23 solet: solent BHMOPh.   24 sit: fit AHPh, sic O.   27 actione: *om*. B, auctione
O, *cf.* actio *J apud Stroebel*, pactio *Stroebel*.   28 accusationem: actionem MO.
31 pactio *Stroebel*: actio *J apud Stroebel*.   32 eiusdem: eius AM.   41 aut: ac B, vel
M.   41-p. 148.77 cetera ... consequuntur: *om*. P.   43 comprobatio: conturbatio O,
probatio Ph.   48 quid: qui M, quod O.   49 argumentemur: argumentamur AH.

34 vis: cf. supra ad p. 136.69.
38 furor: cf. *Vict.*, p. 230.15.

probandum adductus nunc facit argumentum ab adiuncto negotio, nunc
vero a consequente negotium. Quod vero ait unum eventum esse vulga-
55 rem, id est frequentem, alium vero insolentem et rarum, ita intellegendum
est. Nam quidam eventus semper consequuntur, ut arrogantiam odium,
quidam autem raro, ut amor raro habet bonum eventum.

   Deinde postremo, etc. Considerandum est etiam utrum exitus negotii sit
utilis aut honestus vel e contrario. Nam hoc testimonium est quod
60 negotium utile vel honestum praecesserit vel contrarium. Quaeritur quae
differentia sit inter eventum istum, qui consequitur negotium, et id quod
in administratione negotii dicitur esse post rem. Et dicimus quod post rem
quidem dicitur factum quod subiungitur ad bene exeundum de negotio.
Eventus vero, qui consequitur negotium, est aliquod signum sive testi-
65 monium negotium praecessisse, ut rubor, pallor, sanguis et consimilia.
Differt etiam hic eventus, qui consequitur negotium, ab eo qui est in
adiunctis negotio, quoniam hic consideratur exitus sive necessarius sive
non, ut idem sit testimonium rei praecedentis; in adiunctis vero negotio
tantummodo necessarius exitus consideratur et qui vitari aut vix aut
70 numquam possit, ut persuadeatur vel dissuadeatur aliquid. Iste igitur
eventus totum est, ille autem pars.

   Omnino autem iste eventus et ille in modo argumentandi differunt,
sicut praedictum est. Nam, ut saepe dixi, non solum res, quae in argumentum ducitur, attendenda est, sed etiam secundum quam vim adducatur
75 diligenter videndum est, ut ex quo attributo sit argumentum perpendi
possit. *Ac negotiis*, etc. *Fere* dixit, quoniam non enumeravit omnia quae
negotium consequuntur.

   <Argumenta probabilia vel necessaria ex his locis ducenda>

1.29.44. *Omnis autem argumentatio*, etc. De locis argumentorum egit.
80 Nunc autem enumerat genera argumentorum, quae ex locis illis ducuntur.
Et primum quidem ponit duo genera, scilicet probabile ac necessarium,
quae intellegit esse opposita. Nam probabile hic accipitur pro probabili
tantum. Argumentationem autem in hoc loco argumentum appellat. *Ete-*

---

54 a: aut A, *om.* O.   56 consequuntur: consequantur A, consequitur B.   59 e: *om.*
HM.   63 exeundum: exiendum A, eundum O.   71 est: *om.* BM.   72 differunt:
differtur A, differre O.   74-75 sed ... est: *om.* O (*hom.*).   74 etiam: *del.* A, *om.* H,
et M, *def.* O.   80 ducuntur: dicuntur AM.   81 ac: et AOP.   82 pro: *om.* BM.

57 amoris eventus: cf. *Vict.*, p. 231.11.
66-71 totum / pars: cf. *Vict.*, p. 231.1-15.
73 Cf. supra pp. 136.69-137.80.
83 Cf. *Vict.*, p. 232.1-3.

nim, etc. Describit argumentum dicens illud *esse inventum aliquo ex*
85 *genere*, id est ex attributo personae aut negotio. *Rem aliquam* id est
causam propositam. *Aut probabiliter*, etc. Divisionem argumenti in ipsa
definitione notat, dans probabili ostendere propter evidentiam, necessario
vero demonstrare propter coactionem.

Necessarie, etc. Necessarium argumentum per id quod eo demonstratur
90 describit dicens ea necessario demonstrari *quae aliter* id est contrario
modo, *ac dicuntur*, in eo argumento probantur, non *possunt fieri* vel
probari.

Hoc genus, etc. Necessarium argumentum dividit per modos quibus
maxime tractari solet, scilicet per complexionem, enumerationem, simpli-
95 cem conclusionem.

1.29.45. Modi vero isti, ut quibusdam videtur, sunt genera syllogismo-
rum, quibus necessarium argumentum tractatur; et complexio quidem
secundum eos est syllogismus qui a rhetoribus cornutus syllogismus
99 dicitur propter duplicem conclusionem, a dialecticis vero ratiocinatio
indirecta, quia ducit ad inconveniens.

Sed mihi quidem videtur quod complexio species sit divisionis, scilicet
disiunctio cuius utraque pars reprehenditur. Nam complexio nihil est
aliud quam disiunctio qua undique, quicquid ex duobus aut pluribus

---

87 notat: vocat AM. | necessario: negotio A, necessarie O.　　91 in: id est OM.
2-p. 152.85 sit ... adprobatum etc.: *post* p. 209.33 quod *transp.* M.　　3 disiunctio: deiunctio
A, disiuncto H.　　4 aut: ex *add.* HOPh.

96-16 complexio, enumeratio: cf. *P. Hel.*, fol. 92vb, "sunt etiam qui dicant quod complexio
est species divisionis.... Quidam enim ausi sunt etiam complexionem, enumerationem et
simplicem conclusionem locos argumentorum secundum quod sunt necessaria dicere, ut sub
his attributa omnia personae et negotio vellent includere.... Nos Victorini sententiam praepo-
nentes...."; cf. Anon. *Com. s. De Inv.*, Uppsala U.B. MS 928 (s. xii[2]), fol. 144va, "Quidam
autem dixerunt quod essent syllogismi, et complexiones, quae ab oratoribus tractantur,
cornutos appellaverunt syllogismos. Nos vero dicimus quod sunt *modi* et quod complexio et
enumeratio genera sunt divisionum et argumentum bene sumitur a divisione."
98 cornutus syllogismus: cf. Hier. *Epist.* 69.2; Guillelmus de Lucca, *Summa Dial.*, ed. L.
Pozzi (Padova, 1975), p. 144.
99-1 indirecta ratiocinatio: cf. Boeth. *Top.* 2 (PL 64:1192D); Abelard, *Dialectica*, ed. De
Rijk, p. 447.12.
2 divisio: cf. *Com. Ad. Her.*, p. 349.33.
2, 19 divisio = consequentia: cf. infra p. 162.95.
2, 14 species divisionis: cf. *P. Hel.* + Anon. *Com. s. De Inv.* cit. ad lin. 96; Abelard,
Dialectica, ed. De Rijk, p. 447, "in hac ... argumentatione duo principales loci a divisione
esse..."; Anon. *Com. s. De Inv.*, Durham Cath. Lib. MS C.IV.29, fol. 208vb, "Complexio est
similis loco a divisione. Semper enim per divisionem incipit. Et vocat complexionem
necessarium argumentum, quasi argumentum factum in complexione. Semper enim debet fieri
necessarius locus in utraque parte." (Cf. "divisio" in *Auct. ad Her.* 4.40.52, ubi idem
exemplum datur: "aut probus etc.". *Com. Ad. Her.*, p. 349.38.)

5 adversarius concesserit, cogitur ad id quod non vult; velut si quis aliquem
accusare et simul societatem eius habere vellet, cogatur ad id quod non
vult hoc modo: nam si concesserit esse probum, cogetur ad hoc ut non
accuset; si vero improbum, cogetur ad hoc ut non habeat eius societatem.
Et hoc est quod ait Tullius: *complexio est in qua*, etc., id est quodcumque
10 *concesseris* fit reprehensio, id est negatio, eius quod adversarius vult. Nam
reprehenditur accipitur hic impersonaliter.

Enumeratio est, etc. Enumeratio quoque secundum quosdam syllogismus est, qui fit per enumerationem partium; sed ego dico quod enumeratio est species divisionis facta per enumerationem partium, ex quarum
15 partium quibusdam negatis reliquum confirmatur, ut subsequenti exemplo
Tullius demonstrat enumerans partes causae suscipiendi maleficii.

Simplex autem, etc. Secundum alios simplex conclusio est hypotheticus
syllogismus sine complexione et enumeratione. Ego vero dico simplicem
conclusionem esse quasi coactionem simplicem, id est consequentiam
20 necessariam sine complexione et enumeratione.

Atque hoc, etc. Sunt quaedam quae habent similitudinem necessarii
argumenti, cum tamen omni necessitate careant. Ideo hortatur Tullius, ut
sic fiat argumentum, ut ipsum argumentum non solum habeat similitudinem necessarii argumenti, sed etiam in se sit necessarium.

25 **1.29.46.** *Probabile autem*, etc. Modos necessarii argumenti, id est
species, demonstravit, nunc dividit probabile. Probabile autem est quod
omnibus aut pluribus aut maxime notis videtur. Sed, cum debuit probabile
argumentum dividere, loco eius dividit res ex quibus probabile fit argumentum, id est locos ipsos argumenti, ut ex divisione locorum appareat
30 veritas probabilis argumenti. Probabile igitur in hoc loco appellat id unde
fit probabile argumentum. Hoc autem *fere solet fieri*, id est consuete et vix
fallit, sicut sunt ea quae videmus fieri secundum solitum cursum naturae,
ut matres diligere filios, meretrices malas, avaros lenones, tristes senes et
consimilia. *Fere* vero dixit, quasi vix fallens, quin fiat.

---

8 non: *om.* HM.   10-12 nam ... etc.: *om.* A.   11 accipitur: *om.* B, *def.* A.
12 quoque: quae B, quidem H.   15 ut: in H, ut in Ph. | subsequenti: sequenti AMPh.
16 partes: partem OM.   22-24 cum ... argumenti: *om.* M (*hom.*).   22 careant: carent
A, *def.* M.   24 etiam: ipsum *add.* MPh.   33 lenones: leones AH.

17-18 Cf. Manegaldus, *Com. ad Inv.*, Köln, Domb. MS 197, fol. 26v, "*Simplex conclusio.*
Simplex vocatur haec quantum ad complexionem et enumerationem, quae sunt multiplices ...
et est idem hic simplex conclusio quae simplex hypothetica propositio" (=Manegaldus apud
Will., fol. 25rb).
29-30 Cf. supra ad p. 149.96; cf. infra pp. 151.63-152.71; *Vict.*, p. 239.37-42.
33 Cf. *Vict.*, p. 235.15-16.

35   Et hoc quidem probabile continet omnes circumstantias praesentis
negotii, id est attributa personae et continentia cum negotio et in gestione
negotii. Vel hoc, inquam, probabile est quod praedixi, vel probabile est
quod *in opinione*, etc., hoc est id quod, etsi in solito cursu naturae non
videatur, tamen in opinione tenetur, ut *impiis apud inferos*, etc. Item fides
40 philosophorum est unum solum deum esse; istud probabile ad consequens
negotium pertinet.

    Tertium vero probabile est *quod habet* aliquam *similitudinem* ad duo
praedicta. Nam omne id iudicatur probabile, quod habet similitudinem vel
ad id quod consuete videtur fieri, ut hic "si proditor patriae poenam,
45 defensor praemium meretur," vel ad id quod in opinione est, ut "si impio
poena, bono quies parata est." Et hoc tertium probabile ad adiuncta
negotio pertinet.

    1.30.46. Tria sunt igitur quae faciunt omnem probabilitatem: consue-
tudo, auctoritas sive opinio, similitudo ad haec tribus modis comparata,
50 scilicet aut per contrarium, quando contraria contrariis assignantur hoc
modo: *si his qui imprudentes*, etc.

    1.30.47. Nam hic *similitudo* animorum notatur aut per par, id est
secundum proportionem, quando scilicet multa multis assimulantur hoc
modo: *nam ut locus sine portu*, etc., aut per *eandem rationem* id est
55 similitudo propter eandem causam hoc modo: *si Rhodiis turpe non est*,
etc. Notandum vero, cum in superiori similitudine multa multis assimu-
larentur, in hoc unum uni propter eandem causam confertur. *Portorium*
dicitur officium portandi aliquid ad naves vel a navibus reportandi; vel, ut
alii, portorium est officium reficiendi naves in portu. Quicquid vero sit,
60 apud Rhodios quidem vile erat, sed utile. *Haec tum*, etc. Alia divisio
probabilis argumenti.

    Omne autem, etc. Tertia divisio probabilis est quae fit in quattuor, quae
in tribus superioribus continentur. Nam credibile attributa personae

40 est: *om.* BPh. | solum: *om.* AH, tantum MPh.   43 iudicatur: adiudicatur MO.
45 si: *om.* A, sit B.   47 pertinet: pertineri A, est pertinet M.   50-53 hoc modo ...
assimulantur: *om.* A.   51 his: iis O *Stroebel.* |imprudentes: *om.* M, imprudenter Ph, *def.*
A.   52 hic: *om.* H, *def.* A.   54 sine portu: *om.* HMPh.   58 aliquid: aliquod APh.
60 tum: tamen BHPh, cum O.   60-62 alia ... etc.: *om.* BM (*hom.*).   63 continentur: continetur AO.

44-46 Cf. *Vict.*, p. 235.42-44.
60 vile ... sed utile: cf. *Vict.*, p. 236.21.
63-68 *Vict.*, p. 239.37-42 (=Manegaldus apud *Will.*, fol. 20va; contra Ansellum ibid., "Sed
magister Anselmus nullam discretionem facit, sed iuxta exempla docet considerare modum
probabilitatis."

continet, quae per excellentiam credibilia dicuntur, signum vero continen-
65 tia cum negotio et in gestione negotii—et haec omnia, scilicet signa et
credibilia, sub eo, quod fere solet fieri, continentur—comparabile vero sub
adiunctis negotio continetur et ad similitudinem refertur, iudicatum autem
ad consequentia negotium et sub opinione continetur. Vel potius, credibile ad id quod fere solet fieri refertur, signum vero tum ad id sicut
70 continentia cum negotio et in gestione negotii, tum ad consequentia
negotium, quae sunt in testimonio personae, refertur.

1.30.48. *Signum est*, etc. Signum describit dicens illud esse aliquod
sensibile significans aliquid *quod ex ipso*, etc., id est cuius signum esse
videtur. Quod signum aut praecedit ut armatum incedere, *aut in ipso* ut
75 fumus ignis, *aut post* ut cruor signum est occisionis. *Et tamen*, etc.
Quamvis signa sint, tamen indigent maioris confirmationis.
      Credibile est, etc. Describit credibile et est sensus litterae talis. Praedicta
indigent testimonio, sed *credibile est* id, etc. Ponit autem exempla quae
pertinent ad id quod fere solet fieri.
80   *Iudicatum*, etc. Descriptio iudicati per divisionem facta est. Nam
testimonium aut est in assensu populi aut in auctoritate senatorum aut in
iudicum comprobatione. *Id tribus*, etc. Dividit iudicatum. *Religiosum*
quantum ad iudicium, *commune* quantum ad assensionem, *adprobatum*
quantum ad auctoritatem. Hoc autem ex subsequentibus descriptionibus
85 perpendi potest. *Adprobatum*, etc. Adprobatum proprie dicitur de quo,
cum ante esset dubium, constituitur certum decretum ab his qui habent
auctoritatem id faciendi. Verbi gratia: cum longo tempore de patre
Gracchi propter quaedam facta eius dubitaretur an fieret consul an non,
decrevit senatus eum fieri consulem, quia fidelis fuit socio suo in censura.

90   **1.30.49.** *Comparabile*, etc. Comparabile describit dicens illud esse
comparabile quod ad rem diversam habet *aliquam rationem*, id est
aliquam similitudinem.
      Imago est, etc. Imago in hoc loco dicitur oratio qua duobus corporeis
aut naturis duorum corporeorum similitudo assignatur, ut:

95   os humerosque deo similis

---

66 continentur: refertur A, convenientur H.   68 ad: *om.* ABHMPh.   70 consequentia: consequentiam BH.   72 est: *om.* BHO.   73 aliquid: aliquod ABPh.
78 id: *om. Stroebel.*   82 iudicum: iudicium HPh^{ac}, iudicii O.   91 aliquam: quandam
HMPh.   94 corporeorum: corporum AO, corpore H^{ac}.   95 deo: deos H, de M.

95 Verg. *A.* 1.589 (*Vict.*, p. 239.5).

vel:

> qualis mugitus fugit cum saucius aram
> taurus.

99   *Collatio* vero, etc. In collatione multa multis conferuntur, id est
assimulantur, ideo, quamvis singulariter dixisset rem, tamen subiunxit
conferens propter multitudinem eorum quae assimulantur, ut Vergilius:

> ac veluti in magno populo cum saepe coorta est
> seditio.

5   *Exemplum*, etc. Exemplum in hoc loco dicitur oratio per quam
confirmamus, id est hortamur, aliquid per auctoritatem alicuius personae,
ut:

> Antenor potuit mediis elapsus Achivis
> Illyricos penetrare sinus,

10 aut infirmamus, id est dehortamur, per casum *alicuius hominis*, id est per
exitum ad quem aliquis devenit, ut "noli, Saturnine, nimium confidere in
favore populi, nam Gracchi iacent inulti." Aut per exitum alicuius *negotii*,
sicut Vergilius demonstrat exitum rapinae Paridis:

> at non viderunt moenia Troiae
15 > Neptuni fabricata manu considere in ignes.

Haec ergo tria et orationes dicuntur et partes comparabilis, vel ideo quia
comparabile dicitur oratio qua similitudo inter aliqua assignatur, vel ideo
quia his modis comparabile tractatur.

Ac fons quidem, etc. Fontem *confirmationis* appellat locos et argumenta
20 quia sunt principium confirmationis. *Quemadmodum autem*, etc. Diximus
superius duos modos esse tractandi locos et argumenta, scilicet communiter sicut *in praesentia*, distincte sicut se promittit facere in secundo libro.
Numeros dicit attributorum personae et negotio, *modos* autem genera
argumentorum vocat, ut necessarii argumenti species, scilicet complexio-

---

97-98 fugit ... taurus: *om.* A.   97 fugit: fuit B^{ac}M, fingit O, *def.* A.   99 vero: *om.*
H *Stroebel.*   12 inulti: multi AHM.   14 at: aut AM. | viderunt: ruderunt A, videtur
H.   19-20 appellat ... confirmationis: *om.* M (*hom.*).   19 et argumenta: *om.* O, *def.*
M.   20 quia: quae ABO, *def.* M. | autem: aut B, *om.* H.

97 Verg. *A.* 2.223 (*Vict.*, p. 239.5-6).
3-4 Verg. *A.* 1.148-149 (*Vict.*, p. 239.8).
8-9 Verg. *A.* 1.242-243 (*Vict.*, p. 239.12-13).
11-12 noli Saturnine: cf. *Auct. ad Her.* 4.54.67.
14-15 Verg. *A.* 9.144-145 (*Vict.*, p. 239.14-15).
21 Cf. supra p. 127.78-82; cf. *Vict.*, p. 239.22.

25 nem, etc., aut probabilis argumenti, scilicet quod est ex eo quod fere solet
fieri, etc., *partes* vero quantum ad signum et credibile, etc. *Confuse*
quantum ad locos, *permixte* quantum ad argumenta, *descripte* vero id est
distincte, *electe* autem quia convenientiora cuique assignat.

<ARGUMENTATIO: INDUCTIO VEL RATIOCINATIO>

30 **1.30.50.** *Atque inveniri quidem*, etc. Post argumenta vult tractare de
expolitione argumentorum, id est de argumentatione, quam vocat argumenti *in certas partes* distinctionem.

1.31.51. *Omnis igitur*, etc. Duae species sunt expolitionis, id est
argumentationis: inductio, sub qua intellegitur exemplum, et ratiocinatio,
35 id est syllogismus, sub quo intellegitur enthymema. Sed secundum
Tullium, etsi ista, id est exemplum et enthymema, argumentationes sint,
non tamen videntur esse expolitiones; nam expolitio secundum Tullium
est integra argumenti tractatio. Quod autem dixit omnem argumentationem ita tractandam, non ita dixit quin aliquando vellet fieri et exempla et
40 enthymema, sed ideo quia sic debet fieri nisi causa brevitatis cogat aut
exemplo aut enthymemate uti. Sunt igitur tantummodo duae species
expolitionis, inductio et ratiocinatio.
Inductio est, etc. Inductionem describit dicens illam esse orationem in
qua ex rebus certis quarum assensio, id est concessio, ab adversario
45 captatur, id est elicitur, ex his, inquam, rebus probatur aliquid dubium.
Sed hoc totum habet syllogismus, ideo additum est *propter similitudinem*,
etc. Nam in inductione, sive a particularibus ad universale fiat progressio
sive a particularibus ad aliud particulare, semper vis similitudinis sic
probat: sicut in his est, ita in omnibus; vel sicut in his est, ita in illo.
50 Syllogismo vero non ita, sicut postea ostendetur. Notandum vero est quod
haec descriptio inductionis data est secundum usum philosophorum, qui
interrogando inducunt, usum vero oratorium docebit exemplo de Epami-
nonda allato.

27 permixte *i apud Stroebel*: permixtim *Stroebel.*   36 sint: sunt HO.   38 argumenti
tractatio: argumentatio BH.   46 propter: per BH.   47 in: *om.* BHM. | inductione:
inductionem AB, inductio est H.   47-48 particularibus ... a: *om.* M (*hom.*).
47 universale: universalia BH^{ac}, *def.* M.   48 particularibus: particulari BH.   52 oratorium: oratorum B^{ac}MP.

35 Cf. Quint. *Inst.* 5.14.14; Boeth. *Top.* 2,4 (PL 64:1184D, 1206C); *Vict.*, pp. 240.13,
243.21-22.
37-38 expolitio: *De Inv.* 1.40.74-75.
51 Cf. *Vict.*, p. 240.22; Boeth. *Top.* 4 (PL 64:1206C).

Velut apud, etc. 'Aeschines, discipulus Socratis, in suo libro introducit
55 Socratem referentem quomodo Aspasia, illa sapiens mulier, usa sit inductionibus ad discordes, ut eos in gratiam reducat. *Dic mihi*, etc. In hac
inductione philosophica progressio est a particularibus ad aliud particulare; et id quod probatur, sicut et ea per quae probatur, sub quadam
argumentatione profertur, ac si diceretur, "nonne ita hoc se habet, sicut
60 et illa?" Deinde, si illud concedatur aut taceatur, tunc illud concluditur aut
quod ex eo sequitur. Est autem alius modus faciendi inductionem, velut
si dicatur, "sicut in his est, quae concessisti, ita in hoc."

1.31.52. *Quaeso, inquit*, etc. Hic incipit alia inductio consimilis priori.
Post Aspasia, etc. Hic concludit probandum quod sub interrogatione prius
65 protulit. *Quare*, etc. Hic concludit illud quod sequitur ex utroque probato;
et pertinet haec conclusio ad duas inductiones simul. Sensus autem
litterae talis est: quia tu velles habere meliorem virum et tu meliorem
uxorem, hoc inde sequitur: nisi laboretis ut sitis optimi, semper unus alii
displicebit. *Hic cum rebus*, etc. Adaptat exemplum ad definitionem
70 praemissam. *Si quis*, etc. Non ausi sunt denegare propter praemissa
similia illud, quod denegassent, si sine praemissis quaereretur, *propter
rationem*, etc., id est propter rationabilem interrogationem.

1.31.53. *Hoc modo*, etc. Duo modi sunt, ut diximus, utendi inductione, scilicet philosophicus interrogando et oratorius persuadendo. Sed
75 Socrates priore modo uti malebat.

1.32.53. *Hoc in genere*, etc. Dat praecepta formandi inductionem.
Primo praecipit ut illa quae inducuntur sint vera et probabilia, secundo ut
id cuius causa inducuntur sit eis simile, tertio ut adversarius, dum interro-
gatur, non cognoscat ad quid probandum inducatur.

80 **1.32.54.** *Nam qui*, etc. Reddit causam quare sic celandum est, quia qui
praevidet quod ex aliquo concesso necesse sit ei aliud concedere, quod
sibi displiceat, disturbat aliquo modo inductionem, ideo *imprudens*, id est
finem ignorans, *deducendus est*, etc. *Extremum autem*, etc. Quarto ut
responsio adversarii qualis sit attendatur. Nam concludendum est, si
85 concedat aut taceat, aut si negaverit, aut ostendenda est similitudo aut alia

---

59 hoc: haec A, hic O, *om.* P.   60 illa: illud H.   62 ita: et *add.* MO.   68 inde:
tamen AHM.   69 hic: his B, hinc H.   70 quis *C apud Stroebel*: qui *Stroebel*. | non:
nam BO.   71 denegassent: degassent B, denegasset M.   72 rationabilem: rationalem
HMPh.   79 inducatur: ducatur BH.   84 responsio: reprehensio HM.

73 Cf. supra p. 154.50-53; infra p. 156.95-96.

inductione utendum est. *Ita fit*, etc. Quod est dicere: ut inductio sit,
oportet ut aliquid simile inducatur et id, cui simile est, ostendatur et
postea concludatur aut illud probandum, quod ante sub interrogatione
positum est, aut id quod ex eo consequitur; et hoc est quod ait: *tertia ex*
90 *conclusione*, etc. Nam is modus inducendi ex his tribus constat, scilicet
ex eo quod primo inducitur et *ex eo cuius causa* inducitur et *ex conclu-*
sione, quae et celanda est et hoc modo, quo praediximus, facienda est.

1.33.55. *Sed quia*, etc. Quomodo philosophi inductione utantur, et
definitione et exemplo docuit; nunc vero solo exemplo docet quomodo
95 oratores utantur eadem, quoniam in praecepto formandi inductionem non
est differentia, sed quoniam philosophus interrogando, orator vero non.
Aut aliter, etc. Quantum ad superiora quattuor praecepta non aliter,
quamvis philosophus interroget, orator vero non. Sermonem appellat
99 disputationem philosophorum, dictionem vero causae tractationem. *Ergo*
in hac, etc. Ordo verborum talis est: in hac causa, quae est de hoc quod
Epaminondas fecit, poterit accusator uti inductione defendendo scriptum
contra sententiam, id est contra scriptoris voluntatem, quae ab adversario
profertur.

5   **1.33.56.** *Si, iudices*, etc. Primum de inductis est. *Extra quam*, etc., id
est hoc excepto. *Quod si*, etc. Secundum de inductis. *Quod ergo*, etc. Istud
est cuius causa inducta sunt praedicta. *Quod si litteris*, etc. Hic concluditur
quod ex eo sequitur, quod erat probandum.

1.34.57. *Ratiocinatio*, etc. De ratiocinatione, id est de syllogismo, sic
10 agit ostendendo in primis quid sit ratiocinatio, deinde ex quot partibus,
ut sibi videtur, constet. *Ratiocinatio* igitur, inquit, *est oratio eliciens*, id est
explicans, argumentum *probabile, ex ipsa re* id est ex vero concesso, *quod*
argumentum *expositum* id est explicatum, *et per se cognitum* id est non ex
aliqua similitudine factum, sicut argumentum inductionis, *confirmat se sua*
15 *vi*, etc. id est habet in se necessitudinem rationabilem, id est evidentem.
Ubi dixit *expositum* removit exemplum et enthymema, quae non expo-
nunt, id est integre ostendunt, argumentum; ubi vero dixit *per se cognitum*
et cetera sequentia removit inductionem.

92 et hoc ... est²: *om.* M. | est²: *om.* AO, *def.* M.   2 Epaminondas: Epaminondus M,
Epaminonda Ph. | fecit: istud *add.* ABHMPh.   7 quod *iR apud Stroebel*: quid *Stroebel*.
13 explicatum: explicant AM.   14 confirmat *H apud Stroebel*: confirmet *Stroebel*.
15 rationabilem: rationalem BH.   18 cetera: *om.* MPh. | sequentia: consequentia
MOPh.

16 enthymema: cf. *De inv.* 1.40.74; supra p. 154.35-42.

Hoc de genere, etc. Quod est dicere: cum isti et illi in agendo causas
20 facerent eodem modo syllogismum, hoc est cum utrique propositionem
et eius probationem et assumptionem et eius probationem et conclusionem facerent, tamen quidam eorum probationes dicebant esse alias partes
syllogismi a propositione et assumptione et isti constituebant esse quinque-
pertitos, quadripertitos, tripertitos syllogismos; alii vero dicebant proba-
25 tionem propositionis esse partem syllogismi et propositionem esse partem
eiusdem syllogismi eandem quae et sua probatio, nec ullo modo esse
propositionem syllogismi nisi probationem habeat. Idem de assumptione
et eius probatione dicendum est. Isti igitur tantum tripertitos syllogismos
esse dicebant; ac sic cum eodem modo syllogismum facerent, tamen in
30 docendo numerum partium eius dissenserunt. *Eorum*, etc. In quo dissenserunt, vult ostendere reddendo rationem quare ostendendum sit.

1.34.58. *Summam*, etc. Summam argumenti vocat propositionem
syllogismi, quia breviter totum argumentum continet. *Domus ea*, etc. Haec
probatio propositionis inductio est.

35 **1.34.59.** *Ex vi propositionis*, etc. Quod est dicere: assumptio, quam
ostendere vis, facienda est secundum sensum propositionis. *Nam et
signorum*, etc. Haec quoque probatio inductio est. *Quinto*, etc. Complexionem vocat conclusionem, quae fit aut per conductionem, id est per
brevem epilogationem propositionis et assumptionis, aut sine ea.

40 **1.35.61.** *Nobis autem*, etc. Priori parti consentit Tullius inducens
testes et argumenta. *Quare autem*, etc. Post testes ponit argumenta non
quae suam sententiam probent, sed quae sententiam aliorum falsificent,
quasi Tullio constaret quod, illa falsificata, staret illa cui favebat. Mihi
autem videtur quod utraque sententia falsa sit—nam neque probatio pars
45 est syllogismi nec semper propositio syllogismi probatione indiget.

1.36.62. *Si quadam*, etc. Falsificat Tullius sententiam eorum qui
dicebant enuntiationem semper exigere probationem, ut sit propositio

20 utrique: uterque M, utraque O, *om.* P.   22 tamen: ettamen BH.   29 sic: si MO.
38 id est: aut HPh.   46 quadam: quaedam AHMOPh.   47 enuntiationem:
enumerationem AB[ac]HO.

29 eodem modo: cf. *Vict.*, p. 243.33.
41 testes et argumenta: cf. *Vict.*, p. 244.22.
41-43 ratiocinatio = epicheirema: cf. Quint. *Inst.* 5.10.6; 5.14.5-6.
43-45 Cf. Boeth. *De Syll. Hyp.*, ed. L. Obertello (Brescia, 1969), p. 254 (=PL 64:843D);
Abbo of Fleury, *Opera inedita*, ed. A. Van de Vyver (Brugge, 1966), p. 86; Garlandus
Compotista, *Dialectica*, ed. L. M. De Rijk (Assen, 1959), p. 97.17-33.

syllogismi, nec posse probationem ab ea separari. Et primo utitur quinquepertito syllogismo, deinde quadripertito, ad ultimum tripertito.

50   **1.36.63.** *Quod si ita est,* etc. Putabat Tullius quod apud omnes
constaret probationem esse partem syllogismi; quod si posset probare eam
non posse contineri in propositione vel assumptione, putabat quod inde
staret sua sententia.

      1.37.67. *Propositio,* etc. Locum hic appellat partem argumenti pri-
55 mam, ex qua descendit, id est inchoatur, *vis ratiocinationis,* id est probatio
tota. *Assumptio,* etc. Assumptionem describit dicens eam esse partem
syllogismi, per quam assumitur id quod ex propositione valet ad probandum. Nam cum sint propositionis duae partes, illa pars in assumptione
reperitur quae ad probationem propositi valet.

60   *Deinde bipertita,* etc. Quidam putabant ratiocinationem bipertitam esse,
id est ex propositione et assumptione sine conclusione vel ex altera earum
et conclusione, quod denegat Tullius. Ideo dixit illud esse *in controversia.*
De una quoque, etc. Fuerunt etiam aliqui qui dixerunt solam propositionem esse ratiocinationem, quod Tullius pernegat. **1.38.68.** *Eorum igitur,*
65 etc. Constabat apud Tullium syllogismos esse quinque vel quattuor vel
trium partium. Negabat vero esse partium duarum vel unius.

      De his ergo *quae constant* ponit exempla, deinde suae negationis
rationem. *Omnes leges,* etc. Hoc syllogismo defenditur Epaminondas, et
est propositio syllogismi. *Ea enim,* etc. Probatio est propositionis, et est
70 locus ab auctoritate vel maiorum vel omnium. *Nam ut,* etc. Alia est
probatio a simili.

      1.38.69. *Ergo,* etc. Probatio est assumptionis praemissa ante
assumptionem, et est illatio a genere in speciem, id est in partem, sic: quia
omnis lex ita interpretanda est, ergo ista. *Quid enim,* etc. Probatio
75 assumptionis est ab utili et honesto, id est ab eventu. *Summam igitur,* etc.
Ex probatione sua assumptionem infert. *Quod si,* etc. Hic est conclusio
per conductionem propositionis et assumptionis, unde potest perpendi
quae sit assumptio.

      1.39.70. *Iudices,* etc. Propositio est. *Obtemperare autem,* etc. As-
80 sumptio est. *Quod enim,* etc. Approbatio assumptionis est, et est locus ab

59 reperitur: repetitur A, *om.* BPh.   60 deinde: dein *Stroebel.*   62 denegat: negat
MPh.   63 una: uno AH.   68 et: hic *add.* AOPh.   74 quid: quod AM. | enim *i
apud Stroebel: om.* B *Stroebel.*   77 conductionem: conductione A, inductionem B,
conductum O.   80 quod: qui AB^{ac}, quid B^{pc}MOPh. | est^2: *om.* BM.

48-49 Cf. *Vict.,* p. 244.39.

auctoritate. *Quod si litterae*, etc. Alia probatio est; et est sensus litterae
talis: si non haberemus legem scriptam, laboraremus quomodo eam
haberemus, ut ex ea voluntatem sapientium cognosceremus; et tunc,
quamvis eam non haberemus, non *tamen Epaminondae permitteremus*, ut
85 esset vel legislator vel legis latae interpres, *nisi extra iudicium esset*, id est
extra accusationem. Vel ita: *nec* etiam *si extra iudicium esset*, quia multi
inter nos sapientiores eo sunt, multo igitur minus nunc, quando *lex
praesto* est. Et est locus a maiori in minus. Potest aliter legi haec littera,
quod si litterae non exstarent: id est si obscurae essent, magno labore
90 *requireremus eas*, id est scrutaremur. Sequentia vero secundum hanc
lectionem patent. *Quod si vos*, etc. Conclusio est per conductionem.

1.39.71. *Qui saepe*, etc. Propositio est. *Si quid enim*, etc. Probatio est
propositionis, et est locus ab eventu. *Ac primo*, etc. Alia probatio per
communem locum. *Carthaginienses autem*, etc. Assumptio est. *Summa
95 igitur*, etc. Loco conclusionis infertur contrarium de contrario. Nam
conclusio debet esse talis: iustum est non habere spem in fide eorum.

1.40.72. *Sunt autem*, etc. Positis exemplis eorum quae sibi consta-
bant, ponit probationem eorum quae erant in controversia. Supersedere
99 vero dixit quasi ab aliquo cessare, et semper ablativo coniungitur. *Quoniam perspicuum*, etc. Ordo verborum talis est: dicunt *rem* id est argumentum, *non indigere complexionis* id est conclusionis, *quoniam perspicuum*
est quod conficitur, id est infertur. *Nobis autem*, etc. Sententiam suam
ponit, scilicet et quod omnis ratiocinatio habeat conclusionem et quod
5 vitandum sit illud vitium, scilicet aperta conclusio, ut inde alia fiat.

1.40.73. *Hoc autem*, etc. Docet vitare vitium notando diversitatem
conclusionum, quam diversitatem posuit in superioribus syllogismis,
quorum conclusiones hic repetit. *Fecit igitur*, etc. Virginem appellabant
antiqui aliquam antequam desponsata esset.

10   **1.40.74.** *Quare*, etc. Determinat in qua argumentatione quo genere
conclusionis utendum sit. Nota conductionem faciendam esse propter
memoriam. Si vero sint in memoria quae praedicta sunt, tunc in longa

---

85 nisi *C apud Stroebel*: ne si *Stroebel*.   85-86 est ... esset: *om.* A (*hom.*).
86 accusationem: actionem MO, *def.* A.   87 nos: *om.* A, qui *add.* Ph.   91 vos
Stroebel: nos ABHMOPh. | conductionem: conductione H, conductum O.   92 quid:
quidem A, quis O.   96 fide: fidem AH.   3 conficitur: conficiatur *Stroebel*, conficietur
H. | infertur: inferetur H.   4 et¹: *om.* BO.   5 inde: tum B, tamen AHPh, cum O.
6 hoc: haec ABPh.   9 aliquam antequam: antequam aliqua AMOPh, antequam H. | esset:
om. A, essent BHMPh.

argumentatione utendum est conclusione per contrarium. *Si qui autem,* etc. Dicit unam solam propositionem sine assumptione et conclusione
15 non posse esse ratiocinationem. Quod si in aliquo auctore haec propositio: *si peperit,* etc., nuncupetur vocabulo argumentationis, pro argumento non expolitione argumenti illud dicitur. Est enim hoc nomen, id est argumentatio, aequivocum.

1.41.75. *Atque hac,* etc. Per hanc divisionem aequivocationis resi-
20 stemus illis qui auctoritatem inducent vocari argumentationem cui deest aut propositio aut assumptio. Plane ostendit Tullius in hoc loco enthymema non esse expolitionem, etsi argumentatio dicatur. *Quae si,* etc. Dicit propositionem aut assumptionem non esse tollendam, quia, si est probabilis aut necessaria, valet ad persuadendum *quoquo modo. Quod si,*
25 etc. Commendat expolire argumentum, quoniam in hoc differunt optimi ab mediocribus oratoribus.

1.41.76. *Variare autem,* etc. Dicit expolitionem diverso modo faciendam esse propter vitandum fastidium. *Id ut,* etc. Hanc varietatem poterimus consequi aut scribendo, id est dictando, aut in praedictis exemplis nos
30 exercendo.

<REPREHENSIO>

1.42.78. *Reprehensio est,* etc. De reprehensione agit non docendo locos vel argumenta vel argumentationes, per quae fit reprehensio—quoniam haec doctrina ex praeceptis confirmationis habetur—sed docendo quid sit
35 reprehensio, deinde modos reprehendendi enumerando. Hoc enim solum de doctrina reprehendendi post confirmationem restabat. Dicit igitur reprehensionem esse partem orationis *per quam confirmatio adversariorum,* id est argumenta adversae partis, aut diluuntur, id est omnino falsificantur, aut alleviantur inducendo aeque firmam aut firmiorem ratio-
40 nem, et hoc totum *argumentando* faciendum, non narrando aut epilogando. Haec definitio data est per divisionem modorum, quibus fit reprehensio.

Haec fonte, etc. Hoc est, quod superius dixi, quod scilicet ex praeceptis confirmationis possunt loci et argumenta haberi et expolitiones argumen-

---

19 hac: hoc H, hoc est M.   20 inducent: indicent A, inducunt B.   22-24 quae ... modo: *om.* A.   22 quae: quare BHM, quod O, *def.* A.   32 est: *om.* HO. 38 adversae: diversae B^{ac}HM.   39 alleviantur: *cf.* alleviatur *C apud Stroebel,* elevatur *Stroebel.*   41 modorum: nominum A, morum Ph.

16-18 argumentatio: cf. supra p. 154.33-38; *Vict.,* p. 247.23-26.

45 torum, quibus ad id quod hic dicitur translatis in agendo causas et
adiunctis perfecta fiat reprehensio. *Propterea*, etc. Reddit causam quare
eodem fonte: nam *ex quibus locis* aliquid confirmatur, ex *isdem potest
infirmari*, id est infirmatio fieri. Nam impersonaliter legendum est. *Verum-
tamen*, etc. Quamvis illa pars doctrinae reprehendendi ex praeceptis
50 confirmationis habeatur, tamen restat aliqua, id est modi reprehendendi,
de quibus dabitur praeceptio.

Sciendum vero est reprehensionem esse tam accusatoris quam defensoris. Sed quaeritur quomodo sit accusatoris, cum nondum audierit argumenta adversae partis. Et dicimus quod antequam audierit argumenta non
55 potest reprehendere, sed eis auditis licet reprehensionem superaddere.

1.42.79. *Omnis argumentatio*, etc. Quattuor sunt modi reprehendendi
argumentum. Primus modus est reprehendere modum sumendi aliquid ad
aliud probandum. Modus vero sumendi aliquid ad aliud probandum est
ita sumere, ut pro attributo negotio aut personae illud sumatur. Reprehen-
60 dere igitur sumpta nihil aliud est quam ostendere non esse attributum
personae, quod pro huiusmodi inducitur, aut non esse attributum negotio,
quod pro attributo negotio sumitur. Et haec quidem reprehensio argumenti secundum locos fit.

Secundus modus est reprehendere conclusionem, qui fit quando aliquo
65 bene sumpto negatur inde concludi, quod debuit concludi.

Tertius modus est reprehendere *genus* argumenti, id est qualitatem
argumenti reprehendere, quam habet vel ex se vel ex praesenti causa, non
secundum locos aut conclusionem. Nam genus argumenti dicitur qualitas
ipsius argumenti, quam non ex locis vel ex conclusione contrahit, sed vel
70 ex se, velut si in se verum aut falsum consideretur, vel ex praesenti causa,
ut si praesenti causae vel conveniens vel inconveniens esse dicatur,
quamvis in se verum et integrum sit.

47 ex²: *om.* BH. | isdem *Stroebel:* eisdem ABHO.   47-p. 164.60 locis ... infertur *post*
p. 168.73 in hac autem etc. *posuit* M.   49 reprehendendi: reprehendi AH.   50 restat:
restant BO.   54 adversae ... argumenta: *om.* O (*hom.*). | adversae: diversae B, *def.* O.
62 et haec: ex hoc A, et hoc M.   64 qui: quae AH, quod MOPh.   65 bene: non bene
AH. | inde concludi: includi A, inconcludi H.   67 reprehendere: *om.* AH.   68 argu-
menti: argumentandi AH.   70 si: *om.* AHO. | vel: *om.* MO.

52-55 Cf. *Will.,* fol. 23va, "reprehensionem potest tam <bene> facere ille, qui primus
accusat, quam ille, qui respondet. Constitutione enim proposita, si fuerit bonus orator et si
adversarius eius nihil adhuc dixerit, tamen bene intellegit, quicquid ille ad utilitatem suam
dicere poterit, et sic poterit in argumentatione sua reprehensione uti"; cf. Anon. *Com. s. De
Inv.,* Durham Cath. Lib. MS C.IV.29, fol. 21rb-va, "Et notandum reprehensionem licet soli
defensori convenire videatur, tamen secundum M<agistrum> G<uillelmum> commune est
utrique, scilicet tam accusatori quam defensori. Boni enim oratoris est ut, quicquid adversarius
dicere possit, praevideat...."
62-63 secundum locos: cf. supra pp. 150.29, 151.63-152.71; *Vict.,* p. 248.5-7.

162 THIERRY OF CHARTRES

Quartus modus est inducere aeque firmam aut firmiorem rationem.
Nam qui dicit, "eadem ratione possum imponere hoc tibi, qua ratione tu
75 mihi imponis" et ostendit illam rationem vel meliorem; qui, inquam, sic
argumentatur, bene reprehendit partem adversam. Hi quattuor modi
continentur sub illis tribus qui in definitione positi sunt. Nam ex his
quattuor tres priores sub illis duobus, qui ex tribus priores sunt, continentur; quartus vero tertio parificatur.
80   *Ex his*, etc. Exsequitur unumquemque modum reprehensionis, et
primum modum sic ostendit, quando scilicet negatur esse credibile quod
pro credibili inducitur, etc. Unde patet quod haec reprehensio secundum
locos fit. Nam credibile, iudicatum et cetera loci sunt argumentorum, ut
superius ostendimus. *Aut iudicatum*, etc. Iudicatum duobus modis repre-
85 henditur: vel quando ostenditur de alia re esse, quam adversarii dixerint,
vel quando ostenditur omnino falsum esse.
    Aut si complexio, etc. *Ex utraque parte reprehenditur* complexio, quando
ostenditur falso inferri id quod ex utraque parte infertur. Quando vero id
tantum, quod ex altera parte infertur, ostenditur falso inferri, tunc ex altera
90 parte reprehenditur. *Enumeratio* vero *falsa* est, quae est aut diminuta aut
superflua. *Simplex* vero *conclusio* falsa est, in qua non necessario sequitur
aliquid ad aliud.
    Quaeritur cuiusmodi loci argumentorum sint haec tria, scilicet com-
plexio, etc. Et dicimus quia haec immixta sunt pluribus. Nam huiusmodi
95 divisiones vel consequentiae possunt fieri vel inter contraria vel inter
disparata vel inter partes et totum vel inter et cetera. *Ex his locis*, etc. Vide
quomodo locos praedicta appellaverit.

    1.43.80. *Quod pro credibili*, etc. Ostendit modos reprehendendi id
99 quod pro credibili inducitur. Quinque autem modis hoc fit. Nam aut
ostenditur esse *perspicue falsum* aut nihilominus credibile si e contrario
convertatur, velut, si quis dicat quod *non officii*, etc., potest ita converti,
"quis est qui non pecuniae," etc. Nam hoc non minus est credibile quam
illud, quoniam et in pluribus illud et non in paucioribus hoc esse videtur.
5 Tertius modus est, quando ostenditur id quod inducitur *omnino* esse

74 ratione¹: ratiocinatione AB^{ac}H.   79 quartus: quartum BMOPh.   80 his: iis
Stroebel.   85 dixerint: dixerit AH, dixerunt OPh.   87 complexio¹ *J apud Stroebel*:
comprehensio *Stroebel.*   88 ex: *om.* AHM.   89 tantum: tamen AM. | ex¹: *om.* AH.
94 quia: quod MO.   96 totum: tota BOPh.   97 locos: *om.* AH. | appellaverit:
appellaverat ABHM.   2 quod: qui *Stroebel.*

77 definitione: cf. *De inv.* 1.42.78.
84 Cf. supra pp. 150.29; 151.63-152.71.
93-97 loci, divisiones, consequentiae: cf. supra pp. 149.2-150.19.

incredibile. Differt autem incredibile a perspicue falso, quod incredibile
potest esse verum. Quartus modus est, quando ostenditur non universaliter esse verum, quod universaliter affirmatur. Quintus est, quando
particulariter affirmatur, quod generaliter negatum est. Exempla autem ad
10 attributa personae pertinent, excepto uno quod de loco ponitur. Nam
quamvis attributa personae per excellentiam dicantur credibilia esse,
tamen cetera quoque credibilia esse verum est.

1.43.81. *Quod autem pro signo,* etc. Docet quibus modis reprehendatur quod pro signo inducitur, sed ante praemittit quibus modis aliquid
15 pro signo confirmetur. Hoc autem fit quattuor modis. Primus est *ostendere*
illud esse quod pro signo inducitur, *ut cruorem* apparere, etc. Secundus
modus est ostendere illud esse signum rei de qua agitur. Tertius modus
est monstrare quod aliquid fecerit quod non debuit, vel non fecerit quod
debuit, velut si quis in ecclesiam armatus intraverit vel salutationi non
20 responderit. Hoc signum ad administrationem negotii pertinet. Et quia
posset peccare ignorans quid faciendum esset vel non, ideo quartus modus
subiungitur, quo ostenditur quod de illa re sciverit et legem et consuetudinem. Quod autem dixit quod *ex isdem locis,* etc., sic intellegendum est,
quod secundum istos modos, quos diximus, facienda est reprehensio, et
25 hoc est quod ait: *ergo horum,* etc. *Aut in aliam,* etc. Hoc est quod signum
sit alterius rei potius quam huius. Sunt ergo quinque modi reprehendendi
signum.

1.44.82. *Cum autem,* etc. Docet reprehendere id quod *pro compara-*
bili inducitur. *Maxime* autem dixit quoniam, etsi comparabile in aliis
30 adiunctis negotio consideretur, tamen maxime circa simile. *Id fieri,* etc.
Octo modis aliquid simile esse alii et eisdem modis aliquid esse dissimile
alii ostenditur: *genere,* id est quod aliqua sint res eiusdem maneriae vel
diversae; *natura,* id est quod aliqua conveniant in naturalibus vel differant,
quamvis sint eiusdem maneriae; *vi,* id est quod sint eiusdem efficaciae vel
35 diversae, ut sacrilegium magis valet ad damnationem quam furtum; *magni-*
tudine, id est quod eiusdem quantitatis sit ipsa vis aut alterius, ut hoc:

---

6 falso: falsum AH.   12 tamen: tunc BM.   13-14 reprehendatur: reprehenditur
BOP.   15 ostendere *i apud Stroebel*: ostendi *Stroebel.*   18-19 vel ... debuit: *om.* O
(*hom.*).   18 fecerit²: fecit AH, *def.* O.   22 subiungitur: subiungit AH, *om.* P. | quod:
quid BOPh.   32 aliqua: aliquae AHO.   34 sint²: *om.* AH, sunt BMOPh.
36 quantitatis: qualitatis AH, quantitate M.

6-7 Cf. *Vict.,* p. 249.7-9.
9-12 Cf. *Vict.,* p. 249.22-30.
26 modi: cf. *Vict.,* p. 251.7.
35 Cf. *Vict.,* p. 251.41.

"tantae efficaciae est, quantae illud vel non"; *tempore* vel *loco*, id est quod
res sint eiusdem temporis vel loci vel diversi; *persona*, id est quod aliqui
sint consimilis dignitatis aut dissimilis; *opinione*, id est quod de duabus
40 rebus eodem modo aut aliter aestimetur.

    Ac si quo, etc. Hoc non est alius modus ostendendi simile vel dissimile,
sed est expositio opinionis cuius dissimilitudo ostenditur tum ex numero
opinantium tum ex loco. Nota vero quod et numerus et locus referuntur
et ad id *quod* affertur et ad id *cuius causa* affertur.

45   *Sin iudicatum*, etc. Praemittit ea quibus iudicatum confirmatur, ut
doceat quod contrariis possit infirmari. Confirmatio vero quattuor locis
fit. Primus est ab auctoritate, secundus a simili, tertius item ab auctoritate,
quartus a maiori. *Atque erit*, etc. Istud est contra locum a simili. *Et
videndum est*, etc., id est an proferatur aliquod iudicium in quo offendatur
50 praesens iudex et in quo videatur damnari. Istud est contra primum
locum.

    1.44.83. *Oportet autem*, etc., id est considerandum est an illud iudi-
cium quod afferatur sit factum ab uno solo et contrarium iudicium
multorum, hoc est contra tertium et quartum locum.

55   **1.45.83.** *Quae vero*, etc. Docet reprehendere quae pro necessariis
inducuntur et non sunt necessaria, sed tantummodo imitantur. *Conversione*, etc. Dictum est quid sit complexio. Complexionem vero reprehendere per conversionem est ostendere rationibus contrariis et conversim
prolatis id, quod ex utroque infertur, inferri falso. *Nam si*, id etc. Ista est
60 falsa complexio ex cuius utraque parte falso infertur non esse accusandum
et falsis rationibus confirmatur. *Quod sic conversione*, etc. Hic falsificatur
prior complexio, id est—sive vereatur sive non vereatur—non esse accusandum ostenditur apponendo contrarium posterioris rationis ad prius
hoc modo: *non enim*, etc., et e converso: *non enim probus*, etc.

---

    38 res: *om.* MO.   40 aestimetur: aestimatur ABHMPh.   43 et[1]: ex AH, *om.* B.
44 et[1]: *om.* MO.   49 est[1]: *om.* BM. | aliquod: aliquid HO.   50 videatur: videantur AH.
54 contra tertium: contrarium AM, contra tertiva B.   56-57 conversione: conversio
est ABHOPh.   59 id[2]: ideo B, veretur *Stroebel.*   60-p. 168.73 non ... etc.: *repetit* M[a].
61 sic *Stroebel*: si B, *om.* AHMOPh.   62 prior: prima AH. | sive non vereatur: *om.*
AMM[a], *ss* B.   63 ad: aut AH.   64 non[2] ... probus etc.: *om.* B | probus: probato A,
probo H, probet MM[a], *def.* B.

    42 Cf. *Vict.*, p. 252.8-10.
    57 complexio: cf. supra pp. 149.2-150.11; 162.93-96.

65   **1.45.84.** *Alterius autem*, etc. Reprehendere complexionem ex altera parte est ostendere alteram partem esse falsam. *Enumeratio*, etc. Reprehenditur enumeratio, si ostenditur esse aut diminuta aut superflua. Superflua vero est si aut in ea aliquid est quod contradici possit, sicut in exemplo Tullii aliquid est in assumptione quod contradicitur; aut aliquid
70 est in ea quod sine inconvenienti concedi possit, sicut in exemplo Tullii aliquid est in propositione quod convenienter concedi possit. Nam enumeratio rhetorica talis debet esse quod in eius propositione nihil sit quod convenienter ab adversario concedi possit, at in assumptione nihil quod negari possit.

75   **1.45.85.** *Cuius praedae*, etc. Duplex littera vel potius triplex solet hic esse. Nam potest ita legi *cuius praedae sectio*, id est distinctio, *non venerit* in divisionem. Vel ita *cuius praedae sectione evenerit* equus, nam quando praeda dividitur, sua pars cuique contingit. Vel ita *cuius praedae sectio non venerit*, id est non est vendita sed retenta.

80   **1.46.85.** *Aut si illud*, etc. Extremum ideo dicit, quia ad hanc concessionem non est perveniendum, nisi necessitas cogat. **1.47.87.** *Cum autem his*, etc. Ostenditur quomodo reprehenditur conclusio. *Num aliud*, etc., id est num aliud concluditur et aliud propositum fuit, sicut sequenti exemplo ostendit, *quam cogebatur*, etc., id est quam necessario inferendum erat.

85   **1.47.88.** *Sed saepe*, etc. Quod est dicere: falsum recipitur pro vero aut per oblivionem aut per ambiguitatem. *Ambiguum*, etc. Ambiguitas hic intellegitur quando aliquid in propositione uno modo et in assumptione aliter accipitur aut per aequivocationem aut per amphibologiam, ex quibus concessis videtur concludi id quod nullo modo concluditur. Sensus vero
90 litterae talis est: si adversario concesseris ambiguum, quicquid ipse inde concluserit, impedis dicendo non ex eo concludi quod intellexeras. Nam si ex hoc concluserit, dices te intellexisse aliud, si vero ex illo, dices te intellexisse hoc.

    67 aut[1]: *om.* AH.   68 sicut: *des.* P.   77-79 in divisionem ... venerit: *om.* A.
77 sectione evenerit: sectio non venierit (venerit *C apud Stroebel*) Stroebel, sectione ei venerit B, sectione venerit Ph, *def.* A.   82 num: nam ABH.   83 num: non AH, dum B. | fuit: sit ABHMM[a]OPh. | sequenti: in sequenti B, consequenti Ph.   84 ostendit: ostenditur AH. | cogebatur: cogitabatur AH.   89 id: id est O, *om.* B.   90 concesseris: concesserit ABMM[a]. | inde: *om.* AH.

    75-79 Cf. *Will.*, fol. 25rb, "*Cui praedae.* Hic solet esse duplex littera: vel *cui evenerit* equus in partem suam *in sectione* id est in divisione praedae, id est cum divideretur ea inter socios rapinae. Vel *praedae cuius non evenerit sectio*, id est equus ille non potuit inter raptores aeque dividi et ideo idem datus est ei supervenienti forte dum per viam transiret...."

Ordo vero verborum talis est: *si concesseris ambiguum*, id est ambi-
95 guam propositionem si concesseris, tunc *oportebit* te *demonstrare non ex
eo quod ipse concesseris*, id est non secundum intellectum quem ipse
concesseris habitum, *ex ea parte quam* tu *ipse intellexeris*, id est habitum
ex antecedente propositionis sic intellecto; *non ex eo*, inquam, sed ex alio
99 intellectu quem in assumptione intellegebat adversarius. Hoc vero, inquam, demonstrare oportebit, *si adversarius eam partem*, id est antecedens propositionis, *velit accommodare per complexionem ad aliam partem*, id est ad consequens; quod est dicere: si velit ex eo concludere
consequens. Ita ergo ex quocumque intellectu antecedentis ipse conse-
5 quens demonstrabis *ex parte quam* intellexeras, id est secundum intellectum quem ex priore parte habebas, ostendens non ex concesso fieri
conclusionem. Hanc autem sententiam tum Victorinus aperte dicit, tum
etiam Tullius in subsequenti exemplo.

1.48.89. *Saepe autem*, etc. Item ex oblivione aliud concluditur, quam
10 debuit concludi. Haec autem oblivio contingit ex longa interpositione
probationum, unde contingit oblivio vel argumentantis vel respondentis.
Ipsum autem genus, etc. Ostendit quomodo ipsum argumentum reprehendatur non secundum locos aut conclusionem, et hoc est reprehendere
genus argumenti. Dicit autem duobus modis esse reprehendendum: vel si
15 in se habet aliquod vitium vel, quamvis sine vitio sit, tamen non accommodatur ad id quod propositum est. Et prioris quidem vitii quattuordecim
genera ponit, posterioris vero duodecim, quae per singula notabimus.

1.48.90. *Falsum*, etc. Vitiosum est illud argumentum in quo propositio falsa est. Non enim notatur ad reprehendendum vel locus vel
20 conclusio, sed sola falsitas argumenti. *Vulgare*, etc. <Vulgare> *commune*
quidem est quod est ita aptum uni sicut et alii de causidicis et ideo
vitiosum, sed tamen extra rem propositam non potest transferri in aliam
rem extra causam, quae res non est apta ut in praesentia probetur. Potest,
dico, quamvis *non concessum sit*, id est quamvis non liceat, vel potius *si
25 non concessum sit*, quamvis in controversia sit; et hoc videtur velle
subiunctum exemplum. Solet hic legi: *si nunc concessum sit*, id est si in
hac causa concedatur. Omne ergo vulgare commune, sed non convertitur.

---

94 vero: autem O, *om.* ABH.   95 ex: *om.* AMMᵃ.   1 si *J apud Stroebel*: et si *P²
apud Stroebel, om. Stroebel.* | eam partem: *del. Stroebel.*   5 demonstrabis: demonstrabit
AOPh.   15 aliquod: *om.* AHMMᵃ.   22 vitiosum: est *add.* BPh.   24, 25 non: nunc
Stroebel.   25-26 quamvis ... sit: *om.* O.   25 et: ex A, quia M; quia ex Mᵃ, *def.* O.
26 hic legi: legi sic AH, *def.* O. | nunc *Stroebel*: non *C apud Stroebel*, non BMMᵃPh, *def.* O.
27 commune: est *add.* BᵖᶜPh.

7 *Vict.*, p. 254.40-42.

Leve est, etc. Duae species sunt huius vitii: vel quando argumentum sero
inducitur ideo est leve, id est nullius ponderis, vel quando culpa ita
30 perspicua est et argumentum debile, quod non potest argumento dissi-
mulari.

1.49.91. *Mala definitio*, etc. Vitiosa est definitio tribus modis: vel
quando excedit, vel quando falso convenit ei quod describitur, vel quando
exceditur; et hoc est quod ait: *non grave nec magnum*, id est non
35 universaliter conveniens. Quaeritur quomodo vitium definitionis consideretur in genere argumenti, cum definitio in attributis personae aut negotio
ponatur. Et dicimus quod in hoc loco definitio dicitur argumentum, quo
ostenditur quid aliquid sit, alibi vero definitio dicitur ex quo ipsum
argumentum sumitur. Docet ergo hic reprehendere ipsum argumentum,
40 non id ex quo argumentum sumitur.

1.49.92. *Non concessum*, etc. Aliud est *non concessum*, aliud est
controversum. Nam in controverso aliud dubium, quod est extra causam,
adducitur ad propositum comprobandum, in non concesso vero augetur
illud quod nondum probatum est. *Offensum*, etc. *Turpe* quidem *offensum*
45 est, sed non e converso; vel potius nec omne turpe offensum nec e
converso; nam sunt quaedam turpia et tales sunt auditores, qui eis non
offenduntur.

1.50.93. *Contrarium*, etc. Contrarium proprie dicitur quod est contra
illud quod iudex aliquando fecit, nec semper eo dicto iudex offenditur.
50 Non ergo contrarium omne offensum nec e converso.

1.50.94. *Adversum*, etc. Videtur quod omne *inconstans adversum* sit;
nam qui inconstanter loquitur multum causae suae officit. Sed adversum
in hoc loco dicitur proprie argumentum quo pars adversa commendatur.
Si non ad id, etc. Transit ad illa duodecim vitia quae in posteriore genere
55 notantur. *Si plura*, etc. Argumentum non bene inducitur quando minus
probatur quam propositum est. *Aut si*, etc. Superior reprehensio secundum numerum, ista vero secundum partem divisivam et eius totum.

28 sero: serio AH.   32 definitio[1]: definitione AH, (definitio est *Stroebel*).
33-34 vel ... exceditur: *om.* BMM[a].   34 nec: non AMM[a].   39-40 docet ... sumitur:
om. MO (*hom.*).   42 est: *om.* AH.   43 comprobandum: comprobandi A, probandum
BOPh.   44-48 turpe ... contrarium[1]: *om.* O (*hom.*).   45 nec omne: nec omnino AH,
necessario Ph, *def.* O.   48 contrarium etc.: contraria AH, *def.* O.   51 adversum[1+2] J
apud Stroebel: adversarium *Stroebel*.   57 numerum: verum ABMM[a].

1.50.95. *Aut si ratio*, etc. Istud quidem argumentum verum est, sed id falsum est quod inducitur ad argumentum faciendum, et ideo non convenit
60 ad id quod propositum est. Rationem vero appellat hic quod adducitur. *Aut si infirma*, etc. Istud argumentum aliquo modo probabile est ex persona inducentis, sed tamen incommodum est, ut quis se in testimonium inducat.

In mane, etc. Sciendum est in hoc loco quod *in mane* est duae partes
65 et est intellegendum ac si diceret: in pueritia. *Verum in aetate*, etc. Aetatem vocat hic annos discretionis. *Aut eadem*, etc. Hoc quidem necessarium est argumentum, sed incommodum quia idem per idem etsi aliis verbis. *Aut parum*, etc. Istud argumentum tale est quod in eo illud, quod vilissimum est, in aliqua re adducitur ad exhortandum aliquem ad
70 eandem rem.

<DIGRESSIO>

1.51.97. *Hermagoras*, etc. Quid digressio sit dictum est in narratione. *In hac autem*, etc. Ostendit qua de causa secundum Hermagoram digressio fiat. *Inferri* dixit quasi subiungi, *remotam* vero *a causa* dixit et cetera,
75 quoniam non per digressionem causa narratur neque de digressione fit iudicium. *Non argumentando*, etc. Hoc ideo dicit quia non causa probandi solum, sed causa augendi id quod probatum est adducitur. *Nam et augendi*, etc. Ubi ostendit attributa personae atque negotio, ibi dedit *praecepta augendi*, etc., ubi vero de eisdem locis distinctius aget et
80 communes locos assignabit, ibidem de eisdem competenti loco praecepta daturus est.

Nobis autem, etc. Hermagorae placuit digressionem esse unam partem per se, *nobis autem*, inquit Tullius, *non* placet, quoniam digressio fit per communes locos causa laudandi vel vituperandi; at ista inmixta sunt fere
85 omnibus partibus orationis, non igitur digressio per se una pars orationis est. Locus vero communis est communis sententia sumpta a natura vel moribus quae infertur extra causam ad aliquid amplificandum et ideo digressio dicitur.

---

60 hic: ad id *add.* A, id *add.* H.   61 si *i apud Stroebel: om. Stroebel.*   62 in: *om.* ABHMMᵃ.   64 in mane: immane *J apud Stroebel*, immune *Stroebel.*   65 est: hic *add.* AH.   66 hic: *om.* AH, vero hic BM.   67 etsi: et A, sed si B.   69 ad²: *om.* AHMMᵃ.   70 eandem rem: eadem rem H, eadem re MMᵃ.   74 subiungi: subiungit BM. | remotam: remota A, remotum O.   76 dicit: *om.* AH.   77 augendi: agendi AH, adaugendi B, argumentandi O.   77-78 nam et augendi etc.: *del. Stroebel.*   82 partem: oratioris *add.* A, orationis *add.* H.

72 Cf. supra p. 119.25-36.

<Conclusio>

90 **1.52.98.** *Conclusio*, etc. Sextam partem orationis et ultimam ponit et
tractat in primis definiendo, deinde per species dividendo, ad ultimum
quomodo unaquaeque species fiat docendo. Conclusionem igitur per
divisionem definit dicens eam esse exitum quantum ad indignationem et
conquestionem (nam per eas exitur a causa), determinationem vero
95 quantum ad enumerationem. Est vero aliud conclusio argumentationis,
aliud vero conclusio totius orationis rhetoricae, de qua hic agitur. Nam illa
est id quod ex argumento infertur, haec vero totius orationis terminus est.
　　Haec habet, etc. Dividit conclusionem in species. Sunt vero quaedam
99 causae quarum conclusio est sola enumeratio sine aliis duabus; sunt vero
aliae quarum conclusio est altera de duabus sine reliquis. Idcirco igitur
dicimus haec tria species esse conclusionis, non partes integras.
　　Enumeratio, etc. Vult ostendere quomodo unaquaeque species fiat. Et
primum enumerationem definit dicens eam esse conclusionem orationis
5 *per quam res dictae disperse* id est divisim in partibus orationis dictae, *et
diffuse* id est prolixe, *unum in locum coguntur* id est simul et breviter
dicuntur. Hoc totum videtur habere divisio, ideo subiungit *reminiscendi
causa*, etc. *Sub unum aspectum* dixit metaphorice translatum a visu ad
memoriam. Nam, quemadmodum dispersa congregantur ut uno ictu
10 oculorum tangantur, ita et in epilogo fit.
　　Haec si semper, etc. Ostendit quomodo enumeratio debeat fieri. Dicit
autem eam vario modo faciendam, tum propter fastidium vitandum, tum
etiam ne putetur orator nescire aliter facere nisi sicut semel didicit atque
praevidit. Et hoc est quod ait: *quodam artificio. Quare*, etc. Dicit eam
15 variandam esse quattuor modis non eadem causa. Primus modus et
facillimus est breviter argumenta tua recolligere *singillatim* et omnia.
Secundus vero modus est—et minus facilis—commemorare quae in divisione proposueris et quomodo unumquodque eorum rationibus confirmaveris. Tertius modus est per interrogationem quid velint amplius dicere,
20 cum haec et haec dicta sint eis.

1.52.99. Quartus modus est de his generibus comparando commemorare quomodo et partem tuam confirmaveris et partem adversarii *dilueris*.

90-91 ponit et tractat: ponit M, tractat BOPh.　　96 agitur: agit AH.　　99 sine:
duabus *add.* AH.　　2 haec: hoc A, hic B^{pc}. | integras: integrales AH.　　7 subiungit:
subiungitur ABMO.　　9 ictu: aspectu AH.　　10 tangantur: tangatur AH. | in: *om.* AH.
12 eam vario: enumeratio A, eam necessario O.　　14 quare: *om.* AH.　　15 non:
ut in O, non in Ph.　　16 est: *om.* AH.　　17 est: *om.* B. | et: *om.* M.　　20 haec[1]: hoc
AM.

98-2 Cf. *Rad.*, p. 152.30-33.

Atque in his generibus, etc. Istam litteram sic lege: ista genera epilogandi
tum ita fac, ut ante dictum est, tum etiam hoc quarto modo. *Atque haec*
25 *aliis*, etc. Quattuor praedictos modos *actionis* id est enumerationis, *tum
ex tua persona* poteris facere, tum vero ex persona introducta vel ex re
inanimata per prosopopoeiam.

1.53.100. *Indignatio*, etc. Indignatio, inquit, est illa conclusio *per
quam in hominem odium magnum aut in rem gravis offensio* commovetur.
30 Curialiter vero distinxit referendo odium ad hominem, ad ceteras vero res
offensionem. Bene vero dixit *magnum* et grave, quoniam indignationis est
amplificare.
  In hoc genere, etc. Dicit quod ex quibuslibet attributis sive personae sive
negotio, de quibus dictum est, possunt auditores commoveri ad amplas
35 indignationes. *Sed tamen*, etc. Quamvis de attributis personae aut negotio
satis dictum sit, tamen numerum locorum communium, qui indignationis
proprii sunt, ostendam. Sciendum vero est quod unusquisque istorum
locorum communium ex aliquo attributo sumitur, ut subnotabimus.
Notandum etiam quod non format hic communes locos, sed tantummodo
40 numerum eorum tradit et materiam unde fiant.

1.53.101. *Primus locus*, etc. Iste locus est *ab auctoritate*, ut ipse ait.
Auctoritatem vero dixit gravissimam, quae maxime commovet. *Qui locus*,
etc. Ostendit ex quorum auctoritate sumatur. Sors proprie dicitur quod ab
antiquis proiciebatur vel in galea vel in aliquo tali, ut inter aliquos lis
45 divideretur. Oraculum vero divina revelatio quae fit non interrogante
aliquo, responsum vero quod fit aliquo interrogante. Ostentum est signum
futuri imminentis, prodigium vero quasi porrodicium signum est futuri
remoti. *Secundus*, etc. Iste locus similiter est ab auctoritate sed omnium,
superior vero ab auctoritate maiorum sive deorum sive hominum. *Tertius*
50 est ab eventu. **1.53.102.** *Quartus* vero ab auctoritate iudicum, vel, sicut
quibusdam videtur, a simili. *Quintus* est a disparatis. *Sextus* est a modo
facti. *Septimus* a facultate. *Crudele* retulit ad homines superiores, *nefarium*
ad deos, *tyrranicum* vero ad subditos, aequabile vero ius consuetudinarium appellavit. **1.54.103.** *Octavus* locus multiplex est: tum a natura, tum
55 a convictu, tum etiam a fortuna. **1.54.104.** *Nonus* locus est a compara-

---

24 hoc: hic M, *om.* Ph. | haec: *om.* A, hinc M.   25 aliis: alii AHM.   33 sive[1]: *om.*
AHPh.   37 sunt: sicut M, sint Ph. | istorum: *om.* AH.   47 porrodicium: porricidium
AB[ac]H, porridicium B[pc]O, vel potius proculagium *add.* O.   50 vero: *om.* AH.   51 est[1]:
om. AHO. | a[2]: de AH. | est[2]: *om.* AHO.   52 homines: omnes AHM.   54 est: *om.*
AH.   55 locus: *om.* AHM, autem O.

37-38 Cf. *Rad.*, p. 153.12-13.

tione maioris ad minus. *Decimus* ab administratione negotii. *Undecimus*
est a maiori ad minus. Nam si debuit alium impedire, ne faceret, multo
minus ipse debuit facere. Vel potius a minori ad maius. Nam si alium
debuit detinere ab illo facto, multo magis se ipsum. *Duodecimus* a casu.
60 **1.54.105.** *Tertius decimus* a facto vel dicto personae. *Quartus decimus* a
simili. *Quintus decimus* a minori ad maius. *Fere* vero dixit quoniam alii
loci ab illis attributis sumi possunt, sed isti sunt frequentiores ad indignationem.

1.55.106. *Conquestio,* etc. Indignatio et conquestio in hoc differunt,
65 quod per indignationem odium, per conquestionem vero misericordiam
intendit orator in auditoribus excitare. *In hac,* etc. Dicit quod in
conquestione ad mitigandum auditores praemittendi sunt duo communes
loci, quorum unus a fortuna, alter a natura ducitur; qui loci non sunt
proprii conquestionis, sed paene ad omnia negotia necessarii sunt.

70 **1.55.107.** *Deinde,* etc. Tradit numerum locorum, qui sunt proprii
conquestionis. *Primus* locus est a fortuna. *Secundus* quoque a fortuna, sed
tempore differt a priori. *Tertius* a casu. Nam ostenditur quod damnum
acciderit, ut Hypsiphyle ad Archemorum. *Quartus* locus est multiplex:
tum a fortuna, tum a natura, tum a facto. *Quintus* est ab administratione
75 negotii. **1.55.108.** *Sextus* est a casu. *Septimus* est a simili. *Octavus* quoque
a casu est. **1.55.109.** De nono non determinatur de quo attributo sit.
Decimus est a fortuna. De undecimo quoque non determinatur de quo
attributo sit. *Duodecimus* est a convictu. *Tertius decimus* est a convictu et
fortuna. **1.56.109.** *Quartus decimus* est ab auctoritate. Nam obsecratio
80 quaedam obstrictio est per auctoritatem aliquorum. *Quintus decimus* est
a fortuna. *Sextus decimus* est ab affectione et habitu. *Nam saepe,* etc. Quia
videbatur officere ostensio virtutis, ideo dicit quod in quibusdam personis
ea magis proficit quam indicatio misericordiae.

---

57 est: *om.* AHO.   59 illo: alio AH.   60 tertius decimus: est *add.* AH. | vel: et
AHOPh.   65 per[2]: et per A, et O.   69 necessarii: necessaria AHM.   71 locus est:
om. AH. | quoque: vero O, locus est Ph.   72 tempore: *om.* AH.   74 est: *om.* MO.
75 est[2]: *om.* AHO.   76 est: *om.* AHO.   78 est[2]: *om.* AHO.   79 est: *om.* AH.
80 est[2]: *om.* AHM.   81 est: *om.* ABHM.   82 personis: id est *add.* ABHMPh.
83 indicatio: mendacio AH[ac]M, mendicatio H[pc]OPh.

73 Cf. Stat. *Theb.* 4.741.

<In librum secundum>

<IN PROOEMIUM TULLII>

2.1.1. *Crotoniatae*, etc. Prioris prooemii intentio erat arti rhetoricae studendum esse persuadere sub quadam insinuatione eam defendendo et commendando. In hoc vero intendit Tullius librum suum auctorizare per hoc quod dicit eum ex elegantioribus praeceptis auctorum esse excerp-
5 tum. Fit autem haec commendatio per illam speciem similitudinis quae dicitur collatio, ubi scilicet multa multis conferuntur.

Nam sicut *Crotoniatae*, id est Tarentini, asciverunt Zeuxin et ille in templo Iunonis simulacrum Helenae pinxit secundum exemplum multarum virginum, ita Tullius a Romanis quasi advena ascitus scripsit in urbe
10 Roma rhetoricam secundum exemplaria auctorum complura.

2.2.4. *Quod quoniam*, etc. Adaptatio est ad priorem similitudinem. Nam sicut Zeuxis plura exempla, ita Tullius plura exemplaria sumpsit. Litteram vero sic lege: *quod quoniam*, etc., id est quoniam consimilis voluntas *accidit nobis*. Nam ordo litterae in legendo sic faciendum est:
15 *quod voluntatis quoniam accidit nobis*, etc. In quibusdam libris invenitur *voluntas* et tunc ponetur *quod* pro "et." *Ex his enim*, etc. Sententia huius litterae talis est: et aliquid optime videbatur quisque dicere et nullus omnia optime.

2.2.5. *Ac si par*, etc. Post adaptationem praelationem sui operis
20 verecunde quidem subiungit sub quadam dubitatione et latenter comparando suam scientiam in rhetorica scientiae Zeuxis in pictura. Posuit

3 auctorizare: auctoritate AM, auctorizizare Ph.   4 eum: *om.* AH.   7 Crotoniatae: Croniatae AH, Custoriatae Ph. |Zeuxin: Zeuzin AH, Zeusim BO.   8 pinxit: depinxit AH. 10 Roma: Romana BO. | complura: quam plura BO.   11 adaptatio est: adaptio M, adaptio est H, a damnatione A.   12, 21 Zeuxis: Zeuzis A, Zeusis O.   13 id est: ideo M, *om.* O.   14 litterae: talis *add.* AH.   15 voluntatis: voluntas B^ac, volumptatis A, voluptatis H.   16 voluntas: *om. cod. apud Stroebel.* | his: iis *Stroebel.*   19 adaptationem: adaptionem ABH.

6 collatio: cf. supra p. 145.75-80.

autem *atque* pro "sicut." *Fortasse magis*, etc. Ecce hic praelatio notatur.
Genus vero vocavit hic maneriam operis.

    2.2.6. *Ac veteres quidem*, etc. Ostendit quomodo invenit omnes aucto-
25 res a principio usque ad suum tempus. **2.3.9.** *Quod si ea*, etc. Sententia
huius litterae talis est: si intantum digna fuerunt eligi, quantum fuit
studium eligendi, tunc neque me neque alios paenitebit mei studii. **2.3.10.**
Ne dum parvulum hic, etc. Parvulum dicit, ut videatur ab omnibus bene
scripsisse, *maximum* vero comparatione prioris nulli rei temere assen-
30 sisse. Non ergo hoc amittendum est, ut illud assequamur.

<DE LOCIS ET ARGUMENTIS: GENUS IUDICIALE>

2.3.11. *Igitur*, etc. Hoc genus locutionis transitus dicitur, quo et quid in
priore libro dixerit et quid in hoc dicturus sit Tullius ostendit. Nam cum
in priore libro de partibus orationis egisset et inter eas de confirmatione
et reprehensione ita communiter tractasset, ut locos et argumenta secun-
5 dum genera causarum non distinxisset, ideo in hoc libro intendit recapitulare de confirmatione et reprehensione distinguendo qui loci et quae
argumenta conveniant singulis constitutionibus in singulis generibus
causarum. Quare in hoc libro nihil aliud continetur, nisi quaedam recapitulatio locorum et argumentorum, ut in singula genera causarum et
10 constitutiones distinguerentur. De expolitionibus vero argumentorum non
oportuit recapitulari, quoniam in generibus causarum et in constitutionibus uno modo eis utimur.
    Genera vero *controversiarum* vocat hic genera causarum, *inventiones*
vero dicit excogitationes et ipsorum generum et constitutionum et partium
15 orationis. Nam in hoc opere, tam in priore libro quam in hoc, de istorum
inventione, quae est una pars rhetoricae, intendit.

    2.4.12. *Omnis*, etc. Vult ostendere quod, quamvis genera causarum
multa communia habeant et in constitutionibus communiter versentur,
tamen oportet locos et argumenta in eis distinguere secundum ipsorum
20 generum fines diversos. Quod autem fines diversi sint, subiungit dicens
aliud enim, etc. *In iudiciis*, etc. Demonstrat quis finis sit cuiusque generis,

---

    23 vero: *om.* AH. | maneriam: meneriam H, materiam O.   25 principio: primo
AHPh^pc.   28 hic: hoc *J apud Stroebel, om.* B *Stroebel.*   29 comparatione: compara-
tionem AB.   30 non: nam AH. | amittendum: admittendum AH, ammittendum BOPh,
abmittendum M.   1 quo et: quando AH, quod M, quod et Ph.   2 quid: quod AH. |
dixerit: dixit AHM. | sit: est AHMOPh.   5 distinxisset: distinguisset A, distinxisse O. |
ideo: et ideo AH.   14 et²: *om.* AO.   17 quod: *om.* B, quae M, quoniam *add.* Ph.

id est ad quid intendit orator in unoquoque genere. *Nam ceteri*, etc. Hoc
est quod dicit, quod scilicet alii voluerunt finem deliberationis esse
utilitatem tantummodo, id est simpliciter et generaliter. Tullius vero dicit
25 eam utilitatem, quae sit honesta, finem esse huius generis.

2.4.13. *Neque nunc*, etc. Quamvis assignaverim generibus causarum
fines diversos, non tamen hoc assignando aufero quin omnes constitutiones in unumquodque genus communiter incidant. Item, quamvis
constitutiones generibus communiter accidant, non tamen haec communi-
30 tas aufert, quin secundum diversos fines ipsorum generum oporteat locos
et argumenta in constitutionibus et generibus distinguere. *Quare*, etc. Quia
aliud oportet dicere in uno et aliud in alio, ergo nos a iudiciali genere
causarum initium sumemus. Et istud quidem ostensio est ordinis quo de
generibus causarum tractat. Controversias vero hic appellat constitutio-
35 nes. Iudiciale autem genus *praeceptorum* vocat praecepta huius generis.
Ponit autem in hoc tractatu iudicialis ea omnia quae huic et aliis generibus
communia sunt, ut post hunc tractatum de reliquis generibus sola propria
eorum restent quae cito et breviter transcurri poterunt.

2.4.14. *Nunc ab coniecturali*, etc. Docet primo qui loci et quae
40 argumenta conveniant coniecturali constitutioni in iudiciali genere causarum, id est quando orator tendit ad ostendendum partem suam esse
iustam, partem vero adversarii esse iniustam. *Exemplum* autem vocat hic
aliquam rem, de qua causa constituitur.

<DE CONTROVERSIIS IN RATIONE:
EXEMPLA CONSTITUTIONIS CONIECTURALIS>

46 **2.4.15.** *In hac*, etc. Docet quomodo de re praedicta causa constituatur,
quod est docere constitutionem causae. *Ex quibus*, etc. Dicit constitutionem constare ex intentione et depulsione. Littera vero sic legitur: hoc est
intentio, illud depulsio, ex quibus est constitutio. *Id* vero, scilicet constitu-
50 tio, *est quaestio*. Nam nos superius diximus idem esse constitutionem et
quaestionem, quae quaestio eadem est quae et iudicatio in coniecturali.

22 ceteri: ceteris AB^{ac}H.   24 tantummodo: modo *Stroebel.* | et generaliter: *om.* AH.
25 sit: fit ABH, est Ph.   27 non tamen: bene B^{ac}, non bene M. | aufero: aufert OPh.
32 oportet: oporteat ABH. | dicere: *om.* A, docere B, eicere H.   36 huic: hic AH,
habuit B^{ac}.   39 docet: autem *add.* AH.   41 ostendendum: ostendendam AHMPh. |
esse: *om.* AH.   48 hoc: hic AHO.   51 quae et: quod AH, quae B.

51 Cf. supra p. 80.46-58.

Hoc autem probe tenendum est quod una et eadem res est quaestio et
constitutio et causa et iudicatio, sed diversis respectibus. Nam idem et ab
oratoribus constituitur ad controversandum de eo et ab auditoribus
55 quaeritur et a iudicibus perpenditur. Verbi gratia: haec res dubia, an iste
occiderit illum an non, et constitutio est, quoniam est controversia
oratorum prima, et quaestio est auditorum et causa est, quoniam id ex se
gignit controversiam, et iudicatio est, quoniam est de quo iudices ferunt
sententiam.

60   **2.5.16.** *Omnis igitur*, etc. Hoc est quod dicit, quod omne coniecturale
argumentum ducitur aut *ex causa* aut ex attributis personae aut ex
attributis negotio. Sed quaeritur cum causa sit de attributis negotio, quare
per se posuerit. Et dicimus quod, quamvis sit de attributis negotio, tamen
quoniam est fundamentum huius constitutionis ideo ad excellentiam eius
65 notandam per se ponitur.

     2.5.17. *Inpulsio est*, etc. Species causae describit. Inpulsio nihil aliud
est quam affectio animi aliqua. *Ratiocinatio* vero nihil est aliud quam
consilium, quod ex descriptionibus perpendi potest. Sed saepe dixi et
adhuc dico quod una et eadem res in diversa attributa diversis modis
70 convertitur, quos modos Tullius in hoc libro diligenter distinguit. Nam
Tullius in hoc loco diligenter notat et—describendo causas et notando
quomodo aliquid inducatur, ut videatur esse causa alterius—ostendit
modum quo res inducatur, ut fiat argumentum a causa; in sequentibus
vero, ubi docet quomodo adducantur attributa personae, ostendit quo-
75 modo haec eadem res convertatur in attributum personae.

     2.5.18. *Ea dicitur*, etc. Hic determinatur modus primus ducendi
argumentum a causa ratiocinativa. *Nam in horum*, etc. Hoc est vel ut
adipiscamur vel ut devitemus. **2.5.19.** *Ergo accusator*, etc. Docet quomodo accusator inducat aliquid, ut fiat argumentum a causa impulsiva.
80 Quod autem dicit *impetum, commotionem, affectionem*, inculcatio est
verborum, ut unum per aliud exponat. Quod autem dixit *verbis et sen-*

---

52 probe: proprie BM, probare H. | est²: et *add.* MPh.   57 quoniam: quando B.
58 quoniam: *om.* A, quando B. | ferunt: fecerunt B, ferant O.   61 aut ex attributis
personae: *om.* AH.   63 quod: *om.* AM.   64 quoniam: non AH, quia inde M.
70 distinguit: notat BᵃᶜM.   70-71 nam ... notat: *om.* BM (*hom.*).   73 fiat: faciant A,
faciat BᵃᶜHMO.   75 convertatur: convertitur ABHMOPh.   76 etc.: et AH. | primus:
proprius BPh.   80 dicit: dixit AHM. | inculcatio: inculcationem M. | est: *om.* AHM.
81 dixit: *om.* AH.

52-53 eadem res: cf. supra p. 81.77-88.

tentiis tantum valet, ac si diceret: verbis continentibus in se communes sententias, ut est illud "omnia vincit amor" et "ira furor animi est." *Hic et exemplorum*, etc. Ad confirmationem loci a causa adducitur exemplum
85 quod est in adiunctis negotio. Solent enim oratores quosdam locos adducere ad confirmationem aliorum.

2.6.20. *Cum autem*, etc. Docet quomodo accusator aliquid inducat, ut fiat argumentum a causa ratiocinativa. **2.6.21.** *Et hoc eum*, etc. Validissimum modum notat quo aliquid inducitur ab accusatore, ut fiat argumen-
90 tum a causa ratiocinativa, scilicet iuxta opinionem eius qui arguitur. Non est autem hic argumentum ab opinione sed a causa, quae confirmatur ex eo quod opinatus est ille qui arguitur. *Nam opinio*, etc. Fallitur homo aut in rei qualitate aut in eius exitu, unde deceptus aliquid committit.

2.6.22. *Hoc intellecto*, etc. Hoc est, si quis dixerit quod pecunia non
95 est carior *vita fratris aut amici*, accusator non debet hanc veritatem negare, ne incitet in se odium auditorum, sed debet dicere, "illud quidem verum est, sed non ita tibi visum fuit," quod poterit probari ex attributis personae illius qui accusatur.

99 **2.7.23.** *Eventus autem*, etc. Ostendit quomodo in exitu decipiatur aliquis. Potest autem contingere quod in hoc eodem per qualitatem rei quis decipiatur, sed exemplum inductum est propter exitum. *Non enim*, etc. Hoc est secundum intentionem iudicandum esse, non secundum rei eventum, et idcirco consideranda est opinio.

5 **2.7.24.** *Hoc autem*, etc. Tres modi sunt inducendi aliquid, ut fiat argumentum a causa ratiocinativa. Primus modus est, quando ostenditur quid commodi adeptus sit aut quid incommodi devitarit reus propter quod aliquid commiserit. Secundus modus est, quando ostenditur quid putarit adipisci aut devitare, de quibus duobus modis dictum est. Tertius modus
10 est, de quo agitur hic, quando removendo aliquid ab aliis ostenditur quare ille solus et non alius commiserit id de quo arguitur.
Istud vero fit quattuor modis: aut removendo omnino causam aut removendo potestatem aut facultatem aut voluntatem. Inter potestatem

---

83 ira: ita AM. | animi est: animae M, animi etc. O.   88 eum: enim ABHM.
92 homo: hoc B^{ac}MO.   94 intellecto *J apud Stroebel*: intellectu *Stroebel.* |hoc^2: haec AH.
1 per: et per OPh.   3 iudicandum: iudicatum A, iudicantium H.   12 quattuor:
quinque ABHMOPh.   12-13 aut ... potestatem^1: *om.* AH.

83 Verg. *Ecl.* 10.69.

vero et facultatem hoc interest, quod *potestas* est id sine quo non potest
15 aliquid fieri, *facultas* vero quo aliquid facilius fit; et sunt species illius
circumstantiae quae dicitur "quibus auxiliis." *Voluntas* autem ad affectionem pertinet, quae est in attributis personae. Non est autem dicendum
quod hic argumentum ducatur ab his, sed est quidam modus ducendi
argumentum a causa ratiocinativa, scilicet removendo hoc ab aliis.

20   **2.8.25.** *Defensor autem*, etc. Accusatori attributa est confirmatio,
defensori vero reprehensio. Docet ergo quibus modis praedicta argumenta
reprehendantur. Modus autem reprehensionis est reprehensio sumptorum, quoniam primo ostenditur non esse impulsiva causa quae inducitur
pro impulsiva, tum ostendendo naturam impulsivae causae, tum per
25 exempla quibus omnibus mitigatur affectio, ut non videatur esse sufficiens
causa ad impellendum in aliquod factum. Et quamvis affectio attenuetur,
tamen oratio debet excitare auditorem et intimum sensum eius commovere.

2.8.26. Deinde ostenditur non esse ratiocinativam causam, quod pro
30 ratiocinativa inducitur. Hoc autem fit aut removendo commodum aut
removendo opinionem. Removendo commodum quinque modis fit reprehensio, sicut in littera per disiunctivas coniunctiones distinguitur. **2.8.27.**
Removendo opinionem tribus modis fit reprehensio. Primus modus est
quo ostenditur, etsi alii in hac re errent, tamen hunc, qui accusatur, non
35 errasse, quoniam et peritus iuris sit et discretus in vero et falso cognos-
cendo. Tertius modus est quo ostenditur per complexionem aut eum non
fecisse aut eum non ignorasse rei aut qualitatem aut eventum.

2.9.28. *Ex persona autem*, etc. Post locum a causa praemittit attributa
personae, ut postea ostendat quomodo in coniecturis accusator his utatur
40 aut a defensore reprehendatur. **2.10.32.** *Ex quibus omnibus*, etc. Ostendit
quomodo attributa personae ad coniecturam ab accusatore inducantur.
Nam causa, etc. Reddit rationem quare post locum a causa debeat
accusator attributa personae inducere. *Quare*, etc. Quia ex attributis
personae, igitur ex facto et ex ceteris attributis personae debet accusator
45 inducere. **2.10.33.** Quod si non poterit *ex pari genere* culpae ducere

16-17 affectionem: effectionem BMO.   17 autem: *om.* A, enim B.   26 aliquod:
aliquid AH. | attenuetur: attenuatur BM.   27 tamen: ettamen AH, et tum M.
29 ostenditur: ostendit AHO. | ratiocinativam causam: ratiocinativa causa BOPh. | quod: quae
AH.   32 sicut: sic AH.   34 ostenditur: quod *add.* ABHOPh.   40 a: *om.* AM.
45 inducere: adducere MOPh.

16 quibus auxiliis: cf. supra p. 123.50-51.

argumentum, ducat *ex dispari*, ut de dignitate hominis diminuendo minuat
etiam defensionem.

    2.10.34. *Si nulli*, etc. Iste locus videtur esse a consilio. Nam quoniam
cautus erat et potestatem aut causam faciendi non habebat, ideo turpitudi-
50 nem vitae suae usque ad hoc tempus celavit. Hoc autem argumento
persuadetur hominibus ne famae hominis credant. *Aut si haec*, etc. Iste
alius communis locus videtur esse ab affectione, quae est animi voluntas.
Nam, qui voluntatem habet faciendi aliquid, oportet ut aliquo tempore se
demonstret voluntate eum impellente ad hoc.

55   **2.11.35.** *Defensor autem*, etc. Modus iste reprehensionis est contra
firmam rationem aeque firma aut firmior. *Id faciet*, etc. Quidam dicunt
locum istum esse multiplicem a natura et a convictu. Ego vero dico esse
a facto. *Quod eo*, etc. Iste est ab affectione. **2.11.36.** *Hic illa*, etc. Iste
communis locus est ab habitu, qui est virtus. Nam remotissimum esse a
60 vitiis maxima virtus est. *Aut iniquum esse*, etc. Iste alius locus est a
convictu. **2.11.37.** *Sin autem*, etc. Ab affectione. Nam invidia et obtrecta-
tio et cetera ad affectionem animi pertinere videntur. *At si*, etc. Locus
communis est non de moribus sed de crimine, de quo accusatur, agi
oportere. Videtur autem iste locus communis a facto esse, quod est in
65 attributis personae.

    2.12.38. *Ex facto autem*, etc. Post locos a causa et a persona subiungit
eos locos, qui ab attributis negotio coniecturae conveniunt. *Si totius*, etc.
Inter attributa negotio praecipuus locus est ad coniecturam administratio
negotii, quae ideo in coniectura tota spectanda est. *Atque hae suspiciones*,
70 etc. Dicit quod in coniectura argumentum ducitur aliquando ab attributis
negotio per se, aliquando autem communiter ex attributis negotio atque
personae. Nam aliquando contingit quod unum eorum non sufficit ad
argumentum faciendum, immo vero alterum altero indiget ad confirmationem. *Ex his igitur*, etc. Cum sint quattuor genera attributorum negotio,
75 dicit Tullius quod ex unoquoque genere aliqua coniecturae conveniant; et
determinat in subsequenti littera quae sint ea quae conveniant.

---

48 si nulli: simili AHM.   49 habebat: habeat AH.   51 haec: hoc AO.
58 affectione: effectione AH.   61 sin: sunt M, sicut O, sint Ph. | affectione: effectione
ABO.   62 videntur: videatur AH.   67 ab: *om.* AHPh. | totius: totus AHM.
69 hae: eae M *Stroebel.*   72 aliquando: autem *add.* AH. | unum: vera A, una H.
74 his: quibus AB^{ac}M, iis *Stroebel.*   76 determinat: determinant AB^{ac}MO.

2.13.42. *Sunt autem aliquae*, etc. Hic ostendit quod communiter argumenta sumuntur ex attributis negotio atque personae. Nam quando attributum personae non sufficit ad argumentum faciendum vel e
80 converso, tunc unum eorum cum altero iungitur, ut fiat argumentum.
2.13.43. *Maxime enim*, etc. Ostendit quomodo per attributa negotio confirmentur attributa personae. Nam potestas et *facultas*, quae sunt species eius circumstantiae quae est "quibus auxiliis," deinde poenitentia, quae est eventus praecedentis facti, postea *necessitudo*, quae est modus
85 facti, omnia, inquam, fere pertinent ad confirmandum consilium, quando ipsum per se non sufficit, ut inde fiat argumentum. Fere autem dixi propter necessitudinem. Nam quod fit ex necessitate nullo modo ex consilio fieri manifestum est. Atque ideo dixit Tullius partem praedictorum ad consilium pertinere.
90   *Ut in ea*, etc. Huius rei docendae causa repetit suprapositum exemplum, ut in eo ostendat quomodo per administrationem negotii consilium confirmetur. *Horum pars*, etc. Hoc ideo dicit quia cruentum habere gladium non pertinet ad consilium.

2.13.44. *An ita temere*, etc. Vult ostendere quomodo e converso per
95 attributum personae, scilicet per consilium, confirmetur argumentum a facultate. Nam si potuit *commodius fieri* et ille, cui imponitur fecisse, promptus est consilio, non est verisimile eum hoc modo fecisse. *Hoc modo*, etc. Id est per suprapositum exemplum intellegemus attributa
99 personae atque negotio in eodem argumento sibi aptari, id est coniungi.
   Hic neque, etc. Dicit non oportere distinguere in his attributis negotio quomodo accusator et quomodo defensor inducat argumenta, quoniam hoc *distinguere* neque *necessarium* neque *facile est*. Non necessarium ideo, quoniam causa inchoata poterit intellegi ex his, quae dicta sunt,
5 quomodo id fieri debeat. Nam doctor non habet omnia dicere, immo vero discipuli ex eis, quae dicta sunt a doctore, debent ea, quae dicta non sunt, per quandam comparationem subintellegere; et ipsi ex parte sua aliquid saltem mediocre ad communem utilitatem superaddant.

2.13.45. *Non facile autem* quoniam et haec infinita sunt et eorum
10 tractatio secundum causas variatur. Nam modus tractandi, qui utilis est in una causa, inutilis est in alia et e converso.

77 aliquae *P²i apud Stroebel*: aliae A *Stroebel*, aliqua BH.   86 dixi: dixit ABH. 92 horum pars *P²J apud Stroebel*: *om. Stroebel*.   97 verisimile: cur *add.* AH.   98 id est: idem AHMPh, idem est O.   1 neque *P²J apud Stroebel*: non *Stroebel*, atque Bᵃᶜ. 8 superaddant: superaddatur AH, superaddere O.   9 et¹: ad AH, *om.* B.   10 secundum: per AH.

83 quibus auxiliis: cf. supra p. 123.50-51.

2.14.45. *Facilius autem*, etc. Quoniam non est facile, sicut praedictum est, Tullius dat generale praeceptum reperiendi perfecte huiusmodi argumenta secundum propositam causam, inspiciendo scilicet et suae partis et
15 adversae circumstantias, quas in subsequenti littera demonstrat. Per hoc, quod dicit *quare*, causam impulsivam intellegit, *quo consilio* vero causam ratiocinativam designat, spes autem *perficiendi* ad facultatem refertur. Per hoc vero, quod dicitur *hoc modo*, modum facti ostendit. Dicendo vero *cur ab hoc, cur nullo adiutore* et cetera, quae sequuntur, ostendit attributa
20 personae et maxime consilium. Cum vero inquiritur *cur hoc ante, cur in ipso, cur post*, tunc administratio negotii consideratur. Cum autem perpenditur an constet *oratio*, id est an constanter locatum sit, et cetera, quae sequuntur, tunc signa rei perpenduntur.

2.14.46. *Accedunt autem*, etc. Sicut superius per se causam posuit,
25 quoniam praecipua est ad coniecturam, ita nunc, quamvis haec sint de attributis negotio, scilicet de consequentibus negotium, tamen ponit ea per se, quoniam coniecturalis constitutionis sunt propria et in his quidem omnibus ex utraque parte similis via docendi est. Sunt autem omnia haec inter consequentia negotium et ad locum ab auctoritate referuntur.
30 *Quaestiones* autem appellat tormenta. *Nam ex quaestione*, etc. Dicit haec esse locos argumentorum coniecturalium sicut et praedicta, scilicet causa, persona, negotii administratio, quare argumenta ducta ab his arte reperiuntur, sicut et argumenta ducta a praedictis. Nam si simili modo, tunc si illa arte, et haec.

35 **2.14.47.** *Omnis enim*, etc. Vere consimili modo. Nam ex attributis personae aut negotio ducuntur, ex quibus et illa. *Nam et eius*, etc. Vere ex hisdem locis. Nam *causa et veritas*, id est vera ratio, quae est argumentum ductum ab auctoritate testium aut ab ipsis rumoribus, illa, inquam, ratio ab his ducta ex attributis negotio aut personae reperitur.
40 *Omni autem*, etc. Prima divisio argumentorum coniecturalium fuit quod eorum alia a causa, alia a persona, alia a facto sunt. Secunda vero divisio fuit quod eorum alia sunt per se ex his attributis vel illis, alia vero communiter et coniunctim ex utrisque. Tertia vero divisio, quae hic proponitur, est quod argumentorum coniecturalium alia sunt propria
45 ipsius causae de qua agitur, id est proprie et singulariter in se continentia

---

14 partis: *om.* A, *lac. 4 fere litt.* H.   17 spes: species BHOPh.   19 nullo: ab alio A, ab illo H.   20 hoc: *om.* A, haec H^{pc}.   22 locatum: locutum BMOPh.   26 ponit: possint A, ponitur B^{ac}, posuit H.   27 quidem: *om.* A, quod MO.   30 haec: hic A, hoc Ph.   33 si: *om.* AH.   38 ab^1: aut ab AHPh.   42 sunt: sint ABH.

probationem ipsius rei de qua agitur, ut "Sex. Roscius, cum caedes facta
est, Romae non fuit; non ergo patrem interfecit." Nam in hoc argumento
certa persona ponitur. Alia vero sunt communia, in quibus non ponitur
certa persona, ut "filius non interfecit patrem, quoniam huic rei natura
50 repugnat." Unaquaeque autem istarum divisionum universa argumenta
coniecturalia continet.

    2.15.48. *Haec ergo*, etc. Quia communia sunt, ergo communes loci
nominantur. *Communis* vero *locus* in hoc loco dicitur aliqua ratio communis adducta vel ad amplificandum rem probatam et certam aut ad
55 probandum dubiam; et illa quidem ratio, quae adducitur ad amplificandum certam, non ponitur nisi in epilogis ad indignationem vel ad
misericordiam commovendam. Nihil enim amplificari debet, nisi ante
probatum fuerit. Illa vero, quae adducitur ad dubium comprobandum,
potest poni etiam in aliis partibus orationis, sed raro et post propria
60 argumenta. Solet autem haec ratio dubiae rei habere aliquid probabile ex
utraque parte, ut testibus credi oportere probabile est et similiter non
oportere. Nam quamvis alterum istorum falsum sit, tamen utrumque
potest esse probabile.

    2.15.49. *Distinguitur autem*, etc. Distinguitur, id est intellegibilis fit.
65 *Illustratur*, id est ornatur. *Et aliquo loco*, etc. Id est tali loco inducuntur,
postquam auditores confirmati sunt *argumentis certioribus*, id est propriis.
Omnia enim, etc. Bene dixi quod communes loci ornant orationem. Nam
continent in se ornatus verborum et sententiarum abundantius quam
cetera argumenta. **2.15.50.** *Quare*, etc. Et quia tales sunt communes loci,
70 ideo *non* sicut *causarum* communes sunt ita et *oratorum*. Nam omnis
causa communes locos exigit, sed non omnes oratores digne possunt eos
facere.

---

   46 ipsius: *om.* AHO.   55-56 amplificandum: amplificandam A, probandum MPh.
56 certam: certera B, certa AHO. | ponitur: opponitur AH.   57 commovendam: commo-
vendum AH.   58 adducitur: adducuntur HPh.   67 enim *PJ apud Stroebel*: autem
Stroebel. | ornant: ornent MOPh.

   46 S. Roscius: = *Vict.*, p. 269.37-38.
   48-50 communia + exempla: cf. *Vict.*, p. 269.38-40.
   55-60 Cf. Ansellus et Manegaldus apud *Will.*, fol. 57[bis]rb-va (ad *Auct. ad Her.* 2.30.47),
"M<agister> vero Menega<ldus> dicit.... Fit secundum eum talis obiectio: si quis obiciet non
esse utendum indignatione et conquestione ... cum per communes tantum locos inducantur,
communes autem locos velit praeire loci singulares, dicemus nihil obesse.... M<agister> vero
Ansellus ita solvit, quod communis <locus> non debet sequi proprios nisi in confirmatione
ubi est probatorius" (cf. Fredborg, *CIMAGL* 17, p. 32).

2.16.50. *Nunc exponemus*, etc. Ponit materiam locorum communium qui inducuntur ad dubium comprobandum. Non enim ponit locos com-
75 munes, qui quidem sunt magni ornatus, sed id unde possunt fieri demons-
trat. *Eiusdem esse*, etc., id est eidem personae solere accidere peccare in hac re et in illa. *Maxime*, etc. Causam hic vocat circumstantiam negotii vel rem de qua agitur. *Atque hii quidem*, etc. Dicit quod secundum propria argumenta, quae praemittuntur in causam, inducendi sunt communes loci,
80 ut scilicet eis cohaereant et eorum probationem adaugeant.

2.16.51. *Certus autem*, etc. Praedicti loci sunt communes tam accusa-
toris quam defensoris, sed isti proprii sunt accusatoris vel defensoris. Et primus quidem accusatoris est a modo facti, alter vero ab affectione. Similiter primus locus defensoris a modo facti, secundus vero ab affec-
85 tione.

Hi, etc. Dicit omnes communes locos sumi vel ex attributis negotio vel ex attributis personae et ideo, etsi dicantur communes loci, non tamen per se dicuntur loci. Nam communis locus nihil est aliud quam commune argumentum. *Sed illae*, etc. *Tenuius* quantum ad ornatum verborum,
90 *subtilius* vero quantum ad ornatum sententiarum, *acutius* vero quantum ad vim argumenti, quia scilicet magis persuadet, *gravius* autem contra *te-
nuius, ornatius* vero contra *subtilius*. Hoc convenit communibus argumen-
tis, illud vero propriis. *In illis enim*, etc. Reddit rationem quare illi sic tractandi sint et isti sic. Amplitudinem vero dicit vel probatae rei vel
95 probationis.

<EXEMPLA CONSTITUTIONIS DEFINITIVAE>

2.17.52. *Cum est nominis*, etc. De definitiva constitutione ponit exemplum, deinde ostendit qui loci accusatori et qui defensori in hac consti-
99 tutione conveniant.

2.17.53. Notandum vero est quod thema proprie dicitur res quae habet in se controversiam. Dicitur autem thema eo quod proposita est, ut controversetur de ea. Omnis igitur causa thema est, sed non convertitur. Nam quaedam themata asystata sunt, id est sine statu sive constitutione,
5 quando altera pars deficit sive intendentis sive depellentis. Dicit autem

---

74 inducuntur: adducuntur M, inducitur O. | non: nam AH.   76 eidem: eiusdem MO.
| solere: solent A, solet M.   78 hii: hi O *Stroebel.* | secundum: *om.* AH, *ss* B.
79 causam: causa AHMOPh.   82 isti: loci *add.* MPh. | et: quia BH.   87 etsi: si MO.
4 sive: sine AHM, et sine B.

1-3 thema: cf. *Vict.*, pp. 272.35-273.3.

Tullius se *intellegere* quod plures constitutiones possunt incidere in hoc
thema secundum diversos modos depellendi. Nam si pater dixisset, "sic
licuit mihi, quia pater sum," tunc ex tali modo depulsionis constitutio
fuisset absoluta iuridicialis. Si vero sic depulisset, "ideo feci, quia meruit,"
10 tunc fuisset relatio criminis; sin autem sic, tunc esset comparatio. Sed
Tullius in hoc loco illum modum depellendi posuit, qui convenit definitivae constitutioni. Sed *omnibus partibus* constitutionum *in hoc libro*
explicatis, tunc poterit intellegere quilibet quod in quamlibet causam, id
est in quodlibet thema, possunt incidere omnes constitutiones et legales
15 controversiae.
    Primus ergo, etc. Posito themate ostendit locos. Primus locus est
definitio *nominis*, id est data secundum nomen, *de cuius vi* inquiritur, id
est cuius de significatione quaeritur; quae definitio debet esse *brevis*, etc.
Dignitatem appellat praelationem aliquorum in civitate, sicut aliquis
20 dignior alio, etsi non dominetur ei, amplitudinem vero ipsius praelationis
magnitudinem, potestatem autem vires atque dominium. Nam maiestas ex
his tribus constat. Definitio autem in continentibus negotium dicitur brevis
complexio ipsius negotii. *Hoc sic*, etc. Post datam definitionem sequitur
eius probatio. *Postea*, etc. Tertio loco est assignatio definitionis ad factum
25 adversarii. *Et ex eo*, etc. Quarto loco ex definitione ostensa, videlicet ex
eo quod ostenditur esse minuere maiestatem, concluditur adversarium
minuere maiestatem. *Et hunc totum*, etc. Quinto loco ad maiorem
confirmationem superioris argumenti inducitur communis locus, qui est
a modo facti. *Post erit*, etc. Sexto loco infirmatur descriptio adversario-
30 rum, tum ostendendo eam esse falsam ex consuetudine loquendi, qui
locus est in consequentibus negotium, tum etiam ostendendo eam esse
turpem, id est ad dedecus civitatis, aut inutilem, id est ad damnum, qui
locus est ab eventu.
    2.17.54. *Et si cum*, etc. Iste locus est a contrariis. **2.17.55.** *Quae-*
35 *remus autem*, etc. Non determinaverat superius quibus rebus confirmaretur definitio, nunc vero determinat. Sacra ex privato surripiuntur quando
reliquiae de arca alicuius subtrahuntur.

    2.18.55. *Locus autem communis*, etc. Iste locus communis est a
nomine, qui locus est in consequentibus negotium. Quidam vero dicunt

    9 feci: feceri A, fecit B. | meruit: innuit AH.   10 sin: sic AM.   12 constitutionum:
orationis MPh.   13 explicatis: explicatas AH.   14 quodlibet: quidlibet A, quolibet
MPh. | thema: themate M.   21 autem: aut A, ac O.   22 tribus: *om.* AH.   23 sic:
fit AH, sit O.   29 post erit: postera A, postea Ph.   31 etiam: *om.* AH.
32 inutilem: inutile AH. | id est: ut *add.* H, aut *add.* Ph. | damnum: civitatis *add.* AH.
34 si cum: inde A, sicut M.   35 determinaverat: determinat ABH.   36 ex: de AH.
38 autem: *om.* B, a M.

40 ab habitu esse, qui est arrogantia. *Deinde defensoris*, etc. Modus reprehensionis est contra firmam rationem aeque firma aut firmior. **2.18.56.** *Locus
autem communis*, etc. Iste locus est a causa ratiocinativa. *Nam illi quidem*,
etc. Praedicti communes loci ex qualitate constitutionis sumuntur et omni
definitivae constitutioni conveniunt. Sunt autem alii qui ex qualitate rei
45 fiunt de qua controversatur, verbi gratia, ex magnitudine periculi et ex
talibus; ideo non in omnem definitivam cadunt, etsi in omni genere
causarum in aliqua definitiva inveniantur. *Eorum*, etc. Id est communium
locorum.

<EXEMPLA CONSTITUTIONIS TRANSLATIVAE>

50 **2.19.57.** *Cum autem actio*, etc. Translativae constitutionis ponit exempla
quorum unum est incidentis translationis, alterum autem translationis
principaliter tractatae. Translationem autem intellegit in toto, commutationem vero in parte. *Huius nobis*, etc. *Genera translationum* appellat
diversitates earum tum secundum locum, tum secundum tempus, tum
55 secundum poenam, tum secundum et cetera. *Sed quia*, etc. Id est idem
loci in omnibus speciebus translationum considerantur; vel potius, ex
praeceptis unius speciei possunt alia per simile intellegi.

 Atque in nostra, etc. Apud Graecos frequenter incidunt translationes in
causis, apud Romanos vero rarissime, propterea quod Romae acturi
60 causas ante iudices prius ibant ad praetorem urbanum et ipse determinabat
et locum et tempus et iudicem et cetera quae actioni conveniunt. Et nisi
quis secundum hanc determinationem ageret, *a causa* cadebat, id est
causam perdebat. Hanc autem determinationem appellat hic Tullius
exceptionem, per quam exceptionem multae translativae controversiae
65 excluduntur, quae inciderent nisi illa praecederet.

 2.19.58. *Ibi enim*, etc. Id est ante praetorem, ante quem translativa
controversia frequenter tractatur et a quo *potestas* placitandi *datur*. Non
enim licet placitare, nisi sicut ipse praescribit. Apud illum etiam consti-
tuuntur privata iudicia et concipiuntur, id est excogitantur. Privata vero
70 iudicia sunt ea quae fiebant ab ipso praetore de translativis controversiis
ante ipsum tractatis. Communia vero iudicia sunt ea quae in Foro
Romano fiebant a iudicibus selectis.

 42 illi: illic AHMOPh. 43 praedicti: praedicta AH. 45 controversatur: controversantur AM. 53 huius *J apud Stroebel*: hoc O, eius *Stroebel*. 54 diversitates:
diversitatem MOPh. | earum: eorum B, causarum M. 55 id est: *om*. BM. 57 unius:
huius AH. 61 et[1]: eis AH. | cetera: etiam A, *om*. B, cum M. | quae: quod cuique B[pc] (quod
quoque B[ac]), qua M. | nisi: si ... non B, ne O, ubi Ph. 62 ageret: agere A, agent Ph. | a
H[2]i apud Stroebel: *om*. OPH *Stroebel*. 63 appellat: vocat MPh. 66 ante quem:
antequam BMPh.

In ipsis autem, etc. Hoc ideo dicit, quoniam res non potest ita a praetore determinari, quin casu aliquo translatio incidat ante iudices.
75 Quae translatio tum indiget alia constitutione, quando de una transitur ad aliam, ut prior confirmetur; sicut in hoc exemplo docet Tullius quomodo de translatione ad coniecturam transeatur, ut translatio confirmetur. Non autem dicit quod translativa constitutio incidat, sed translatio. Non enim est constitutio quando incidit, sed status incidens.
80   *Ut in quodam iudicio*, etc. Hoc exemplo non docetur translatio, sed quomodo incidens translatio confirmetur per coniecturas, quod est causam coniecturali constitutione confirmare. Non enim hoc ideo dicitur quod coniecturalis incidat, sed idcirco quod translatio coniecturalibus argumentis confirmatur, velut in hoc exemplo: quidam de hoc, quod
85 patrem veneno interfecit, et viva voce et scripto accusatus est, et idcirco *nomen* eius *extra ordinem acceptum* est.

Secundum Paulum in *Libris institutionum* accipere nomen extra ordinem est sic accusare aliquem, ut oporteat eum respondere sine respectu loci, temporis, condicionis, dignitatis. Si quis enim accusetur de morte
90 patris aut de eo quod dominum morti tradere voluerit, oportebit eum sine respectu alicuius horum respondere absque dilatione cuilibet appellanti illum. Nam in quocumque loco eum appellaverit sive in quocumque tempore, cuiuscumque dignitatis fuerit, sive sit servus sive liber, oportebit eum defendere se statim quam cito appellatus fuerit. *Nomen* vero ponitur
95 hic pro nominis delatione, id est accusatione. Subscribere vero nomen est accusationem in scripto ponere nominatim, id est nominatim designare quis fecerit et de quo accusetur.

Ordo vero sententiae talis est: cum quidam de hoc, quod patrem
99 occiderit veneno, et viva voce et scripto accusaretur, et ideo nomen eius extra ordinem acciperetur, deinde cum post appellationem scripto factam non parricidium sed alia crimina probarentur, contra talem appellationem poterit defensor translationem facere de poena parricidii ad aliam poenam, quae ceteris criminibus probetur quae probata sunt.

75 transitur: fit transitus AH.   81-82 causam: causas A, in causa H, eam MPh. 83 idcirco: circo A, ideo H.   84 quidam: quoddam A, quid autem M.   85 interfecit: interfecerit MOPh. | accusatus est: accusetur A, accusatur H.   89 loci: et *add.* A, *ss* H. | accusetur: accusaretur M, accusatur O.   92 quocumque¹: quo et qua A, quo et quae H. | sive in quocumque: et AH.   93 cuiuscumque: cuiusque AHM.   93-94 fuerit ... appellatus: *om.* A (*hom.*).   94 defendere: respondere vel defendere B, *def.* A. | se: *om.* MPh, *def.* A.   96 accusationem: accusatione A, actionem O. | nominatim²: nominatum A, nominativum H, *om.* O.   1 acciperetur: accipitur BM.

77-79 Cf. supra pp. 80.62-67; 102.58-68.
87-94 Cf. *Textes de droit romain*, ed. Paul Fr. Girard and Félix Senn, 7th ed. (Paris, 1967), pp. 405-406.

5   **2.19.59.** Dicet deinde, si damnetur, non posse eum alia poena affici
nisi illa qua parricidae afficiuntur, quoniam accusatio de hoc in scripto
continetur. Ergo, si non puniatur de hoc, nequaquam in praesenti accusatione damnabitur.

Verum tamen, etc. Quoniam alicui verisimile potest videri quod, qui
10 fecerit illa crimina quae probata sunt, etiam cito faceret parricidium, ideo
defensor adhibet coniecturam ad purgandum eum a ceteris criminibus. Et
hoc est confirmare translationem per coniecturalem constitutionem.
Quidam dicunt quod accipere nomen extra ordinem est accusationem
inordinate facere, id est aliud proponere et aliud probare, sed liber non
15 videtur eis consentire.

2.20.59. *Exemplum autem,* etc. Praedictum exemplum fuit incidentis
translationis, quia propter eam causa inchoata non est. Istud vero exemplum est de translatione ante praetorem principaliter tractata. Consuetudo
Romana erat, si quis equiti Romano membrum aliquod ad defensionem
20 patriae valens auferret, quod idcirco capite damnaretur. Idcirco ille, qui
manum praecidit, non audet venire in iudicium, nisi fiat exceptio praeiudicii, id est damnationis capitis.

Secundum Paulum in eodem libro praeiudicium est accusati reatus ante
causam iudicium, id est damnatio, sicut latrones antequam veniant in
25 causam iudicantur, id est damnantur. Similiter Romani iudices quando ad
eos de huiusmodi praecisione manus accusatio deferebatur, si certi essent
de praecisione, nolebant inde causam audire, immo vero ante causam
reum capite damnabant, nisi praetor aliqua dispensatione illam damnationem exciperet. Hoc ergo sciens accusatus postulat a praetore exceptionem
30 praeiudicii. Accusator vero postulat a praetore, ut permittat eos venire
ante iudices absque ulla exceptione. Inde ergo controversia est ante
praetorem de translatione poenae.

2.20.60. *Non enim,* etc. Haec ratio est defensoris. Recuperatorium
vero iudicium est iudicium non de morte, sed de alia re. Sicarios autem
35 appellat latrones qui in nemoribus deferunt sicam, illud genus gladii qui

---

5 dicet: dicat AH, diceret M, dicit O. | alia: aliena AH.   10 faceret: facere BHMPh,
fecere O.   11 a: de AHO.   17 causa: causam AH, *om.* O   21 praecidit: praeciderit
OPh.   23 accusati: accusanti AB^{ac}H.   24 veniant: conveniant AM.   26 praeci-
sione: praecisore OPh, praecisatae M. | certi essent: causa esset AH.   28 aliqua: aliquam
AH, aliquo M, causa *add.* M. | dispensatione: dispensationem AH.   29 exciperet: excipiet
B, acciperet H, excipiant M.   31 exceptione: acceptione A, ceptione H.   35 sicam:
sica B, sicas M. | qui: quod AH.

23-29 P. Thomas, "Deux citations du iurisconsulte Paul," *Rev. de l'instruction publique en
Belgique* 21 (1878) 30-31.

in baculo absconditur. Vel potest legi quod inrecuperatorium una pars sit,
et est sententia talis: non oportet per inrecuperatorium praeiudicium fieri
iudicium, id est damnationem quae solet fieri de sicariis.

    Infirmatio, etc. Haec infirmatio accusatoris est et est sententia verbo-
40 rum talis: tanta est iniuria, quod *indignum* est de ea non fieri praeiudicium, id est ante causam damnationem. *Iudicatio*, etc. Quod est dicere:
utrum iniuria ita atrox sit, ut, *dum de ea iudicatur*, fiat praeiudicium de
ea, quod solet fieri de maiori maleficio, sicut de sicariis, de quibus
praeiudicium constitutum est. *In omni autem*, etc. Docet locos utriusque
45 partis.

    2.20.61. *Utrum malitia*, etc. Dolose aliquando fit translatio, ut praesi-
dia parata auferantur adversario, aliquando vero per stultitiam, veluti si
aliquis stultus transferret locum aut tempus cum non essent transferenda,
aliquando vero per necessitatem sicut causa infirmitatis, aliquando vero
50 per occasionem agendi, sicut ille qui festinat propter praesidia parata vel
differt propter imparata.

    Locus autem communis, etc. Iste locus est a causa ratiocinativa. *A*
translatione autem, etc. Hoc est a parte transferentis; locus est ab eventu.
Tres igitur, etc. Praedictae constitutiones non habent species, quoniam in
55 unaquaque earum simpliciter et uno modo fit depulsio secundum quam
simplicitas et varietas constitutionum notatur.

    Nam quamvis sint diversa genera coniecturarum, tamen quia unus
modus depellendi est in coniecturali constitutione, ideo non sunt diversae
species coniecturalis constitutionis. Idem de definitiva et de translativa
60 dicendum est. Nam quamvis sint diversa genera definitionum aut translationum, non sunt tamen in aliqua istarum constitutionum diversi modi
depulsionum secundum quos species constitutionum assignantur. In
generali vero constitutione, quoniam sunt diversi modi depellendi—nam
et absolute et assumptive depellitur, assumptiva quoque depulsio diversis
65 modis fit—idcirco necesse est diversas species esse huius constitutionis, et
ideo generalis constitutio vocatur.

36 inrecuperatorium: recuperatorium B, iudicium *add.* AH, *cf.* in recuperatorio iudicio
Stroebel.   39 infirmatio[1]: infirmitur AH[pc] (infinitum H[ac]).   40 est[1]: *om.* AH.
41 iudicatio: iudicio A, autem *add.* B, iudicatione M.   42 iudicatur: hoc dicatur B, id
dicatur HMOPh.   43 quod: *om.* B, quae MOPh.   47 parata: operata A, praeparata
B. | auferantur: auferuntur AH. | veluti: ut AH.   48 transferret: transfert AH.   49 per:
propter ABH.   53 hoc: hic BO, haec Ph.   55 earum: eorum AH.   62 quos: quas
ABH.   64 et[1]: *om.* AM.

<Exempla constitutionis generalis>

2.21.62. *Cum et facto*, etc. Generalis constitutio quaedam fit de quantitate negotii, alia vero de comparatione, alia de qualitate ipsius negotii; *vis*
70 ergo ad quantitatem, *natura* ad comparationem, *genus* vero ad qualitatem
refertur. *Negotialis*, etc. Idem sentit haec definitio quod illa quae in priore
libro data est. Nam negotialis constitutio est controversia implicita, id est
laboriosa, qua quaeritur quid ex lege vel ex consuetudine aliquo modo
possit perpendi.
75   *Quidam pupillum*, etc. Pupillus dicitur ante annos discretionis. De illa
hereditate, quae pupillo acciderat aliunde quam ex parte patris, controversia est inter secundos heredes et cognatos pupilli. Dicunt enim cognati
quod pater non poterat secundos heredes facere nisi de his rebus, quae
ex parte ipsius pupillo accidebant. Secundi vero heredes dicebant quod
80 pater posset facere heredes et sibi et filio de omnibus rebus, quae pupilli
erant, ex quacumque parte accidissent. De hac re nullum certum capitulum in legibus Romanis inveniebatur. Inde igitur de hac re controversia
negotialis est. *Ratio est*, etc. Ista ratio est secundorum heredum.

2.21.63. *Atque hoc*, etc. Semel vult *admonere ne aut nusquam* dicat,
85 aut frequenter dicere oporteat quod *in* una *constitutione* de una re *plures*
rationes possunt adferri. Heres vero *lege* qui est heres cognatione, heres
vero *testamento* qui est heres secundum dispositionem. **2.21.64.** *Infir-*
matio autem, etc. Adventiciam pecuniam appellat quae pupillo aliunde
accidebat, in qua dispositio patris non valebat; in altera vero etiam post
90 mortem patris valebat quae mortuo pupillo heredibus debebatur.

2.22.65. *Utrique* autem, etc. *Ius* vocatur proprie iustitia. Iustitia vero
alia est naturalis, alia consuetudinaria, alia scripta. Consuetudinaria
descendit a naturali, a consuetudinaria vero descendit scripta. Nam
naturalis iustitia est vis quaedam naturaliter homini insita, qua impellitur
95 ad tribuendum cuique quod suum est, ut religio, pietas et consimilia. Haec
enim naturaliter hominibus insita sunt, quamvis per amplificationem
adaucta sint. Et haec quidem iustitia in primis hominibus fuit, deinde vero,

71 quod: et *add.* A, quidem et H.   76 quam: quod A, qua M, quia O.   79 ipsius:
illius B, patris AHOPh^ac. | accidebant: occidebat A, accidebat H.   81 accidissent:
occidissent A, accidisset M.   84 hoc: haec AHMOPh. | nusquam: numquam MPh.
85 oporteat: oportebat A, oportebit H. | de una re: ad unam rem MOPh.   86 cognatione:
cognitione AH.   87 heres: *om.* ABHO.   89 altera: aliam AH.   90 debebatur:
debeatur AH, dabatur B.   91 utrique H²*i apud Stroebel*: utriusque M, utrisque *Stroebel.*
| autem: aut *Stroebel.*   92 est: *om.* AHO.   94 qua: quia B, quam H.   97 adaucta:
adauctam A, adiuncta B^pc (coniuncta B^ac), adaucta H. | sint: sunt MO.

71-74 Cf. supra p. 92.31-43.

congregatis hominibus ad civitates, perceptum est quaedam esse utilia
99 civitatibus et illa constituta sunt esse iusta, ut suspendere latronem iustitia
est et consimilia; et illa quidem iustitia positiva dicitur, cuius constitutionis
causa in quibusdam rebus nobis aperta est, ut in suspensione latronis, in
aliis vero *obscura*, sicut sunt quaedam constitutiones quarum causa ignoratur. Postremo quaedam aut propter firmam consuetudinem aut propter
5 eorum rationem intellectam commendata sunt scriptis et haec quidem
iustitia legale ius dicitur.

Ac naturae, etc. Subdividit naturalem iustitiam et eius species describit.
2.22.66. *Religionem*, etc. Naturale est homini et deum diligere et caerimonium, id est cultum, ei adhibere, sicut in sacrificiis et in talibus.
10 Caerimonia vero dicta est a Caerete oppido, ubi cultus deorum viguit.
Pietatem, etc. Naturale est homini etiam patriam et parentes et cognatos
diligere et officiose conservare. *Gratiam*, etc. Grati naturaliter dicuntur qui
memoriter et remunerando observant haec tria sibi ab aliis exhibita.
Vindicationem, etc. *Vim* ponit in factis, *contumeliam* vero in dictis. *Et per*
15 *quam*, etc. Praedicta vindicatio de illatis nobis vel nostris amicis, ista vero
de aliis peccatis. *Observantiam*, etc. Honorem hic appellat consulatum aut
dictaturam et consimilia, dignitatem vero nobilitatem aut probitatem et
consimilia. Vereri proprie est timere, colere vero diligere. Naturalis iustitia
continetur in attributis personae sub ipsa natura.

20   **2.22.67.** *Ac naturae quidem*, etc. Et quia negotialis controversia
secundum certam legem aut consuetudinem est, ideo naturalia iura ad eam
parum valere dixit. Et quia vulgus de naturalibus non solet exercere
causas, sed de consuetudine aut de scripto, ideo in hanc controversiam
non inferuntur iura naturae, nisi causa similitudinis aut in locis communi-
25 bus ad aliquid augendum.

Consuetudinis autem, etc. Consuetudinariae iustitiae duae sunt species.
Nam consuetudinaria iustitia dicitur id quod constitutum est ab hominibus

---

99 iusta: iuxta AH.   2 causa: animi AH. | quibusdam: quibus AB.   4 postremo:
postrema MPh.   5 intellectam: intellecta AH, intellectivam O.   6 dicitur: Iustiniano
autem sic scribitur ius. Ius est ars aequi et boni. Ars est constitutio aequi quantum ad iustum,
boni vero quantum ad utile vel honestum. Et dividitur in naturale et positivum. Positivum est
ius gentium et civile ius, quod in scripto tenetur *add.* O, *cf.* Theod. *Com. Ad Her., infra*
pp. 275.84-276.99.   7 naturalem: naturale AO.   8 et¹: *om.* AH. | diligere: metuere
AHO.   8-9 caerimoniam: caerimonium AH.   10 est: *om.* AH.   11 pietatem:
pietate A, vero *add.* B, putarem O. |et cognatos: *om.* B, et cognatas M.   12 gratiam: vero
ss B, gratia M.   13 remunerando: remuneranda AH.   14 per: post ABHPh^ac.
15 vel: et AH, in O.   16 observantiam: observantia MPh.   17-18 dignitatem ...
consimilia: *om.* AH (*hom.*).   18 est: non *add.* MPh^ac.   20 et: *om.* MOPh.
25 augendum: agendum AHPh^ac, agendi B.

esse iustum, quia veteres id esse iustum comprobarunt, sicut maioribus
assurgatur et consimilia, sicut etiam edicta, id est decreta veterum
30 praetorum, in quibus fere tota illa species consumitur. Rursus consuetudinaria iustitia dicitur id quod usu cotidiano tenetur absque ulla consideratione vetustatis. Consuetudinariam ergo iustitiam aut vetustas facit aut
usus praesentis temporis.

2.22.68. In usu vero praesentis temporis sunt pacta, sicut ea quae ex
35 spontaneo condicto homines inter se constituunt; verbi gratia: si qui inter
se condixerint sic, "in quo remanserit heres, det marcam argenti." Non
enim ideo hoc tenetur quod a veteribus comprobatum sit, sed quia ex
praesentibus talis placet condicio. De pacto dicitur huiusmodi proverbium, "conventio vincit legem."

40   *Par* vero dicitur quod inter homines aequabile est, sicut "ne feceris alii,
quod tibi non vis fieri." Non enim tenetur propter auctoritatem veterum,
sed ex quadam condicione vivendi, quam homines inter se habent.

Iudicatum vero est quod, cum diu fuisset ambiguum, nunc demum ex
deliberatione alicuius aut aliquorum in praesenti tempore definitum est.
45 Hoc autem non ad vetustatem pertinet, sed ad praesentis temporis novam
consuetudinem. Consuetudinaria iustitia videtur pertinere ad consequens
negotium. Nam aut est in auctoritate veterum aut praesentium hominum.
Quidam vero dicunt quod consuetudinaria iustitia nihil est aliud quam
mos hominum. Mores autem, ut aiunt, continentur in attributis personae
50 in factis et dictis. Sed prior sententia propinquior est veritati. *Iam iura,*
etc. Lex sine dubio in consequentibus negotium continetur.

His ergo, etc. Partes iuris praedictae sunt loci argumentorum quibus
ostenditur, quid novi possit constitui ex eis, quae in natura aut in
consuetudine aut lege continentur. Haec autem consideratio fiet aut per
55 maius aut per minus aut per simile aut *ex ipsa re,* id est ex circumstantiis
praesentis negotii. *Attendendum est autem,* etc. Diligenter videndum est
ab oratore an qualitas negotii possit dare communes locos, quos ars non
praescribit.

2.23.69. *Absoluta,* etc. In absoluta quaeritur quid in se rectum sit vel
60 non rectum, non ex aliqua adiunctione, sicut in assumptiva, nec *implicite*

28 iustum[2]: *om.* AH. | sicut: ut *add.* AB, est *add.* O.   29 assurgatur: affirmatur B,
assignatur M.   31 ulla: AH, *ss* B.   34 ea: ex ea AH.   41 enim: illud *add.* AH,
illis *add.* B[ae].   45 vetustatem: venustatem AH.   50 iam: inde M, nam O.   53 quid:
quod A, et quid M. | constitui: constatii A, constiti Ph. | in[2]: *om.* BMO.   54 fiet: *om.* AH,
ratiocinando *add.* O.   57 dare: dari AH. | ars: animis H, *om.* M.

28-29 Cf. *Vict.,* p. 280.10.
39 Cf. Walter, *Sprichwörter* 13709: "Lex pacto cedit, pacto lex omnis obedit."

et abscondite, id est ex alio coniciendo, sicut in negotiali implicitum est quod quaeritur in eis, ex quibus conicitur, et absconditum, id est obscurum, est in se. Fit ergo haec definitio absolutae per remotionem negotialis et assumptivae.

65   *Cum Thebani*, etc. Exemplum absolutae est. Consuetudo Graiorum erat quod adepta victoria de Graiis signum victoriae momentaneum *in finibus* elevarent, ut declararetur victoria. Thebani vero *aeneum*, id est durabile, constituerunt. Inde ergo controversia est inter Graecos apud locum illum, ad quem omnes conveniebant, quia una civitas dedignabatur

70 ire ad aliam. Notandum vero quod non quaeritur quid iuris sit ex civili more et aequitate. Nam si Thebani consuetudinem Graecorum in hac re sequerentur, signum aeneum auferretur, et sic querela adnihilaretur. Nunc vero quoniam non ex consuetudine venitur ad causam, sed quid in se iustum sit quaeritur, ideo haec controversia merito absoluta est.

75   **2.23.70.** *Hanc ideo*, etc. Haec ratio facit absolutam constitutionem, alia vero posset facere assumptivam. **2.23.71.** *Ex iuris utilitate*, etc. Id est ex consuetudinario iure, quod causa utilitatis constitutum est. Naturam vero iuris appellat naturalem iustitiam. *Graves* vero loci sunt, quia commovent. *Dignitas* vero *causae* dicitur qualitas negotii.

80   **2.24.71.** *Nunc assumptivam*, etc. Tractat assumptivam et eius species, quarum definitiones quoniam in superioribus expositae sunt, nunc alia dicenda sunt. **2.24.72.** *Accusatur maiestatis*, etc. Legale verbum est, ac si diceretur: accusatur de diminutione maiestatis. **2.24.73.** *Infirmatio est*, etc. Infirmatio dicitur *coniecturalis* eo quod per coniecturalia argumenta

85 infirmatur praemissa ratio, et hoc est constitutionem per aliam confirmare. *Aut haec*, etc. Praedictae infirmationes coniecturales sunt et inde constitutio comparativa est; at ista infirmatio, etsi aliae quidem conveniant, tamen quoniam per comparationem fit praesenti constitutioni magis convenit.

90   **2.24.74.** *Oportebit*, etc. Si coniecturalis constitutionis infirmationes inducantur, oportebit coniecturalia argumenta adducere. *Ac maxime*, etc.

68 Graecos: Graios AH, Graio O.   71 Graecorum: Gracchorum Ph, Graiorum M. 72 auferretur: auferetur AB^pcHM.   75 facit: fecit AH.   76 utilitate: utilitatis AH. 79 vero: *om.* MO.   80 assumptivam[2]: assumptivum AH.   82 etc.: *om.* AH. 83 diceretur: dicitur fert A, dicentur Ph. |est: *om.* AB.   86 inde: tantum B, tum O, tamen Ph.   87 comparativa: comparata AH. |quidem: quidam A, quid O.   88 quoniam: quia M, quando O.   90 infirmationes: infirmationis AHM.   91 adducere: inducere AH, *om.* M.

81 Cf. supra pp. 94.22-96.66.
86-89 Cf. *Vict.*, p. 282.25-27.

Dicit imperator periturum fuisse exercitum, nisi arma concederet; ac sic comparat aliquam rem cum illa quae *crimini* datur, id est de qua accusatur. Illam ergo oportet coniecturis infirmare, id est ostendere exercitum non
95 fuisse periturum. *Sin autem*, etc. Sine certo nomine maleficii potest accusatio fieri sic, "iniuste egisti, quod arma hostibus dedisti." Certo vero nomine maleficii accusatio fit, cum qualitas maleficii nominatur sic, "minuisti maiestatem in hoc," etc. Cum ergo certum nomen maleficii
99 inducitur, tunc definitivus status in hanc constitutionem incidit et argumenta definitivae constitutionis adducuntur.

2.25.74. *Nam accusatori*, etc. Ideo tot constitutionum argumentis utendum est, quia illud valde infirmandum est per quod reus se defendit.
2.25.75. *Ipsa autem*, etc. Ostendit locos proprios huius constitutionis
5 secundum rationem aut infirmationem comparatam; ac prius instruit accusatorem. Vim vero huius constitutionis appellat comparationem.

Primus ergo locus est a disparatis, per quem ostenditur id quod adversarius fecit *non* esse *utile aut honestum aut necessarium*, id est dare arma; retinere vero illa esse utile, etc. *Aut non tantopere*, etc. Iste locus est
10 a comparatione minoris. *Deinde*, etc. Iste locus est a contrariis. Nam contraria sunt milites conservare et ea, quae causa salutis facta sunt, hostibus tradere. *Postea*, etc. Iste locus a comparatione maioris.

2.25.76. *Honesti autem*, etc. Vim appellat hic illarum rerum efficientiam in causis, naturam vero qualitatem quam ex se habent. *Deinde*, etc.
15 Iste locus est a summa negotii. Nam iudicatio dicitur hic summa totius causae breviter comprehensa, de qua iudices dant sententiam. Solent autem deliberatores summam totius rei, de qua consultant, sub quadam quaestione breviter proponere, ut inde dicat quisque quid sibi videatur. Similiter ergo hic proponendum est et est locis deliberationis utendum
20 quid melius faciendum fuerit.

2.26.76. *Defensor autem*, etc. Firma ratio contra aeque firmam. *Contrario*, etc. Hoc est quod ille minus dixit, iste magis utile et e converso.
2.26.77 *Loci communes*, etc. Locus communis *accusatoris* est a modo

---

92 sic: si AMO.   94 illam: illa A, illum O.   98 in hoc: nihil AH.   1 constitutionis: constitutio AH.   3 infirmandum: confirmandum ABH.   4 proprios: primos HO.   5 comparatam: comparativam AHB^{pc} (confirmativam B^{ac}).   6 huius: *om.* AH, *ss* B.   7 quem: quam A, quae M.   8 esse: causa AH, est B^{ac}, esset O.   15 iudicatio: iudicio AB.   17 deliberatores: deliberationes ABH, deliberantes M.   18 quaestione: constitutione AH. | quid: quod AM.   19 locis: locus AB^{ac}H^{ac}.   22 e converso: est conversio AH.   23 communes ... communis: communis AH.

facti, *defensoris* vero primus locus multiplex est: tum a modo facti, tum
25 a tempore, tum a causa. Secundus locus eiusdem a modo facti, tertius vero
ab administratione negotii.

2.26.78. *Relatio criminis*, etc. Relationem criminis describit dicens
eam fieri, quando accusatus dicit *se iure fecisse* id de quo arguitur, quia
iniuste provocatus ad id ab altero fuerit. *Horatius*, etc. Tres Horatii
30 Romani erant, tres vero Curiates Albani. Soror vero Horatii erat desponsata uni de Curiatibus. **2.27.79.** *Hoc in genere erat*, etc. Ostendit
locos, qui accusatori conveniunt. Potest autem coniectura ab accusatore
induci ad ostendendum quod non propter hoc interfecit illam Horatius.
Postea, etc. Hoc est defendenda est Horatia aut per coniecturam dicendo
35 eam non flesse aut per rationem praemii dicendo eam non tantum
promeruisse.

2.27.80. *Deinde*, etc. Iste locus a comparatione minoris. *Tum leges*,
etc. Iste locus est ab auctoritate legum. *Punitus* vero dixit active pro
"punierit." *Deinde*, etc. Iste locus est a simili, et est sententia litterae talis:
40 tu non es hodie audiendus, sicut noluisti audire illam quam punitus es. *Et
id quod iudicatum non sit*, etc. Hoc est, quia Horatius noluit venire in
iudicium antequam sororem interficeret, ideo, quod Horatia fecit, quasi
non fecisset reputandum est.

2.27.81. *Postea inpudentiam*, etc. Iste locus a facto adversariorum,
45 quod est post rem in administratione negotii. *Postea perturbationem*, etc.
Iste locus est ab eventu. **2.28.82.** *Postea demonstrabitur*, etc. Iste locus
est a maiori ad minus. *Deinde*, etc. Ab auctoritate legum quae contrariae
sunt facto Horatii. *Deinde quemadmodum*, etc. Iste locus est a comparatione minoris ad maius. *Postea*, etc. A contrariis. *Extrema est*, etc. Iste
50 locus est a summa negotii, sicut dictum est.

2.28.83. *Defensor autem*, etc. Ostendit locos qui conveniunt defensori.
Primum augendo, etc. Iste locus est ab habitu. *Postea levius*, etc. A
comparatione minoris. *Deinde oportebit*, etc. Primus locus de tribus
extremis fuit ille qui est a comparatione minoris, de quo in comparativa

25 vero: *om.* ABH.   29 ad ... fuerit: adfueri A. | ab altero: in ablativo H, *def.* A.
30 Curiates: *cf.* Curiatibus *SJ apud Stroebel*, Curiatiis *Stroebel*.   31 erat: *om.* MOPh.
32 conveniunt: conveniant BPh^ac.   33 induci: duci A, indici Ph. | quod: quoniam AH.
38 punitus *C apud Stroebel*: punitur A, poenitus *Stroebel*.   44 inpudentiam: imprudentiam BHOPh.   47 est: *om.* AHOPh.   48 facto: a facto AH.   48-49 etc. ... est: *om.*
A (*hom.*).   48 est: *om.* HPh, *def.* A.   51 autem: aut B, ante H.

55 constitutione praeceptum est; secundus a contrariis, ubi dicitur quod *ut ob
id fieri conveniret*; tertius locus et extremus est a summa negotii. Quae
omnia poterunt converti ut e contrario dicantur; nam quod adversarius
minus esse dixerit, poterit dici esse maius.

2.28.84. *Illa autem*, etc. Hoc est ille locus ab eventu, quo ostenditur
60 perturbatio iudiciorum futura, sic alleviabitur. Vide quomodo notaverit
modum reprehensionis. *Primum*, etc. A minori. *Deinde*, etc. A maiori, a
causa ratiocinativa. Sententia vero talis est: qui discretus est in animadver-
tendo res, debet animadvertere quod utile erat, ut haec res ab isto et hoc
modo vindicaretur. *Postea*, etc. Locus iste videtur esse a consequentibus
65 negotium, quod est dicere: quia omnibus peccatum manifestum est,
idcirco non oportebat eum venire in iudicium.

2.28.85. *Atque hic*, etc. A simili. *Locus communis*, etc. A causa
ratiocinativa. *In eius autem*, etc. Ab habitu. **2.28.86.** *Ab defensore* autem,
etc. Iste locus multiplex est: tum a modo facti, tum a *causa*, tum a
70 *tempore*, tum etiam ab eventu, quo ostenditur *quid mali* venturum *sit, nisi*
res *tam perspicua vindicata* fuerit *ab eo*, ad quem vel ad cuius cognatos
vel *ad aliquam rem*, quae omnibus cara est, pertinet.

2.29.86. *Remotio criminis*, etc. Tractat remotionem criminis et eius
species. Et prius ponit exemplum remotionis causae in hominem, ubi dicit
75 de quaestore quod non tradiderit sumptum, deinde in rem, ut in eodem
exemplo, cum dicit de mortuo quaestore si legatus viaticum non acce-
pisset. **2.29.87.** *Hoc in genere*, etc. Coniectura inducitur ab accusatore,
quod propter sumptum non dimiserit; comparatio etiam inducitur ad
ostendendum quod melius fuerit ire quam propter sumptum dimittere.
80 Relatio quoque criminis a defensore inducitur ad ostendendum quod
quaestor forifecit, quare *legati non sunt profecti.*

2.29.88. *Accusator autem*, etc. Docet locos qui conveniunt accusatori.
Sin minus, etc. Locus a disparatis. *Postea*, etc. A facto. *Deinde*, etc. Item
a disparatis. *Defensor autem*, etc. Docet partem defensoris. **2.29.89.**
85 *Primum*, etc. A causa impulsiva. *Deinde*, etc. A facultate et a causa
ratiocinativa. Nam quod non *potuerit* ad facultatem pertinet, quod non

---

55 quod: *om.* AH. | ut: non BHMOPh, nisi A.   56 conveniret *C apud Stroebel*:
convenerit AH *Stroebel.*   59 hoc: haec A, hic MOPh.   68 autem[2]: *om. Stroebel.*
71 tam: tamen AH. | vindicata: vindica A, iudicata O. | ad quem: aliquem A, ad quam H.
76 de: *om.* BMOPh.   81 forifecit: farifecit A, fere fecit M, forisfecit Ph.   82 accusatori: accusatoris AH.   86 potuerit: potuit ABM.

debuerit ad ratiocinationem. *Deinde omnia*, etc. Iste locus est multiplex: tum a studio, tum a facto, tum a dicto, tum ab eventu.

2.30.90. *Si autem non in hominem*, etc. Remotio causae in rem.
90 *Accusatione alterius*, etc. Id est quaestoris accusatione dempta quantum ad accusatorem et dempta *depulsione* culpae quaestoris quantum ad defensorem. **2.30.91.** *Hii tamen*, etc. Locus communis accusatoris a facto, defensoris vero a disparatis. *Ipsius autem rei*, etc. Remotio causae est, quando dicit reus in se non remansisse; facti vero remotio, quando dicit
95 factum non esse *suum officium*, sed se fuisse vicarium alterius in illo facto, sicut in hoc exemplo dicit iuvenem privatum tenuisse porcam in foedere pro imperatore. Nam erat consuetudo antiquorum ut in firmando foedere princeps vel sanguinem vel aliquod animal ad sacrificandum teneret.

99   **2.30.92.** *Hoc genus*, etc. Differentiam ostendit inter remotionem causae et remotionem facti, quod in remotione causae dicit reus factum quidem esse suum, sed in alio remansisse quod non fecit; in remotione vero rei dicit reus factum quidem non esse suum, sed se fuisse vicarium. Quod autem dixit *sine concessionis partibus* sic intellegendum est: partes
5 concessionis sunt in confessione peccati. Hic vero, quamvis reus dicat se esse impeditum, non tamen fatetur se pecasse. *Nam earum*, etc. Difficilius est defendere confitentem peccatum quam negantem.

2.30.93. *Atque in hoc genere*, etc. Sicut defensoris est remotio, ita etiam aliquando accusatoris, sicuti in subsequenti exemplo apparet.
10 **2.30.94.** *In hac ab utroque*, etc. In sequentibus determinabitur de quibus attributis sint partes honestatis et utilitatis. Exempla vero de adiunctis negotio sunt. Officium autem et potestas de attributis personae; ius etiam personae sub fortuna continetur in attributis personae.

2.31.94. *Concessio est*, etc. Ponit exempla de partibus concessionis et
15 docet locos. Notandum vero quod in talibus controversia est sive constitutio, utrum danda sit venia necne. **2.31.95.** Sed quoniam de concessione et partibus eius in superioribus satis dictum est, nunc ad sequentia transeamus. **2.31.96.** *Redemptor*, etc. Redemptores dicebantur qui habebant redditus, quibus redemebant animalia et nutriebant ad sacrificium et
20 in die praestituto ad altare secundum legem praesentabant.

89 hominem: homine MPh.   90 accusatione²: accusationem A, actione O.   92 hii: hic BM, hoc O, hi *Stroebel*.   3 quidem: quid A, *om*. O.   4 sine: sive AH. 5 confessione: concessione AM.   6 impeditum: impedimentum AH.   19 redemebant: remeebant A, reibant M, veniebant O.

2.32.99. *Nam in his omnibus*, etc. Ostendit locos convenientes his tribus generibus. *Primum* ergo ab accusatore coniectura inducitur, per quam aut inprudentia aut necessitas aut casus interfuisse denegatur, per quam coniecturam modus facti ostenditur. *Deinde*, etc. Ab exemplis et a
25 definitione. *Postea demonstrare*, etc. A facultate et a definitione. *Ac si qua necessitudo*, etc. Iste locus est a comparatione maioris et minoris.

2.32.100. *Atque tum ex his*, etc. Ius appellat hic naturam et consue-tudinem, aequitatem vero legem, ex quorum partibus ostendet accusator non oportere adversario ignoscere. *Et quasi in absoluta*, etc. Sicut ex
30 partibus iuris iuxta modum negotialis conicit esse iniustum, quod com-missum est, ita ex eisdem partibus iuris iuxta modum iuridicialis absolutae ostendit iniustum esse in se, quod ab adversario commissum est. *Atque in hoc loco*, etc. Argumentum ab exemplis in adiunctis negotio. *Et delibera-tionis*, etc. Ab eventu.

35 **2.33.101.** *Defensor autem*, etc. Convertere locos est ad suam defen-sionem locis praedictis uti, dicendo minus esse quod ille maius, vel e converso. *Maxime autem*, etc. A modo. *Et ex suo nomine*, etc. Ab eventu. *Et quanta*, etc. Iterum ab eventu. **2.33.102.** *Defensoris*, etc. Multiplex locus a casu et fortuna et natura et modo. *Propterea*, etc. Hoc est,
40 quaedam controversiae per se tractantur, quaedam vero sic tractantur, ut aliae in eas incidant.

2.34.104. *Deprecatio*, etc. Ostendit locos convenientes deprecanti et agenti contra deprecantem. Dicit autem deprecationem *vix in iudicio probari*, quoniam deprecatio alia recta, alia obliqua. Recta quidem num-
45 quam venit ante iudices, quoniam non possunt parcere. Obliqua vero deprecatio est quae fit per insinuationem hoc modo, "O, iudices, modo non postulat iste ut sibi parcatur; sed si postularet, dignum esset virtute et mansuetudine eius, ut sibi parceretur pro multis beneficiis quae vobis contulit." Et haec quidem pars deprecationis incidit in causam iudicialem
50 non propter hoc, sed propter aliud inchoatam.

2.34.105. *Quare hoc genus*, etc. Hoc est, quoniam deprecatio non venit aliter ante iudices, tamen quoniam recta deprecatio in deliberativo

---

25 postea ... definitione: *om.* O (*hom.*). | definitione[1]: comparatione AH, *def.* O.
30 iuxta: iusta AH.   30-31 negotialis .. modum: *om.* O (*hom.*).   31 eisdem: eiusdem
B[pe]Ph, *def.* O. | iuxta: iusta AH, *def.* O.   33 et: *om.* AH.   35 convertere: converte AH.
36 vel: et MPh.   37 converso: etc. *add.* AHO. | et ex *J apud Stroebel: om. Stroebel.*
39 hoc: hic AH.   48 parceretur: parceretis BHOPh, patentur A. | vobis: nobis ABH
49 incidit: inquid et A, incidat H.   50 hoc sed propter: *om.* AH.   52 recta: rata
AH.

genere tractatur, sicut de Syphace et de Numitorio Pullo, de quo refert L.
Opimius, in quo tamen magis valuit eius deprecatio quam quod diu
55 deliberatum est de eo; quoniam, inquam, hoc est, deprecationis quoque
praecepta dabit modo. *Et magis in hoc*, etc. *Postulatio cognoscendi* fit
quando aliquis postulat ut ratio, per quam defenditur, animadvertatur.
Postulatio igitur cognoscendi tantum valet hic quantum deprecatio, ut
animadvertantur beneficia propter quae debeant ei parcere. Postulatio
60 vero *ignoscendi* est quando simpliciter deprecatur, ut sibi ignoscatur, nec
se ullo modo defendit. *Nam semper*, etc. Vere magis hoc quam illud valuit.
Nam *non tam facile* persuadebat per coniecturam, ut sibi parcendum
esset, quam facile impetrabat per deprecationem commemorando beneficium postremum quod Romanis fecerat.

65 **2.35.106.** *Oportebit igitur*, etc. Primus locus a facto. *Et, si poterit*, etc.
A comparatione. *Deinde*, etc. Item a factis maiorum. *Deinde ostendere*,
etc. A causa impulsiva sive ratiocinativa. *Postea*, etc. Ab eventu. Nam
veniam datam dicit habere hunc exitum, quod scilicet inde sequatur eius
correctio et eorum, quos deprecatur, utilitas magna. **2.35.107.** *Postea*,
70 etc. A natura sive a convictu. *Et amplitudinem*, etc. Hoc est largitatem,
locus ab habitu. *Nobilitatem*, etc. A fortuna. *Deinde ceteros*, etc. A minori.
Ac multum, etc. Ab affectione sive ab habitu.

2.36.108. *Adversarius*, etc. Ostendit locos convenientes agenti contra
deprecantem. Primus ergo locus est multiplex, tum a modo ubi dicit *ex*
75 *crudelitate* factum, ab habitu ubi dicit *inmisericordem* et *superbum*, tum a
convictu ubi ostendit eum esse *inimicum*. *Si beneficia*, etc. A causa
ratiocinativa sive impulsiva. *Aut postea*, etc. A consequenti negotium.

2.36.109. *Deinde*, etc. A facultate et ab animi affectione. *Locus vero*
communis, etc. A facto. *Et alter*, etc. Ab habitu. *Quoniam ergo*, etc. Post
80 praedictas assumptivas, in quibus de natura aequi et iniqui quaeritur, restat
dicere de ratione praemii et poenae. Constitutio vero de ratione praemii
aut poenae, sicut in libro primo diximus, species est assumptivae. Nam

53 de Numitorio: dinumitorio M, de numinario O. | Pullo: Opilio B, pupillo O, Pupullo
Ph.   54 Opimius: Opinius AH.   56 modo: hoc modo MPh. | postulatio: igitur *add.*
A, ergo *add.* M.   58 valet: et *add.* A, non *add.* B.   60 quando: quoniam AH.
61 nam: nec MPh.   64 Romanis: Romani AO.   65 poterit: poterat A, *lectio dubia*
H.   68 sequatur: sequetur MPh, sequitur O.   70 amplitudinem: amplitudine AM.
71 etc.²: *om.* BM.   75 inmisericordem: inmisericorde A, misericordem B.   78 vero:
autem *Stroebel.*   79 alter: aliter B, altus M. | post: *om.* ABH.   81 praemii ... ratione:
om. MO (*hom.*).

82 Cf. supra p. 94.7-15.

assumptiva alia de natura aequi et iniqui, alia de ratione praemii aut
poenae. De assumptiva secundum naturam aequi et iniqui dictum est.
85 Nunc ergo non repetendo modos assumptivae constitutionis ostendit
tantummodo locos argumentorum qui conveniunt utrique in ratione
praemii. Nam cognita ratione praemii satis patet de ratione poenae. Sed
quaeritur in quo differat translativa constitutio de poena et ista constitutio
assumptiva de ratione poenae; et dicimus quod in illa fit translatio de
90 poena ad poenam, in hac vero poena ex toto removetur.

2.37.110. *Nam et apud iudices*, etc. Ostendit quod haec constitutio de
praemio et in iudiciali genere invenitur et in deliberativo. Dicit autem
quod apud iudices fit aliquando controversia, quando accusatores petunt
praemium sibi promissum ab eis, pro quibus accusaverunt. Nam secun-
95 dum leges praemia debentur accusatoribus et defensoribus.

Ac neminem, etc. Videretur alicui, quando controversia fit de praemio
ante senatores, quod illa controversia deliberativa esset et non iudicialis;
sed non est verum. Nam quando ante senatores unus petit praemium et
99 alius ei denegat et de illa controversia senatores deliberando iudicant,
quoniam illi iudicio hominem probant dignum praemio aut improbant,
idcirco non est deliberativa controversia, quamvis per sententiae dictionem, id est deliberando de ea iudicetur, sed iudicialis, quia de controversia
delata ante illos iudicium statuunt. Si vero inter se deliberarent an dandum
5 esset praemium alicui an non, et non de controversia delata ante illos,
illud non esset statuere *de homine probando aut improbando*, quoniam
non definiretur, quis controversando ante illos melius diceret, sed quid
patriae utilius esset per sententiae dictionem ostenderetur.

Omnino autem, etc. Hoc est, quamvis causae differant inter se *genere*,
10 quod alia iudicialis, alia deliberativa, etc., et *forma*, id est proprietate,
tamen qui cognoscit *vim causarum*, id est utilitatem, honestatem aut
aequitatem earum, *et naturam*, id est unde sint ortae, intelleget quod
habeant species communes et quod una in aliam incidat. Nam eadem
causa uno modo tractata deliberativa est, alio vero modo iudicialis.

---

85 non: *om.* HM.   91 etc.: *om.* AB *et sic saepius usque ad finem libri.*   6 esset:
esse AO.   7 definiretur: definietur AO.   10 forma *J apud Stroebel*: conformatione
Stroebel, est *add.* A.   11 tamen: tam HM. | utilitatem: aut *add.* AHO.

9-10 genere / forma: cf. Ansellus et Manegaldus apud *Will.*, fol. 41^*bis*vb, "Genus secundum M<agistrum> Ansellum dicitur finis ad quem tendit causa, quia ipse est principalis
natura, per quam fit diversum genus in causa; formam vocat proprietatem quandam agendi
quam ex fine recipit.... Secundum M<agistrum> Menegaldum sic: differunt *genere* quia aliud
genus est iudiciale, aliud deliberativum et *forma* id est constitutionibus" (cf. Fredborg,
CIMAGL 17, p. 31).

15 **2.37.111.** *Hic et in deprecatione*, etc. In deprecatione et in ratione
praemii non ostenditur ratio a depellente, quare non debeat affici poena
aut quare alius non debeat donari praemio, sed tantum infirmat argumenta
adversae partis, sicut depellens in coniectura facit. Non est igitur in talibus
iudicatio diversa a prima constitutione.
20 Sed in priore libro Tullius dixit quod in constitutionibus aliis a
coniectura iudicatio diversa esset a prima quaestione; ad quod dicimus:
<ita est>, quatenus id quod ibi dictum est secundum genera constitutio-
num dictum fuit, hoc est quod in unoquoque genere constitutionis diversa
esset iudicatio a prima quaestione. Illud vero quod hic dicitur secundum
25 speciem constitutionis dictum est.

2.38.112. *Ratio igitur*, etc. Hoc est, argumentum, quo probatur
praemium dandum esse, dividitur in quattuor partes, scilicet in argumentum ductum a beneficiis, etc. In beneficio intelleguntur et factum ipsi
personae attributum et adiacentia facto, quae sunt vis ipsius facti, id est
30 qualitas quae sub modo facti continetur, et tempus quod in gestione
negotii est, et causa quae est in continentibus cum negotio, et casus sive
industria quae iterum sub modo facti continetur.
Littera vero sic legitur. *Ex sua vi*, etc. Hic notatur qualitas beneficii.
Vera an falsa, etc. Falsis rationibus deceptorie probantur esse honesta
35 quae non sunt. *Ex casu*, etc. Hoc est, debetur praemium, si non casu sed
per industriam videbitur esse factum aut si in eo non remanserit, quamvis
ei casus obstiterit. Nam voluntas non differt a facto, quando non remanet
in eo qui debet facere.

2.38.113. *In hominem autem*, etc. *In hominem* appellat attributa
40 personae hominis, quorum primum est victus, hoc est *quibus rationibus*,
etc. *Quid sumptus*, etc. A studio. *Et quid aliquando*, etc. A facto. *Num
alieni*, etc. A facto *deorum* sive ab habitu. *Num aliquando*, etc. A facto
ipsius personae; nam ipse secundum proprium factum iudicandus est. *Aut
num iam*, etc. Iterum a facto ipsius personae [nam ipse secundum
45 proprium factum iudicandus est]. *Aut num necesse*, etc. A modo, nam

15 ratione: ratiocinatione AB, rationem H.   20 a: *om.* AM.   28 ductum: dictum
A, *om.* BH, dicunt M.   32 continetur: continentur AHO.   34 deceptorie: deceptione
AB.   35 si non: sine OPh.   39 in²: *om.* AB.   40 hominis: hominum AB.
41 et quid *MJ apud Stroebel*: ecquid *Stroebel*.   42 deorum: *om.* AB.   44-45 etc. ...
necesse: *om.* ABO (*hom.*).   45 num necesse: numquam iam M, num iam Ph, *lectio incerta*
H, *def.* ABO.

20 *De inv.* 1.14.19.

ostenditur non sponte fecisse, sed invitus aliqua necessitate cogente. *Aut num eiusmodi*, etc. A consilio vel a causa ratiocinativa. Nam ostenditur ea intentione petere praemium, ut reatum dissimulet, ac sic de se praeiudicium facit, id est antequam de hac re in causam veniat, iudicat se
50 dignum praemio.

2.39.113. *In praemii autem*, etc. Praemium est de consequentibus negotium. Definitio igitur et quantitas praemii et causa et cetera, quae praemio adiacent, pertinent ad consequentia negotium. *Deinde*, etc. Ab auctoritate maiorum. *Deinde ne is honos*, etc. Ab eventu.

55 **2.39.114.** *Atque hic*, etc. Iste locus communis est a consequenti negotium. Nam praemium inter consequentia negotium numeratur. *Et alter*, etc. Iste locus ab eventu. *Et tertius*, etc. Locus hic ab auctoritate priorum. Dignatos vero dixit passive, *deliberari* vero dixit quasi diminui. Nam deliberare habet duas significationes, aut scilicet aliquid consiliando
60 excogitare, aut de libra, id est de quantitate rei, aliquid diminuere. Quidam libri habent *delibari*, quod satis manifestum est. *Eius autem*, etc. Locus iste a comparatione parium.

2.39.115. *Deinde*, etc. Locus iste ab eventu. *Facultates autem*, etc. Facultas est in gestione negotii, in qua facultate considerantur haec: *copia,*
65 *agri*, etc. *Loci communes*, etc. Iste locus communis est a facultate. *Contra autem*, etc. Locus iste est ab auctoritate. *Ac de constitutionibus*, etc. Dictum est in primo libro quod controversia alia sit in ratione, alia vero in scripto. De controversiis, quae in ratione sunt, satis dictum est. Nunc de eis quae sunt in scripto Tullius dicit qui loci, quae argumenta eisdem
70 conveniant.

<DE CONTROVERSIIS IN SCRIPTO: EXEMPLA>

2.40.116. *In scripto*, etc. Rationem scriptionis appellat aliquod scriptum rationabile, sicut legem vel testamentum vel aliquid tale. *Pater familias,*

---

48 sic: si HMPh.   54 auctoritate: auctoritatem A, auctorita B.   57 alter: aliter ABH. | etc. ... locus: *om.* AB.   58 dignatos: dignos AB, dignatus O. | deliberari *C apud* Stroebel: delibari *Stroebel.*   59 habet duas: duas habet AB.   60 de libra id est: *om.* AB.   61 libri habent: *om.* H, habent M. | delibari: deliberari ABH *cod. apud Stroebel.* | etc. locus: *om.* AB.   63 etc. ... iste: *om.* AB.   64 considerantur: consideratur ABPh.   66 locus: *om.* AB.   67 sit: *om.* AB.   69 sunt in scripto: in scripto sunt AB. | Tullius: *om.* AB. | dicit: dici A, diceret B.

67 Cf. supra p. 101.35-57.

etc. Exemplum de *ambiguo*. *Legavit* dixit quasi dimisit in testamento. Sic
75 enim legislatores dicere consueverunt. *Pondo* vero indeclinabile est et in
singulari et in plurali et ponitur pro certo pondere auri vel argenti, veluti
pro marca vel pro solido. Tota autem ambiguitas huius exempli est in hoc
quod dixit: *dato quae volet*. *Primum*, etc. Primus locus est ab auctoritate,
quae ex consuetudine loquendi sumitur.

80   **2.40.117.** *Deinde*, etc. Iste locus est ab auctoritate ipsius legis. Sententia vero litterae talis est: non sunt ambigua putanda quae ex superioribus
et inferioribus determinantur, etsi per se ambigua videantur, quod fere
omnibus verbis accidit, si per se considerentur. *Deinde qua*, etc. Iste locus
ab auctoritate ipsius legislatoris et ab attributis personae eiusdem.
85 **2.40.118.** *Deinde erit*, etc. Iste locus est a disparatis. Administrationem
vero facultatem appellat, exitum autem utilitatem quae ex aliqua re
proveniat; vel potius *administratio* est usus sive utilitas, *exitus* autem
eventus legis ad quem tendit. Et est sententia talis: in publicanda meretrice
neque est ulla utilitas neque facultas.

90   **2.41.119.** *Ac diligenter*, etc. Hic locus a comparatione maioris et
minoris. *Deinde*, etc. Locus est ab auctoritate alterius legis. *Cautum* vero
dixit quasi prohibitum. **2.41.120.** *Permultum* autem, etc. Iste locus
videtur a signo esse, quod est inter consequentia negotium. Nam scriptura
signum videtur esse voluntatis. Dicit ergo quod, si testator *permitteret*
95 electionem heredi, non dixisset *dato quae volet*. Nam hoc non apposito
libera esset heredis electio, hoc autem apposito in dubium venit cuius ipsa
sit; vel potius a causa ratiocinativa. **2.41.121.** *Deinde*, etc. Locus a
tempore. *Post*, etc. Partes deliberationis sunt utile et honestum, quae in
99 diversis attributis ponuntur, de quibus in sequentibus dicetur.

     2.42.121. *Ex scripto* autem, etc. Ponit exemplum eius controversiae
quae est de scripto et sententia, in qua controversia unus oratorum dicit
tantum scriptum sequendum esse, alius vero solam sententiam, id est
voluntatem. Sententia vero scriptoris in aliquo scripto aut absoluta est,
5 sicut illa quae neque tempore neque loco neque aliquo casu neque alio

---

77 marca: Marco A, Martha O.   80 etc. ... est: *om*. AB.   83 etc. ... locus: *om*. AB.
85 erit ... est: *om*. AB, etc. iste locus est H, erit etc. iste est O.   87 proveniat: proveni
A, provenit B. | est: *om*. BO.   88 quem: quam APh.   89 facultas: facilitas HOPh^{pc}.
90 etc. ... locus: *om*. AB.   91 etc. ... est: *om*. AB.   92 quasi: *om*. AB.
96 esset: *om*. HPh, est O.   97 a^1: *om*. HMPh, sit a O. | locus: *om*. AB, est *add*. O.
1 autem: *om*. *Stroebel*.   2 oratorum: orator HO.   3 solam: solum A, *om*. M.
5 tempore ... loco: loco ... tempore AB.

modo excusanda est, sed generaliter et in se sine respectu istorum
ostenditur esse iusta. Alia vero assumptiva, quae ex aliquo praedictorum
sumit qualitatem iusti, cum tamen sine aliquo eorum iniustam esse
manifestum sit, et hoc est quod ait: *scriptoris autem sententia*, etc.

10   **2.42.122.** *Pater familias*, etc. Ponit exemplum absolutae sententiae. In
hoc autem exemplo voluntas scriptoris est, sive natus sit filius et infra
annos moriatur, sive natus non sit, quatenus tamen heres ex testamento
hereditatem consequatur. Sed *agnati* verbis haerentes, quia pater dixerat,
"si filius genitus fuerit, et si, antequam in *tutelam suam* veniat, moriatur,"
15 idcirco de hereditate controversiam constituunt, temptantes an ex verbis
testamenti adiudicanda sit eis hereditas. In hoc igitur scripto scriptoris
sententia ostenditur esse absoluta, quoniam non casu temporis cogente
recedendum esse a scripto ostenditur, sed generaliter et absolute scriptorem hoc voluisse asseritur.

20   **2.42.123.** *Illud autem*, etc. Dicit quod assumptiva sententia confirmetur argumentis assumptivarum constitutionum. **2.43.125.** *Ergo his*, etc.
Ostendit locos convenientes defendenti scriptum. *Primum*, etc. Locus ab
auctoritate scriptoris. *Et loco communi*, etc. Locus ab auctoritate iudicum.
Postea, etc. Locus a comparatione scripti et facti adversariorum et officii
25 iudicum. Dicit autem hunc locum *multis modis* esse variandum, hoc est
argumentum istud faciendum esse multis modis, quos modos auctor
subsequenter determinat.
    Tum ipsum adversarium, etc. Sententia huius litterae talis est: orator
vero *loco intemptantis*, hoc est similis disputanti, debet adversarium
30 producere, hoc est eum contra quem loquitur interrogare, an *neget* ita
scriptum esse, an neget se *contra* fecisse aut a se *contra contendi*.
Quodcumque vero istorum ausus fuerit negare, statim debet orator quasi
ex indignatione dicere sic, "nihil in hac die amplius dicam, si iste poterit
rationabiliter aliquod istorum negare." Hoc autem dicet quasi confidens
35 quod nullum eorum negare possit. **2.43.126.** Si autem negaverit *neutrum
et tamen contra dicat*, tunc concludet illum esse impudentem, qui tam
contraria recipit.

    13 dixerat: *om.* A, dixerit O.   15 controversiam: controversia AO.   16 eis: ei MO.
17 cogente: recedente *add.* AB.   20 illud *C apud Stroebel*: inde etiam M, aliud
Stroebel.   23 etc. locus: *om.* AB.   25 iudicum: iudicium B, iudicis Ph.   29 vero:
om. MOPh. | intemptantis *RJ apud Stroebel*: testis *Stroebel.*   31 contendi: certandi HPh,
factum O.   32 quodcumque: quod M, quicumque Ph.   36-39 tunc ... contra dicat: *om.*
AM (*hom.*).   36 impudentem: imprudentem BH, *def.* AM.

2.44.127. *Hoc loco*, etc. Docet eum, qui a scripto loquitur, quomodo contra dicat, sive absoluta sententia sive assumptiva inducatur. *Contra*
40 *autem*, etc. Ostendit quomodo inducitur absoluta sententia aut assumptiva, ut postea doceat quomodo contra dicendum sit. *Si aut prorsus*, etc. Sententia a scripto videtur esse remota et tamen absolute inducitur, sicut in praedicto testamento.

2.44.128. *Si aliud*, etc. Ostendit locos qui conveniunt contra inducen-
45 tem absolutam sententiam. Primus locus a signo. *Multa incommoda*, etc. Ab eventu. *Quod si*, etc. Item a signo. **2.44.129.** *Sin causam*, etc. Ostendit locos qui conveniunt contra inducentem assumptivam sententiam. Primus ergo locus est ab auctoritate legis. Nam vis argumenti est in eo quod ostenditur quatenus nulla causa contra legem valeat. *Deinde*, etc.
50 Iste locus est a consuetudine quae est in consequentibus negotium. Sententia vero litterae talis est: omnis consuetudo agendi causam *conversa* est; nam olim accusatores solebant *causam proferre*, id est probare, *eum esse affinem culpae qui accusaretur*, nunc vero e converso inducitur ratio quare peccaverit.

55   **2.44.130.** *Deinde hanc*, etc. Divisionem inducit cuius partes comprobat multis argumentis, quibus nullam causam contra scriptum accipiendam esse ostendit. **2.45.130.** *Prima pars*, etc. Ostendit quibus locis prima pars confirmetur. Primus ergo locus multiplex est, scilicet a natura et studio et facultate. *Consuesse*, etc. Ab auctoritate legislatorum. **2.45.131.**
60 *Deinde oportet*, etc. Ab auctoritate legum. *Aliquo in capite* dixit quasi in aliquo capitulo. *Aut apud eundem*, etc. Ab auctoritate legislatoris. *Et ostendere*, etc. Iste locus est ab eventu. Nam si exceptionem subintellegi concedatur, ad hunc exitum res perveniet quod quisque ex ingenio exceptiones finget, et inde ratio *iudicandi* et ratio *vivendi* perturbabitur.

65   **2.45.132.** *Postea*, etc. Iste locus est a minori. Nam si ipsi iudices legibus sunt obstricti, ut non liceat eis uti exceptionibus nisi eis, quae in lege scriptae sunt, multo magis adversarii debent esse legibus obstricti. Et hoc est quod praecipit fieri sub quibusdam interrogationibus, quibus interrogandum est, quare iudices secundum tempora legibus praefinita se
70 obstringant ad leges agendas et a suis propriis negotiis cessandi causam

---

41 aut: autem AM. | etc.: *om.* AM.   46 causam: causa MOPh.   49 quatenus: quamvis MPh, quod O.   50 iste ... est¹: *om.* AB. | quae: quod H, qui O.   55-56 comprobat: *om.* A, probat O.   58 ergo: locus B, igitur M. | et: a M, *om.* OPh.   59 et: et a M, a O. | legislatorum: legislatoris A, legis locorum B.   60 etc.: *om.* AM.   62 etc. ... est: *om.* AB.   63 ingenio: suo *add.* MO.   65 iste ... est: *om.* AB.   70 causam: causa HO.

quisquam eorum non afferat, nisi quae in lege excepta sit. Sunt enim in
legibus quaedam capitula ipsis iudicibus imposita, quibus obstringuntur ad
agendum causas, contra quae capitula non licet uti exceptionibus nisi eis,
quae in lege continentur.

75 **2.45.133.** *Deinde item*, etc. Iste locus est a maiori. Nam si non est
scribenda in lege exceptio, multo minus in re est exsequenda. Eam vero
scribi nec ipsi iudices paterentur nec populus, multo igitur minus eam re
exsequi iustum est. **2.45.134.** *Deinde indignum esse*, etc. Iste locus est ab
auctoritate populi et ab eventu. Nam auctoritas populi tanta debet esse,
80 quod sine ea leges non debent corrigi; si vero sine populo a iudicibus
corrigantur, hoc erit iudicibus invidiosum, hoc est inde erunt infesti,
quoniam sine populo nec locus nec tempus est corrigendi leges. *Derogari*
de lege est partem eius destruere, *abrogari* vero est ex toto destruere.
Quod si nunc, etc. Totum hoc de eodem loco est. Nam dicit ille, qui a
85 scripto est, se velle videre quis tam audax sit, qui sine populo legem ferat
aut accipiat. Dicit etiam se velle *videre* inde *actiones*, id est causas, agi, ut
dissuadeat iudicibus legem commutare. *Quod si haec*, etc. Conclusio est
per conductionem.

   Deinde si scriptum, etc. Locus a maiori. Nam si non existente scripto
90 non permitteretur Epaminondae ut de se ferret iudicium, multo minus
nunc cum lex existat, qua lege quisque constringitur, ne secundum libitum
vel iudicet vel faciat. Sententia vero litterae talis est: si lex non esset,
quaereremus eam, ut secundum verba legis fieret iudicium; neque lege non
existente Epaminondae *crederemus*, etiam *si* extra iudicium quidem esset,
95 nedum modo, cum et lex existat et Epaminondas in causa sit. Quidam
libri habent *nisi extra*, etc., quod satis planum est.

   2.46.135. *Secunda pars est*, etc. Docuit quibus argumentis prima pars
confirmaretur, nunc secundae partis locos assignat. *Hoc demonstrabitur*,
99 etc. Iste locus est ab eventu legis, qui eventus est inter consequentia
negotium. Nam finis legis sive exitus utilis aut honestus dicitur esse
eventus ipsius, qui inter consequentia negotium numeratur. *Aut ita*, etc. Ab

---

   71 sit: sint AH.   72 obstringuntur: constringuntur H, obstringantur M, astringuntur O.
75 item: *om.* ABHO. | iste ... est: *om.* AB.   76 scribenda: scribendum AB.
78 esse: eam H, *om.* MPh. | iste ... est: *om.* AB. | est: et M.   84 si: sic H, sicut O. | nunc:
non MPh, *om.* O.   86 actiones: factiones *Stroebel*.   87 legem: *om.* ABH. | est: *om.*
ABM.   89 locus: *om.* AB.   92 iudicet: dicat MOPh.   94 quidem: quidam AM.
96 nisi *i apud Stroebel*: ne si *Stroebel*.   97 secunda ... etc.: *om.* H. | est: *om.* MOPh,
def. H.   98 confirmaretur: confirmatur A, confirmetur B, confirmabitur M. | hoc: ergo M,
haec O.   99 iste ... est: *om.* AB. | qui: locus *add.* MPh, scilicet *add.* O.   1 esse: *om.*
AB.

auctoritate legis. *Tertius locus*, etc. Ostendit quomodo tertia pars supradictae divisionis confirmetur.

5   **2.46.136.** *Qui locus*, etc. Ostendit huius partis confirmationem esse
perutilem, quoniam, si adversario aequitatem causae abstulerit, cum ipse
adversarius scripto sit contrarius, a causa cadet, cum nec aliquam aequitatem nec scriptum secum habeat. Nam impudens est, qui non aliquo
istorum se defendit. *Nam superior*, etc. Alia commendatio est confirma-
10 tionis huius partis <a> confirmationibus superiorum partium. Nam
superiores confirmationes hoc agebant, ut necesse esset iudicibus etsi
invitis contra adversarium iudicare, quasi non liceret id fieri quod adversarius vellet. Haec autem confirmatio plus operatur, quoniam facit ut
iudices, etsi non cogantur, velint *contra iudicare*.

15   **2.46.137.** *Id autem fiet*, etc. Hoc est, haec confirmatio ducitur ex illis
locis, quibus accusator in assumptivis constitutionibus utitur contra eum,
qui se defendit aliquo genere assumptivae defensionis, scilicet vel comparationis vel alicuius aliorum. *Aut causae*, etc. Quod est dicere: debet ille,
qui a scripto est, causas rationabiles afferre, id est argumenta quibus
20 ostenditur, quare aut in lege aut in testamento ita scriptum sit, quod
scriptum est, ut ex hoc modo non scripta tantum defendere, verum
voluntates interpretari videatur ille, qui scripta defendit. Et hoc est quod
ait: *ut sententia quoque*, etc., hoc est, secundum sententiam et voluntatem
scriptoris, non solum secundum verba, scriptum videtur esse confirmatum.
25 *Aut aliis quoque*, etc. Per coniecturam et per iuridicialem absolutam
ostendet et quod scriptor voluit et quod sic velle debuit.

     2.47.138. *Contra scriptum est*, etc. Docet locos qui conveniunt ei, qui
dicit non scriptum sed voluntatem scriptoris esse sequendam. *Primum*,
etc. Iste locus est multiplex: tum a modo facti ipsius scriptoris, et hoc est
30 quod dicit: *quo animo*, tum a *consilio*, tum a *causa*, tum etiam ab aliis a
quibus ducitur argumentum in assumptivis constitutionibus. Nota vero
quod haec coniunctio disiunctiva *aut* ponitur in hac littera pro "et." *Tum
ex his locis*, etc. Ostensa aequitate causae, deinde inducet istos locos
contra adversarium. *Nullam legem esse*, etc. Iste locus ab auctoritate
35 legum est.

---

     5 etc.: *om.* AH.   7 nec: aliquod *add.* MPh.   11 superiores: rationes *add.* Ph, partes
add. O. | hoc: haec A, hic H.   12 invitis: multis H, minus M.   25 aliis: alii AM.
26 ostendet: ostendit MO. | et²: *om.* AB.   28 dicit: dixit HO.   30 aliis: illis ABH.
31 nota: notat A, notandum M.   34 etc.: *om.* ABM.

2.47.139. *Scriptorem ipsum*, etc. Iste locus est ab auctoritate scriptoris. *Deinde illum*, etc. Iste locus est a consilio, in quo latenter captat benivolentiam iudicum. **2.47.140.** *Postea quaerere*, etc. Iste locus est a simili. Nam debet aliquid grave inducere, quod et contra scriptum est nec
40 tamen excipitur in lege nec vitari potest quin fiat; et sicut illud non excipitur et tamen oportet fieri, ita et istud. Verbi gratia: si interitus totius civitatis contingeret, nisi Epaminondas exercitum ultra praescriptum diem teneret, si, inquam, hoc contingeret, oporteret eum tenere exercitum, quamvis iste casus *nusquam* in lege exceptus sit. *Eorum aliquid*, etc. Hoc
45 interpositio est. *Deinde*, etc. Iste locus est ab eventu.

2.48.141. *Deinde ex utilitatis*, etc. Iste locus est a contrariis. *Deinde leges*, etc. Ab auctoritate vel ab exitu legum et ab auctoritate scriptorum. *Postea quid sit*, etc. A definitione legis et iudicis obtemperantis legi. *Deinde quam*, etc. Iste locus est a disparatis. **2.48.142.** *Et quemad-*
50 *modum*, etc. Hoc est, sicut ei, qui a scripto est, utile est aliquid de causa adversarii diminuere, ita isti, qui a sententia est, utile est aliquid de scripto ad suam sententiam applicare vel ostendere *ambigue* esse *scriptum* et illam ambiguitatem magis secum facere quam cum adversario. Est enim valde utile ei, qui contra scriptum videtur loqui, si aliquid de scripto vel
55 minimum ad suam sententiam applicare poterit, quoniam sic acrem *vim*, id est validam quaerimonium, de scripto neglecto, quae multum acuit auditores et commovet, vel leniet vel destruet. **2.48.143.** *Praeterea*, etc. Locus iste est ab auctoritate legum. *Contra scriptum*, etc. Locus iste est ab auctoritate legislatoris.

60   **2.49.144.** *Ex contrariis autem*, etc. Tractat de illa controversia quae est ex contrariis legibus. *Olympicarum*, etc. Olympicas vocat certamen, quod in Olympo monte fiebat, in quo certamine magnum praemium victor accipiebat. **2.49.145.** *Primum igitur*, etc. Omnes loci, qui huic constitutioni conveniunt, a comparatione maioris et minoris ducuntur. Primus
65 ergo locus est a comparatione secundum exitum legum. Nam illa lex

---

36 iste ... est: *om.* AB.   37 iste ... est: *om.* AB, iste est O.   38 iudicum: iudicium A, *om.* B. | iste ... est: *om.* AB, iste est O.   43 oporteret: oportet HPh.   44 nusquam: numquam H^{ac}MO. | aliquid: aliquod BPh, aliqui O.   45 iste ... est: *om.* AB, locus H, iste locus O.   46 iste ... est: *om.* ABH, iste locus O.   47 auctoritate ... ab: *om.* M (*hom.*).
47-48 ab^{2} ... iudicis: *om.* B.   48 legis: legum MPh, *def.* B. | obtemperantis: atemperantis B, obtemperanti H.   49 quam etc.: *om.* AB, quam M. | iste locus est: *om.* ABH, iste locus MPh, iste est O.   57 praeterea: propterea A, propter B.   58 iste est^{1}: *om.* ABH, iste O. | etc. ... est: *om.* AB, etc. locus H.   61 Olympicarum *SJ apud Stroebel*: *om.* AB, Olympionicarum *Stroebel*.   62 Olympo: Olympico MPh. | certamine: *om.* AB.
64 ducuntur: dicuntur BO.

potius tenenda est quae maioris exitus, id est maioris utilitatis, est; exitus
autem in consequentibus negotium consideratur.

   Deinde utra lex, etc. Locus a comparatione secundum tempus. *Utra lex*
jubeat, etc. Locus a comparatione secundum auctoritatem legum. Nam
70 auctoritas legum aut in iussione aut in permissione est. *Deinde in utra lege*,
etc. Locus a comparatione secundum poenam quae est in consequentibus
negotium. **2.49.146.** *Utra lex iubeat*, etc. Item locus a comparatione
secundum auctoritatem legum. Nam auctoritas legum quarundam aut in
iussione aut in prohibitione est. *De genere omni*, etc. Locus a compara-
75 tione secundum totum et partem. *Deinde ex lege*, etc. Locus a comparatione secundum tempus.

   2.49.147. *Deinde operam dare*, etc. Locus a comparatione secundum
contraria. Nam unam legem aperte esse scriptam et aliam esse ambiguam
aut ratiocinativam, id est talem in qua multa oportet subintellegi, aut
80 definitivam, id est expositione verborum indigentem; unam, inquam,
legum esse talem et aliam talem contraria sunt. *Deinde suae*, etc. Scriptum
ad sententiam *adiungere* est ostendere verba legis ad sententiam
congruere; *traducere* vero ad aliam sententiam est ostendere verba legis
ad sententiam non congruere. Locus autem est a disparatis. *Postremo*, etc.
85 Locus iste est a comparatione ipsarum rationum. *Locos autem communes*,
etc. Isti loci communes sunt ab exitu legum.

   2.50.148. *Ex ratiocinatione*, etc. Tractat controversiam ratiocinativam. Gentiles vocat qui sunt de eadem gente, etsi non sint cognati.
   2.50.149. Ligneas vero soleas vocat cippum, quo pedes captivorum
90 constringuntur. Ideo autem tot capitula legum ponit, ut causam ostendat
controversiae, quae ex his capitulis oritur. Nam quaedam eorum videntur
adimere, quaedam autem dare potestatem faciendi testamentum.
   2.50.150. *Primum eius scripti*, etc. Locus iste est ab auctoritate scripti.
Deinde eius rei, etc. Locus iste est a simili. *Deinde idcirco*, etc. Locus iste
95 a consilio. **2.50.151.** *Postea*, etc. Locus iste a simili secundum exemplum.
Contra autem, etc. Docet locos contrariae partis. Dissimilia vero secundum quaelibet de adiunctis negotio possunt ostendi, exceptis similibus.

   66 est[3]: *om.* HPh, existit O.   68 utra: utraque ABHM.   70 legum: quarundam *add.*
A, est *ss* Ph. | permissione: promissione HO. | utra: utraque BH.   71 locus: *om.* AB. | est:
om. OPh.   72 item: iste HO. | locus: est *add.* MO.   74 etc. locus: *om.* AB.
75 etc. locus: *om.* AB.   77 dare: *om.* HMOPh. | locus: *om.* AB.   78 aperte: apertam
ABH.   80 expositione: expositionem HM.   81 legum: legem AB. | suae: suum B,
suam MPh.   83-84 traducere ... congruere: *om.* BO (*hom.*).   83 ad: *om.* H, *def.* BO.
84 autem est: *om.* HM.   85 locus ... est: *om.* AB.   88 vocat: vocantur AB.
93 primum ... scripti[2]: *om.* B. | iste est: *om.* AH, *def.* B, iste Ph.   94 locus ... est: locus
A, *def.* B, *om.* H, locus iste Ph. | locus iste[2]: *om.* AB, locus H.   95 locus iste: *om.* AB,
locus H.

2.50.152. *Ac si ipse quoque*, etc. Quod est dicere: debet ratiocinari per
99 maius, per minus, per simile, quod non scriptum ex eo quod scriptum est
possit intellegi. *Si non poterit*, etc. Hoc est, si non habuerit facultatem
ratiocinandi, tunc solum scriptum dicet esse sequendum et similitudinem
nihil valere, quoniam de similibus rebus diversas leges esse et secundum
unamquamque earum propriam esse legem dicet, ut intellegatur quod non
5 ex uno simili possit perpendi quid de alio dici possit legaliter. Iste locus
est ab auctoritate legum. *Loci communes*, etc. Isti loci sunt communes ab
auctoritate legum et legis scriptorum. **2.50.153.** *Contra ratiocinationem*,
etc. Isti loci similiter ab eisdem attributis adducuntur. Nam, quicquid est
extra scriptum, divinatio est, et ideo boni scriptoris est, ut de omnibus
10 caveat et nihil subintellegendum relinquat.

2.51.153. *Definitio est*, etc. Ponit exemplum definitivae controversiae,
quae est in scripto, de tribus, quorum unusquisque secundum legem
navem suam putabat, in qua controversia quaeritur quid lex dicat esse
navem relinquere. **2.51.154.** *Isdem* autem *locis* utimur hic, *quibus* et in
15 definitiva constitutione.

\<DE LOCIS ET ARGUMENTIS:
GENUS DELIBERATIVUM\>

2.51.155. *Nunc expositis*, etc. Postquam docuit qui loci et quae argumenta conveniant constitutionibus et legalibus controversiis in iudiciali
20 genere causarum, nunc docet illud idem in deliberativo et in demonstrativo, non quod non eaedem constitutiones in haec genera quae in iudiciale
genus incidant, sed quoniam alii loci et alia argumenta eisdem constitutionibus in eisdem generibus conveniant secundum fines horum generum;
et hoc est quod ait: *non a constitutione separati, sed ad fines horum*, etc.
25 **2.51.156.** *Nam placet*, etc. Ostendit fines generum causarum, ut appareat
secundum diversitatem finium quatenus oporteat diversos locos assignare.
Quare, etc. Quia honestas in utroque, sed alia in uno, alia in alio, idcirco
et quidam loci sunt communes et quidam proprii.

2.52.157. *Rerum*, etc. Enumerat res ex quibus argumenta propria
30 deliberativi generis duci solent. Divisio vero earum rerum talis est.

---

4 non: *om.* H.   5 quid: quidem B, quod M.   6-7 loci[1] ... legum: *om.* A (*hom.*).
6 isti ... communes: *om.* B.   13 qua: quo B, quam M.   20 idem: *om.* ABH.
26 diversitatem: diversitate A, diversitates HO.   29 etc.: igitur A, igitur etc. B.
30 solent: soleant M, solet Ph.

Appetendorum bonorum alia sunt bona in se, id est bonitates, ut virtus—
nam virtus bonitas est; alia vero sunt bona propter aliud, eo quod bonitate
participent in eo, quod utilia sunt, ut pecunia; alia vero et in se bona sunt
et utilia. Sic enim se habent res bonae quod quaedam earum sunt
35 bonitates, quaedam autem quibus accidit bonas esse propter usum,
quamvis non sint bonitates, aliae autem quae et bonitates sunt et ad usum
bonae sunt. Et hoc est quod Tullius ait in praedicta divisione: *nam est
quiddam quod* allicit *nos* sua *dignitate, non aliquo emolumento*, id est
quod ex se bonum est ita, ut non accipiat esse bonum ab extrinseco usu,
40 quem vocat emolumentum; aliae vero *non propter suam vim et naturam*,
id est non in se bonae sunt, sed quae aptae sunt ut eis utamur, idcirco
bonae esse iudicantur. Sunt vero alia quae propter utrumque bona sunt,
scilicet et in se et quia prae se gerunt *utilitatem*, id est quandam utilitatem
praetendunt.

45 **2.52.158.** *Sed ut expeditius*, etc. Vult in duo dividere quod superius in
tria divisit, ut brevior sit divisio; et ea quidem, quae utroque modo bona
sunt, a digniori parte bona appellat; et hoc est ea conferre *in meliorem
partem vocabuli. His igitur*, etc. Necessitas attributa est honestati, quia
necesse est quaedam fieri propter honestatem. *Affectio* vero est consue-
50 tudinis aliqua de causa commutatio. Haec item honestati attributa est,
quoniam multas dimittimus consuetudines propter honestatem. Item
utraque res attributa est utilitati, quoniam et quaedam fieri necesse est
propter utilitatem et quaedam commutantur propter eandem.

2.53.159. *Est igitur*, etc. Hoc nomen commune est et *vis*, id est
55 significatio, eadem. *Nam virtus*, etc. Definitio virtutis sic intellegenda est:
virtus est habitus animi quo reditur in modum naturae consentiendo
rationi. Nam modus naturae per vitium exceditur, ad quem modum per
virtutem sequendo rationem fit reversio. **2.53.160.** *Prudentia*, etc.
Scientiam hic vocat discretionem eligendi unum et detestandi aliud.
60 *Iustitia est*, etc. Postquam dixit iustitiam tribuere *suam dignitatem cuique*,
id est quod est iustum, ne hoc videatur dici de solo iure naturali, ideo

31 appetendorum: ex appetendorum HMPh, expetendorum O. |id est bonitates: voluntates
Bᵖᶜ (voluntas Bᵃᶜ), sunt *add.* M, id est in bonitate O.   33 participent: participant AH.
33-34 ut ... utilia: *om.* A.   33 pecunia: pecuniae MPh, *def.* A. | et: *om.* BHM, *def.* A.
35 bonas: bonitas BHPh, *om.* A.   36 quae et: *om.* H, quae O.   38 allicit: alliciat
Stroebel, alicuius A, afficit MPh.   40 quem: quam B, quod HM.   43 prae: per A, post
Ph.   47 ea: *om.* BM.   49 honestatem: inhonestatem B.   56 reditur: redditur
BHMO. | consentiendo rationi: in omni consuetudine M, consuetudo rationi O.
57 exceditur: extenditur A, excedunt M.   60 est: *om.* ABMPh. |postquam: per quam A,
priusquam M.   61 est²: *om.* AB.

addidit *conservata*, etc., ut scilicet in definitione concludat utramque
iustitiam et naturalem et positivam.

    2.53.161. *Gratia*, etc. Constructio sic facienda est: *gratia* est *in qua*
65 *continetur memoria et voluntas remunerandi*, scilicet alterius memoria, id
est *amicitiarum*, et alterius voluntas remunerandi, id est *officiorum*.
2.54.163. *Magnificentia*, etc. Tria concurrunt, ut magnificentia fiat:
primum *cogitatio*, id est discretio, *magnarum rerum et arduarum* (magna
vocat difficilia et utilia, ardua vero sunt ea quae sunt magnae dignitatis);
70 deinde animi propositum amplum, quantum ad magnum, splendidum,
quantum ad arduum; ad ultimum *administratio*, id est propositi exsecutio.
Nam magnifici et de magno cogitant et id in animo proponunt atque
exsequuntur.

    2.54.164. *Clementia*, etc. Ordo verborum sic faciendus est: *clementia*
75 est *per quam animi temere concitati in odium alicuius invectionis*, id est
in odium ex aliqua invectione, id est iniuria ortum, *retinentur comitate*, id
est quadam urbanitate sive curialitate. Quidam libri habent *iniectionis*,
quod idem valet. Quidam vero libri neutrum habent, quod satis planum
est. *Modestia*, etc. Pudorem honestum appellat verecundiam ex munda
80 conscientia procedentem, *caram* vero *auctoritatem* quae omnibus placet.
2.54.165. *Propter se*, etc. Postquam bonitates enumeravit, nunc contraria
et eorum media enumerat, quorum mediorum quaedam habent nomina,
quaedam autem per negationem utrorumque summorum designantur.

    2.55.166. *Amicitia*, etc. Non est amicus nisi diligat vere aliquem et ab
85 eo pariter diligatur. **2.55.167.** *Hic quia*, etc. Diversa genera amicitiarum
sunt. Nam est amicitia quaedam propter se appetenda, quaedam autem
propter se et propter utilitatem, quae amicitia propter regimen civitatum
habenda est. **2.55.168.** *Amicitiarum autem*, etc. Ostendit species amicitiae. Nam quidam fiunt amici propter religionem in qua sunt, quidam vero
90 propter impudicitiam; item quidam ab infantia se dilexerunt, quidam
autem noviter. Rursus quidam amici fiunt dando et accipiendo; item

    62 utramque: utraque AH.   68 arduarum: excelsarum *Stroebel, cf. Stroebel infra,*
patientia est ... rerum arduarum et difficilium ... perpessio (2.54.163).   75 invectionis *P³J*
apud Stroebel: vectionis A, iniectionis *Stroebel.*   77 iniectionis *M apud Stroebel.*
78 libri: *om.* AB. | neutrum: *cf.* inlecti *C₂ apud Stroebel* (invectio *V₂V₇ apud Stroebel*).
80 caram; curam A *Stroebel*, claram MPh.   83 autem: aut B, *om.* M.   86 propter:
per AB^ac HMPh.   89 religionem: regionem ABH.   90 quidam¹: qui HOPh.
91 fiunt: fuerit A, *om.* M.

    82 media: cf. *Vict.*, p. 302.39.

quaedam amicitia nocet, quaedam utilis est. Haec autem omnia enumerat,
ut sciamus secundum qualitatem causarum et opportunitatem temporum
et secundum hominum officia et aetates argumenta ducere. Nota vero
95 quod gloria et amplitudo ad fortunam pertinent, amicitia vero ad victum,
dignitas autem ad consequens negotium.

2.56.168. *Utilitas autem*, etc. Postquam de honesto dixit, dividit
utilitatem dicens eam esse *aut in* possessionibus, ut in villis <vel>
99 domibus magna est utilitas, *aut in corpore*, ut in viribus et velocitate et in
ceteris talibus, *aut in extrariis* rebus, sicut in vicinis et sociis et in rebus
eorum, quibus rebus multum augmentatur utilitas corporis. *Ut in re
publica*, etc. Ponit exempla eius utilitatis quae est in corpore, velut in
corpore civitatis sunt haec utilia: *agri, portus* et cetera, quibus incolumis
5 civitas servatur, ne periculum incurrat, aut libertas retinetur, ne dominio
subiaceat. *Alia vero*, etc. Praedicta ad vires civitatis pertinent; ista vero ad
ornamentum et ad maiorem amplificationem, non tantummodo ad vires.
Sic igitur superius triplex divisio redigenda est in duo, ut scilicet dicatur
quod utilitatis alia pars est *incolumitas* quae ad vires pertinet, alia vero
10 *potentia* quae ad amplificationem atque ad ornamentum pertinet. Nam
utilium quaedam sunt ad tutelam, quaedam ad ornamentum utilia.

2.56.169. *Atque in his omnibus*, etc. Facit tertiam divisionem utilium,
quod scilicet quaedam eorum sunt facilia, quaedam vero difficilia; et
ostendit definitionibus quid sit facile et quid difficile. Tres igitur divisiones
15 utilium ponit, quarum prima est quod utilium alia sunt in possessionibus,
alia in corpore, alia in extrariis rebus. Secunda vero divisio est quod
utilium alia ad vires pertinent, alia ad ornamentum. Tertia vero divisio est
quod utilium alia sunt facilia, alia difficilia. Haec autem omnia vel ad
fortunam vel ad naturam vel ad facultatem pertinent. Nam utilium
20 quaedam ex fortuna contingunt, ut pecunia et talia, quaedam autem ex
natura, ut vires corporis naturales et quodlibet aliud naturale, sive in
corpore sive in animo, quaedam autem ad facultatem pertinent, sicut res
extrariae, velut auxilium amicorum et consimilia.

98 possessionibus: *cf. De inv. ibid.*, aut in nostris rebus aut in corpore *M in Victorino apud
Stroebel* (aut in corpore *Stroebel*). | ut: aut HMOPh.   1 extrariis *P²i apud Marx*: ex
contrariis A, e contrariis Ph, contrariis BM *M apud Stroebel*, extraneis H *S²i apud Stroebel*.
2 augmentatur: argumentatur AHO.   3 exempla: exemplum MPh.   5 dominio:
domino ABH.   6 alia *J apud Stroebel*: aliae *Stroebel*.   12 his: iis *Stroebel*.
16 extrariis: ex contrariis AB, extraneis H, extremis O, *cf. app. crit. supra ad lin. 1.*
21 quodlibet: quidlibet HM, quilibet Ph.   22 corpore: sit *add.* HPh. | animo: anima
HOPh.   23 extrariae: extraneae HO, *lac. 6 fere litt.* B. |consimilia: cetera similia A, similia
O.

98 Cf. *Vict.*, p. 303.23.

2.56.170. *Quoniam ergo*, etc. Postquam egit de honestate et utilitate,
25 nunc agit de his rebus quas honestati et utilitati attributas esse diximus.
Ac prius de necessitate. **2.57.170.** *Puto igitur*, etc. Definit necessitatem
absolutam; nam est alia quae ex adiunctione oritur. Dicit igitur necessitatem absolutam esse illam rem, *cui* non *potest resisti* aliquibus viribus,
quin eveniat, hoc quantum ad necessitatem de futuro, *neque mutari*, hoc
30 quantum ad necessitatem de praesenti, *neque leniri*, hoc quantum ad
necessitatem de praeterito. *Atque ita*, etc. *Vis* necessitatis est ea quod nullo
praedictorum modorum potest ei mederi.

   Huiusmodi, etc. Aliquando necessitas in causam deprecativam incidit,
velut in illa causa quae est de nave rostrata. *Sin aliquae*, etc. Huiusmodi
35 res, quae habet vim superius descriptam, recte necessitas appellatur; sed,
si aliquid difficile incidat, quod ideo quia difficile est necessitas putabitur,
an sit huiusmodi an non, cito reperietur per superiorem quaestionem, id
est per superiorem inquisitionem, quid facile et quid difficile sit.

   2.57.171. *Atque etiam*, etc. De ea necessitate vult agere quae non est
40 absoluta, sed per adiunctionem contingit. *Nam aliter*, etc. Per exempla
ostendit differentiam inter absolutam necessitatem et eam quae est ex
adiunctione. Adiunctionem autem appello loci aut temporis aut alicuius
casus determinationem. Nam sunt quaedam quae, cum non sit necesse ea
per se fieri, tamen ex aliquo istorum contrahant necessitatem. *Hoc*
45 *inferius*, etc. Dicit esse necessarium quod videtur necessarium, sed,
quoniam doctor est eloquentiae, vulgarem usum in loquendo de necessitate exsequitur, sicut in civilibus causis solet induci; et est in veritate
necessitas absoluta, quoniam Cassilinenses nullo modo Hannibali resistere poterant.

50   *Quid igitur*, etc. Quid valeat divisio necessitatis praedicta, id est
quomodo utraque necessitas ad causam utilis sit et quomodo utraque
tractetur, ostendit. *Prope* vero dixit quasi "postea." Continuatio vero
litterae sic fit: quia talis est absoluta et in hoc differunt, ergo potest dici
quomodo valeant ad causam, et ostendit quod *plurimum. Locum* vero
55 *necessitudinis* appellat aptitudinem eius in causa. *Nam cum simplex*, etc.
Vere utraque plurimum valet.

   27-28 absolutam ... necessitatem: *om.* AO (*hom.*).   30 praesenti: *hic des.* A.
34 illa causa: illam causam HO.   36 aliquid: aliquod MO.   43 cum: *om.* B, etsi H.
| sit: *om.* B, sint HMPh.   44 hoc: hic BH, haec O.   45 videtur: esse *add.* HOPh.
46 doctor est: doctorem HM.   48 Cassilinenses: Cassilienses BH, Cassilinienses MPh,
(Cassilienses [*P²*] *vel* Cassilinenses *J apud Stroebel*), Casilinenses *Stroebel*.   55 causa:
causam BH.

   34 nave rostrata: cf. *De inv.* 2.32.98.

2.57.172. Nam absoluta cum inducitur, non potest ei resisti; cum autem determinata inducitur, considerandum est quam honesta, quam utilis sit determinatio, propter quam aliud necesse sit. Et hoc est quod ait:
60 *cum autem ita*, etc. Nam aliquid necesse est fieri ut fugiatur incommodum, aliud vero ut adipiscatur commodum. *Nam si velis*, etc. Contra absolutam necessitatem non est multum loquendum, determinata vero necessitas diligenter consideranda est, ideo quod fere huiusmodi necessitas ad usum civilem pertinet. Nam si quis diligenter attendat, vix umquam aliam
65 necessitatem in causa reperiret. *Praeter haec autem*, etc. Hoc est, praeter determinatam necessitatem est etiam absoluta, ut hoc exemplo patet: *necesse est*, etc. *Quod genus* posuit pro "ut."

2.57.173. *Ergo ut dixi*, etc. Quia determinata necessitas plurimum tractatur in civilibus causis, ergo determinatio consideranda est et talis
70 adiungenda, quae aut vim honestatis aut vim incolumitatis aut vim commoditatis in se retineat. Nam in civitatibus fere nihil est necesse fieri, nisi quia vel est ad honestatem vel ad incolumitatem vel ad commoditatem. Secundum igitur aliquod istorum trium determinatio assignanda est. Hoc autem Tullius competentibus exemplis distinguit.

75   **2.58.173.** *Ac summa quidem*, etc. Ostendit quae illarum trium rerum maximam vim vel mediam vel ultimam habeat in determinationibus. *Quae cum his*, etc. Hoc est, commoditas non potest aequari vel praeponi aut honestati aut incolumitati. **2.58.174.** *Hasce autem*, etc. Quod est dicere: quamvis honestas in se sit melior incolumitate, tamen contingit ex aliquo
80 casu, ut dubitetur quae earum cui praeponenda sit. Nam in tale periculum potest homo devenire, ut tunc praeponenda sit incolumitas ad tempus, si intellegatur quod honestas postea recuperari possit.

   Cuius rei, etc. Regulam certam tradit secundum quam discernatur quando incolumitas honestati praeponenda sit, quam regulam *certum*
85 *praescriptum* vocat *in perpetuum*, id est quod nullo tempore mutandum sit. *Nam qua in re*, etc. Sententia regulae talis est: quando incolumitati consulitur an praeponenda sit honestati, si illud quod de honestate ad praesens deliberatur, id est diminuitur, propter incolumitatem adipiscen-

59 sit¹: *om.* HMPh.   65 praeter haec *i apud Stroebel*: praeter hoc BMOPh, pariter *Stroebel.*   68 dixi *P³J apud Stroebel*: duxi M^pc (duxit M^ac), dico *Stroebel.*   71 retineat: re contineat M, retineant O. | fere: vere M, quidem *add.* O.   80-81 sit ... praeponenda: *om.* O (*hom.*).   81 homo: *om.* M, *def.* O. | ut tunc: *lac. 5 fere litt.* H, *def.* O. 82 postea: *om.* MPh.   85 in: etiam B, et HMPh. | mutandum: immutandum B, vitandum H.   86 regulae: vero litterae M, litterae talis est *add. et del.* Ph.   88 deliberatur: dilabatur B, delibatur M, deliberetur Ph^ac, *cf.* delibatum sit *Stroebel*, deliberatum sit *C apud Stroebel.*

dam, si, inquam, illud postea aliquando per virtutem et per industriam
90 recuperari possit, tunc incolumitas ad tempus praeponenda est, ut per eam
postea *recuperetur* id quod de honestate diminutum est. Si autem honestas
non poterit recuperari, tunc ipsa honestas praeponenda est. Bene vero
deliberare posuit pro diminuere. Nam deliberare est quasi delibrare, id est
aliquid de libra auferre. Quidam libri habet *delibare*, quod satis planum
95 est.

Ita in huiusmodi, etc. Hoc est, *cum incolumitati* consulitur eo modo,
quo nunc in regula determinatum est, tunc *vere* providetur honestati
quoniam per incolumitatem acquiritur honestas. *Qua in re*, etc. Quia
99 aliquando praeponenda est honestas, aliquando incolumitas, idcirco vel
conceditur *alteri*, id est honestati favetur et ea praeponitur, *vel ad condi-
cionem alterius* descenditur, id est ea condicione incolumitas praeponitur,
ut per eam honestas acquiratur. Ac sic *in praesentia* ab honestate quies-
citur et *aliud tempus* expectatur, in quo honestas recuperari possit.

5   **2.58.175.** *Modo illud*, etc. Honestas et incolumitas ita per se compa-
randae sunt. De tertia vero re, id est utilitate, diligenter considerandum
est an tanta sit, ut propter eam aliquid de honestate aut de magnificentia,
quae est species honestatis, diminuatur. Ideo autem hanc speciem posuit,
quoniam quando maxima utilitas incidit, tunc aliquid de magnificentia
10 diminuendum est, aliter vero non. *Atque in hoc loco*, etc. Quod est dicere:
maximum et principale est in talibus considerare utilitatem, propter quam
esse necessarium iudicemus, *ut proinde*, id est secundum hoc quod res est
gravis, id est magnum pondus utilitatis in se habens, laboretur et causa
necessaria iudicetur.

15   **2.58.176.** *Affectio* vero, etc. Postquam egit de necessitudine, nunc
affectionem describit dicens eam esse commutationem rerum ortam aut
ex tempore ut illud:

nunc aliud tempus, alii pro tempore mores

aut ex eventu negotiorum, id est ex aliquo casu, qui in aliquo negotio
20 contingit, sicut in bello contingit aut infortunium aut prosperitas, *aut ex
administratione*, id est ex honoribus—nam mutantur mores, cum susci-
piuntur honores—*aut* ex *hominum studio*, nam pravus ad meliores exer-
citationes deductus aliquando emendatur.

90-92 ut ... est: *om.* Ph (*hom.*).   90 eam: ea H, *def.* Ph.   93 deliberare[1]: *hic des.*
H.   94 delibare: deliberare BO, *cf. app. crit. ad* p. 213.88.   3 sic: si BO.   6 id
est: de *add.* OPh.   12 est[2]: erit M, *om.* O.   15 vero: *om. Stroebel.*

18 *Locus non inventus.*

Ut ad hostes, etc. Haec commutatio consuetudinis est secundum
25 eventum negotii. Nam quia ita contigerat vel videbatur contingere inter
Ulixem et Graecos in obsidione Troiae, ideo Ulixes ea occasione
consuetudinem commutavit. Et Aristippus similiter contra consuetudinem
aliorum aurum in mare deiecit, ut ex casu tempestatis, occassione arrepta,
persuaderet mercatoribus pecuniam spernendam esse. *Sunt igitur*, etc. Ab
30 exemplis infert. Dicit autem non esse solummodo considerandum quid
factum sit, sed potius adiacentia facto, id est intentio, tempus, persona et
cetera consimilia. Nota vero quod necessitas et affectio ad modum facti
pertinent. Nam quamvis affectio sit de attributis personae, tamen quando
ipsa affectio honestati aut utilitati attribuitur, tunc argumentum ex ea
35 ductum ex modo facti esse iudicatur.

<DE LOCIS ET ARGUMENTIS: GENUS DEMONSTRATIVUM>

2.59.177. *Laudes autem*, etc. Ostendit locos demonstrativi generis. *Sin
distributius*, etc. Dixerat generaliter locos huius generis esse attributa
40 personae, nunc vero dividit ut discretio eorum melius habeatur. *Atque in
his*, etc. Quod est dicere: in praedictis tribus, quae sunt aut animi aut
corporis aut extraria, oportebit valere quod in omnibus valet, hoc est
attributa personae in his valent, quae in omnibus constitutionibus utiles
sunt. *Contraria quoque*, etc. Ex eis, quae ad laudem dicuntur, intelleguntur
45 ea quae ad vituperationem pertinent.

2.59.178. *Videre autem*, etc. Non tantum praedicta attributa consideranda sunt, sed quomodo quis eis utatur, ut vehementer fiat laus aut
vituperatio. Nam aliter vel laudare vel vituperare aut stultum aut superbum
est. *Animi autem*, etc. Hoc est, intentio maxime aut laudanda aut vitupe-
50 randa est. *Nunc quoniam*, etc. Librum terminat et ostendit se *de inventione*
sufficienter tractasse.

---

24 est: *om.* OPh.   25 contigerat: contingerat B, contingant M, contingerit O.
28 arrepta: arrepti B, accepta O.   35 esse: *om.* M, *ss* O.   42 omnibus: omnia BMPh.
51 tractasse: explicit *add.* Ph, et sic est finis, vale mi *add.* M, Deo gratias amen *add.* O.

Commentarius super Rhetoricam
ad Herennium

Sigla

MS	= Berlin, Staatsbibliothek Preussischer Kulturbesitz MS lat. oct. 161 (Phillips 9672) fols. 36vb-75vb (s. xii).
Marx	= *Incerti auctoris de ratione dicendi ad C. Herennium libri quattuor*, ed. Friedrich Marx (Leipzig: Teubner, 1894).
codd. apud Marx	= codices a Marx adhibiti.
H (Herbipolitanus)	= Würzburg, Univ. Bibl. MS M.p. misc. f. 2 (s. ix-x).
P (Parisinus)	= Paris, Bibl. Nat. MS lat. 7714 (s. ix).
B (Bernensis)	= Bern, Burgerbibl. MS 433 (s. ix-x).
Π (Parisinus recentior)	= Paris, Bibl. Nat. MS lat. 7231 (s. xi).
C (Corbeiensis)	= Leningrad, Publichnaia biblioteka im. M. E. Saltykova-Shchedrina MS F vel. 8 aut. class. lat. (s. ix-x).
M (mutili)	= codicum *HPΠBC* vel consensus vel archetypus.
b (Bambergensis)	= Bamberg, Staatliche Bibl. MS Class. 22 (M. V. 8) (s. xii^2).
l (Leidensis)	= Leiden, Bibl. d. Rijksuniv. MS Gronov. 22 (s. xii).
d (Darmstadiensis)	= Darmstadt, Hessische Landes- und Hochschulbibliothek MS 2283 (s. xi-xii). Desinit de 4. 53. 66, unde eius vice fungitur :
v (Vossianus)	= Leiden, Bibl. d. Rijksuniv. MS Voss. lat. Q. 103 (s. xii^2).
E (Expleti)	= codicum *bld* consensus.
Alan.	= Alanus, *Commentum super Rhetoricam ad Herennium*, London, Brit. Lib. MS Harley 6324, fols. 1ra-68va.
Anon. Flor.	= Anonymous Florentinus, *Glossa super Rhetoricam ad Herennium*, Firenze, Bibl. Med.-Laur. MS Strozzi 38, fols. 1r-49v.
Rad.	= Radulphus de Longo Campo, *In Anticlaudianum Alani commentum* ed. Jan Sulowski.
Vict.	= Q. Fabius Laurentinus Victorinus, *Explanationes in Rhetoricam M. Tullii Ciceronis*. In *Rhetores Latini Minores*, ed. Carl Halm (Leipzig, 1863).
Will.	= Willelmus Campellensis, *Commentum super Rhetoricam ad Herennium*, York, Minster Lib. MS XVI.M.7 fols. 51rb-68vb.

<Theodorici Britonis Commentarius super Rhetoricam ad Herennium>

Circa artem rhetoricam haec sunt inquirenda: quid ipsa rhetorica sit, quae eius materia, quod genus, quod officium, quis finis, quae partes, quae species, quod instrumentum, quis artifex, quare etiam rhetorica vocetur. Circa librum duo: quae auctoris intentio, quae libri utilitas.

5   In superiori commentario, quem supra *Primam Rhetoricam* conscripsimus, quid sit ipsa rhetorica, quae eius materia, quae etiam cetera, quae inquirenda praediximus, etsi non sufficienter pro viribus tamen diligenter expedivimus. Semel autem dicta repetere non est consilium; neque dicta semel fortassis [non] placuerunt, repetita <vero> non laudem scriptori sed
10 potius odium ac vituperationem ab auditore merentur. De intentione tamen auctoris et de libri utilitate, quae diversae <sunt> ab intentione auctoris in primo libro et a primi libri utilitate, pro capacitate ingenii et facundiae facultate dicemus. Est igitur in hoc libro auctoris intentio plenarie de tota rhetorica disputare, id est de omnibus partibus eius, id est inventione,
15 dispositione, elocutione, memoria, pronuntiatione. Utilitas vero libri est partium rhetoricae artis omnium cognitio.

1 *in marg. add.* secunda rhetorica incipit. | rhetorica *bis* MS. | sit *s.l. add.*   5 quem: quae MS.

1-4 Cf. Theod. *Com. De Inv.*, supra pp. 49.13-54.29.

< In librum primum >

< IN PROOEMIUM AUCTORIS >

1.1.1. *Etsi in negotiis.* Ingressum facit ad artem in quo captat Gaii Herennii benivolentiam, ad quem scribit, ita dicendo: *etsi* id est quamvis, *in negotiis.* In negotiis familiaribus impedimur, quando in nostris sive in nostrorum negotiis familiarium detinemur. / *Otium studio suppeditare* id est ab aliis f. 37r
5 rebus propter studium cessare. *Libentius in philosophia* quam in rhetorica scilicet; per hoc apparet rhetoricam non esse partem philosophiae, cum dicat se libentius velle studere in philosophia quam in rhetorica.

    Tamen. Licet sim impeditus, ut dictum est, et licet aliud vellem facere, *tamen, Gai Herenni, voluntas tua,* id est amicitia tua in nos; vel *voluntas* quia
10 hoc scilicet volebas, *commovit.* Hic captat benivolentiam a persona sua. *Commovit,* dico, *ut de ratione dicendi* id est de rhetorica. Rhetorica dicitur ratio dicendi, similiter et dialectica; sed si tamen proprie loqui volumus, dicemus: dialectica est ratio disserendi, rhetorica vero ratio dicendi. *Ne aut tua causa noluisse putares,* id est ne putares nos istud nolle facere propter te,
15 aut ne putares *nos fugisse laborem,* id est ne putares nos esse inertes. Est enim iners, iuxta Senecam, qui laborem fugit, cui non crescit animus ex ipsa rerum difficultate.

    Et eo, id est propter hoc, *studiosius hoc negotium* scribendi artem *suscepimus, quod te non sine causa velle cognoscere rhetoricam.* Hic a persona
20 auditoris captat benivolentiam, cum dicat se intellegere ipsum Herennium velle cognoscere rhetoricam *non sine causa,* quasi dicat eum multa utilia vidisse in rhetorica, quare eam desideret, hoc modo sapientem ipsum appellans. *Non enim in se.* Vere non sine causa. *Non enim parum fructus* id

---

19 velle: vel MS.

---

10 Cf. *Auct. ad Her.* 1.4.8.
16-17 Sen. *Epist.* 22.7.
19-20 Cf. *Auct. ad Her.* 1.4.8.

est utilitatis, *habet copia dicendi* id est rhetorica. Definitio est data per
25 effectum; vocatur enim rhetorica copia dicendi ab effectu, quia scilicet
copiosos efficit in dicendo. *Et commoditas orationis* id est commoda oratio,
quae est illa, in qua scilicet est ornatus verborum et sententiarum. Hic captat
benivolentiam ab ipsa re, de qua est tractaturus, dicendo eam multum
utilitatis habere in se, *si recta intellegentia* id est per rectam intellegentiam,
30 quae sapientia est, *moderatione animi* id est virtute, *gubernetur.*

Quas ob res. Quia scilicet tam utilis est sic gubernata, breviter dicemus de
ea. Hic facit docilem. Hoc est enim quod dicit: *relinquemus illa, quae Graeci*
scriptores inanis arrogantiae causa sibi id est ad gloriam sui scilicet, *as-*
sumpserunt id est extra sumpserunt, quae necessaria non erant arti appo-
35 nentes. *Nam illi.* Reddit causam quare hoc illi faciebant. *Nam illi, ne parum*
multa immo ut multum multa, *quae nihil attinebant. Quare? Ut* scilicet *ars*
difficilior cognitu putaretur, id est ut ipsi valentes in re difficillima laudarentur.
Nos autem. Quasi dicat: non ita faciemus. *Nos autem ea,* etc., non *sumpsimus,*
id est non assumpsimus a Graecis. *Non enim.* Vere sola pertinentia ad artem
40 diximus. *Non enim spe quaestus* id est lucri, *aut gloria* id est laude, *commoti*
venimus ad scribendum, quemadmodum ceteri, sed ut industria id est studio,
dicere incipiemus, sed hoc interposito, quasi diceret, *si te* scilicet, etc. *Dicendi*
f. 37v id est perorandi vel dictandi subaudis. *Non multum iuvare.* Quare hoc / dixi?
Ideo *ut < intellegas>* hanc rationem praeceptionis id est hanc artem, *ad*
45 *exercitationem accommodari oportere.*

<DE OFFICIO ORATORIS, DE FINE ARTIS>

1.2.2. *Oratoris officium.* Notandus ordo totius tractatus qui talis est: primitus tractat Tullius de officio oratoris et de fine artis simul, postea de generibus
causarum, post de partibus orationis, post de partibus artis. Nunc ad litteram
veniamus. *Posse dicere* id est habere possibilitatem, id est potentiam cum
50 aptitudine dicendi; *de his rebus, quae sunt constitutae ad usum civilem* id est
ad utilitatem civitatis constitutae, dico, *moribus* id est consuetudine, *et legibus*
id est scripto. Quae res sunt illae? Iustum ipsum dico positivum. De naturali
enim iusto non tractatur ab oratoribus, nisi incidenter causa amplificationis.
Et iste est finis qui sequitur: *cum assensione* auditoris, id est ut persuadeat,

---

24 dicendi: discendi MS.   29 recta: rem MS.   32 relinquemus *d apud Marx*:
reliquimus *Marx.*   33 inanis arrogantiae: inar MS.   34 non *s.l. add.*   42 scilicet:
s. MS, *om. Marx.*   45 exercitationem: exhortationem MS. | accommodari: accomodare MS.
46 oratoris: incipit liber *in marg. add.*   50 his *codd. apud Marx*: iis *Marx.*

28 Cf. *Auct. ad Her.* 1.4.8.

55 quia persuadere finis est artis. Sed quia quandoque auditores sunt inflexibiles,
ideo addit: *quoad eius fieri poterit* id est quantum in se dicente est. Hoc est
idem cum eo quod dicitur in *Prima Rhetorica* hoc modo: "finis artis est
persuadere dictione," id est quantum in se dicente est, ut iam saepe dictum
est.

<\DE GENERIBUS CAUSARUM\>

60 Postquam de officio et fine tractavit, incipit de generibus causarum. Causa
vocatur tota controversia a principio usque ad finem, in qua continentur
rationes utriusque partis et infirmationes rationum. Genera causarum dicuntur qualitates ipsarum causarum procedentes ex finibus ipsarum. Causa enim
alia talis est quod ipsa demonstrativa est, et hanc qualitatem a fine suscipit,
65 qui finis est honestas. Quando enim aliquam personam laudare vel vituperare
intendimus, causam honestam vel inhonestam esse demonstramus; et causa
talis demonstrativa vocatur. <***> Alia rursus causa talis est quod ipsa
iudicialis est, et hanc qualitatem consequitur ex fine, qui finis est iustum.
Quando enim de aliqua re tractamus accusando vel defendendo, eam iustam
70 esse vel iniustam ostendere conamur, quod per iudices terminatur et definitur.

Nota etiam esse tria genera auditorum, ut sunt tria genera causarum: sunt
enim iudices ante quos tractatur iudiciale genus; sunt iterum senatores ante
quos deliberativum genus pertractatur; est quoque populus ante quem
75 demonstrativum tractatur.

Recipere debet orator. Ita dixi modo, ac si essent aliqua alia genera
causarum, quae non deberet recipere. Sunt equidem secundum quosdam
dehortatio, consolatio. Vel potes ita legere: tria sunt genera causarum; ea
recipere debet orator. Quae sint illa demonstrat: demonstrativum, deliberati-
80 vum, iudiciale. *Certae* ideo dixit, quia sunt multae laudes et vituperationes a
poetis <tractatae> de aliquibus rebus, sed generaliter et non ad certam
descendentibus personam. Nota etiam quod, quamvis in aliis generibus
causarum fiant laudes vel vituperationes, in demonstrativo tamen praecipue.
Deliberativum est in consultatione, quia consultando, id est consilium dando,
85 deliberamus. *Quod habet in se* sententiae *suasionem et dissuasionem.* Tota

---

67 *lacunam suspicor. Supple*: alia enim causa talis est, quod ipsa deliberativa est et hanc
qualitatem a fine suscipit, qui finis est utile. Quando enim de aliqua re tractamus deliberando,
eam utilem vel inutilem ostendere intendimus, et causa talis deliberativa dicitur.   82 in:
etiam MS.

57-58 *De inv.* 1.5.6.
58 Cf. Theod. *Com. De Inv.*, supra p. 53.92-1.
77 quosdam: e.g. *Vict.*, p. 174.37.

enim vis deliberandi in his duabus consistit, et potius in hoc genere est suasio
et dissuasio quam in ceteris. *Iudiciale est, quod positum in controversia est
potius quam cetera genera.* In iudiciali enim, in quo intentio et depulsio
< sunt >, praecipue dicitur esse controversia. *Aut petitionem.* Quando agitur de
90 repetundis. *Nunc quas.* Postquam docuimus de officio, de fine, de generibus
f. 38r causarum, *nunc quas res,* etc., / *deinde,* ordinem tractatus insinuat, *quomodo
has causas,* causas scilicet demonstrativam, deliberativam, iudicialem, *tractare conveniat.*

< DE PARTIBUS ARTIS >

1.2.3. *Oportet igitur,* etc. Ecce quas res oporteat habere oratorem. *Igitur*
95 inceptivum est. *Oportet igitur* in eo *esse inventionem,* id est debet orator scire
invenire, disponere, eloqui et sic de ceteris. *Veri similium,* quia si vera
argumenta non suppetunt, saltim debet invenire verisimilia. *Probabilem* id est
verisimilem.
99   *Ordo et distributio,* id est ordinata distributio vel distributurus ordo.
Refertur tamen ordo ad collocationem argumentorum, cum consideratur
scilicet quo loco istud argumentum, quo loco etiam illud ponendum sit in
causa, sive in principio, sive in medio, sive in fine. Distributio autem refertur
ad distinctionem argumentorum a se, ne scilicet multa simul, nisi necesse sit,
5 proferantur. *Rerum* id est argumentorum. *Quae* scilicet dispositio.
     Dispositionis, id est quo in loco quid dispositurum sit.
     Moderatio vocis. Quod si scilicet femineum planctum voles imitari, quodam
modo gracili et acuta voce uti conveniet; si vero aliquam gravem personam
imitabimur, grossa voce et depressa pronuntiationem facere conveniet. *Vul-*
10 *tus,* ut in *Arte Poetica* praecipit Horatius dicens:

tristia maestum
vultum verba decent, iratum plena minarum,
ludentem lasciva, severum seria dictu.

Et quare ita sit faciendum postea docet hoc modo:

15   si dicentis erunt fortunis absona dicta,
           Romani tollent equites peditesque cachinnum.

Gestus id est gesticulationes, scilicet motus corporis. *Cum venustate,* id est

89 aut petitionem *Marx*: cum patitione MS.   92-93 tractare: tractari *Marx.*
95 orator: debere *add.* MS.

11-13 Hor. *A. P.* 105-107.
15-16 Hor. *A. P.* 112-113.

cum pulchritudine, ne scilicet histriones aut operarii videamur, quod qualiter faciendum sit in tractatu pronuntiationis plenius docebimus.

20 *Haec omnia*, etc. Quaeret aliquis: quomodo tot et tanta consequi poterimus? Ad quod auctor respondet: *haec omnia*, etc. *Tribus rebus*. Quid sit unumquodque istorum docet: *ars est*, etc. *Viam* id est principium. *Rationem* id est ordinem. *Usus consuetudoque*. Plus est consuetudo quam usus. *Quoniam igitur*, etc. Brevem transitionem facit, ostendendo quid dixerit et quid

25 dicturus sit. *Oratoris officii*. Officia oratoris in hoc loco vocantur partes artis; et merito oratoris est officium invenire, disponere, et haec iterum partes sunt artis. Nihil autem impedit easdem res esse partes artis et officia oratoris diversis respectibus. Ista vero officia ad partes orationis accommodantur, quia unumquodque istorum, scilicet inventio, dispositio, etc., in unaquaque parte

30 orationis sunt necessaria, scilicet in exordio omnes partes artis, in narratione similiter et sic in ceteris; et hoc est quod ipse dicit hoc modo:

<DE INVENTIONE>

<DE PARTIBUS ORATIONIS>

1.3.4. *Inventio in sex partes orationis consumitur*, id est tota est in omnibus sex partibus, in exordio, narratione, etc. Definitiones singulorum apponit: *exordium est principium orationis*, et quia quandoque oratio est sine exordio,

35 determinat quod principium est *per quod* scilicet *animus auditoris vel iudicis constituitur, vel* id est *apparatur ad audiendum* ea scilicet, quae restant ad dicendum. *Proinde ut gestarum expositio*. Debent enim ita exponi res tamquam si gestae ita essent. *Divisio* id est partitio, *per quam aperimus quid conveniat, quid in controversia sit*, et hoc quantum ad unam speciem parti-

40 tionis; *et per quam exponimus de quibus rebus*, et hoc quantum ad distributionem, quae est altera species partitionis. *Confirmatio est nostrorum argumentorum expositio*. Et quia hoc totum potest habere narratio, addit *cum assertione*. Alii libri habent *cum asseveratione* quod idem est, id est argumentando. *Confutatio* id est reprehensio, *est contrariorum | locorum dissolutio*, f. 38v

45 id est debilitatio. *Conclusio*, quam dicunt perorationem et epilogum, ipsa est *orationis terminus* id est finis, *artificiosus*, quia quandoque per enumerationem et tunc quoque multis modis, quandoque per indignationem, quandoque per conquestionem; et ad ista facienda maximum est adhibendum artificium.

---

23 consuetudoque *Marx*: consuetudinisque MS.   24 igitur *d apud Marx*: ergo *Marx*. 35-36 auditoris ... apparatur *bl apud Marx*: auditoris ... constituitur *Marx*.   43 assertione *om. codd. apud Marx*.   44 est contrariorum *bis* MS.

19 Cf. infra pp. 293.91-301.52.

Nunc quoniam una, etc. Quasi continue locutus est de partibus artis
50 rhetoricae, quas vocat officia oratoris, et de partibus orationis rhetoricae,
quod repetit modo ita dicens: *nunc, quoniam producti sumus,* id est tractando
ad hoc venimus, *ut de partibus orationis loqueremur et* ut *eas* partes scilicet,
ad inventionis rationem accommodaremus, id est doceremus in ipsis partibus
quae argumenta [quae] eis conveniant invenire. *Producti sumus* dico ad hoc,
55 quod dictum est et hoc et hoc modo. *Una* id est simul, *cum officiis oratoris;*
et quare hoc fecerit subiungit: *quo* pro "ut" *res cognitu facilior esset.* Quia ita
fecerimus, hoc faciendum est scilicet *de exordio dicendum videtur. Dicendum*
pro docendum et *primum* de ipso.

< DE EXORDIO >

< DE QUALITATIBUS CAUSARUM >

1.3.5. *Causa posita,* id est cum ad accusandum, id est ad controversandum,
60 *veneris. Quo* pro "ut." *Commodius* quantum ad rem ipsam de qua tractamus,
facilius quantum ad auditores. *Genus causae,* id est qualitas causae consideranda est.

Genera causarum, etc. Tractaturus de exordio ostendit genera causarum,
id est qualitates causarum generales secundum quas exordiendum est; non
65 quaelibet genera causarum, non deliberativum, non demonstrativum, non
iudiciale, quia secundum ista non mutantur exordia, sed honestum genus
causae et turpe.

Honestum, etc. Ostendit secundum quas qualitates causarum variatas
variantur exordia. *Quod ab omnibus defendendum videtur,* ut si pro patre tuo
70 causam egeris. *Quod ab omnibus videtur oppugnari debere,* ut si contra rei
publicae destructionem. *Ut pro viro forti contra parricidam.* Hac descriptione
ostenditur quid sit honestum in causa. Nota quod quandoque ex utraque
parte causa honesta est, scilicet ex parte accusatoris et defensoris, ut ea causa
quae a duobus agitur quorum uterque pro patre suo causatur; quandoque
75 tantum ex altera parte est honesta, tunc scilicet cum patriae proditor
accusatur, a parte scilicet accusatoris.

Turpe. Nota idem esse turpe et admirabile genus causae.

Dubium genus est. Nota sub dubio contineri anceps et obscurum, de
quibus dictum est in *Prima Rhetorica.* Descriptio quoque ista dubii non est

---

52 loqueremur *Marx:* loquamur MS.   55 simul: isimul *ante corr.*   58 pro: post MS.
61 facilius *om. codd. apud Marx.*   67 et *s.l. add.*   75 cum: quando cum *ante corr.*

77 *Will.,* fol. 51vb, "Genera quod in alia vocavit admirabile, hic turpe, quod ibi anceps,
hic dubium; praetermittit obscurum." =*Anon. Flor.,* fol. 3r; cf. *De inv.* 1.15.20.
79 Theod. *Com. De Inv.,* supra p. 110.55-69.

80 sufficiens. Potest enim dubium esse genus causae, etsi non sit in eo honestatis
pars et turpitudinis; potest autem esse dubium aliis causis, si vel erit iudicatio
dubia, vel tardi erunt auditores, vel si aliquid tale contingat. *Contempta* id est
contemptibilis. *Ante adfertur* id est tractatur in causam.

<Dᴇ ᴘʀɪɴᴄɪᴘɪᴏ>

1.4.6. *Cum haec ita sint* id est cum talia sint genera causarum, *conveniet*
85 *rationem* exordii *ad genus causae accommodari*, ut scilicet pro qualitate
causarum adaptentur exordia. *Exordiorum*, etc. De exordio tractat hoc modo:
primitus ipsum dividit / in duas partes, quas postea definit. *Duo genera* id est f. 39r
duae maneriae: *principium, quod Graece prooemium vocatur, insinuatio, quae*
epodos nominatur, ut in Horatio quaedam pars odarum epodos nominatur,
90 quod quidam saeculare carmen, alii clausulae interpretantur. Sed peccant,
quia epodos, id est insinuativum; quia ibi Horatius latenter et quibusdam
insinuationibus reprehendit. Alii dicunt quod horodos debet dici, non
epodos, quia nostrum p significat r Graecorum, sed nesciunt quid dicunt.
Statim id est sine dissimulatione et sine digressione. *Ad audiendum* ea
95 scilicet quae restant ad dicendum. *Id* scilicet principium, *ita sumitur*, id est
ad hoc fit, *ut attentos, dociles, benivolos auditores* habere possit. Isti enim sunt
fines exordiorum.
Si genus causae. Docet in quo genere causae quem finem principii facere
99 debemus. *A benivolentia principium constituemus* id est benivolentiam per
principium captabimus. Quare? *Ne scilicet quid illa turpitudinis pars obesse*
possit.
Sin humile genus causae. Facere attentos oportet, ut Vergilius de apibus
tractaturus cum re scilicet humili facit attentos auditores, dicens:

5   admiranda tibi levium spectacula rerum,
            mores et studia et populos et proelia dicam.

---

83 ante adfertur *bl apud Marx*: antefertur ᴍs, adfertur *Marx*.   84 conveniet *Marx*: cum
ᴍs.   85 rationem *Marx*: ratio ᴍs.   91 ibi: hic ibi ᴍs.   6 proelia *Verg.*: praemia
ᴍs, *sed cf. infra Com. Ad Her.* (p. 323.48).

80 *Will.*, fol. 52ra, "Dubium. In alia dedit huic generi duas partes, quando scilicet iudicatio
est dubia et quando est particeps honesti (honestum ᴍs) et turpitudinis. Hic autem dubiam
iudicationem praetermittit.... Quod enim res honesta turpis vir est, rebus ascribitur; quod dubia
est iudicatio vel tardi auditores vel res difficiles, hoc hebetudini ingeniorum hominum
ascribendum est." = *Anon. Flor.* fol. 3r.
89-90 clausulae: cf. *Scholia in Horatium* λ φ ψ, ed. H. J. Botschuyver (Amsterdam, 1935),
p. 216.3; *Scholia in Horatium* א ב, ed. H. J. Botschuyver (Amsterdam, 1942), p. 161.2.
91-92 Cf. Petrus Helias, *Summa super Priscianum*, ed. Reilly, p. 63. "'epodon' interpretatur 'obliquatio,' unde dicitur 'epodicum carmen,' quia ibi Horatius remordet oblique."
5-6 Verg. *Georg.* 4.3; 4.5.

Sin uti nolemus, etc. Docet quomodo faciamus, sive principio volumus vel nolumus uti.

1.4.7. *Quoniam igitur,* etc. Hucusque docuit qui fines in quo genere causae
10 sint captandi. Nunc docet quomodo fines istos habere possimus. Sic continua: attentos, dociles, benivolos habere volumus auditores; et quoniam hoc
est, igitur aperiemus quomodo quidque confici possit, docilitas scilicet et
cetera. Docet primitus locos docilitatis. Docilitatem *habere poterimus, si*
summam causae breviter exponemus, et erit locus ab re in complexione, in
15 continentibus cum ipso negotio. *Et si attentos faciemus.* Quare? Ideo subaudis: *nam docilis est,* etc.
     De magnis id est difficilibus. *Novis* id est *inusitatis. Verba facturos* id est
locuturos. Unde autem sit locus in talibus, liber non assignat; nos autem
dicimus locos istos esse ab attributis personae vel negotio secundum modum
20 inducendi argumenta. *Aut ad deorum inmortalium religionem, pietatem.*
Pietas sub habitu continetur, religio sub affectione. *Et si rogabimus,* etc.
Preces vero et obsecrationes sub affectione habent contineri. *Et si numero.*
Item locus a summa causae.

1.4.8. *Benivolos auditores.* Postquam docuit quomodo dociles, quomodo
39v 25 etiam attentos auditores faci/amus, docet benivolos facere.

1.5.8. *Si nostrum officium laudabimus.* Locus a factis in attributis
personae. Officium enim est congruus actus uniuscuiusque personae secundum mores et instituta civitatis. *In parentes.* Locus a natura. *In amicos.* Locus
a convictu. *Dum* id est solummodo, *haec omnia,* etc. Bonus enim orator per
30 ea debet captare benivolentiam quae ad corpus causae aliquo modo habeant
pertinere. *Item si nostra incommoda proferemus.* Et exponit quae incommoda, scilicet *inopiam* id est pauperiem, *solitudinem* quasi desolationem,
calamitatem debilitationem. In omnibus istis est locus a casu. *Et si orabimus.*
Preces, ut iam dictum est, sub affectione continentur. *Spem habere.* Spes sub
35 habitu est.
     Spurce quantum ad exteriorem immunditiam corporis, *superbe ad ani-*
mum. Superbia est proprii boni elatio. *Perfidiose.* Perfidus est quem nec leges
nec iura tenent; et in istis tribus est locus ab habitu. *Crudeliter.* Crudelis est
qui dolore alicuius non commovetur ad misericordiam; et sub affectione est
40 vel sub habitu. *Confidenter.* Confidens quasi temerarius dicitur, qui scilicet

---

13 docilitatem: dociles auditores *Marx.*   15 si *Marx*: sic ms. | faciemus *Marx*: faciamus
ms.   20 pietatem *d apud Marx*: om. *Marx.*   30 ea: eadem ms.

27 *Vict.,* p. 173.12.

aggreditur facienda et non facienda. *Malitiose.* Malitiosus iure dicitur qui et bonis et malis indiscrete est nocivus. *Flagitiose.* Flagitiosus dicitur qui est in continuo usu faciendi criminalia. Et haec tria ad habitum referuntur.

　　Ita, ut dictum est, *in odium rapiemus* adversarios, ita quoque *in invidiam*
45　*trahemus* id est in infestationem. *Si vim* ad corpus; locus a natura. *Si potentiam.* Locus a fortuna. *Factionem* quod vulgo "tricaria" dicitur; et videtur esse sub consilio. *Divitias.* Locus a fortuna. *Incontinentiam* id est immoderationem; locus ab affectione. *Nobilitatem.* Locus a fortuna. *Clientelas.* Ab eodem attributo locus. *Hospitium, sodalitatem, affinitates.* Locus a
50　convictu.

　　Inertiam quantum ad corpus; iners dicitur qui inartificialiter se gerit. *Ignaviam* quantum ad animum; ignavus dicitur quasi igne, id est agilitate animi, vacuus. *Desidiam* quantum ad utrumque; desidiosus est qui desistit ab omni officio. *Luxuriam.* In omnibus istis est locus ab habitu.
55　　*Fortiter* ad fortitudinem, *sapienter* ad prudentiam, *mansuete* ad tolerantiam, *magnifice* ad iustitiam. Haec enim quattuor adverbia ad quattuor principales virtutes referuntur; et est locus in istis quattuor ab habitu. *Existimatio* id est fama vel gloria. *Quae iudicii expectatio* id est auctoritas. Fama et auctoritas sub fortuna continentur.
60　　*A rebus ipsis.* Hic est quartus modus captandi benivolentiam. Non assignat liber per quae attributa hoc fiat.

< DE INSINUATIONE >

1.6.9. *Tria tempora sunt,* etc. Postquam docuit de principio, docet de insinuatione, quando scilicet vel quomodo facienda sit insinuatio, < id est > latens persuasio. *Principio* < *uti non possumus* >, id est aperto exordio, sed
65　insinuatione, id est latenti persuasione. Notat quae sint illa tria tempora: *aut cum turpem causam habemus,* etc. Cum ipsa res, quam scilicet fecimus, turpis est et tunc necessaria est insinuatio. Hoc totum, quod dictum est, breviter recollige: auditores offenduntur contra oratorem tribus de causis, aut propter turpi/tudinem causae aut si persuasus erit auditor aut si erunt defessi f. 40r
70　audiendo. Has causas offensionis docet lenire per insinuationem, quae, ut dictum est, latens persuasio est.

　　Primam scilicet turpitudinem causae his modis docet lenire, scilicet per commutationem, ut *rem, non hominem:* ut victoriam Verris, non personam

---

42 flagitiose *Marx:* flagitiosus MS.　　　43 tria: tamen MS.　　　45 si vim: suum MS.
47 divitias *Marx:* divitiae MS.　　59 fortuna: fama *ante corr.*　　64 aperto: aperta MS.
73 rem non hominem *E apud Marx:* rem hominem *Marx.*

73 Cic. *Verr.* 2.5.25.67; cf. Theod. *Com. De Inv.,* supra p. 115.2.

ipsius. *Hominem, non rem*: ut si in aliquo aberraverit aliquis probus,
75 personam anteferemus non aberrationem. Aut hominem pro homine ut hic:
memento de Abraham, Isaac et Iacob; quod videri fecerit cum non auderet
aperte pro se deprecari. Aut pro re aliqua aliquam rem: sicut pro aliquo
scelere de quo accusamur aliquod egregium factum adducimus; quae omnia
in *Prima Rhetorica* dicta sunt. Et sic per commutationem insinuamus vel per
80 transmutationem.

   Non placere. Hic per ironicam negationem. *Aut aliquorum iudicium.* Hic
quoque per auctoritatem iudiciorum, quae erunt commoda nostrae causae,
insinuabimus. *Item si negabimus nos de adversariis*, etc. Hic quoque per
ironicam negationem; quae in hoc differt a prima negatione, quod in illa
85 negamus nobis placere ea quae interponuntur eis, quos defendimus, ab
adversario, et hoc per praesens tempus negamus; in ista vero negamus nos
aliquid de adversariis dicturos et per futurum tempus. *Et tamen occulte*
scilicet negando *dicemus interiectione verborum*, id est intericiendo verba hoc
modo: iste adversarius noster ad voluntatem suam de nobis locutus est. Ego
90 nihil de eo dicam neque hoc quod ipse sit fur neque hoc quod latro sit neque
aliud.

1.6.10. *Si persuasus.* Ecce iterum alia defensio. *Neque enim non facile*, id
est facile bonus orator dinoscit utrum adversarii oratio fidem fecerit auditoribus an non; *ergo* quia scilicet *non sumus nescii.* Videtur idem esse polliceri
95 dicere, quod sibi firmum putant adversarii, et a dicto eorum exordiri, sed non
est idem. Quando enim reducimus ad memoriam quid ipsi dixerint et dicimus
contra illud, hoc est exordiri a dicto eorum; quando vero non reducimus ad
memoriam quid illi dixerunt et contra tamen dicimus nos responsuros, hoc
99 est polliceri *nos dicturos* de hoc quod ipsi *firmissimum* putant. Nota hic esse
insinuationem promissionem responsionis contra dicta adversariorum et
dubitationem, quae quasi copiam responsionis innuit, et *admiratione cui
primo loco respondemus.*

   Si defessi erunt, etc. Docet iterum quomodo offensionem lenire possimus.
5 *Ab apologo.* Apologus est fabula nec vera nec verisimilis facta de mutis
animalibus ad informationem morum per similitudinem. A *fabula veri simili,
imitatione*, id est gesticulatione *depravata inversione* ut † super columbas suas

---

74 hominem non rem *E apud Marx*: *om. Marx.* | aberraverit: oberraverit MS.
81 placere *Marx*: placet MS.   83 adversariis *Marx*: eadem MS.   88 dicemus *Marx*:
dicimus MS. | intericiendo: interiaciendo MS.   93 facile ... dinoscit: facile ... facile dinoscit
MS.   94 non[2] *s.l. add.* | esse: dicere esse *ante corr.*   1 responsionis: responsionem MS.
3 primo: primum MS.   7 imitatione *Marx*: imitationem MS. | gesticulatione: gesticula-
tionem MS. | columbas: columb columbas MS.

76 Cf. Deut. 9:2.7.
79 *De inv.* 1.17.24.

vidit sua virgulata volare.† *Ab ambiguo* ut sutor subactor cuiusdam, quae
nomine Galla vocabatur, a marito Gallae inquisitus cuius condicionis esset
10 respondit: "Gallam subigo." Fuit igitur hoc ambiguum, quia galla est item
sutorium instrumentum. *Abiectione* id est contemptu; vel *abiectione*, id est
abiciendo ab aliquo nomine litteram vel litteras, ut si aliquis vocetur Fereti-
cus, abiecta f littera, dicatur Ereticus.

Suspicione. Cum dicitur aliquid quod auditores in suspicionem trahit.
15 Quod fecit Horatius / dicens cuidam in convivio murmuranti sibi in aure. f. 40ᵛ
Dixit audientibus:

A miser,
quanta Charybdi laboras.

Hoc autem dixit ad sedandas convivantium iras.
20   *Inrisione.* Ut Tullius dixit de socero suo [huius]: "Quis alligavit socerum
meum gladio" vel "ad gladium," cum gladius longus esset, socer vero brevis.

Stultitia aliqua sua vel alterius narrata in medium, ut de eo qui cogitando
angustiabatur quomodo furnus intrasset in domum, cum furnus magnus esset,
ostium vero parvum.
25   *Exuperatione*, id est hyperbole, quae et superlatio dicitur, ut:

volantior alite vento.

Collatione, id est similitudine in qua plura pluribus comparantur, ut de
citharoedo bene ornato et male cantante comparato diviti multis copiis
locupletato et malis moribus ornato.
30   *Litterarum mutatione* ut "displicina" pro disciplina, vel "franso" pro
frango. *Praeterea expectatione*, cum silentio scilicet.
Similitudine de una re scilicet ad aliam, ut Vergilius:

---

8 ab ambiguo *E apud Marx*: am ambiguo MS, ambiguo *Marx.* | sutor: sutor cuiusdam *ante
corr.*   11 abiectione¹: ambiguo *Marx*, abici a *H apud Marx.* | abiectione²: aiectione MS.
13 ereticus = haereticus.   18 Charybdi laboras *codd. apud Klingner*: laborabas Charybdi
Klingner, ed. Hor. *Carm.* 1.27.19.   19 convivantium: convivantum MS.   26 volantior:
volatior MS.   27 collatione *d apud Marx*: collectione *Marx.*   30 mutatione *Marx*:
commutatione MS.

   8 Macr. *Sat.* 2.3.3.
   17-18 Hor. *Carm.* 1.27.18-19.
   20 *Will.*, fol. 52rb, "Irrisione, ut si quis dicat 'quis alligavit socerum meum gladio,'" =
Anonymus commentarius super Auct. ad Her., Trier, Dombibliothek MS 1082 (32), fol. 157v.
   25 superlatio: cf. *Auct. ad Her.* 4.33.44.
   26 Stat. *Theb.* 4.312, "pernicior alite vento."
   28 *Auct. ad Her.* 4.47.60.
   30 disciplina: cf. Prisc. *Inst.* 17.9, ed. Hertz G L III, p. 114.4; *Will.*, fol. 52rb, "litterarum
immutatione, ut 'franso' pro 'franco'"; *Anon. Flor.*, fol. 4v, "litterarum mutatio movet risum,
si aliquis diceret 'disciplina' et alter perverteret dicens 'displicina.'"

Poenorum qualis in arvis,

similitudinem leonis Turno adaptavit. *Novitate* ut de illo, qui per unam solam
35 noctem a Turoni profectus est Romam et eadem nocte ⟨revertit⟩ unde
profectus fuerat.

Historia, ut "Carolus fuit rex Francorum," etc. *Versu* ut:

fortunam Priami cantabo et nobile bellum.

Aut *ab alicuius interpellatione* ut cum dictum est: "te nunc alloquor,
40 Africane!" *Aut arrisione* id est arridendo alicui.

Si promiserimus, etc. Hoc modo etiam poterimus lenire offensionem
talem, scilicet promittendo nos aliter narraturos quam adversarii narraverunt,
breviter scilicet.

Quaeritur: quomodo in istis modis insinuandi contineatur insinuatio, id est
45 latens persuasio? In hoc scilicet quod nos dissimulamus facere quod facimus,
defendere scilicet quod defendimus, et sic captamus benivolentiam nobis, vel
per commutationem, vel per auctoritatem iudiciorum inductam, vel per
ironicam negationem, vel significando nos habere copiam defensionis per
dubitationem vel per promissionem responsionis contra firmissima adversa-
50 riorum argumenta et interponendo quaedam ludicra et promittendo nos
brevius, quam adversarii dixerunt, nec eodem modo dicturos; et sic attentionem et docilitatem auditorum nobis subicimus.

1.7.11 *Inter principium et insinuationem.* Postquam de principio et insinuatione docuit, quorum utrumque est exordium, dat inter ipsa differentiam.
55 *Praescripsimus* posse fieri. Tale est, dico, principium. *At insinuatio eiusmodi*
est *per dissimulationem*, contra hoc quod dictum est in principio: *statim. Ut
ad eandem commoditatem* pervenire *possimus*, id est ad benivolentiam,
attentionem, docilitatem. *Verum hae tres.* Nota in singulis partibus rhetoricae
f. 41r orationis / haec tria debere inesse, scilicet benivolentiam, attentionem,
60 docilitatem, sed in exordio *maxime.* Quare *maxime*? Quia propter idem
institutum est exordium; et hoc est quod ipse dicit: *verum hae tres res*, etc.

Nunc ne quando. Postquam docuit quae facienda essent in exordio, docet
quae vitanda. *Lenis sit sermo*, id est talis qui habeat lenem pronuntiationem
ut "Eurialus," non asperam ut "Xerxes." *Non apparata.* Non debemus in

---

34 novitate: novitate a. MS.   57 pervenire: per. MS., venire *Marx.*   61 hae tres res:
hae tres *Marx*, haec res *HPB apud Marx.*   64 apparata *Marx*: apparatam MS.

33 Verg. *A.* 12.4.
38 Hor. *A. P.* 137.
39-40 *Auct. ad Her.* 4.15.22.
64 Cf. Aug. *Dial.* 7, ed. J. Pinborg, Synthese Historical Library 16 (Dordrecht-Boston,
1975), p. 100 (ed. W. Crecelius, *Jahresber. ü. d. Gymn. z. Elberfeld*, 1857, p. 12.16).

65 exordiis apparatam facere orationem. Qui enim ita facit orator videtur in
ornatu verborum potius quam in veritate causae confidere. *Vulgare* est hoc:
Iovem ego maximum, optimum vellem adesse, iudices! *Commune* item est
vitiosum, quod contingit cum uterque orator idem dicit hoc modo: iudices,
sustinete partem miseri militis vestri! *Item vitiosum est, quod nimium*
70 *apparate dicitur,* ut si quis ita exordiatur: Scipionis providentia Numantinas
opes repente ad inopiam redegit. *Aut nimium longum* id est nimium remotum, contra quod dicitur:

> longa retro series.

Et quod non ex ipsa causa nascitur, quod est scilicet tale quod ad rem non
75 pertinet.

<DE NARRATIONE>

1.8.12. *Narrationum,* etc. Tractat de narratione oratoria et gratia eius de
poetica etiam intermiscet hoc modo. Dicit *narrationum tria* esse *genera:*
unum quo exponimus rem gestam; alterum etiam quo non exponitur res
gesta, de qua scilicet agitur, sed causam tamen iuvat, quod digressio nuncupa-
80 tur; aliud etiam quod poetica narratio nominatur.

1.8.13. Quod habet duas partes; altera est posita *in personis,* altera *in*
negotiis. Pars autem illa quae est in negotiis posita tres partes habet: *fabulam,*
historiam, argumentum. Argumentum dixerunt antiqui id quod breve esset et
verisimile. Nota quod illa est posita in negotiis, quae ad id instituitur ut per
85 eam facta vel dicta alicuius aut aliquarum personarum innotescant, licet
interponatur quandoque de moribus earundem personarum. Illa vero narratio
dicitur esse posita in personis, per quam mores personarum describuntur,
licet quandoque de negotiis ipsarum apponatur, hac de causa tamen ut melius
personarum mores clarescant.

67 optimum: obtime MS.   70 apparate *P²C apud Marx*: apparatis verbis *Marx.*
84 est: esse MS.   86 interponatur: interponantur MS.   88 tamen *subscr.*

67 *Vict.,* p. 200.31.
68-69 Cf. Manegaldus, *Com. De Inv.* (1.18.26), Köln, Dombibliothek MS 197, fol. 15r,
"Commune est quod in una et eadem causa uterque dicere potest hoc modo: 'meam causam
debetis adtendere, quia miles vester sum.'"
70-71 *Auct. ad Her.* 4.32.43.
73 Stat. *Theb.* 1.7.
78-79 *Will.,* fol. 52va, "Narrationum ... alterum genus est, quod numquam intercurrit in
causam, quod digressio dicitur."
84-89 *Will.,* fol. 52vb, "Nota quod aliquando exponimus negotia ut personae et mores
patescant, aliquando mores ut negotia patescant."

90   Et hoc genus narrationis ultimum debet habere *sermonis festivitatem*, id est
ornatum verborum et sententiarum, *animorum dissimilitudinem*, quam dissimilitudinem vocat scilicet *gravitatem* id est asperitatem, sicut in Demea;
lenitatem ut in Micione; *spem* in Pamphilo; *metum* in Charino; *suspicionem,
desiderium* sicut in utroque; *dissimulationem* ut in parentibus dissimulantibus
95 se filios suos amare; *misericordiam* ut in amatoribus erga amicas; *rerum
varietates*, scilicet *fortunae commutationem* de prospera in adversam vel e
converso; insperato incommodo, ut de Davo qui detrusus < est > in pistrinum;
subita laetitia, ut de Glycerio, quae inventa est Attica civis; iocundo exitu
99 rerum, ut fit in fine comoediarum omnium personarum comoediae reforma-
tio.
      Verum haec tamquam aliquis diceret: hoc genus narrationis factum
difficile? Ita est equidem. *Verum* pro "sed." *Transigentur* id est dicentur;
transigere proprie est epistolarum. *Ad veritatem* id est ad veram narrationem.

< DE QUALITATIBUS NARRATIONUM >

5 **1.9.14.** *Tres res habere* ut sit *brevis*, ut aperta id est *dilucida*, ut sit probabilis.
Quae tres qualiter fiant super *Primam Rhetoricam* diligenter expositum
invenies.

      1.9.16. *Verisimilis narratio erit si, ut mos* id est consuetudo, *ut natura
postulat, dicemus.* Natura postulat ut reus post perpetratum facinus palleat et
10 trepidet. Haec tria, scilicet *mos, opinio, natura*, in consequentibus negotium
considerantur; *si spatia temporum* in gestione negotii; *personarum dignitas* in
attributis personae; *consiliorum rationes* in continentibus cum ipso negotio
ad ratiocinativam causam; *aut locum idoneum* in gestione negotii; *aut
homines ipsos facere* in attributis personae. *De his rebus*, etc. Docet quomodo
15 faciamus si quandoque contra aliquam rem magnae auctoritatis confligere, id
est controversari, velimus, ut scilicet contra decem tabulas, quae Romae
tempore Ciceronis erant, in quibus Romanae legis mandata continebantur.

93 Micione: imitationem MS.   94 dissimulationem *Marx*: dissimilitudinem MS.
95 erga: gratia MS.   96 adversam: adversa MS.   97 insperato incommodo: insperatum
incommodum *Marx*.   98 subita laetitia: subitam laetitiam *Marx*. | iocundo exitu: iucun-
dum exitum *Marx*.   11 temporum *Marx*: temporis MS. | personarum *Marx*: personae MS.
13 aut locum *Marx*: ad locum MS.   14 his *codd. apud Marx*: iis *Marx*.
15 confligere: *cf.* confligendum *Md apud Marx*, confingendum *Marx*.

92-98 Demea, Micio: cf. Ter. *Ad.*; Pamphilus, Charinus, parentes, Glycerium, Davus: cf.
Ter. *And.*
    6 Cf. Theod. *Com. De Inv.*, supra pp. 120.80-123.74.

Adhuc quae | dicta sunt, etc. Quasi diceret: quicquid hucusque diximus ab f. 41v
aliis doctoribus habuimus. *Nisi quia* pro "quod." *De insinuationibus nova*
20 *excogitavimus.* Quae nova? *Quod eam soli praeter ceteros*, id est nos soli et
non ceteri *in tria tempora divisimus*, ut dictum est.

1.10.16. *De rerum inventione* id est argumentorum. *In quo* id est in
inventione argumentorum. *Singulare*, etc., quia ad illud praecipue debet eniti
orator. *Industrie* adverbium est: "industrius" enim et "industria" et "indus-
25 trium" nomen mobile est, inde "industrie" adverbium. Dicemus deinceps de
inventione argumentorum; dicemus, *si* pro "postquam" *prius pauca de*
divisione id est partitione dixerimus.

<DE PARTITIONE>

1.10.17. *Primum perorata narratione.* Docet in quo loco debeamus facere
partitionem, post narrationem scilicet, et hoc est quod dicit: *primum perorata*
30 id est finita. *Aperire* id est aperte exponere. *Quid nobis conveniat cum*
adversariis. Ita tamen si ea, quae conveniunt, utilia nobis sunt, et *quid in*
controversiis relictum hoc modo: *Interfectam*, etc. Exemplum partitionis.
Distributione, quae est altera species partitionis. *Ea* scilicet distributio *in*
duas, etc. *Numero, quot de rebus dicturi sumus.* Hoc modo ostendam reum
35 in tribus rebus peccasse. *Eam* scilicet enumerationem *plus quam trium*
partium numero contineri non oportet. Reddam causam quare: *Nam et*
periculosum. <*Ne*> pro "si." *Quando* id est aliquando. *Quae res* id est
suspicio *meditationis et artificii. Abrogat*, id est aufert *orationi*, scilicet non
credunt verbis oratoris. *Breviter* ne quid nimium apponatur. *Absolute* ne quid
40 quod utile nobis sit relinquatur. *Expositio* autem fit, quando ita dicitur:
accusabo adversarium et de furto et de homicidio et de proditione, non
assignando numerum de quot rebus sit acturus; quia iam enumeratio esset si
ita diceret: accusabo de tribus rebus aut de quattuor.

<DE CONFIRMATIONE>

1.10.18. *Tota spes*, etc. Tractaturus de confirmatione post partitionem
45 interponit de constitutionibus et bono ordine. In partitione enim fit causae
constitutio; et si forte non adfuerit in causa partitio, fiet semper in confirmatione causae constitutio. Per exordium enim movemus auditores, per

---

19 nisi *Marx*: non MS.   20 eam *Marx*: eas MS.   22 inventione: inventionem MS.
28 perorata narratione *E apud Marx*: *ante* narratione *ras.* MS, per narrationem *Marx.*
35 trium: numero trium *ante corr.*   36 contineri *BC apud Marx*: esse *Marx.*
42 acturus: aucturus MS.

narrationem docemus et per partitionem, inquam, etiam ostendimus quid
conveniat nobis cum adversariis et quid relinquatur in controversia, et hoc
50 est constituere causam. Et in confirmatione item fit causae constitutio,
quando scilicet argumentis probando ostendimus id iniustum esse, quod
adversarii contra nos commiserunt. Inde commendat confirmationem et
confutationem, id est reprehensionem, ostendendo ipsas magnam vim habere
in causa dicens: *tota spes vincendi* quantum ad necessaria argumenta, *ratioque*
55 *persuadendi* quantum ad probabilia; nam et hoc probat. *Adiumenta* id est
argumenta. Quidam libri habent *argumenta. Exposuerimus contrariaque*
dissolverimus. Hic notat confirmationem et reprehensionem accusatori et
defensori esse communes. *Absolute* id est perfecte. *Munus* id est officium.

<DE CONSTITUTIONE>

1.11.18. *Si constitutionem causae cognoverimus.* Licet in *Priori Rhetorica* de
60 constitutione sufficienter dixerimus, hic iterum ad memoriam praedicta
reducamus. Nota, constitutio est illud quod in causa principaliter tractatur,
quod etiam vulgo caput querelae nominatur. Nota huiusmodi locutiones sine
inconvenienti posse concedi: quaestio, hypothesis est materia oratoris, causa
est materia oratoris, similiter constitutio et iudicatio materia. Ergo, cum
65 dicitur quod causa et constitutio sunt materia oratoris, cum una res sit sola
eius materia, videtur oportere concedi quod constitutio sit causa. Cum etiam
constitutio sit hypothesis et causa sit hypothesis, similiter videtur concedendum quod constitutio causae sit causa, hac ratione quia scilicet utrumque sit
hypothesis; sed non est ita.
70   Quod si adhuc non apparet, per similitudinem doceamus. Verbi gratia:
cum dicimus istam affirmationem, scilicet caelum rotundum est, conceden-
f. 42r dam esse, cum iterum veritatem / illam, quae ipsa affirmatione dicitur, esse
concedendam [esse] dicimus, idem prorsus dicimus concedendum esse.
Igitur veritas, quae ipsa affirmatione dicitur, est affirmatio ipsa? Nequaquam!
75 Non enim ea, quae sunt sub affirmatione et negatione, sunt affirmatio et
negatio, ita testante summo philosophorum Aristotele.

51 probando: affirmando *ante corr.*   56 argumenta[2]: ad argumenta *B apud Marx*,
adiumenta *Marx.* | contrariaque *Marx*: contra MS.   68 utrumque: utrimque utrimque MS
(utri utr. utr. *ante corr.*)   73 concedendum: concedendam *ante corr.*

59 Cf. Theod. *Com. De Inv.*, supra pp. 79.9-100.9.
62 caput querelae: cf. Quint. *Inst.* 3.6.21.
75-76 Arist. *Cat.* 10, 12b6-7 (*Aristoteles Latinus* 1.1-5, *Cat.*, ed. L. Minio-Paluello
[Bruges-Paris: Desclée de Brouwer, 1961], p. 33). Cf. supra p. 81.77-96.

Hoc iterum potest ostendi quod constitutio non sit causa, quia scilicet ad
ipsam causam refertur. Dicitur enim: constitutio est causae constitutio.
Probat autem Tullius in *Prima Rhetorica* quod constitutio ad causam refera-
80 tur, sed non e converso, hoc modo: "Non enim causa ad constitutionem, sed
constitutio ad causam accommodatur," id est refertur. Dicimus ergo constitutionem esse illud dubium quod principaliter tractatur, de controversia scilicet
est lis oratorum inter se.

< DE SPECIEBUS CONSTITUTIONUM >

Causarum constitutiones alii quattuor fecerunt ut Graeci, quos Tullius ipse
85 imitatur in *Prima Rhetorica*, et alii etiam quidam Romani dixerunt. *Noster
doctor* Hermestes scilicet *tres putavit esse. Non ut detraheret quicquam* de illis,
sed ideo *ut ostenderet illos* scilicet Graecos et sequaces eorum, *distribuisse*,
id est divisisse, *dupliciter* propter negotialem constitutionem et ratiocinativum
statum, quae divisim tractaverunt Graeci, *et bipertito* propter definitivam
90 constitutionem et definitivum statum, quae sunt divisa a Graecis; *ut ostenderet*, inquam, quod Graeci fecerant *dupliciter* ac *bipertito*, oportere facere
simpliciter contra dupliciter *ac singulari modo* contra bipertito.

Constitutio est, etc. Definit constitutionem et ista definitio est data per
causam. *Deprecatio.* Quod in *Primo Libro* depulsionem vocavit, hic depre-
95 cationem appellat; et quod ibi intentionem, hic insimulationem nominavit. Et
hic melius fecit quam in *Primo Libro* et generalius, quia intentio et depulsio
non sunt nisi in iudiciali genere causarum, deprecatio vero et insimulatio pro
officio utriusque oratoris causae in quolibet genere causarum quibus utatur.
99   *Constitutiones itaque.* Constitutione definita dividit ipsam in tres, in
coniecturalem, in iuridicialem, in legitimam. Nota in hac divisione trimembri
contineri tantum quantum in quadrimembri, quae facta est in *Prima Rhetorica*, et eo amplius scilicet quinque legales status. Considera enim coniecturalem constitutionem per se et iuridicialem item, quae est quaedam pars
5 generalis constitutionis; et sub legitima considera definitivam et negotialem,
quae est altera pars generalis constitutionis, nec non et translativam et cum
omnibus istis etiam quinque legales status.

82-83 scilicet ... lis *transp. ex* est lis scilicet.   85 noster *Marx*: nunc MS.
86 Hermestes *d apud Marx*: Hermestres MS, *om. Marx*, Ermestes *b¹* (Ermestes vel Ermetes
l²) *apud Marx*.   87 ostenderet *Marx*: hos MS.   88 ratiocinativum: rationativum MS.
90 sunt: intersunt MS.   91 inquam: in qua MS. | Graeci: Graece *ante corr.*
98 quolibet: qualibet MS.   99 ipsam: ipsum MS.   2 tantum: tamen MS.

  79 *De inv.* 1.10.13.
  85 *De inv.* 1.8.10-11.16.
  94 *De inv.* 1.8.10.
  1-7 Cf. supra pp. 25-27.
  2 *De inv.* 1.8.10-11.16.

Constitutio autem ista, legitima scilicet, tractabatur ante praetorem et consultos iuris, apud quos quia fiebat de legibus controversia principalis, inde
10 quoque, quaecumque controversia apud illos agebatur, legitima vocabatur.

1.11.19. *Ea* scilicet legitima *dividitur in sex partes: scriptum et sententiam, contrarias leges, ambiguum, definitionem*, hic intellege definitivam constitutionem, *translationem, ratiocinationem*, hic intellege item negotialem constitutionem.

15 **1.11.20.** *De pecuniis.* Vel commissis vel debitis. *In contione* id est in conventu. *Altera lex iubet augurem nominare* illum *qui petat locum indemortui.* Indemortui vocabantur consules qui infra terminum sui consulatus moriebantur. Illi vero qui succedebant iis *inde*, id est ex gradu consulatus, mortuis suffecti consules dicebantur. *Multa* id est poena.

20 **1.12.20.** *Scriptum* sive legale sive aliud, ut testamenti scriptura sive aliquod scriptum. *Duas*, etc. Apud Martianum est huiusmodi exemplum de ambiguo: Heres meus esto milesi.

1.12.21. *Quo nomine factum appelletur*, id est cum quaeritur quid sit. *Quo nomine* pro "quid sit." *De semissibus.* Semis dicitur medietas modii in hoc
25 loco. *Et trientibus.* Triens quoque est tertia pars modii. *Collegae intercedere* id est intercedebant, id est ibant cum eo; vel intercedebant, id est impediebant eum, ne legem ferret. *Ille* Saturninus *cistellam detulit.* Cistella vocatur scrinium, in quo lex contenta ferebatur ad recitandum. *Pontes disturbat*, id
f. 42v est scalam, per quam fiebat ascensus ad pulpitum, in quo leges / recitabantur.
30 *Cistas* id est scrinium, in quo lex continebatur, *deiecit. Quo setius* pro "<ut> non."

1.12.22. *Hac parte constitutionis* id est translatione. *Graeci in iudiciis* id est ante iudices, *nos* id est Romani, *in iure civili* id est apud praetores vel iuris consultos, ante quos scilicet fiebat de iure civili controversia. *Plerumque* quia
35 ante iudices aliquando contingebat, sed incidenter, translativa constitutio. *In*

---

13 intellege: intellegit MS.   16-17 in demortui *Marx.*   20 scriptum *Marx*: descriptum MS.   21 exemplum: scriptum *ante corr.*   24 semis semissis *in marg. add.*
27 Saturninus: Saturnus MS. | cistellam *P²ΠΕ apud Marx*: sitellam *Marx.*   30 deiecit *b apud Marx*: disiecit MS, deicit *Marx*. | *ante* ut *ras. 4 litt.*   35 translativa: translata MS.

21 Cf. *Mart. Cap.* 5. 462, ed. Halm, p. 461 (ed. Dick, p. 230).
27-30 *Will.*, fol. 53va, "Ille nihilominus cistellam, id est scrinium, cum legibus coepit ferre.... Pontes pulpiti, id est gradus, obruit, ne possit ascendere ad recitationem." =*Anon. Flor.*, fol. 7r.

hac id est in translatione, *iuris civilis scientia nos < iuvabit >* in *iudiciis,* id est
si erimus cauti in iure civili. *Nonnihil* id est aliquantulum. *Peculatus.*
Peculatus est surreptio sacri de sacro. *Furti* id est de furto. *Non peculatus* id
est non de peculatu. *In publicis quaestionibus.* Publicas quaestiones vocat
40 illas, quae sine introductione certae personae tractabantur apud consultos
iuris hoc modo, cum quaerebatur utrum liceret viro uxorem in adulterio
deprehensam dimittere et cetera huiusmodi.

    1.13.23. *Res sine propria lege venit in iudicium* quia scilicet non est
cautum de tali re lege aliqua certa. *Aucupatur* id est investigatur per maius,
45 per minus, per simile, per contrarium et talia. *Agnatum* id est agnatorum.
Soleae ligneae vulgo cippus vocantur. Lex erat, ut damnatus parricidii os
lupino folliculo obvolveretur ligatisque pedibus et manibus in culleum
quendam, id est in saccum, proiceretur nudus, et cum eo apponeretur simia
et serpens et gallus, et cum istis in *profluentem* id est in fluvium detruderetur.
50 Ideo autem simia et serpens et gallus apponebantur, ut simia gallum, gallus
serpentem insectaretur et sic serpens, cum non haberet exitum per interiores
partes, ipsius corpus intret. Hoc de Malleolo supplicium sumptum est. *Testes*
recte affuerunt, id est eo modo quo deberent.
    Cum negotialis constitutio semper de futuro sit — consideratur enim
55 semper in ea quid de aliquo constituendum sit — videtur hic male dixisse,
cum dicat in ratiocinatione, quae est eadem cum negotiali hic, quaeri utrum
potuerit an *non potuerit facere iure testamentum.* Sed non dicit male, quia
investigatur ibi utrum constituendum sit debere fieri testamentum ab homine
in tali loco posito, quali iste erat.

60   **1.14.24.** *Iuridicialis,* etc. Postquam de legitima tractavit, tractat de iuridiciali. Haec autem differentia est inter iuridicialem et negotialem, quod in
iuridiciali de praeterito, in negotiali autem quaeritur de futuro.
    In iuridiciali *sunt duae partes, absoluta et assumptiva.* Quae in hoc a se
differunt, quod in absoluta constitutione id, quod quaeritur, iustum esse per
65 se probatur sine aliquo exterius adducto adiumento. Id autem, quod in
assumptiva tractatur, per se iustum esse non < probari > potest, sed adductione loci vel temporis vel personae vel alicuius tale probatur. Inde etiam haec
nomina habent: *absoluta* quia per se ***, *assumptiva* quia non per se, sed
alicuius extrinsecus assumptione defenditur. Ut autem haec differentia appa-

    36 scientia: scias MS.   44 investigatur: investigat MS.   45 agnatum *Marx*: agnato MS.
52 testes *Marx*: tres MS.   54 negotialis: negotione vel MS.   55 in: inde MS.
63, 64 absoluta: absolutiva MS.   68 *lac. 11 fere litt.*

    46-52 Cf. *Rad.,* p. 163.19-24.
    62 *Vict.,* p. 189.39.

70 reat, nota quia quaedam necessitas simplex et absoluta, ut ligneam materiam
posse uri flamma necesse est. Alia est non simplex sed assumptiva, ut ista
causa: necesse est Casilinenses se dedere Hannibali, nisi malint fame perire.
Ea igitur differentia, quae est inter has necessitates, eadem est inter absolutam
et assumptivam.

75 *Mimus quidam*, etc. Exemplum absolutae. *Accius agit iniuriarum*, id est
f. 43r accusat de iniuria sibi inlata. Mos erat ut nullum poetam proprio / nomine
eius aliquis nuncuparet, unde Accius poeta accusat Necium mimum, illum
scilicet qui in cenaculo Ciceronis eum nominatim vocavit Accium.

Fortunam, ut Caepio. Quidam Romanus Caepio nomine legatus factus
80 exercitum, quem ducebat, sub rupe quadam fecit hospitari. Haec rupes gravi
tempestate avulsa concidit, exercitum compressit. Caepio accusatus <est> a
tribunis plebis.

Inprudentiam, ut ille, qui de servo, etc. Quidam Romanus fecit servum
suum testamento liberum. Is servus paulo post dominum illum interfecit.
85 Hunc servum interfecit statim frater illius domini antequam testamentum
fratris sui esset resignatum, in quo scriptus erat servus iste liber a domino suo,
quem occidit. Et ita accusatur frater domini quod Romanum civem occidis-
set, unde se per *inprudentiam* <etc.>.

Necessitudinem, ut ille, qui ad diem commeatus non venit, id est qui non
90 commeavit cum hostiis in die qua debebat. Nota in hoc libro vocari fortunam
quod casum in *Prima Rhetorica* Tullius nominavit. Fortuna vel casus est,
quod impedit ne faciat quod velit. Necessitas est, quae impellit aliquem ad
faciendum quod non debebat. Quandoque tamen incurrit alterum in altero,
necessitas ubi est casus, et ubi est necessitas casus.

95   Haec scilicet deprecatio in iudiciis, id est ante iudices, *non potest usu fere*
evenire, nisi quando id est ubi <est> obliqua deprecatio, quia deprecatio alia
aperta, alia obliqua. Aperta ante iudices numquam tractatur, quia difficile est
impetrari veniam a iudicibus peccatorum, obliqua vero quandoque. Et hoc est
99 quod dicit: *nisi quando pro eo dicimus*, etc., si *ignosci conveniret* non tantum
isti, sed unicuique qui tot bona fecisset, si postulasset ignosci. *Verum nihil*
postulat ignosci. Ergo in iudicium. Sic continua: in deprecatione est, peccato

---

70 ligneam materiam: lignea materia MS.   72 Casilinenses: Cassilimenses MS.
73 absolutam: absolutivam MS.   80 fecit: fecerit MS.   95 fere: ferre MS.   96 evenire: venire *Marx*, e. MS.   1 nihil *Marx*: modum MS.

70-72 Cf. *De inv.* 2.57.170-171.
77-78 *Locus non inventus.*
79-81 *Will.*, fol. 53vb, "Caepio quidam exercitum Romanum tempore pluviali ingruente
sub rupe quadam duxit, quae postmodum pluviis soluta totum fere exercitum subruit."
91 Cf. *De inv.* 2.31.96.
96-97 Cf. Theod. *Com. De Inv.*, supra pp. 95.58-96.65; 196.44-50.

concesso, *ergo in iudicium* id est ante iudices non venit, *at in senatum* id est
in publicum consilium, quia, cum hoc nomen *consilium* post istud aliquod
5 aliud, senatus scilicet, in aliqua constructione ponitur, *consilium* pro privato
consilio accipitur.

    1.15.25. *Ex translatione* id est ex relatione. Translationem pro relatione
posuit. *Non crimen amovemus* id est factum de quo criminamur, *sed culpam*,
id est dicimus nos non esse culpabiles. *In rem* transfertur, *ut si quis,*
10 *testamento* quid, id est aliquid, *facere iussus, ex plebis scito vetetur*. Plebis scita
vocantur illa edicta quae a populo praescribebantur, quae maioris auctoritatis
erant quam alicuius testamenti praecepta.
    Et id, quod fecerimus tradidisse scilicet impedimenta, *satius*, id est melius
fuisse facere quam milites perissent; quod contingeret, nisi quod fecimus
15 fecissimus. *Ea causa est huiusmodi: C. Popilius*, etc.

    1.16.25. *Quae constitutiones.* Transitionem facit. Ostendit enim quid
dixerit et quid dicturus sit. *Quae constitutionum* scilicet sex *partes* legitimae,
iuridicialis absoluta scilicet et assumptiva, *videor ostendisse. Nunc quo modo
et qua via tractari conveniat*, id est qui loci et quae argumenta ad eas
20 tractandas conveniant. *Ab ambobus* id est ab accusatore et defensore. *De-
stinari* id est ordinari. *Quo* id est ad quid. *Ratio* id est argumenta.

                < DE RATIONE, DE FIRMAMENTO, DE IUDICATIONE >

    1.16.26. *Ratio quae causam facit et continet defensionem.* Ratio dicitur
causam continere; cum enim aliquis de aliquo crimine accusatur quod fecerit,
nisi rationem quare fecerit adducat, non stat causa, id est non amplius
25 controversatur, sed sumitur poena de reo.
    Inventa ratione a defensore, *firmamentum est quaerendum* ab accusatore.
Nota quia in *Prima Rhetorica* firmamentum vocavit confirmationem rationis
defensoris, nunc vero vocat firmamentum confirmationem accusatoris, / quae f. 43v
adfertur contra rationem defensoris. *De qua* ratione scilicet.
30   *Iudicii quaestio.* Iudicatio dicitur quaestio iudicii, quia cum iudicatio sit
summa rationum utriusque partis, de ea inquirunt iudices quid debeat

---

    3 venit: vei *ante corr.*   5 aliud *in marg. add.* | constructione: constitutione MS.
10 quid: quod *Marx.*   13 fecerimus *Marx*: fecimus MS.   22 facit: fecit MS.
25 sumitur: sumatur MS.

    7 Cf. *De inv.* 1.11.15; 2.24.71; 2.26.78.
    27 *De inv.* 1.14.19. Cf. *Will.* fol. 54ra, "Firmamentum aliter accipit quam in alia Rhetorica.
Hic enim accipitur pro infirmatione, quia accusator per eam causam suam confirmat." =*Anon.
Flor.*, fol. 8v.

dispensari. *Omnem rationem totius orationis* id est omnia argumenta. *Eo* id est ad iudicationem.

1.17.27. *Praeterquam,* praeter. Quare vero non ita in hac constitutione,
35 sicut in ceteris constitutionibus, reperitur iudicatio, reddit causam dicens: *nam in ea nec ratio,* etc. Ex qua ratione et eius infirmatione nascitur iudicatio in omnibus constitutionibus praeter in coniecturali constitutione.

Sedulo id est assidue. *Dedimus operam,* id est studuimus. *Breviter* id est paucis verbis. *Dilucide,* id est aperte. *Maturabimus,* id est properabimus.
40 *Tardius, quam studes.* Quasi dicat: tu properas in studendo, nos vero tardamus solvere propositum. *Rerum,* scilicet quae sunt in hac arte. *Magnitudini* id est difficultati. *Occupationibus assignare debebis* id est impedimentis. *Industria* id est studio.

[Expliciunt].

34 praeter: propter MS.   41 sunt: scilicet MS.

37 Cf. *De inv.* 1.14.19.

< In librum secundum >

< DE CONFIRMATIONE >

In primo libro. Huius secundi libri summa haec est: ostendit Tullius qui loci, quae argumenta in singulas constitutiones conveniant, hoc est scilicet quia tractabit de confirmatione ac reprehensione. Et <de> peroratione, id est conclusione, in fine huius secundi libri tractabit, et sic terminabitur liber iste
5 secundus.

< DE GENERE IUDICIALI >

2.1.1. *In primo libro.* Transitum facit; dicit enim de quibus dixerit et de quibus dicturus sit. *Quas causas recipere oportet,* scilicet demonstrativum, deliberativum, iudiciale. *Et in quibus officiis.* Officia vocat partes artis, scilicet inventionem, dispositionem, elocutionem, memoriam, pronuntiationem. *Qua*
10 *ratione* id est arte, imitatione, exercitatione. *Verum quod neque,* etc. Reddit rationem quare de inventione priusquam de ceteris partibus artis, et de iudiciali genere prius quam de ceteris, ideo scilicet *quod neque de omnibus,* etc. *Et de maximis* id est difficilioribus. *Quo* pro "ut." *Itaque* pro "ideo." Potius scilicet quod priusquam de ceteris *conscriberemus.* Nota quod dixit
15 *conscriberemus.* Simul enim tractat de inventione et de iudiciali genere hoc modo, ostendendo scilicet quomodo inveniantur argumenta in iudiciali genere causarum. *Difficillimum* pro "difficili," superlativum pro positivo. *Absolvemus,* id est consummabimus tractatum. *Hoc* et in primo *libro egimus,* id est tractavimus de iudiciali genere causarum. Tractavimus quando? *Cum*
20 < *de* > *officiis oratoriis quinque* scilicet de partibus tractavimus, dando de ipsis definitiones. *Quorum* officiorum scilicet, *inventio et prima et difficillima. Propemodum,* id est fere tota.

---

2 quae *s.l. add.*   12 scilicet: is MS.   13 itaque: ita *Marx.*   14 potius: *cf. potissimum Marx.*   14, 15 conscriberemus *Marx*: consideremus MS.   15 de² *s.l. add.* 16 argumenta *bis ante corr.*   18 absolvemus *codd. apud Marx*: absolvimus *Marx.* | egimus *E apud Marx: om. Marx.*   19-20 cum de *E apud Marx*: de *Marx*, cum MS. 20 oratoriis *H apud Marx*: oratoris *Marx.*   21 quorum *E apud Marx: om. Marx.*

2.1.2. *Reliquum.* Postquam tractavimus de exordio, narratione, divisione, de constitutione ac de partibus constitutionis ac de iudicatione, *reliquum*
25 *videbatur, quae ratio possit* id est quomodo possint *inventiones* id est argumenta, *argumentationes* id est argumenta *sequi* quantum ad confirmationes, et *quales vitari* id est reprehendi quantum ad reprehensiones. *Quorum utrumque* id est sequi ac vitari. *Deinde*, id est post reprehensionem *ad extremum*, id est ultimo, tractabimus de conclusione.

< DE LOCIS ET ARGUMENTIS IN CONSTITUTIONE CONIECTURALI >

30 **2.2.3.** *In causa coniecturali.* De coniecturali constitutione primum tractat, hac de causa scilicet quia difficilior est ceteris, docens qui loci, quae argumenta in ea conveniant et primitus partem accusatoris instruit. *Suspiciones*, id est argumenta coniecturalia, *interiectas ac dispersas habere debet* hoc modo: reus de domo sua solus exivit, qui suis sacculis nullos volebat habere
35 socios, crepusculo scilicet quia talis hora competentior erat ad scelus administrandum. Similiter per cetera ita debent esse argumenta narrationi adinmixta. Quare? Ideo *ut nihil actum* id est nihil inceptum fieri ab adversario, *aut abitum* sine aspiratione, ab "abeo, abis," *nihil denique factum putetur* / *sine causa*, ut scilicet unicuique earum rerum, quas reus fecerit, causa quare
44r 40 fecerit apponatur. *Simplicem* id est verisimilem, *dilucidam* id est apertam; vel *simplicem* id est non multum habens circumstantiarum, sed dicendo ita: quicquid dicit adversarius ego nego. *Cum attenuatione suspicionis* id est attenuando parvam, quae de ipso habetur, suspicionem.

Huius constitutionis ratio, id est confirmatio *in sex partes*, etc.:
45   Probabile continet attributa personae et causam.

Collatio continet adiuncta negotio ex quibus fit argumentum per comparationem, per maius, per minus, per simile, per contrarium, per disparatum.

Signum continetur in gestione negotii.

Argumentum continet triplicem facti administrationem.
50   Consecutio continet naturae indicium.

Approbatio vero continet testimonium personae, unde loci communes sumuntur.

Nota haec sex nomina assignata in hoc loco per excellentiam. Cum enim omnia rhetorica argumenta fere probabilia sint, tamen ea argumenta, quae ab

---

25 possit *bd apud Marx*: posset *Marx*. | possint: possunt *ante corr.*   26 sequi *Marx*: sed MS.   28 post reprehensionem: pro reprehensione MS.   33 ac: hac MS, et *Marx*. 37 fieri ... adversario *transp. ex* ab adversario fieri.

45 Cf. Theod. *Com. De Inv.*, supra pp. 132.35-148.77; *Will.*, fol. 54rb, "Argumenta ... sumuntur ab eisdem locis, quos in priore Rhetorica docuit."

55 attributis personae et a causa ducuntur, per excellentiam probabilia nuncupantur.

Probabile est per quod probatur reo expedisse peccare, id est commodum suum fecisse sic peccando, et hoc quantum ad causam, *et a simili turpitudine*, et hoc quantum ad vitam, quasi dicamus ad attributa personae per quae 60 commendatur vel infamatur vita alicuius personae.

2.3.4. *In spe commodi* quantum ad causam. *Cupiditatem* quantum ad affectionem in attributis personae. *In vitatione incommodi formidinem augebit. In incommodi vitatione* ad causam, *formidinem* quoque ad affectionem referre potes. Ita accusator.

65 *Defensor autem negabit causam fuisse* et haec erit reprehensio sumptorum. Quod enim pro causa inductum est, ostendit non esse causam. *Aut eam vehementer extenuabit*, ut in secundo libro *Primae Rhetoricae* praeceptum est. *Deinde iniquum esse*. Iste erit communis locus.

2.3.5. *Deinde vita hominis.* Hucusque secundum causam. *Ex ante factis.* 70 Hic sumitur argumentum a factis in attributis personae. *In quo* id est in qua re, *num* id est numquid, *quando* id est aliquando, *quid* id est aliquid, *fecerit simile* huic facto, de quo praesente accusatur. Et est locus item a factis sub attributis personae. *Num quando* id est num aliquando, *in similem suspicionem venerit*; et erit locus ab auctoritate [suspicionibus] in consequentibus 75 negotium. *Avarum semper fuisse*. Locus ab affectione. *Ambitiosum*. Item ab affectione. *Animi vitium* quod subaudis: avarus est. *Cum causa peccati*, quae est vel pecunia vel honor vel aliquid tale. *Conglutinare* id est coniungere ita dicendo: non est mirum reum hoc facinus commisisse causa pecuniae, cum ipse avarus sit, vel causa honoris, cum ipse sit ambitiosus. Nota quod ambitus 80 et ambitio proprie dicitur honoris cupiditas. *Par* animi *vitium cum causa.* Cum scilicet vult ostendere reum peccasse causa pecuniae vel honoris et cum non potest ostendere esse avarum vel ambitiosum, *reperiat dispar* dicens eum pecuniae causa peccasse, quia quidam ambitiosus est, vel causa honoris, quia quidam avarus est.

85 *Corruptorem, perfidiosum*. Hic est locus ab affectione vel habitu. *Deinde qui illud fecerit tam nequiter*. Locus a factis in attributis personae. *Facta, non famam*. Locus in attributis personae a factis; a factis, dico, id est a consuetudine faciendi. *Illum* id est reum. *Se* id est accusatorem. *Planum facturum* id est plane ostensurum. *Ab eo* id est ab reo. Ita accusator.

57 probatur *Marx*: post MS. | reo *bd apud Marx*: *om. Marx*.   63 in incommodi: in mod *ante corr.*   68 esse *Marx*: est MS.   70 in quo *bd apud Marx*: *om. Marx*.   87 famam *Marx*: fama MS.   89 accusator: accusatorum MS.

67 Cf. *De inv.* 2.8.25-27.

90   *Defensor*, etc. Docet partem defensoris, quomodo vitam honestam ostendat, nec tamen assignat per quae attributa. *Id si non poterit* demonstrare
scilicet vitam honestam, *confugiet ad imprudentiam* et ad cetera, id est dicet
hoc reum fecisse aliqua istarum rerum impellente. *Quibus de rebus*, id est
propter quas res probatur quod non debeat assignari reo vituperatio eorum
95   criminum. *Quae* scilicet crimina *extra id crimen* erant, de quo reus accusatur,
id est quae crimina sunt extra id crimen, hoc est maiora sunt hoc crimine,
quod scilicet factum est per imprudentiam. *Turpitudine et infamia* id est turpi
44v   infamia. / *Dissipatos esse dicat* id est pervulgatos. *Sin nihil eorum fieri* id est,
99   si non potest rumores ostendere falsos esse. *Censores* dicuntur morum
correctores.

  2.4.6. *Collatio.* Postquam ostendit quae argumenta a causa et a vita
ducerentur, docet quae argumenta ab adiunctis negotio ducantur, quae sub
collatione continentur. Adiuncta autem negotio dicuntur circumstantiae
5   alterius negotii, ex quibus ad praesens negotium comparatis conducitur
argumentum et dicitur illud argumentum ab adiunctis negotio duci. *Crimina-*
tur, id est accusatur. *Bono* id est utilitati. Locus a disparatis inter affirmationem et negationem. Dicit enim utilitati reo fuisse hoc facere et nulli alii.
Aut alium non potuisse. Dicunt quidam hic esse locum a facultate quia dicit
10   non potuisse facere. Alii dicunt quia est a disparatis. *Aut non aeque commode*
scilicet quod tamen susciperet. Locus a comparatione maioris ac minoris,
hoc <est> commodi. *Aut eum effugisse.* Locus iterum a comparatione
maiorum. *Hoc loco.* Ita faciet accusator.
  Aliis quoque bono fuisse, etc. Dicunt quidam hic esse reprehensionem
15   aeque firmae rationis, cum adversarius dixit: bono nemini fuisse nisi reo, etc.
Defensor vero [etc.] dicat *aliis* quam reo *fuisse bono* vel reo prorsus non
fuisse bono. Alii dicunt esse reprehensionem sumptorum; quod enim accusator induxit pro disparatis, reus dicit non esse disparata. Vel est reprehensio
generis argumenti, quia quod accusator dicit fuisse utilitati reo, defensor id
20   ostendit esse falsum, dicens id reo non fuisse utilitati. *Aut aliis* magis quam
sibi.
  Signum est, etc. Ostendit superius quibus locis utatur accusator et defensor
ab adiunctis negotio. Modo docet qui loci ab in gestione negotii sumantur,
non determinans tamen quibus illorum accusator utatur vel defensor. Nota

  91 nec: ne MS.   96 crimine: crimen MS.   98 dicat: dicit *ante corr.* | sin *Marx*: si
MS.   3 ducerentur: ducerent MS.   7 utilitati: utilitate MS.   9 aut alium neminem
potuisse ... aut non potuisse *Marx.*   12 effugisse *bd apud Marx*: fugisse *Marx.*   18 vel
bis MS.   24 accusator *s.l. add.*

  3-4 Cf. Theod. *Com. De Inv.*, supra p. 143.89.
  14-21 reprehensio: cf. *De inv.* 1.42.78-51.96.

25 quod *spatium* et ad tempus et ad locum potest referri. *Spes perficiendi, spes celandi.* Haec duo ad facultatem referuntur. *Occasionem.* Licet pars temporis esse dicatur, aliud tamen quam tempus significat. Tempus enim solam quantitatem significat, id est moram; occasio vero idoneitas ex quantitate temporis vel ex qualitate veniens.

30 Nota quod modus, una scilicet de circumstantiis, non connumeratur in constitutione coniecturali tractanda inter locos qui sunt in gestione negotii, sicut nec eventus inter adiuncta negotio; quod ideo factum est, quoniam argumenta, quae a modo vel ab eventu sumuntur, non valent nisi de facto constat.

35 **2.4.7.** *Cuiusmodi loci attingant* nemorosi scilicet vel sine arboribus. *Attingant,* id est propinqui sint loco illi de quo agitur. *Num, qui passus.* Substantivum est et quartae declinationis; vel adiectivum et est a "patior, pateris." *Interdiu* hoc est die, scilicet inter horas diei. *Cuiusmodi temporibus* quantum ad qualitatem temporis. *Nam parvi refert.* Vere inquirendum est utrum reus
40 sciverit spatium loci vel temporis suffecturum ad id, quod volebat, perficiendum. *Parvi refert* id est parum prodest. *Adoriendam* id est perficiendam, vel potius aggredien/dam.   f. 45r

Spes perficiendi quam ad facultatem referri diximus. *Signa concurrent* scilicet locus, tempus, occasio et cetera quae diximus. *Si praeterea* id est
45 praeter signa praedicta. *Ex altera parte,* id est vel accusatoris vel defensoris, videbuntur fuisse *vires* et cetera, *ex altera, inbecillitas* et cetera contraria superioribus. *Utrum diffidendum* quantum ad imbecillitatem et sequentia. *Aut confidendum* quantum ad vires et cetera.

Omnia enim talia, scilicet vires, pecunia et huiusmodi, cum sint personae
50 attributa, mirum est quare sub facultate posuerit, cum sit facultas de attributis negotio. Sed non est mirandum, si respiciatur ad significationem differentiarum inter locos, qui sunt ab attributis personae ac negotio. Ibi enim dictum est iuxta Victorini auctoritatem, quod ad differentias inter locos dandas non est quaerendum quid pro argumento adducatur, sed qualiter inducatur. Bene
55 igitur argumentum < quod > ab istis rebus elicitur, dicetur esse a facultate. Si enim orator intendat ostendere per ista qualitatem personae, sub attributis personae reducentur; si vero quibus auxiliis factum sit demonstrare intenderit locus erit a facultate.

---

25 spes *bis*: spem *Marx.*   38 cuiusmodi *d apud Marx*: cur eiusmodi *Marx.* | temporibus *Marx*: temporis MS.   46 fuisse: suis MS.   47 aut *H apud Marx*: an *Marx.*

30 modus: cf. *Vict.*, pp. 207.24; 266.33.
51-53 Cf. Theod. *Com. De Inv.*, supra pp. 136.68-137.80; *Vict.*, p. 231.21-22.

Spes celandi item refertur ad facultatem. *Arbitris.* Arbitros vocamus
60 magistros vitae, id est paedagogos. *Liberis* id est filiis, qui liberi vocantur
quasi non subiacentes praeceptis legalibus.

2.5.8. *Argumentum est,* etc. Postquam docuit quae argumenta sumuntur
ab in gestione negotii, docet argumenta ducere a triplici administratione
negotii.
65   *Certioribus argumentis.* Per hoc quod dicit *certioribus argumentis,* etc.,
notare potes haec nomina, argumenta et signum et cetera, per excellentiam
posita esse in hoc loco. Cum enim ab attributis personae et ab in gestione
negotii argumenta ducantur, ab administratione negotii tamen argumenta
ducta certiora sunt aliis, et ideo per excellentiam. Similiter ea, quae sunt ab
70 in gestione negotii, per excellentiam signa dicuntur, cum etiam triplex
administratio signum sit, et sic de aliis.
      Id scilicet argumentum, quod ponitur hic pro triplici administratione
negotii, *dividitur in tria tempora: praeteritum,* hoc *instans* hoc praesens,
consequens id est futurum, quasi dicat: ante rem, in re, post rem. *Crepitus*
75 enim id est fragor, a "crepo, -pis." *Conflare* id est generare.
      Consecutio, etc. Continet, ut diximus, consecutio indicium naturae in
consequentibus negotium. Docet accusatorem et defensorem quomodo
utantur uterque suis argumentis ab indicio naturae. *Signa nocentis,* si scilicet
reus accusatus de crimine expalluit, tremuit, titubavit, locutus est et cetera
80 huiusmodi. *Signa innocentis,* ut non mutavit faciem, securus venit ante
iudices, constanter respondit interrogatus de crimine.

<DE LOCIS COMMUNIBUS>

2.6.9. *Approbatio est,* etc. De approbatione in qua continetur personae
auctoritas et loci communes. *Ad extremum* scilicet *confirmata suspicione.*
Nota quod loci communes non sunt adducendi in causam nisi ad extremum,
85 id est ad finem, quando scilicet erit suspicio confirmata. *Ea* id est approbatio,

---

67 et: et negotio *ante corr.*

66-69 Cf. *Anon. Flor.,* fol. 11r, "Licet alia omnia possint dici argumenta, tamen quod
commune est omnibus his tribus quasi proprium concessit, quia artius et propinquius ipsam
rem coarguunt."
69-71 Cf. supra pp. 245.48; 247.23.
70-71 triplex administratio negotii. Cf. Theod. *Com. De Inv.,* supra p. 138.34-37.
73-74 Cf. *Will.,* fol. 54vb-55ra, "Argumentum ... quod in alia Rhetorica vocavit ante rem,
post rem, cum re, hic nominat praeteritum, instans, consequens." =*Anon. Flor.,* fol. 11r; cf.
De inv. 1.26.37.
76 Cf. supra p. 245.50.

habet proprios locos, quosdam scilicet qui sunt a parte accusatoris et non
defensoris, et e converso quosdam qui sunt a parte defensoris et non
accusatoris. Et hoc / est quod ipse liber dicit: *proprii sunt, quibus nisi* f. 45ᵛ
accusator, etc. Habet quoque approbatio communes locos, qui idcirco
90 dicuntur communes quod in causa aliqua utitur accusator quibusdam locis,
quibus eisdem utitur defensor in alia causa. *Calumniari criminatur*, id est
accusare iniuste ostendit. *Communes loci sunt.* Assignat qui loci sunt communes tum accusatoris, tum defensoris.

A testibus id est a parte testium. Tum etiam contingit, quod *contra testes*
95 dicatur. Multotiens enim defensor ad partem causae suae confirmandam
testes adducit et tunc dicit <a> testibus, id est a parte testium, commendando
scilicet testes; quandoque etiam contra testes dicit defensor, vituperando
scilicet testes et eorum testimonium infirmando. Accusator similiter, scilicet
99 quandoque a testibus, quandoque contra testes. Eodem modo a *quaestionibus*
et *contra quaestiones*, et sic de ceteris. *A testibus dicemus secundum auctorita-*
tem, id est secundum hoc quod debeat credi eis. *Et vitam testium*, id est
secundum attributa personae ipsorum. *Et constantiam testimoniorum*, quod
scilicet non tum hoc tum illud, sed semper idem.
5   *Contra testes.* Ita dicendum est a testibus, sed contra testes contrario
modo, ostendendo scilicet eorum *vitae turpitudinem, testimoniorum incon-*
stantiam hoc modo. *Si aut fieri non potuisse dicemus, quod dicunt, aut cupide*
dicere id est propter cupiditatem promissionis alicuius sibi factae, *et argumen-*
tari id est argumentis velle probare quod tamen falsum sit.

10   **2.7.10.** *A quaestionibus.* Nota quod quaestiones vocantur in hoc loco
extortae confessiones. *Contra quaestiones hoc modo* dicendo scilicet quod
maiores, quorum scilicet auctoritas imitanda est, in quibusdam certis rebus
interponebant quaestiones, in illis scilicet rebus quibus verum per quaestiones
posset investigari. In aliis vero rebus in quibus non posset verum per
15 quaestiones investigari, in eis non interponebant quaestiones, id est per
extortas confessiones nihil investigabant.

Verbi gratia: si aliquis tormento coactus confiteretur se aliquem interfe-
cisse, non posset dinosci utrum verum falsumve dixisset; quare in talibus non
interponebant antiqui quaestiones. Sed cum furto surrepta pecunia alicubi
20 defossa tormentis aliquo exigitur, quia in talibus facile potest dinosci an
verum falsumve sit, ideo in huiusmodi a maioribus concessum est interponi
quaestiones. *Recentior* id est tenerior, id est magis impatiens doloris. *Ad*

---

91 eisdem: eidem MS.   7 potuisse *Marx*: potest MS. | dicunt *CE apud Marx*: dicant
Marx.   8 sibi factae *transp. e* factae sibi.   9 probare: probari MS.   11 quod: quos
MS.   19 quaestiones: constitutiones MS.

comminiscendum id est ad confingendum. *Posset* reus scilicet. *Intellegat sibi finem* tormentorum *futurum.*

25   **2.7.11** *Ab argumentis et signis.* Videtur inconvenienter facere, cum dicat *ab argumentis*, scilicet a triplici administratione, trahi argumentum et *a signis*, id est ab in gestione negotii, ponens ita sub approbatione quae est de consequentibus negotium, sed <non> agit inconvenienter; quia superius a triplici administratione et ab in gestione negotii docuit elicere argumenta
30   contra certam personam, hic vero non ita. Communes enim assignat locos, quod potest percipi ex hoc quod dicit: *argumentis et signis et ceteris locis* augeri suspiciones, quod fit per locos communes. *Simultate* id est minis; vel *simultate* id est adulatione.

2.8.12. *Si negabimus temere famam solere nasci.* Sicut dicitur adhuc,
35   unde proverbium: ignis non exstat sine fumo. *Confingeret*, id est adinveniret et *comminisceretur*, id est retineret in memoria. *Contra rumores* argumenta-bimur, scilicet argumentis probabimus. *Dissipare* <id est> divulgare.

   Quod difficillima tractatu est, etc. Reddit causam quare de coniecturali constitutione diligentius quam de ceteris tractaverit, ideo scilicet quod
40   difficilis est tractatu. Difficile enim est rei veritatem, cum negatur, invenire et quia *in veris* etiam *causis* saepe valent coniecturae. Causas veras illas vocat
f. 46r in quibus constat de facto. *Titubatione* id est dubietate, / hoc est cum dubitamus de aliquo utrum verum an falsum sit. *Offensatione* cum, quod dicitur, nos falsum credimus et inde ei offendimus.

<DE LOCIS ET ARGUMENTIS IN CONSTITUTIONE LEGITIMA>

45   *Nunc ad legitimae.* Tractatu habito de coniecturali constitutione ingreditur tractatum legitimae constitutionis; et prius controversiam de scripto et sententia docet tractare sic incipiens:

   2.9.13. *Cum* enim *voluntas scriptoris*, etc. *Primum scriptoris collauda-tione.* Locus ab auctoritate scriptoris. *Deinde scripti recitatione.* Item ab
50   auctoritate scripti. *Aut stipulatione.* Stipulatio est minimum vel aliquod

---

23 comminiscendum *CP²Πbd apud Marx*: eminiscendum *Marx.* | posset *E apud Marx*: possit *Marx.*   27, 29 ab in gestione negotii: *cf. supra* p. 21.   32 simultate *Marx*: simultatem MS.   34 famam: fo. MS.   35 proverbium: proverbio MS. | exstat: exit MS. 36 comminisceretur *P²Cd apud Marx*: eminisceretur *Marx.*   43 verum: verver MS. | offensatione *Marx*: offensione MS.   50 aut *Marx*: a MS.

25-28 Cf. supra p. 245.45-52.

privilegium, vel charta aliqua; locus ab auctoritate scripti. *Deinde collatione,*
quid scriptum sit, etc. Locus a comparatione scripti et eius rei quam fecerit
adversarius, vel ab auctoritate scripti. *Quid iudicem sequi conveniat.* Locus ab
auctoritate scripti. *Deinde ea sententia,* etc. Locus iterum ab auctoritate.
55 *Scripto attributa* id est imposita. *Contemnetur,* id est omnino non valere
ostendetur. Aut *infirmabitur,* id est in parte debilitabitur.

Deinde < quaeretur > quid periculi fuerit. Locus ab eventu. *Aut non potuerit.*
Locus a facultate. *Dilucide* id est apertis verbis et usitatis. *Breviter* id est
paucis verbis. *Commode* id est intellegibiliter. *Perfecte* nihil habens plus vel
60 minus quam debeat. *Cum ratione certa* scilicet argumentis. *Deinde* [*per*]
exempla proferentur. Locus a simili in adiunctis negotio. *Exempla* dico earum
rerum, quae res a scripto, id est a parte scripti, iudicatae sint potius quam a
sententia scripto ab adversariis imposita. *Deinde ostendetur, quam periculo-*
sum id est quam damnosum *a scripto recedere.* Locus ab eventu. *Locus*
65 *communis.* Ab auctoritate scripti.

2.10.14. *A sententia.* Docuit quibus locis et argumentis utatur ille, qui
defendit scriptum. Nunc docet quibus debeat uti ille, qui per scripti sententiam defendit se. *Primum laudabimus scriptoris commoditatem et brevitatem*
quod scilicet intellegibiliter et paucis verbis scripsit; locus ab auctoritate
70 scriptoris. *Deinde dicemus calumniatoris,* id est accusatoris, *esse officium.*
Locus a factis in attributis personae, scilicet a consuetudine faciendi, quia sic
facere solent calumniatores, id est accusatores. *Deinde id, quod scriptum*
< *sit* >, *aut non posse fieri.* Locus a facultate. *Aut non posse fieri* ea scilicet
quae dicunt adversarii. *More* id est consuetudine. *Non natura,* id est non
75 naturali iustitia. *Aequo* quantum ad utilitatem. *Bono* quantum ad honestatem.
Locus in omnibus istis ab auctoritate tum consuetudinis, tum naturalis
iustitiae, tum ceterorum in consequentibus negotium. *Quae omnia* scilicet
legem et consuetudinem, *noluisse scriptorem nemo dicet quam rectissime,*
immo omnes dicent scriptorem voluisse praedicta.
80 *At ea, quae a bonis,* etc. Quasi dicat: ea quae dicunt adversarii contra
iustitiam sunt, sed ea quae nos fecimus iustissima sunt; locus a contrariis.
Deinde contrariam sententiam aut nullam esse id est nihil valentem prorsus,
aut stultam, quia scilicet stultitia esset facere secundum sententiam adversariorum, *aut iniustam* quod scilicet iniustitia esset illi sententiae obtemperare;
85 locus a contrariis. *Aut non posse fieri.* Verbi gratia: "circumcidimini cordibus

51 charta: quarta MS.   52 sit *Marx:* est MS.   55 scripto: scripta MS.   56 aut: et
Marx.   67 nunc: nec MS.   73 non[1] *Marx:* ne MS.   82 sententiam *Marx:* suae MS.

85 Rom. 2:28-29, "Neque quae in manifesto, in carne est circumcisio, sed qui in abscon-
dito, iudaeus est et circumcisio cordis in spiritu, non littera."

et non carne." Non potest fieri quod lex ista iubet, ut intelligatur carnalis
circumcisio, ut videri arbitrantur de circumcisione; et erit hic locus a facultate. *Aut non constare cum superioribus* usque ad *cum rebus iudicatis
dissentire.* Locus ab auctoritate.

90   *Deinde exemplorum* [etc.] *a voluntate* id est a sententia scriptoris. *Et contra
scriptum iudicatorum* id est eorum quae sunt iudicata. *Enumeratione.* Locus
a simili de adiunctis negotio. *Deinde legum et a stipulatione.* Locus ab
auctoritate scriptorum legis scilicet et a stipulatione. *Locus communis.* Ab
auctoritate scripti.

95   **2.10.15.** *Cum duae leges*, etc. Postquam docuit tractare controversiam de
f. 46v scripto et sententia, docet tractare / controversiam de contrariis legibus, et
docet qui loci et quae argumenta in ipsa conveniant. *Num quae abrogatio aut
derogatio.* Abrogatio est in lege quae tota destruitur, derogatio vero in ea lege
99   est, quae in parte infirmatur. Locus ab auctoritate legum.
   Deinde utrum leges ita dissentiant, ut < altera > iubeat, altera vetet. Cum
enim utrique legi, scilicet et iubenti et vetanti, obtemperandum sit, cavendum
est potius ne fiat, quod vetetur, quam curandum ut fiat, quod iubeatur.
Curandum quoque est, ut obtemperetur potius cogenti quam permittenti; et
5 hoc probat dicens: *infirma erit. Cogeretur* a lege scilicet. *Sanctio* id est legis
iussio vel prohibitio vel coactio. *Cui legi abrogatum est,* id est quae omnino
destructa est. Quibusdam legibus abrogatur vel casu temporis faciente vel si
inconsulte et temerarie latae essent. *Posteriore.* Nota quod multotiens priores
leges posterioribus corrigebantur vel supplebantur, ideoque magis tenendae
10 posteriores quam priores.
   Cum haec supradicta scilicet. *Nostrae legis expositione utemur,* id est
exponemus nostram legem. Quomodo? *Recitatione* id est recitando ipsam,
collaudatione; et erit locus in omnibus ab auctoritate legis. Vel *collatione*
habent alii libri, id est comparatione cum contraria lege; et erit hic locus a
15 comparatione legis cum lege. *Enodabimus* id est aperte ostendemus, *voluntatem* id est sententiam. *Ad nostrae causae commodum,* ut scilicet ostendamus

---

90 exemplorum *Marx*: exemplum MS. | *post* etc. *del.* locus.   92 legum *Marx*: legitur
MS. |et a stipulatione: aut stipulationum *Marx*, astipulationem *PΠ apud Marx*, et stipulationum
E apud Marx.   95 docuit *s.l. add.*   97 num quae *Marx*: numquam MS. | abrogatio
codd. apud Marx: obrogatio *Marx*.   98 derogatio. Abrogatio est: abrogatione MS.
3 iubeatur: iubetur MS.   5 erit: est MS. | cogeretur *Marx*: cogetur MS.   6 abrogatum
ECΠ apud Marx: obrogatum *Marx*.   13 collatione *om. codd. apud Marx*.   15 ostendemus: ostendamus MS.

6 Cf. Cic. *Rep.* 3.22.33, "Huic legi nec obrogari fas est neque derogari ex hoc aliquid licet
neque tota abrogari potest." Cf. *Anon. Flor.*, fol. 13r, "Abrogatio, in toto, ... derogatio, in
parte."

ipsam legem contraria facere a nostra parte. *Deinde ab iuridiciali.* Ita tractare
iuridicialis constitutionis *rationem* id est argumenta, < *utrum* > *cum ea,* id est
cum contraria lege, *faciant* id est concordent. *Partes iuris* quae sunt hae:
20 consuetudinarium, naturale, legale.

2.11.16 *Si ambiguum, etc.* Docet qui loci, quae argumenta conveniant in
controversia, quae est de ambiguo scripto. *Quod* pro "eo quod." *Scriptum sit*
pro "esset," *honeste* quantum ad honestatem, et *recte* quantum ad iustitiam.
Multa enim sunt recta nec honesta, *lege, more,* etc., ut supra expositum est.
25 Locus ab auctoritate in consequentibus negotium in omnibus istis. *Quod
adversarii interpretantur ex contrario* esse scilicet inhoneste, non recte, non
lege, et sic per cetera.

Amphibologiarum. Amphibologia est aequivocatio in oratione vel in
dictione, sed in dictione magis proprie aequivocatio dicitur. *Aucupantur* id est
30 divinant. *Itaque* quia scilicet huiusmodi amphibologias aucupantur. *Molesti
interpellatores* id est pessimi impeditores. *Odiosi* id est infesti. *Obscuri* id est
non ad intellegentiam loquentes. *Interpretes* id est expositores. *Et dum caute*
id est sollerter, scilicet sibi in loquendo, determinando, cavendo. *Et expedite*
id est intellegibiliter. *Infantissimi* id est ineloquentes, ita scilicet cavendo sibi,
35 ut dictum est.

Verum horum < nihil > ad praesens, quasi diceret: non loquemur amplius
de talibus. *Opiniones.* Bene dixit opiniones. Qui enim tales sunt non nituntur
veritati, sed, ut ait Plato, "vagi palantesque" sunt, nec certis propriis sedibus
manent. *Rationibus rectissimis* id est argumentis verissimis. *In praesentiarum.*
40 Adverbium est temporis et sonat in praesenti. *Hoc* scilicet reprehensione
huiusmodi. *Intercedere* id est intervenire. *Huius infantiae,* id est huius
ineloquentiae, ut ita dicam.

2.12.17. *Cum definitione utemur.* Docet qui loci, quae argumenta
conveniant in definitiva constitutione. *Quae sunt ea?* Illa scilicet *quae*

17 deinde ab: dein de *Marx,* deinde *ΗΡΠΒbl apud Marx,* deinde de *dC¹apud Marx.*
18 utrum cum ea *dP²C² apud Marx:* utrocum *Marx.*   21 ambiguum *Marx:* ambigue MS.
26 interpretantur *P apud Marx:* interpretentur *Marx.*   28 amphibologiarum *E apud
Marx:* amphiboliarum *Marx.* | aequivocatio: aequivocatur MS.   31 impeditores *s.l. add.*
41 intercedere *Marx:* intendere MS. | *ante* intervenire *del.* inter.   44-45 quae capiunt
EP² apud Marx: Q.Caepio *Marx.*

24 Cf. supra p. 252.74.
35 Cf. supra l. 33.
38 Plat. *Tim.* 9 E, transl. Calc. ed Waszink, *Plato Latinus* 4 (London-Leiden, 1962),
p. 11.5; *Tim.* 40 B, transl. Calc., p. 33.18.
39 *Anon. Flor.,* fol. 13v, "*In praesentiarum.* Una pars est, scilicet adverbium, vel est Graeca
grammatica."

45 *capiunt*, id est continent *suffragia populi et consilia magistratus.* Duo sunt in
f. 47r civitate: magistratus, scilicet [et] consules vel imperatores, qui, / ut ita dicam,
   magistratur civitati, et populus qui suffragatur, id est auxiliatur ad haec
   facienda quae discernit magistratus. *Nempe igitur.* Exemplificat de definitiva
   constitutione. *Tu.* De Q. Caepione dicit qui Saturnino volenti ferre legem
50 contra decretum senatus obvians pontes disturbavit. *Detrimento afficit*, id est
   deterrendo infestat. *Interire non sum passus*, id est feci, ne interiret.
   Refellitur, id est ostenditur non valere hoc modo. *Si aut falsa erit*, id est
   si aliter se habeat res quam definitione adversariorum explicetur. *Aut inutilis*
   id est damnosa, *aut turpis* id est inhonesta, *aut iniuriosa* id est contra legem
55 vel consuetudinem. *Id quoque*, scilicet utrum ipsa sit iniuriosa, *ex partibus*
   iuris sumetur, id est naturali iustitia, consuetudinaria, legali. *De iuridiciali*
   absoluta id est de tractatu iuridicialis absolutae.

   2.12.18. *Quaeritur in translationibus.* De translativa constitutione agit
   docens qui loci, quae argumenta conveniant in ea. *Habeat rei actionem*, id
60 est habeat agere de aliqua re, et hoc quantum ad intendentem, aut *petitionem*
   quantum ad depellentem, cuius est petere exceptionem, *aut exsecutionem*
   quantum ad iudicem, cuius est exsequi et definire controversiam, id est
   determinare. *Num alio modo* quantum ad poenae et criminum commutationem. *** *Legibus* id est secundum leges. *Moribus* secundum consuetudinem.
65 *Aequo* id est secundum utilitatem vel secundum honestatem. *De quibus*,
   scilicet consuetudine, *dicetur in iuridiciali absoluta*, id est in tractatu de
   iuridiciali absoluta.
   In causa rationali, etc. Tractat de negotiali constitutione sive ratiocinativa,
   dicens qui loci, quae argumenta in ea conveniant; quae negotialis dicitur quasi
70 negans otium, id est laboriosa. Magnum enim et difficile est secundum
   generalia praecepta legis aliquod speciale praeceptum statuere, investigando
   rationes per maius, per minus, per simile, per contrarium. Qui status etiam
   syllogismus quadam similitudine nuncupatur, quia sicut in syllogismo quaedam proponuntur, ex quibus multis unum infertur, similiter in ratiocinativa
75 constitutione multae leges vel consuetudines afferuntur, ex quibus [secun-

45 et *s.l. add. ante* magistratus.   47 magistratur: magistratus MS.   49 Caepione:
cipione MS.   52 refellitur: refelletur *Marx.*   53 inutilis: inutiles *ante corr.*
55 quoque *bl apud Marx*: quod *Marx.*   58 quaeritur *Marx*: quare MS.   59 rei
actionem: retractione *ante corr.*   60 petitionem: pete MS.   61 exsecutionem *d apud*
Marx: persecutionem *Marx.*   63 modo *bld apud Marx*: om. *Marx.*   64 *lac 3 fere lin.*
68 rationali *HP¹bl apud Marx*: ratiocinali *Marx.*   71 statuere: sustinere *ante corr.*

49 Saturninus, Q. Caepio: cf. *Auct. ad Her.* 1.12.21.
68 negotialis: cf. supra pp. 238.5; 239.13-14.
73 syllogismus: cf. *Mart. Cap.* 5.465, ed. Halm, p. 461 (ed. Dick, p. 230).

dum] ipsa quadam comparatione quiddam statuitur. Et est semper de futuro
ratiocinalis causa. Ibi enim semper investigatur quid de aliquo statuendum sit.

Ea res quae scilicet iamdudum tractata est. *Consulto*, etc., id est spontanea
voluntate. *Cavere* id est providere. *Cautum* id est provisum.

<DE LOCIS ET ARGUMENTIS IN CONSTITUTIONE IURIDICIALI>

80 **2.13.19**. *Absoluta iuridiciali.* Docet qui loci, quae argumenta conveniant in
iuridiciali absoluta constitutione. *Constat igitur.* Quia ad huiusmodi constitutionem tractandam necessaria est iuris cognitio, igitur ex quibus partibus
constat ius <docet>. Et hoc erit *igitur* inceptivum.

Natura ius est, id est naturale ius est. *Cognationis* id est parentelae. *Pietatis*
85 [id est]. Pietas est quae erga patriam aut parentes aut alios sanguine
coniunctos officium et diligentem cultum conservare moneat. Naturale ius
est, quod nobis non opinio, sed quaedam innata vis inseruit.

Lege ius est, id est secundum legem ius est. *Quod genus* pro "ut."

Ac si legitimum, id est tamquam in lege sanctitum sit. *Argentario,* id est
90 artifici qui operatur de argento. *Tuleris,* id est tradideris. *Expensum* id est
ponderatum quicquid de argento fiat. *A socio eius repetere possis* secundum
consuetudinem.

Iudicatum, etc. Res iudicatae sunt quae inter eos, qui super aliqua re
ambiguunt, sententia iudicum fuerint constitutae. *Ea* scilicet sententia et /
95 decretum. *Saepe diversa sunt* pro "inveniuntur," ita scilicet ut aliud alii f. 47v
videatur. *Placitum sit,* id est placeat. *Fit,* id est contingit. *Decreverit,* id est
praecepit ut fieret. *Quod genus* pro "ut."

M. Drusus praetor urbanus reddidit hoc *iudicium,* id est iudicavit hoc: *quod*
99 *cum herede mandati ageretur,* id est si quid commendatum esset alicui, si is
aliquo modo deperisset, cui commendatio facta esset, ipsum commendatum
ab herede eius repetere posset qui commendasset; ut si quis a me modo
repetat quod olim patri meo commisit. M., inquam, Drusus hoc iudicavit,
Sex. Iulius vero non iudicavit, unde apparet id quod alii placet, alii quan-
5 doque displicet. *Item, C. Caelius.* Aliud exemplum de eodem. *Absolvit,* id est
absolvit ab iniuriis. *Ergo quia.* Postquam M. Drusus et Sex. Iulius dissenserunt et item C. Caelius et P. Mucius de eadem causa dissimiliter iudicaverunt,
ergo — ab exemplis est illatio — *usu venerit* id est contigerit, *iudicem cum*
iudice, etc. Et erit locus a comparatione.

---

76 statuitur: constituitur *ante corr.*   84 natura *Marx*: naturae MS.   85 pietas:
pietatis *ante corr.*   89 tamquam: antequam *ante corr.*   91 repetere *C²E apud Marx:*
recte petere *Marx.*   99 id est *s.l. add.*

76 Cf. *Vict.,* pp. 189-190; Theod. *Com. De Inv.,* supra pp. 92.44, 102.69-72.

10   **2.13.20.** *Ad veritatem* quantum ad bonum. *Et* ad *communem utilitatem* quantum ad aequum. *Quod genus* pro "ut." *Maior annis* LX et etiam ille *cui morbus causa est* non veniendi ad causas agendas, qui scilicet infirmitate detinetur ne possit placitare, *det cognitorem* id est placitatorem pro se in causis agendis et ipse interim quiescat. Aequum et bonum dicatur ius non
15 scriptum, quod dicitur aequale et utile; quod pertinet *ad veritatem*, id est ad aequalitatem, et *ad communem utilitatem*. *Ex eo* id est aequo et bono. *Ex tempore* id est secundum tempus. *Ex hominis dignitate* id est secundum hominis qualitatem de quo agetur.

    Ex aequo et bono potest aliquod novum ius institui, veluti si modo
20 concederetur alicui sexagentario canonico, quod in choro pilleatus quando vellet sederet, aliis etiam canonicis stantibus. Dicitur autem aequum utilitas, scilicet ad terrorem dispensatio. Fiunt autem dispensationes propter utilitatem, ut hominem occidere non est iustum in se, sed propter iustitiam tenendam. *Ex hominis dignitate* ut regis dignitas obstat, ne ipse excommu-
25 nicetur, nisi prius confirmatum in Roma a nostra ecclesia.

    Pepigerunt. Antiquitus dicebatur "pango, pangis, pepigi," pro eo quod nunc dicimus "paciscor, pacisceris, pactus sum." *Si quid inter aliquos convenit.* Idem est cum praecedenti. *Pacta sunt*, etc. Pacta alia in legibus sanctita inveniuntur, alia sine legibus; in legibus ut istud: *rem ubi pagunt*, id
30 est pretium paciscuntur illi, qui sunt accusandi vel accusaturi. *Ubi*, inquam, *rem pagunt*, id est quando pretium ipsi oratori, *oratione* pagunt ipsi oratores se peroraturos pro eis, a quibus sibi promittitur praemium. *In comitio.* Comitium dicitur locus in quo comites vel praetores eligebantur. *Iuri* id est legi, *dicuntur praestare*, id est praevalere, secundum quod dicitur: vincit
35 conventio leges.

    2.14.21. *Cum ex comparatione*, etc. Hucusque docuit qui loci, quae argumenta convenirent in iuridiciali absoluta. Nunc docet qui loci, quae argumenta conveniant omnibus assumptivis; et prius de comparativa, quae ex modo agendi comparativa nominatur. Tractatur enim in ea quid honestius,
40 quid utilius, quid magis necessarium sit, an id, scilicet quod fecit reus, an illud. Propter hoc divisit ex *contentione*, id est ex comparatione. *Venustius* quantum ad honestatem. *Facilius* sine magno labore. *Conducibilius* quantum

---

   10 communem: omne *ante corr.*   11 LX *Marx*: XL MS.   12 veniendi: inveniendi MS.
18 qualitatem: dignitatem *ante corr.*   24 obstat: obtur MS.   27 aliquos *bl apud Marx*: quos *Marx.*   31 oratione *l apud Marx*: orato *Marx.*   33 iuri *C² apud Marx*: iure *Marx.*   38 omnibus: omnis *ante corr.*   41 divisit: dimisit MS. | venustius *codd. apud Marx*: honestius *Marx.*

   20 Cf. *Will.*, fol. 56rb, "Hominis dignitate, ut infirmus pilleatus sedendo (sequendo MS) causam suam agat."

ad bonum; vel conducibile dicitur multis utile. *Statuendi* id est ordinandi.
Potestas. Locus ab officio, id est a factis in attributis personae. *Suspicio* id est
45 coniecturale argumentum. *Ex coniecturali* id est ex tractatu ipsius. *Ea ratione*
id est ea consideratione. *Quo melius. Quo* pro "ut." *De aliqua probabili causa*
id est per aliquam probabilem causam. *Ab defensore.* Non determinat a quibus
attributis. Satis enim patet a quibus attributis fiant argumenta coniecturalia,
scilicet a causa, a persona et cetera, quod bene docemus in libro secundo
50 *Rhetoricae Primae.* Suspicio potest induci hoc modo: sicut Epaminondas
voluit reddere exercitum, posset dicere aliquis quod scilicet invidia fecerit, ut
scilicet derideretur ille qui succedebat ei in imperium, ne posset dici de eo
quod per annum integrum consul exstitisset. *Deinde quaeretur.* Locus a
facultate, et potest hoc loco uti accusator sive defensor.

55   **2.14.22.** *Non habuerit potestatem.* Locus a facto in attributis personae, vel
a comparatione utilis vel inutilis, ut quidam volunt.
      Defensor contra eos. <Ab> aeque firma ratione. *Et simul quae/rat.* Locus f. 48r
a simili. *Tempus* describit, verbi gratia: nox erat vel hiems erat, et *locum*
dicendo: locus noster non erat satis tutus. Ab in gestione negotii argumen-
60 tum. *Rem* id est summam totius negotii, cum dicit se vitam militum servasse;
locus ab re in complexione totius negotii, in continentibus cum ipso negotio.
Deliberationem. Hoc est, dicit se deliberasse cum consultis iuris, qui erant
cum ipso; locus ab administratione negotii.

      2.15.22. *Translatio.* Egit de comparatione. Agit de relatione criminis,
65 quam nominat *criminis* translationem. *Cum a reo facti causa in aliorum*
peccatum transfertur, id est cum reus dicit se fecisse, quod sibi imponitur, sed
inductum peccato alterius. *In qua* scilicet in translatione. *Vere* iuste. *Deinde*
spectandum est. Locus a comparatione. *Deinde, oportueritne in ea re,* quasi
dicat: non oportuit; locus a simili. *Deinde oportueritne iudicium,* quasi dicat:
70 oportuit; locus ab auctoritate iudiciorum. *Deinde, cum factum iudicium non*
sit. Locus a simili propter eandem causam. *Vim* id est violentiam; locus a
comparatione vis et iustitiae. *Quid futurum sit.* Locus ab eventu in adiunctis
negotio. *Quod idem* id est supplicia sumpsisse, *dicat eos* id est adversarios
fecisse. Quid, si ipse accusator. Locus ab eventu.

47 ab defensore: de pro. per. MS, *codd. apud Marx alius aliud.*   49 secundo: secundae
MS.   50 Epiminundas MS.   56 utilis: utili MS. | inutilis: inutili MS.   57 ratione: ratio
MS.   58 describit: R. *add.* MS.   67 in qua *E apud Marx*: in quam MS, *om. Marx.* | vere
MPd apud Marx: iure ne *Marx.*   73 dicat *CE apud Marx*: dicant *Marx.*

49 Cf. Theod. *Com. De Inv.,* supra pp. 174.39-182.95.
50-53 Cf. *De inv.* 1.33.55.

75   *Defensor.* Docuit accusatorem, docet defensorem. *Peccati atrocitatem.*
Locus a modo facti vel affectione. *Rem* id est summam totius negotii. Locus
a brevi complexione in continentibus cum ipso negotio. *Locum, tempus.*
Locus multiplex ab in gestione negotii. *Aut non potuisse.* Locus a facultate.
Aut non inutile. Locus a fortuna in attributis personae.

80   **2.16.23.** *Concessio est* cum reus peccatum concedit et vel purgat animum
vel petit veniam. Hic docet accusatorem et defensorem uti argumentis in
concessione criminum. *Consulto* id est consilio; vel voluntarie vel sponte,
quod melius < est >. *Ea* scilicet purgatio. *De his partibus* id est necessitudine,
fortuna, inprudentia, quae dicuntur partes purgationis, id est divisivae, non

85   quod possit dici fortuna est purgatio, et sic de ceteris. Nota quod hic nominat
fortunam quod in *Priori Rhetorica* casum nominavit. *Num culpam veniendi*
necessitudinem. Locus a modo facti, quia necessitudo sub modo continetur.
Vitari potuerit ac leviari id est alleviari. Locus a facultate. *Expertusne sit.*
Locus a causa ratiocinativa vel a consilio. Experientia enim ad consilium

90   videtur referri. *Si maxime necessitudo.* Locus a modo facti.

     2.16.24. *Potuerit an non.* Locus a facultate. *Deinde utrum sit data opera.*
Locus a studio vel a causa ratiocinativa. *Deinde, utrum casu.* Locus a modo
facti; casus enim sub modo continetur. *Nam qui se propter vinum,* etc. Locus
ab affectione, quod potest notari ex hoc quod liber dicit: *contaminabit*

95   personam. *Deinde coniecturali constitutione.* Non determinat locos. *Et consi-*
derabitur. Locus ab affectione, *imprudentia* scilicet. *In his causis,* scilicet in
tribus supradictis, *loci communes.* A contrariis. *Eaedem res possint accom-*
modari id est eadem argumenta. *Demoretur* id est detineat. *Defensoris, de*

99   *humanitate.* A natura. *Misericordia.* Ab affectione. *Voluntatem in omnibus*
rebus. A modo facti locus.

     2.17.25. *Deprecatione.* Docuit animum purgare; docet veniam postulare
agendo de secunda specie concessionis. *Si plura aut maiora.* Locus a
comparatione. *Si qua virtus.* Locus ab habitu. *Nobilitas.* A fortuna. *Si qua*

5   *spes.* Ab eventu. *Supplex mansuetus.* Locus ab affectione vel ab habitu. *Non*
odio neque crudelitate. Locus ab affectione. *Sed officio.* Locus a factis in
attributis personae. *Studio.* Locus a studio. *Si tali de causa.* Locus a simili

---

75 peccati *Marx*: peccanti MS.   76 summam: summa MS.   79 inutile *Marx*: utile
MS.   80 concedit: concederit MS.   81 hic *vix legitur.*   82 consulto *Marx*: consulta
MS.   86-87 num ... necessitudinem: non culpam veniendi necessitudo MS, *codd. apud Marx*
alius aliud.   88 ac leviari: al. MS.   97 res *BΠ apud Marx*: fere *Marx.*   98 demoretur *Marx*: removetur MS.   99 misericordia *Marx*: nuncia MS.   7 si *Marx*: sed MS.

86 Cf. *De inv.* 1.11.15.

in adiunctis negotio. *Si nihil ab eo.* Locus ab eventu. *Si nulla,* etc. Locus ab eventu.

10   **2.17.26.** *De humanitate.* Locus a natura. *Fortuna.* Locus a fortuna. *Misericordia.* Ab affectione. *Rerum commutatione.* Locus a fortuna vel a casu.

    Haec causa scilicet deprecativa *iudicialis fieri non potest,* id est non potest tractari ante iudices. *Ut in primo libro ostendimus* id est in *Prima Rhetorica* his verbis: "difficile est concesso peccato ab eo, qui vindex est, veniam

15   peccatorum impetrari," et tunc aperta deprecatio non venit / ante iudices. f. 48v Obliqua vero deprecatio quandoque ante iudices tractatur, sed incepta alia constitutione. Aperta autem ante senatum vel ante imperatores vel ante magistratus quandoque tractatur; et hoc est quod dicit: *sed quod* id est quia, *potest vel ad senatum* id est ad publicum consilium, *vel ad consilium* id est

20   ad privatum consilium. Quando haec duo nomina, "senatus" scilicet et "consilium," in eadem constructione ponuntur, "senatus" accipitur pro publico consilio, "consilium" vero pro privato. *Supersedenda* id est derelinquenda.

    Cum a bonis, etc. De quarta specie assumptivae constitutionis agit scilicet

25   de remotione criminis. Ea duas species habet: fit enim remotio aut causae aut facti, id est negotii. Causae iterum remotio fit *aut in hominem* ut in quaestorem, *aut in rem* ut in pecuniam. Nota quod tunc fit remotio causae, ut de legatis Rhodiorum, quando imponitur nobis quod non fecerimus quod oportuerit. Tunc autem fit remotio facti, quando accusamur fecisse quod non

30   oportuerit, ut de adolescente qui tenuit porcum in foedere. Ita Boethius in quarto *Topicorum. Si causa in hominem.* Locus a facultate. *Si maxime* id est si re vera, *ita sit* ut dicit. Locus a comparatione. *Deinde in coniecturalem.* Locus a modo facti.

---

    21 constructione: constitutione MS.   26 ut: aut MS.   28 imponitur: imponit MS. | quod²: quid MS.

---

    12 Cf. *Auct. ad Her.* 1.14.24.
    13 *De inv.* 2.34.104.
    15-16 aperta / obliqua deprecatio: cf. Theod. *Com. De Inv.,* supra p. 196.44-50.
    19-20 Cf. supra p. 242.4-6.
    25-26 Cf. *Anon. Flor.,* fol. 16r, "Nota quia non facit hic divisionem quam in alia Rhetorica, scilicet remotio alia facti, alia causae facti." Cf. *De inv.* 1.11.15.
    26-27 Cf. *De inv.* 2.29.87; *Mart. Cap.* 5.456, ed. Halm, p. 459 (ed. Dick, p. 226).
    30 Cf. *De inv.* 2.30.91-92.
    31 Cf. Boeth. *Top.* 4 (PL 64:1210B).

< DE ARGUMENTORUM EXPOLITIONE >

2.18.27. *Quoniam satis.* Hucusque ostendit qui loci, quae argumenta uni-
35 cuique constitutioni convenirent. Modo vult tractare de argumentorum
expolitione. Expolitio est argumenti ornata et expedita tractatio. *Quoniam
satis,* etc. Transitum facit. *Argumentationes* vocat more suo argumenta.
Ornate quantum ad verba, *absolute* ad sententiam. *Nam fere.* Probat quod
tractandum est de expolitione, quia difficile quidem est. *Fere non est difficile*
40 id est parum est difficile, *quid sit causae adiumento* id est argumentum
invenire. Parum est invenire, dico, ad comparationem expolitionis. *Inventum*
id est argumentum. *Expolire* ad hoc quod dixerat *ornate* et *expedite*; *pronuntiare* ad *absolute* refertur.

Haec enim res. Re vera utilis est expolitio. *Haec enim res* id est expolitio
45 *facit, ut neque diutius, quam satis sit, in eisdem locis commoremur.* Hoc
refertur ad alteram speciem expolitionis, quia expolitio duas habet species.
Una est quando eandem rem diversis verbis exornamus, altera est quando
diversas sententias ad idem eloquendum adducimus. Ad primam speciem
refertur id quod dictum est: *ut neque diutius,* etc., et istud etiam: *nec* [in]
50 *eodem* id est ad eundem locum, *identidem* id est iterum et iterum. < *Neque
inchoatam argumentationem relinquamus.* > Secundum quod dictum est in
primo libro *Primae Rhetoricae*: "nobis autem videtur omnis argumentatio
concludenda esse," etc. *Relinquamus,* quin scilicet perficiamus. *Neque in-
commode,* etc., vel per difficilem transitum vel alio aliquo inconvenienti
55 modo. Incongruum enim est inceptum dimittere et incompetenter de alio ad
aliud transire. *Itaque,* quia scilicet tam utilis est expolitio. *Hac ratione* id est
expolitione; vel *hac ratione* id est his in expolitione servatis et singula et
quibus in locis ea diximus memoriter tenebimus. *Distributionem* id est eorum
collationem quae in causa dicuntur: quid scilicet in principio, quid in fine,
60 quid in medio dictum sit, quae etiam cui argumento in confirmatione et in
reprehensione posita sint.

< DE PARTIBUS ARGUMENTATIONIS >

2.18.28. < *Ergo* > inceptivum est. *Argumentatio* in hoc loco pro expolitione propria nuncupatione accipitur. *Absolutissima* id est *argumentatio
perfectissima.* Inculcatio est; vel *absolutissima* cum toto, *perfectissima* in
65 partibus suis.

---

37 argumenta: ornamenta *ante corr.*   41 invenire²: dico *ante corr.*   44 expolitio¹:
exemplo MS.   46 quia: quae MS.   53 relinquamus *Marx*: relinquimus MS.   61 sint:
sit MS.

37 more suo: cf. Theod. *Com. De Inv.,* supra p. 148.83.
52 *De inv.* 1.40.72.

Propositio est, etc. Propositio dicitur vel id quod adducitur, ut ipsum probetur, vel ut ipsum sit alterius propositio. Nota, in *Priori Rhetorica* has partes argumentationis dixit esse primam partem propositionem, secundam eius approbationem, tertiam assumptionem, quartam assumptionis approba-
70 tionem, quintam conclusionem.

Hic vero / cum propositio dicatur alias quaestio, alias prima pars syllo- f. 49r
gismi, hic, inquam, dicitur propositio id quod adducitur ut probetur.
Rationem vocat propositionis approbationem, confirmationem assumptionem, exornationem assumptionis probationem. *Ratio est < quae > causam,*
75 id est argumentum. *Honestandae* id est ornatu verborum, *et conlocupletandae*
ornatu sententiarum.

2.19.28. *Causam,* etc. Ponit exemplum, ut ostendat quomodo sit ordinanda argumentatio. *Causam ostendemus.* Haec est propositio. *Inimicum
enim.* Haec enim est ratio; et hic est locus a causa ratiocinativa. *Videbat illo*
80 *incolumi.* Haec est rationis confirmatio. Locus iterum a causa ratiocinativa.
Consueverat, etc. Locus a facto in attributis personae, quod est consuetudo
faciendi; quasi dicat: haec erat eius consuetudo, ut quibuscumque modis
poterat inimicis exitium moliretur. *Cui rei* scilicet quod sit consuetus peccare,
potest probare per Palamedem, quem Ulixes indigne, id est iniuste, interfecit.
85 Locus ab exemplis in adiunctis negotio. *Ergo et metus.* Concludit et rationem
et rationis confirmationem, ut transeat ad exornationem totius argumentationis. *Ergo et metus.* Locus a causa. *Et consuetudo.* Locus a facto in attributis
personae.

2.19.29. *Omnes enim.* Hic incipit exornatio, quae tum per locos commu-
90 nes, tum per exempla fieri debet. Sed quoniam in rationis confirmatione
exemplum, de Palamede scilicet, posuit, hic apponere non curavit. Nota,
exornatio fit per simile, per complexionem, per contrarium.

Omnes enim. Hic est locus a toto vel a maiori in minus. Nota, communes
locos appellamus sententias generales quae non ad unum tantum, sed aut ad
95 omnes aut ad plures pertinent. Hic *omnes enim* haec sententia < est >: cum
omnes parvi lucri causa minora perpetrant facinora, verisimile est quod *multo
maxima* nequaquam abhorreant. *Certo emolumento,* id est ad hoc inducti spe
maximi commodi. Emolumentum dicitur proprie lucrum molendini. Hic pro
99 quaestu quolibet accipitur.

---

78 ostendemus *Marx*: ostendit MS. | inimicum *Marx*: inicit MS.   85 ergo *Marx*: igitur
MS.   89, 93, 95 omnes *Marx*: omnis MS.

67 *De inv.* 1.37.67.
71 propositio = quaestio: cf. Fortunatianus, *Rhet.* ed. Halm, p. 115; *Mart. Cap.* 5.554, ed.
Halm, p. 487 (ed. Dick, pp. 275-276); propositio = prima pars syllogismi: cf. *De inv.* 1.34.59.

Si multos. Haec est inductio, de particularibus scilicet ad particularia progressio, qua probat quod generali loco dixerat. *Leve compendium* id est parvam utilitatem. *Compendium fraude* commutare est fraudem facere propter aliquod compendium. *Cui mirum.* Quasi dicat: cum haec praedicta tantam

5 habeant in eis, quibus insunt, [habeant] potestatem, nulli admirandum est quare huic imminentis formido periculi tantum facinus persuasit; hic locus communis ab eventu est. *Cui mirum.* Ab affectione.

Virum fortissimum. Ab habitu. *Integerrimum.* Integer dicitur qui quod diligit perfecte diligit et quod odit similiter. *Inimicitiarum persequentissimum*

10 qui nullum formidat periculum, ut puniat inimicum; hic a convictu locus <vel> ab habitu, scilicet a perseverentia. *Iniuria lacessitum.* Ab ante rem vel ab affectione. *Timidus.* Ab affectione. *Nocens.* Ab habitu. *Conscius.* Ab affectione. *Insidiosus.* A convictu. Haec est conclusio in qua contraria contrariis assignantur, ut ad *fortissimum timidus*, etc.

15 *Nam cum feras.* Comparabilis species, quando vel secundum naturam vel secundum exteriorem compositionem fit comparatio; hic <est> simile secundum naturam. Hic est locus a simili, vel est locus a comparatione minoris ad maius; quasi dicat: cum hanc ferarum naturam videamus, ut crudelis crudeliter aliquem aggrediatur, non est dubitandum, quin iste ferus, immo

20 feris omnibus immanior sceleratis et spurticior, inimico sit exitium molitus. *Ferum* id est velocem, a "fero, fers,"; ferus est ille qui nulli placere novit. Crudelis est qui sibi subiectos opprimit. Crudelem quoque durum appellamus, qui scilicet non commovetur leviter dolore alicuius. Inhumanus est qui nec in parentibus nec in misericordia dignis ulla pietate movetur. *Praesertim.*

49v 25 Alia ratio a simili ducta. *Rationem* id est discretionem. Pessima ratio / dicitur versutia, id est mala machinandi scientia.

2.19.30. *Si ergo.* Hic est conclusio totius argumentationis per enumerationem facta, scilicet breviter colligendo praedicta per conductionem. *Locuples* id est idonea. *Res* scilicet de qua tractatur. *Postremis* scilicet exornatione

30 et complexione. *Ratio,* id est praeceptio quod quandoque his supersedendum est, quandoque vero non est supersedendum.

---

6 tantum: tamen MS.   11 lacessitum *Marx*: alacres MS (alacer *ante corr.*).
12 timidus *Marx*: timidum MS.   17-18 minoris ad maius: maioris ad minus *ante corr.*
19 aliquem: quam ade MS.   20 exitium: exicitium MS.   25 alia ratio: aliam rationem
MS.   26 machinandi: machinam MS.   28-29 locuples: locuplex MS.   29 exornatione: exornationem MS.   30 complexione: complexionem MS.

1 Cf. Theod. *Com. De Inv.,* supra p. 154.34-53.
15 Cf. *De inv.* 1.30.49.

⟨DE REPREHENSIONE SECUNDUM PARTES ARGUMENTATIONIS⟩

2.20.31. *Duo sunt genera vitiosarum.* De reprehensione agit. Sed quaeritur quare iterum de reprehensione agit, cum iam superius de ea tractaverit, ibi scilicet ubi docuit defensorem singula accusatoris reprehendere argumenta.
35 Sed dicimus quod ibi singulariter docuit de reprehensione, hic autem generaliter docet quae vitia vitanda sunt in nostra argumentatione, quae reprehendenda in argumentatione adversariorum.

Sed dicitur item: nonne similiter de confirmatione tractaverat de qua tamen non repetit? Ad quod dicimus: ita est, sed haec ratio ⟨est⟩ quare
40 repetit de reprehensione, quia ipsa scilicet est difficilior ⟨pars⟩ orationis. Id autem quod de confirmatione dixerat satis sufficere videbatur.

Quaeritur etiam quomodo illa distinctio partium argumentationis, quam fecit in *Prima Rhetorica* per quinque partes, includit hanc distinctionem, quam facit in hac *Secunda Rhetorica*? Prima igitur distinctio talis fuit:
45 argumentatio quinquepertita constat ex propositione et propositionis approbatione et ex assumptione et sua approbatione et conclusione. Distinctio autem, quam modo facit, alterius modi est, talis scilicet: partes argumentationis sunt propositio (quae etiam expositio nominatur), ratio, rationis confirmatio, exornatio, complexio. Includit autem illa superior hanc secundam hoc
50 modo. Id, quod dicitur ratio, in hac secunda distinctione locum obtinet propositionis et assumptionis primae divisionis. Confirmatio quoque rationis et exornatio continent approbationem propositionis et assumptionis. Complexio quoque et propositio supplent locum conclusionis, quae est quinta in argumentatione *Primae Rhetoricae*.

55   *Duo sunt genera.* Docuit partes argumentationis, modo vult ostendere quae vitia vitanda sint in singulis partibus argumentationis nostrae, quae vero reprehendenda in argumentatione adversariorum. *Reprehendi*, id est habet in se occasionem reprehendendi, quod scilicet videtur esse verum et non est. Et inde ipsum huiusmodi est *quod pertinet ad causam*, id est tale est quod in
60 causa reprehendendum est. *Nugatorium*, id est adeo falsum, quod omnibus patet eius ipsius falsitas. *Non indiget reprehensionis*, id est non videtur dignum reprehendi, quia scilicet adeo vile est quod ipsum sine reprehensione per se deficit. *Quae sint.* Ponet exempla de utrisque in sequentibus. *Haec cognitio.* Reddit attentum. *Labefactare* id est infirmare.

---

37 reprehendenda: reprehenda MS.   43 includit: concludit *ante corr.*   57 reprehendi *Marx*: reprehendendi MS.   62 reprehendi: reprehendendi MS.   63 sint *Marx*: sunt MS.

33 Cf. supra pp. 246-260; *Auct. ad Her.* 2.3.4-17.26.
43 Cf. *De inv.* 1.37.67.
54 *De inv.* 1.37.67.

65   **2.20.32.** *Expositio vitiosa.* Docet quae vitia sint reprehendenda et quae iterum in singulis partibus argumentationis, et primitus quae vitia sint reprehendenda in propositione, quam nominat expositionem; quam ideo sic nominat quia hoc nomen, propositio scilicet, habet se et ad id quod proponitur, ut per ipsum aliquid probetur, < et ad id quod proponitur ut
70 ipsum probetur >.

Nota quattuor esse genera reprehensionis: fit enim reprehensio sumptorum et conclusionis reprehensio et reprehensio generis argumenti et aeque firmae rationis per aeque firmam aut firmiorem reprehensio.

Expositio vitiosa est hoc modo. *Omnes, qui in paupertate.* Quaeritur: sub
75 quo genere reprehensionis? Si enim consulamus exemplum videtur esse reprehensio sumptorum, quia hoc exemplum posuit Tullius in *Prima Rhetorica* sub reprehensione sumptorum cum etiam falsum sit. Id enim, quod est fortasse in aliquo improbo paupere, dicit in omnibus esse. Videtur < etiam > esse reprehensio generis argumenti. Cum iterum propositio, quam expositio-
80 nem vocat, contineatur sub conclusione, videtur quod reprehensio expositionis sit reprehensio conclusionis. Ad quod nos dicimus, quod vitia huiusmodi, sumptorum scilicet, conclusionis et generis argumenti in multis exemplis possunt incidere simul. Ubi vero vitia concidunt, possunt concidere reprehensiones. Hic tamen dicimus, ut nobis videtur, quod est reprehensio
85 conclusionis, quia, ut dictum est, propositio, id est expositio, sub conclusione continetur.

Nota sex modis vitiosam dici expositionem.

f. 50r   Primo, *cum ab aliqua aut maiori | parte confertur ad omnes,* id est assignatur omnibus adesse *id, quod non est necessario omnibus attributum*
90 hoc modo: *omnes, qui in paupertate.*

2.20.33. Secundo, *cum id, quod raro fit, omnino negatur fieri* hoc modo: *nemo potest,* etc. *Nonnemo* id est aliquis. *Omnino nihil differt* id est tantundem prodest, si intellegatur posse aliquando fieri, quantum si ostendatur id raro fieri, quod numquam fieri ab adversario dictum est, et ita expositionem
95 adversariorum competenter infirmabit.

69 *lacunam suspicor, cf. Alan.,* fol. 36rb, "... propositio vocatur a Tullio et id quod proponitur ut probetur (=*Auct. ad Her.* 2.18.28) et id quod adducitur ut aliquid probet (=*De inv.* 1.37.67)."   72 *ante* et³ *del.* intersunt arg.   73 aeque: aequam MS.   78 videtur: verum *ante corr.*   82 argumenti: argumenta MS.   83 concidunt: incidunt *ante corr.*
84 quod est: quid sit MS.   87 modis: modus MS. | expositionem: reprehensionem MS.
92 nonnemo *Marx:* nemo MS.

71-73 *De inv.* 1.42.79.
76 exemplum: cf. *De inv.* 1.43.80.
85 Cf. supra p. 264.49-54.

2.21.33. Tertio, *cum omnes res ostendemus nos collegisse*, etc. *Praedones* sunt qui praedam capiunt. Hanc expositionem constat esse falsam, quoniam quod oporteret hic collectum non est. *Disturbaverimus*, id est infirmaverimus.
99 *Relinquemus*, id est faciemus.

2.21.34. *Item, vitiosa expositio* facta per enumerationem, cum in ea aliquid praetermittitur, quod praetermitti non oporteret, hoc modo: *duae res sunt*, etc. *Ambitio* est honoris cupiditas. Differt a superiori hoc exemplum, quod illud per disiunctas, in isto vero fit collatio enumerationis per collectio-
5 nem.

2.22.34. Quinto, cum *nimium longe repetitur* quod adductum <est> ad aliquid probandum, hoc modo: *omnium malorum*, etc. De ista reprehensione certum est, quod ipsa est generis argumenti reprehensio, quod vitium vocatur remotum in *Prima Rhetorica*. Est autem adeo debile quod <non> eget nostra
10 reprehensione; satis enim per se deluitur. Nota quod longa repetitio est sub reprehensione generis argumenti. Unde potest notari quod omnia genera reprehensionis communia sunt, sed tamen supponendae sunt omnes repre-hensiones singillatim eis, quorum magis sunt propriae. Verbi gratia: si magis propria est aliqua reprehensio sumptorum, supponatur eis; si vero magis
15 propria conclusionis supponatur eidem et sic de aliis.
    Utinam ne in nemore Pelio. Haec dicit pedisequa Medeae. Nota fabulam de Iasone et Medea. *Dilecti* id est electi. *Colchis*. Insula unde Medea fuit *aegro animo*. *Sua sponte* id est per se.

2.23.35. *Vitiosa est ratio*. Postquam assignavit quae in expositione sint
20 vitanda et quae reprehendenda, docet quae vitia sunt vitiosae rationis, quae sex modis item dicitur vitiosa.
    Primo, cum *ad expositionem* ratio non accommodatur, *vel propter infir-mitatem*. Infirma dicitur cum insufficiens est ad id probandum, ad quod adducitur. Vana est quae falsa est. Nota quod in ratione expositionis maxime
25 est reprehensio generis argumenti, sed tamen alia potest ibidem incidere. *Expositum est*, id est expositione dignum est. *Immane* id est magnum; vel *in mane* id est in pueritia vel teneritudine amicitiae; et tunc erunt duae dictiones *in* et *mane*. Hanc enim consuetudinem loquendi Plautus habebat. *In aetate* id est per aetatem, iam confirmata amicitia; vel in virili aetate, quae per

99 relinquemus *B apud Marx*: reliquerimus *Marx*.   4 fit: sic MS.   6 nimium *Marx*: nimis MS.   17 dilecti *b apud Marx*: delecti *Marx*. | Colchis *Marx*: Colchos MS. 18 aegro animo *del. Marx*.   19 vitiosa: postquam assignavit vitiosa MS.   22 non *s.l. add*.   24 ratione: rationem MS.   26 immane *E apud Marx*: inmune *Marx*.

9 Cf. *De inv*. 1.49.91.

30 excellentiam aetas dicitur. *Nam ego*, etc. Inducit pro auctoritate, quod non
est auctoritas. Verum quidem est quod dicit, sed non sufficit.

Secundo, *vana ratio* et *ex falsa causa constat*, id est habet in se unde falsa
sit, hoc modo: *amor fugiendus*. Offenditur eventus cum non sit. *Socordiam*
quae ad animum pertinet (dicitur enim socors, quasi seorsum a corde),
35 desidia vero ad corpus. Expositiones sunt: *amor fugiendus est* et *Philosophia*,
etc.

2.23.36. *Item infirma est ratio*, etc. Redit iterum ad infirmam rationem,
ut exemplum ponat de eodem, non quod alius modus sit, sed ideo quia
supponere volebat alios modos, infirmarum scilicet rationum. *Saxoque*
40 *instare < in > globoso praedicant*, id est dicunt ipsam fortunam stare in modis
saxi globosi. Alia littera hic solet esse, haec scilicet: *saxique instar*, id est
< ad > similitudinem globi, sed littera prior melior est. *Fors* id est casus.
Autumant, id est existimant. Hic inducit pro exemplo, quod non est valens
exemplum. *Iterant*, id est iterum dicunt. *Nihil cernit*, id est non discernit ad
45 quid se *applicet*. *Re* id est veritate. Hic induxit pro exemplo quod non est
exemplum.

2.24.37. *Magno malo*, etc. Hic exinde vitium est quia non est ratio quod
< pro > ratione adducitur. Id enim, quod pro ratione adductum est, etiam in
propositione positum est; nec idem per idem probari potest. Et continetur
50 sub secunda specie reprehensionis generis argumenti, sub ea scilicet quae est
f. 50v / quando argumentum non accommodatur ad id, ad quod instituitur. Im-
mensa pecuniae cupiditas est descriptio avaritiae. Hic iterum dixit, quod in
expositione dixerat.

Utilis est sapientia. Ibi inest vitium, quoniam hoc laudatur quod in
55 sapientia minus est, ut si quis aliquem volens laudare in laude capillorum eius
laborans immoretur. Et notandum quod hic pro consuetudine inducit quod
consuetudo non est; et hoc est vitium sub secunda specie reprehensionis
generis argumenti, ut sequens exemplum declarat.

Quod alii expositioni. Hoc vitium vulgare dicitur, sub prima specie generis
60 argumenti contentum. *Eandem enim affert rationem quare caeca*, etc., ibi

---

32 falsa causa constat *Marx*: falso causa id est MS.   33 eventus: esse *ante corr.*
40 in *Marx*: om. E *apud Marx.*   41 saxique instar *C apud Marx.*   44 cernit: cernat
Marx.   48 pro ratione: rationem MS.   49 continetur: continet MS.   56 quod[1]: uel
quoniam *add.* MS.   60 eandem *Marx*: eadem *HP¹ΠΒΕ apud Marx.*

50 Cf. *De inv.* 1.50.94.
53 *Auct. ad Her.* 2.20.32-22.34.
59 Cf. *De inv.* 1.48.90.

scilicet, ubi dixit: *caecam ob eam rem*, etc., et ibi: *brutam quia < dignum atque > indignum*, etc.

2.24.38. *In confirmatione rationis*, etc. Hucusque notavit in rationibus nostrae partis quae vitia sint vitanda et quae in adversariorum reprehendenda.
65 Nunc vero docebit quae vitia in confirmatione rationis et vitanda sunt in nostra parte et in adversariorum, si fuerint, reprehendenda. Nota quamvis haec vitia in ceteris partibus argumentationis incidant, praecipue tamen in confirmatione rationis, in qua frequentius recipiuntur, in ea reprehendi praecipiuntur.
70 *Accurata* id est magna cura conquisita. Et quia in argumentatione probanda praevalet accurata confirmatio, *utuntur igitur* non quilibet, sed *studiosi duplici conclusione* id est complexione, qua scilicet ad inconveniens ducitur adversarius, quicquid ipse concesserit. Vitia in nostra confirmatione sunt *vitanda*, in adversarii *observanda* id est notanda hoc modo: *indigna abs te*, etc. Hoc
75 vitium in reprehensione sumptorum cadit. Hic enim inducitur pro vera complexione, quod non est vera complexio. Nota quia complexio quandoque simplex est, quandoque composita. Simplex est, ut haec: *indigna abs te*, etc.; composita, ut ea in qua praecedit disiuncta, sicut haec: aut est probus aut est improbus. Si improbus *cur me huius locabas nuptiis*? Si *probus, cur invitam*
80 *invitum relinquere cogis*? Sic ad patrem filia loquitur, ut ipsum, quicquid ipse concedat, complexionem culpabilem reddat.

Utroque enim modo praedictae complexionis utraque conclusio falsa est; sed quae hoc modo concluduntur sic reprehendentur: *aut ex* contrariis *convertentur*, cum scilicet contrarium rationis posterioris partis adiungitur
85 priori parti complexionis; / et e converso hoc modo: si improbum Chrespon- f. 51r
tem existimabas, culpandus es quia [male] huius me nuptiis male locasti. Huius rationis contrarium est: bene te locavi, quod pater ad filiam respondens dicit. Sequitur pars altera complexionis, haec scilicet: si probus est, iniuste me cogis eum relinquere. Huius rationis contrarium est hoc [modo]: iuste te
90 illum relinquere cogo.

Nunc, quia complexio per conversionem reprehendenda est, adiunge contrarium rationis postremae partis ad primam partem complexionis et e

---

61 brutam *Marx*: brutum MS.   68 frequentius: fretius *ante corr.* | reprehendi: reprehendendi *ante corr.*   79 huius *P²C apud Marx*: huic *Marx*.   82 utroque: quae MS.
83 concluduntur: concluditur MS.   85 et: haec scilicet, si probus est, iniuste me cogis eum relinquere. Haec rationis +++ (= *lac. 20 fere litt.*) Contrarium est hoc modo et MS, *cf. infra lin. 88-89*.   87 quod: quia MS.

61 *Auct. ad Her.* 2.23.36.
72 Cf. Theod. *Com. De Inv.*, supra pp. 149.3-150.11.

converso, et sic dices: si *inprobus est*, iure te illum relinquere cogo, quod est
dicere: *divortio liberabo te*, etc. *Si probus est*, bene *te locavi*.

95   Aut *ex simplici* id est ex una tantum parte *reprehendetur, si* scilicet *ex
duplici conclusione* id est complexione, *alterutra pars* id est aut prima aut
secunda *diluitur*, id est ex toto destruitur.

Nam si improbum, etc. Vis et sententia huius primae partis praecedentis
99 complexionis ex eo pendet, quod dicit *existimabas*. Nam filia patrem per eius
existimationem nititur convincere, quasi dicat: culpandus es pater, quia ei me
coniunxisti quem improbum existimabas; quam partem < pater > sic infirmat:
duxi probum, id est eum esse probum existimavi; qua existimatione damnandus non fuit. *Cognovi* eum scilicet improbum, et quoniam ex una sola parte,
5   id est ex contrario, complexio reprehenditur.

2.25.39. *Ergo reprehensio*, etc., *acutior* id est difficilior ad inveniendum
et efficacior ad totam argumentationem destruendam. *Illa superior* ea scilicet,
quae ex contrario reprehendit. *Facilior* ad inveniendum et debilior ad
complexionem adversariorum diluendam.

10   *Cum ea re*, id est cum aliquid improprium alicuius rei signum adducitur,
quod non magis huius quam alterius alicuius rei signum esse monstratur. Et
haec reprehensio signi in reprehensione sumptorum collocatur. *Sponte sua*
id est ex se et ex sui natura ad rationem confirmationis non sufficiunt, nec
sunt *signa* quibus valeat illud, contra quod adducuntur, improbari, *sin*, id est
15 nisi adducantur alia in eandem verisimilitudinem. *Nonnihil* id est multum.
Illiusmodi signa, id est rei convenientia, cuius esse signa dicuntur, ut quod
mulier *sustinet puerum infantem*, signum est quod ipsa peperit, sed insuffi-
ciens ad id probandum. *Adaugent suspicionem*, id est rem, de qua agitur,
magis probabilem reddunt.

20   *Quod vel in alium*. Hoc vitium sub prima specie reprehensionis generis
argumenti continetur et commune dicitur. Est enim vitiosa in se reprehensio
qua vel ipse qui impetit vel aliqui alii (sicut et reus) possent improbari. Nam
hoc: *miseri sunt, qui uxores ducunt* vel ad ipsum qui impetit, vel ad alios
potest pertinere. *Duxisti alteram*. Alteram uxorem habuerat, qui dixerat:
25 *miseri sunt*, etc.

Id, quod vulgarem, etc. Hoc vitium in prima specie reprehensionis generis
argumenti vulgare dicitur. Nam vulgaris est defensio, quae nec convenientius

---

95 ex una *bis* MS. | tantum: tamen MS. | si *Marx*: talis MS.   3-4 existimatione ... fuit:
damnandus existimationem non sunt MS.   4 ex una *bis* MS.   14 sin *Marx*: sine MS, si
non *P¹ΠCE apud Marx*.   15 eandem: eadem MS.   24 dixerat: duxerat MS.
26 vulgarem *Marx*: vulgare MS.

20 Cf. *De inv.* 1.48.90.
27 Cf. *De inv.* 1.48.90.

in praesentem causam quam in quamlibet aliam potest venire, ut iracundia
inductus peccavit. Hac defensione quilibet confessus poterit uti, nisi in
30 absoluta deprecatione. *Si probabuntur*, id est si ad defensionem sufficere
concedentur; locus ab eventu.

Cum id pro certo sumitur. Hoc exemplum < in *Prima Rhetorica*> sub prima
specie reprehensionis generis argumenti <est> et dicitur ibi controversum:
Quod inter omnes.

35 **2.25.40.** *Sero* id est tarde, scilicet post tempus, et vocatur leve sub prima
specie reprehensionis generis argumenti <in> *Prima Rhetorica.*

2.26.40. *Factiosus* id est tricator. *In contione* id est in conventu.

2.26.41. *Falsis aut vulgaribus.* Hoc vitium sub mala definitione continetur, sub prima specie reprehensionis generis argumenti. *Est enim improbus.*
40 Hic nota vulgarem definitionem.

In disquisitione, id est in quaestione continetur. Hoc vitium in *Prima
Rhetorica* sub prima specie reprehensionis generis argumenti <est> et dicitur
ibi controversum.

Controversiam. Hoc iterum continetur in controverso, et differt a
45 proximo / superiori, id est ab eo quod *in disquisitione* positum est; ibi enim   f. 51v
idem positum est in quaestione et argumento, hic dubium per aliud dubium
probatur. Differt iterum ab eo quod est: *Eho tu, dii*, etc. Hic enim dubium
per simile dubium probatur, ibi vero non.

2.26.42. *Parum expeditur*, etc., scilicet cum ad magnam rem, de qua
50 maxima contentio est, argumentum nimis adfertur exile et parvum. Vocatur
hoc vitium in *Priori Rhetorica* sub secunda specie reprehensionis generis
argumenti ratio parum idonea. *Aperte fatur.* Haec sunt verba Aiacis persuadere volentis sibi deberi arma. *Aperte dictio* id est oraculum. *Vel quia*

---

33 specie reprehensionis: rhetoricae MS.   36 argumenti: argumentum MS.   43 ibi:
hic *add.*   44 in: vel sub *s.l. add.*   46 aliud: aliquod MS.   47 iterum: dubium *ante
corr.* | eho tu dii *Marx*: eo studii MS, studiis *M apud Marx.*   53 quia *E apud Marx*: quod
Marx.

32-33 Cf. *De inv.* 1.49.91.
35-36 Cf. *De inv.* 1.48.90.
37 Cf. supra p. 230.46.
38 Cf. *De inv.* 1.49.91.
41-43 Cf. *De inv.* 1.49.91.
44 Cf. *De inv.* 1.49.91.
47 Cf. *Auct. ad Her.* 2.25.39.
50-54 Cf. *De inv.* 1.50.95.

propinquus. Nota hic infirmam rationis confirmationem; quod enim creber-
55 rimis rationibus confirmare debuit uno tantum verbulo cito transivit.

Ipsum sibi. In sua ratione. Hoc vitium inconstans vocatur sub prima specie
reprehensionis generis argumenti. *Exputando evolvere* id est aperte explicare.
Exputare enim est extra putationem aliquid, id est <extra> opinionem
aliquid ponere.

60   **2.27.43.** *Quod dicitur contra iudicis.* Hoc vitium sub offenso et contrario
in prima specie <reprehensionis> generis argumenti continetur.

Non omnes res. Hoc vitium sub secunda specie reprehensionis generis
argumenti continetur, sub ea scilicet parte in qua plura promittuntur et
pauciora demonstrantur.

65   *Ne de alia dicatur.* Sub eadem specie reprehensionis generis argumenti hoc
vitium continetur. Hoc autem vitium per partes ostendit sic: *in eiusmodi vitio
considerandum est, ne* aliquod *addatur* vel aliquid *detrahatur* — statim enim
re alterata, alia dicentur — et ne *causa tota* dimissa, alia assumatur. *Uti apud
Pacuvium Zethus cum Amphione* fratre suo totam causam in aliam derivavit,
70 quod ostendit dicens: *quorum controversia,* etc.

Accusatoris criminatio. Istud sub eodem vitio in secunda specie reprehensionis generis argumenti continetur.

2.27.44. *Artem aut scientiam.* Hoc vitium sub secunda specie reprehensionis generis argumenti continetur. Nota, ars dicitur praeceptorum collectio.
75 Scientia est facultas per artem comparata. Studium est ad aliquid agendum
vehemens animi applicatio.

Perperam id est perverse vel prave; hoc vitium item continetur sub secunda
specie reprehensionis generis argumenti, continetur sub infirma ratione
scilicet. *Ergo veneno necatus.* Locus a signis. *Conflictetur,* id est conflictando
80 ostendat venenum datum non esse mediocre vitium, sed maximum.

---

62 omnes *ECPΠB apud Marx*: omnis *Marx.*   63 promittuntur: praemittantur MS.
65 alia *l apud Marx*: alia re *Marx.*   68 alterata alia: alia alterata MS. | causa tota dimissa
transp. e tota dimissa causa.   70 controversia: controversiam *ante corr.* | etc.: etc.ce. MS.
71 accusatoris *Marx*: accusatori MS.   79 necatus: necatur MS, necatus est *Marx.*

56 Cf. *De inv.* 1.50.93.
60 Cf. *De inv.* 1.49.92; 1.50.93.
62-64; 71-74 Cf. *De inv.* 1.50.94.
74 ars: cf. *Vict.,* p. 156.15.
75-76 studium: cf. *Vict.,* p. 219.36; *De inv.* 1.25.36.
77-79 Cf. *De inv.* 1.50.95.

2.28.45. *In rebus comparandis.* Hoc vitium est sub secunda specie reprehensionis generis argumenti. *Neglegentius,* id est neglegenter, comparativum pro positivo posuit.

Quod genus pro "ut." Hoc item vitium sub praedicta specie continetur. *Qui* 85 *dicat,* id est peroret.

De nomine quantum ad proprium nomen. *Vocabulo* id est appellativo nomine. Hoc vitium est sub praedicta specie < et > vocatur infirma ratio. *Aqua et igni.* Nota quia exulibus, id est quibus erat indictum exilium, eis igne et aqua interdicebatur; et hoc erat signum, quod illi proscripti erant ad exilium 90 vel ad mortem, quia haec duo elementa sunt quibus maxime vita humana sustentatur, et idcirco ea proscriptis ad mortem interdicebantur. *Si cum causa,* id est si ad commodum suae causae, hoc *fecit.*

2.29.46. *Quoniam exornatio,* etc. Ostensis vitiis in confirmatione rationis, accedit ad ostendenda vitia in exornatione. *Exemplis.* Ut quando particula- 95 riter, id est in parte, proponuntur. *Amplificationibus* id est ex contrariis, ex maioribus, ex minoribus. *Rebus iudicatis* id est iudicum sententiis. *Ceteris rebus.* Per hoc intellege plebis scita, senatus decreta, principum edicta, consultorum iuris responsa. *Exaugendam* sententiis, *collocupletandam* ornatu 99 verborum, vel e converso.

Simile, etc. Quae sint vitia singulorum exponit. *Simile vitiosum est* quod ei, < cui > adfertur, aliquo modo dissimile est, et illam determinationem innuit dicens: *nec habet parem rationem,* etc. Cum enim simile aliquid alicui octo modis esse aliquid alicui, his scilicet genere, natura, vi, magnitudine, tem- 5 pore, loco, persona, opinione (quae cuiusmodi sint in *Prima Rhetorica* expositum est); cum, inquam, his modis aliquid alicui simile esse dicatur, videndum est an id, quod comparatur, aliquo modorum praedictorum sit simile ei, cum quo comparatur. Nota hanc esse reprehensionem sumptorum sub comparabili.
10   < *** >.

---

86 appellativo: appellatio MS.   87 est sub: sub est MS.   93 rationis: rationes *ante corr.*   94 exemplis *Marx:* exemplum MS.   98 exaugendam *Marx:* exaggerandam MS. 3 nec *Marx:* haec MS. | octo: novem *ante corr.*   10 *deest commentarius ad Auct. ad Her.* 2.29.46-31.50.

81-82 Cf. *De inv.* 1.50.94.
87 Cf. *De inv.* 1.50.95.
97-98 *Inst.* 1.2.3.
  5, 9 *De inv.* 1.44.82.

< In librum tertium >

3.1.1. *Ad omnem iudicialem causam.* Hucusque tractavit de inventione, prima scilicet parte artis rhetoricae, sub iudiciali genere causarum; docuit scilicet quomodo sit faciendum exordium, narratio, partitio, confirmatio, reprehensio, peroratio sub iudiciali genere causarum in duobus praemissis
5 libris.

In hoc autem libro docet quomodo facienda sint illa eadem sub /
f. 52r deliberativo et sub demonstrativo, et sic finitur tractatus de inventione. Sequitur autem de dispositione et pronuntiatione in eodem libro isto et de memoria. Quartus autem liber continetur in elocutione, quae est ultima pars
10 artis rhetoricae, et sic integre et perfecte opus hoc absolvetur.

Ad omnem iudicialem causam, etc. Transitum facit, in quo ostendit quid dixerit et quid dicturus sit; in quo etiam reddit lectorem benivolum, docilem, attentum. *Ad omnem iudicialem,* etc. Id est qualiter in omni causa iudiciali, scilicet secundum constitutiones, utendum sit inventione, quae in sex partes
15 rhetoricae orationis consumitur. *Habundanter,* id est perfecte declaratum est. *Inventionem rerum* hic vocat argumenta inventa, vel, quod melius est, partes orationis rhetoricae quae per inventionem habent existere. *Nunc earum rerum* scilicet exordii et ceterarum partium orationis rhetoricae. *Rationem* id est praeceptionem. *Omnis* id est tota et perfecta. *Praeceptio* id est doctrina.
20 *Inveniendi,* ea scilicet quae causis agendis necessaria sunt. *Quam primum* id est cito.

Persolveretur id est omni modo perfecte mitteretur. Docilem et benivolum facit promittendo se velociter absoluturum de inventione.

Reliquae vero *partes. Reliquae,* dico, ab inventione *erant,* id est dicebantur
25 esse *artificii* id est artis rhetoricae. Genus ponit pro specie, artificium [ponit] ponens pro arte rhetorica. *Quattuor* scilicet dispositio, pronuntiatio, memoria, elocutio. Nota quia in hoc transitu †enumerationem† pronuntiationem appellat. *Plura* scilicet quam de ceteris partibus artis, *conscribere* scilicet

---

3 sit: esset *ante corr.*   14 inventione: inventionem *ante corr.*   15 habundanter
Marx: habunde ms.   18 partium: rerum *ante corr.*   19 praeceptio *Marx*: praeceptis
ms.   20 agendis *bis* ms.   22 persolveretur *Marx*: persolvetur ms. | mitteretur: mittetur
ms.   27 enumerationem: pronuntiationem *codd. apud Marx.*

27 Cf. *Mart. Cap.* 5.540, ed. Halm, p. 484 (ed. Dick, p. 270).

graviora, *maluimus*, ne scilicet nimium prolixus esset iste tractatus. *Ne quid*,
30 etc. Id est ut in omnibus, quae sunt artis rhetoricae, sis perfectus. Hic iterum
reddit eum docilem. *Quaeque prima*, scilicet duos iam dictatos libros. Hic
reddit eum benivolum. *Nobiscum, cum voles*, etc. Id est interrogando nos de
eis de quibus dubitabis, *et interdum sine nobis* id est per te ipsum studendo.
Ne quid id est ne aliquo modo. *Ad hanc utilitatem* id est ad artem rhetoricam,
35 quae utilissima est. *Pariter progredi possis*, etc., iterum perficere studendo in
hoc libro, ut nobis par in eloquentia habearis. Hic attentum reddit Herennium, quod in sequenti versu potest notari, in quo dicit: *nunc tu* [etc.] *fac
attentum* etc. *Pergemus proficisci*, id est incipiemus; pergere *ad instituta* est
ea inchoare.

<De GENERE DELIBERATIVO>

40 **3.2.2.** *Deliberationes*, etc. Transitu finito docet < *** > ubi reddit lectorem
benivolum, docilem, attentum. Et, ut dictum est, docet diversos modos
deliberandi et pro quibus rebus deliberetur. Fit deliberatio vel de duabus vel
de pluribus rebus, fit quoque de aliqua re propter ipsam tantum, [est]
quandoque propter aliam tantum, quandoque propter se et propter aliam.
45 Exempla horum modorum deliberandi in libro invenies.
   Potius de duobus scilicet, hoc modo: *Cartago*, etc.; quandoque de pluribus
potissimum consideratur, hoc modo: *ut si Hannibal*, etc. Quandoque etiam
deliberatur de aliqua re propter se tantum: *ut si deliberet senatus, captivos
redimat*, etc. Erat enim inter antiquos dubitatio magna an captivi redime-
50 rentur an non. Quidam enim dicebant non esse eos redimendos, quoniam,
si consuescerent redimi, fierent inertes et aut vix aut numquam amplius
hostibus resistentes; alii vero dicebant eos redimendos esse, quia concives
erant.
   Quandoque vero deliberatur de aliqua re *propter extraneam causam* id est
55 non propter se, sed propter aliquam rem, id est utilitatem ex ipsa causa
proventam. *Ut si deliberet senatus bello Italico*, etc. Prohibitum enim erat in
legibus ut nullus infra xxx annos consul fieret. Deliberabant igitur senatores
an propter bellum < cum > Hannibale imminens solverent a legibus Scipionem ante tempus in legibus praefinitum, quod cum fit scilicet quod in lege
60 prohibitum est, cum fit, dico, causa utilitatis aut honestatis aut necessitatis,
non tamen ut sic teneatur semper, sed ad tempus dispensatio vocatur. Solvere

---

29 maluimus *Marx*: malumus MS.   37 fac *Marx*: facit MS.   40 *lacunam suspicor.*
41 et: etiam MS.   42 deliberetur: deliberatio liberetur *ante corr.*   48 *ante* propter
del. tantum.   49 redimat *Marx*: redimi MS.

49 magna dubitatio: cf. Hor. *Carm.* 3.5.

Scipionem a legibus est ipsum ex dispensatione fieri, quod in legibus prohibitum fuerat, ante tempus scilicet consulem fieri.

Quandoque etiam deliberatur de aliqua re *et propter se et propter* aliam
65 *magis, ut si deliberet senatus sociis det civitatem*, etc. Erat antiquitus maximum quid fieri civem Romanum, quoniam nulli praeter Romanos civem Romanum audebant condemnare. Recipere socios in civitatem nihil aliud <est> quam ipsos facere cives.

52v   *In quibus*, etc. Postquam diversos deliberandi modos assignavit, do/cet
70 quomodo ad unumquemque modum argumenta adducamus in causis illis, in quibus *rei natura* id est res ipsa *faciet deliberationem*, etc., id est cum propter se de re aliqua deliberabitur. *Omnis oratio*, etc., id est omne argumentum *ad ipsam rem*, de qua agitur scilicet. In illis vero *in quibus extranea causa* faciet *deliberationem*, etc., id est in quibus de aliqua re deliberatur non propter se,
75 sed propter extraneam causam, id est propter aliud, *ipsa causa*, id est ipsum thema (vel *ipsa <causa>*, id est propter quod deliberatur), *erit aut augenda aut deprimenda*, etc., tum scilicet per argumenta, tum etiam per communes locos.

3.2.3. *Qui sententiam dicent*, etc. Hii, qui deliberativum causae genus
80 tractabunt. *Finem sibi conveniet utilitatis proponere*, etc. Id est conveniet autem ab utili persuadere et *ad eam* id est ad ipsam utilitatem. *Totius orationis ratio*, id est argumenta. Civilis consultatio dicitur deliberatio a civibus facta.

Corpus iuris sic dividitur, teste Ulpiano, legum peritissimo. Ius, inquit, est
85 ars aequi et boni. Aequum ad aequitatem retulit, bonum ad utilitatem et honestatem. Ars vero est constitutio utilis et honesti. Quandoque vero fit illa constitutio a natura, et dicitur lex naturalis vel ius naturale vel iustitia. Et habet partes: religionem, pietatem, gratiam, vindicationem, observantiam, veritatem, quia naturaliter volumus ista exercere.
90   Fit quoque constitutio illa ex institutione hominum et dicitur ius positivum vel lex. Ius vero positivum aliud dicitur ius gentium, aliud civile. Ius gentium est ius commune omnibus gentibus, ut ius bellorum, ius manumissionis, venditionis, emptionis. Ius autem civile est ius unius civitatis, ut ius Atheniensium, etc.

69 modos: modo MS.   70 unumquemque: unum quandoque MS.   72 oratio *Marx*: ratio MS.   73 faciet: conficiet *Marx*.   76 aut augenda: adaugenda *Marx*, aut adaugendam *P²* apud Marx   80 utilitatis *Marx*: utilitas MS.

84 *Dig.* 1.1.1.pr.
88 Cf. *De inv.* 2.53.161.
90-91 *Inst.* 1.2.1.
91-93 *Inst.* 1.2.2.

95 Item ius civile aut est in scripto, quia cives vident aliquid esse honestum
    vel utile et illud censent esse tenendum, et idcirco ponunt in scripto et dicitur
    ius legale; aut est in consuetudine quae fit aut antiquitate, quia sic consue-
    verunt patres nostri, aut usu, quia sic consuevimus, et dicitur ius consuetu-
99 dinarium; quod continet par, iudicatum, pactum.
       Iudicatum <est> iudicium datum de aliqua re quae diu fuit dubia. Par est
    ius talionis, quando par poena pari redditur vel par meritum pari merito, vel
    cum dicitur: quod tibi non fieri vis, alii ne feceris. Pactum est pactio quae
    convenit inter aliquos de aliqua re. Unde rustici: "pactum legem vincit."
 5 Mutatur secundum tempus, secundum mores gentis. Si constituatur a populo,
    dicitur plebis scitum, si a senatu, dicitur senatus decretum, si a iudicibus,
    dicitur lex.
       Colliguntur autem divisiones hoc modo: ius aliud naturale, aliud positi-
    vum. Naturale praedictas partes habet. Positivum aliud gentium, aliud civile.
10 Civile aliud legale, aliud consuetudinarium. Consuetudinarium aliud par,
    aliud pactum, aliud iudicatum, etc.
       Utilitas in duas partes dividitur, etc. Utilitas in hoc loco ponitur pro eo
    quod est simul utile et honestum, et hoc apparet in divisione. Dividitur enim
    hic utilitas in tutum et honestum partes. Tutum est illud quod nos munit et
15 defendit, honestum est quod est laudabile. *Tuta est, quae conficit instantis,*
    etc. Tutum est illud per quod nos vitamus aliquod instans periculum, id est
    praesens et imminens, aut consequens, id est eventurum in futuro, *qualibet*
    ratione, quolibet rationabili modo, scilicet vel per vim vel per dolum. *Haec*
    pars utilitatis, scilicet tuta, *distribuitur* id est dividitur *in vim et dolum.* Nota
20 quod dolus aliquando pro fraude, aliquando pro consilio, aliquando pro
    ingenio; hic vero pro cautela accipitur. *Separatim* id est sine altero. *Aut*
    utrumque. Cum unum scilicet cum altero *sumemus* ad argumentandum, id est
    quandoque eliciemus argumenta a vi, quandoque a dolo, quandoque ab
    utroque mixtim.
25   *Vis discernitur per exercitus* in terra, *classes* in mari, *arma* quae utrique
    conveniunt, exercitui scilicet et classi, *tormenta* scilicet cruciamenta (vel
    tormenta, id est machinamenta bellica), *revocationes* quando scilicet aliquis
    potens est adeo crudelis, <ut> per minas vel alio aliquo modo eos revocet
    ad se, qui / ab eo recesserunt, vel qui potest aliquos tormentare vel qui habet   f. 53r

---

2 ius talionis: iuxta lionis MS. | merito: merita MS.   3 quod ... alii: vis quod tibi non fieri
alio MS.   5 mores: morem *ante corr.*   11 aliud[1] *s.l. add.*   19 distribuitur *P²ΠCE*
apud Marx: tribuitur *Marx.*   20 fraude: aliud pro consilio *add. ante corr.*   22 altero
bis MS.   25 discernitur *HC² apud Marx:* decernitur *Marx.*   27 revocationes *Md apud*
Marx: evocationes *Marx.*

95-97 *Inst.* 1.2.3; *Dig.* 1.1.6.

30 copiam armorum et similium ille vires habere dicitur. Et notandum est ista
omnia sub facultate contineri.

Dolus consumitur id est integre per ista dividitur. Dicitur enim dolo factum
esse, quod factum est *pecunia*, ut aurum argentumve distribuendo aliquibus
causa alicuius commodi adipiscendi vel incommodi vitandi causa. *Pollicita-*
35 *tione* id est promissis. *Dissimulatione* id est aliqua fictione. *Maturatione* id est
properatione. *Mentione* id est memoria; vel *mentitione* ut in tormentis, a
"mentior, mentiris." In omnibus enim istis dolus, id est cautela, consideratur.
Quandoque enim contingit quod aliquis per pecuniam vel per ceteras doli
species aliquid efficiat, quod per vires non posset, secundum quod dictum est:

40   ingenio pollet cui vim natura negavit.

Ista iterum omnia sub facultate continentur, ad consilium tamen pertinere
videntur.

Honesta res, altera scilicet pars utilitatis *dividitur in rectum et laudabile.*
Rectum in hoc loco virtus dicitur, laudabile vero fama. *Rectum est, quod cum*
45 *officio et virtute fit.* Virtus ad mentis habitum refertur, officium vero ad
exercitationem. Quare hoc? Quia non dicitur virtuosus nisi et virtutes habeat
et ipsas exerceat. Inter officium et virtutes hoc interest, quod, ut dictum est,
officium est ipsius virtutis exercitium. Virtus quoque sub habitu, officium
autem <sub> factis personae continetur. *Id*, scilicet rectum *dividitur in*
50 *prudentiam*, etc.

Prudentia est, etc. Describit quid sit prudentia, et per eius partes consequenter ostendit: prudentia est qua bonum appetimus et malum vitamus.
Calliditas per se versutia dicitur, rationi vero coniuncta discretio nuncupatur;
ideo subiungit *ratione quadam. Dicitur item prudentia.* Haec est alia pars
55 prudentiae. Dicitur enim prudens qui in quolibet artificio perfectus est, ut in
architectura vel in alio quolibet studio. *Item appellatur*, etc. Haec tertia pars
prudentiae <est>, quae magis proprie prudentia dicitur. In maximo enim usu
loquendi prudens dicitur qui [est] multarum rerum memoriam et usum
habeat, qui plura scilicet negotia sit expertus. Qua parte prudentiae Ulixem
60 praeditum Homerus designans de ipso ait:

          qui mores hominum multorum novit et urbes.

Iustitia est aequitas, etc., id est vis animae superiores aequans inferioribus.
Ius suum, id est quod uniuscuiusque est. *Pro dignitate* id est secundum
dignitatem.

30 similium *vix legitur.*   36 mentione *PCΠB apud Marx*: mentionem MS, mentitione
Marx. | memoria: memoriam MS. | mentitione: mentione *post corr.*, intentione *ante corr.*
46 hoc *bis* MS.   56 item *E apud Marx*: et *Marx.*   61 novit: vidit *Hor.*

40 *Locus non inventus.*
61 Hor. *A. P.* 142.

65   *Fortitudo.* Definit per partes suas quid sit fortitudo. Fortis enim dicitur qui
res magnas, id est difficiles et utiles, <appetit>, humiles vero contemnit.
Fortis etiam dicitur qui laborem inceptum perseveranter patitur, non tamen
sine spe utilitatis, (alioquin enim fortitudo non diceretur, sed stultitia).
      Modestia est, etc., *continens* id est continua, *moderans,* id est refrenans
70   quoslibet appetitus illicitos.

      3.3.4. *Prudentiae,* etc. Definitis partibus virtutis docet qualiter ab eis
argumenta ducantur in causis. *In dicendo* id est in perorando. *Si commoda,*
etc. Hoc ad primum partem prudentiae refertur, quam diximus discretionem
boni et mali, alterius appetendi alterius vitandi. Quidam volunt hunc locum
75   esse a comparatione commodorum et incommodorum; nos autem dicemus
quod hic locus ab habitu sit, quia scilicet est a quadam parte prudentiae, quae,
cum sit virtus, sub habitu continetur.
      Aut si qua in re, etc. Id est si aliquid alicui persuadere voluerimus. *Cuius
rei disciplinabilem,* etc., id est cuius rei scientiam habuimus per disciplinam.
80   Verbi gratia: ut si miles strenuus et in bellicis artibus educatus, in expeditione
et in castris desudans et consilium dans invadendi hostes dicat: mihi super
hac re credendum est, qui obversatus in talibus talium rerum notitiam sum
consecutus. Si, inquam, talis talia dicat, ab illa parte prudentiae, quae
cuiusdam artificii scientia dicitur, cito quod intendit persuadebit; et est locus
85   ab habitu. Et *quo modo* id est simulatione aliqua, *aut qua ratione* id est aperte
et sine aliqua simulatione; vel *aut suadebimus.* Hoc ad tertiam partem
prudentiae refertur, quae scilicet dicitur memoria multarum rerum et usus
complurium nego/tiorum. *Quippiam* id est aliquid simile alicui. <*Cuius*> *rei* f. 53v
gestae cuius rei adductae scilicet in exemplum extrinsecus, *aut* [in] *prae-*
90   *sentem,* id est quam in praesenti tempore videre *poterimus* vel audire; et est
locus ab habitu. *Qua in re.* Modum persuadendi notat scilicet per exemplum
exterius adductum et erit locus ab adiunctis negotio.
      Iustitiae partibus utemur, etc. Sicut de prudentia et partibus eius egit,
ostendendo scilicet quomodo ab eis in causa ducantur argumenta, eodem
95   modo hic igitur agit de iustitia, et hoc modo prius scilicet de naturali, postea

---

      67 perseveranter: perseverantem MS.   69 moderans: moderatio *Marx.*   72 in
perorando: imperando MS.   74 appetendi: appetenti MS.   79 disciplinabilem *P²CE
apud Marx:* disciplinabile MS, disciplinam *Marx.*   80 in bellicis: inbecillis MS.
85 habitu: habitatu MS.   86 suadebimus *Marx:* proidem MS.   93 *ante* utemur *del.* etc.
| *ante* de *del.* de partibus.

      78-84 Cf. *Will.,* fol. 58ra, "Aut si in qua ... sic lege: item utemur parte prudentiae, si aliquis
in aliqua re cohortabitur aliquem, cuius rei poterimus habere displicinam (= disciplinam, cf.
supra p. 232.30). Ut si aliquis diceret: 'si vis scire castrum expugnare, exercitum duces cum
hoc modo, id est cum hac quantitate facies fossatum vel machinam.'" =*Anon. Flor.,* fol. 23r.

de positiva. *Si aut innocentum aut supplicum.* Locus a naturali iustitia sub
habitu in attributis personae. Naturaliter enim humanis animis attributum est
innocentum et supplicum misereri. *Deferre* < id est > exhibere. Est enim
99 ingratus qui de beneficiis sibi collatis non confert gratiam promerentibus
ipsam; hic iterum locus ab habitu. *Conservandam* id est nec metu mortis
omittendam.

   Si leges, etc. Hucusque demonstravit quomodo argumenta a naturali
iustitia sumuntur. Amodo tractat similiter de positiva hoc modo: *si leges* id
5 est scripta; *mores* id est consuetudines. *Egregie* ut scilicet contra ea nihil fiat
et dicatur. Hic < est > locus ab habitu, quoniam scilicet a iustitia, quae virtus
est, sumitur. *Societates.* Locus a convictu. *Coli* id est caste conservari. *Si,
quod ius in parentes,* etc. Quasi dicat: natura nobis imposuit ut [illud] *in
parentes* pietatem, *in deos* religionem, *in patriam* ut leges et consuetudines
10 et quicquid ad eius utilitatem pertinet observaremus. *Demonstrabimus* a
partibus scilicet naturalis iustitiae, quoniam nulla naturalia data sunt homini
frustra; et erit locus ab habitu. *Si hospitia.* Locus a convictu. *Pretio* id est
munere. *Gratia* id est amicitia. *Periculo* mortis. *Simultate* id est minis, quae
simultas in alio loco simulat odium, dicitur in alio loco severitas. *A recta via,*
15 id est a veritate nec etiam a metu mortis discedere. Locus a convictu.

   Aequabile ius id est positiva iustitia, quae iuxta Platonem est: "plurimum
prodest qui minimum potest." Quae ideo dicitur aequabile ius, quoniam
adaequat superiores inferioribus, ut scilicet nemo alicui noceat; quam *dicemus
in omnibus statui* id est observari *convenire.* Locus ab habitu.

20   *His rebus,* etc. Quae scilicet sunt hic expositae, et *huiusmodi* quae non hic,
sed in *Priori Rhetorica* sunt enumeratae et diligenter expeditae. *In contione*
id est demonstratione, *aut consilio* id est deliberatione. Nam in causis, quas
ante populum contionatores vel quas in senatu tractant deliberatores —
scilicet senatores quorum est de totius utilitate civitatis deliberare — in eis
25 partibus iustitiae quod intendimus iustum, id est utile vel honestum, *ostendemus.* Consilium vocat causam deliberativam quae tota < in > consiliis, non in
pugnationibus vel < *** > agitur. *His rebus,* dico, *iustam esse ostendemus,
contrariis* vero *iniustam.* Et *ita* nostram scilicet his locis confirmando et
adversariorum partem reprehendendo, *fiet* id est continget, *ut simus compa-*

---

96 innocentum *bl apud Marx*: innocentem MS, innocentium *Marx.* |supplicum *P²B²ΠCld
apud Marx*: supplicium *Marx.*   98 deferre: referri *Marx* (referre *Marx, editio minor*).
2 omittendam: amittendam *ante corr.*   7 conservari: servari *ante corr.*   8 parentes
H²CE apud Marx: parentis *Marx.*   9 deos *Marx*: deo scilicet MS.   15 discedere:
discere MS.   18 adaequat: aequat *ante corr.*   20 rebus *om. codd. apud Marx.*
21 expeditae: expositae *ante corr.*   24 utilitate: utilitates MS.   27 *lacunam suspicor.*
| rebus *om. codd. apud Marx.* | dico: dicam MS.   29 partem reprehendendo *transp.*

   16 Plato, *Republ.* 338 C *apud* Calc. *In Plat. Tim.*, ed. Waszink, *Plato Latinus* 4. 59.5-8.
   21 *De inv.* 2.53.160-54.162.

30 *rati* id est bene praeparati, ex *hisdem locis* superius in deliberatione partium
recti diligenter expositis. Quasi dicat: si haec perfecte in memoria habueri-
mus, facile nostram ab his suadere et adversariorum partem dissuadere
poterimus. Cognito enim uno contrariorum cognoscitur alterum.

3.3.5. *Sin fortitudinis*, etc. Docuit quomodo argumenta et a iustitia et a
35 prudentia ducerentur in causam; eodem modo tractat hic de fortitudine. *Sin*
fortitudinis, id est si in aliqua causa contigerit, ut aliquid propter fortitudinem
esse faciendum dicamus, ut vel eam adipiscamur vel ne ab ea recedamus, his
modis illi persuadebimus. *Ostendemus* rationibus et exemplis viros fortes
magnas id est difficiles et utiles, *excelsas* id est honorabiles, *sequi* id est
40 perficere, et *appeti* id est inchoare. Et est hysteron proteron, id est commutatio ordinis. Prius enim inchoare, sequitur autem perficere. Et item ex
contrario *humiles* id est parvas, *indignas* id est nullius utilitatis; *humiles*
autem dixit contra *magnas, indignas* vero contra *excelsas. Nec idoneas sua*
id est fortium virorum / *dignitate*, ut eas vel appetant vel sequantur. Totum f. 54r
45 autem refertur ad primam partem fortitudinis, quae est magnarum rerum
appetitio et humilium < contemptio >.

Item a nulla re. Est enim viri fortis nullius metu periculi a recto discedere.
Et *mortem antiquiorem* id est digniorem et cariorem, *turpitudine* id est aliqua
re turpi. Potius enim mortem debet vir fortis appetere, quam se patiatur
50 qualibet turpitudine dehonestari. Non enim est vir, ut dicit Seneca, "qui
laborem fugit, cui non crescit animus ex ipsa rerum difficultate." Aut *ab*
officio recedere iuxta illud Senecae, "luctare cum officio, quod semel rece-
pisti." Turpe est enim homini recedere. *Quas iustitia*, etc., id est quas iustum
est *colere*. Nota omnes locos a fortitudine sub habitu contineri.
55 *Modestiae partibus*, etc. Docet quomodo modestiae partibus utendum sit
in dicendo, sicut de partibus prudentiae et ceterarum virtutum docuerat.
Libidines id est cupiditates harum rerum, scilicet *honoris* et ceterarum. *Si*
unamquamque, etc. Id est si definite ostenderimus unicuique rei naturalem
terminum esse constitutum, iuxta quod dictum est ab Horatio:

60   est modus in rebus, sunt certi denique fines
           quos ultra citraque nequit consistere rectum.

---

30 hisdem *B²bl apud Marx*: isdem *Marx.* 31 memoria: memoriam MS. 38 et
exemplis *in marg. add.* 39, 43 excelsas: celsas *Marx.* 47 metu: metus MS.
49 appetere: appeti MS. 51 aut: ut *Marx.* 52 recedere: cecedere MS. 57 scilicet:
docuerat *ante corr.* 58 unamquamque *Marx*: una quam MS.

30-31 Cf. *Auct. ad Her.* 2.2.3-3.4.
50 Sen. *Epist.* 22.7.
52 Sen. *Epist.* 22.7.
60-61 Hor. *Sat.* 1.1.106-107.

Verbi gratia: si ultra modum comederis vel infra, nocivum est, et sic per cetera. *Quoad,* id est quantum unicuique rei sufficiat, ut naturae sustentationi victus brevis, secundum quod dictum est: natura modicis contenta est. *Et*
65 *progredi nimium* id est ultra modum.

3.3.6. *Huiusmodi partes,* si vel ad eas vel per eas persuadebimus aliquid, erunt ipsae augendae. *Attenuandae* id est deprimendae. *Si ab his,* id est si vel eas sequi vel propter eas aliquid facere *dehortabimur, ut haec attenuentur.* Determinat quo sensu dixerat partes virtutis attenuandas esse, ita scilicet ut
70 non vituperentur, sed attenuentur, id est debilitentur et minorentur. *Quae,* partes virtutis scilicet.

Bene dico quod ipsae sunt attenuandae, non vituperandae. *Nam nemo erit,* etc. Vere non debemus vituperare virtutem. *Verum* pro "sed." Sed *aut* dicamus in ea re, a qua nitimur dissuadere, magnam virtutem non posse
75 consistere. *Potius* id est praecipue.

Item, si quo pacto, etc. Docet alio modo virtutes praedictas attenuare. Haec est, ut quidam volunt, expositio praecedentium. Nota, callidi vituperatores vitia virtutibus affinia investigant, ut ex eorum affinitate ad virtutes eorum, quos accusant, virtutes fuco blasphemiae decolorent. Verbi gratia:

80   et poterit dici petulans, quae rustica non est,
                et poterit dici rustica, si qua proba est,
             et sic pro vitio virtus crimina saepe tulit.

Sed redeamus ad exempla libri. Gratia exempli: quem vident iustum, ignavum dicunt; hoc ad animum pertinet (dicitur enim ignavus quasi igne, id est
85 agilitate animi, vacuus) ; inertem, id est inartificialiter se habentem; hoc ad corpus pertinet. Liberalitas est quemque sibi subiectorum in sua dignitate conservare. Prava liberalitas dicitur quae ob libertatem tenendam aliquos etiam eis, quibus debent, servire non permittit.

Quam prudentiam. Prudens dicitur qui impositum et quasi inceptum
90 < tarde > se praebet ad illicita. Dicitur etiam prudens qui est eloquens. Dicitur item prudens qui in artificio aliquo peritiam consecutus est, per quam sibi odium contrahit et invidiam. Obscurabit igitur partes prudentiae praedictas per haec vitia eis virtutibus finitima, scilicet per ignaviam et garrulitatem < et > odiosam scientiam hoc modo: tardum ad illicita simpliciter vocans ineptum,
95 eloquentem garrulum, scientem odiosum, id est infestum.

    65 progredi *Marx*: pro id est MS.   72 erit *Marx*: est *vel* er MS.   85 inertem: inertiam
Marx.   93 et garrulitatem: te garrulitatem MS.

    64 Cf. Sen. *Epist.* 17.9; Boeth. *De cons. phil.* 2 pr. 5.16.
    80-82 Ov. *Rem. Am.* 329-330, 324.

Dissolute negligens est qui in omnibus aeque negligens et stupidus est. Modestus dicitur qui non praeceps, sed quasi piger et tepidus in rebus agendis versatur, quoniam ultra citraque terminos modestiae illicitum credit
99 consistere. Fortis dicitur res difficiles appetens, humiles contemnens; similiter bonus gladiator robustos homines impetit, debiles vero nec respicere dignatur. Sed ille vir fortis virtutes contemplans fortitudinem in omnibus amplectitur, is vero gladiatoriam artem et sui corporis vires considerans quemlibet probum crudeliter impetit et arroganter aggreditur. Iterum fortis
5 dicitur qui laborem alicuius utilitatis causa rationabiliter sustinet; temerarius dicitur qui inconsiderate, id est sine alius commodi / deliberatione, patitur. f. 54v Ex hac igitur artis gladiatoriae et temeritatis <affinitate> cum fortitudine ipsa fortitudo poterit deprimendo infirmari.

3.4.7. *Laudabile est,* etc. Hucusque illam partem honesti, quae rectum
10 dicitur, id est virtus, et partes eius tractans docuit quomodo sit illis utendum in perorando. Nunc vero de altera parte honesti, de laudabili scilicet, agamus. Laudabile idem est quod fama, *quod conficit,* id est qua in aliis consequimur de nobis aut de factis nostris *commemorationem* id est memoriam; nec quamlibet sed *honestam* id est honorabilem, et *praesentem* scilicet eo vivente,
15 de quo talis commemoratio sit habita, *et consequentem* id est post mortem eius permanentem.

Hoc nos eo id est non ideo laudabile, id est per se, *seorsum* a recto tractamus, quin similiter partes recti honestam conficiant memoriam, sed quia tractando causas aliter a recto, aliter a laudabili sumitur argumentum.
20 *Subiciuntur,* etc. Quoniam de unaquaque earum verum est dicere quod ipsa sit rectum, id est virtus, *tractandum est* id est [ad] argumentandum est. *Neque enim,* etc. Vere tractandum est divisim *hoc,* id est rectum, a laudabili, quoniam *rectum,* id est virtus non est solummodo sequenda, ut per ipsum honestam consequamur memoriam, sed per se solummodo sequendum est
25 rectum. Si tamen bona fama sequatur, *duplicatur recti appetendi voluntas.* Utrumque istorum separatim est ab alio in causis tractandum.

Cum igitur, etc. Cum scilicet in causis aliquid demonstratur esse rectum, illud idem postea *laudabile,* id est famosum, demonstrabitur. Quomodo autem demonstretur subiungit: *aut ab idoneis,* etc. Id est per exemplum
30 idoneorum hominum, quibus placeat, id ostendemus esse laudabile. Hoc quod dicimus exemplo declarat hoc modo: *ut si qua* id est si aliqua *res,* etc.

---

97 modestus: molestus MS.   98 modestiae: molestiae MS.   4 arroganter: arrogantem MS.   6 deliberatione: deliberationem MS.   9 honesti: recti *ante corr.*   11 in perorando: imperando *ante corr.*   12 qua: quam MS.   17 nos eo *Marx:* ideo MS.

99 *Auct. ad Her.* 3.3.5.

Quod honestis hominibus placet, etsi pessimis displiceat, laudabile est. Illud etiam laudabile est quod *posteris nostris* placiturum demonstratur, *ab idoneis hominibus*, dico, *aut aliquibus sociis*, etc.

35   *Cum huiusmodi*, etc. Notandum quod multa sunt communia cum demonstrativo ac deliberativo genere iudiciali generi causarum. Sunt enim multa argumenta iudicialis generis causarum, quae tamen deliberativis causis adducenda sunt. Aliquando enim quaeritur in deliberationibus, quid sit honestum et utile, aliquando vero quis iustus sit, et ob hoc iudicialia argumenta
40   convenire dicuntur deliberativo generi. Similiter in demonstrativo aliquando incidit controversia de iusto, et tunc ibi sunt necessaria iudicialis generis argumenta. Illa vero quae iudiciali communia sunt cum deliberativo et demonstrativo in duobus libris superioribus tractavit. In hoc autem libro tractat ea quae non iudiciali, sed deliberativo generi proprie conveniant, etsi
45   quaedam de eis deliberativo communia < sint > cum demonstrativo; in cuius tractatu quoque docet quaedam, quae demonstrativi generis propria sunt et non ceterorum.

Cum huiusmodi etc. Locorum deliberativi generis divisionem hucusque fecit, primum utilitatem in duas partes dividendo, tutam scilicet atque
50   honestam, tutam iterum in vim et dolum, et haec quoque in suas partes, rursum honestam in rectum et laudabile, rectum quoque in quattuor partes: prudentiam, etc. Et qualiter his sit utendum in causis edocuit. Et *cum huiusmodi sit divisio locorum in consultatione* id est deliberativo genere, *aperienda* est id est declaranda, quomodo facienda sit *causae tractatio*, id est
55   rhetorica oratio.

Exordiri, etc. Inventionem docet in deliberativo genere, docendo scilicet quomodo exordium in hoc genere sit faciendum et ceterae partes orationis. Inventio enim, ut in libro primo dictum est, in sex partes consumitur. Nunc docet quomodo in hoc genere exordiendum sit, scilicet vel a principio vel ab
60   insinuatione, quae cuiusmodi sit in superioribus libris demonstratum est. *Vel ab hisdem*, etc., id est vel a lege vel a ratione nostrae dictionis, ut in iudiciali
f. 55r causa dictum est. Haec autem variare oportebit secundum / variam qualitatem causarum.

---

34 aliquibus *P²CE apud Marx*: quibus *Marx*.   35 huiusmodi *Marx*: eiusmodi MS.
36 generi: genere MS.   40 dicuntur: dicantur *ante corr*.   44 generi ... conveniant
transp. e proprie conveniant generi.   45 quaedam: quidam MS.   48 huiusmodi *Marx*:
eiusmodi MS.   61 ab hisdem *Id apud Marx*: isdem *Marx*.

---

58 *Auct. ad Her.* 1.3.4.
60 *Auct. ad Her.* 1.4.6-7.11.
61-62 Cf. *Auct. ad Her.* 1.4.6.

Si cuius, etc. Docet similiter narrationem facere *eadem ratione*, etc., ut
65 scilicet brevis, ut aperta, ut probabilis fiat narratio.

3.4.8. *Et quoniam in huiusmodi*, etc. Docet quomodo fiat partitio.
Utrumque, id est honestum et tutum. *Divisione utemur in vim et consilium*,
etc. Cum ostendemus aliquid tute posse fieri, demonstrabimus id per vim et
per consilium. In confirmatione vero vires et consilium ostendemus, quibus
70 illud fieri persuadebimus. *Nam quod in docendo*, etc. Reddit causam quare,
quod superius appellavit dolum, hic appellet *consilium in dicendo*, id est in
agendo [hic] causam. *Honestius* id est absque offensione auditorum. Offende-
rentur enim auditores, si diceretur eis de aliquo, qui per dolum aliquid
fecisset. Solet enim hoc vocabulum, dolus scilicet, frequentius in mala quam
75 in bona significatione accipi. < *Rationem* > *nostrae sententiae*, etc., eius
scilicet quam suadebimus, *quadripertita*, etc., hoc est quattuor partibus
virtutis, prudentia, etc., *rectam esse dicemus*. *Tot exponemus* id est duas vel
tres.

Confirmatione, etc. Docet de confirmatione sicut de praedictis. *Utemur*,
80 etc., scilicet quemadmodum nostra argumenta debemus confirmare, sic
contraria confutare; locos ponit pro argumentis, continens pro contento.
Argumentationis eius scilicet, quae constat ex quinque partibus. *Ratio* id est
praeceptio tractandi eam. *Artificiose* adverbium est. *De secundo libro.* Nam
ea ibi diligenter exposita est.

85   **3.5.8.** *Sed si*, etc. Docuit superius quomodo nostram partem veram esse
monstremus. *Sed si acciderit* ut scilicet alter oratorum tutum, alter honestum
persuadere nitatur, *his locis utetur*, scilicet a tuto, ab honesto loci sumuntur
ad utrumque suadendi et ab utroque dissuadendi. *Sententia sit*, scilicet quod
alter tutum, alter honestum persuadere velit, quod potest accidere.
90   *Ut in deliberatione*, etc. Ponit exemplum deliberationis, in qua alter per
tutum suadet et ab honesto dissuadet, alter vero e contrario, hoc scilicet, cum
quidam *a Poenis* id est ab Africis. Quod in Lucano invenies de Vulteio et
sociis eius, qui, cum navigio frumenta quaerentes ita essent ab hostibus
circumclusi, ut nullo modo effugere possent, secum deliberabant quid age-
95 rent, an scilicet tutum honesto an honestum tuto praeponerent.

64 cuius *Marx*: eius MS.   73 qui: quod MS.   76 quadripertita *Marx*: quadripertito
MS.   84 exposita: exponam MS.   87 utetur: utemur *ante corr.*   92 Poenis: Poeno
Marx, Penis *E apud Marx.*   94 deliberabant: deliberant MS.

65 *De inv.* 1.20.28.
84 *Auct. ad Her.* 2.18.27-19.30.
86 Cf. *Auct. ad Her.* 2.18.28.
92 Luc. *Phars.* 4.476.

Qui tutam, etc. Id est tutum voluerit persuadere, licet nihil magis debere
appeti nec aliquid utilius esse. *Incolumitate* id est tuto; locus ab habitu. *Suas
rationes in tuto* locavit, qui rebus omnibus sequendis tutum praeponit. *Nec*
99 *deos*, etc. Locus ab auctoritate est iste, in consequentibus negotium. *Consulto*
id est scienter vel sua sponte. *Honestum nihil*, etc. Id est nihil oportet
honestum dici, nisi *quod salutem pariat*, id est incolumitatem conferat. Locus
a causa ratiocinativa vel ab eventu.

3.5.9. *Praeponet* ut scilicet honestum persuadeat < et > a tuto [ut] dissua-
5 deat. *His locis*, scilicet sequentibus. *Nullo tempore*. Locus ab in gestione
negotii. *Nullo tempore*, dico, nec etiam in eo in quo pro virtute mors imminet.
Hic iterum quidam locum ab habitu vel a comparatione assignant. *Vel
dolorem*, etc. Id est levius et honorabilius dicet esse civibus quemlibet
dolorem pati, quam *dedecore*, id est turpitudine, *et infamia* maculari. Locus
10 a comparatione vel ab eventu; ad talem enim exitum ex virtute pervenire
debemus, ut multo libentius mortem quam infamiam patiamur. *Consecutura*
*** si scilicet tutum honesto praeponatur. Locus ab eventu. *Non immortalita-
tem*, etc. Nec per tutum immortaliter nec aeternaliter incolumes fore. *Nec esse
exploratum*, etc. Non expertum esse, an hoc periculo vitato sit veniendum in
15 aliud. *Fortitudini fortunam*, etc. Locus a fortuna vel ab eventu. *Eum tute
vivere*, etc. Locus a disparatis inter affirmationem et negationem. *Et eum, qui*
f. 55v *turpiter vivat*, etc. Locus ab eventu vel / a disparatis.

Conclusionibus fere. Fere ideo dixit scilicet propter exemplorum adductionem, quae magis in deliberativo genere quam iudiciali sunt necessaria.

< DE GENERE DEMONSTRATIVO >

20 **3.6.10.** *Quoniam haec causa*, etc. Agit de genere causarum demonstrativo
et hoc modo: prius aperit res ex quibus laus et vituperatio conficiatur, postea
docet quomodo ab eisdem rebus argumenta ducantur. Notandum est autem
quod ea, quae hic tractantur, demonstrativi sunt generis propria; quae vero
ei cum praedictis generibus communia sunt, in superioribus libri partibus

96 qui *Marx*: c. qui MS. | debere *bis* MS.   98-99 nec deos: nei deos *Marx, codd. apud
Marx alius aliud.*   99 consulto: inconsulto *Marx.*   2 dici: dicit MS.   4 praeponet
Marx: postponet MS. | ut¹: uti MS.   8 dolorem *Marx*: dolore MS. | quemlibet: quamlibet
MS.   10 pervenire *bis* MS.   11 consecutura: consecuturam MS.   12 *lac. l fere lin.*
| si: fit MS.   18 ideo: idem *ante corr.* | scilicet *s.l. add.*   24 *ante* ei *del.* hic.

24 *Auct. ad Her.* 3.1.1-5.9.

25 tractata sunt. Notandum iterum quod demonstrativum genus [id est] qualitas
huius causae dicitur; quae *causa* huius qualitatis est, quod ipsa demonstratio
laudis aut vituperii alicuius < est >, quapropter huiusmodi causa in duas partes
dividitur: *in laudem* scilicet atque *vituperationem*. *Rebus contrariis* his scilicet,
ex quibus laus conficitur. *Laus igitur*. Quia scilicet dicendum est ex quibus
30 rebus laus conficiatur, igitur dicamus: *laus igitur potest esse*, id est laudari
potest aliquis per res externas vel per res animo aut corpori attributas.

Rerum externarum, id est de rebus externis, *sunt ea*. Exsequitur divisionem
ordine. *Quae casu*, etc. Casus est inopinatus eventus rei ex confluentibus
causis praeter intentionem gerentium. *Fortuna* est status vitae, quam adipisci-
35 tur aliquis vel ex casu vel ex hominum institutione vel ex proprio arbitrio. Ex
casu, quod aliquis ex inventione thesauri subito fit dives, vel amissione
suarum rerum subito fit pauper; ex hominum institutione, ut filii < armigerum > armigeres sunt, servorum filii servi sunt; ex proprio arbitrio, ut si quis
sponte sua monachus efficiatur et similia. *Quod* id est *genus* id est nobilitas,
40 quae est laus veniens ex meritis parentum. Omnes hii loci a fortuna sunt.
Nota, hae res dicuntur externae, quia nec corpori nec animo sunt attributae.

Corporis sunt ea, etc. Omnes hii loci sunt a natura; *velocitas* scilicet et *vires*
et cetera ad corpus pertinent, consilium vero et cogitatio ad animum. *Prudentia*, etc. Hii loci ab habitu sunt.

45 **3.6.11.** *Erit igitur*. Quoniam laus et vituperatio fit secundum haec tria
genera rerum, scilicet externarum et corpori vel animo attributarum. *Erit
igitur*. Vel *erit haec*, id est tria rerum genera; vel *erit haec*, scilicet *confirmatio
et confutatio*, id est ex istis rebus nostrae causae confirmationem et contrariae
confutationem sumemus. *Igitur in huiusmodi*, etc. Inceptivum est *igitur*. Ita
50 tamen continua: quoniam ostensae sunt ex quibus laus et vituperatio conficitur, igitur dicendum est *in huiusmodi causa* id est in demonstrativa. Ab his
nostrae causae *principium*, etc., inchoabimus, et ab his argumenta trahemus
a nostra id est oratorum persona, *aut ab eius de quo loquimur* id est quem
laudamus vel vituperamus, aut ab auditorum *persona* < aut > a dignitate ipsius
55 rei de qua loquimur.

Aut officio, etc. Quia dicet orator officium esse suum laudare bonos, *quod*
scilicet officium *causa necessitudinis*, etc., in tali tempore quo scilicet improbi
probos aut impetunt aut eis nocere conantur; locus ab officio, sub factis in
attributis personae. *Aut studio*, etc. Id est dicet se studiose ideo laudare eum,

---

27 huiusmodi causa: huius causae MS.   37-38 armigerum armigeres: geraes MS.
38 sunt[1]: sint MS.   39 quod *B[1]C apud Marx*: *om. Marx.*   46 erit: erint MS.
53 loquimur *d apud Marx*: loquemur *Marx.*   57 necessitudinis *Marx*: necessitatis MS.

34-39 Cf. Theod. *Com. De Inv.*, supra p. 133.79-80.

60 quoniam ipse, de quo agit, *eiusmodi virtutis sit,* id est adeo iustus et omnium
decore virtutum praeditus, ut quod iustum sit in eo scilicet omnes dignum
magna commemoratione debeant iudicare; locus iste a studio. *Aut ex aliorum
laude,* etc. Id est debet ceteros laudare et eorum laudes cum huius laudibus
comparare, et sic *qualis ipsius animus sit* id est quam prudens, iustus, fortis,
65 modestus; et est locus ab habitu vel ab affectione *qualis sit animus.*

Si vituperabimus, dicemus *aut merito* id est officio nostro *facere, quod* pro
eo quod *ita* scilicet male *tractati sumus.* Nam officium nostrum est eos
vituperare, qui nos male tractaverunt. *Aut studio,* etc. Studiose vituperandam
malorum nequitiam debemus aperire, eo *quod utile putemus esse,* etc. *Mali-*
70 *tiam,* etc. Malitiosi dicuntur, qui ubi possunt ibi nocent. *Nequam* dicitur a
"nequeo, nequis," quia qui nequam sunt, etiam ubi non possunt nocere
nituntur; locus hic a studio. *Aut quod placeat,* etc. Id est vituperando alios
ostendemus quod nobis displicet.

Ab eius persona id est ex attributis eius personae, pro qua agimus, <si>
56r 75 ipsam laudare voluerimus, *dicemus,* id est ita eam laudabimus, dicendo / nos
multum timere ut non sufficiamus eius probitates verbis explicare; et si
dixerimus *omnes homines,* etc., ut scilicet ab ea virtutis imitandae accipiant
exempla. *Ipsa facta* eius scilicet propria et laude digna; locus a factis. *Quae*
videbimus *contraria* his supradictis. *Paucis verbis,* etc., ut in eo loco, ubi dixit
80 scilicet se *officio* laudare. Postea commutavit nomen officii, loco cuius
meritum posuit, ubi scilicet dixit: *aut merito facere.* In laudando se docet
vereri bona *facta* eius se non posse comprehendere, in vituperando similiter
male facta. Non determinat unde sit locus.

3.6.12. *Apud ignotos,* id est ignorantes vel ignaros. Habent quidam libri
85 *pauca dicturos.* Locus <ab> oratione in attributis personae. *Ignoti* id est
ignorantes vel ignari; locus a simili inter huius et eorum virtutes, ad quos
loquimur. *Sperare nos* dicit, subauditur *his* omnibus *quibus velimus.* Locus
ab eventu. *Contraria vituperatio.* Et vere contraria quia, quemadmodum de
laude eius, quem defendebat, pauca se dicturum promiserat orator, sic e
90 contrario [*pauca*] in adversariorum vituperatione dicet se *pauca* dicturum *de
nequitia eius,* quoniam scilicet omnes eam noverunt. *Quoniam dissimiles*

60 eiusmodi *Marx:* huiusmodi MS. | virtutis *E apud Marx:* virtute *Marx.*   69 putemus
Marx: putamus MS.   70 nequam: nequitiam *Marx.*   75 dicemus *E apud Marx:* om.
Marx.   79 contraria *CE apud Marx:* contrarie *Marx.*   81 in: de vel aliter in MS.
84 ignotos *Marx:* ignoratos MS, ignaros *l apud Marx.* | *ante* id est *del.* vel apud ignorantes;
vel ignari; locus a simili inter hoc et eorum virtutes.   85 pauca dicturos *codd. apud Marx.*
86 huius: hoc MS.   87 his *HCE apud Marx:* iis *Marx.*   89 defendebat: defende-
bant MS. | orator: oratorum MS.   90 contrario: contraria MS.   91 dissimiles *Marx:*
difficiles MS.

79 Cf. *Auct. ad Her.* 3.6.11.

sunt. Locus a contrariis. *Sperare nos,* etc. Locus ab eventu. *Incertos esse.* Non determinat a quibus attributis. *Ne* pro "ut."

3.7.13. *Aliqua harum,* id est praedictarum ad nostram scilicet personam,
95 ab eius scilicet de quo loquimur, etc. *Narratio non erit,* etc. Id est non erit
necesse ita principio tractato aliquam narrationem apponere. *Sed si qua,* id
est aliqua *inciderit, praeceptio narrandi de primo libro repetetur,* ubi scilicet
praeceptum est narrationem debere esse brevem, apertam, et verisimilem.
99   *Divisione,* etc. Post prooemium et narrationem docet facere divisionem, id
est partitionem. *Quam tute.* Tute fit quod cum tanta facultate geritur, quod
ei resisti non potest. Tute etiam agitur quod adversariis nescientibus ad
effectum ducitur.
    Deinde ut quaeque, etc. Hic incipit de confirmatione et confutatione
5 secundum quosdam docere, ideo quod praecipit rei gestae tempus et ordinem
aperire; sed hoc bene in partitione praecipi [non] potest. Non igitur hic
confirmationem et confutationem incipere necesse est, sed hoc in sequenti
versu verius est incipere.
    Sed exponere oportebit, etc. Istud *sed* ita continua: dixerat tempus et
10 ordinem rerum gestarum exponendum esse, quod ad negotii confirmationem
non sufficit. *Sed oportebit,* etc., *animi virtutes,* etc. Ad ipsum scilicet laudandum, animi *vitia* ad vituperandum, quae pertinent ad confirmationem et
confutationem. *Ab animo* id est ab eius discretione et sapientia; non determinat a quo attributo sit locus. *Ordinem,* etc. Postquam ostendit a quibus rebus
15 laus et vituperium sumitur, quomodo et narratio et partitio, et ex quibus rebus
confirmatio et confutatio in causa demonstrativa sint faciendae, nunc vult
ostendere quo ordine in causa demonstrativa a rebus illis laudes ac vituperationes sint sumendae.
    Genus, in laude, etc. Id est ab eius genere, de quo loquimur, sic laudis
20 argumenta sumemus. Primo considerabimus *quibus maioribus* id est parentibus, *sit natus. Si bono* id est si nobili *genere,* eum illi praefuisse dicemus;
locus a comparatione vel a studio vel ab habitu. *Si humili genere,* etc.,
dicemus eum in sua virtute, non suorum parentum praesidium sibi comparasse; locus a facto. *In vituperatione,* etc., id est in vituperando aliquem; locus
25 ab eventu.
    Educatio, in laude, etc. A natura ducitur argumentum ad laudem eius pro
quo agimus; locus a convictu.

---

92 sunt *Md apud Marx:* sint *Marx.* | nos *E apud Marx:* om. *Marx.*   97 praeceptio
Marx: principio MS.   1 quam: quamque *Marx.*   4 ut quaeque etc.: utque etiam cetera
MS.   6 non *in marg. add.*   16 sint: sunt *ante corr.*

97 *Auct. ad Her.* 1.9.14.

3.7.14. *Inde se retraxisse*, etc. Locus ab eventu vel a facto. *A corporis*, etc.
Laude sumpta a rebus externis. Postea debemus eum laudare per commoda
30 corpori eius attributa. *Laudi fuisse*, etc. Id est ita rebus sibi a natura attributis
usus est, ut non mediocrem, sed maximam laudem sit consecutus; locus a
natura vel a fortuna sub laude continetur. *Honestis*, etc. Non ut gladiator
scilicet; locus a studio vel a natura.

   Si valitudo, etc., id est corporis robor fuerit, dicetur illud fuisse adquisitum
35 *perpetua* id est continua, *diligentia* id est observatione a superfluitate omni
remota. Quidam libri habent valetudinem, quae est corporis debilitas; et
dicitur a "valeo, vales," per contrarium, ut "lucus," a "luceo, luces." A qua
valetudine scilicet poterit duci argumenta, si dicemus eum, quem vituperamus, valetudinem potius quam corporis firmitudinem intemperantia cupidita-
40 tum comparasse; locus ab habitu vel a natura. *Quae casu*, etc., id est non
honesta exercitatione; locus multiplex: a casu, a natura. *Si non erunt, praeter*,
etc. Cum in eo, quem vituperare volumus, nulla corporis commoda praeter
solam pulchritudinem corporis videmus, tunc quibus eum reprehendere
possimus non indigemus. Optime enim dicere poterimus cetera omnia eum
56v 45 nimia libi/dinis [eum] intemperantia perdidisse, solam vero formam, in qua
maxima delectat, retinuisse.

   Deinde revertemur, etc. Nota, dixerat vitam hoc ordine esse demonstran-
dam, prius scilicet a rebus externis, postea vero a commodis vel incommodis
corporis, deinde a rebus animo attributis. Hucusque autem res extraneas et
50 postea res corpori attributas aperuit. Nunc vero, cum debuisset animi
commoda declarare et qualiter ab his argumenta ducantur ostendere, dicit *ad*
res extraneas esse revertendum. Sed non obest. Nam in eis disponendis animi
virtutes ac vitia [disponens] perpendi facile est.

   Divitiae, etc. Locus a fortuna, id est qualiter divitias suas disposuit, scilicet
55 an arroganter an modeste, paupertates quomodo sustinuit, patienter scilicet
an contra; et qualis et in potestate et in gloria fuerit, scilicet an mitis an
intolerabilis. *Et quid fortiter inimicitiis*, etc. Nam qui fortiter suos insequitur
adversarios, his nimirum secum pacem habentibus fidelis esse iudicatur;
< locus > a contrariis. *Cuius causa*, etc. Locus a causa, an honesti an improbi
60 hominis causa. *Qua fide*, etc. Id est [ei] qui fidelis, officiosus, benivolus fuerit

---

28 inde *HΠBE apud Marx*: deinde *Marx*. | se retraxisse *E apud Marx*: transire *Marx*. | a²
v apud Marx: ad *Marx*.   34, 36 valetudo *b apud Marx*: valitudo *Mld apud Marx*.
35-36 omni remota: omnimoda MS.   38 valetudine: valitudine MS.   39 valetudinem:
valitudinem MS.   41 praeter *Marx*: praeteriti MS.   51 ducantur: dicetur MS.
56 potestate: potestatem MS.   59 cuius *Marx*: cum MS.   60 id est *s.l. add.*

37 Cf. Aug. *Dial.* 4, ed. Pinborg, p. 96 (ed. Crecelius, p. 10); Donat. *Ars Gram.* 3.6, ed.
Mommsen, G L IV, p. 402.4; Prisc. *Inst. Gram.* 4.32, ed. Hertz, G L II, p. 136.7.

in amicitia. Officiosus dicitur qui omnibus servit libenti animo. *Locus multiplex:* tum ab habitu, tum ab officio sub factis personae. *In iudiciis qualis fuerit.* Locus a facto vel ab oratione. *Si interierit,* etc. Locus ab eventu in adiunctis negotio.

65   **3.8.15.** *Ad omnes autem res,* quibus scilicet animum alicuius laudare voluerimus, quattuor virtutes adiungemus, ut ab illis per has confirmatis commodius laudis argumenta conficiamus. *Ut, si laudemus,* etc. Locus ab habitu. *Perspicuum est,* etc. Repetit quae de tripertita divisione dixerat, a quibus laudis ac vituperii sumuntur argumenta; repetit, inquam, de rebus
70   scilicet ut addat hoc, quod non semper necesse est eas in laudes aut vituperium adducere aliquorum, propterea quod non semper incidunt omnes. *Tenuiter incidunt,* etc., cum aut vix aut numquam ostendi possunt. *Quae firmissimae,* etc., ad confirmandum et confutandum. *Legere* id est eligere.
       Docuit quomodo supradictis partibus in demonstrativa causa sit utendum,
75   nunc quibus *conclusionibus. Brevibus* id est paucis verbis et rebus. *Enumeratione,* etc. Nota quia in fine causae breviter praedicta recapitulare debemus, ut scilicet ea memoriae auditorum ingeramus. *Crebras et breves,* etc., quia continue et sine intervallis communes locos debemus interponere vel ad indignationem commovendam vel ad misericordiam captandam.
80   *Nec hoc genus causae,* etc. Vult hoc genus causae commendare et auditores, ut huic generi studium adhibeant, invitare, quod ideo facit quoniam diu a quibusdam neglectum fuerat, hac de causa scilicet quod *raro* in civilibus causis quidem hoc genus incidebat. *In vita* scilicet demonstranda. *Neque enim,* etc. Huius litterae impropria est constructio, sed tamen eius haec est
85   sententia: quod debemus *velle* aliquem videre *quam accommodatissime* id est commode et perfecte, illud *posse facere – posse,* id est ad finem perducere – *quod potest videri accidere,* id est quod videtur posse accidere, ita ut aliquando oportet [aliquod] fieri. *Si separatim* id est sine ceteris. *Minus < saepe >* id est raro; *minus,* dico, quam ceterae causae. *Magnae partes,* etc.,
90   earum scilicet rerum, a quibus laus et vituperium sumitur. *Quare,* etc. Id est quia illae res, quae proprie ad causam demonstrativam pertinent, in iudicialibus et demonstrativis causis nonnumquam, id est *saepe, versantur,* id est tractantur. *In hoc quoque genere* demonstrativo scilicet, aliquid per nostram industriam *conferendum,* id est apponendum.

---

     62 iudiciis: divitiis *Marx.*   75 nunc: non MS.   75-76 enumeratione *Marx:* enumerationem MS.   83 quidem: quod MS. | incidebat: incidebant MS.   84 impropria: inposita MS.   85 quod: quidem MS. | debemus: deberemus MS.   86 posse[1]: posset *ante corr.* 87 videri *bl apud Marx: om. Marx.*   89 magnae *Marx:* magna MS.   94 conferendum *bl apud Marx:* consumendum *Marx.*

95   *Nunc, absoluta* id est consummata, *difficillima parte rhetoricae,* scilicet
inventione, quia difficillimum est ea, quae causam probabiliorem aut approba-
bilem faciunt, et eorum expolitiones diligenter expolire. *Atque* pro "et," id est
ad omne genus causae accommodata. Proficisci id est de ceteris tractare.

DE DISPOSITIONE

99 **3.9.16.** *Dispositio est.* Agit de dispositione, de secunda scilicet parte artis
rhetoricae, hoc modo: prius descriptione declarando eam, postea partes eius
ostendendo et qualiter secundum eas facienda dispositio sit. *Invenimus*
secundum praeceptionem inventionis. *In ordinem* certum scilicet et praesenti
f. 57r causae convenientem, / quem in sequentibus diligentius explicabit. *Ut certo*
5   id est proprio et convenienti *loco quidque* inventum ponant.
    Profectum. Dispositio illa dicitur ab institutione artis profecta, quae fit
iuxta artis praecepta. Verbi gratia: si in causa prius ponas prooemium, deinde
ceteras partes orationis, ut supra in arte praeceptum est.
    Ea vero dicitur *ad causam temporis* accommodata, quae fit ut causae
10   qualitas deposcit, ut scilicet pro causae qualitate modo a narratione, modo
a partitione vel ab aliqua firmissima ratione nostrae dictionis principium
nostrae causae sumamus.
    Non modo id est non solummodo. *Totas causas* id est totam controver-
siam; ponit plurale pro singulari. *Per orationem* id est per partes orationis sic
15   dispositas.
    Quoniam dispositio est, etc. Postquam docuit qualis in omni genere
causarum debeat esse inventio, quae prima pars est artis rhetoricae, docet de
dispositione, quae artis rhetoricae pars est secunda. Qua similitudine inventio
et dispositio partes rhetoricae artis dicantur, satis dictum est. *In ordinem*
20   *redigimus,* etc. Hoc est, ordinamus. *Ut certo,* etc. Illud certo loco pronuntiari
dicitur, de quo potest ratio assignari quare in hoc et non in alio loco oporteat
ipsum collocari. *Quoniam,* inquam, *dispositio* talis *est, videndum est, cuiusmodi rationem* id est praecepta.
    Unum ab institutione artis, etc. Illud genus dispositionis dicitur *ab insti-*
25   *tutione artis profectum,* quando partes orationis (scilicet prooemium, narratio, partitio, etc.), quando etiam partes argumentationis sic disponendo
ordinamus, quemadmodum in arte tractatae sunt: primo loco scilicet prooe-

96 inventione: inventionem *ante corr.* │causam: causa MS.   97 et²: ut MS.   98 ad
B²CE *apud Marx: om. Marx.*   2 invenimus *Marx:* inveniendum MS.   4 certo *Marx:*
certa MS.   5 quidque CE *apud Marx:* quidquid *Marx.*   6 profectum *Marx:* perfectum
MS. │fit: sit MS.   14 singulari: singulare *ante corr.*   26 argumentationis: orationis *ante
corr.*

18-19 Cf. supra p. 226.25-31; Theod. *Com. De Inv.,* supra pp. 53.2-54.8, 76.87-1.

mium, secundo narrationem, tertio partitionem, quarto confirmationem,
quinto confutationem, sexto perorationem; iterum primo loco expositionem,
30 secundo rationem, tertio rationis confirmationem, quarto exornationem,
quinto complexionem. Quando, inquam, sic disponimus, tunc secundum
artis institutionem dicimus fieri dispositionem.

   Alterum ad casum, etc. Illud autem genus dispositionis *ad casum temporis
accommodatum* esse dicitur, quando causarum qualitatibus diversis exigenti-
35 bus, praetermisso prooemio, praeponimus narrationem vel confirmationem
vel ceteras partes orationis vel partes argumentationis praeposterando, ut ipse
Tullius in sequentibus ostendit.

   Quaeritur an utrumque genus dispositionis debeat dici artificiosum. Nos
autem dicimus quoniam ita est. Utrumque enim arte fieri docetur. Igitur
40 utrumque est profectum ab institutione artis? Hoc falsum est. Non enim
utrumque eo fit ordine in disponendis partibus vel orationis vel argumentationis, quo ordine in arte tractatae sunt. Praeposterantur enim quandoque
orationis et argumentationis partes ex casu temporis, ex eo quod aliquando
accidit causarum qualitatibus diversificatis. Quod autem diximus, ipse Tullius
45 glossat dicens: *ex institutione artis*, etc.

   Item ex institutione, etc. Docuit quomodo disponantur partes orationis
rhetoricae; nunc vero docet quomodo partes argumentationis disponantur.
Non modo per orationem totas causas id est non solummodo orationem per
totas causas. Orationem per totas causas disponere ex institutione artis est
50 ipsius orationis partes eo modo disponere, quomodo in arte tractatae sunt et
institutae, ut iam dictum est. Vel ita expone: *non modo totas causas*, id est
causarum tractationes, scilicet orationis rhetoricae partes *per orationem*, id
est in ipsa oratione. Nota, partes orationis rhetoricae ideo dicuntur causarum
tractationes, quia per ipsas orationis partes causae omnes tractantur. *Non*
55 *solummodo*, inquam, partes orationis ex institutione artis disponemus, *sed
singulas argumentationes* id est singulas argumentationis partes.

   3.9.17. *Haec igitur duplex est*, etc. Quia est dispositio et partium orationis
et etiam partium argumentationis, igitur duplex est dispositio.
   Est autem alia. Dico *autem alia* ab illa, quae est ex institutione artis
60 profecta, *ab ordine artificioso*, scilicet ab ordine qui ex institutione artis
procedit. Hic restringit artificiosum circa alterum genus dispositionis. Hoc
autem multos duxit in errorem, ut dicerent alterum genus dispositionis /
artificiosum debere vocari, cum utrumque tamen artificiosum sit.   f. 57v

      60 qui: quod MS.   61 restringit: restringuit MS.

Oratoris iudicio id est discretioni. In discretione enim oratoris debet esse,
65 quando et qualiter praemittendae vel praeposterandae sint partes sive orationis sive argumentationis. *Ad tempus* id est secundum causarum qualitates
ex tempore variatas. *Ut si,* etc. Ostendit quomodo hoc fiat ultimum genus
dispositionis. *Aut litterarum,* etc. Sicut frequenter in causis videmus fieri,
quando scilicet privilegia vel aliquae litterae recitantur ante causae inchoatio-
70 nem. *Secundum principium* id est prooemium. *Quorum nihil,* etc. Ostendit
quando haec permutatio fieri debeat. *Nam si,* etc. Vere, cum causa postulat,
hoc faciendum est. *Obtusae* id est fastidio audiendi affectae. Et exponit
dicens: *atque animi,* etc. *Principio supersedere* id est cessare a principio et
exordiri id est inchoare.

75 **3.10.17.** *Ut nemo aequo* id est benivolo. *His commutationibus* quantum
< ad > partes orationis, *et translationibus* quantum ad partes argumentationis,
vel e converso; vel *commutationibus* quantum ad aliquam partium, *translationibus* quantum ad omnes. *Cum ipsa res* id est causae qualitas. *Artificiosam
dispositionem,* eam scilicet quam ex institutione artis profectam dicemus.
80 *Artificiose* faciendo scilicet dispositionem illam, quae ad casum temporis
accommodetur. Nota, per hoc quod dicit *artificiosam* primum genus dispositionis notat, per hoc autem quod dicit *artificiose* secundum.

3.10.18. *In confirmatione,* etc. Postquam docuit quomodo partes orationis secundum ultimum genus dispositionis ordinari conveniat, docet quo-
85 modo partes argumentationis secundum idem genus disponantur. *Neque
inutiles* id est aliquantulum probabiles. *Nam statim,* etc. Docet qua ratione
necessaria argumenta praeponi oporteat probabilibus. *Et quoniam,* etc. Hic
iterum rationem assignat quare post probabilia subsequi debeant necessaria.
Nuperrime id est recenter. *Haec dispositio,* etc. Docet quadam similitudine
90 hoc modo fieri debere, ut supra dictum est.

< DE PRONUNTIATIONE >

3.11.19. *Pronuntiationem,* etc. Docet pronuntiationem, docens eam in
tribus rebus consistere, scilicet voce, vultu, gestu; sed prius eorum ponit
sententiam, qui dicebant pronuntiationem magis esse utilem oratori quam
omnes alias rhetoricae partes, consequenter autem [suam] super hac re ponit
95 sententiam suam. *Maxime* id est pluribus hominibus. *Plurimum* id est magis
quam omnes partes rhetoricae artis. *Nos quidem unum,* etc. Haec est Tullii

---

65 sint: sunt sint MS.   65-66 orationis: ᵒrationis sive orationis MS.   72 obtusae *CE
apud Marx*: obtunsae *Marx.*   75, 77 commutationibus *Marx*: mutationibus MS.
78 causae: causa MS.   95 plurimum: quam *add. ante corr.*   96 partes: partis *ante corr.*

sententia: *plurimum*, id est multo plus aliis hominibus *non facile dixerimus*.
Quasi dicat: nolimus dicere. *Egregie magnam* id est maximam, *audacter* id
99 est temerarie, nimium scilicet in eloquentia sua confidens. *Nam commodae*,
etc. Reddit causam quare sit temeritas hoc confirmare. *Nam commodae*, etc.
Commoda dicitur argumentorum inventio, per quam nostrae commodo
causae consulitur. *Concinnae* id est congruae. *Quare*. Reddit causam quare
de pronuntiatione tractet diligenter, <etsi> non sufficienter, et inde supponit
5 rationem, cur scilicet nemo diligenter inde scripserit, ideo scilicet: *nam vix*,
etc. Ideo magna cum cura *tota res*, id est quicquid ad pronuntiationem
pertinet videtur aperiendum esse. *Cum hae res* id est harum rerum doctrina,
id est vocis, vultus et gestus, *ad sensus nostros* pertineant, id est sensibus
nostris (visu scilicet et auditu), potius quam ratione deprehendantur.
10   Nota quam plures res esse, quae nulla ratione, sed solis sensibus corporeis
addiscuntur, ut corporis gesticulationes et alia huiusmodi. Nota etiam
quaedam per verba demonstrari posse tantum et nullis sensibus, ut rerum
invisibilium proprietates et talia. Sunt quaedam rursum, quae et ratione
verborum et sensibus etiam facile demonstrantur, ut musica et ceterae
15 huiusmodi scientiae. De priori autem genere, de eis scilicet quae ad solos
sensus pertinent, difficillimum est tractare, de ceteris autem minus est
difficile.
    Et quia magnopere. Reddit aliam rationem quare de pronuntiatione tractet,
quia scilicet ipsa ad dicendum maxime utilis est, si ceteris partibus artis
20 coniungatur. Pronuntiatio modus pronuntiandi competens hic appellatur.
    Dividitur igitur. Quia tota res consideranda est, *igitur*, dicamus, *dividitur
pronuntiatio in vocis figuram et corporis motum*, id est constat pronuntiatio
ex vocis figura et corporis motu; non quod haec duo sint partes eius, sed quia
modus pronuntiandi competens sine vocis figura et corporis motu non valet
25 consistere. Figura vocis est qualitas ipsius vocis profecta a natura, arte et
studio ad per/fectionem deducta. Est enim qualitas vocis quod ipsa vox vel f. 58r
magna vel firma vel mollis habetur. *Suum quendam possidet habitum* id est
perfectionem. Dicitur enim habitus alicuius in aliqua re perfectio. *Ratione* id
est arte, *industria* id est studio.

30   **3.11.20.** *Dividitur* etiam haec figura *in magnitudinem*, etc. Magnitudo
vocis est quod ipsa est circumquaque audibilis. *Cura* id est curatione, scilicet
medicinali. Firmitudo autem vocis est quod ipsa non cito raucescit. Mollitudo autem vocis est quod eam flectere possumus ad modum nostrae causae;
flectere, dico, modo alte, modo humiliter.

97 non *Marx*: num MS.   98 nolimus dicere: nollendi esse MS.   1 sit: fit MS.
7 hae: haeae *l apud Marx*, eae *Marx*.   8 et *s.l. add*.   19 si: sic MS.   22 figuram
Marx: figuras MS.   23 duo: duae *ante corr*.   24 non *s.l. add*.   27 suum: si enim
MS.   33 autem: autem u est MS.

35 *Quapropter*, etc. Dixit ex quibus rebus figura vocis constaret, nunc dicit de quibus earum partibus tractaturus sit. Neque enim de vocis magnitudine nec de ea parte firmitudinis, quae accuratione comparatur, aliquid docet, nisi quod a medicis accuratio illa petatur.

3.12.20. Sed *de ea parte firmitudinis* quae < non > accuratione comparabi-
40 tur et de magnitudine vocis tractabit *ratione declamationis*, etc. Nota ratio declamationis hoc exigit, ut exordia orationis humili voce pronuntiemus; narrationem vero et partitionem < et confirmationem > et confutationem modo alte modo demisse; perorationem vero, id est conclusionem, alta voce et continua pronuntiare oportet.

45 **3.12.21.** *Firmam igitur* si scilicet declamationis rationem considerabi- mus, *igitur firmam* id est < non > raucescentem, etc. Hoc ad exordium, scilicet ad primam orationis partem, refertur. *Depressa*, dico, *nam laeduntur arteriae*, etc. Physica ratione ostendit in principio orationis voce demissa esse utendum. *Permulsa* id est mitigata. *Intervallis*, etc. Intervalla vocat taciturnita-
50 tis interpositiones. *Longioribus* id est aliquantulum longis. *Recreatur enim*, etc. Reddit physicam rationem. *Spiritu* id est respiratione.

Ad sermonem, etc., id est ad humilem et demissam. *Transire* id est transitum facere. Hoc est quod supra diximus modo alte, modo humiliter; et hoc ad medium orationis refertur, id est ad narrationem. *Commutationes*
55 *enim*, etc. Reddit rationem quare medium orationis modo alte, modo humiliter oporteat variare. *Ut nullo*, etc. Diffunditur enim aliquod genus vocis cum, quicquid dicimus, totum alte vel totum humiliter pronuntiamus, quod facere vitium est, sed ex utroque commutatio sumenda est. Qua commuta- tione *in omni voce*, id est in omni genere vocis, *integri*, id est perfecti sumus.
60 *Et acutas*, etc. Ne scilicet orationem nostram in sibilo pronuntiemus. *Ictus enim fit*, etc. Reddit inde physicam rationem. Acutam et attenuatam vocem vocat sibilum. *Splendor* id est vocis claritas.

Et uno spiritu, etc. Id est multa sub una continuatione convenit dicere *in extrema oratione*, id est ultima orationis parte, et hoc refertur ad conclusio-
65 nem. *Fauces enim calefiunt*, etc. Cur sic faciendum sit reddit rationem physicam, cur scilicet alta et continua voce in fine orationis uti possimus. *Et vox, quae varie tractata est*, etiam in medio scilicet orationis *reducitur*, id est debet reduci *in quendam sonum aequabilem* id est aequalem, hoc est

---

aequabiliter in fine pronuntiari debet, *atque constantem*, etc., scilicet quia ille
70 sonus non debet variari, etc., sed in identitate conservari.

Saepe rerum, etc. Dicit quod naturae rerum debemus referre, quae scilicet
nobis quaedam contulit, quibus si scilicet eo quo debemus modo utamur, et
erit nobis utile et etiam aliis placebit. *Velut accidit* etiam *in hac re* id est in
moderanda voce. Et hoc probat quod et nobis prodest et alii *probetur* id quo
75 moderate utimur: *nam quae* etc. *Ut quod* etc. Ipse exponit quomodo et nobis
prosit, <et> aliis placeat.

3.12.22. *Utile*, etc. Repetit de firmitudine quae dixerat, ut ad mollitudinem transeat. *Inliberale* id est non placens. *Erit dictum* pro "dicturum est."
Quae visa sunt iuxta quod scilicet intendebam tractare. *Quae coniuncta* id est
80 incidentia *fuerunt*, quia de suavitate tractare non proposuerat. *Cetera* id est
ea, quae restant de mollitudine.

3.13.23. *Mollitudo igitur*, etc. Postquam de ea parte firmitudinis tractavit,
de qua tractare proposuit, agit de mollitudine et hoc modo: eam in tres partes
dividendo, rursus eas tres in octo. *Omnis* id est tota. *Eam* id est mollitudi-
85 nem, *dividimus in sermonem*, etc. Id est vocem illam, cui mollitudo inest,
dicimus aptam esse, ut eam modo ad *sermonem* flectamus, id est ad humilem
pronuntiationem, modo ad *contentionem*, id est modo alte modo humiliter,
modo ad *amplificationem*, id est ad altam vociferationem.

Sermo est humilis pronuntiatio vocis humanae ex consuetudine loquendi
90 sumpta. / Haec autem pronuntiatio pertinet et ad exordium et ad narrationem   f. 58v
et ad partitionem; sed in narratione tamen fit quandoque pronuntiationis
variatio, iuxta illud Horatii:

> interdum tamen et vocem comoedia tollit,
> iratusque Chremes tumido delitigat ore.

95 *Contentio est* variata *oratio acris*, id est commovens, quia eius partibus
maxime convenit quae aut probant aut improbant. Contentio enim ad
confirmationem et confutationem refertur. *Amplificatio est*, etc. Amplificatio
est alte prolata oratio animum auditoris commovens aut ad indignationem aut
99 ad conquestionem; refertur autem ad conclusionem.

Dignitas est oratio qua humiliter cum aliqua auctoritate loquitur aliquis.
Demonstratio qua intendimus demonstrare quomodo quidque potuit vel

---

74 probetur *Marx*: probet MS.   75 nam quae *Marx*: namque MS.   84 *post* eam *del.*
molitiem.   95 commovens: commonens *ante corr.*   97 confutationem: certionem MS.
| amplificatio est *Marx*: amplificatione MS.   2 quidque: quodque MS. | *ante* vel *del.*
demonstrare.

93-94 Hor. *A. P.* 93-94.

poterit fieri. *Narratio* vero qua intendimus exponere quid gestum sit; in hoc autem differt narratio a demonstratione. *Liberalem* id est modestum, ne
5 scilicet usque ad cachinnum commoveatur ipse ioculator. *Oratio frequens* copiositate verborum apposita. *Raris intervallis*, etc., quia non frequenter debent taciturnitates apponi. *Brevibus*, quia non magna debent esse intervalla. *Acri* id est commota.

3.13.24. *Cohortatio* est qua commovemus auditorem ad iram, amplifi-
10 cando peccatum adversarii. *Incommodorum*, id est amplificando incommoda.
   Quoniam igitur, etc. Divisit superius mollitudinem in tres partes, scilicet sermonem, contentionem, amplificationem; in tres partes, dico, non quod mollitudo de aliqua illarum praedicetur, sed dicuntur partes, id est divisivae, mollitudinis. Sermonem quoque in suas partes divisit, contentionem etiam et
15 amplificationem in suas. Nunc docet quam pronuntiationem vocis in unaquaque parte mollitudinis adhibere debeamus.

3.14.24. *Sermo ⟨cum⟩ est*, etc. Primitus docet qua pronuntiatione in prima specie sermonis utamur: in dignitate. Nota quod dignitas est relatio verborum alicuius personae magnae auctoritatis. *Plenis faucibus. Plenis*, dico,
20 ipsa prolatione. *Quam sedatissima* id est tarda, non accelerata, et *depressissima* id est multum humili. *Ita tamen*, etc. Assignat modum praedictis et huic, quod dixerat: *plenis faucibus*, etc. *Ad tragicam transeamus*. Recitatores scilicet tragoediae quandoque voce nimis grossa in recitationibus suis utuntur, qui modus pronuntiandi non competit oratoribus. *Cum autem*, etc. Eam ita
25 faciemus pronuntiationem, cum erit sermo in dignitate.
   Cum autem ⟨est⟩ in demonstratione, etc. Demonstratio est cum ita res verbis exprimitur, ut geri negotium et res ante oculos esse videatur; et haec multum convenit doctoribus. *Paululum attenuata* id est non adeo grossa sicut in dignitate; *attenuata*, dico, ad exercitationem auditorum. *Crebris*
30 *intervallis* id est frequentis taciturnitatis interpositione, et hoc ad memoriam confirmandam. *Divisionibus* id est metrorum et punctorum distinctionibus, et hoc ad intelligentiam conservandam. *Inserere* id est imprimere, quod refertur ad paululum attenuatam. *Intersecare* quantum ⟨ad⟩ *crebris intervallis et divisionibus*.
35   *Varietate*, etc. Id est modo celeriter, modo tarde secundum rei qualitatem narremus, modo *strenue*, etc. *Acriter* id est acute et commotive. *Clementer* id

5 ioculator: iaculator *post corr.*   8 commota: commoda MS.   9-10 amplificando: amplificatio MS.   20-21 depressissima: depressima MS.   33 intersecare P^2B^2ld *apud Marx*: interserere MS, insecare *Marx*.   35 varietate *E apud Marx*: varietates *Marx*. 36 acriter *Marx*: acrite MS.

est demisse. *Maeste, hilare* id est hilariter, ut scilicet in ipsa pronuntiationis qualitate quaedam maestitia sive hilaritas designetur. Habent enim verba consentire iuxta illud Horatii:

40   si curas cor spectantis tetigisse querela
            . . . . dolendum est
            primum tibi ipsi; tua tunc me infortunia laedent.

Si qua inciderint, id est si continget in narratione nostra nos dicere de aliquo quid dixerit, quid interrogaverit quidve responderit, sive quid admiratus
45 fuerit; cum istud, inquam, continget, *diligenter*, etc. *Sensus* id est voluntates. *Atque animos* id est intentiones. *Voce* id est pronuntiatione.

3.14.25. *Iocatione* id est ludo. *Leviter tremebunda* id est aliquantulum tremula. *Cum parva significatione risus* id est modicum rictum faciendo. Et est expositio quod sequitur: *sine ulla*, etc. *A sermone serio* id est quasi serio
50 rem iocosam narrando. *Ad liberalem* id est ad modestum *iocum vocem* torquendo auditores ad risum commovere.

    Cum autem, etc. Postquam docuit qua pronuntiatione utendum sit in speciebus sermonis, vult ostendere quomodo in contentione et in partibus eius pronuntiare debeamus. *Adaucto mediocriter* id est modicum / exaltato. f. 59r
55 *Continuandis* id est sine cessatione proferendis. *Vocem quoque iungere* id est pronuntiationem verborum continuationi similem efficere. Hoc <est> quod dictum est expositione, quod sequitur: *et torquere* id est variare *sonum*, etc. *Vociferatio*, etc. Acuta exclamatio *possit consequi* id est imitari, *vim volubilem* id est impetuosam orationis continuationem; ad comparationem eius simili-
60 tudinis quae in Ovidio de continuatione temporum habetur, id est

            velut unda impellitur unda
            urgeturque eadem veniens urgetque sequentem,
            tempora sic fugiunt pariter pariterque sequuntur.

Ab imis faucibus id est ab interioribus gutturis partibus, quia, dum vocem
65 acutam proferimus, et arterias natura pronuntiationis hoc exigente constrin-
gimus, et sic vocem arteriarum contractione coartatam celeritate quadam

---

40 curas *aliqui codd. Horatii*: curat *Hor. ed. Klingner (Leipzig: Teubner, 1970)*. 42 tibi ... tunc: ipse tibi; tum tua *Hor.* | laedent: laedunt laedent MS.   47 iocatione *Marx*: occasione MS. | tremebunda *HP²ΠE apud Marx*: tremibunda *Marx*.   48 rictum: risum *ante corr*.   49 quod: quid MS.   54 adaucto *Marx*: adacto MS.   55 iungere *P²ΠB² apud Marx*: augere *Marx*.   60 habetur: hoc modo MS.   62 sequentem: priorem *Ov*.

40 Hor. *A. P.* 98.
41-42 Hor. *A. P.* 102-103.
61-63 Ov. *M.* 15.181-183.

pronuntiandi proferimus acutam, et sic exclamationem facimus quam duris-
simam. *Adhibere oportet*, etc., in cuius pronuntiatione *quantum spatii* id est
morae, *per singulas exclamationes* fecerimus, *tantum* morae debemus in
70 silendo constituere.

In amplificationibus, etc. Id est cum aliquem voluerimus cohortari ad
alicuius peccati indignationem, *utemur voce* attenuatissima id est clarissima
et gracillima, in initio scilicet; *clamore leni* id est mediocri, in medio scilicet;
sono aequabili id est imitabili, quem sonum scilicet quilibet valeat imitando
75 adaequare, et hoc in fine orationis fieri oportet. *Crebris*, etc. De humili
scilicet ad mediocrem et de mediocri ad altam, rursus reciproce de alta ad
mediocrem, etc. *Maxima celeritate*. Quia quacumque pronuntiatione utamur,
celeriter verba ipsa pronuntiare debemus.

Voce depressa id est demissa, nec tamen usque adeo demissa quin auditu
80 percipiatur, et tamen ad mediocrem sonum non accedat. *Inclinato sono* ut,
qualiscumque sit pronuntiatio, finis tamen clausularum multum deprimatur.
Crebris id est assiduis, *intervallis* id est pausationibus. *Longis spatiis* multum
scilicet morae consumendo in singulis intervallis. *Magnis commutationibus*,
ut de humili ad altum prosiliat, rursus ad humile genus pronuntiationis
85 cadens. Nota huiusmodi pronuntiationem maxime dolentibus convenire et ad
conquestionem commovendam multum valere.

3.15.26. *Motus < est > corporis*, etc. Hucusque de figura vocis et partibus
eius et etiam de partibus partium diligenter est exsecutus. Nunc vero transit
ad motum corporis describendum, quae est altera pars pronuntiationis; pars,
90 dico, non quod possit dici: motus est pronuntiatio, sed quia motus corporis
competens iuvat [adesse] pronuntiationem adeo, quod ipsam auditoribus
placentiorem reddit et probabiliorem. Motus corporis consideratur in corporis gestu, in moderatione vultus; *gestus* vero corporis in porrectione
brachiorum, motione crurum et in ceterorum motione membrorum, *vultus*
95 vero in oris variatione, narium subsannatione, oculorum commutatione,
totius capitis conversione. Ex his omnibus multo acceptabilior fit pronuntiatio. *In vultu pudorem* id est ad congrui pudoris similitudinem. *Acrimoniam*
id est moderatam severitatem. *Nec venustatem*. Venustas dicitur a Venere, et
99 est quaedam pulchritudinis lascivae imitatrix, quam pronuntiationibus adiungere non debemus. Turpe enim est oratorem saltatricum consuetudinem
imitari, ut *histriones*, id est apparere praesentatores. *Nec turpitudinem*, id est

---

69 per *P²∏BE apud Marx*: in *Marx.*   73 in initio: hunitio MS.   76 altam: altera
MS. | alta: alia MS.   77 utamur: utemur *ante corr.*   99 pulchritudinis: pulchritudo MS.
2 apparere: parere *ante corr.*

85 Cf. *De inv.* 1.55.106.

deformem corporis motum habeamus, ut *operarii,* id est ut fossores vinearum
et huiusmodi operarii, qui posteriora sublevantes anteriora deflectunt.

5   Et quia talem in pronuntiatione vultum et corporis gestum debemus
habere, *igitur ad easdem partes,* etc., id est in mollitudinem et in eam
firmitudinis partem, quae ad hoc artificium pertinet. *In quas vox,* etc., id est
figura vocis. *Motus quoque corporis,* etc., id est secundum praeceptionem
datam de totius corporis motu gestus et vultus moderationem debemus
10 adiungere hoc modo. *Nam si < erit> sermo,* etc., *stantes in vestigio* id est
quasi supino vultu, id est supino pectore et extenso. *Leni* id est tardo ac suavi.
Hilaritate. Nam secundum rei qualitatem vultum hilarem / aut tristem aut in f. 59v
utroque mediocrem sublevamus. *Sententias sermonis* id est partes, dignitatem
scilicet. Tarde [ideo] *corpus a cervicibus* demittere est a corpore vultum
15 elongare. Nam hoc naturale est, id est *a natura datum,* etc. *Admoveamus* id
est appropinquemus. *Instigare* id est incitare vel compellere ad aliquid
faciendum; idem motus ut *stantes in vestigio,* etc. *Sine commutatione gestus,*
id est ne fiant gesticulationes.

   3.15.27. *Brachio celeri* id est brachium movendo celeriter. *Mobili vultu* id
20 est huc et illuc respiciendo. *Acri aspectu* id est severo et terribili. *Inambula-*
tione id est extensione. *Rara subplausione* quia raro debemus manus subplaudere, id est coniungere. Vel subplaudere est manum movere leniter, velut
faciunt qui manu silentia praecipiunt. *Defixo* in eum scilicet cum quo
contendemus.

25 *Paulo tardiore,* quia cum volumus aliquos ad aliquid cohortari gestus
corporis tardius debent moveri et consideratius, scilicet quadam consideratione et providentia secundum praesentis rei qualitatem, et ideo hoc genus
sermonis simile est *ceteris rebus* id est ceteris sermonis speciebus. *Atque in*
contentione id est quam contentio, *per continuationem,* ideo scilicet quia
30 brachium movere in ea celeriter et vultum mobiliter torquere atque acriter
adversarios respicere debemus. In amplificatione vero per cohortationem
omnino corporis motum tardius movere iubemur. *Femineo* ad modum
mulieris plangentis, quia scilicet muliebris planctus ad misericordiam cito
homines movet. *Nonnumquam sedato* id est suaviter facto, quia in conques-

   3 habeamus: haberemus MS.   4 et huiusmodi operarii *in marg. add.* | sublevantes:
elevant *ante corr.*   6 easdem *Marx:* eadem MS. | eam: ea MS.   7 partem: parte MS.
9 motu: motus MS.   11 et: id est MS. | leni: levi *Marx.*   12 hilaritate: hilaritatem MS.
13 sublevamus: s. MS.   14 corpus *Marx:* collum MS. | cervicibus *Marx:* cruribus MS.
21 subplausione *P²ΠB² apud Marx:* subplusione *Marx.*   28 simile: similis MS.
29 contentione: contentio MS.   30 ea *bis* MS.   32 femineo *BCE apud Marx:* feminis
Marx.   34 nonnumquam *Marx:* non si numquam MS.

   3-4 *Will.,* fol. 59vb, "Ne operarii, id est fossores, videamus." =*Anon. Flor.,* fol. 28v.

35 tione manu caput percutere modeste tamen debemus, ut hoc faciendo
similitudinem dolentis exprimamus. *Constanti gestu* id est non variato, nisi
ut dolenti competit. *Turbato*, quia prae nimio dolore debet videri vultus tristis
et turbatus esse.

    Non sum nescius, etc., sed bene scio. *Negotii* id est laboris. Hic se excusat
40 quia praesumpsit ea docere et voce et scriptura, quae quoniam ad sensus
pertinent commodius et facilius doceri sensibus possent. *Exprimere* id est
expresse dicere. *Et imitari scriptura.* Docere scilicet scriptura voces dolentis
aut iocantis et ceterarum affectionum. *Verum* pro "sed"; quasi dicat: non sum
nescius, sed bene sciebam quod de his nemo sufficienter scribere posset. *Nec,*
45 *si id*, etc. Secundum quod dictum est in Horatio:

       est quodam prodire tenus, si tendatur ultra, etc.

    Hoc, quod feci de figura vocis et motu corporis. *Inutile*, etc. Quare cum non
sit inutile, subiungit causam: *propterea*, etc. *Reliqua* id est cetera, quae hic de
voce ac corporis motu non praecipiuntur, *exercitationi trademus*, id est per
50 exercitationem addiscere praecipimur. *Hoc scire*, etc. De pronuntiatione,
quod bona pronuntiatio facit, ut res videamus geri *ex animo*, id est tractari
serio.

< DE MEMORIA >

3.16.28. Memoria dicitur thesaurus inventorum, quia sicuti in eo vasa
pretiosa ponuntur et cetera, quae magis diligimus, sic inventa argumenta,
55 quae praecipua sunt et meliora, diligenter memoriae commendamus.

    Memoria, etc. Agit de memoria, docens scilicet qua arte et quomodo
multas res in memoria tenere valeamus. Nota apud veteres philosophos de
memoria magnam fuisse altercationem. Alii enim dicebant memoriam sola
natura posse comparari, alii vero natura et arte, cuius altercationis solutionem
60 in aliquod tempus se dicturum pollicetur sic dicens: *memoria utrum habeat*
quiddam artificiosi, id est utrum per artem comparetur, *an omnis* id est tota,
a natura profiscatur, id est per naturam habeatur.

    Proinde atque id est tamquam. *In hac re* id est in memoria. *Artem*, etc., id
est *praeceptionem*. *De ea re* id est de memoria. *Placet enim*, etc. Vere ita
65 loquimur de memoria, tamquam *constet*, etc. *Placet enim esse artificium*
memoriae id est per artem memoriam posse comparari. *Alias* id est in alio

---

    36 gestu *Marx*: gemitu MS.   37 turbato: conturbato *Marx.*   45 id *Marx*: idem MS.
46 quodam *aliqui codd. apud Klingner*: quadam *Hor. ed. Klingner.* | tendatur: non datur
Hor.   50 praecipimur: praecipimus *ante corr.*   56 etc.: etc. sic diligimus inventa
argumenta quae praecipua sunt et meliora quod diligenter memoriae commendamus MS, *cf.*
supra lin. 54-55.   65 esse: etc. MS.

    46 Hor. *Ep.* 1.1.32.

loco. *Cuiusmodi sit.* Non quare sit ita, sed qualis sit in artificiosa / memoria f. 60r
ostendemus.

<DE MEMORIA NATURALI>

Naturalis est ea, etc. Naturalis memoria est quaedam vis animae ei naturaliter
70 insita, quae sensibus eorum vel cogitationi subiacuit retentiva vel repraesentativa. Artificiosa vero memoria est vis per doctrinam animae insita, multarum
rerum repraesentatio. *Et simul cum cogitatione nata*, quia scilicet, ex quo
incepimus cogitare, statim et memorare incepimus. Alia littera solet esse hic,
haec scilicet: *et sine multa cogitatione nata* id est sine multo labore cogitandi,
75 id est sine alicuius studii applicatione. *Inductio quaedam et ratio. Et* pro "id
est." *Sed quia in ceteris rebus*, etc. Ostendit quadam similitudine per
artificiosam memoriam naturalem confirmari. *Sed* pro "etiam." *In ceteris
rebus* id est in artibus, ut musica, etc. *Ingenii bonitas*, id est ingenium
naturaliter bonum *imitatur saepe doctrinam.* Quandoque enim aliquis adeo
80 boni ingenii naturaliter est, ut absque doctore saepe multa ita complectatur
ac scilicet didicerit; *naturae commoda*, id est naturale ingenium, *confirmat*
ipsa *ars et auget. Ita* id est eodem modo, *fit in hac re* id est in memoria, sicut
in ingenio. *Nonnumquam* id est saepe. *Egregia* id est excellens. *Similis sit*,
etc. Multotiens enim contingit, ut aliquis adeo bonae memoriae naturaliter
85 <sit>, tamquam eam per artem confirmasset.

3.16.29. *Naturae commoda* id est naturalem memoriam, *retinet* id est
confirmat, *et amplificat* id est adauget. *Ratione doctrinae* id est ipsa memoria
artificiosa. *Quapropter*, etc. Quasi dicat: ita contingit, ut naturalis iuvet
artificiosam et iuvetur ab ipsa, *ut sit egregia* id est ut sit excellentissima. *Et
90 haec, quae doctrina datur* id est artificiosa, *indiget ingenii* id est naturalis
memoriae. *Nec hoc magis aut minus* id est similiter fit, *in hac re* id est
memoria, *ut ingenio* id est per naturalem memoriam, *doctrina* id est artifi-
cialis, *praeceptione* id est per artificiale, *natura* id est naturale, *nitescat* id est
confirmetur et augescat, iuxta illud Horatii:

95   non ego quid prosit studium sine divite vena
            nec rude quid prosit ingenium video; alterius sic
            altera poscit opem res et conquirat amice.

70 subiacuit: subiacuerunt MS.   72 cum *Marx*: in MS.   74 sine multa cogitatione:
sine mulcum concitatione *HP apud Marx*, sine multa concitatione *P²ΠBC apud Marx*.
76 quia *codd. apud Marx*: qua via *Marx*.   82 ita *E apud Marx*: item *Marx*.   85 per
artem: partem MS.   86 retinet *P²ΠCE apud Marx*: retineat *Marx*.   87 amplificat
P²ΠCE apud Marx: amplificet *Marx*.   89 et² *Marx*: etiam MS.   93 nitescat *Marx*:
intescat MS.   95 non ego quid prosit: ego nec *Hor.*   96 video ingenium *Hor.*
97 conquirat: coniurat *Hor.*

95-97 Hor. *A. P.* 409-411.

Quare, quia scilicet < per > praeceptionem natura nitescit. *Et illis, qui natura*
99 *memores sunt*, id est qui naturalem memoriam habent. *Quod tute*, scilicet O,
Herenni, *paulo < post > poteris intellegere*, quia scilicet bonam naturalem
memoriam habes. Hic latenter eum commendat in transitu. *Et si*, etc. Quasi
dicat: modo ponamus quod nihil prosit haec nostra doctrina bonam naturaliter habentibus memoriam, tamen non desistam, quia saltim ideo scribimus,
5 ut eis adiumento simus qui memoriam habent imbecillem. Et hoc est quod
ipse dicit: *et si illi*, etc.

<   DE MEMORIA ARTIFICIOSA >

Nunc de artificiosa, etc. Hucusque quid utilitatis memoria naturalis afferat
edocuit; nunc vero docet et quid artificiosa afferat utilitatis, et quomodo ipsa
possit comparari. *Constat igitur ex locis et* ex *imaginibus*, id est per locos et
10 per imagines comparatur. *Locos appellamus*. Nota, orator, qui vult habere
artificiosam memoriam, debet sibi ad similitudinem locorum visibilium
multos < locos > in mente imaginari sua, et in singulis locis singulas aut plures
imagines pro singulis causis agendis debet collocare.
   Et notandum quod illi invisibiles loci, de quibus orator sibi sumit imagines,
15 debent esse breves, ut scilicet leviter possint comprehendi (nimia enim
magnitudo cogitationem hebetat et confundit), et perfecti, ne quid eis desit;
siquidem imperfecti loci sumerentur, memoria turbaretur. Si quando illi
perficerentur, insignes et illustres debent esse, ne, si nimis viles sumantur, ex
vilitate sua in memoria teneri non possint. Et hoc est quod liber dicit:
20 *breviter, perfecte, insigniter* vel *insignite*, id est pulchre, ut scilicet in eis orator
delectetur, *aut natura* id est naturaliter, *aut manu* id est aliquo artificio, *sunt*
absoluti id est perfecte facti. *Ut aedes*, etc. Reddit causam quare potius tales
locos eligere debeamus. *Ut aedes*, etc. Haec sunt exempla locorum. *Inter-*
columnium. Spatium inter columnas. *Fornicem* id est tugurium, parva scilicet
25 domus.
   Imagines sunt notae rei, quam meminisse volumus, repraesentativae. *For-*
mae quantum ad compositionem exteriorem quorumlibet animalium. *Notae*
sunt, ut cruor caedis et fumus ignis. *Simulacra* ut statuae. *Quod genus* pro
"ut," ut formae *equi*, etc.

98 illis *Marx*: enim MS.   1 intellegere: in *et lac. 9 fere litt.*   2 in: cum MS.
8 edocuit: edocuimus *ante corr.*   9 ex² *M apud Marx*: om. *Marx.* | imaginibus *Marx*: hoc
magis MS.   12 multos: multo MS.   20 insignite *M apud Marx*, insigniter *E apud Marx*.
21 sunt *Marx*: sint MS.   22 aedes *Marx*: aedis MS.

< DE MEMORIA RERUM >

30 **3.17.30.** *Quemadmodum igitur.* Quomodo per imagines certis in locis
collocatas rerum memoriam consequi possimus, similitudine quadam ostendit, quae dicitur collatio. *Igitur* inceptivum est. *Ex his* id est locis. *Nam loci,*
etc. Haec est / expositio praemissae similitudinis, quia per collationem f. 60v
imaginum in certis locis memoria comparatur. *Igitur oportet,* etc., *item*
35 *putamus.* Nota hic Tullius asserit sicut per locos ita per ordinem aedificari
posse memoriam, et ordinis perturbationem ad haec nocere *quo setius* pro
ut non sequamur, id est retineamus, *imagines. Quoto quoque libebit,* id est *vel*
a superiore, etc. *Et ea, quae mandata,* id est collocata *erunt, locis videre,* id
est memorare *et proferre possimus.*

40   **3.18.30.** *Nam ut, si,* etc. Per hunc versum exponit priorem per contrarium, innuens ordinis perturbationem nocere, quoniam hoc confert recta
ordinatio. *Ut nostra nihil intersit,* id est nihil nobis prosit. *Utrum* pro "an."
Item id est similiter; adaptatio similitudinis.

    3.18.31. *Quare,* quia tantum utilitatis confert ordinatio. *Egregie* id est
45 super omnia. *Commode* id est diligenter, scilicet ad commodum nostrum.
Nam imagines, etc. Notandum quod, postquam conceperit et conformaverit
sibi locos, numquam postea eos debet commutare; sed imagines, quas ipse
in locis collocat, finitis et tractatis causis debet commutare et in eisdem locis
aliarum causarum, quae sibi agendae sunt, alias imagines constituere. Illud
50 etiam videndum quod, si multiplex sit thema cuiuslibet causae, non per unam
designatur imaginem, sed per multas, nec in uno loco sed in multis collocatas; et hoc est quod ipse dicit: *nam imagines,* etc.
    Et, ne forte. Nota sic per certum numerum, sicut per certum ordinem,
memoriam confirmari. *Quintum,* quia per quinarium numerum facta multipli-
55 catio facilior et ad retinendum magis idonea. *Quod genus* pro "ut." Ponit
exemplum quomodo quintum locum notare possimus. *Manum,* scilicet
propter quinque manus digitos. *Auream.* Quare? Quia rarior et ideo notabilior. *Cui praenomen sit Decumo.* Hoc genus loquendi ei consimile est, scilicet
"cui nomen Iulo"; ideo < *conlocemus* > Decumum, quia nomen istud ad

    36 setius *Marx*: minus MS.   37 quoque *ΡΠΗL apud Marx*: quoquo *Marx.*   38 et
Marx: ut MS.   38-39 videre et proferre *E apud Marx*: edere *Marx.*   45 commode:
commeditari *Marx*, commoditer (commoditer notare $P^2\Pi CB^2$) *M apud Marx.*   51 multis:
multos *ante corr.*

    32 Cf. *Auct. ad Her.* 4.47.60.
    59 Cf. Verg. *A.* 1.267.

60 nostram reductum memoriam decimi loci secum confert recordationem.
Quinto quoque loco, id est vel in primo quinto vel in secundo quinto vel in
tertio quinto et sic de ceteris.

3.19.31. *Forma* id est compositione. *Natura* id est proprietate. *Forma*
tamen refertur ad manu compositos locos, *natura* vero ad naturales refertur.
65 *Distincti* id est divisi. *Interlucere* id est aperte *possint* a se distingui. *Nam si*
qui, etc. Reddit causam quare dissimiles magnitudine modica, quia similitudo
et nimia magnitudo cognitionem confundit. *Nam et praeter modum,* etc.
Reddit causam quare nimia magnitudo sit vitanda, quoniam ea et evagatio,
sicut visum, ita et animum confundit.

70 **3.19.32.** *Intervalla* id est locorum distantias. *Tricenum* id est tricenorum.
Confunditur aspectus ex re visa aspectui nimium appropinquata vel ab eo
nimium remota. *Ita,* id est similiter et *cogitatio,* si loci sint nimium aut
propinqui aut remoti. *Paulo plura* id est multa. *Quamvis* id est quantumvis
ad ista, quae scilicet noverit. *Sed quamquam* hoc *ei facile* sit, *tamen si quis,*
75 etc. *Quis* id est quantumvis, *architectari* id est artificiose formare. *Distinctio-*
nem, etc., id est divisionem.

3.20.33. *Quoniam ergo,* etc. Hucusque docuit quomodo per locos
memoria confirmetur; nunc docet quomodo per imagines memoria valeat
comparari. *Ergo* inceptivum est. *Quoniam* ad sequentia continuatur. *Imagi-*
80 *nes* id est repraesentativa, *et ex omnibus verbis,* quae scilicet memorare
volumus, *notas* id est cognitas nobis *similitudines,* id est significativa *eligere,*
quae debeant ad haec verba < referri>, *debemus;* vel *notas similes,* id est
notulas similes omnibus verbis *eligere debemus.* Et *quoniam* hoc est *duplices*
igitur, rerum, etc. Prius docet quomodo *rerum similitudines* habere possimus,
85 deinde quomodo memoriam verborum. *Exprimuntur* id est expresse sumuntur. *Summatim* id est breviter. *Comparamus* id est acquirimus, quoniam
f. 61r scilicet rerum summam facile, singula vero difficile / retinemus. *Nominis*
quantum ad proprium nomen. *Vocabuli* quantum ad quodlibet aliud nomen
sive verbum. *Imagine* id est ipsorum verborum repraesentativo.

---

61 quoque *M apud Marx*: quoquo *Marx.*   64 manu compositos: manum compositio
MS.   67 et¹: id est MS.   72 ita *d apud Marx*: item *Marx.*   73 paulo plura *Marx*:
paucio pauca MS.   74 ei facile *Marx*: ex facili MS.   75 quis *CPΠBE apud Marx*: qui
Marx. | quantumvis: quaternis MS.   75-76 distinctionem *Marx*: distinctione MS.
76 divisionem: divisione MS.   80 et *E apud Marx*: om. *Marx.* | verbis *codd. apud Marx*:
rebus *Marx.* | memorare: memorale MS.   81 notas *P²B²C apud Marx*: nosmet notas *d*
apud Marx, nosmet *Marx.*   86 acquirimus: acquiramus MS.   89 repraesentativo:
repraesentatio *ante corr.*

90   *Rei*, etc. Ponit exemplum quomodo rerum memoriam per alias res habere
possimus. *Una nota* id est signo uno. *Imagine simplici* id est uno repraesentativo. Notandum est, hoc negotium, quod ponit in exemplum, una nota habere
possumus, sed eae tres, quas ponit, ad accusatorem pertinent; quarum prima
negotium designat ubi dicit: *hominem veneno necatum*, secunda causam ubi
95 dicit: *et hereditatis causa*, etc., tertia testimonium ubi dicit: *et eius rei multos*,
etc.

 Si hoc, etc. Id est si et negotium et causam et testimonium *meminisse
volemus, primum*, id est in primis. *Expeditum* id est promptum. *In primo*
99 *loco*, eorum scilicet quos nobis notavimus. *Imaginem* id est totius negotii
aliquam repraesentativam *conformabimus* in animo nostro hoc modo: *aegro-
tum*, etc. *Non de minimo* id est non de vili, scilicet non ignobilem personam.
Nam persona nobilis diutius quam ignobilis memoria tenetur. *Hoc modo et
testium poterimus habere memoriam* per medicum scilicet arietinos tenentem
5   testiculos, *et hereditatis*, quae fuerat causa necis, per reum scilicet ferentem
manu sinistra tabulas (antiqui in tabulis testamenta scribebant), *et veneno
necati* per eundem reum tenentem in dextra poculum. Nota ideo per testiculos testes significari, quoniam illa pars corporis discretiones sexus testatur.
Solebant etiam antiqui de testiculis arietinis contra venenum antidotum
10 facere.

 3.20.34. *Item* id est similiter, *ex ordine* id est per ordinem, *in locis ante*
scilicet praesignatis *ponemus*.

< DE MEMORIA VERBORUM >

3.21.34. *Cum verborum similitudines*, etc. Postquam docuit quomodo rerum
possimus habere memoriam, nunc docet quomodo verba memoremus. Nota
15 difficilius esse multum verborum quam rerum memoriam retinere et minus
utile; sed si tamen verborum memoriam consequi possemus, per eam rerum
memoriam facile consequeremur. Sicut in divisionibus abacistarum illa
divisio, quae ferrea dicitur, et magis est difficilis et minus utilis, illa vero,
quam auream appellant, minus difficilis et magis utilis; sed qui tamen in ferrea
20 sunt exercitati, facilius auream consequentur. Nota ad carmina poetarum in
memoria retinenda verborum memoriam plus quam ad causas valere.

 Plus negotii id est laboris. *Iam domi ultionem*, etc. Si huius versus
memoriam habere voluerimus, per huius negotii administrationem, quae in
theatris solebat fieri, ad memoriam revocabimus de Domitio. Solebant

90 rei *Marx*: rerum MS.   93 possumus: possimus MS.   5 necis: negis MS.
7 necati *Marx*: necatu MS.   11 ante *om. Marx*.   22, 26, 27, 31, 45 domi ultionem
HPΠBC²l²bd apud Marx: domum itionem *Marx*.

25 quidam legere hanc litteram dicentes quod per similitudinem verborum, quae
inter *domi* et Domitium <est>, possimus memorari principium praedicti
versus, *iam domi* scilicet; sed non est ita. Quod apparet in hoc quod per nulla
verborum aliqua pars praedicti posset notari, sed ex hoc quod videmus reges
Martios, id est Remum et Romulum, qui dicti sunt filii Martis; cum, inquam,

30 eos videmus caedere Domitium *loris*, id est corrigiis, ex tali apparatu
subvenerit nobis de illa prima parte versus, scilicet *iam domi ultionem*. Ut si
quis videret aliquem sedentem in lecto aliquid recitantem et circa ipsum
multos intentos ad audiendum, habebit in memoria de illis Vergilianis
versibus:

35   conticuere omnes intentique ora tenebant,
             cum pater Aeneas lecto sic orsus ab alto est.

Nota historiam: Amulius Numitorem, fratrem suum, per arma fugavit,
sororem vero suam, Silviam nomine, sacrimonialem fecit vestalem scilicet
virginem, ne scilicet ipsa prolem generans hereditatem occuparet. Silvia vero

40 cum sacerdote Vestae concumbens duos filios genuit, Remum scilicet et
Romulum, mentiens se eos de Marte concepisse. Qui ob hoc dicti sunt Martii
reges, qui postquam adulti sunt Amulium interfecerunt et de Domitio, qui ei
f. 61v faverat, ultionem / sumpserunt.

Hoc id est apparatus ille a regibus factus, *erit* id est repraesentabit primam

45 partem versus, hanc scilicet *iam domi ultionem reges. In altero loco* scilicet
iam praecogitato. *Aesopum et Cimbrum.* Illos tragoediae personarum recitatores faciemus *subornare* id est repraesentare *Ephigeniam*, ut alter Agamem-
nona, alter vero Menelaum repraesentet. *Hoc* id est huiusmodi repraesentatio
erit, id est ad memoriam revocabit ultimam versus partem, hanc scilicet

50 *Atridae parant.*

Nota historiam: Menelaus et Agamemnon communi exercitu suo in Aulide
insula, penuria ventorum docente, ut ventos habeant idoneos, filiam Aga-
memnonis, Ephigeniam scilicet, Dianae sacrificandam devoverunt, pro qua
cervam suppositam sacrificantes ventos sibi propitios meruerunt.

55   *Hoc modo*, id est hac et supradicta repraesentatione, *omnia verba* supra-
dicti versus scilicet *erunt expressa*, id est ex toto ad memoriam revocata. *Hac*

---

31 iam *Marx*: idem MS.   33 memoria: memoriam MS.   36 inde toro pater Aeneas
sic orsus ab alto *Verg.*   46 tragoediae: tragendos MS.   47 subornare: subornari *Marx.*
48 hoc *Marx*: haec MS.   52 docente: decenti MS. | habeant: habent MS.
54 suppositam: supposuerunt *ante corr.*   56-57 hac notatione *Marx*: hanc notionem MS.

35-36 Cf. Verg. *A.* 2.1.
41-43 *Will.*, fol. 61ra, "Domitius fuit quidam a Remo et Romulo, Martis filiis, loris (locis
MS) caesus, quia fautor erat Amulii." =*Anon. Flor.*, fol. 30v.
46 Cf. Cic. *De or.* 1.259; Quint. *Inst.* 11.3.111.

notatione, id est ut totius versum replicando ipsum cordetenus teneamus; et hoc est quod ipse subiungit: *ut versu*, etc. *** etc. *Deinde*, id est postquam bene firmaverimus versum *cum imaginibus*, etc. Hoc modo *naturae* id est
60 naturali memoriae, *suppeditabit* id est administrabit, *doctrina* id est artificiosa memoria. *Nam utraque* id est unaquaeque *altera separata*; id est, si altera separetur, altera *minus erit firma. Ita tamen.* Licet dixerim quod unaquaeque altera indigeat, tamen *plus praesidii* id est adiumenti, *in doctrina atque ‹ arte ›praesidii* id est in artificiosa memoria; *plus*, dico, *praesidii* quam in naturali;
65 quasi dicat: si altera separetur ab altera, multo plus prodest artificiosa quam naturalis.

    Non gravaremur, quia facile esset *docere*, id est multis rationibus probare. *Ne, ‹ cum › a proposito*, etc. Hoc erat eius propositum de memoria tam rerum quam verborum tractare, quanto brevius ac dilucidius posset, a quo discessis-
70 set, si de qualibet alia re tractatum interseruisset. Et ita *minus commode*, etc. Vtrique, scribenti scilicet et discenti. *Haec dilucida*, scilicet commoda et aperta.

‹ DE NATURA MEMORABILIUM ›

3.21.35. *Nunc, quoniam*, etc. Hucusque demonstrat quomodo per locos et per imagines tam rerum quam verborum memoriam consequi possumus.
75 Nunc vero vult docere quas et cuiusmodi imagines nobis comparare debeamus, ut scilicet facile quod voluerimus memorare valeamus. Sed quoniam non per quaslibet imagines rerum ac verborum memoriam habere possumus, ideo primitus vult ostendere, quae et quare ad memoriam comparandam sint idoneae et quae non. Nota, de rebus habemus memoriam vel per novitatem
80 earum vel propter admirationem; et hoc est quod ipse dicit: *partim firmae*, ut scilicet bene retineri possint, et ob hoc *ad monendum*, id est ad memorandum *idoneae; partim imbecilles*, id est nullius valentiae ad memoriam excitandam. Et quia *firmae* possent esse nec tamen ad retinendum idoneae, ideo dicit *considerandum* esse, id est dignum consideratione, *qua de causa*
85 *utrumque fiat*, id est cur ita sit, quod quaedam imagines idoneae sint ad memorandum, quaedam vero non, ut, causa cognita quare hoc fiat, sciamus, quas imagines admittamus ad memoriam et quas abiciamus.

    3.22.35. *Docet igitur*, etc. Quia quaedam res naturaliter sunt efficaces ad commonendum, quaedam vero minime, *igitur*, etc., *ipsa natura*. Per naturalia

---

58 *lac. 5 fere litt.*   59 cum *E apud Marx*: tum *Marx.*   60 suppeditabit *E apud Marx*: suppeditabitur *Marx.*   63-64 arte praesidii *Marx*: praeceptum MS.   64 artificiosa memoria: artificiosam memoriam MS.   68 proposito: instituto *Marx.*   82 imbecilles *ld apud Marx*: inbelles MS, inbecillae *Marx.*

90 docemur quid oporteat fieri in eligendo nobis idoneas imagines ad memoriam excitandam. Quod in pueris bene perpendi potest, quia quae primum
   vident velut stupidi admirantur, utpote quibus adhuc omnia nova sunt, et
   idcirco ea firmius et diutius memoria retinentur. Hoc igitur modo *natura nos*
   docet; *nos*, dico, naturalia speculantes, docemur memoriam non quibuslibet
95 rebus excitari, *docet*, dico, *natura. Nam si quas res in vita*, id est in
   consuetudine <*vitae*>, scilicet dum vivimus. *Parvas*, id est parvi pretii, quae
   usualiter et quotidie accidant. *Meminisse* id est memoriae commendare.
f. 62r *Quare?* Hic causam subiungit: *propterea*, etc. *Nova* id est rara et inusi/tata;
99 omne enim rarum pretiosum, et ideo diutius memoriae commendatur. *Mi-*
   rabili id est <*admirabili*>. Admirabile dicitur quod praeter opinionem
   hominum vitaeque consuetudinem accidere solet, quod memoriam vehementer excitat et auget. *Egregie* id est super omnia. *Magnum* id est magnae
   dignitatis. *Ante ora* id est quotidie.

5 **3.22.36.** *Eclipsis.* Accusativus pluralis, sicut "omnis" pro "omnes." *Mi-*
   rantur. Homines subaudit. *Imitetur* <*ars*> *igitur*, et quia sic natura docet,
   imitetur, etc., ut scilicet ad memoriam comparandam artificiosam novas nobis
   et inusitatas imagines acquiramus, et sic imitando scilicet naturam inveniet,
   quid *ea* id est ipsa ars *desiderat*. Si quid *ostendit* scilicet natura ipsa, *sequatur*
10 scilicet ars ipsa. *Nihil* <*est*> *enim.* Vere debet ars imitari naturam, quia
   semper a natura scientiae principium est, a *doctrina* vero, id est ab arte,
   perfectio. Et hoc est quod ipse dicit: *nihil* <*est*> *enim*, etc. *Sed rerum*, ut
   scilicet scientiarum. *Principia* id est inchoationes. *Ab ingenio* id est a natura.
   Et exitus id est perfectio.

15 **3.22.37.** *Imagines igitur*, etc. Quia sic docet natura vel novis vel et
   inusitatis memoriam exsuscitari, *igitur*, etc. *In eo genere* id est de eo genere;
   in pro "de." *Notas* id est notabiles. *Sed non multas.* Multitudo enim turbat
   cogitationem sicut et visum, *nec vagas*, id est palantes, *sed aliquid agentes*,
   quia imaginis comparatio ipsam ad memoriam reducit. *Egregiam* id est
20 excellentem. *Unicam* id est singularem. *Exornabimus.* Ornatus rem memoriae commendat. *Notior* id est notabilior. *Rubrica* id est minio, qui est rubeus
   color. *Delibutam* id est oblitam. Delibutus componitur ex "de" et "linio,
   linis" et "buo, buis," quod non est in usu. *Quo* pro "ut." *Insignita* id est
   insignis, id est digna memoratu. *Ridiculas*, ut si in fronte alicuius humanae
25 imaginis cervi cornua constituamus vel aliquid tale. *Nam ea res* id est

96 consuetudine: consuetudinem MS.   99-1 mirabili: admirabili *Marx.*   4 ora
Marx: omnia MS.   5 eclipsis *Marx*: eglipsis MS, aeglypsis *P apud Marx.*   14 et *E apud*
Marx: *om. Marx.*   15 vel ... vel: scilicet ... scilicet MS.   17 notas *M apud Marx*: notatas
Marx. | sed: si *Marx.*   21 notior *CE apud Marx*: notatior *Marx.*

ridicularum rerum appositio. *Quoque* id est similiter, sicut exornatio vel
deformatio. Vere ex rebus huiusmodi fictitiis memoria renovabitur.

    Nam, quas res veras, etc., *easdem*, id est consimiles. *Sed illud*, id est non
solum notabiles imagines nobis conquirere debemus, sed illud etiam curan-
30 dum est, ut *identidem*, id est saepissime *primos < quosque> locos*, id est
primum de quinque primis et deinde de quinque secundis, et sic per ceteros
quinarios *celeriter percurramus*, id est frequentemus assidue in *animo* nostro,
scilicet eius renovationis < *causa*>. *Imaginum*, etc. Vt scilicet locis in
memoria firme collocatis in eisdem ad libitum nostrum imagines renovare
35 valeamus.

    3.23.38. *Scio plerosque*, etc. Postquam docuit quibus modis tum res, tum
verba ad memoriam reduceremus, Graecorum improbat sententiam qui ad
multa verba in memoriam retinenda quasdam notas fixerant, quae magis
proprie characteres sive figurae nuncupantur. Improbat, dico, eorum sen-
40 tentiam quattuor de causis, quarum haec et prior et firmior est, quod scilicet
in causis agendis aliquando non indigeremus omnibus verbis, quorum una
nota repraesentativa est, tunc < scilicet> cum verborum non necessariorum
abundantia memoriam eorum verborum turbat et impedit, quae memorare
curamus. *Plerosque* eos scilicet, qui sapientes et studiosi erant. *Fecisse* hoc
45 scilicet quod sequitur, *ut* scilicet *imagines*, id est notas verborum repraesenta-
tivas *conscriberent*. Et quare? Causam subiungit, hanc scilicet: *ut, qui* has
notas *discere vellent*, absque ullo labore notis cognitis quotlibet verba
memoriter retinerent. Et hoc est quod ipse dicit, ut disceres eas, etc. *Ne quid
operae*, id est ne aliquid laboris in *inquirendo*, id est in verba, quibus indigent,
50 investigando.

    Primum. Haec est prima ratio, quam superius diximus. *Quod ridiculum* id
est turpe. *Mille imagines* id est innumerabiles notas. Apposuit finitum pro
infinito. Nota, hic Tullius innuit Graecos quasdam composuisse notas,
quarum quaelibet multa et forsitan innumerabilia verba memoriae revocabant;
55 quasi dicat: si ridiculum est mille imagines verborum innumerabilium reprae-
sentativas, quanto stultius erat unam solam notam verborum. *Innumerabili
multitudine* id est infinitae multitudinis. Haec grammatica, scilicet *verborum
innumerabili multitudine* / consimilis est huic "mulier egregia forma," pro f. 62v
"egregiae formae." Vere *ridiculum est*, etc. *Quantulum enim*, etc. *Haec* id est
60 eae imagines, *copia* nostrae scilicet repraesentat memoriae, *modo aliud*
scilicet in una causa, *modo aliud* in alia scilicet, vel in eadem quod contingit

    31 deinde: primum MS.   32 percurramus *d apud Marx*: pervagemus *Marx.*
44 scilicet *s.l. add.*   46 ut: uti *Marx.*   47 discere: ediscere *Marx.*   49 inquirendo
Hbl apud Marx: in quaerendo *Marx.*   51 ridiculum *Marx*: ridiculis MS.   57 multitudine: magnitudine MS.   59 est[1] *bld apud Marx*: om. *Marx.*

ex varia causarum qualitate. Quod est dicere: parum valent notae innumerabilium verborum repraesentativae propter causam superius dictam, hanc scilicet
in causis agendis, etc.

65   *Deinde cur volumus*, etc. Haec est causa secunda. *Ab industria* id est a
studio. *Quemquam* discipulorum scilicet *removere*, ne ipsi scilicet studeant,
quare aut per se studendo < *** > scilicet. *Nos* scilicet magistri. *Ne quid*
scilicet pro nihil; quasi dicat: doctoris non est, ut omnia praeparata tradas
auditori; sic enim discipulus a studio remotus desisteret. Quod quia Graeci
70   faciebant, eorum sententia de notis verborum improbanda est.

    Praeterea, etc. Haec est tertia causa, quod est dicere: cum alius alias magis
affectet verborum notas, alius vero alias, culpandi sunt Graeci, qui easdem
verborum notas omnibus praescripserunt; et hoc est quod ipse dicit: *similitudine alia*, etc. *Alius magis*, scilicet quam alius. Et hoc similitudine quadam
75   probat, hac scilicet, quod sicut cum dicimus aliquem alicui similem esse non
omnes nobis consentiunt, quoniam scilicet aliter eis quam nobis videtur, sic
est in imaginibus, quod ea quae alicui digna videbitur ut memoriam excitet,
alii videbitur indigna. Et hoc est quod ipse ait: *nam ut saepe*, etc. *Assensores*
id est nobis consentientes. *Item* id est similiter. *Insignis* id est notabilis.

80   **3.23.39.** *Quare*, scilicet quia tam diversa sunt hominum iudicia de eadem
re, ideo *sibi* id est *suo commodo*, id est ad suum commodum.

    Postremo, etc. Haec est quarta causa. Quasi dicat: doctoris est dare
principium discendi et in docendo aliquod alicuius rei exemplum, ad cuius
imitationem lector cetera componere debet.

85   **3.24.39.** *Nunc, ne forte*, etc. Postquam sententiam Graecorum de notis
verborum improbavit, intendit lectoribus persuadere, ut in verborum memoria se diligenter studeant exercere. Prius enim in difficilioribus exercitati et
facilius et commodius rerum memoriam assequuntur. *Nam putamus*, etc.
Vere non est improbanda verborum memoria. *Nam*, etc., *sine molestia* id est
90   sine aliqua difficultate. *Nec nos*, etc. Quia aliquis putaret, quod causa unius
tantum versiculi commemorandi tam magnum laborem suscipere nos oporteret, ideo dicit se non propter hoc praedicta docuisse, sed ideo ut hac
exercitatione memorandi verba ad utilitatem causarum agendarum ascendamus. *Difficili consuetudine* id est ab exercitatione memoriae verborum. *Ad*

---

    65 volumus *Marx*: nolumus MS.   67 *lacunam suspicor.*   70 sententia: sententiam
MS.   75 hac: hanc MS.   86-87 memoria: memoriam MS.   88 assequuntur: affecten-
tur *ante corr.*   89 id est: et MS.   93-94 ascendamus: accendamus MS.   94 memoriae: memoriam MS.

    63-64 Cf. supra p. 310.41.

95 *illam facilitatem* id est ad memoriam rerum, quae facilior est verborum
memoria.

3.24.40. *Sed cum in omni,* etc. Persuadet ad exercitium memoriae, et hoc
similitudine quadam de ceteris artibus cum arte memorandi. *Industria* id est
99 animi applicatione. *Studio* id est spontanea voluntate. *Labore* id est exercitatione. *Diligentia* id est accurata observatione, ut nihil scilicet praetermitta-
tur, quod ad artem memorandi adipiscendam conveniat. *Ad praecepta* id est
secundum ea, quae praecipiuntur in arte. *Non enim,* etc. Vere quotidie nos
in memoria exerceri convenit, *sicut a ceteris studiis,* ut dialectica, et a talibus,
5 *abducimur* id est removemur, *occupatione* id est impedimento, *ab hac re* id
est a memoria. Vere nulla causa nos a memoria potest removere, quia quanto
maioribus negotiis detinemur, tanto magis memoria indigemus; et hoc est
quod Tullius dicit: *numquam < est> enim,* etc. *Quare,* etc. Quod est dicere:
quia in maioribus praecipue memoria indigemus, igitur multum ei insisten-
10 dum, *non te,* O Herenni, *fallit* id est bene nosti, quod tanti fructus memoria
est quanti et laboris. *Quod poteris* tu scilicet, qui natu/rali memoria es f. 63r
praeditus, *existimare* id est compensare. *Pluribus verbis,* etc. Finit tractatum
memoriae reddens causam, quare eum amplius [ad memoriae] nolit adhortari
ad memoriae studium. Nota quod duabus de causis solent magistri discipulos
15 adhortari: vel quia studio eorum diffidunt vel ut minus, quod in docendo
dixerint, discipulorum studio suppleatur. *Sententia* id est voluntas. *De quinta
parte* id est de elocutione. *Tu primas,* etc., scilicet inventionem et ceteras
partes artis, de quibus iam dictum < est>, *in animo frequenta.*

95 facilitatem *P²ΠB²E apud Marx:* facultatem *Marx.*   4 a² *s.l. add.*   5 abducimur
Marx: abducimus MS.   17 de *s.l. add.*

< In librum quartum >

< DE ELOCUTIONE >

4.1.1. *Quoniam in hoc libro*, etc. Intentio Tullii in hoc prologo < est >
probare melius esse in docendo elocutionem suis exemplis uti quam alienis;
quam probationem ideo praemittit, quia contra rationem fecisse existimaba-
tur, cum contra Graecorum auctoritatem, quae in omnibus imitatione digna
5 videbatur, suis non alienis exemplis usus esset. Cuius rei probationem hoc
modo prosequitur: in primis Graecorum rationes ponit, positas autem
infirmat et destruit, tertio vero loco suam sententiam ponit.

< IN PROOEMIUM, DE EXEMPLIS FIGURARUM >

Conscripsimus. Per hoc quod praeterito verbo usus est, dicens *conscripsimus*,
notat librum prius factum quam prologum. *Ut paucis*, etc., id est tam verbis,
10 quam rationibus. Nota, hic Herennium docilem reddit, ubi scilicet ostendit
modum tractandi. *Nostri consilii*, quo scilicet nostris hic utimur exemplis.
Atque hoc id est prooemium praemittere, *necessitudine* id est coactione, *non
studio* id est non sponte, *erit signi nihil ante rem*, etc. Nota, prologus ille ante
rem factus esse dicitur in quo agit de arte extrinsecus, scilicet de materia, de
15 officio artis et talibus, ut in secundo *Arithmeticae* prologo. *Neque praeter rem*,
etc. Praeter rem dicitur illud prooemium in quo nihil dicitur de arte extrinsecus, sed in eo quaedam artis vel dictaminis commendatio vel auditoris
benivolentiae captatio continetur. Vbi autem Tullius dicit se *neque ante rem
neque praeter rem* locutum fuisse, notat se *in libris superioribus* nullum, igitur,
20 prooemium, sed solos ad litteram descensus aut introitus fecisse.

---

6 rationes: rationem MS.   12 hoc *Marx*: hic MS.   17 in eo: ideo MS.
20 prooemium: prooemii MS.

9 *Will.*, fol. 61va, "Hunc prologum scribit quasi quarto libro iam scripto."
13-18 *Will.*, fol. 61vb, "Prologus ante rem est qui nobis libri materiam aliquo modo
proponit, praeter rem est qui totam materiam praetereundo lectores benivolos efficit. Vel
praeter rem vocat quamlibet digressionem." =*Anon. Flor.*, fol. 32r.
15 Boeth. *Arith.* 1.1, ed. G. Friedlein (Leipzig: Teubner, 1867), pp. 7-12.

Nunc, si id est postquam. *Res* id est controversia, quam contra Graecos
suscepi. *Quod reliquum est,* id est quod restat, *ita < uti > instituimus,* id est
ut proposuimus. *Illi* id est Graeci. *Compluribus de causis,* etc. Haec est prima
ratio Graecorum. *Unius cuiusque generis,* ornatus tam verborum quam
25 sententiarum. *Modestia* id est humilitate. Haec est Graecorum ratio. *Osten-*
tatio id est iactantia, *non satis habere* id est non sufficere, *de artificio* id est
de arte. *Artificiose* id est secundum artem, *gignere* id est per se facere.

4.1.2. *Quare pudor,* etc. Quod est dicere: sua et non aliena exempla
ponere ostentatio est, non artis ostensio. *Quare pudor impedimento est,* id est
30 pudor, scilicet modestia, impedit eos, ne sua ponant exempla. *Etenim,* etc.
Ennium ponit pro quolibet poeta, Gracchum vero pro quolibet oratore. Nota,
arrogans dicitur qui ceteros contemptui habens suis omnia probitatibus
ascribit.
Praeterea < exempla > locum testimoniorum, etc. Haec est secunda Grae-
35 corum ratio, *locum testimoniorum,* inquam; exempla enim sic artem confir-
mant, ut testimonia causam. *Etenim,* etc. Vere exempla testimoniis aequi-
pollent. *Etenim, quod admonuerit,* id est quod sine probatione ostendet, et
leviter id est summatim vel generaliter, *fecerit* id est probando dicet, *prae-*
ceptio id est ars, *exemplo* id est ostensione alicuius rei in parte, quod dicitur
40 exemplum. Nota, sicut per testes alicuius rei confirmatio fit, sic per exempla
confirmatur artis praeceptio. *Testimonio* probatur, id est per testes, [et] quia
testimoniis exempla similia sunt. *Num igitur* id est nonne igitur? *Domestico,*
id est proprio vel privato abutatur, quasi dicat: ita! Qui enim de se ipso
perhibet, *ridiculus* habetur, id est irrisione dignus. Vere enim similitudinis est
45 adaptatio, et quia res exemplo confirmatur.
Non ergo, etc. *Hoc* id est exemplum. *Ne, quod aliud,* etc. Dubia enim dubiis
confirmare / vitium est. *Etenim necesse est.* Nota, utitur complexione f. 63v
rhetorica, qua probare intendunt Graeci eos male facere, qui suis et non
alienis utuntur exemplis hoc modo: illi, qui sua ponunt exempla, aut se
50 omnibus anteponunt, et sic maxime sua ponunt exempla et aliorum exempla
contemnunt; quod *si* hoc faciant, scilicet ut *se omnibus anteponant,* etc.,
intolerabili arrogantia sunt. Si vero non se aliis, sed illos sibi praeponant,
eorum exempla contemnentes, *dicere non possunt, quare illos sibi* praeponant.

22 ita *Marx:* id MS.   26 non¹ *Marx:* nam MS.   31 Ennium: Herennium MS.
36 etenim *P²B² apud Marx:* et eram MS, id enim *Marx.*   37 etenim *Marx:* non MS. |
ostendet: ostendit MS.   41 probatur: conprobatur *Marx.*   42 num: non *Marx.* |
domestico *M apud Marx:* domesticis *Marx.*   46 aliud *Marx:* aliquod MS.   47 utitur:
utique utitur MS.

47-48 Cf. Theod. *Com. De Inv.,* supra pp. 149.3-150.11.

55   **4.2.2.** *Quid igitur*? Per supradictam complexionem videntur probasse,
quod auctorum exemplis utendum sit. Ideo huiusmodi interrogationem
subiungit: *quid igitur*? quasi dicat: multum valet. Et hoc probat: *nam cum res*,
etc. Nota hanc esse Graecorum rationem, quod exemplorum adductio et *res*,
id est artis praeceptiones *probabiliores* facit et lectores ad studendum incitat,
60 eos in eam spem inducendo, ut tam oratorum, quam poetarum credant se
posse consequi facultatem. *Alacriora* < *reddit?* >. *Immo erigit.* Correctio est,
quidam color rhetoricus.

4.2.3. *Postremo*, etc. Haec est quarta Graecorum ratio, quod scilicet
summum artificium est diversa exempla a multis et diversis oratoribus eligere
65 et electa singulis artis praeceptionibus adaptare. *Locos* id est praecepta eorum
vel regulas. *Hoc* id est exempla sic eligere. *Industria* id est studio, non
tantummodo [non] doctrina scilicet, *non fugissemus* id est suscepissemus.
Quod est dicere: si exempla ab auctoribus sponte et sine doctrina elegisse-
mus, ob hoc *essemus laudandi*, quoniam *laborem non fugissemus*; quanto
70 magis *nunc*, cum iam *sine summo artificio fieri non potest. Sine summo
artificio* id est sine magna artis cognitione. Et hoc probat: *quis est enim*, etc.,
quasi dicat: nemo! *Ceteri.* Bene dico quod nemo potest exempla praeceptis
adaptare, nisi noverit artem; quoniam *ceteri* qui scilicet, quod artem ignorant,
cum exempla auctorum legentes laudant, unde ad laudandum ea commovean-
75 tur non intellegunt; et hoc est quod ipse dicit: *ceteri, cum legunt orationes*,
etc. *Hoc igitur*, quia qui haec facit summus artifex est, hoc igitur facere
summum artificium est.

4.2.4. *Haec illi cum dicunt*, etc. Hucusque Graecorum rationes posuit.
Amodo unicuique earum incipit respondere et sic eas destruere; et in primis
80 utitur latenter insinuatione, ut per eam auditores ab auctoritate Graecorum
retrahens suis eos rationibus reddat attentos.
Illi enim Graeci. *Magis* enim *nos*, etc. Quod est dicere: aliquantulum enim
nos commovet eorum auctoritas, non veritas disputationis; disputatio, dico,
nos parum commovet, si *illud veremur.* Quasi dicat: vereor ne qui meam
85 infirmare et contrariam rationem approbare voluerint, eis *satis sit*, id est
sufficiat ad hoc, haec ratio scilicet, *quod ab ea*, id est a parte contrariae
rationis, *steterint*, id est eam defenderint eius artificii inventores. *Quod si,*

55, 57 quid igitur *E apud Marx*: quid *Marx.*   55 videntur: vident MS.   57 nam
P²B²C²ΠE apud Marx: non *Marx.*   61 erigit *Marx*: erigunt MS. | correctio: correptio MS.
66 studio: studium MS.   69 laudandi: laudabili laudandi MS.   73 noverit: submo-
verit ar. noverit MS.   75 legunt *Marx*: legant MS.   84 veremur *Marx*: verentur MS.

61-62 Cf. *Auct. ad Her.* 4.26.36.

illorum, etc. Quasi dicat: solummodo <si> remota sit eorum auctoritas,
quicumque volet utramque rationem considerare, facile nostram intelleget
90 praevalere. *Res* id est rationes. *Antiquitati* id est [a] antiquis, Graecis scilicet.

4.3.4. *Primum igitur* inceptivum est. Facta latenter insinuatione contra
primam Graecorum respondet rationem. Quae ratio huiusmodi est: maxima
est modestia non propria, sed aliorum exempla in artibus scribendis apponere. *Nam si tacere*, etc. Quia scilicet maior modestia est omnino tacere et
95 *nihil scribere. Quo setius* pro "ut non." Nota, <qui> artes scribere incipiunt
et, cum opus est, aliena non sua exempla ponunt, similes sunt, ut ait, ignavis
cursoribus, qui, cum in stadio ad currendum descenderint, non audent
currere cum tempus postulat, sed narrant quomodo alii cursores se in tali
99 certamine exercuerint. Similiter et isti scriptores artium, cum facilia scribunt,
difficilia praetermittunt imbecillitatem suam modestia palliantes, faciunt.
    Quasi id est velut *si quis* ad Olympiacum cursum, qui scilicet fiebat sub illo
monte. *Ut omittatur.* Hic solet varia esse littera. Alii enim libri habent *ut
imitatorum*, aliorum scilicet in cursu. Alii *ut omittatur*, id est ut emittatur a
5 carceribus, scilicet ad currendum. Alii *ut emittatur*, id est ut conetur currere.
Intra carcerem, scilicet intra locum in quo qui currere debebant statuebantur,
ut inde simul currere inciperent. *Lydas aut Bois* illi scilicet cursores, *cum
Sisoniis* cum illis cursoribus. Collatio est, species / similitudinis. *In artis*   f. 64r
curriculum. Metaphora est; quia scilicet de cursoribus fecerat mentionem,
10 artis exercitium, <id est> in scribendo ipsam, curriculum appellavit. *In artis
curriculum*, id est ad artem scribendam venerunt. *Quod est artificii*, id est in
praeceptionibus artis *elaborent*, ut sua sibi exempla componant et in eisdem
artis praeceptiones ostendant. *Ipsi* id est Graeci. *Sicut*, id est ita dicunt
Graeci, tamquam *in stadium rhetoricae*, etc. Prosequitur metaphoram. *Sta-
15 dium* appellatur spatium <in> quo fit cursus.

4.3.5. *Non ausim dicere* propter auctoritatem eorum, id est Graecorum,
sed vereor. Et ironica negatio est, modus quidam insinuationis. Dicit enim se
non ausum esse aliquid de Graecis male dicere et tamen impudentes eos

---

88 remota: remotas MS.   95 nihil *bl apud Marx*: nil *Marx*.   97 cursoribus:
censoribus *ante corr.*   3 omittatur: mittatur *Marx*.   4 imitatorum *om. codd. apud
Marx*. | omittatur *E apud Marx*.   5 emittatur *om. codd. apud Marx*.   6 intra *Marx*:
inter MS. | in quo: qui in quo *ante corr.*   7 inciperent: incipiant *ante corr.* | Lydas aut Bois
... cum: Ladas aut bouiscum *Marx*.   8 Sisoniis *Cd apud Marx*: Sisonius *Marx*.   11 in
s.l. add.   12 componant: componunt MS.   13 sicut (sicuti *bd*) *ΠΒCE apud Marx*:
om. Marx.   17 insinuationis: informationis MS.

    8 Cf. *Auct. ad Her.* 4.45.59.
    17 Cf. supra p. 233.44.

appellat. *Venentur,* scilicet acquirant quadam simulatione modestiae *in ea*
20 *ipsa re,* imponendo aliorum exempla in arte et non sua. *"Quid enim tibi vis?"*
etc. Ponit in quaestione, quasi dicat aliquis: artem cur tibi scribis, cum quod
doces ipse facere possis, sed id aliorum et non tuis confirmans exemplis
sicque videris non ex tuo sed ex aliorum labore comparare tibi famam? Et
hoc est quod ipse dicit: *tuo nomini libare laudem* id est tuae famae comparare
25 gloriam. *Gignis* id est invenis. Vere cavendum artium scriptoribus, ne amplius
ab antiquis auctoribus exempla sumant. *Nam si eorum* id est scribentium
artes. *Prenderint oratores* ac *poetae* ad hoc scilicet, nisi ex voluminibus
noviter factis sua exampla, quae ipsi scilicet dictaverunt, eligant atque
assumant. *De libris suis* id est scribentium artes. *Quisque* poetarum, sed et
30 oratorum. *Tulerit* id est removerit de artibus aliorum. *Istis* scilicet scriptoribus artium. *Nihil, quod suum velint, relinquatur,* quoniam scilicet id solum
tunc relinqueretur eis, quod asperum esset et ad intellegendum difficile.
   At exempla, etc. Hucusque primae rationi Graecorum respondit, qui
scilicet dicebant se in aliorum exemplorum adductione modestiam sequi et
35 arrogantiam vitare. Nunc vero secundam rationem ponit, eam scilicet qua
dicebant se auctorum exemplis, sicut quibusdam testimoniis, suas praeceptiones confirmare. Huic, inquam, rationi respondet, et hoc modo primum
ponit verba eorum, ut eos commodius reprehendat.
   Primum omnium eorum scilicet, quae contra hanc Graecorum dico
40 rationem; hoc erit primum, quod exempla necessaria <non> aliquid *confir-*
mandi <causa> adducuntur, *sed* potius *causa demonstrandi* quid aliquid sit.
Non enim, etc. Quasi dicat: vere *causa demonstrandi,* quia *cum dicimus,* etc.
Verbi causa id est "verbi gratia"; quasi dicat: ut ostendamus exemplo illam
exornationem, quae constat ex verbis similiter cadentibus, scilicet *"quod*
45 *possumus et debemus"* (*hoc exemplum* coloris est sumptum *a Crasso*), *collo-*
camus, id est non ideo hoc adducimus, ut per ipsum aliquid confirmemus,
sed ut in eo id, de quo loquimur, in exemplis ponamus, ut ad intellegendum
facilius sit. Multa enim intellegi facimus, quae tamen probare nullo modo
possumus, ut multa falsa quae, cum ab aliquo dicta a quolibet intellegantur,
50 a nemine possint probari. Et ideo inter testimonium et exemplum hanc
differentiam Tullius assignat, quod scilicet *exemplo* id est per exemplum,
demonstratur id est aperitur ad intellegendum, *cuiusmodi* id est quale *sit, quod*

dicimus id est de quo loquimur, *testimonio* id est per testimonium, *confir-*
matur id est comprobatur. Hoc igitur ita potest continuari: quia testimonio
55 probatur, exemplo autem cuiusmodi sit demonstratur, *hoc igitur interest,* etc.

   4.3.6. *Praeterea,* etc. Alia ratione vult ostendere testimonium ab exemplo
diversum esse. *Convenire cum re* id est per se id comprobare, ad quod
probandum adducitur; et hoc est quod dicit: *aliter enim,* etc., *illi,* qui scilicet
aliena apponunt exempla. Quare autem cum re non conveniat exemplum
60 alienum subiungit rationem, hanc scilicet quoniam plerumque ab his dictatum
est, qui artem nesciverunt, nec ea intentione factum fuit, ut aliquis locus artis
per ipsos vel per ipsum confirmaretur.
   Quid ita? Quasi: cur ita contingit, quod scilicet exempla extrinsecus
adducta cum arte < non > conveniant? Supponit causam: *quia qui pollicentur,*
65 etc. *Tum quis est,* etc. Ecce alia ratio contra exempla [ad] extrinsecus
adducta, quod scilicet non est credendum ei de com/probatione artis, qui f. 64v
nihil ex arte scribere novit. Nota, scribere de arte est artis praecepta docere;
scribere vero ex arte est secundum artis praecepta dictare, quae *alii excogi-*
tarunt, scilicet non suum inventum.

70   **4.4.6.** *"At hoc ipsum,"* etc., tertiae rationi respondet, *"eligere < de mul-*
tis >." Quid? Exempla scilicet a multis auctoribus compilare ostendit non esse
difficile, quod Graeci difficile esse dicebant. Nota, difficile duobus modis
dicitur esse: aliquid dicitur enim difficile, quod vel sine magno labore vel sine
magno artificio ad exitum non perducitur. *Non statim praeclarum.* Quasi
75 dicat: non sequitur, quod si aliquid *laboriosum* est, illud fit *praeclarum* id est
famosum, scilicet dignum laude. Et hoc probat: *sunt enim,* etc. *Non continuo*
gloriemini, id est non propter hoc potestis gloriari. Nota quia sic potest
resolvi coniunctivus modus: *gloriemini* pro "potestis gloriari." *Nisi etiam,* etc.
Dico quod non propter hoc potestis gloriari, nisi forte gloriosum putetis, si
80 aliquis totam bibliothecam [tota] manu propria transcribat, quod quidem
laboriosum est, non tamen praeclarum. Et hoc est quod ipse dicit: *nisi etiam*
si vestra manu, etc.
   Sin istud, etc. Iam secundum primam acceptionem difficilis duxit Graecos
ad inconveniens, nunc vero secundum aliam acceptionem eosdem confutare
85 conatur. *Insueti* dicuntur magnarum *rerum,* qui *parva sicuti magna* apprecian-
tur. Vere non est artificiosum. *Nam isto modo,* etc., *rudis,* id est penitus artes

---

   64 quia qui *b apud Marx*: quia *Marx.*   65 tum *Marx*: cum MS.   68-69 alii
excogitarunt: ali excogitarint *Marx*, alii excogitarint *H²E apud Marx.*   71 compilare:
compilationem MS.   82 vestra *Marx*: nostra MS.   83 difficilis: difficile MS.
86-87 artes ignorans *transp.*

ignorans. Vere multi non habentes summam huius artis perfectionem possunt huiusmodi exempla eligere.

4.4.7. *Quisquis enim*, etc., *paulo plus* id est aliquantulum. *Praesertim in*
90 *elocutione*, quia elocutionis exempla per se patent. Facile enim cognoscuntur in dictaminibus colores rhetorici. Ab his igitur praecepta elocutionis vel modicum noverunt. *Facere* id est dictare. *Eruditus* id est extra ruditatem per artem positus. *Sententias*. Sententia est oratio generalis moralitatis alicuius summam breviter comprehendens, et est ornatus verborum. *Periodos*. Perio-
95 dus est color rhetoricus, cola et commata, id est membra et articulos, continens. Interpretatur autem secundum quosdam continuatio, secundum alios compar. *Poematis*. Ablativus casus est. Dicebatur enim apud antiquos et "hoc poema, huius poematis" et "hoc poematum, huius poemati," teste
99 Prisciano. Quia *isto signo*, etc., id est eligendo exempla. *Aliis signis* id est dictando exempla ex arte.

Quod si artificiosum. Quasi dicat: concedo artificiosum esse eligere exempla, sed merito artificiosius est eadem secundum praecepta artis dictare; et hoc probat hoc modo: *qui enim scribit*, etc.

5 *Et, si est maxime*, etc. Alia ratione ostendit eos peccare, qui cum artem scribunt aliena exempla apponunt, quia scilicet tunc non est locus elocutioni exemplorum, sed *alio tempore*, quando scilicet artem colligendi scriberent. *Gignere* id est cogitare. *Parere* id est *proferre*, quod est docere vel dictare. *Postremo*, etc. Hic ultimam disputationis suae rationem contra Graecos
10 ponit, hanc scilicet quod potius ipsi eniti debent, ut ab aliis ipsi eligerentur, quam quod alios ipsi eligerent. *Nunc, quae separatim*, etc. Posuit primo rationes Graecorum et earum singulis suas opposuit rationes. *Nunc* vero *separatim*, id est non intendendo respondere, ostendit multis rationibus esse utendum potius suis, quam alienis exemplis.

15 **4.5.7.** *Dicimus ergo*, etc. *Ergo* inceptivum est. *Et de eo, quod postea*, de hoc scilicet quod *a multis exempla sumant*. *Antea videamus*, id est prius improbemus. *Si concederem*. Quasi dicat: quod nullo modo facerem. *Vincerem*, id est rationibus vincendo probarem. *Unius* scilicet et non multorum. *Primum*. Haec est prima ratio, quam separatim adducit contra, haec scilicet

---

87 multi: multum *ante corr.*   94 periodos *Cld apud Marx*: nuntios *Marx*.
96 continens: comprehendens *ante corr.*   2 quod si artificiosum *Marx*: quos si artus MS.
3 eadem: cudere MS.   7 scriberent: scribunt *ante corr.*   15 ergo[bis]: igitur *Marx*.
16 sumant *Marx*: sumunt MS.   19 haec[2]: hoc MS.

93 Cf. *Auct. ad Her.* 4.17.24.
96 Cf. *Auct. ad Her.* 4.19.27.
97 Cf. *Auct. ad Her.* 4.20.27.
98 Prisc. *Inst.* 6.2.8, 7.17.82, ed. Hertz, G L II, pp. 201, 357.

20 quod ab uno debeant sumi exempla. *Liceret enim*, etc. Vere / melius esset ab f. 65r
uno sumi exempla quam a multis, quia sic liceret [de multis] eligentibus, ut
unum de multis electum comprobarent, *cuius auctoritate* in suis scriptis
niterentur. Suppeditare < est > administrare.

Deinde, etc. Haec est alia ratio quare ab uno tantum debeant sumi exempla;
25 quae ratio talis est, quod si ab uno tantum sumerentur, animaretur lector ad
studendum, sperans se facultatem totius artis *consequi posse*, cum scilicet ille
consecutus sit, cuius exempla ad praeceptorum artis intellegentiam adducuntur. *Interest magni*, id est multum pertinet ad utilitatem discentis considerare,
utrum putet unum auctorem *consequi posse omnia*, quae scilicet ad artem
30 discendam sunt necessaria, *an neminem putet omnia consequi posse*, sed
alium hoc, alium vero illud. Vere hoc est multum utile discenti. *Si enim
putabit*, etc., *ad omnium*, quae sunt in arte.

In paucis, in minimis scilicet. *Contentus erit*, id est id ei sufficiet. *Nec
mirum*, si scilicet desperet, *cum ipse* scriptor *artis non potuerit. Allatis igitur*,
35 etc. Vere ab uno potius quam a multis sumenda sunt exempla, quia si a multis
sumantur necesse est lectorem turbari; et hoc est quod ipse dicit: *allatis igitur*,
etc. *Necesse erit.* Quasi dicat: si exempla sumantur a multis, existimabit lector
artis, ille scilicet *qui discet* existimabit, dico, scriptorem *ab omnibus* auctoribus *omnia* potuisse sumere exempla, *ab uno* vero *pauca*, et sic omnia, quae
40 in arte sunt, se ipsum consequi posse desperabit.

4.5.8. *Quare unius*, etc., *satis habebit*, id est sufficiet ei. *Igitur nemo*, etc.,
hoc est cum totius rationis supradictae probatione, qua probat ab uno potius
quam a multis exempla sumenda esse. *Nunc hoc, quoniam* scilicet nec sua
proferunt, etc. *Signi* id est argumenti.
45 *Deinde*, etc. Haec est ratio qua ostendit ab uno tantum exempla sumere
oportere; hoc pacto, dico, si ipsa ab alio sumenda sunt umquam. Quae ratio
huiusmodi est, quod aliquis hoc argumento posset artem improbare, quod
nemo unus totam artem consequi possit. *Quid igitur*, etc. Quia hoc argumentum valet ad improbationem artis, igitur scriptor non debet hoc compro-
50 bare; et hoc est quod Tullius dicit: *quid igitur iuvat*, etc. *Ergo ab uno*, etc.
Quia si a multis sumerentur exempla praedicta sequeretur inconvenientia.
Ergo ab uno, etc. Nota has rationes, quas hucusque separatim posuit, esse

---

20 liceret *bd apud Marx*: licet *Marx*.   23 niterentur *Marx*: niteretur MS. | suppeditare:
suppeditaret *Marx*.   29 unum *b apud Marx*: om. *Marx*.   30 neminem *HE apud Marx*:
a nemine *Marx*.   33 id[2] *s.l. add.*   36 turbari: turbare *ante corr.*   42 supradictae:
vel suprapositae *add.* MS. | probatione: probationis MS. | probat: probant MS.   43-44 nec
sua proferunt: neque sua protulerunt *Marx*.   48, 50 quid *HPCbl apud Marx*: quod *Marx*.

contra illam Graecorum rationem, qua dicebant per plurium exemplorum
adductionem hominum studia ad imitandum alacriora reddi.

55 **4.6.9.** *Nunc omnino aliunde.* Postquam docuit unius exempla potius
quam multorum esse sumenda, si − quod ipse non concedit − sumi debeant
aliena; nunc vult probare nulla extrinsecus esse sumenda. *Primum omnium,*
id est prima ratio improbationis haec erit, quod illud, quod in exemplis artis
scriptor adducit, proprie cum eo, ad quod adducitur, debet convenire; et hoc

60 est quod Tullius dicit: *de eius artificio,* etc., *eius,* dico, id est scriptoris. Vere
de artificio scriptoris debet exemplum esse; non eo modo *ut si quis purpuram,*
etc. *Sume a me,* hanc scilicet purpuram. *Exemplum* quod debet ostendere
cuiusmodi res sit. *Aliunde* id est non ex eo, quod tibi vendito. Nota hic
quadam inductione multa similia inducit, quibus vult probare aliena exempla

65 in artibus scribendis non esse adducenda.

Triptolemus primus docuit agriculturam apud Athenienses, et ideo dictus
est semen omnibus dedisse. *Mutuaretur,* id est mutuo acciperet. *Prometheus*
primus usum ignis invenit in partibus suis, et ideo dictus est ignem mortalibus
f. 65v divisisse. *Ipse* animadvertit talem lapidis esse naturam, / quod ex ipsorum

70 collisione facile ignis posset extorqueri. *Isti magistri,* etc. Adaptatio similitudinis est, et simul ironica negatio.

Fontes maximos, etc., id est artes, quae dicuntur fontes sapientiae. *Et haec
sitiens,* qui scilicet se dixerit fontes invenisse. *Qui sitim sedet,* id est quomodo
possit sitim sedare. *Isti cum.* Bonam similitudinem adduxi. *Isti* scilicet Graeci

75 scriptores artium; adaptatio similitudinis. *Rigare,* ad similitudinem scilicet
fontium hortos rigantium. *Siccitate,* id est sicut sicci ab ea doctrina, cuius
inventores esse asserunt.

Chares, proprium nomen discipuli, a magistro suo, *Lysippo* scilicet, *non
isto modo < didicit >,* ut scilicet *Lysippus* ei *ostenderet* aliorum opera et non

80 sua. *Caput* [narrationis] quod scilicet Myro fecerit, pictor quidam qui ceteris
in pingendo capite praevalebat. Nota, quod pictorum alii in pingendis
capitibus pictoribus aliis praevalent, sicut Myro; alii in pingendis brachiis, ut
Praxiteles; alii in cuncto corpore pingendo, sicut Polycletus. *Coram* id est in
praesentia discipuli sui, qui Chares vocabatur. *Ceterorum.* Pictorum scilicet.

85 *Opera.* Picturas vel sculpturas. *Sua sponte* id est per se ac sine magistro. *Isti*
enim Graeci. *Haec* id est artem. *Alia ratione* ita scilicet, ut ipsi doctores alios
non suis, sed alienis doceant exemplis.

54 reddi: reddit MS.   58 improbationis: inesse probationis MS.   60 de eius (de ius
B, deius *H*) *M apud Marx:* id eius *Marx.* | artificio *P²ΠB²C apud Marx:* artificii *Marx.*
62 quod: quae MS.   71 simul: similis MS.   72-73 haec sitiens *Marx:* hoc siciciens MS.
74 cum *Marx:* enim MS.   80 *ante* pictor *del.* sepi.   82 alii: aliis *ante corr.*
83 Polycletus: Polycletius MS.   86 haec *Marx:* hoc MS.

53-54 Cf. *Auct. ad Her.* 4.2.2.

4.7.10. *Praeterea.* Haec alia ratio qua ostendit aliis exemplis auctorum utendum non esse, haec scilicet quoniam in auctoribus < et > dictaminibus sic
90 tegitur ars, *ne* ipsa *appareat,* iuxta illud Ovidii:

> si latet ars prodest.

Nota, in fine ponit validiora argumenta, sicut ipse Tullius in tractatu de dispositione praecepit. *Nec possunt,* quia scilicet non hac intentione facta sunt, ut ars in ipsis demonstretur. *Leviter* id est summatim vel generaliter.
95 *Locus* id scilicet quod artis est. *Plerumque.* Quia quandoque apparet. *Expresse,* ut in ipsis ars manifeste appareat. *In artis formam,* id est in artis praeceptionem, qua ipsa ars, ut aliqua alia res, per suam formam quid ipsa sit discernitur. *Et post in dicendo* id est vel in perorando vel in dictando.
99 *Facultate* id est copiosa oratoris facundia. *Ergo etiam,* etc. Id est, quia in dicendo ars occultatur, in praecipiendo vero declaratur. *Ergo etiam,* etc., *suis,* scilicet scriptoris.

Postremo, etc. Nota, hucusque rhetores Graecos Tullius redarguit, qui cum de elocutione scriberent, alienis non suis exemplis utebantur, positisque et
5 infirmatis illorum rationibus multis modis ostendit et se et alios rhetores propriis exemplis debere uti et non alienis. Nunc vero ultimam ponit rationem, eam scilicet quae maxime eum impedivit, ne aliena poneret exempla. Quae talis est quod, cum ipse transferat nomina specierum elocutionis de Graeco in Latinum, si alicuius uteretur exemplis in hoc libro, quod
10 in eo melius esset alienum esset, scilicet exempla, suum autem diceretur esse quod in eo vilius esset, id est translata nomina.

Nota quod quamvis alii ante Tullium de rhetorica tractavissent, non tamen Graeca colorum nomina in Latinum transtulerant; et ideo dicit: *quod nomina rerum* id est colorum, *remota sunt a consuetudine,* etc., non quod ea nomina,
15 ut "similiter cadens" et cetera, propriam et usitatam prius non haberent, sed quia ab ea ad aliam longe remotam significationem ea nomina Tullius traduxit. Et ideo ea a consuetudine fuisse remota sic probat: *quae enim,* etc.; quasi dicat: quoniam colores rhetorici apud Latinos non erant in usu, ipsorum colorum nomina usitata esse non poterant. *Ergo asperiora,* id est
20 dura ad intellegendum *primo,* id est cum primitus audientur, erunt. Et hoc *fiet,* quoniam res, id est elocutio, difficilis est, non quod nos eam imbecillitate exponendi obscuriorem reddamus.

93 nec *Cbl apud Marx:* ne ... quidem *Marx.*   94 *ante* in *del.* poss.   96 manifeste: manifestetur MS.   97 *ante* ars *del.* alia.   1 suis *Marx:* sui MS.   4 utebantur: uterentur *ante corr.*   8 transferat: proferat MS.   14 sunt a *Marx:* enim MS. 18 colores: rhetores colores MS.

91 Ov. *A.A.* 2.313.
92-93 *Auct. ad Her.* 3.9.16-10.18.
15 Cf. *Auct. ad Her.* 4.20.28.

Reliquum a praeceptis elocutionis. *Consumetur in exemplis*, id est erunt exempla. *Commodius* id est exempla, quae sunt commodiora ad docendum;
25 vel *commodius*, id est delectabilius, scilicet exempla, *quod asperius*, id est
f. 66r nomina colorum / Latina noviter inventa. *Id proprie* [a] *nobis attribueretur*, quoniam eorum primi inventores sumus. *Incommoditatem* id est inutilitatem *fugimus*, ne scilicet artium scriptores incommodi videamur, si nostra dictantes aliorum exempla poneremus. *His de causis*. Transitum facit ad se-
30 quentia. *Cum artis* rhetoricae scilicet. *Rationem*, id est praeceptionem de exemplis extrinsecus adducendis *secuti non sumus*.

<DE FIGURIS ORATIONIS VEL DE STILIS>

Bipertita igitur, etc. *Igitur* inceptivum est. Docet elocutionem, ultimam scilicet partem artis rhetoricae hoc ordine: primo loco tres *figuras* orationis in quibus omnis elocutio versatur, postea vero *quas res debeat habere*
35 elocutio. Elocutionis est orationis ornatus vel ornata locutio. *Genera* vero elocutionis sunt verborum compositiones. Figura orationis est compositio verborum in ipsa oratione. Figurae autem orationis tres sunt: gravis, mediocris, attenuata.

Gravis figura orationis est compositio orationis ex verbis pertinentibus ad
40 res magnas et excelsas, de quibuscumque rebus fiat oratio sive magnis sive parvis. Potest enim fieri, ut de rebus minimis tractando gravi utamur figura orationis per translationem, nomina magnarum rerum similitudine aliqua parvis rebus assignando, ut Vergilius, cum in *Georgicis* de minimis rebus, scilicet de apibus tractaret, matres earum reges appellavit, hac similitudine
45 qua nunc reges exercitus suos ducunt, ita matres apium earum examina; cuiusmodi tractatum sic incepit Vergilius:

> admiranda tibi levium spectacula rerum
> reges et studia et populos et proelia dicam.

Dicuntur autem oratores alto stilo scribere cum hac orationis figura utantur,
50 ut Vergilius in *Georgicis*, licet de rebus parvis ageret. In *Aeneidi* autem, ubi de magnis rebus agit, utpote de destructione Troiae et talibus, alto stilo usus est.

24 commodius *E apud Marx*: commodi *Marx.* |docendum: docenda MS.   26 attribueretur *Marx*: attributa MS.   31 sumus: simus MS.   34 debeat: debet *ante corr.*
35 locutio: oratio *ante corr.*   36 elocutionis: orationis *post corr.*   42 similitudine: similitudinem MS.   48 reges: mores *Verg., cf. supra Com. Ad Her.* (p. 228.6).
50 Aeneidi: Aeneidis MS.

44 Verg. *Geor.* 4.21.
47-48 Verg. *Geor.* 4.3, 5.
49 Cf. Franz Quadlbauer, *Die antike Theorie der Genera dicendi im lateinischem Mittelalter.* Sitzungsb. d. Öster. Akad. d. Wissenschaften, Phil.-Hist. Klasse 241.2 (Wien, 1962).

Attenuata figura est orationis compositio ex talibus verbis quae ad res humiles pertineant, de quibuscumque rebus loquamur; sed notandum est raro
55 contingere, ut de rebus magnis verbis humilibus agatur. Qua figura orationis Terentius ceteris auctoribus elegantius usus est, qui humili stilo usus est.

Mediocris figura orationis est compositio ipsius ex verbis partim ad res magnas, partim ad parvas pertinentibus. Quo genere loquendi utuntur satirici, ut Iuvenalis:

60   ultra Sauromates fugere hinc libet et glacialem
            < Oceanum > quotiens aliquid de moribus audent.

Hucusque verbis ad res magnas pertinentibus usus est. Consequenter autem sic ad humilia descendit dicens:

            qui Curios simulant et Bacchanalia vivunt.

65 Notandum vero est auctores haec genera orationis saepe variare. Descendunt enim de gravi [in] quandoque in mediocre, de mediocri in attenuatum, et e converso ascendunt retrogradando in eandem materiam. Res autem quas elocutio debet habere sunt hae: elegantia, compositio, dignitas. Quae res partes elocutionis sive proprietates dicuntur, quae cuiusmodi sint suo loco
70 dicemus. *Quas res* id est proprietates.

4.8.11. *Sunt tria genera*, etc. Nota, genera orationis alii stilos, alii figuras, alii characteres appellarunt; sed proprie figura ad orationem, genus ad elocutionem refertur, ut sic dicatur figura orationis, genus elocutionis cuius proprietates omni figurae debent inesse. *Oratio non vitiosa*, id est dictionum
75 constructio competenter ordinata, *consumitur*, id est dividitur.

Magna id est ex verbis pertinentibus ad res magnas. *Leni*, ut scilicet ibi non apponantur verba aspera prolatu, ut Xerxes; [vel levia] vel *levi* id est dilucida, id est intellegibili. *Ornata* scilicet tam verbis quam sententiis.

Ex humiliore id est ex minus alta quam gravi. *Neque ex infima* id est non
80 tam demissa quam attenuata. [quantum] *Pervulgatissima* / id est in rebus f. 66v minimis usitata. < *Vsque ad usitatissimam puri consuetudinem sermonis* > id

---

60 glacialem *Iuv.*: gloria MS.   66 mediocre: mediocri MS.   74 non *Marx*: etiam MS.
76 magna *E apud Marx*: levi *Marx*. | leni *om. codd. apud Marx*.   77 levi *M apud
Marx*.   79 gravi: gravis MS.   80 quam: quantum MS.   81 usque ... sermonis: *lac.
10 fere litt.*

60-61 Iuv. *Sat.* 2.1-2.
64 Iuv. *Sat.* 2.3.
69 Cf. *Auct. ad Her.* 4.12.17.
71 Cf. *Auct. ad Her.* 4.8.11.
72 characteres: Cic. *Or.* 134; Fortunatianus, *Rhet.*, ed. Halm, p. 125.
77 Cf. *supra* p. 233.64.

est depressi, quod numquam ascendat ad mediocre vel ad aliud genus
orationis.

   Consumetur, id est perficietur. Ostendit quibus verbis debeamus uti in gravi
85 figura, et inde proprium ponit exemplum. *Propria*, ut Sidonius in hoc versu
propria rebus verba assignavit:

> Iuno gravis, Pallasque pudens, turrita Cybele,
> Saturnus profugus, vaga Cynthia, < Phoebus > ephebus.

Translata id est per translationem rebus accommodata, ut "domus ridet
90 argento," "prata rident floribus." *Graves* id est commotivae. *In amplificatione*
id est in indignatione. *Commiseratione* id est conquestione.

4.8.12. *Nam, O iudices, quis vestrum est.* Notandum est exemplum gravis
figurae sub iudiciali genere causae contineri; et est huius causae constitutio
generalis. Inde est constitutio utrum iustum sit de civitate Catilinam detrudi
95 cum adiutoribus suis, scilicet Lentulo, Cethego et aliis, contra quos haec
oratio dirigitur. Dicitur vero haec oratio gravis, quoniam composita est ex
verbis pertinentibus ad res magnas, ut ad patriae proditionem et ad talia quae
magna sunt.
99   *Nam quis.* Ab hinc usque ad illud: *O feroces*, etc., locus est a comparatione
maiorum et minorum. *Singularem* id est propriam. *Calamitates* id est
debilitationes. *Iniuria* id est damnum. *O feros animos.* Locus ab habitu. *O
crudeles cogitationes.* Locus ab affectione. Nota hic esse colorem illum qui
exclamatio dicitur. *Potuerunt quid?* Id scilicet *quo pacto*, id est quomodo
5 *hostes*, etc. *Revulsis sepulcris.* Ideo scilicet, quia in tempore bellorum antiqui
thesauros suos in sepulcris obruere < solebant > . *Qui se non putat*, etc. Locus
ab eventu. *Sed neglegentius*, etc. Id est aliquantulum sum negligens in hoc
scelere vobis demonstrando, *quia vos mei* id est mea admonitione non
indigetis; quasi dicat: quia super hac re solliciti esse debetis sicut ego. Et hoc
10 probat dicens: *vester enim animus*, etc. *Iste* scilicet Catilina. *Spurcissimorum*
id est immundissimorum.

   82 aliud: aliquod MS.   87 pudens: prudens *Sid.*   88 profugus *Sid.*: profugit MS.
89 translata *E apud Marx*: extranea *Marx.*   92 O iudices: ho o uudis MS. | signum ———
in marg. add.   95 Cethego: Centego MS.   99 feroces *E apud Marx*: feros *Marx.*
2 feros *M apud Marx.*   4 potuerunt quid: quid potuerunt *ld apud Marx*, quid possunt
Marx.   5 hostes *CE apud Marx*: hostis *Marx.*   6 putat *H¹P¹B¹ apud Marx*: putant
Marx.

   87-88 Sid. *Carm.* 7.31-32.
   89-90 Cf. Hor. *Carm.* 4.11.6 "Domus ridet argento." Cf. Theod. Brito, *Lectiones*, ed.
Häring, p. 191.70.
   94 *Will.*, fol. 63va, "*Nam quis.* Contra Catilinam agit."
   4 Cf. *Auct. ad Her.* 4.15.22.

4.9.13. *In mediocri figura*, etc. Ponit exemplum mediocris figurae. Vtitur
enim verbis < partim > ad magnas res pertinentibus, ubi scilicet loquitur de
Romano imperio et de magnis opibus, partim ad parvas, ubi scilicet loquitur
15 de opibus Catilinae et de coadiutoribus eius, eorum partem deprimendo.
Notandum quod hoc exemplum in deliberativo genere causae versatur.
Constitutio vero coniecturalis est; probat enim per coniecturam Tullius
Catilinam ex civitate habere coadiutores, in quibus confidens talia aggredie-
batur. Et est locus a facultate usque ad illud: *quaeret aliquis.*
20   *Opes* quantum ad pecuniam, *copiam* quantum ad coadiutores. *In officio,*
id est in auctione rei publicae, quod est officium civium. *Si cum finitumis,*
etc. Locus a minori ad maius. *Liberalitate* id est muneribus. *Conarentur,* id
est deberent conari, Catilina scilicet et socii eius.
       Quaeret, etc. Format quaestionem, quae sibi posset fieri, ad quam re-
25 spondendo adversariorum partem infirmat et suam probat. Amodo operatur
plurimum locus ab eventu. *Eo* id est ideo, *isti* scilicet Catilina et sui *minus*
facile conarentur, id est debuissent conari mundi caput aggredi, quoniam
sciebant quid Fragellianis de sua praesumptione contigerit, *illi* scilicet
Fragelliani ad quem exitum pervenissent. Bene dico quod ea < Catilina > et
30 sui minus deberent conari; *nam rerum imperiti,* etc., quasi dicat: si aliqui
imprudenter in aliqua re peccaverunt, non est mirandum cum exemplum eius
peccati a nemine accepissent. *In fraudem,* id est in dolum quo aliqui aliquid
incommodi machinentur. *At ii,* scilicet Catilina et sui. *Acciderit* de suis
malefactis, si contulerunt; quasi dicat: non < contulerunt >. *Ergo aliquid,* quia
35 scilicet in suis facul/tatibus minime confidebant, *ergo* fuit < *aliquid*>, cuius f. 67r
spe tantum facinus ausi sunt inchoare, et *quid aliud*? Quasi dicat: nisi spe et
auxilio civium nostrorum, Lentuli scilicet et Cethegi, fretus Catilina fuisset,
id nullo modo etiam cogitare ausus esset.

       4.10.14. *In attenuato genere figurae,* etc. Ponit exemplum de humili
40 figura, in quo exemplo ipse Tullius utitur verbis pertinentibus ad res humiles,
ut ad leccatorum et ad puerum. Nota hoc exemplum in demonstrativo genere
causae versari. Nulla vero constitutio hic notatur.
       Hic id est puer. *In alveum* id est in profundiorem aquam. Solebant ad
balneos extra alveum prius aqua perfundi et defriccari — prius, dico, quam
45 in alveum descenderent — ne sorde sua scilicet aquam balneorum macularent.
Iste scilicet leccator. *Id aetatis* id est infra annos adhuc existens, et est *id*
aetatis locus adverbii. *Praeter consuetudinem,* quia non consueverat scilicet
ut tales ad eum loquerentur. *Petulans* id est lascivus.

    14, 15 opibus: operibus MS.   20 copiam *Marx*: copias MS.   21 finitumis *Marx*:
socii MS.   29 Fragelliani *Cbd apud Marx*: Fregellani *Marx.*   31 imprudenter: impu-
denter MS.   35-36 cuius spe: spe cuius MS.   36 *ante* inchoare *del.* tantum.
44 aqua: aquam *ante corr.*   48 lascivus: fascius MS.

Ad solarium id est ad solium regis; vel *ad salutandum* habent quidam libri,
50 quod sic leges: tangit morem antiquorum, qui pueros suos singulis diebus
mane in domum regis ad ipsum salutandum mittebant. Vocat ergo puerum
leccator non esse in talibus eruditum, <ita> dicens eum non esse curialem.
Pone vel *penes* quod idem est. *Scaenam.* Scaenae sunt quaedam habitacula,
e quibus exeunt personae et histriones carmina poetarum recitantes; vel
55 *scaenam* vocat theatrum ipsum, quasi diceret: inter histriones potius quam
inter nobiles obversatur. *Pedagogi* id est arbitri et magistri sui. Pedagogi
dicuntur magistri puerorum eo quod pede sequuntur eos. *Lites* id est minae.
Inperito, etc., puero scilicet, qui nullius convicia nisi suo pedagogi audire
consueverat. Scurrae proprie vocantur leccatores, qui convicia ceteris infe-
60 rendo aliquid ab eis extorquere conantur. *Exhausto rubore* id est amissa
verecundia. *De existimatione* id est bona fama. *Sine detrimento famae,*
quoniam omnem bonam famam amiserat.

<De vitiis>

4.10.15. *Igitur genera.* Ab exemplis est †illud†. *Erat* id est dicebatur esse.
Est autem cavendum, etc. Postquam per exempla <docuit> tres figuras
65 orationis, in quibus omnis ornatus tam verborum quam sententiarum debent
contineri, <nunc> docet vitare vitia, quae praescriptis orationum figuris
vicina sunt. Utpote gravi figurae vicina est oratio, quae dicitur suffulta et
turgida, iuxta illud Horatii:

> professus grandia turget.

70 Mediocri est vicina dissoluta, iuxta eundem auctorem in eodem:

> sectantem levia (id est mediocra) nervi
> deficiunt animique.

Attenuatae vero affinis est arida et exsanguis oratio, ut ait idem poeta:

> serpit humi tutus nimium timidusque procellae.

75 Docet autem Tullius haec vitia per exempla.
Consectemur id est velimus consequi. *In finitima et propinqua.* Inculcatio
est alterum alterius.

---

49 salutandum: salutarium *PΠB apud Marx.*   51 ergo: genus MS.   52 ita *vix legitur
(macula).*   53 pone *Marx*: penes *dl* (pones *PBH*) *apud Marx.*   66 docet: docere MS.
67 suffulta *codd. apud Marx*: sufflata *Marx.*

69 Hor. *A. P.* 27.
71-72 Hor. *A. P.* 26-27.
74 Hor. *A. P.* 28.

Nam gravi, etc. Vere unaquaeque orationis figura habet sibi aliquod vitium affine. *Bonam habitudinem*, id est corporis bona compositione, quae tunc
80 inest alicuius, cum nec ex defectu humorum nimis exsiccatur nec ex eorundem superhabundantia nimis turgescit. *Ita*, vel *item*, id est similiter; adaptatio similitudinis. *Imperitis* id est non instructis arte ista. *Turget et inflata est.* Inculcatio est alterum alterius; vel si placet ista distingue, ut *turget* ad verba, *inflata* ad sententias referatur.
85   *Cum aut novis*, etc. Exponit unde contingat orationi inflatura, *cum* scilicet *aut novis*, id est inusitatis, *aut priscis*, ut sunt quaedam verba Plauti, cuiusmodi sunt haec: "neuter redibo / < donicum > res," etc., "redibo" pro "redi- f. 67v bam," et "donicum" pro "donec." *Aut duriter*, etc., ut quidam commentaria faciens super Porphyrium dicit: cultello rationis eviscerabimus dumeta
90 Philosophiae. Nota, *duriter* transferre verba est ipsa a propria significatione propter aliquam tenuem similitudinem ad nimis remotam significationem traducere, ut in praedicto exemplo positum est "eviscerabimus" pro "verbis aperiemus." *Aut gravioribus* id est maioris ponderis, *quam res* id est causae qualitas *postulat*; quod contingit cum controversia est de aliqua re mediocri
95 et tunc apponuntur verba ad nimis amplas res pertinentia.
     Nam qui, etc. Exemplum ponit inflatae orationis. *Perduellionibus* id est sicariis vel gladiatoribus. Nota, hoc nomen, *perduellionibus*, inusitatum est scilicet. *Neptunias lacunas* vocat mare duriter transferendo. *Depultus* pro
99 "depulsus," et est priscum verbum. *Montes belli* quadam remota similitudine asperitates belli vocat, hac scilicet quia sicut asperum est per loca montuosa gradari, ita per bella. *Campos pacis* id est tranquillitates pacis. Sicut enim camporum planities est, ita et pacis tranquillitas, et quae plana sunt, ut campi, eadem et tranquilla. Nota, hic et verba graviora sunt, quam res postulat, et
5 simul dura translatio. *Declinassent*, id est divertissent a gravi figura, scilicet ad inflatam. *Et ab eo* id est a gravi genere orationis. *Nec perspicere possunt*, id est non cognoscunt *tumorem*, id est vitiosam inflaturam.

   4.11.16. *Qui in mediocre genus*, etc. Ponit exemplum in quo potest notari vitium mediocri figurae vicinum. *Profecti sunt*, id est scribere inceperunt. *Eo*

---

81 superhabundantia: superhabundantiam MS. | ita *E apud Marx*: item *Marx*, et *M apud Marx*. | item: vitem MS.   82 imperitis: imperitus *ante corr.*   87 neuter: neutri *Plaut.* | donicum: *lac. 5 fere litt.*   92 pro verbis: verbis pro MS.   94 postulat *Marx*: postulet MS.   96 nam qui *Marx*: nunc igitur MS.   99 montes *EC apud Marx*: montis *Marx*.
1 hac: hoc MS.   3 tranquillitas: tranquillitate *ante corr.*   5 simul: similis MS. | declinassent *P²* (declinavissent *C²E*) *apud Marx*: declinantur *Marx*.

87 Plaut. apud Prisc. *Inst.* 6.6.32, 6.7.35, ed. Hertz G L II, pp. 224, 226; apud Prisc. *Inst.* 13.13.11, ed. Hertz G L III, p. 7.
     89-90 *Locus non inventus.*

10 id est ad mediocre genus. *Fluctuans*, id est vacillans, quia *huc* et *illuc* vacillat,
id est nulli rationi certae se applicat. *Dissolutum*, quia nec verba competentia
nec idoneas rationes adducunt. *Nec potest confirmare*, etc. Ad similitudinem
aegroti, qui vigore membrorum deficiente nihil, quod velit, potest administrare.

15   *Ratiocinati essent*, id est ratiocinari debuissent. *Sua sponte* id est per se,
sine auxilio aliorum scilicet. *Et non haberent.* Hic fluctuat. *Solent enim*, etc.
Hic est dissolutum. Cogitare enim aliud est quam accipere consilium; quod
dicere debuit, ut ad illud sequeretur quod dixerat: *profecto ratiocinati essent*,
etc. Nota hoc exemplum esse de eodem themate, de quo superius mediocre
20 genus orationis, scilicet de Catilina et sociis eius.

     Attentum tenere, etc., quia non commovet eum ad attentionem; dissolute
enim et imperfecte dictum est. *Nam istic*, etc. Ponit exemplum in quo potest
notari vitium confine attenuatae figurae. *Frivolus* id est debilis, quia nullius
ponderis. *Et inliberalis* id est indignus prudenti homine et libero. *Puris.* A
25 proprietate gravis ac mediocris figurae. *Electis*, in quibus scilicet fit ornatus
verborum ac sententiarum.

     Omne genus orationis, etc. Nota omnes exornationes tam verborum quam
sententiarum in unumquodque praedictum genus orationis incidere; et
dignitate afficiunt ipsa genera, ut scilicet audita statim animum auditoris
30 delectent. *Quae* id est exornationes. *Si rarae*, ne scilicet idem color iterum
et iterum ponatur in ipsa oratione nullo alio colore intermixto, et sic *di-
stinctam* id est vario modo ornatam. *Si crebrae* id est continuae. *Obliquam*
id est minus intellegibilem. Et non solum debemus colores variare modo
hunc modo illum colorem ponendo, sed etiam figuras orationis. Quomodo?
35 Ita ut scilicet *gravem mediocris*, etc. <Ita> auctores, cum alto stilo scribere
incipiunt, ad mediocre genus vel ad humile quandoque descendunt. *Satietas*
id est fastidium.

     4.12.17. *Quoniam, quibus in generibus.* Hucusque de tribus generibus
orationis tractavit. Amodo docet quas res debet habere elocutio. Transitum
40 facit, dicens de quibus dixerit et quid post dicturus sit. *Quas res* id est quas
proprietates. *Commoda* verbis, *perfecta* sententiis. *Ad modum oratoris*, ut
scilicet nec ultra nec infra loquatur; vel *ad modum* id est ad facultatem
oratoris, id est *maxime*. Plus enim ad oratorem quam ad auctores pertinet

---

10 vacillat: vacillant MS.   11 applicat: applicant *ante corr.* | dissolutum *Marx*: dissol-
vunt MS.   12 confirmare *b apud Marx*: confirmate *Marx*.   16 sine: sive MS. | haberent:
habent *ante corr.*   22 istic *Marx*: istinc MS.   27 *ante* omnes *del.* omne genus.
35 ut *vix legitur (macula).*   41, 43 oratoris P²ΠCE *apud Marx*: oratori *Marx*.

19-20 Cf. *Auct. ad Her.* 4.9.13.

ornate loqui. Praecipue / enim oratores auditoribus placere et, quod inten- f. 68r
45 dunt, persuadere nituntur. *Tres res habere*, etc., ut scilicet sit elegans et
pulchre composita et digna.

 Elegantia est barbarismi ac soloecismi sine ulla obscuritate vitatio. *Pure* a
soloecismo et barbarismo, quod pertinet ad latinitatem. *Aperte*, quantum ad
usitata verba et propria, quod pertinet ad explanationem. *Latinitas* pura est
50 ab omni vitio orationis observatio, cuius doctrina potissimum in grammatica
consideratur. *Explanatio* autem est usitatis verbis et propriis in oratione
positis obscuritatis vitatio vel remotio. *Quominus* pro "ut non."

 Inter latinitatem et explanationem hoc interest, quod latinitatis est soloe-
cismum ac barbarismum ab oratione removere, explanationis est ipsam
55 orationem apertione illustrare. *Soloecismus* est verborum incongrua coniunctio. *Barbarismus* unius verbi alicuius vitiosa prolatio verborum incongrua
continuatione vel secundum diversos casus vel diversum genus vel secundum
diversa accidentia dictionibus incongrua ordinatio. Secundum diversos casus,
ut hic:

60   urbem quam statuo vestra est.

Cum enim "vestra" ad "urbem" referatur, eiusdem casus esse debent "urbem"
et "vestram." Et semper hoc vitium in dictionibus male ordinatis consideratur; et hoc est quod ipse dicit: *soloecismus est*, etc., *non accommodatur*
secundum rectam ordinationem. Vitiose effertur, ut domīnus pro domĭnus.
65 *Eius rei verba sunt*, ut:

   durus pater, improba lena,

vel homines rident, equi hinniunt. *Aut esse possunt*. Per competentem
translationem.

 4.12.18. *Compositio est* verborum perpolita sequentium praecedentibus
70 coniunctio, sine turpi sono et eiusdem vocis vel litterae nimia assiduitate, et
similiter verborum cadentium nimis crebra concursione, et item verborum

---

49 pura: ipsa MS. 64 effertur *CE apud Marx*: efferatur *Marx*. 67-68 competentem
translationem *vix legitur (macula).* 69 sequentium *vix legitur (macula).* 70 vocis *vix*
legitur (macula).

55-58 Cf. Prisc. *Inst.* 17.1.6, ed. Hertz G L III, p. 111.
 60 Verg. *A.* 1.573. Cf. Prisc. *Inst.* 17.21.160, ed. Hertz G L III, p. 187; Donat. *Ars Gram.*
III, ed. Keil G L IV, p. 394.
 64 *Will.*, fol. 64ra, "Soloecismus ... sicut quando Britones dicunt: 'ego vidi dominus meus.'
Barbarismus est quando peccatur in uno verbo, non in vitiosa compositione, sicut illi qui
dicunt 'dominus' producta penultima (pene ultima MS)." Cf. Prisc. *Inst.* 1.10.55, ed. Hertz
G L II, p. 41; Petrus Helias, *Summa super Priscianum Minorem*, ed. Tolson, *CIMAGL* 27-28
(1978) 8.
 66 Ov. *Amor.* 1.15.17.

inconcinna transiectione, et rursus nimis longa verborum continuatione. *Aequabiliter* id est competenter. *Perpolita* id est ordinata. *Vastam* id est asperam prolatu *atque hiantem* quantum ad pronuntiationem. *Qua de re* id
75 est de transiectione. *Nisi quae erit concinna*, ut haec:

Septem subiecta trioni.

Luci, misimus, [h.] *Aeli*, id est O Lucili, emisimus.

4.13.18. *Dignitas* est orationis tam verborum quam sententiarum ornatus. Dignitas quae differt a latinitate et compositione, quod dignitas in ornatu
80 verborum et sententiarum consideratur, illa vero minime. *Varietate* id est colorum mutatione. *Distinguens* id est exornans. Verborum ornatus est ipsorum ordinatio pulchra delectans auditores, quod pluribus modis fit; ornatus sententiarum pulchra ipsarum dispositio. *Perpolitione* id est ordinatione, *insignita* id est exornata. *Dignitatem*, id est ornatum per quam placet
85 oratio et auditu digna iudicatur.

<DE EXORNATIONIBUS VERBORUM>

4.13.19. *Repetitio est*, etc. Nota quod omnes istae exornationes usque ad distributionem quandam habent ad verba relationem, ut repetitio verborum est repetitio, et sic de ceteris. Et quia in quandam verborum compositionem considerantur, ideo verborum dicuntur exornationes.
90 Repetitio est in principio orationis eiusdem dictionis reiteratio. *Continenter* id est continue. *In rebus similibus*, ut quando res similes sunt de quibus fit oratio, ut hic "tu parentem verberasti, tu parenti manus iniecisti." Aut *diversis* ex converso scilicet verbi "te homicidam appellant, te raptorem iudicant." Similes enim res sunt parentem verberare et eidem manus inicere.
95 Diversae autem res sunt homicidam esse et raptorem.
Non ius iurandum reliquisti, id est nonne quicquid iuraveras neglexisti? *Haec exornatio*, etc. Utilitatem huius coloris ostendit. *Venustatis* id est pulchritudinis. *Gravitatis* id est magni ponderis, *acrimoniae* id est acris
99 commutationis; vel endiadys fiat: *gravitatis et acrimoniae*, id est gravis acrimoniae. Valet autem iste color ad indignationem et ad conquestionem

---

73perpolita ΠC *apud Marx*: perpolitas *Marx*.   82 *ante* ordinatio *del.* delecta.
95 esse et: et esse MS.

76 Verg. *Geor.* 3.381 apud Prisc. *Inst.* 17.1.9, ed. Hertz G L III, p. 113.
77 *Anon. Flor.*, fol. 37v, "Luci, misimus, Aeli. Transiectio incongrua est in hoc versu. Illud enim 'li' finis est primae dictionis, scilicet 'luci', 'E' (= Ae) vero principium est sequentis, scilicet 'misimus.'"
87 Cf. *Auct. ad Her.* 4.35.47.
1 Cf. *De inv.* 1.53.100; 1.55.106.

commovendam, quod potest notari per hoc quod dicit: *acrimoniae* et *gravitatis*. Valet etiam in gravi figura. *Ornandam* quantum ad venustatem, *exaugendam* quantum ad gravitatem et acrimoniam.

5| *Conversio est* eiusdem verbi in fine orationis repetitio. Valet haec plurimum
/ in conclusione orationis. Differt a repetitione, quod in hac idem verbum in   f. 68v
fine orationis repetitur, <in illa> vero in principio [hic ibi]. *Vt ante* id est
in repetitione. *Continenter* id est continue.

    4.14.20. *Complexio est* eiusdem verbi repetitio, alterius in fine oratoris,
10 alterius in principio. Vocatur autem ideo color iste complexio, quia proprietatem utriusque coloris complectitur, <id est> et repetitionis et conver-
sionis. *Videte* ergo, etc. Hic concludit, quod intendebat in praesenti oratione,
eos scilicet contra quos loquebatur *inpetrare* non debere.
    Traductio est in media oratione verbi eiusdem concinna interpositio sine
15 ulla auditorum offensione eius, id est traductionis.

    4.14.21. Alia species est, cum in media oratione *modo in hac, modo* in
illa significatione *idem verbum ponitur*. Differt autem a repetitione traductio
et a conversione, quod in illis idem verbum vel in principio vel in fine
orationis repetitur, in hac vero nec in fine nec in principio semper ut in illis,
20 sed in media oratione interseritur. *In* <*his*> *quattuor*, etc. Praedictorum
colorum ostendit utilitatem et causam, quare in eis fiat eiusdem verbi
repetitio, *in his quattuor generibus* colorum scilicet. *Festivitas* id est ornatus,
et est translatio a festis exacta, quia scilicet in festis se solent homines ornare.

    4.15.21. *Contentio* <*est*> assignatio contrariorum ad contraria. Haec
25 vero duplex est. Alia enim est verborum ornatus, alia sententiarum. Verborum vero contentio sic definitur: assignatio verborum inter se contrariorum;
sententiarum vero contentio sic: rerum contrariarum assignatio. Et in hoc
differunt, quamvis tamen contentio verborum sine contentione sententiarum
non possit fieri et e converso; in hoc, inquam, differunt, quod contentio, si
30 sit verborum ornatus, in contrariorum assignatione verborum consideratur.
Si vero sit sententiarum ornatus, in rerum assignatione contrariarum nota-
bitur.
    Notandum est complexionem et traductionem et contentionem in de-
monstrativo genere causae plurimum valere. Notandum etiam quod, quamvis
35 hoc exemplum, quod de contentione ponit, etiam sententiarum esse possit,
non tamen hic propter res, sed propter verba appositum est. Nota contentio-

---

3 ornandam *Marx*: exornandam MS.   5 plurimum: plura MS.

nem in sola rerum contentione inveniri posse, ut in hoc exemplo a Sidonio
sumpto: incedunt castorinati ad exsequias, pelliti ad ecclesias, in praetoriis
leones, in bello lepores. *Graves* sententiis, *ornati* verbis.

40   **4.15.22.** *Exclamatio est* a doloris vel indignationis significatione cuius-
piam rei compellatio; et haec in auctoribus apostrophe nuncupatur, et valet
in indignationem et conquestionem. Differt autem a conformatione, id est
prosopopoeia, quod in prosopopoeia res inanimata quasi loquens introducitur, in exclamatione vero ad rem animatam sive inanimatam sermonem
45   dirigimus. *Fregellae* nomen civitatis est plurale, ut Athenae. *Hac exclama-*
tione, etc. Huius coloris utilitatem ostendit; valet enim ad indignationem. Et
est proprie verborum, non sententiarum exornatio, quia exclamatio verborum
exclamatio est. *Cum rei magnitudo* quia non solet fieri exclamatio nisi de
magnis et difficilibus rebus.
50   *Interrogatio* est ex collectis rebus sub quadam interrogatione positis
aequipollens affirmationi. Alioquin non erit *gravis* id est non commovebit,
neque concinna id est nec delectabit. Differt artem a conclusione, quod in
sequenti demonstrabitur. *Abalienabas, an non?* Quasi dicat: ita!

4.16.23. *Ratiocinatio est* a nobis ipsis crebra rationis petitio ad unius-
55   cuiusque propositi explanationem. Talis autem verborum ordinatio verborum
ornatus est. Valet autem haec ad contentionem *propositionis*, id est propositi.
Simplici id est uno. *Multorum maleficiorum*, id est de maleficiis multis
putabant. Hucusque durat propositum. *Quo pacto?* Haec rationis petitio est.
f. 69r   *Quoniam quam*, etc. Haec est / rationis redditio. *Turpissimae cupiditati* id est
60   luxuriae. *Idemne observabant in viris*, idem, dico, ut scilicet reum unius
criminis multorum convictum, id est damnatum, putarent. *Minime, quia viros*
ad unum maleficium cupiditas una deducit, quae *mulieres* ad multa scelera
compellit.

---

40 doloris: dolo MS. | significatione: significationem MS.   41 nuncupatur: nuncupantur
MS.   42 conformatione: confirmatione MS.   43 prosopopoeia *bis*: prosopeia *bis* MS.
45-46 exclamatione *Marx*: exornatione MS.   50 est *vix legitur (macula)*. | positis *non*
legitur (macula).   51 id est *non legitur (macula)*.   53 abalienabas: alienabas *post corr.*
59 quoniam quam *BCE apud Marx*: quam *Marx*.

37-39 Sid. *Epist.* 5.7 (PL 58: 537ʙ-538ᴀ).
41 Cf. *Mart. Cap.* 5.523, ed. Halm, p. 478 (ed. Dick, p. 259).
42 Cf. *De inv.* 1.53.100; 1.55.106.
43 Cf. *Auct. ad Her.* 4.53.66.
46 Cf. *De inv.* 1.53.100.
52 Cf. *Auct. ad Her.* 4.30.41.

Qui victi sunt, eos iudicare homines, quia debemus in victis hominibus
65 humanitatis naturae fragilitatem considerare, et sic eorum misereri; et hoc est
eos iudicare homines.

4.16.24. *Ad sermonem* id est ad humile genus loquendi. *Venustate* id est
pulchritudine delectabili.

4.17.24/25. *Sententia est oratio* generalis summam alicuius moralitatis
70 breviter comprehendens. Haec autem in ethica proverbium nuncupatur, quae,
quia in brevitate et apertione verborum consistit, verborum iudicatur exornatio. Nota etiam quod sententia tum simplex est, id est una, ut haec: *difficile
est*, etc.; tum est cum ratione, ut haec: *omnes bene vivendi,* etc., cuius haec
<est> ratio: *propterea*, etc.; tum iterum duplex, id est duae simul. Ipsae etiam
75 quandoque *sine ratione* sunt, ut hae: *errant*, etc., *sapienter cogitant*, etc.;
quandoque *cum ratione* ut istae: *qui adolescentium*, etc., *at ii sapienter faciunt,*
etc.

Sumpta de vita id est de moribus. *Virtutes* id est homines virtuosos. *Virtus
in sua potestate* quia nihil virtuti dominatur. *Devolant omnes*, etc., iuxta illud
80 Ovidii; nota:

cum fueris felix multos numerabis amicos
tempora si fuerint nubila solus eris.

Consuetudinis id est amicitiae. *Non est impedimento*, etc., facile enim possunt
corrigi et emendari, iuxta id quod in Ovidio habetur:

85　　　　est aetas pueri mollis et apta regi;

in aetate sua id est in adolescentia. *Rei auctores* id est causae tractatores, *non
vivendi praeceptores* id est praedicatores. *Cum ita* id est rare. *Rem certam* id
est veram, cui contradici non possit. *Et* pro "id est."

---

64 victi sunt *Marx*: vincti sint MS.　67 ad sermonem *ΠΠCBE apud Marx*: sermonem
Marx.　74 tum: tamen MS. | simul: similis MS.　75 cogitant *Marx*: cogitatum MS.
78 id est homines: homines id est MS.　79 potestate *vix legitur (macula)*. |omnes ... iuxta
vix legitur (macula).　81 cum fueris: donec eris *Ov.* |felix *aliqui codd. Ovidii*: sospes *Ov.*
| multos numerabis: vel hic vitabis *s.l. add.*　85 est aetas pueri: sed puer est, aetas *Ov.*
86 auctores *Hd apud Marx*: actores *Marx.*

69　*Will.*, fol. 64va, "Sententia est oratio brevis comprehendens summam alicuius moralitatis, quae iam sit aut quae inventa deberet esse inter homines." =*Anon. Flor.*, fol. 39v.
71　*Will.*, fol. 64va, "Tamen ad verba dicitur pertinere in hoc quod pauca verba collecta sunt
ad illam summam moralitatis."
81-82 Ov. *Tr.* 1.9.5-6.
85 Ov. *A. A.* 1.10.

4.18.25. *Contrarium est* unius contrarii per aliud contrarium probare;
90 quod differt a contentione, quia in ea contrariis assignantur contraria, in hoc
vero alterum per alterum probatur, et ideo dicit Tullius *fere.*

Speres. Quasi dicat: non debes sperare, quia nulli conveniet qui secum
diffidet ipse. *Nam, qui suis,* etc. Nota in hoc exemplo contraria contrariis
assignari, ut scilicet *suis* et *alienis amicum inimicum,* assignari, dico, et alia
95 per alia comprobari hoc modo: non speres hunc esse amicum *rebus alienis,*
qui ipse *suis inimicus* est. Et sic per cetera exempla hoc orationis genus
docet, cuiusmodi debeat esse iste ornatus.

4.18.26. *Brevibus* id est paucis. *Continuatis* id est continue positis, ut
99 scilicet uno contrario posito statim aliud consequenter inferatur. *Cum*
commodum. Hic praesentis ornatus utilitatem ostendit.

4.19.26. *Membrum* est alicuius brevis rei comprehensio sub quadam
clausula sine totius sententiae demonstratione et semper aliquid exigens ad
sententiae completionem; quod Graece colon, quasi imperfectum, appellatur.
5 Nota hunc colorem a nomine suae partis membrum vocari. Videtur membrum esse repetitio, quoniam in eo prima repetitur in principio orationis
dictio; sed hoc tamen in membro non attenditur, sed id, quod in eo ad
perfectionem sententiae post unum aliud membrum exspectatur. Nec tamen
inconveniens est, si unus color in alio reperitur. *Commodissima* id est
10 delectans. *Absolutissima* id est perfecta.

Articulus est singularum dictionum per intervalla distinctio. *Intervallis* id
est punctis. *Caesa oratione* id est divisa per distinctiones punctatim prolatas,
ita scilicet ut ad singulas verbum referri intellegatur, ut *acrimonia* perterruisti,
voce perterruisti, *vultu perterruisti adversarios.*
15   *Inter huius,* scilicet articuli, *et illius,* id est membri *vehementiam,* id est
vehementem commotionem, *hoc interest,* id est haec est differentia, quod
illud, id est membrum, *tardius* propter verborum multitudinem, *rarius*
f. 69v quantum ad / intervalla prolationis membrorum inter ipsa, *hoc,* id est
articulus, *crebrius* contra *rarius, celerius* contra *tardius. Itaque in illo genere*
20 coloris, scilicet in membro, per similitudinem quandam ostendit differentiam.
In hoc autem id est in articulo.

---

90 hoc: hic MS.   94 amicum inimicum *Marx:* amicis inimicis MS.   98 brevibus:
breviter *Marx.*   99-1 cum commodum *Marx:* tum commodis MS.   12 divisa: divulsa
ante corr.   18 membrorum: verborum *ante corr.* | hoc *Marx:* hic MS.   19 rarius:
tardius MS. | tardius: rarius MS.

90 Cf. *Auct. ad Her.* 4.15.21.
   4 Cf. *Mart. Cap.* 5.527, ed. Halm, p. 479 (ed. Dick, p. 262); cf. *Anon. Flor.,* fol. 40r,
"Singula verba, quae cola et commata grammatici dicunt."
   18-19 Cf. supra p. 319.96-97.

4.19.27. *Continuatio* est frequentatio verborum continua complurium rerum comprehensione absoluta in eadem clausula. Ea fit tribus modis: tunc dicitur esse continuatio in sententia, cum summa alicuius moralitatis frequen-
25 tibus verbis effertur, tunc est autem in contrario, quando frequentibus verbis contraria contrariis probamus; tunc vero erit in conclusione quando frequentibus verbis conclusio fit, per quam ducitur continuata prolatione.

Fit etiam in aliis rebus continuatio. Possumus aliquid frequentibus efferre verbis absque praedictis, scilicet sententia, conclusione, contrario, in qua
30 frequentatione verborum consideratur iste color, per quam a praedictis etiam differt.

Nam si quis spei. Ita resolve, ut in hoc exemplo notare possis contrarietatem hoc modo: *si quis spei non multum collocarit in casu,* id est si quis non sperat multum sibi casum prodesse, *quid est quod ei,* etc., id est non multum
35 potest obesse casus. Notatur autem contrarietas inter obesse et prodesse ad continuationis *vim,* id est efficaciam. Et hic ostendit utilitatem, quam adfert verborum frequentatio.

4.20.27. *Compar* est plurium membrorum comprehensio sub syllabarum paritate vel paritatis simulatione. Nota, alii dicunt quod compar sit periodus,
40 alii quod continuatio. Sed verisimilius est quod, quia periodus est color cola et commata, id est membra et articulos, continens, compar periodus dicatur, quod scilicet compar *membra orationis* continet. Differt autem a membro, quod in compari syllabarum paritas consideratur, in membro vero non.

Hoc, scilicet docere quo numero syllabarum compar fieri debeat, *non de*
45 *nostra denumeratione,* id est non de nostra doctrina, *fiet. Puerile,* id est ad pueros pertinet. *Sed tantum.* Quasi diceret: *tantum* in huiusmodi scientia debemus esse exercitati, ut uno membro orationis prolato statim aliud totidem syllabarum ad discretionem superioris, id est praecedentis, subiungamus *hoc modo: in proelio,* etc., *oppetebat mortem,* id est moriebatur.
50 Oppetere id est terram ore petere.

4.20.28. *In hoc genere,* etc. Quasi diceret: cum duorum membrorum alterum pro una syllaba longa duas breves obtinet, alterum vero pro duabus brevibus unam longam, tunc vero illa duo in numero syllabarum paria esse dicuntur; et hoc secundum rationem temporum, quia in temporibus uni
55 longae duae breves comparantur vel adaequantur, et e converso. *Alterum*

27 quam ducitur: quem ductum MS.   28 *ante* frequentibus *del.* praeferre verbis.
32, 33 quis *E apud Marx:* qui *Marx.*   38 membrorum: verborum *ante corr.*
39 simulatione: simulationem MS.   44 *post* debeat *del.* debebat.   44-45 de ...
denumeratione: de ... dinumeratione MS, denumeratione *Marx,* de enumeratione *d apud Marx.*
46 tantum *bis:* tamen MS.   48 superioris: superiatis MS.   49 oppetebat: oportebat
ante corr.   52 una: uno MS.

scilicet membrorum. *Longior* quantum ad tempora, *plenior* quantum ad spiritum. *Consequatur*, ut scilicet ei par videatur, *et exaequet* saltim temporibus.

Similiter cadens est in una eademque oratione quaedam verborum per
60 similes casus ordinatio. Differt autem a compari, quod in eo numerus syllabarum tantum consideratur, in hoc vero non numerus syllabarum sed similis exitus casuum, ut hic: *hominem laudas*, etc. *Hominem* et *egentem* similes sunt, cum uterque sit accusativus. Similiter *virtutis* et *felicitatis*, quia uterque est genitivus; et sic in ceteris.

65 *Similiter desinens est* quaedam quorumlibet verborum ad similes exitus venientium dispositio. Differt autem a duobus praedictis coloribus, id est a similiter cadentibus et a compari, quod in illis aut similis exitus casualium aut numerus syllabarum inquiritur, in hoc vero similis exitus quarumlibet dictionum consideratur. Si tamen similiter in hunc colorem incidant, mirandum
70 non est, quoniam in eodem colore et multi et diversi esse possunt. *In isdem partibus*, id est in isdem clausulis subsequentis exempli.

4.21.29. *Adnominatio est* levi quadam commutatione de vocabulo ad vocabulum accessio. Ea pluribus modis fit: est enim quandoque in syllabarum
f. 70r coniunctione, quandoque in si/milium verborum varia et diversa significa-
75 tione. Mutationis vero species sunt unius litterae pluriumve correptio, productio, etc. Dicitur autem color iste in Graeco metonomia, id est levis mutatio nominis.

Adnominatio est, etc. Nota hanc descriptionem [et] datam esse per disiunctionem. *Ea multis. Ea*, dico, id est adnominatio. *Veniit a te*, id est
80 venditus est. Habet enim *"veniit"* sensum passivi. *Venit.* Hoc est attenuatio. Ubi enim modo dicimus "venit," praeteritum verbi huius "veneo, venis" scilicet, antiquitus "veniit" dicebatur; "viciit" quoque antiquitus dicebatur, ubi modo "vicit" dicimus, in praeterito scilicet. *Avium. Avium*, cuius prima longa est, dicitur locus scilicet ubi auditur resonatus avium. Nota hoc exemplum,
85 scilicet *avium dulcedo*, etc., non esse de libro, sed extrinsecus appositum. *Commutandis.* Commutatio est unius litterae loco alterius positio.

4.22.30. *Tam propinquam* id est quam praedictae adnominationes, *et tamen dissimiles non sunt* a proprietate praedictarum omnino. *Huiusmodi*,

57 consequatur: adsequatur MS. | exaequet *Marx*: exaequatur MS.   61 tantum: tamen MS.   62 laudas *d apud Marx*: laudem *Marx*.   63 felicitatis *Marx*: felicis MS. 65 verborum *vix legitur (macula)*.   66 differt *non legitur (macula)*.   67 et *non legitur (macula)*.   69 incidant: incidat MS.   70 non *s.l. add.*   79 veniit a te *d apud Marx*: venit ante *Marx*.   82 viciit: vinciit MS.   83 avium *bis Marx*: avinum MS. 85 *exemplum om. M apud Marx.*   87 propinquam *Marx*: propinqua MS. | quam: quantum MS.

75-76 Cf. Prisc. *Inst.* 1.6.32, ed. Hertz G L II, p. 24.

scilicet per eundem verbi modum diversa verba proferuntur hoc modo: *quid*
90 *veniam*, etc. Potest etiam hic quaedam dictionum similitudo notari, qua
convenientior ab uno ad aliud fit verborum transitio, ut *quis, quid, quare*, etc.
Non tam affectanda id est non tam desideranda.

    Haec adnominatio, etc. Hic assignat differentiam inter hanc et praedictas
adnominationes. *Ad similitudinem*, scilicet adnominationis. *Quam superior*
95 illa scilicet, quae est *quid veniam*, etc. *Superiores*, id est *veniit a te* et ceterae
adnominationes. *Propterea quod.* Reddit causam differentiae huius adnominationis ad praedictas, quod scilicet in hoc nomine *"circumscripti"* non solum
additae sunt litterae, id est c, i, r, c, u, m; *uno tempore* id est simul *demptae*
99 *quoque sunt* istae videlicet c, o et n, quarum locum obtinet "circum."

    4.22.31. *Fide maiorum captum* id est deceptum.

    4.22.32. *Haec tria genera.* Hic innuit haec tria genera potius ad dictato-
res, quam ad causarum auctores pertinere. *Cum in veritate* dicimus, id est
cum causam agimus. Tunc enim non iocamur, sed serio loquimur; et hoc est
5 quod Tullius dicit: *in veritate dicemus.*

    4.23.32. *Fides minuitur*, id est non creditur ei. *Gravitas*, id est non
commovet. *Severitas*, id est non putatur serio loqui. *Lepos* id est curialitas.
Festivitas id est delectatio. *Dignitas* id est ornatus sententiarum. *Pulchritudo*
id est ornatus verborum. *Ampla* scilicet sententiis. *Pulchra* scilicet verbis.
10 *Lepida* id est curialia. *Concinna* id est quadam similitudine verborum
delectantia. Similitudo enim est mater satietatis. Satietas autem generat
fastidium commodum nostrae causae.

    4.23.33. *Subiectio est* quod de re aliqua dicere convenit. Subiectio
< enim> interrogatio est facta < ad> adversarios, quid de eadem re dici
15 conveniat. Differt autem ab ratiocinatione, quia in ea nihil nisi a nobis

---

90 quaedam: quidam *ante corr.*   91 quis *d apud Marx*: qui *Marx.*   92 affectanda
P^2CE *apud Marx*: perfecta *Marx.*   94 quam superior *vix legitur (macula).*   95 supe-
riores id est *vix legitur (macula).* | veniit a te *vide supra* (p. 337.79).   96 quod *vix legitur*
(macula). | differentiae: differentiam MS.   97 circumscripti: conscripti *ante corr.*
99 quarum locum: locum quarum MS.   1 maiorum *blv apud Marx*: malorum *Marx.*
5 dicemus *E apud Marx*: dicimus *Marx.*   13 subiectio: subiunctio MS.

89-91 Cf. *Alan.*, fol. 61ra, *"Quid veniam, qui sim* etc. Dicunt quidam et magister
Theodor<ic>us; quod hi[n]c consideratur ornatus in hoc (haec MS), quod hic non ponuntur
nisi verba subiunctiva. Quod non videtur secundum Petrum Eliam: 'in his enim est ornatus
similis, quod *'quid,' 'quis,' 'quare,' 'cur'* et si qua similia.'" Alanus citatur apud Magne Wisén,
De scholiis Rhetorices, codice Holmiensi traditis (Stockholm, 1905), p. 56.

quaerimus, in subiectione vero non nisi alios interrogamus. Subiectionem vero [non] hac de causa facimus: *quod oportet dici*, etc. ***

4.24.33. *Item, credo*, etc. Ponit <exemplum> de subiectione, quae fit per simulationem.

20   **4.24.34.** *Multum inest*, etc. Ostendit quid utilitatis afferat haec exornatio. *Acrimoniae* id est commonitionis in auditoribus gravis. *Non esse factum* quod scilicet oporteret. *Ex eodem genere*. Ponit etiam exemplum, [etiam] ut de nobismet ipsis aliquid quaeramus, cuius nosmet ipsi rationem subicimus. Notanda est iterum haec inter hanc speciem [et] subiectionis et ratiocinatio-
25 nem differentia, quod in ratiocinatione uniuscuiusque propositi fit rationis petitio, in subiectione vero non ita. *Identidem* id est iterum et iterum in oratione, scilicet C. Popilii.

4.25.34. *Gradatio est* de vocabulo ad vocabulum descensio per quandam superioris verbi repetitionem. Differt autem a repetitione, quod in ea fit
30 eiusdem verbi reiteratio in principio orationis, in hac vero verbum, quod in exitu praecedentis orationis ponebatur, in principio sequentis repetitur. Nota, videtur Tullius sibi ipsi esse contrarius, quoniam in brevitate praecepit, ne quod semel diceretur iterum reiteraretur; sed non est ita. Talis enim verborum repetitio ornatus est eorum.

35   **4.25.35.** *Leporem* id est delectationem. *Definitio* est brevis et absoluta demonstratio de re, quid ipsa sit. Differt autem a sententia, quia licet in ipsa ostendamus quid in vita esse oporteat, non tamen quid aliquid sit. *Potestates*
f. 70v   id est proprietates. / *Absolute* id est perfecte. *Dignitas* ad honorem, *amplitudo* ad ornatum *civitatis*. *Iniuriae sunt*, etc. Haec definitio per partes integrales est
40 facta. *Non est ista diligentia*, etc. Iterum haec definitio data est per divisio-nem, <ut:> *non est ista fortitudo*. *Vim* id est efficientiam; *potestatem* id est proprietatem.

4.26.35. *Transitio* est eorum, quae diximus et quae dicturi sumus, quaedam expositio. Haec ad continuationem lectionum plurimum prodest.

---

17 quod *Marx*: quid MS. | *lac. 2 fere lin.*   20 inest *Marx*: etiam est MS.
23 quaeramus: quaerimus MS.   27 Popilii: Pompilii MS.   31 ponebatur: ponetur MS.
33 reiteraretur: reiteretur *ante corr.*   37 sit: est MS.

24 Cf. *Auct. ad Her.* 4.16.23.
27 Cf. *Auct. ad Her.* 1.15.25.
29 Cf. *Auct. ad Her.* 4.13.19.
32-33 Cf. *Auct. ad Her.* 1.9.14; *De inv.* 1.22.32.

45 Reducit enim ad memoriam praedicta, et animum auditoris comparat ad
dicenda.

4.26.36. *Correctio est* verbi magis idonei suppositio ad illius, quod
praemissum est, demonstrationem. *Atque adeo* pro "immo." *Communi* id est
usitato. *Elata* id est prolata, *dicta* id est significata. *Est* pro "contingit." *Cum*
50 *non est satius*, prius scilicet verbum electum ponere. *Si* pro "cum," et est
continuativum, non causale. *Insigniorem* id est magis ornatam. *Gratia*, id est
dignitas *animadversa* id est cognita *esset.*

4.27.37. *Occupatio est* quaedam dissimulatio dicendi illud, *quod tunc
maxime dicimus. Infrequentem* id est non frequentem. *Tradidisti* id est fecisti.
55 *Iniuriarum* id est de iniuriis, et est legale verbum. *Haec utilis.* Huius
exornationis utilitatem ostendit. *Ignobile* id est parvipendendum. Nota,
aliquo istorum modorum occupationem, id est ironicam negationem, facere
plus prodest quam rei veritatem detegere. *Planum* id est manifestum. Nota,
Labeo nomen proprium cuiusdam vilissimi garcionis.
60   *Disiunctio* est quaedam per certa et diversa verba plurium clausularum
conclusio; vel *disiunctio* est, ubi in diversis clausulis ad unamquamque
redditur suum verbum et fit in ea per puncta distinctio. Differt autem ab
articulo et membro, quod < in articulo > ad unamquamque dictionem punctatim prolatam unum solum verbum referri intellegitur, hic vero in clausulis
65 singulis diversa verba ponuntur. A membro vero differt, quod in eo alia
clausularum aliam exigit ad sui sensus complexionem, in hac vero in singulis
perfecta sententia continetur.
    Nihil Numantinis, etc. Nota, in hoc exemplo videtur incurrere repetitio;
sed non est, ut iam saepe diximus, inconveniens, si in eodem colore
70 aliquando plures inveniantur. *Hic*, scilicet in ultimo tempore, ubi dicitur
formae dignitas, etc. *Utrumque.* Utrumque membrum orationis *videmus
concludi* id est terminari, *certo* id est proprio *verbo.* Nota, *utrumque* de
duobus proprie dicitur. *In superiori*, scilicet ubi dicitur: *nihil Numantinis*, etc.
Unamquamque rem certo verbo videmus concludi. Nota, *unamquamque rem*
75 de pluribus posse proprie dici. *Morum et sermonum societas*, quia isdem

48 adeo: ideo *ante corr.*   51 causale: casuale MS.   52 esset *Marx*: essent MS.
53 occupatio *codd. apud Marx*: occultatio *Marx.* | tunc *P²CE apud Marx*: nunc *Marx.*
54 tradidisti *d apud Marx*: tradiderunt *Marx.*   55 utilis *Marx*: ut istis MS.   60 disiunctio *E apud Marx*: disiunctum *Marx.*   61 clausulis: verbis *ante corr.*

62-65 Cf. *Auct. ad Her.* 4.19.26.
68 Cf. *Auct. ad Her.* 4.13.19.
68 Cf. supra pp. 335.5-9; 337.69-70.

moribus et sermonibus Fregelliani utebantur, quibus et Romani. Differt autem
a compari, quia in illo syllabarum paritas consideratur, in hac vero minime.

4.27.38. *Coniunctio est* interpositio alicuius verbi orationis partem
utramque comprehendentis.

80   *Adiunctio est* in principio vel in fine orationis indifferens verbi collocatio.
Ad festivitatem id est ad delectationem, quae quadam consumptione operae
videtur excogitata. *Ad brevitatem*, quia scilicet brevem facit orationem. *De*
simplici genere sunt, id est unius generis sunt, quia inter se consimiles sunt.

4.28.38. *Conduplicatio est* unius eiusdem aut plurium verborum reitera-
85 tio; et quia hoc in aliis contingit, ubi idem verbum repetitur, ideo subiungit
cum ratione id est causa, *amplificationis* id est indignationis, *aut commise-*
rationis id est conquestionis. *Vehementer*, etc. Quid haec exornatio efficiat
ostendit quadam similitudine facta per translationem, hac scilicet *vulnus*
maius, etc.

90   *Interpretatio* < *est* > verbis continuatis rei eiusdem reintegratio. Differt
autem a correctione, quod in ea alterum verbum alteri supponitur ad
praecedentis magis expressam demonstrationem, in hac vero non reintegrare
f. 71r / est, < sed > verbo praemisso verbum aequipollens supponere. *Necesse est*,
etc. Ostendit quid valeat haec exornatio. *Gravitas* id est commovens significa-
95 tio. *Interponere* id est exponere. Nota hunc colorem multum valere in
argumentorum expolitione. In ea enim saepe diversis verbis idem expolimus.

4.28.39. *Commutatio est* prioris sententiae conversio per quandam verborum transiectionem, id est transpositionem, in qua ex aliqua sententia prius
99 posita eius contraria per negationem inferatur hoc modo: *esse* id est comedere *oportet*. Vel per affirmationem, ut in Boethio, *De consolatione Philoso-*
phiae his verbis: nos res miramur quia sunt mirandae, sed mirandae sunt quia
eas miramur.
Nota hoc exemplum commutationis, scilicet *poema loquens*, etc., apposi-
5 tum est nec de libro. *Non potest dici*. Ostendit quomodo facienda sit
huiusmodi exornatio: *commode* scilicet prout debet.

76 Fregelliani: *cf.* Fregellianis *l apud Marx*, Fregellanis *Marx*.   79 comprehendentis:
comprehendenti MS.   82 videtur: videntur MS. | de *vix legitur (macula)*.   83 se *non*
legitur (macula).   84-85 reiteratio: iteratio MS.   93 necesse *P²ПCE apud Marx*:
necessum *Marx*.   95 interponere: interpretatione *Marx*.   96 expolitione: expolitionem
MS. | idem expolimus *transp*.   4 poema loquens etc.: *exemplum om. d apud Marx*.

77 Cf. *Auct. ad Her.* 4.20.27.
91 Cf. *Auct. ad Her.* 4.26.36.
2-3 Boeth. *De cons. philos.* 2. pr. 5.8.

4.29.39. *Permissio est* commiserationis causa quaedam supplicationis designatio. Nota, permissio non videtur esse verborum ornatus, quoniam permissio rerum permissio dici debere videtur, quod ne putetur subiungit *in*
10 *dicendo*, ut notet hanc verborum esse exornationem. Hoc genus exornationis multum in conquestione valet, etsi numquam alias.

4.29.40. *Dubitatio est* dubia inquisitio quo nomine aliquid appelletur.
Expeditio est pluribus enumeratis < *rationibus* >, ut in una inferatur cete-rarum infirmatio. Nota quod color iste idem est quod enumeratio. *Vacuum*
15 *possidere* dicitur aliquis illud, quod sibi ex rebus agnatorum post mortem ipsorum accidit, quod tamen alius, si magis propinquus in cognatione esset, iure possideret. Verbi gratia: cognatus meus res patris mei, me et magis proximis heredibus natura mortuis, res, inquam, sibi, ut dictum est, acci-dentes vacuas possidere diceretur.

20   **4.29.41.** *Haec exornatio plurimum* valet in coniecturis. *Negotii natura* id est qualitas causae, in plerisque coloribus scilicet.

4.30.41. *Dissolutum* est plurium clausularum sine aliqua coniunctione prolatio. Differt autem a disiuncto, quod in eo in fine singularum clausularum proprium verbum apponitur, < *in* > hoc vero non in fine, sed in principio. *In*
25 *quaestionem* id est in extortam confessionem.
Praecisio est cuiusdam eorum, quae intendimus, quadam simulatione defectio. *Hic atrocior* id est acrior ad commovendum; hic notat utilitatem huius coloris. Nota hunc colorem plurimum valere < *** >. *Diserta* id est perfecta. Nota quod in huiusmodi defectionibus ea subaudiuntur, quae sunt
30 vel ad vituperium vel ad laudem alicuius, ut in praedicto exemplo, ubi dicit: *populus Romanus me*, subauditur hic: dignum honore putavit, et hoc ad laudem dicentis pertinet. In alio vero exemplo ubi dicit: *alienae domui*, subauditur: te turpiter instruxisti, et hoc ad vituperium < personae > pertinet ad quam dicitur.
35   *Conclusio est* ex verbis praemissis per conductionem illatio. *Quae verbis* id est paucis verbis. Philoctetes, scilicet qui fuit armiger Herculis. *Alexandrum* id est Paridem.

---

13 pluribus: conpluribus *Marx*, quam pluribus *d apud Marx*.   22, 23 clausularum: causarum MS.   27 commovendum: commonendum *ante corr.*   28 plurimum valere *bis* MS. | *lacunam suspicor.*   31 subauditur: subduditur MS.   32 domui *P²Cd apud Marx*: domi *Marx*.   33 vituperium: vitium MS.   35 verbis²: iis *Marx*.

14 Cf. *Auct. ad Her.* 4.40.52; *De inv.* 1.29.45.
23 Cf. *Auct. ad Her.* 4.27.37.
36 *Anon. Flor.*, fol. 45r, "Philoctetes armigerus Herculis fuit, cui sagittas suas...."

4.31.42. *Restant*, etc. Vult agere de decem coloribus sibi consimilibus, quos Quintilianus communi nomine translationes nuncupavit. Translationes
40 autem fiunt, quando a propria significatione ad aliam significationem du-
centur aliqua similitudine. Quia ergo in omnibus istis decem coloribus a propria verborum *potestate*, id est significatione, receditur et transitur ad aliam, ideo decem hos colores, ut dictum est, Quintilianus communi nomine translationes appellavit; sed Cicero commodius, ut magister eloquentiae,
45 unumquemque istorum decem suo nomine secundum proprietatem singulo-
rum appellavit, unum ex illis translationem appellans per se a ceteris novem diversum, quia ipse maxime fit causa similitudinis, quod in aliis non adeo est.

   Non vage dispersimus, id est non aliis coloribus intermiscuimus. *In uno*
f. 71v *genere sunt positae*, id est consimiles sunt. *Nam earum.* / Ecce, similitudinem
50 earum ad se invicem ostendit. *Ab usitata potestate* id est a propria significatione. *Rationem venustate* id est pulchritudine.

   Nominatio est alicuius nominis nova positio [vel] facta vel propter imita-
tionem soni, ut horum nominum "turtur," "tintinnabulum," vel propter significationem, id est exprimendi causa, ut *fragor civitatis.* Nota *rudere* ad
55 asinos, *mugire* ad boves, *murmurare* ad ursos, *sibilare* ad serpentes pertinere.
Hoc genere, etc. Ostendit utilitatem huius coloris. *Commode* prout debet, *et raro* id est non crebro.

   Pronominatio est causa laudis aut vituperii proprii nominis pro cognomine positio, vel e converso. Unde color iste pronominatio nuncupatur, ut, si turpe
60 nomen habeat is quem laudare volumus, pro turpi nomine cognomen quod honestius sit ponamus, et e converso, si vituperare volumus. *Extraneo* id est non proprio, sed alterius nomine. *Non potest*, id est non debet, et ideo scilicet quia offendit auditorem sua turpitudine. *Plagioxippus* fuit quidam qui patrem suum verberavit, unde hoc nomen datum est familiae suae.

65 **4.32.43.** *Denominatio est* alicuius nominis ex aliquo affinis positio, sive illa affinitas sit nominis ad nomen, ut ab Aurelio Aureliani, vel rei ad rem, ut inventoris ad inventum, vel e converso, ut *frugem pro Cerere. Sarissae* sunt genera armorum, quibus utuntur Macedones. *Armatura Transalpina* Galli dicuntur. *Aut si quis facit*, etc. Si illum, qui facit, eius nomine, quod fit,
70 designabimus, *ut cum desidiosam*, etc. *Ab eo, quod continet*, etc., id est continens pro contento ponimus, vel e converso.

---

41 aliqua similitudine: aliquam similitudinem MS.   43 nomine: voce *ante corr.*
54 exprimendi: exprimendae MS.   55 murmurare P^1E *apud Marx*: murmurari *Marx.*
60 volumus: nolumus MS.   67 sarissae *d apud Marx*: sarisae *Marx.*   68 armatura E
apud Marx: materis *Marx.*   69 quis: quod *Marx*, qui *Ml apud Marx.* | nomine: nominem
MS.   71 vel *vix legitur (macula).*

43-44 Quint. *Inst.* 8.6.4.

Harum omnium, etc. Quasi dicat: huiusmodi denominationum divisiones *inquirendo,* id est facilius [ad inveniendum] possunt inveniri quam doceri, ideo quia omnes indifferenter huiusmodi denominationibus uti consueverunt.

75   *Circuitio* < *est* > circumlocutio, id est per plures dictiones unius eiusdem-que rei simplicis expositio, ut *Scipionis providentia* pro Scipione.

4.32.44. *Transgressio est* ordinis verborum commutatio. Ea igitur hyste-ron proteron dicitur, cuius species est hyperbaton; cuius sunt species perversio et transiectio. Perversio est ubi non interponitur syllaba aut syllabae
80 inter duas dictiones, quae simul debent iungi, sed transmutantur, < ut > *pietate pro vestra*; transiectio est, quando duarum dictionum quae simul debent iungi, altera in principio, altera in fine ponitur. *Huiusmodi.* Ostendit quid exornatio prosit. *In quendam numerum,* id est in quendam certum ordinem sicut poetae. *Perfecte* quantum ad sententias, *perpolitissime* quantum ad
85 ornatum verborum, *absolute* ut nihil desit; et hic *absolute* est adverbium.

4.33.44. *Superlatio est* in dicendo veritatis excessio. *Separatim* id est sine comparatione. *A praesentia* quasi praeentia, a "praesum, praees"; sed inter-ponitur s euphoniae causa. Alii libri habent *praestantia*; sed quaecumque sit littera, eadem est sententia.

90   *Intellectio est* totius per partem vel partis per totum cognitio. Tibiae sunt quaedam instrumenta, quae in nuptiis adhibentur, ut eis ibi cantetur. Differt color iste a denominatione, quod in ea relatio rei ad rem vel nominis ad nomen consideratur, hic vero totius per partem fit cognitio vel e converso. *Caeremonia* id est celebratio.

95   **4.33.45.** Transalpini dicuntur *Galli* ab Romanis. *Festivitatis* id est delecta-tionis. *Illic,* etc., ubi scilicet singulare pro plurali ponitur, *numerus* est *diminutus*; *hic,* ubi scilicet plurale pro singulari ponitur, numerus *adauctus. Gravitatis gratia* id est commotionis causa. Vocatur autem iste color Graece synecdoche, superlatio vero hyperbole.

---

72 harum *Marx*: haec MS. | *ante* denominationum *del.* divisiones. | denominationum: denominationes MS.   73 inquirendo *HPBC apud Marx*: in quaerendo *Marx.*   75 cir-cuitio *E apud Marx*: circumitio *Marx.* |per: pro MS.   80 pietate *l apud Marx*: virtute *Marx.* 81 debent: deberent MS.   83 in[1] *Md apud Marx*: om. *Marx.*   85 absolute: absolutae *Marx.*   87 praesentia *codd. apud Marx*: praestantia *Marx.*   88 praestantia *Marx (Omnibonus)*: om. *codd. apud Marx.*   90 partis: partes *ante corr.*   91 in *s.l. add.* 92 denominatione: denoratione MS.   94 caeremonia: sanctimonia *Marx.*   96 plu-rali: plurale *ante corr.*   99 synecdoche: sinedoche MS.

87 *Will.,* fol. 66rb, "Praesentia, id est praeentia."
92 Cf. *Auct. ad Her.* 4.32.43.

Abusio est inusitata vocabuli aliqua similitudine facta translatio. Nota fieri abusionem, quando ethymologia nominis utimur contrario modo quam inventa fuit, hoc modo: cum syllaba sit comprehensio litterarum, tamen dicimus de ea vel alia littera, quae in syllaba fit. Talis autem translatio abusio
5   est, quia tunc contra usitatam vocabuli significationem eo utimur.

     Verbi gratia: cum hoc vocabulum *breves* ex propria inventione quantitatem rei significare habet, ad qualitatem significandam contra sui usitatam significationem hoc exemplo translative positum est. Hic enim *breves* pro "infirmae" accipitur. Similiter et hoc vocabulum, scilicet *parva*, de qualitate ad /
72r 10   quantitatem notandam traductum est. Sic et in ceteris considera.

     Nam hic facile est. Haec exemplorum commendatio est. *Rerum dissimilium*, ut quantitatum et qualitatum a praedictis vocabulis significatarum. *Ratione abusionis* id est descriptione abusionis. Nota, in nominatione fit talis translatio vocabuli, quae numquam amplius facta fuit, in abusione vero fit
15   vocabuli translatio non prorsus nova, sed tamen rarissime facta.

4.34.45. *Translatio est* aliqua similitudine ad aliquam rem notandam usitata vocabuli traductio. Est autem inter abusionem et translationem haec differentia, quod in abusione inusitata vocabuli fit translatio, in hac vero usitata. Ea pluribus modis fit, quos in libro considera. Nota, res *ante oculos*
20   oratione ponitur, cum sic res verbis exprimitur, ut tamquam in praesentia geri videatur.

     Expergefecit, id est quiescentes excitavit. Nota, in hoc est similitudo, quod sicut dormientes aliquo clamore a sua quiete subito excitantur, ita Romanos quiescentes in pace Hannibalis tumultus expergefecit. Sic et in reliquis
25   exemplis translationis similitudines nota. Exstinguere proprie ad aquam pertinet. *Obscenitatis* id est turpitudinis. *Cuius mater*, etc. Per haec verba vult eum, cum quo loquitur, meretricis filium nominare. Haec est autem translatio facta *causa obscenitatis vitandae. Saturare* ciborum est. *Aspirare* ad anhelitus prolationem pertinet; hic autem positum est *aspiravit* pro "laboravit."
30   Aspiramus enim cum laboramus, et ideo positum est aliud pro alio. *Exaruerunt, revirescent* ad plantas pertinet.

     Translationem, etc. Ostendit cuiusmodi translationem facere debeamus. *Pudentem*, ne scilicet a rebus obscenis vocabula transferamus, sumendo *cum*

---

9 scilicet: vel MS.   11 hic *Marx*: hoc MS.   13 ratione *Marx*: rationem MS. |
descriptione: descriptionem MS.   31 revirescent *BE apud Marx*: revirdescent *Marx*.
32 translationem *Marx*: translationum MS.

3 Cf. Prisc. *Inst.* 2.1.1, ed. Hertz G L II, p. 44.1.
13 Cf. *Auct. ad Her.* 4.31.42.
17 Cf. *Auct. ad Her.* 4.33.45.

ratione id est non sine causa, *ne sine delectu* id est sine discretione; quod
35 exponit Tullius dicens: *temere*, etc. *Cupide* id est propter cupiditatem faciendi
translationes.

   4.34.46. *Permutatio* verborum in propria significatione est positio, per
quam tamen significationem fit alterius rei notatio, ut in hoc exemplo:
scriptum est quoniam Abraham duos filios habuit, etc. Qui vero haec scripsit
40 per Abraham Deum, per duos eius filios Iudaicum scilicet et gentilem
populum intellexit, id est significavit. Permutatio Graece allegoria nominatur.
   Similitudo idem est quod collatio, quae fit quando plura pluribus comparantur, ut illud: semen est verbum Dei, bona terra corda fidelium. Haec autem
collatio Graece parabola nuncupatur. Argumentum est oratio, in qua una
45 persona vel una res aliqua uni soli comparatur. Contrarium est oratio in qua
contraria contrariis assignantur.
   Consequenter id est continue. *Simili ratione* id est aliqua similitudine. Per
canes malos pastores subintellege. *Augendi* laudem aut vituperium vel *minuendi.* Gracchus rei publicae turbator fuit. Si quis ergo Drusum Gracchum
50 appellet, poterit < dici > eum rei publicae turbatorem esse. *Obsoletum* id est
desertum; et fit haec a loco ad personam translatio. *Ut crudelitas* eius scilicet,
quasi dicat, ex crudelitate potest *Atreus* appellari. *Aeneam* quasi pium, *Ippoly-
tum* quasi castum.
   Differt autem quae per argumentum facta est permutatio a pronomina-
55 tione, in qua scilicet fit mentio de Plagioxippo, in hoc scilicet quod pronominatio talis fit causa indigentiae, permutatio vero fit causa augendi vel
minuendi ipsam rem, de qua agitur.

<   DE EXORNATIONIBUS SENTENTIARUM >

   4.35.47. *Distributio est*, etc. Postquam docuit exornationem verborum,
exsequitur de exornatione sententiarum, quae est ipsarum pulchra ordinatio
60 delectans auditores. Notandum est mirandum non esse, si verborum exornationes ornatibus < sententiarum > insint; sed tamen inter ipsa haec communis est differentia, quod ornatus verborum in ipsorum ordinatione considera-

---

   34 ne *Marx*: nec MS. | delectu *Cbd apud Marx*: dilectu *Marx*.   47 consequenter:
frequenter *Marx.* |ratione: oratione *Marx*.   52 Aeneam *ΠΠCE apud Marx*: Aenean *Marx.*
62 *ante* ordinatione *del.* consideratione.

   39-41 Gal. 4:22; cf. Gen. 16:15; 21:2.
   42 Cf. *Auct. ad Her.* 4.45.59; 4.47.60.
   43 Luke 8:11; 8:15.
   55 Cf. *Auct. ad Her.* 4.31.42.

tur, ornatus autem sententiarum in quadam gravi ac suavi earundem dispositione discernitur, quarum distributio prima est.

65   Ea est uniuscuiusque rei aut personae, quid eius officium sit, assignatio, ut
Claudianus:

> quicquid leve, fertur in altum;
> in medium graviora cadunt; incanduit aer;

f. 72v   egit flamma polum; fluxit mare; / terra pependit.

70   *Negotia* id est officia, ad *personas dispertiuntur* id est dividuntur vel distri-
buuntur proprietates ad res.

Qui vestrum, iudices. Hoc est exemplum, ubi officia assignantur. *Petulan-
tissime* id est immoderate. Petulans dicitur, qui ex superbia omnia sibi
ascribit. *Qui equestrem locum* id est militarem ordinem. *Ordini* id est senatui.

75   *Item* id est iterum. Nota, in superiori exemplo intendit breviter ostendere
his, quibus loquebatur, quid ipsi debeant facere; in hoc vero exemplo ostendit
quid senatus ex suo proprio officio facere debeat. Et hoc exemplum sumpsit
ipse de oratione illa, quam scripsit ad L. Cassium, quod potest notari ex hoc
quod subiungit: *quare, Luci Cassi,* etc. Ius *accusatoris* est tum coniecturis,

80   tum quocumque modo poterit partem adversarii improbare. Ius *testimonii* est
ea tantum, quae sciverit testis aut audierit, testificari. *Reo duplicem,* tum ex
sua iustitia, tum etiam si testibus <vel> coniecturis uti licebit.

Haec est exornatio, etc. Hic ostendit utilitatem huius ornatus. *Copiosa,* tum
scilicet verbis, tum etiam sententiis. Fuit enim in primo exemplo verborum

85   repetitio, in secundo definitio. *Brevi,* id est breviter.

4.36.48. *Licentia est* eorum, *quos vereri aut metuere debemus,* iusta ac
simulata sine offensione eorum reprehensio. *Vereri* digniores, *metuere*
dominos vel magistros. *Pro nostro iure,* id est tamquam iustam causam
habeamus.

90   *Vestrae rationes* id est in rebus gerendis vestrae ordinationes. *Id tribuite,*
etc. Hic nota scilicet licentiam. *Istam rem,* quam vos scilicet patimini.
Neglegentia. Hic iterum nota licentiam, quia hic eos reprehendens culpabiles
reddit de eorum *ignavia* et *neglegentia.*

Nam quid fuit, etc. Hoc est aliud <exemplum> licentiae, quod sumptum

---

64 quarum: quare MS.   65 quid: quod MS.   72 iudices *Marx:* videlicet MS.
78 L.: Lucilium MS.   88 vel: et *ante corr.*   90 tribuite *Marx:* tribuere MS.
92 neglegentia *Marx:* neglegentiam MS.   94 quid fuit *Marx:* qui fiunt MS.

67-69 Claud. *Rapt. Pros.* 1.251-253.
78 Cf. supra p. 313.11.
85 Cf. *Auct. ad Her.* 4.13.19; 4.25.35.

95 est de accusatione Lentuli et Cethegi. *Tenuiter* id est debiliter. *Nugatorie* id
est nugas proferendo. *Primo coetu* id est primo congressu accusationis
eorum.

Ut timidi. Hic iterum est licentia. Nota *inpendere*, id est imminere. Sedere
99 et oscitari otiosorum est. Oscitari: os aperire ad anhelitus emissionem in
designatione neglegentiae et otii. *Noctem luce, lucem nocte*, etc. Haec est
descriptio dilationis. Dilatores enim, quod facere debent, de die in diem
prolongant.

4.37.49. *Eiusmodi.* Docet quomodo reprehensio talis possit mitigari, si
5 nimis acris ac molesta fuerit, hoc modo: *hic ego vestram virtutem*, etc. Hic
utilitatem huius ornatus ostendit. *In amicitia* id est inter amicos. *Loco* id est
opportune. *Absint*, id est recedant.

Est autem quoddam genus. Haec est altera species licentiae, quae est
reprehensionis simulatio, quae potius adulatio dici debet. Ea maxime utimur
10 cum aliquibus adulari volumus. *Facile* id est sine offensione. *Astutiore*, quia
in ea maior quam in priore adhibenda est astutia.

Nimium, Quirites, etc. Hoc est exemplum simulatae licentiae, sive, ut
verius dicatur, adulationis, in quo scilicet exemplo sic aliquos reprehendimus
quomodo se velle reprehendi intellegimus. *Mihi cum isto, iudices*, etc. Hoc
15 est exemplum illius licentiae, quae fit, quando dicimus nos timere quomodo
ipsi, ad quos loquimur, accipiant id quod dicimus, quod tamen scimus eos
libenter audituros. *Probatus* in dilectione vestra.

4.37.50. *Imitatur licentiam* id est reprehensionem. *Sua sponte* id est iuxta
voluntatem auditoris.

20 **4.38.50.** *Diminutio est* causa rei amplificandae ipsius eiusdem verbi tenuis
attenuatio, quae Graece litotes dicitur. *Non in postremis*, etc. Hic nota
diminutionem. *Non tenuissimum.* Hic iterum est diminutio.

4.39.51. *Descriptio* est eventus cuiuslibet rei expressio; haec fit per
similitudinem vel per triplicem facti administrationem. Primum exemplum

---

1 noctem luce, lucem nocte: luci noctem, nocte lucem *Marx, codd. apud Marx alius aliud
habet.*   4 eiusmodi *Marx*: huiusmodi MS.   5 ego *Marx*: ergo MS.   17 vestra: vera
MS.   18 imitatur: imitatus MS.   20 diminutio *ld apud Marx*: deminutio *Marx.* | verbi:
verbo MS.   21 litotes: lyptotes MS.

95 Cf. supra p. 326.33-38. *Will.*, fol. 67ra, "Aut istum hominem ampliaveritis ... videtur
hic agere de Lentulo et aliis."
24 Cf. Theod. *Com. De Inv.*, supra p. 138.34-37.

25 est de actione Catilinae, aliud vero de cuiusdam civis defensione; et est per
triplicem facti administrationem. *Perspicuam* id est verbis propriis, *dilucidam*
apertis. *Cum gravitate* id est cum commotione auditorum. *In foro* id est in
communi. *Depeculans* id est detractans. *Nam si de hoc,* etc. Nota hoc
exemplum ad conquestionem pertinere, praecedens vero ad indignationem.
f. 73r 30 *Hoc genere,* etc. Ostendit ad quid valeat haec / exornatio.

4.40.52. *Divisio* est rei a re, ratione supposita, separatio. Differt autem a
distributione, quod in ea propria rebus aut personis assignantur officia, in hac
vero minime. Ea fit duobus modis, id est vel per complexionem vel per
enumerationem. Nota hanc differre ab oratoria partitione, quod in ea
35 omnium rerum, quae in causa sunt, fit divisio, in hac vero rei unius tantummodo; et aliter quod in ea rerum probandarum distributio fit, in hac vero
unius tantum, quae probat segregatio.

Si probus est, etc. Nota hic extra litteram hanc complexionem esse
faciendam, scilicet: aut est probus aut improbus. *Si meministis,* etc. Hic
40 similiter extra facienda est complexio, haec scilicet: aut meministis aut obliti
estis. *Obtundam* vos, id est usque ad fastidium vos cogam. *In re* id est in
correctione. *Qui* id est quomodo.

Inter hanc, etc. His ostendit differentiam inter hanc divisionem et orato-
riam partitionem. *In tota oratione* id est in tota causa; et ponitur hic
45 instrumentum artis pro ipsius materia. *Se explicat,* id est se aperit, quia
scilicet de una re fit. *Brevi* id est paucis verbis. *Subiciens* scilicet rationem ad
probandam propositionem. Nota, expositio est cum in partitione dicimus nos
de hac re ac de illa dicturos; enumeratio est cum breviter et sub aliquo
numero res comprehendimus, de quibus dicturi sumus, ut si quis de tribus
50 aut de quattuor rebus se dicturum promittat.

Frequentatio est circumstantiarum et argumentorum unum in locum
collectio, ut intellectu facilior sit probatio. Differt autem a conclusione haec,
quae fit per conductionem, quod ea fit ad memoriam excitandam, haec autem
ad probationem firmiorem faciendam. *Gravior* id est magis ornata et maioris

---

30 hoc *CE apud Marx:* hoce *Marx,* hocne *HPΠB apud Marx.*   31 differt: differ MS.
35 *ante* sunt *ras. 3 litt.*   41 in re *d apud Marx:* iure MS, cum re *Marx.*   44 tota
oratione: totam orationem *Marx.*   46 *ante* fit *del.* brevi.

25 Cf. supra p. 326.33-38.
29 Cf. *De inv.* 1.55.106; 1.53.100.
32 Cf. *Auct. ad Her.* 4.35.47.
33-34 Cf. *De inv.* 1.29.45; Theod. *Com. De Inv.,* supra pp. 149.2, 150.14.
34 Cf. *De inv.* 1.22.31, 1.29.45; *Auct. ad Her.* 1.10.17; Quint. *Inst.* 9.3.93.
39 Cf. supra p. 268.77.
47-50 Cf. supra p. 236.28-43.
52 Cf. *Auct. ad Her.* 4.30.41.

55 ponderis. *Acrior* id est magis commovens auditores. *Criminosior*, ut magis
damnet. *Proditor est.* Hoc exemplum continet locos ab attributis personae.
Nota, hoc exemplum ad unumquodque genus causae potest pertinere,
sequens vero exemplum, hoc scilicet *eiusdem generis*, etc., ad coniecturas
plurimum valet.

60   **4.40.53.** *Separatim* id est per se. *Minutae* id est nullius ponderis. *Infir-
mae* id est insufficientes ad aliquid probandum. *Perspicuam* id est aperte
veram. *Nolite igitur*, etc. Hic est locus ab eventu.

   4.41.53. *Turpissima.* Locus ab habitu. *Fortunae.* Locus a fortuna. *Res
ista.* Locus ab eventu. *Neque iste.* A consequenti. *Quod opus fuit.* A fortuna,
65 et est locus ab in gestione negotii. *Occasio.* Locus ab eodem. *Tempus.* Ab
ante rem. *Spatium.* Adhuc ante rem. *Paulo post.* In re. *Deinde.* Post rem.
Locus a post rem a consequenti; et similiter reliqua, quae sequuntur, signa.
Titubanter. Locus <ab> indicio naturae in consequentibus negotium. *Haec
partim testimoniis.* Locus ab auctoritate personae. *Quaestionibus* id est
70 tormentis, ab eodem attributo. *Argumentationibus*, id est argumentis.

   4.42.54. *Expolitio* est eiusdem rei pluribus modis inter se penitus diversis
explicatio. Ea fit duobus modis: est enim quaedam expolitio cum sic idem
exponimus, ut inde diversa dicere videamur; est iterum alia expolitio, cum
idem multis et diversis rationibus approbamus.
75   *Eodem loco* scilicet circa eandem rem. *Et aliud atque aliud* id est diversa.
Est enim virtus oratoris rem eandem modis explanare diversis. Unde Ovidius
in laude Ulixis ait:

                ille referre aliter saepe solebat idem.

Hoc autem colore maxime utuntur facundi. Differt autem iste color ab
80 interpretatione, quod in ea quaedam verba per alia exponuntur, in hac vero
eadem res pluribus verbis expolitur.
   Eandem rem dicemus ipsam scilicet exponendo, quod ad primam speciem
pertinet, *aut de eadem re* ipsam scilicet probando, quod ad speciem secundam pertinet. *Nam id.* Secundum eandem rem semper *eodem modo* dicere
85 <est> *obtundere*, id est hebetem facere. *Expolite*, id est ornate, ut scilicet

___

59 valet: valeret MS.   63 fortunae *Marx*: fortuna MS.   64 fuit *bl apud Marx*: fuerit
Marx.   70 attributo: attributio MS. |argumentationibus: argumentatis *Marx.*   73 expo-
litio: expositio MS.   76 *ante* modis *del.* multis.   83 ipsam: ipsa ipsa MS.
85 obtundere *E apud Marx*: optundere *Marx.* | expolite: expolire *Marx.*

78 Ov. *A.A.* 2.128.
80 Cf. *Auct. ad Her.* 4.28.38.

placeat. *Sed commutate* id est varie. *Verbis* id est verborum varietate. *Pronun-*
f. 73v *tiando*, id est tum vocem, tum etiam gestum corporis pro rei quali/tate
variando.

4.42.55. *Tractando*, id est sic aliquid aliquos docendo, < ut > non tam-
90 quam valde commoti loquentes ad eandem rem commoveamus auditores.
Alii libri habent *traiciendo*, id est animos auditorum commonitione nostra
penetrando.
Tractando id est docendo. Eius expolitionis, quae tractando exponitur,
duae sunt species: sermocinatio et exsuscitatio.

95 **4.43.55.** *Sermocinatio est* cum transferimus verba accommodando ea
alicui introductae personae, quod fit in dialogis. Exsuscitatio est cum nostram
orationem ad aliquem vertimus, sic dicentes: vides hoc et hoc? *Ad dignitatem*
scilicet secundum personae qualitatem et causae. *Ab eadem sententia* scilicet
99 praedicti exempli.
Bonis legibus quantum ad consuetudinem quae scripto tenetur, *optimis*
moribus quantum ad ethicam, *honestissimis disciplinis* quantum ad physicam
et logicam. *Haec* scilicet praedicta vel sequentia. *Tute* et *honeste*, etc. Id est
ea contulit mihi, quibus securam et honestam duco vitam. Nota, secundum
5 quosdam hoc exemplum, id est *haec loquitur sapiens*, etc., non esse de libro,
sed extrinsecus expositum.

4.43.56. *Usu venire*, id est sicut ego, ita et vos ipsum affectatis laudare.
Eadem igitur res, etc., quae scilicet pluribus argumentis erat confirmanda.
Commutabitur tum verbis, tum pronuntiatione, modo scilicet alta, modo
10 depressa, et haec est praedictorum brevis recapitulatio. *Sed de eadem re.*
Hucusque docuit quomodo eandem rem tripliciter commutaremus. Nunc
ostendit quomodo eandem rem diversis rationibus confirmemus. Id vero fit
septem modis: rem scilicet probandam, quae scilicet propositio nuncupatur,
primitus ponendo, deinde rationem eius subiciendo, tertio vero loco rationis
15 confirmationem ponendo, in qua continetur sententia, de qua superius in

---

86 commutate *Marx*: commutare MS *b apud Marx.* 91 traiciendo: *om. codd. apud*
Marx (*cf. infra* traiciemus *apud Marx*), trahicendo MS. 97 aliquem: aliquam MS.
98 secundum: secundae MS. 5 haec loquitur sapiens *om. d apud Marx* (loquetur *Marx*,
loquitur *bl apud Marx*). 7 affectatis: affectans MS. 12 confirmemus: confirmamus
ante corr. 14 rationem: seu approbationem *s.l. add.* 15 confirmationem: seu
assumptionem *s.l. add.*

13 Cf. *Auct. ad Her.* 2.18.28; cf. supra p. 262.66-70.
14-15 Cf. *Auct. ad Her.* 2.18.28.
15 Cf. supra p. 334.69-88.

ornatu verborum facimus mentionem — nota, quia sententia modo simplex,
modo duplex ad confirmandum inducitur; simplex modo cum ratione, modo
sine ratione adducitur, duplex quoque similiter —, quarto loco contrarium,
quinto similitudinem, sexto exemplum, septimo autem conclusionem per
20 conductum.
   Simpliciter pronuntiaverimus, id est sine propositione proposuerimus.
Duplicem sententiam scilicet. *De quibus omnibus* id est de contrario et
sententia.

4.44.56. *Cui conclusioni nomen est.* Nota constructionem, quae talis est
25 ut haec: "cui nomen Iulo." *Ergo huiusmodi*, etc., quia in huiusmodi expolitione praedicta apponantur, contrarium scilicet et sententia quae sunt ornatus
verborum, nec non simile et exemplum quae sunt ornatus sententiarum.
Frequentibus id est multis. *Ab eadem sententia* quae scilicet in praedictis
exemplis varie est tractata.

30   **4.44.57.** *Sapiens*, etc. Haec est sententia simplex, statim ratione subiecta,
hac scilicet: *ideo quod saepe*, etc. Sequitur sententia duplex cum rationibus,
haec scilicet: *et, quoniam omnia sunt commoda*, etc. Haec autem est ratio:
nam neque effugere, etc. Sequitur sententia duplex et sine rationibus, haec
scilicet: *at, qui patriae pericula*, etc. *Etenim vehementer*, etc. Hic nota
35 contrarium quod in quarto loco expolitionis praediximus contineri. Et
notatur haec contrarietas inter *acceptam* et *non dare*, et inter *interire* et *vivere*,
et *honorem* et *dedecus*, et *virtutem* et *ignaviam*.
   Sequitur similitudo post contrarium, hoc modo: *itaque uti contemnendus
est*, etc. Notatur autem hic similitudo inter navem fractam et rem publicam
40 naufragantem. Sequitur exemplum exempli in his verbis: *quod mihi bene
videtur Decius*, etc. *Devovisse* id est se morti pro libertate rei publicae
addixisse, *pro legibus* id est pro conservatione legis. Unde *amisit vitam, at
non perdidit*, secundum quod dictum est: qui *odit animam* suam id est vitam

---

18 similiter: exornationem, id est assumptionis probationem quae continet (fit *s.l.*)
contrarium, simile, exemplum, conclusio<nem> *in marg. add.* | *cf. supra* (pp. 262-264;
266-267).   21 pronuntiaverimus *E apud Marx*: pronuntiarimus *Marx.*   22 duplicem
codd. apud Marx: dupliciter *Marx.*   28 eadem sententia: eiusdem sententiae exemplo
Marx.   36 contrarietas: contrariora MS.   38 itaque *E apud Marx*: ita *Marx.*   40 his
verbis: haec verba MS.   42 legibus *bl apud Marx*: legionibus *Marx.*   43-44 quid odit
animam suam, id est vitam productam: *om. similia codd. apud Marx.*

18 Cf. *Auct. ad Her.* 4.34.46.
19 Cf. *Auct. ad Her.* 4.45.59; 4.49.62; 4.30.41.
25 Cf. Verg. *A.* 1.267; cf. supra p. 304.59.
26 Cf. *l.c. ad* ll. 15-19.

productam. Vel *prodita* habent quidam libri, id est provecta. Sequitur
45 conclusio facta per conductum his verbis: *quodsi pro re publica,* etc.

   4.44.58. *Producti sumus,* id est prolixe tractavimus. *Quare* pro "ergo."
Quare conveniet, etc. Docet hunc colorem plurimum in dictaminibus valere.
Extra causam id est in studio dictandi. *Rationes* id est praeceptiones *adhibere*
dictaminibus. *In dicendo* id est in tractando causas. *Uti* ea scilicet expolitione.
74r 50 *Argumentatione* id est argumentorum expolitione. *De qua re* id est / argumentatione.

   4.45.58. *Commoratio est* in ea re, in qua est vis totius causae, perma-
nentia vel eiusdem rei conduplicatio. Hoc autem licet oratori quibuslibet
verbis circa eandem <rem> immorando ita dicere: iudices, id memoratum
55 tenete, circa id occupati estote. In hoc enim tota causae controversia iudi-
ciique consistit difficultas, et identidem similia. *Et id* id est ad illud, in quo
causae gravitas manet, caute et cum quadam venustate frequenter redire. Sic
enim dicendo orator <docet> auditorem non pariter rem illam tradere
oblivioni; et hoc est quod ipse dicit: *non enim,* etc. *Firmissima,* quia in ea
60 tota causae firmitas manet. *Membrum,* aliqua pars. Sed hoc colore per totam
causam uti convenit. Differt autem commoratio ab expolitione, quod in ea
non res, sed verba variantur, hic vero utrumque.
   Contentio <*est*> rerum contrariarum assignatio. Differt a contrario, quod
in illo inter verba contrarietas notatur, in contentione autem inter res.
65 Contrarium autem sine contentione, vel contentio sine contrario, vix aut
numquam reperitur.

   4.45.59. *Similitudo est* alicuius convenientiae inter res diversas assignatio. Eius tres species sunt: collatio, quae scilicet Graece parabola dicitur; et
exemplum, quod Graeci paradigma appellant; et imago, quam Graeci iconam
70 dicunt.
   Similitudo autem quattuor de causis fieri solet, *causa* scilicet *ornandi,* ut
oratio nostra sic tractata dignior iudicetur, aut causa *probandi,* ut scilicet
quod dicitur magis verisimile videatur, aut causa *apertius dicendi,* ut scilicet

---

44 prodita: *codd. apud Marx.*   46 producti ... ergo: quare pro ergo, producti sumus,
id est prolixe tractavimus MS.   47 conveniet *Marx*: convenit MS.   48 rationes *CIIId*
apud Marx: rationis *Marx.*   50 argumentatione[1] *M apud Marx*: argumentationem *Marx.*
62 utrumque: neutrum MS.

61 Cf. *Auct. ad Her.* 4.42.54.
63-64 Cf. *Auct. ad Her.* 4.34.46; *Will.,* fol. 67va, "*Contentio.* Haec differt a contrario, quod
fuit exornatio verborum, quia ibi consideratur tantum contrarietas verborum, hic autem
contrarietas sententiarum."
68-69 Cf. *Vict.,* p. 228.9-27.

res et expeditius dicatur et citius intellegatur, aut causa *ante oculos ponendi*,
75 scilicet rei exprimendae, ut ea scilicet sic verbis exprimatur tamquam in
praesenti administrari videatur. Tractatur etiam *quattuor modis, per contra-*
rium, etc., quia uniuscuiusque causae proprius est modus pronuntiandi.

4.46.59. *Non enim*, etc. Hic notatur similitudinis assignatio per contrarium. Nota, hic videtur esse dissimilitudo magis quam similitudo. Dicitur
80 enim non ita esse in palaestrico sicut in imperatore; sed tamen similitudinem
invenies, si convertas hoc modo: sicut melior est novus cursor veteri, ita
melior est imperator vetus imperatore novo. *Dignitas* id est quaedam
pulchritudo. *Negamus esse similem*, sed tamen per conversionem similitudo
demonstratur.
85   *Per negationem*, etc. Per negationem tractare similitudinem est aliquid ab
aliquo negando removere, et illud idem vel consimile propter eandem causam
ab alio separare, idem removendo, ut Vergilius:

> nec cytiso saturantur apes nec fronde capellae
> nec lacrimis crudelis amor nec gramina rivis.

90 consimile removendo, ut hic: *neque equus indomitus*, etc. *Id enim*, quod
scilicet per negationem dictum sit, *perspicuum est*, id est potest percipi, *de*
primo similitudinis verbo id est de negativa particula, id est *neque*, quae in
principio similitudinis fuit posita.

4.47.60. *Apertius causa dicendi*, etc. Per brevitatem tractare similitudinem
95 est ipsam per diversas clausulas dispersam sub una clausula intellegentiae
causa comprehendere, ut hic *in amicitia gerenda*, etc. *Studio* id est amore.
Viribus id est pro posse suo. *Ultra* id est post mortem amici. *Procuras* scilicet
filios mortui diligendo.
99   *Nam hoc simile*, etc. Nota, hoc in plures clausulas dispergitur, quod in sola
praedicta continetur; et hoc est quod dicit: *nam hoc simile*, etc. Et est
similitudinis commendatio. *In ceteris rebus* id est in aliis modis tractandi
similitudinem. *Sed utraeque res* inter quas scilicet similitudo est assignata.
Coniuncte scilicet sub eadem clausula. *Confuse* id est permixtim, huc et illuc
5 scilicet dispersae. *Comparatae* id est collocatae.

---

74 et[1] *s.l. ad.*   78 similitudinis: similitudo *ante corr.* | *ante* assignatio *del.* per
contrarium.   79 magis *s.l. add.*   82 *ante* imperator *del.* novus. | imperatore: imperator
MS.   85 tractare *s.l. add.*   89 rivis *Verg.*: rivus MS.   97 procuras: *HPB apud Marx*:
procurras *Marx.*   99 sola: soli MS.   5 dispersae: disperge MS. | comparatae: pronuntia-
tae *Marx*, comparata *Md apud Marx.*

88-89 Verg. *Ecl.* 10.30; 10.29.
97 *Will.*, fol. 67vb, "Amicitia numquam debet habere metas diligendi, sed etiam post
mortem amici eius filios adiuvet."

Per collationem sic. Ea fit quando plura pluribus comparantur. *Ad digni-*
tatem id est ad pulchritudinem personae, id est ad commendationem
personae. *Eicitur.* Adhuc constructio. *Item* id est similiter; vel *ita* habent alii
libri, similitudinis adaptatio.

10   *Hoc simile est,* etc. Haec est similitudinis commendatio. *Alterius* inscientia
quantum ad citharoedum, *alterius* vero stultitia quantum ad eum qui iners in
f. 74v excelso / loco dignitatis positus est. *Paria sunt omnia relata,* id est singula
singulis assignata.

4.48.61. *In similitudinibus,* etc. Generale praeceptum assignat, quod est
15 <in> omnibus similitudinibus observandum, hoc scilicet quod alterius similitudinis verba verbis alterius sint consimilia, ut hic patet: in priori parte
similitudinis *aestivo tempore* dictum est, in alia vero parte dictum est *sereno*
vitae tempore; hic *hirundines,* illic *falsi amici*; hic *frigore,* illic *hieme*; hic vero
positum est *recedunt,* illic *devolant.* Considera autem inter verba ista quan-
20 dam significationis affinitatem, ut inter serenum et aestatem, et in ceteris *per*
translationem ita *sumimus.* Est enim translatio hiemem vocare fortunae
adversitatem.

Sed inventio, etc. Docet quomodo similium inventio possit comparari, hoc
modo: *si quis sibi,* etc. *Artificio* id est secundum praecepta alicuius artis, *casu*
25 id est inopinato rei eventu, *natura* id est naturali ingenio. *Venari* id est elicere
vel adinquirere. *Ornare* quantum ad causam ornandi, *docere* quantum ad
causam probandi, *apertiorem* quantum ad causam apertius dicendi, *ante*
oculos, etc., quantum <ad causam> rei exprimendae.

Non enim, etc. Vere aut hoc aut alio ex istis modis aliqua res alicui similis
30 invenietur. Nam aliqua aut vix aut numquam secundum omnes <partes>; et
hoc est quod ipse dicit: *non enim* omnis *res tota,* id est secundum omnes
partes sui; *totae rei,* id est secundum omnes sui partes, *sed ad ipsum,* id est
ad aliquam partem illius, quod ei comparabitur.

4.49.62. *Exemplum est* dicti aut facti certae personae repraesentatio.
35 Nota exemplum eisdem de causis eisdemque modis posse tractari, quibus et
similitudo. *Rem* id est causam. *Dignitatis* id est pulchritudinis. *Quod genus*
esset pro "cuius generis." *In expolitione* id est in tractatu expolitionis, ubi

8 ita *d apud Marx*: item *Marx.*   10 est¹ *om. codd. apud Marx.* | *ante* commendatio *del.*
adapprobatio.   14 similitudinibus *bl apud Marx*: similibus *Marx.*   16 consimilia:
similia *ante corr.* | in priori parte *s.l. add.*   18 illic²: illinc MS.   26 adinquirere:
adquirere *ante corr.* | ornare *Marx*: ornate MS.   31 omnis: omnes MS.   32 ad ipsum
E *apud Marx*: id ipsum *Marx.*   37 esset M *apud Marx*: est *Marx.*

21 Cf. *Auct. ad Her.* 4.34.45.
37-38 Cf. *Auct. ad Her.* 4.44.57.

356   THIERRY OF CHARTRES

scilicet Decium in exemplum adduxit. *Sumendi similitudinem* id est in tractatu similitudinis.

40   *Imago* est similitudo inter aliquam maxime formam corporalem. Comparantur tam res rebus secundum ipsarum naturam. *Invidiam* id est infestationem. Prius vero est infestatio quam odium. Odium enim hic pro tenui malivolentia ponitur, infestatio autem < pro > maxima. *Gallus.* Galli dicuntur sacerdotes Cybeles a quodam fonte Phrygiae regionis sic nominati, cuius haec

45   est natura, ut si quis ex eo bibat statim ex eo insaniat; ita Ovidius *Fastorum*:

> qui bibit inde furit.

Ariolus est, qui insignibus vestimentis indutus super aras populo dat vaticinia. *Deierat* id est perierat. *Coclea* id est testudo abscondens se in coclea. *Quo modo* pro "ut." Hic fit comparatio de testudine ad avarum.

50   Nota haec tria, parabolam et exemplum atque imaginem, esse species comparabilis. Notandum etiam quod imago in auctoribus dicitur comparatio.

4.49.63. *Effectio* est corporis alicuius per exteriora accidentia demonstratio. *Quoad* id est inquantum. *Caesium* id est lenticulosum. *Habet haec exornatio*, etc. Ostendit quid prosit iste color. *Venustate* id est delectatione.

55   *Breviter* id est paucis verbis; *dilucide* apertis verbis. Differt effectio ab imagine, quod imagine fit similitudinis inter aliqua comparatio, in hac vero sine ulla comparatione accidentium alicuius ostensio.

4.50.63. *Notatio* est consuetudinis alicuius personae per eius dicta et facta descriptio. *Natura* id est consuetudo. *Signis* id est repraesentationibus

60   dictorum eius et factorum. *Notae* id est indicia. *Naturae* id est consuetudini.

Perstringere oculos est, cum oculi huc atque illuc aspiciendo vagentur, in unum aliquid defixos facere, sive *auri* nitore sive *gemmae* splendore sive qualibet alia re. *Barbari* id est alii clientes, quos se fingit habere. *Aethiops*, etc. Antiquitus Romae divites habebant Mauros, quos sibi in balneis ad se

65   lavandos adstare faciebant.

---

38 Decium: deinde *ante corr.* | similitudinem *HPB apud Marx*: in similitudine *Marx.* 40 similitudo: similitudinis MS.   46 bibit: biberit *ante corr.*   48 deierat *BΠCd apud Marx*: delirat *Marx.* | perierat: peierat MS.   48-49 quo modo *HΠBP apud Marx*: quom domo *Marx.*   52 effectio: efficio *ante corr.* (effectio *codd. apud Marx*: efficio *Marx.*) 54 venustate: venustatem *Marx.*   55 effectio: efficio MS.   61 perstringere *Mbl apud Marx*: praestringere *Marx.*   63 barbari *BΠCE apud Marx*: barbaris *Marx.*

39 Cf. *Auct. ad Her.* 4.45.59.
46 Ov. *Fast.* 4.365.
50-51 Cf. *De inv.* 1.30.49.
51 Cf. Prisc. *Praeexerc.* 8, ed. Halm, p. 557.
55 Cf. *Auct. ad Her.* 4.49.62.

f. 75r   *Choragium* id est super/fluitas; quod Suetonius ponit quoddam prandium
Augusti describens Caesaris hoc modo:

> cum primum istorum conduxit mensa choragum,
> sexque deos vidit Mallia sexque deas, etc.

70 Choragum posuit pro choragium per syncopam; vel *choragium* ludus est
puellaris; vel *coragium* ab inflatione cordis, quando aliquis cor inflatum
habens loquitur quod est ultra suum modum.
    A vitio naturae id est ab ostentatione. *Villae incensae*, etc. Innuit secum
aliquando magnae auctoritatis hominem guerram habuisse. *In Tusculano.*
75 Proprium nomen est cuiusdam villae. *Coepi insanire.* Quasi dicat: tantum
opus hic incepi, unde me pro insano habent.

4.51.64. *Sodalicium* id est symbolum sodalium, scilicet convivium, in
quo quisque sociorum suorum ponebat symbolum. *Triclinium* id est ordo
trium lectorum, super quos antiqui residentes solebant comedere; et erat ita
80 dispositum illud triclinium, ut in unoquoque lecto quattuor residerent simul,
unde Horatius:

> saepe tribus lectis videas cenare quaternos.

Probant id est laudant. *Decuma* id est hora decima. Nota, consuetudo erat
apud antiquos, ut in decima hora pranderent, unde Iuvenalis contra Marium:

85   exul ab octava Marius bibit et fruitur dis
                iratis, etc.

Raptim id est velociter. *In diversorium* id est in tabernam. *Angiporto.* Via,
quae non est pervia itineri, quae sola porta claudi possit, angiportus vocatur.
Dicitur autem ab "ango, -gis" et "porta." *Valetudinem* id est infirmitatem. *Ad*
90 *multam noctem* id est ad multam partem noctis. *Pueros* id est clientes.
Corrogaret id est undique adiuvaret. *Strenue* id est cito. *Concinne* id est
convenienter. *Apage te*, id est tace, et est comicum verbum. *Samis.* Samos est

---

66 choragium: coragium MS.   68 choragum: coragum MS.   69 Mallia *Suet.*: Manlia
MS.   70 choragum: coragum MS. | choragium *bis*: coragium MS.   73 incensae *Marx*:
accensae MS.   83 probant: probat *Marx.* | decima *Π apud Marx*: decuma *Marx.*
87 angiporto *Marx*: angiportu MS.   89 valetudinem *Marx*: valitudinem MS, *sed cf. supra*
Com. Ad Her. (p. 289.34-37).

68-69 Cf. Suet. *Aug.* 70.
73-74 *Will.*, fol. 68rb, "Ideo inquirere se dicit, quia propter guerram sint villae incensae."
82 Hor. *Sat.* 1.4.86.
84 *Will.*, fol. 68rb, "Ad decimam horam, quia tunc erat hora prandii."
85-86 Iuv. *Sat.* 1.49-50.

quaedam insula, in qua fiebant vasa fictilia, quibus bibebant Romae antiquitus. *Gloria* id est ostentatione, id est gloriosa ostentatione.

95   **4.51.65.** *Huiusmodi notationes,* etc. Docet quid valeat haec exornatio. *Aut gloriosi,* ut Terentius de Trasone. Iste color enim maxime comicis est accommodatus. *Cuiusvis,* etc. Tam improbi scilicet hominis, ut in praedicto exemplo demonstratum est, quam etiam probi hominis, ut Statius de Adrasto
99   ait:

> laetatur Adrastus
> obsequio fervere domum.

In medium id est in manifesto.

        4.52.65. *Sermocinatio est* attributio sermonis unicuique personae secun-
5   dum eius qualitatem, ut regi quod rege dignum est, meretricique quod eam decet, et sic ceteris personis. Differt autem a notatione, quia in notatione attribuitur sermo alicui personae hac intentione, ut per dicta et facta eius mores ipsius notentur; hic vero non fit hac intentione sed ista, ut intendat quis scilicet modus loquendi cui personae conveniat, ut superbo superbe,
10   probo homini constanter et sic de ceteris.
        Cum sago id est cum laneo indumento. *Beatus* ironice dixit. *Quin* pro "quare non." *Fer mansuete fortunam.* Ferre mansuete fortunam est in prosperitate non superbire nec adversitate frangi, iuxta quod ait Horatius:

> ut tu fortunam sic nos te, Celse, feremus.

15   *Illi* id est probo homini. *Istum* id est hostem superbum. *Absconde pueros.* Nota probi hominis constantiam. Plus enim de morte puerorum quam de sua sollicitus erat. *Iste* id est leccator.
        Non vox mea, etc. Nota quam superbe locutus est. *Metuebam, inquit.* Haec sunt probi hominis verba. Hic utendum insinuatione quadam <quae potest>
20   leccatori persuadere, ne ipsum interficiat. *Sententiose loqueris,* id est sermo-cinaris et praedicas. *Commovere,* id est commovearis ad misericordiam. *Et tu.* Verba haec sunt uxoris ad maritum. *Tu cessas.* Haec sunt verba probi

---

11 beatus: *lac. 11 fere litt. ante* eatus.   15 istum *Marx:* hunc MS.   18 non *Marx:* nam MS.   20 sententiose loqueris *bl apud Marx:* sententias eloqueris *Marx.*

93 *Will.* fol. 68rb, "Samiis, id est fictilibus vasis, quae apud Samos fiebant."
96 Ter. *Eun.*
1-2 Stat. *Theb.* 1.524-525.
6 Cf. *Auct. ad Her.* 4.50.63.
14 Hor. *Epist.* 1.8.17.
19 Cf. *De inv.* 1.17.23.

hominis ad leccatorem. *Tibi omnem,* etc. Quasi dicat: postquam me occide-
ris, amplius vivere securus non poteris. Ecce iterum mortis dissuasio.

25   *Sunt item.* Postquam dedit exemplum de sermocinatione, docet eam in
causis agendis posse fieri. *Consequentes hoc genus,* id est consimiles huic
f. 75v praedictae / sermocinationi.

4.53.66. *Conformatio est* rei absentis ad loquendum introductio sive
inanimatae. Differt autem a sermocinatione, quod in ea non est rei inanimatae
30 vel mortuae ad loquendum introductio, ut fit in conformatione. Ea vero, id
est conformatio, prosopopoeia Graece nuncupatur. < *Oratio*> *ad dignitatem*
secundum quod loqueretur, scilicet si sermone posset uti, ut fit in Aviano:

> pennatis avibus quondam testudo locuta est
> etc.,

35 *aut actio,* ut in Ovidio *Metamorphoseon* assignatur Acheloo cum Hercule
luctatio.
   Quod si nunc, etc. Hic Tullius introducit Romam loquentem contra
Catilinam et socios eius. Tropheum signum est victoriae, ut corona aurea vel
currus laureatus, triumphalis arcus et cetera talia. Triumphus est processio
40 quae fiebat honore victoris. Victoria est ipsa superatio. Triumphi certissimi
erant in quibus non dubitabatur de persona, utrum pompa eius deberet fieri,
ut de Verre dubitatum est. *Brutus.* Non qui Iulium Caesarem interfecit, sed
qui de civitate Tarquinum eiecit.
   Haec conformatio, etc. Utilitatem ostendit huius coloris. Nota omnes
45 colores per omnes partes orationis multum valere, praecipue tamen in
conclusione. In ea enim loci communes ponuntur, in quibus necesse est
consumere ornatus tam verborum quam sententiarum. *In amplificatione* id
est in indignatione. *Et commiseratione* id est conquestione.

4.53.67. *Significatio* est per id, quod dicitur, eius rei, quae non < dicitur >,
50 amplificata designatio. Differt autem a diminutione, quod ea fit causa
humilitatis et vitandae arrogantiae, haec autem causa augendae significantiae.

32 sermone: sermonem MS. | Aviano: aurano MS.   38 *ante* aurea *del.* victoriae.
47 amplificatione: amplificationis partibus *Marx,* amplificationibus *H apud Marx.*
51 augendae: agendae MS.

29 Cf. *Auct. ad Her.* 4.52.65.
31 Cf. Prisc. *Praeexerc.* 8, ed. Halm, p. 557.
33 Avian. *Fab.* 2.1.
35 Ov. *M.* 9.4.
41-42 Cf. Cic. *Verr.* 2.5.67.
44-46 Cf. *De inv.* 2.15.48.
48 Cf *De inv.* 1.53.100; 1.55.106.
50 Cf. *Auct. ad Her.* 4.38.50.

Differt quoque a praecisione, licet quandoque per ipsam tractetur, quod
praecisio est ornatus verborum, haec autem sententiarum. Hac eadem ratione
differt significatio a superlatione. Differt iterum a permutatione, quod ea
55 sumitur causa similitudinis, ista vero minime.

Haec autem pluribus modis tractatur, quoniam *ea fit per exsuperationem*,
id est superlationem, etc. *Plurimum cernis*, etc. Nota hic esse ambiguitatem.
Potest enim per hoc subintellegi vel quod in pluribus rebus est discretus vel
quod est heredipeta. Heredipetae dicebantur, qui senes decrepitos per totam
60 urbem inquirebant, et eis causa adipiscendae hereditatis eorum serviebant;
ipsique idem captatores nominantur, unde Horatius:

> quod captator emat Laenas, Aurelia vendat.

4.54.67. *Consequenda* id est adquirenda. *Ancipites* quantum ad aequivocationes, *multiplices* quantum ad amphibologias. Amphibologia [est] dicitur,
65 quando dictiones sic ordinantur, ut ex contextu suo ambiguitas oriatur, ut in
hoc versu:

> aio te Aeacida Romanos vincere posse.

Aequivocatio in sola dictione consistit, quae plurium rerum est designativa,
ut "canis."
70   *Per consequentiam* id est per commutationem, quando scilicet aliqua res
per aliam, quae ipsam comitatur, intellegitur, ut in hoc exemplo: *quiesce tu*,
etc. Per hoc quod dicitur *cuius pater*, etc., intellegitur ille cui dictum est, vel
salsamentarii vel carnificis filius vel figuli. Illi enim, qui huiusmodi officiorum
sunt, se cubito emungere solent, quia manus immundas habent. *Saturninus*
75 quidam seditiosus fuit, quemadmodum et Gracchus; cui Saturnino hoc
dictum est: *noli, Saturnine*, etc. *Festivitatis* id est pulchritudinis verborum, et
dignitatis id est gravitatis sententiarum.

4.54.68. *Brevitas est* paucis verbis rerum multarum absolutio. *Thasi*
oppidum est.

---

57 plurimum *Marx*: pluribus MS.   73 salsamentarii *CE apud Marx*: salsamentari *Marx.*

52 Cf. *Auct. ad Her.* 4.30.41.
54 Cf. *Auct. ad Her.* 4.33.44; 4.34.46.
62 Iuv. *Sat.* 5.98 (*non Horatius*).
67 Enn. *Ann.* 6.186 apud Diomedes *Gram.*, ed. Keil G L I, p. 450.
73-74 Cf. Suet. *Vita Horatii*, ed. Klingner, *Horatius, Opera* (Leipzig: Teubner, 1970),
p. 1⁺.1-5.

80   **4.55.68.** *Demonstratio est* triplicis administrationis negotii brevis et
expressa dilucidatio. Res consequentes dicuntur, quae ex aliis proveniunt, ut
ex parentis occisione furor vel perpetuus in facie pallor. Circumstantiae
autem dicuntur congruum tempus, congruus locus et talia.

Quod simul atque Gracchus, etc. In hoc exemplo notatur qualiter Gracchus
85 fuerit interfectus, a *sententia* scilicet quam ipse dederat. *Iste* scilicet interfector Gracchi. *Contorta toga* id est clamide sua ante pectus involuta. *Illi*
scilicet Graccho. *Faciebat audientiam* ut fit adhuc in conciliis, cum clamatur:
Silentium! Silentium! *Defringit* signum dando scilicet sociis. Deos incipit
precari more sermocinatorum, qui sic incipiunt praedicationem suam: Sancti
90 Spiritus adsit nobis gratia.

⟨***⟩

82 circumstantiae: *cf.* circumstantibus *E apud Marx,* circum instantibus *Marx.*
84 atque *Marx*: ac MS.   88 silentium *bis*: *s. l. add.* MS.   90 spiritus: spirito MS.

80 Cf. Theod. *Com. De Inv.*, supra p. 138.34-37.

Appendix

Thierry's commentary on the *De inventione* in the Praha manuscript, P, differs from the other manuscripts, because it is cast in the form of a marginal and interlineary gloss. The section on insinuatio, or devious exordium, is typical of P's manner of abbreviation. The comparable section of the text, based on the other manuscripts, is printed above, pp. 116.26-118.11. The description of P is found on pp. 35-36.

1.17.25. <*Sin oratio adversariorum.*> Ostendit quomodo insinuandum sit, quando persuasio adversarii animos auditorum a nobis alienat; et hoc facit cognoscere ille qui scit quibus modis fides generatur. *In marg.* fol. 16r.

Et ista insinuatio fit tribus modis: primus quando promittimus nos firme et rationabiliter responsuros. *In marg.* fol. 16r.

Sin oratio. Insinuatio, cum iam animus auditoris assentit his, quae adversarius dixit, fit tribus modis. Primus, quando promittimus nos rationabiliter respondere his, quae ipse induxit. Nam haec promissio animos auditorum ad intellegendum reducit. Secundus modus, quando dictum adversarii repraesentamus in exordio et praecipue illud quod dicere introduxit et contra illud nos promittimus dicere. Tertius modus est dubitatio propter copiam rationum; et haec dubitatio admirative est pronuntianda, scilicet "dubio, si prius vel aliud respondere debeo." *In folio inserto*, fol. 15v.

<*Sin auditoris studium defatigatio abalienavit a causa.*> Docet quomodo insinuandum sit, quando auditor defessus est. Haec autem insinuatio attentionis est et fit duobus modis, aut promittendo brevitatem maiorem quam promiseramus aut auditores recreando per aliquem iocum. *In marg.* fol. 16r.

<*Res dabit,*> causa permittit. *Supra lin.* fol. 16r.

<*Ex tempore quae nata,*> ex casu concurrit, dum loquitur. *Supra lin.* fol. 16r.

<*Apologum.*> Apologi sunt formati sermones, id est allegoricae fabulae, quae ex animalibus vel ceteris rebus per similitudinem sumuntur ad instructionem morum, cuiusmodi est illa de urbano et rustico. Fabula vero est absque ulla similitudine, ut de Medea. *In marg.* fol. 16r.

<*Fastidium,*> cibi. *In marg.* fol. 16r.

1.18.25. *Ac separatim.* Quae sunt propria principii et insinuationis dixit. Iam docet quae sunt eis communia. *In marg.* fol. 16v.

Commune est principio et insinuationi, quod debet esse sententiosum, non proverbiosum, sed multas res paucis sententiis et apertis comprehendens; utrumque autem debet esse grave, id est debet continere res magni ponderis, id est magnae validitudinis, ad commovendum et alia, quae nobis et orationi parant dignitatem. *In marg.* fol. 16v.

<*Proptereaque.*> Ponit causam, quare sic debet exordium componi. *In marg.* fol. 16v.

<*Splendoris,*> quantum ad sonoritatem. *Supra lin.* fol. 16v.

<*Festivitatis,*> quantum ad ordinem. *Supra lin.* fol. 16v.

<*Concinnitudinis,*> quantum ad consonantiam verborum. *Supra lin.* fol. 16v.

<*Propterea quod,*> ponit causam quare nimietas praedictorum est vitanda. *Supra lin.* fol. 16v.

<*Apparationis.*> Auditor credit oratorem plus in prooemio, quam in sua causa confidere. *In marg.* fol. 16v.

1.18.26. <*Vitia.*> Docuit et quae facienda sunt in prooemiis; nunc quae vitanda sunt docet. *In marg.* fol. 16v.

<*Vulgare.*> Dividit commune a vulgari, quia vulgare omnium commune est, sed commune in hac causa alterius partis est. *In marg.* fol. 16v.

<*Commutabile,*> quoque idem ab utroque dicitur unico verbo dempto vel commutato. *In marg.* fol. 16v.

<*Longum.*> Verba appellat dictionis, sed sententias orationis. *In marg.* fol. 16v.

<*Separatim.*> Veluti si homicida accusandus sit, et tu ex adulterio exordium sumas. *In marg.* fol. 16v.

<*Adnexum orationi,*> id est non comparari orationi. *Supra lin.* fol. 16v.

<*Contra praecepta est quod nihil eorum efficit,*> nec docilem, benivolum nec attentum. *Supra lin.* fol. 16v.

The lemmata from Cicero are generally not quoted by P, except on the inserted folium 15; instead each gloss is placed in the immediate vicinity of the lemma commented upon.

A NEW FRAGMENT

After the completion of this edition of Thierry of Chartres's commentary to the *De inventione*, a fragment consisting of two folios has turned up. The two folios are the inner binding of Hildesheim Dombibliothek, MS 660. They have very recently been loosened from the binding so that the verso pages can also be read.

The verso and recto of the inner front binding (in that order) cover pp. 177.43-185.85 of the present edition: "Quia ex attributis personae (ad *De inv.* 2.10.32) ... patrem veneno interfecit et viva" (ad *De inv.* 2.19.58). The recto and verso of the inner back binding cover pp. 202.22-209.60: "Ostendit locos convenientes (ad *De inv.* 2.43.125) ... postquam dixit iustitiam tri ..." (ad *De inv.* 2.53.160).

The fragment, Hi, is written in two columns, each of 46 lines, by a twelfth-century hand, corrected by a contemporary hand, Hi^{pc}.

Hi is very closely associated with the manuscript B:

179.5 habet AHMOPh: debet BHi.

184.60 iudices AHMOPh (Hi^{pc}B^{pc}): iudes B^{ac}Hi^{ac}.

178.51 iste AHMOPh: iste autem BHi.

178.59 locus est AHMOPh: locus BHi.

179.78 negotio AHMOPh: negoti BHi.

179.91 ostendat AHMOPh: ostendatur BHi.

179.94 e converso AHMOPh: et e converso BHi.

181.53 communis vero AHMOPh: communis BHi (*Cic.*).

181.67 dixi AHMOPh: dixit BHi.

182.79 causa AHMOPh: causam BHi.

183.9 feci HMOPh: feceri A: fecit BHi.

183.27 hunc totum AHMOPh: hoc totum BHi.

184.42 locus AHMOPh: locus communis BHi.

208.8 ab eisdem attributis AHMOPh: ab eisdem de attributis BHi.

209.40 quem AOPh: quod HM: quam BHi.

As indicated in the introduction and the apparatus criticus, A and B tend to shorten the formulaic indications of topics and abbreviate the lemmata at the end of the commentary. So does the Hildesheim fragment, though it more closely follows B than A, e.g.:

203.62 ostendere etc. Iste locus est ab eventu HMOPh: ostendere. Ab eventu ABHi.

206.62 certamine HMOPh: *om.* ABHi.

207.74 etc. locus HMOPh: *om.* ABHi.

207.85 locus iste est HMOPh: *om.* ABHi.

208.29 rerum etc. HOMPh (*Cic.*): rerum igitur etc. BHi: rerum igitur A.

In only four instances does Hi, for trivial reasons, diverge from B:

180.26 posuit HHi: possint A: ponit B^{pc} (ponitur B^{ac}) MOPh.

182.76 eidem ABHPh: eiusdem MOHi (repeating the eiusdem of the immediately preceding lemma).

182.82 sed isti proprii sunt accusatoris vel defensoris quia BH: sed isti loci proprii sunt accusatoris vel defensoris et MOPh: et AHi.

184.66 ante quem AHHiO: antequam BMPh.

In the other cases the Hildesheim fragment follows the readings of B — except where the corrector supplied readings from another manuscript.

The corrections in the Hildesheim fragment

A corrector filled in a number of passages omitted by the original scribe and corrected minor mistakes, by interlinear corrections. The supplied readings are taken from a manuscript within the group AH, but, as far as can be judged from the shortness of the Hildesheim fragment, neither from A nor H themselves.

185.75 fit transitus $AHHi^{pc}$: transitur BHi^{ac}MOPh.

178.68 negotio $B^{pc}HHi^{pc}$MOPh: negotia $AB^{ac}Hi^{ac}$.

179.80 eorum $AHHi^{pc}$MOPh: *om.* BHi^{ac}.

179.84 eventus $AHHi^{pc}$MOPh: eventura BHi^{ac}.

184.61 eis $AHHi^{pc}$: *om.* Hi^{ac}: et BMOPh.

184.61 nisi $AHHi^{pc}$M: si ... non BHi^{ac}: ne O: ubi Ph.

185.78 dicit $AHHi^{pc}$MOPh: *om.* BHi^{ac}.

202.25 iudicum $AHHi^{pc}$MO: iudicium BHi^{ac}: iudicis Ph.

202.30 loquitur $AHHi^{pc}$MOPh: sequitur BHi^{ac}.

203.41 doceat $AHHI^{pc}$MOPh: docet BHi^{ac}.

203.59 legislatorum HHi^{pc}MOPh: legis locorum BHi^{ac}: legis latoris A.

204.75 iste locus est HHi^{pc}MOPh: *om.* $ABHI^{ac}$.

206.48 obtemperantis AHi^{pc}MOPh: atemperantis B: obtemperanti H: temperantis Hi^{ac}.

206.47-48 ab exitu (auditu Hi^{pc}) legum et ab auctoritate scriptorum. Postea quid sit, etc. A definitione legis et $AHHi^{pc}$O: *om.* BHi^{ac}: (*vel* ab exitu legum et ab auctoritate *om.* M [*hom.*] + scriptorum. Postea quid sit, etc. A definitione legis et M).

206.51 diminuere $AHHi^{pc}$MOPh: dinumerare BHi^{ac}.

207.83-84 traducere ... congruere $AHHi^{pc}$MPh: *om.* BHi^{ac}O (*hom.*).

207.93 Primum eius scripti etc. Locus iste est ab auctoritate scripti MO: primum eius scripti etc. Locus est ab auctoritate scripti Hi^{pc}: primum eius scripti etc. Locus ab auctoritate scripti A: primum eius scripti etc. H: primum eius scripti etc. Locus iste ab auctoritate scripti Ph: *om.* BHi^{ac}.

208.4 legem AHHi^{pc}MOPh: leges BHi^{ac}.

209.31 ex appetendorum HHi^{pc}MPh: appetendorum ABHi^{ac}: expetendorum O.

209.31 bonitates HHi^{pc}Ph: bonitates sunt M: in bonitate O: voluntates (voluntas B^{ac}) B^{pc}Hi^{ac}.

209.37 divisione AHHi^{pc}MOPh: dinomine BHi^{ac}.

209.47 est ea AHHi^{pc}OPh: est BHi^{ac}M.

209.49 honestatem AHHi^{pc}MOPh: inhonestatem BHi^{ac}.

209.60 iustitia est etc. HHi^{pc}O: iustitia etc. MPh: iustitia ABHi^{ac}.

Bibliography

(List of books and articles referred to, with additional reference to printed editions of medieval Latin prescriptive rhetoric, excluding Artes Praedicandi and Artes Dictaminis).

TEXTS

Abelard. See Petrus Abaelardus.

Adam Parvipontanus. *Ars disserendi*. In *Twelfth century logic* 1. Ed. Lorenzo Minio-Paluello. Roma: Edizioni di storia e letteratura, 1956.

Aegidius Romanus. *Commentaria in Rhetoricam Aristotelis*. Venezia, 1515. Reprint. Frankfurt a. Main: Minerva, 1968.

Alanus de Insulis. See d'Alverny, Marie-Thérèse.

Alexander Nequam. See Meyer, P.

Alcuin. *Rhetorica*. See Howell, Wilbur Samuel.

Anselm de Besate. *Rhetorimachia*. Ed. Karl Manitius. In *Gunzo, Epistola ad Augienses und Anselm von Besate, Rhetorimachia*. Quellen zur Geistesgeschichte der Mittelalters 2.2. Weimar: Hermann Böhlaus Nachfolger, 1958.

Anselm of Havelsberg. *Vita Adalberti*. Ed. Philipp Jaffé. In *Monumenta Moguntina*. Bibliotheca Rerum Germanicarum 3: 565-603. Berlin: Weidmann, 1866.

Aristoteles. *Aristoteles Latinus* 1.1-5, *Categoriae vel praedicamenta*. Ed. Laurentius Minio-Paluello. Bruges-Paris: Desclée de Brouwer, 1961.

——. *Aristoteles Latinus* 3.1-4, *Analytica priora*. Ed. Laurentius Minio-Paluello. Bruges-Paris: Desclée de Brouwer, 1962.

——. *Aristoteles Latinus* 5.1-3, *Topica*. Ed. Laurentius Minio-Paluello. Bruges-Paris: Desclée de Brouwer, 1969.

——. *Aristoteles Latinus* 6.1-3, *De sophisticis elenchis*. Ed. Bernardus G. Dod. Leiden-Bruxelles: E. J. Brill-Desclée de Brouwer, 1975.

Arnulfus Aurelianensis. *Glosule super Lucanum*. Ed. Berthe Marti. *Papers and Monographs of the American Academy in Rome* 18. Rome, 1958.

Augustinus, Aurelius. *De dialectica liber*. Ed. W. Crecelius. *Jahresbericht über das Gymnasium zu Elberfeld* (Schuljahr 1856-1857). Elberfeld: Sam Lucas, 1857.

——. *Dialectica*. Ed. Jan Pinborg. In *Augustine, De dialectica*. Trans. B. Darrell Jackson. Synthese Historical Library 16. Boston-Dordrecht: D. Reidel Publishing Company, 1975.

——. *De rhetorica*. In *Rhetores Latini Minores*. Ed. Carolus Halm, pp. 135-151. Leipzig, 1863. Reprint. Frankfurt a. Main: Minerva, 1964.

Boethius, Anicius Manlius Severinus. *De differentiis topicis*. PL 64: 1173-1222.

Calcidius. *In Platonis Timaeum Commentarius.* Ed. J. H. Waszink. In *Plato Latinus* 4. *Corpus Platonicum Medii Aevi,* ed. Raymond Klibansky. London-Leiden: Warburg Institute-J. Brill, 1962.

Cicero, Marcus Tullius. *De inventione.* In *M. Tullii Ciceronis scripta quae manserunt omnia* 1.2, ed. Eduard Stroebel. Leipzig: Teubner, 1915.

[Pseudo-Cicero]. *Incerti auctoris de ratione dicendi ad C. Herennium libri quattuor.* Ed. Friedrich Marx. Leipzig: Teubner, 1894.

——. *Ad C. Herennium libri quattuor de ratione dicendi: M. Tulli Ciceronis ad Herennium libri sex.* With an English translation by Harry Caplan. London-Cambridge, Mass.: Loeb series. W. Heinemann-Harvard University Press, 1954.

[Clarembaldus de Arras]. *Life and works of Clarembald of Arras.* Ed. Nikolaus M. Häring. Pontifical Institute of Mediaeval Studies. Studies and Texts 10. Toronto: Pontifical Institute of Mediaeval Studies, 1965.

Diomedes. *Artis Grammaticae Libri Quattuor.* Ed. Heinrich Keil. Grammatici Latini 1, ed. Heinrich Keil. Leipzig, 1857. Reprint. Hildesheim: Georg Olms Verlagsbuchhandlung, 1961.

Dominicus Gundissalinus. *De divisione philosophiae.* Ed. L. Baur. Beiträge zur Geschichte der Philosophie des Mittelalters 4.2-3. Münster: Aschendorff, 1903.

Donatus. *Ars Grammatica.* Ed. Heinrich Keil. Grammatici Latini 4, ed. Heinrich Keil. Leipzig, 1864. Reprint. Hildesheim: Georg Olms Verlagsbuchhandlung, 1961.

Eberhard of Ypres. See Häring, Nikolaus M. "A Latin dialogue on the doctrine of Gilbert of Poitiers."

Fortunatianus, Gaius Chirius. *Artis Rhetoricae Libri Tres.* In *Rhetores Latini Minores,* ed. Carolus Halm, pp. 79-134. Leipzig, 1863. Reprint. Frankfurt a. Main: Minerva, 1964.

[Gilbertus Porretanus]. *The Commentaries on Boethius by Gilbert of Poitiers.* Ed. Nikolaus M. Häring. Pontifical Institute of Mediaeval Studies. Studies and Texts 13. Toronto: Pontifical Institute of Mediaeval Studies, 1966.

Grillius. *Commentum in Ciceronis Rhetorica.* Ed. Josef Martin. In "Grillius, ein Beitrag zur Geschichte der Rhetorik." *Studien zur Geschichte und Kultur des Altertums* 14.2-3. Paderborn: Ferdinand Schöningh, 1927.

Guillelmus de Conchis. *Philosophia Mundi.* (Printed as the work of Honorius of Autun.) PL 172: 38-102.

——. *Dialogus de Substantiis Physicis.* [*Dragmaticon*]. Ed. Guilielmus Grataroli. 1567. Reprint. Frankfurt a. Main: Minerva, 1967.

——. *Glosae super Platonem.* Ed. Edouard Jeauneau. Textes Philosophiques du Moyen Age 13. Paris: J. Vrin, 1965.

[Guillelmus de Lucca], *Guglielmo vescovo di Lucca, Summa dialetice artis dal Codice 614 (sec. XII) della Biblioteca Feliniana di Lucca.* Ed. Lorenzo Pozzi. Testi e Saggi 7, ed. Domenico Pesce. Padova: Liviana Editrice, 1975.

Gundissalinus. See Dominicus Gundissalinus.

Horatius, Quintus. *Opera.* Ed. Friedrich Klingner. Leipzig: Teubner, 1970.

[John of Salisbury]. *Ioannis Sarisberiensis Episcopi Carnotensis Metalogicon.* Ed. Clemens C. J. Webb. Oxford: Clarendon Press, 1929.

Martianus Capella. *Liber de Arte Rhetorica.* [*De Nuptiis Philologiae et Mercurii Liber Quintus*]. In *Rhetores Latini Minores*, ed. Carolus Halm, pp. 449-492. Leipzig, 1863. Reprint. Frankfurt a. Main: Minerva, 1964.

——. *De Nuptiis Philologiae et Mercurii.* Ed. Adolf Dick. Leipzig: Teubner, 1969.

Nicolaus Dybinus. *Declaracio Oracionis de Beata Dorothea. Studies and Documents in the History of Late Medieval Rhetoric.* Ed. Samuel Peter Jaffe. Beiträge zur Literatur des XV bis XVIII Jahrhunderts 5. Wiesbaden: Franz Steiner Verlag, 1974.

[Otto of Freising]. *Ottonis et Rahewini Gesta Friderici I. Imperatoris.* Ed. Georgius Waitz. Third edition. Scriptores rerum Germanicarum ad usum Scholarum. Hannover-Leipzig: Hahn, 1912.

Petrus Abaelardus. *Dialectica.* Ed. Lambert Maria de Rijk. Second edition. Assen: Van Gorcum, 1970.

——. *Historia Calamitatum.* Ed. Jacques Monfrin. Third edition. Paris: J. Vrin, 1967.

——. *Pietro Abelardo. Scritti di Logica: Introductiones Dialecticae – editio super Porphyrium. Glossae in Categorias – editio super Aristotelem, De interpretatione. De divisionibus. Logica Ingredientibus.* Ed. Mario dal Pra. Second edition. Pubblicazioni della Facolta di Lettere e Filosofia dell'Universita di Milano 34. Sezione a cura dell'Istituto di Storia della Filosofia 3. Firenze: La Nuova Editrice, 1969.

——. *Theologia Christiana.* Ed. Eligius M. Buytaert. Corpus Christianorum: Continuatio Mediaevalis 12. Turnhout: Brepols, 1969.

Petrus Helias. See also Reilly, Leo.

Petrus Helias. "The summa of Petrus Helias on Priscianus Minor." Ed. James E. Tolson. *CIMAGL* 27-28 (1978).

Ptolemeus. *Ptolemei Opera Minora.* Ed. Johan Ludvig Heiberg. Leipzig: Teubner, 1907.

Priscianus. *Institutionum Grammaticarum Libri octodecim.* Ed. Martinus Hertz. Grammatici Latini 2-3, ed. Heinrich Keil. Leipzig, 1855-1859. Reprint. Hildesheim: Georg Olms Verlagsbuchhandlung, 1961.

Radulphus de Longo Campo. *In Anticlaudianum Alani Commentum.* Ed. Jan Sulowski. Polska Akademia Nauk, Zakład historii nauki i techniki. Zródła do dziejów nauki i techniki 13. Wrocław-Warszawa-Kraków-Gdańsk, 1972.

Rhetores Latini Minores. Ed. Carolus Halm. Leipzig, 1863. Reprint. Frankfurt a. Main: Minerva, 1964.

Robertus Kilwardby. *De ortu scientiarum.* Ed. Albert G. Judy. *Auctores Britannici medii aevi* 4. London-Toronto: The British Academy-Pontifical Institute of Mediaeval Studies, 1976.

Tuelfus. *Chronicon Mauriniacensis Monasterii.* PL 180: 131-176.

[Theodoricus Brito]. *Commentaries on Boethius by Thierry of Chartres and his school.* Ed. Nikolaus M. Häring. Pontifical Institute of Mediaeval Studies. Studies and Texts 20. Toronto: Pontifical Institute of Mediaeval Studies, 1971.

Victorinus, Quintus Fabius Laurentius. *Explanationes in Rhetoricam M. Tullii Ciceronis.* In *Rhetores Latini Minores,* ed. Carolus Halm, pp. 153-310. Leipzig, 1863. Reprint. Frankfurt a. Main: Minerva, 1964.
William of Conches. See Guillelmus de Conchis.

ARTICLES AND BOOKS

d'Alverny, Marie-Thérèse. "Notes sur les traductions médiévales d'Avicenne." *Archives d'Histoire Doctrinale et Littéraire du Moyen Age* 27 (1952) 337-358.
——. *Textes inédites d'Alain de Lille.* Etudes de Philosophie Médiévale 52. Paris: J. Vrin, 1965.
Benton, John P. "Philology's search for Abelard." *Speculum* 50 (1975) 199-217.
Botschuyver, H. J. *Scholia in Horatium* λ φ ψ *Codicum Parisinorum Latinorum* 7972, 7974, 7971. Amsterdam: H. A. Van Bottenburg, N.V., 1935.
——. *Scholia in Horatium* א ב *in codicibus Latinis 17897 et 8223 obvia, quae ab Heirico Autissiodorensi profecta esse videntur.* Amsterdam: H. A. Van Bottenburg, N. V., 1942.
Burnett, Charles F. "Arabic into Latin in twelfth century Spain: the works of Hermann of Carinthia." *Mittellateinisches Jahrbuch* 13 (1978) 100-134.
Callus, Daniel A. "Introduction of Aristotelian learning to Oxford." *Proceedings of the British Academy* (1943) 229-281.
Caplan, Harry. "A medieval commentary on the *Rhetorica ad Herennium.*" In *Of eloquence: studies in ancient and mediaeval rhetoric by Harry Caplan,* ed. Anne King and Helen North. Ithaca: Cornell University Press, 1970, pp. 247-270.
Catalogus Codicum Latinorum Bibliothecae Regiae Monacensis. 2nd ed. 2 vols. Ed. Carolus Halm, G. Laubmann and others. München, 1868-1881.
A Catalogue of the Harleian Manuscripts in the British Museum. 4 vols. Ed. by R. Nares and others. London, 1808-1812.
Chatillon, Jean. "Les écoles de Chartres et de Saint-Victor." *La scuola nell'Occidente latino dell'alto Medioevo*; 15-21 *Aprile* 1971: *Settimane di Studio del Centro italiano di studi sull'alto Medioevo* 19. Spoleto, 1972, pp. 795-839.
Clerval, A. *Les Ecoles de Chartres au Moyen-Age du Ve au XVIe siècle.* Paris, 1895. Reprint. Frankfurt a. Main: Minerva, 1965.
Courcelle, Pierre. "Pages inédites de Grillius sur le De inventione." *Revue de Philologie de littérature et d'histoire ancienne* 3ème série 29.1 (1955) 34-38.
Delhaye, Philippe. "L'Enseignement de la philosophie morale au XIIe siècle." *Mediaeval Studies* 11 (1949) 77-99.
Dickey, Mary. "Some commentaries on the De inventione and Ad Herennium of the eleventh and early twelfth centuries." *Mediaeval and Renaissance Studies* 6 (1968) 1-41.
Dronke, Peter. "Mediaeval rhetoric." In *The mediaeval world.* Literature and Western Civilization 2, ed. David Daiches and Anthony Thorlby, pp. 315-345. London: Aldus Books, 1973.

——. "New approaches to the school of Chartres." *Anuario de estudios medievales* 6: 1969 (1973) 117-140.

Ellis, Robinson. "Petronianum." *Journal of Philology* 9 (1880) 61.

Faral, Edmond. *Les arts poétiques du XIIᵉ et du XIIIᵉ siècle.* Bibliothèque de l'Ecole des hautes études 238. Paris 1923. Reprint. Paris: Honoré Champion, 1971.

Forshall, J. *Catalogue of Manuscripts in the British Museum, New Series: The Arundel and Burney Manuscripts.* 3 vols. London, 1834.

Fredborg, Karin Margareta. "The commentary of Thierry of Chartres on Cicero's De inventione." *CIMAGL* 7 (1971) 1-36.

——. "The dependence of Petrus Helias' Summa super Priscianum on William of Conches' Glose super Priscianum." *CIMAGL* 11 (1973) 1-57.

——. "Petrus Helias on rhetoric." *CIMAGL* 13 (1974) 31-41.

——. "The commentaries on De inventione and Rhetorica ad Herennium by William of Champeaux." *CIMAGL* 17 (1976) 1-39.

——. "Tractatus Glosarum Prisciani in MS Vat. Lat. 1486." *CIMAGL* 21 (1977) 21-44.

——. "Some notes on the grammar of William of Conches." *CIMAGL* 37 (1981) 21-41.

——. "Twelfth century Ciceronian rhetoric: its doctrinal development and influences." In *Rhetoric revalued. Papers from the International Society for the History of Rhetoric,* ed. Brian Vickers, pp. 87-97. Medieval and Renaissance Texts and Studies vol. 19. International Society for the History of Rhetoric, Monograph 1. Binghampton, New York: Medieval and Renaissance Texts and Studies, 1982.

Gibson, Margaret T. Introduction to "The Summa of Petrus Helias on Priscianus Minor, ed. James E. Tolson." *CIMAGL* 27-28 (1978) 159-166.

Girard, Paul Frédéric and Felix Senn. *Textes de droit romain.* 7th ed. Paris: Dalloy, 1967.

Gregory, Tullio. *Anima mundi: la filosofia di Guglielmo di Conches e la scuola di Chartres.* Pubblicazioni dell'Istituto di filosofia dell'Universita di Roma 3. Firenze: G. C. Sansoni, 1955.

Hagen, Hermann. *Catalogus Codicum Bernensium.* 2 vols. Bern, 1875.

Häring, Nikolaus M. "A Latin dialogue on the doctrine of Gilbert of Poitiers." *Mediaeval Studies* 15 (1953) 243-289.

——. "Thierry of Chartres and Dominicus Gundissalinus." *Mediaeval Studies* 26 (1964) 271-286.

——. "The writings against Gilbert of Poitiers by Geoffrey of Auxerre." *Analecta Cisterciensia* 22 (1966) 3-83.

——. "Chartres and Paris revisited." In *Essays in honour of Anton Charles Pegis,* ed. J. Reginald O'Donnell, pp. 268-329. Toronto: Pontifical Institute of Mediaeval Studies, 1974.

Hartmann, Wilfried. "Manegold von Lautenbach und die Anfänge der Frühscholastik." *Deutsches Archiv für Erforschung des Mittelalters* 26.1 (1970) 47-149.

Hauréau, Barthélemy. No title. *Journal des Savants* (1884) 516-517.

Henry, Desmond Paul. *The logic of Saint Anselm.* Oxford: Clarendon Press, 1967.

Howell, Wilbur Samuel. *The Rhetoric of Alcuin and Charlemagne: A translation with an introduction, the Latin text and notes.* Princeton Studies in English 23. Princeton: Princeton University Press, 1941.

Hunt, Richard William. "Studies on Priscian in the eleventh and twelfth centuries 1: Petrus Helias and his predecessors." *Mediaeval and Renaissance Studies* 1.2 (1941-1943) 194-231. Reprint in *Richard William Hunt, The history of grammar in the Middle Ages: Collected papers,* ed. Geoffrey L. Bursill-Hall, pp. 1-38. Amsterdam Studies in the theory and history of linguistic science, series 3. Studies in the history of linguistics 5. Amsterdam: John Benjamins, 1980.

——. "Studies on Priscian in the eleventh and twelfth centuries 2: the school of Ralph of Beauvais." *Mediaeval and Renaissance Studies* 2 (1950) 1-56. Reprint. *Richard William Hunt, The history of grammar in the Middle Ages,* pp. 39-94.

——. "The Introductions to the 'Artes' in the twelfth century." *Studia in honorem admodum reverendi patris Raymundi Josephi Martin,* pp. 85-112. Brügge: Societas editorum "De Tempel," 1948. Reprint. *Richard William Hunt, The history of grammar in the Middle Ages,* pp. 117-144.

——. *The history of grammar in the Middle Ages: Collected papers,* ed. Geoffrey L. Bursill-Hall. Amsterdam Studies in the theory and history of linguistic science, series 3. Studies in the history of linguistics 5. Amsterdam: John Benjamins, 1980.

——. (†) "The history of grammar in the Middle Ages, additions and corrections, edited by Margaret T. Gibson and Susan P. Hall." *Bodleian Library Record* 11.1 (1982) 9-19.

Huygens, Robert B. C. "Mitteilungen aus Handschriften." *Studi Medievali* 3a. serie 3.2 (1962) 747-772.

——. "Guillaume de Tyr étudiant: un chapitre (XIX.12) de son 'Histoire' retrouvé." *Latomus* 21 (1962) 811-829.

James, Montague Rhodes. "Manuscripts from Essex monastic libraries." *Essex Archaeological Society, Transactions* 21 (1933-1934) 34-46.

Jeauneau, Edouard. "Le *prologus in Eptateuchon* de Thierry de Chartres." *Mediaeval Studies* 16 (1954) 171-175. Reprint. Edouard Jeauneau, "*Lectio philosopho-rum,*" pp. 87-91. Amsterdam: Adolf M. Hakkert, 1973.

——. "Deux rédactions des gloses de Guillaume de Conches sur Priscien." *Recherches de théologie ancienne et médiévale* 27 (1960) 212-247. Reprint. "*Lectio philosophorum,*" pp. 335-370.

——. "Macrobe, source du platonisme chartrain." *Studi Medievali* 3a serie 1.1 (1960) 3-24. Reprint. "*Lectio philosophorum,*" pp. 279-300.

——. "Note sur l'Ecole de Chartres." *Studi Medievali* 3a serie 5.2 (1964) 821-865. Reprint. "*Lectio philosophorum,*" pp. 5-49.

——. " 'Nani gigantum humeris insidentes': essai d'interprétation de Bernard de Chartres." *Vivarium* 5 (1967) 79-99. Reprint. "*Lectio philosophorum,*" pp. 53-73.

——. *"Lectio philosophorum": Recherches sur l'Ecole de Chartres.* Amsterdam: Adolf M. Hakkert, 1973.

Kelly, Douglas. "Topical invention in medieval French literature." In *Medieval eloquence*, ed. James J. Murphy, pp. 231-251. Berkeley-Los Angeles-London: University of California Press, 1978.

Ker, Neil R. *Medieval libraries of Great Britain.* Royal Historical Society: Guides and handbooks no. 3. 2nd edition. London: Offices of the Royal Historical Society, 1964.

Klibansky, Raymond. "Peter Abailard and Bernard of Clairvaux." *Mediaeval and Renaissance Studies* 5 (1961) 1-27.

——. "The school of Chartres." In *Twelfth-century Europe and the foundations of modern society*, ed. Marshall Clagett, Gaines Post and R. Reynolds, pp. 3-8. Madison, 1961.

Lépinois, E. and Lucien Merlet. *Cartulaire de Notre-Dame de Chartres.* 3 vols. Chartres, 1862-1865.

Lesne, E. *Les Ecoles de la fin du VIIIe siècle à la fin du XIIe siècle.* Histoire de la Propriété ecclésiastique en France 5. Mémoires et travaux publiés par des professeurs des Facultés catholiques de Lille 50. Lille, 1940.

Lewry, P. Osmond. "Rhetoric at Paris and Oxford in the mid-thirteenth century." *Rhetorica. A journal of the History of Rhetoric* 1.1 (1983) 45-63.

Lohr, Charles. "Medieval Latin Aristotle commentaries, authors A-F." *Traditio* 23 (1967) 313-413.

Lottin, Odon. *Psychologie et morale aux XIIe et XIIIe siècles 5: problèmes d'histoire littéraire, l'école d'Anselme de Laon et de Guillaume de Champeaux.* Gembloux: Duculot, 1959.

Luscombe, David E. *The school of Peter Abelard.* Cambridge Studies in medieval life and thought, new series 14. Cambridge: Cambridge University Press, 1969.

Manitius, Karl. "Zur Überlieferung des sogenannten Auctor ad Herennium." *Philologus* 100 (1956) 62-66.

Manitius, Max. *Geschichte der lateinischen Literatur des Mittelalters.* 3 vols. Handbuch der Altertumswissenschaft 9.2. München: C. H. Beck'sche Verlagsbuchhandlung, 1911-1931.

Marchal, J. *Catalogue des manuscrits de la Bibliothèque Royale des Ducs de Bourgogne.* 3 vols. Bruxelles-Leipzig, 1842.

Marti, Berthe M. "Literary criticism in the mediaeval commentaries on Lucan." *Transactions of the American Philological Association* 72 (1941) 245-254.

Masai, François. "Manuscrit et codicologie 3: Extraits du commentaire de Thierry de Chartres au *De inventione* de Cicéron." *Scriptorium* 5 (1951) 117-123.

——. "A propos du commentaire de Thierry de Chartres au *De inventione* de Cicéron." *Scriptorium* 5 (1951) 308-309.

Mattmann, Romuald. *Studien zur handschriftlichen Überlieferung von Cicero's De inventione. Die Schweitzer Handschriften mit De inventione im Verhältnis zu den ältesten codices.* Seges philologische und literarische Studien und Texte herausgegeben von der Philosophische Fakultät des Universitäts 20. Freiburg in d. Schweiz: Universitätsverlag, 1975.

McKeon, Richard. "Rhetoric in the Middle Ages." *Speculum* 17 (1942) 1-32.

Merula, P. G. F. P. N. *Codices manuscripti III: Codices Bibliothecae Publicae Latini, Bibliothecae Universitatis Leidensis.* Leiden: Brill, 1912.

Meyer, P. "Notice sur les Corrogationes Promethei d'Alexandre Neckam." *Notices et extraits des manuscrits de Bibliothèque Nationale* 35.2 (Paris, 1897) 641-682.

Miller, Joseph M., M. H. Prosser, and Th. W. Benson. *Readings in medieval rhetoric.* Bloomington, Indiana: Indiana University Press, 1973.

Minio-Paluello, Lorenzo. "Note sull'Aristotele latino medievale." *Rivista di filosofia neo-scolastica* 46 (1954) 211-231. Reprint in Lorenzo Minio-Paluello, *Opuscula: The Latin Aristotle*, pp. 229-249. Amsterdam: Adolf M. Hakkert, 1972.

———. "Note sull'Aristotele latino medievale." *Rivista di filosofia neo-scolastica* 50 (1958) 212-22. Reprint. *Opuscula: The Latin Aristotle*, pp. 377-387.

Minnis, Alastair. *Medieval theory of authorship: Scholastic literary attitudes in the later Middle Ages.* London: Scholar Press, 1984.

Munari, Franco. "Citazioni e imitazioni classiche nell'Ars Versificatoria de Matteo di Vendôme." *Rivista di filologia e di istruzione classica* 3a serie 99 (1971) pp. 441-448.

Munk Olsen, Birger. *L'Etude des auteurs classiques latins aux XIᵉ et XIIᵉ siècles.* 1-2. Paris: Editions du Centre National de la Recherche scientifique, 1982-1985.

Murphy, James J. *Rhetoric in the Middle Ages.* Berkeley-Los Angeles-London: University of California Press, 1974.

Nielsen, Lauge Olaf. *Theology and philosophy in the twelfth century: a study of Gilbert Porreta's thinking and the theological expositions of the doctrine of the incarnation during the period 1130-1180.* Acta Theologica Danica 15. Leiden: Brill, 1982.

Parent, J. M. *La doctrine de la création dans l'Ecole de Chartres: étude et textes.* Publications de l'Institut d'Etudes Médiévales d'Ottawa 8. Paris-Ottawa: J. Vrin-Institut d'Etudes Médiévales, 1938.

Poole, Reginald L. "The masters of the schools at Paris and Chartres 1136-1146." *English Historical Review* 35 (1920) 321-342. Reprint in *Studies in chronology and history*, ed. A. L. Poole, pp. 223-247. Oxford, 1934.

Quadlbauer, Franz. "Zur Nachwirkung und Wandlung des Ciceronischen Rednerideals." *Ars Rhetorica antica e nuova.* Pubblicazioni di filologia classica e médiévale 83. Università di Genova. Facoltà di lettere (1984) 77-116.

———. *Die antike Theorie der Genera dicendi im lateinischen Mittelalter.* Sitzungsberichte der Österreichische Akademie der Wissenschaften. Phil.-Hist. Klasse 241. 2. (Wien, 1962) 1-292.

Reilly, Leo. "Petrus Helias' Summa super Priscianum I-III: an edition and study." Ph.D. dissertation. University of Toronto, 1975. University Microfilms International Ann Arbor, Michigan-London, no. 7816107.

Rijk, Lambert Maria de. "Some new evidence on twelfth century logic." *Vivarium* 4.1 (1966) 1-57.

———. *Logica Modernorum* 1. Assen: Van Gorcum, 1962.

Schenkl, H. "Bibliotheca Patrum Latinorum Britannica." *Sitzungsberichte der Kaiserliche Akademie der Wissenschaften. Phil.-Hist. Klasse* 127.9 (1892).

Scaglioni, Aldo. *The classical theory of composition from its origin to the present: a historical survey.* Chapel Hill: The University of North Carolina Press, 1972.

Southern, Richard W. *Medieval humanism and other studies.* Oxford: Basil Blackwell, 1970.

———. "The schools of Paris and the School of Chartres." In *Renaissance and Renewal in the Twelfth Century,* ed. Robert L. Benson and Giles Constable with Carol D. Lanham, pp. 113-137. Oxford: Clarendon Press, 1982.

Stegmüller, Friedrich. *Repertorium Commentariorum in Sententias Petri Lombardi.* 2 vols. Würzburg: F. Schöningh, 1947.

Suringar, W. H. D. *Historia Critica Scholiastarum Latinorum.* Leiden, 1843.

Thomas, Paul. "Deux citations du iurisconsulte Paul." *Revue de l'instruction publique en Belgique* 21 (1878) 30-31.

———. "Un commentaire du Moyen Âge sur la Rhétorique de Cicéron." *Mélanges Graux,* pp. 41-45. Paris: Ernest Thorin, 1884.

Truhlár, Joseph. *Catalogus codicum manu scriptorum latinorum qui in C. R. Bibliotheca Publica atque Universitatis Pragensis asservantur.* 2 vols. Praha: Ed. Gregr & filii, 1905.

Vernet, André. "Une remaniement de la *Philosophia* de Guillaume de Conches." *Scriptorium* 1 (1946-1947) 247-252.

———. "Une épitaphe de Thierry de Chartres." *Recueil de travaux offert à M. Clovis Brunel* 2: 660-670. Paris, 1955.

Ward, John O. "The constitutio negotialis." *Prudentia* 1.2 (New Zealand, 1969) 29-48.

———. "The date of the commentary on Cicero's 'De inventione' by Thierry of Chartres (ca. 1095-1160?) and the Cornifician attack on the Liberal Arts." *Viator* 3 (1972) 219-273.

———. "Artificiosa eloquentia in the Middle Ages." Ph.D. dissertation. Toronto, Pontifical Institute of Mediaeval Studies, 1972.

———. "From Antiquity to the Renaissance: glosses and commentaries on Cicero's *Rhetorica.*" In *Medieval Eloquence,* ed. James J. Murphy, pp. 25-84. Berkeley-Los Angeles-London: University of California Press, 1978.

Weijers, Olga. "The chronology of John of Salisbury's studies in France (Metalogicon II.10)." In *The world of John of Salisbury,* ed. Michael Wilks, pp. 109-116. Studies of Church History, Subsidia 3. Oxford, 1984.

Wisén, Magne. *De scholiis Rhetorices ad Herennium codice Holmiensi traditis.* Stockholm: Iduns, 1905.

Zechmeister, Joseph. *Scholia Vindobonensia ad Horatii Artem Poeticam.* Wien: C. Geroldum Filius, 1877.

Index exemplorum Theodorici

Examples from the *De inventione* and *Rhetorica ad Herennium* are not included. For verses quoted from classical authors, please refer to the *index verborum* under the name of the author. Numbers refer to page and line.

Abraham 346.39 scriptum est quoniam Abraham duos filios habuit

Aeneas 115.05 ut Verg. pro turpi facto Aeneae inducit quomodo patrem sustulit

aequabile 190.40 ae. est sicut: ne feceris alii, quod tibi non vis fieri

amor 148.57 quidam eventus raro, ut amor raro habet bonum eventum; 176.83 omnia vincit amor (Verg.)

Antonius 145.77 ut Helena Troiani, sic tu, Antoni, huius belli semen fuisti (Cic.)

artes liberales 136.51 aliquem non machinari malum ... quod in liberalibus a. occupatus est

caelum 237.71 affirmationem, scilicet caelum rotundum est

canis 360.69 aequivocatio ut canis

Canius 87.75 utrum Canius contra Gaium coniuraverit (Boeth.)

canonicus 257.19 si concederetur alicui sexagentario canonico quod in choro pilleatus

Carolus 233.37 Carolus fuit rex Francorum

Charinus 120.69 ut Charinus sperat habere Philomenam (Ter.); 235.93 metum in Charino (Ter.)

cognata 141.52 si quis ad cognatam eius, quam ducturus est, iret coram multis ...

conventio 190.39 conventio vincit legem

Davus 235.97 ut de Davo qui detrusus in pistrinum (Ter.)

defensor 93.62 si defensor patriae meretur praemium, desertor dignus est poena

definitio 128.22 unde adest definitio, et quod definitur (Boeth.)

Demea 120.68 severus sicut Demea (Ter.); 235.92 asperitatem, sicut in Demea (Ter.)

Deus 346.43 semen est verbum Dei, bona terra corda fidelium (Luke)

disciplina 232.30 disciplina pro disciplina

dives 286.36 aliquis ex inventione thesauri subito fit dives

dominus 330.64 vitiose effertur ut dominus

domus 325.89 domus ridet argento (Hor.)

Eurialus 117.82 veluti Eurialus iocunde sonat (Aug.); 233.64 lenem pronuntiationem ut Eurialus (Aug.)

exul 93.61 si licet iugulare exulem, licet et verberare

filius 181.49 filius non interfecit patrem, quoniam huic rei natura repugnat; 286.37 ut filii armigeres sunt, servorum filii servi

frango 232.31 franso pro frango

furtum 250.19 cum furto surrepta pecunia alicubi defossa tormentis aliquo exigitur

Galla 232.10 Gallam subigo

genus 128.22 cui adest species, et genus

Glycerium 235.98 ut de Glycerio, quae inventa est Attica civis (Ter.)

heres 136.66 si quis heres alicuius regni nascatur; 190.36 in quo remanserit heres, det marcam argenti; 239.22 heres meus esto milesi (Mart. Cap.)

homo 89.47 si est homo, est animal; sed si est animal, est substantia; ergo ...; 135.41 (debes) istum hominem imitari, quia perfectus est in virtutibus

ignis 251.35 ignis non exstat sine fumo

ira 176.83 ira furor animi est

iudex 353.55 iudices, id memoratum tenete, circa id occupati estote

Iulus 352.25 cui nomen Iulo (Verg.)

Iuppiter 234.67 Iovem ego maximum, optimum vellem adesse, iudices !

iuvenis 120.73 quod iuvenes misericordia commoventur erga amicas (Ter.)

libido 119.32 nam in amoenis locis libido citius commoveri solet

magister 135.40 debes ire ad illum magistrum quia perfectus est in artibus

maiores 190.28 sicut maioribus assurgatur

Medea 119.48 ut angues volantes trahebant currum Medeae

Micio 119.42 ut Micio introducit Demeam talibus utentem verbis quibus rigor ... (Ter.); 120.68 lenis sicut Micio (Ter.); 235.93 lenitatem, ut in Micione (Ter.)

miles 234.68 Iudices, sustinete partem miseri militis vestri; 278.80 si miles strenuus et in bellicis artibus educatus ... mihi credendum

monachus 286.38 ut si quis sponte sua monachus efficiatur

natura 147.49 natura enim nescit mentiri; 277.40 ingenio pollet cui vim natura negavit

nequam 135.36 nequam est quia servus est, superbus quia dives

nobilis 115.04 si quis pro turpi facto nobilis personae eius nobilitatem opponat

odium 146.09 ut consequi solet odium arrogantiam; 148.56 quidam eventus semper, ut arrogantiam odium

Orestes 52.61 an Orestes iure occiderit matrem an non; 124.91 si accusator Orestis: aliud de hac re quam narravi ... aliud in causa

os 152.95 os humerosque deo similis (Verg.)

pactum 276.40 pactum legem vincit

pallor 147.48 ut pallor indicat vel mentis trepidatio

Pamphilus 120.70 ut alius idem metuit ut Pamphilus (Ter.); 235.93 spem in Pamphilo (Ter.)

parentes 235.94 ut in parentibus dissimulantibus se suos filios amare (Ter.)

parricida 92.59 si patris interfector culleo insuitur, haec poena ... matricidam; 240.46 damnatus parricidii os lupino folliculo, in culleo ... simia, gallus ...

pater 115.04 si quis dicat "memento patris eius"; 120.71 quod patres dissimulant amorem filiorum, errant in notitia filiarum (Ter.); 330.66 durus pater, improba lena (Ov.)

pauper 136.62 si quis sponte se faciat pauperem ...

petulans 281.80 et poterit dici petulans, quae rustica non est / et poterit ... (Ov.)

poenitentia 146.09 ut poenitentia malum factum consequi solet

Pompeius 130.94 si quis dicat Pompeium diligere favorem

pratum 325.90 prata rident floribus

Priamus 233.38 fortunam Priami cantabo et nobile bellum (Hor.)

regis dignitas 257.24 ut regis dignitas obstat ne ipse excommunicetur, nisi prius ... in Roma

reus 245.34 de domo sua solus exivit, qui suis sacculis nullos ... socios, crepusculo

ridiculus 309.24 ut si in fronte alicuius humanae imaginis cervi cornua constituamus

Roscius 181.46 Sex. Roscius, cum caedes facta est, Romae non fuit; ergo ... (Cic.)

rubor 147.47 rubor vultus testimonio est quid ipse egerit

Scipio 144.53 ut Scipio solus et privatus interfecit Gracchum ... Catilinam (Cic.)

series 234.73 longa retro series (Stat.)

sermocinator 361.89 more sermocinatorum qui sic incipiunt praedicationem suam: Sancti ...

servus 136.65 si quis servus a parentibus nascatur

Sinon 115.08 velut Sinon apud Vergilium defensionem suam dissimulat

Socrates 97.21 sapientior est So. in grammatica quam Plato in dialectica

sonus 343.53 imitationem soni, ut ... turtur, tintinnabulum

Sulla / Silla 136.76 quia est de domo Sillae, fecit hoc

taurus 153.97 qualis mugitus fugit cum saucius aram / taurus (Verg.)

tempus 214.18 nunc aliud tempus, alii pro tempore mores

Index verborum textus

Mainly proper names and terms and concepts which are the subject of description or definition are included. "Tullius" occurs so often in the text that it is not listed. Numbers refer to page and line.

ambitus 246.79 a. et ambitio

amicitia 65.16; 210.66; 210.87 species amicitiarum

amphibologia 165.88; 254.28; 360.64

Amphion 271.69

amplificatio 296.97 a. (vocis) refertur ad conclusionem; 300.31

amplitudo 183.21

Amulius 307.36

anceps genus 110.55 a. g. causae ex una parte honesta ...; 111.92; 227.78

animus 132.49 a. attributum personae, locus argumenti

annales 58.75 a. aut historiae

annus 257.11 maior annis LX

antecedens 90.68 a. assumit

antiqui 159.09

antiquitus 257.26 a. dicebatur "pango, pangis, pepigi"

antiquus 126.54 antiquioribus rhetoribus

aperta 96.61 a. deprecatio numquam apud iudices

apertius 354.94 a. causa dicendi similitudo

apologus 117.62 a. allegorica fabula; 231.05

apostrophe 333.41 a. (color)

apparatus 234.70 nimium apparate

appellativum 75.42 a. vocat Grillius causam sine certa persona; 75.42 a. communis locus

appetendus 209.31 appetendorum: bona in se, propter aliud, et in se et utilia

appetitus 61.71 a. naturales

approbatio 245.51 a. continet testimonium personae (loc. attr. neg.); 262.69 a. propositionis secunda pars argumentationis; 262.69 assumptionis a. quarta pars argumentationis; 264.45 a. propositionis; 264.46 a. assumptionis

arbiter 249.59 a. magistros vitae, paedagogos

arbitrium 133.61

Archadis 107.08 A. viz. Hermes

Archemorus 171.73

argentarius 256.89

argumentare 127.72 a. proprium confirmationis est

argumentatio 127.86 a. more suo argumenta appellat; 127.93 a. explicatio argumenti per orationem; 127.95 a. Tullius expolitionem argumenti vocat; 148.83 a. argumentum appellat; 154.31 a. expolitio argumentorum; 154.36 exemplum et enthymema argumentationes, non tamen

expolitiones; 245.26 a. id est argumenta; 261.37 a. = argumenta; 261.62; 262.68 partes a.: propositio, eius approbatio, assumptio, approbatio, conclusio; 264.45 a. quinquepertita; 264.47 partes a.: propositio, ratio, rationis confirmatio, exornatio, conclusio

argumentum 119.49 a. narratio rei fictae et verisimilis, species digressionis; 127.74 a. alia probabilia, alia necessaria; 127.89 rationes argumentandi vocat a.; 127.92 a. est ratio rei dubiae faciens fidem; 136.69 ex qua vi ipsius rei capiatur argumentum; 144.36 "sumuntur argumenta non ex contrarietate, sed ex contrario"; 148.74 non solum res, sed etiam secundum quam vim in a. adducatur; 148.79 genera argumentorum: probabile ac necessarium; 148.83 argumentationem a. appellat; 149.93 a. necessarium dividit per modos; 150.26 a. probabile; 150.29 a. probabile dividit ... locos ipsos argumenti; 153.24 a. necessarium, a. probabile; 160.17 a. non expolitio; 162.83 a. probabile: credibile, iudicatum etc. loci sunt argumentorum; 162.95 a. necessarium, divisiones vel consequentiae; 173.04; 225.97 si vera a. non suppetunt, debet invenire verisimilia; 234.83 a. (species narrationis poeticae); 237.54 a. necessarium, probabile; 245.36 debent esse a. narrationi adinmixta; 245.49 a. continet triplicem facti administrationem; 249.62 a. a gestione negotii, a triplici administratione negotio; 249.65 a. certioribus; 251.25; 261.36 a. expolitione; 275.77 a. vs. locus communis; 283.41 a. necessarium iudicialis generis; 293.86 qua ratione necessaria a. praeponi oporteat probabilibus; 346.44

arida oratio 327.73 a. o. affinis attenuatae figurae

ariolus 356.47

Aristippus 215.27

Aristoteles 53.88 A. in primo Topicorum; 56.04; 57.34; 66.43; 73.74 A. de materia rhet.; 74.07; 76.84; 122.24 a. in Categoriis; 145.86; 237.76

Arithmetica 313.15 in secundo Arithmeticae prologo

armarium 85.09

ars 51.49 definitio artis; 56.04 Plato affirmaverat rhet. non esse artem; 69.38 a. vs. usus; 71.41 a. regulis artet; 76.81 loqui ex arte vs. loqui de arte; 76.95 ars integra; 134.98 a. vs. scientia; 244.10; 271.74; 275.86 a. est constitutio utilis et honesti; 294.25 figura vocis profecta a natura, a. et studio; 309.10 debet a. imitari naturam; 314.40 sicut per testes confirmatio, sic per exempla artis praeceptio; 318.67 scribere de arte vs. scribere ex arte; 319.01 dicta exempla ex arte; 320.48 nemo unus totam artem consequi possit; 322.01 in dicendo a. occultatur, in praecipiendo vero declaratur

ars extrinsecus 50.19; 72.52 quae ante prooemium dicta sunt; 77.24; 78.31

ars intrinsecus 50.21; 77.25; 78.31

ars liberalis 133.64 a. l. septem, quae liberis ante virilem vestem tradebantur

ars rhetorica 49.14 circa a. rhet. decem consideranda sunt; 49.15 quid ipsa ars sit; 221.01 quid ipsa rhetorica sit

arteria 298.66

artes 67.53 a. theoricas et practicas

articulus 335.11 a. (color)

artifex 49.16 a. artis rhetoricae; 54.25 a. est orator; 221.03 a. artis rhetoricae; 315.76 summus a.

artificium 71.21 a. rhetoris scientiam docendi artem rhetoricam; 133.69

ascendere 324.67 a. (de figura orationis ad aliam figuram)

Aspasia 155.55

assertio 92.42 a. legis; 92.48 a. naturae

assumptio 90.65 a. a secundo ad tertium; 157.21 a. syllogismi; 158.56; 262.69 a. tertia pars argumentationis; 264.46

assumptiva 93.91 a. iuridicialis constitutio; 94.22 partes a.: comparatio, relatio, remotio, concessio; 98.41 divisio assumptivae constitutionis; 98.47 partes assumptivae non sunt constitutiones; 197.81 a. in quibus de natura aequi et iniqui; 197.81 constitutio de ratione praemii aut poenae species est assumptivae; 203.39 a. sententia

asystaton 80.52 a. sine statu; 82.28; 182.04

Athenae 333.45

Athenienses 321.66

Atreus 346.52

attentio 111.89 a., benivolentia, docilitas; 116.51 insinuatio attentionis: promissio brev., recreatio; 233.59

attentissimus 114.83 a. auditor

attentus 109.13 a. auditor per exordium;

114.68 a. auditor; 114.87 a. auditor per insinuationem; 228.03

attenuare 281.68

attenuata 323.28 a. figura orationis; 324.53; 326.39; 329.23 vitium confine a. figurae

attributum See also **persona** and **negotium** 175.69 eadem res in diversa attributa convertitur

auctor 315.74 auctorum exempla

auctoritas 147.23; 315.83

auctorizare 172.03

auditor 114.96 a. defessus; 123.57 narrandum esse secundum opinionem auditorum; 175.54 a. vs. orator, iudex; 224.72 tria genera auditorum: iudices, senatores, populus; 228.82 a. tardus; 229.11 a. attentos, dociles, benivolos; 230.68 a. offenduntur propter turpitudinem causae, si sit persuasus, defessus

Augustus 357.72

Aulis 307.51

Aurelia 360.62

Aureliani 343.66 ab Aurelio A.

Aurelius 343.66 ab A. Aureliani

authenticus 117.89

avarus 246.76

Avianus 359.32

Bacchanal 324.64

balneus 326.44

barbarismus 330.56

beneficium 199.28

benivolentia 111.88 b., attentio, docilitas; 112.17 b. a nostra persona; 113.38 b. a persona adversariorum; 115.14 b. insinuatur ab adversariorum persona; 115.99 b. insinuanda transmutatione; 222.11; 222.19 b. a persona auditoris; 223.28 b. ab ipsa re; 228.99; 230.60 quartus modus captandi benivolentiam; 233.59

benivolus 109.13 b. auditor per exordium; 114.87 b. auditor per insinuationem

bestiae 69.28 b. vs. homines

bestialitas 63.52

bibliotheca 318.80

bipertita 158.61 ratiocinatio b.

blasphemia 281.79

Boethius 51.40 B.: genus artis est facultas; 75.37 B. in quarto Topicorum: causa specialis/individua; 76.89 B. in quarto Topicorum: inventio = scientia; 144.35 B. in quarto Topicorum; 260.31; 341.01 B. De consolatione Philosophiae

Bois 316.07
bonitas 210.81 b. vs. contraria et eorum media
brachium 300.19
brevitas 125.24 b. in partitione
Brutus 359.42
brutus animal 131.14

cachinnum 297.05
cadere a causa 184.62; 205.07
Caelius 256.05 C. C.
Caepio 241.79
Caeres oppidum 189.10
caerimonium 189.08
Caesar 357.67
capitulum legis 207.90
capsa 85.09
captivus 274.49
caput querelae 237.62 constitutio vulgo caput querelae nominatur
carcer 316.05 emittatur a c. ad currendum
carmen 306.21 carmina poetarum in memoria retinenda
Cartago 274.46
Carthaginienses 159.94
Casilinenses 241.72; 212.48
Cassius 347.78 L. C.
casus 95.51; 135.22 c. attributum personae, locus argumenti; 136.59 c. vs. fortuna, loci argumenti; 196.23; 286.33
categoriae See **praedicamenta**
categoricus 90.76 c. syllogismus
Catilina 144.54; 325.94; 326.15; 349.25; 359.38
Cato 68.84
causa 51.58 causa sive hypothesis; 60.30 c. est animi impulsus ad aliquid agendum; 74.16 c. vs. quaestio; 74.18 c. secundum Hermagoram; 74.24 c. circumstantiis implicita; 79.12 c. est res quae habet in se controversiam ...; 80.68 c. vs. constitutio; 124.89 ad c. aperiendam prima species partitionis; 124.94 ad c. constituendam altera species partitionis; 130.69 c. attributum negotio, locus argumenti; 182.03 omnis c. thema est, sed non convertitur; 198.09 c. differant genere et forma; 245.45 probabile continet attributa personae et causam; 237.64
causa artis 57.47 c. est studium rhetoricae
causa privata 65.97
causa publica 65.96
causa simplex 78.03; 100.05 c.s. vs. causa coniuncta

Celsus 358.14
Ceres 343.67
Cethegus 325.95; 326.37; 348.95
character 310.39 notas, quae magis proprie characteres sive figurae nuncupantur; 324.72
Chares 321.78
Charinus 235.93
charta 252.51
Charybdis 232.17
choragium 357.71
Chrespontes 268.85
Cicero 343.44 C. magister eloquentiae
Cimber 307.46
cippus 240.46 soleae ligneae vulgo cippus vocantur
circuitio 110.76 principium sine c.; 344.75 c. (color)
circumstantia 52.72 quis, quid, ubi, quibus auxiliis, cur, quomodo, quando; 74.24 causa c. implicita; 122.38 prima c. est "quis"; 123.47 secunda c. est "quid"; 123.49 tertia c. est "cur"; 123.51 quarta c. "quibus auxiliis"; 123.52 quinta c. tempus; 123.53 sexta c. locus; 123.54 de septima c., modo, tacet; 128.16 c. quaedam particularia quae personis aut negotiis insunt; 128.17 c. septem sedes argumentorum; 128.31 c. res quae insunt ipsi personae aut negotio; 129.34 nec sine ipsis rhetorica quaestio staret; 129.44 c. efficere civilis quaestionis substantiam; 129.53 persona et negotium in causam venire non possunt nisi ex eorum c.; 130.71 c. ipsius negotii vs. adiuncta per relationem; 130.79 c. alterius negotii conferuntur; 139.49 c. "cur"; 139.55 c. "ubi"; 139.55 c. "quando"; 139.56 c. "quomodo"; 139.56 c. "quibus auxiliis"; 139.56 c. "quis"; 139.57 c. "cur"; 139.57 c. "quid"; 139.58 c. "quando"; 143.91 c. septem eius negotii in causa aut extrinseci; 144.39 c. praesentis negotii; 146.11 septem c., nunc ergo de octavo, consequens negotium; 179.83 c. "quibus auxiliis"
cistella 239.27
citharoedus 355.11
civilis ratio 70.05
civis Romanus 241.87; 275.66 erat maximum quid fieri c. R.
civitas 59.91 c. congregare ad iure vivendum; 60.54; 73.01; 211.05
Claudianus 347.66

84.93 c. constitutioni assignans tria tempora; 87.81 an c. constitutio sub deliberativo genere causarum; 174.45 constitutio c.; 174.51 idem esse constitutio, quaestio, iudicatio in c.; 180.41 divisiones argumentorum coniecturalium; 187.58 c. constitutio; 238.01; 243.37 praeter in coniecturali constitutione; 245.30 c. constitutio difficilior est ceteris; 248.31 modus ... eventus non connumeratur in c. constitutione; 251.38 c. constitutio; 326.17 c. constitutio (exemplum mediocris figurae)

coniuncta See also **causa simplex** 100.08 c. causa per disiunctionem vel comparationem

coniunctio 341.78 c. (color)

conquestio 169.94 c. species conclusionis; 171.64; 226.48; 325.91; 331.01; 333.42; 341.87; 342.11

consecutio 245.50 c. continet naturae indicium; 249.76 c. indicium naturae in consequentibus negotium

consequens[1] See **negotium: consequens negotium**

consequens[2] 90.68 c. concludit

consequentia 150.19 simplex conclusio c. necessaria

consilium 135.19 c. attributum personae, locus argumenti; 138.16 c. vs. causa ratiocinativa, locus argumenti; 138.27 c. vs. causa; 260.19 c. vs. senatus (publicum consilium)

consolatio 72.57; 224.78 c. non genus causae

constitutio 78.03; 80.57 c. vs. quaestio; 80.63 c. status principalis; 80.68 c. vs. causa; 81.89 c. vs. hypothesis et causa; 81.99 c. ex intentione et depulsione; 82.33 c. est conflictio ...; 83.49 nomina constitutionum; 84.97 c. vs. causa et quaestio; 86.48 c. quattuor sunt partes generis (causarum); 91.12 vis constitutionis; 102.66 c. principalis controversia; 103.09; 104.41 possunt esse in eadem causa plures constitutiones; 173.07 qui loci, quae argumenta singulis c. conveniant; 174.28 omnes c. in unumquodque genus communiter incidant; 236.45; 237.64; 238.84 numerus constitutionum

consuetudo 93.81 c. ius consuetudinarium; 226.23 plus est consuetudo quam usus

consul 239.19 c. suffectus; 255.46

consultare 192.17

consultatio 79.19 in deliberativis lis c. dicitur; 224.84 deliberativum in c.; 275.82

consultus iuris 103.94; 239.09; 239.33; 258.62

contentio 296.95; 332.24 c. (color); 353.63 c. vs. contrarium; 353.63 c. (color)

continens[1] See **negotium: continens cum negotio**

continens[2] 86.56 c. vs. contentum, de generali constitutione

continua oratio 106.06

continuatio 298.59 c. orationis; 319.96; 336.22 c. (color)

contio 79.19 in demonstrativis lis c. vocatur

contionator 279.23

contra scriptum 205.27

contrarium 145.84 c. in adiunctis negotio, locus argumenti; 145.86 sub contrario: contraria, privationem, habitum; 167.48 c. (argumentum); 335.89 c. vs. contentio; 335.89 c. (color); 336.25 continuatio in c.; 346.45; 352.18 quarto loco c. in sermocinatione (colore)

controversia 52.77 c. de iusto est causa iudicialis; 78.04 c. scripti an rationis; 79.17 c. lis ex intentione et depulsione cum rationibus; 79.21 c. triplex materia est artis rhetoricae / oratoris; 101.38 c. an in ratione an in scripto; 101.54 controversia ratiocinativa; 101.57 controversia definitiva

controversum 167.42 c. (argumentum)

convenientia 145.66 c. circumstantiarum

conversio 268.91 complexio per conversionem reprehendenda est; 332.05 c. (color); 332.06 c. vs. repetitio

copia dicendi 223.25 rhetorica vocatur c. d.

copia loquendi 55.31

copia rationum 116.41 dubitatio propter c. r.

cornutus 149.98 c. syllogismus

corpus 132.47 attributum corpori, attributum personae, locus argumenti

corpus causae 229.30

correctio 315.61; 340.47 c. (color); 337.75

Crassus 317.45

credibile 151.63 c. (pars probabilis) attributa personae continet; 152.77; 162.81 non credibile (modus reprehensionis); 162.98 modos reprehendendi credibile

crepitus 249.74

Crotoniatae 172.01

crudelis 113.43; 229.38; 263.22
cupiditas 289.39; 333.62
Curiates 193.31
Curius 324.64
Cybele 325.87; 356.44
Cynthia 325.88

Davus 235.97
de arte See ars
Decius 356.38
declamatio 295.41
Decumus 304.58
defensor 79.28; 126.71 confirmatio commune tam accusatori quam d.; 161.53 reprehensio tam accusatoris quam d.
defessus 231.04 si auditor d. (species insinuationis)
definitio 130.98 subiectum definitionis; 239.12 d. sub legitima constitutione; 339.35 d. (color); 339.36 d. vs. sententia; 347.85 d. (color)
definitiva 82.21 d. constitutio; 84.01 d. constitutio, quid res sit; 102.81 d. controversia vs. d. constitutio; 183.11 d. constitutio; 187.59; 192.01; 238.05 sub legitima d.; 238.89 d. constitutio = definitivus status; 254.44 d. constitutio
definitivus 192.99 d. status incidit
dehortatio 224.78 d. non genus causae
deliberare 200.59 d. duas significationes; 225.86 vis deliberandi in suasione et dissuasione; 274.41 diversos modos deliberandi
deliberativa 52.79 d. causa de utili; 73.78 d. causa; 73.95; 79.19 in d. causa lis consultatio dicitur; 84.94; 85.26; 86.43 d. non pars generalis constitutionis; 174.23 finis deliberationis utilitas; 198.97; 208.17 de locis et argumentis: genus deliberativum; 208.29 argumenta propria deliberativi generis; 224.67 See app. crit.: d. causa: finis est utile; 224.79 d. causa; 224.84; 244.08 quas causas accipere oportet, scilicet d.; 273.07; 283.48 locorum d. generis divisio; 326.16 d. genere causae (exemplum mediocris figurae)
deliberativum See deliberativa
deliberator 192.17
Demea 235.92
demonstratio 297.26 d. pars mollitudinis vocis; 361.80 (color)
demonstrativa 52.80 d. causa de honesto apud populum; 72.59 d. causa de materia

tollunt; 73.78 d. causa; 73.86 d. causa de laude et vituperatione; 75.41 d. causa esse non posse sine certa persona; 79.19 in d. causa lis contio vocatur; 84.94; 85.26; 86.43 d. non pars generalis constitutionis; 215.38 loci demonstrativi generis; 224.64 d. causa: finis est honestas; 224.79 d. causa; 244.07 quas causas recipere oportet, scilicet d.; 273.07; 285.20; 288.17 ordo in causa d.; 290.91 quae proprie ad causam d. pertinent; 326.41 d. genere (exemplum attenuatae figurae); 332.33 complexionem, traductionem, contentionem in d. plurimum valere
demonstrativum See demonstrativa
denominatio 343.65 d. (color)
De oratore 72.63 Tullius in libro De o.
deprecatio 83.45 constitutio est d. cum insimulatione coniuncta; 95.57 d. aperta / manifesta vel occulta / obliqua; 196.44 deprecatio alia recta, alia obliqua; 197.54; 238.94 d. = depulsio; 241.96 d. aperta, obliqua; 259.02 d. secunda species concessionis; 260.16 d. obliqua vs. aperta
deprecativa 212.33 causa d.
depulsio 103.11; 174.48; 225.88 in iudiciali ... intentio et d.
derogatio 253.98 d. vs. abrogatio
descendere 324.65 d. de gravi (figura) in mediocre, de mediocri in attenuatum
descriptio 348.23 d. (color)
desidia 113.56
desidiosus 230.53
desponsata 159.09 virginem appellabant antiqui aliquam antequam desponsata esset
deus 114.73 facta magnorum, sive hominum sive deorum
dialectica 107.01; 108.31 d. (Theodorico) subripiat fama; 128.03 in ratione disserendi loci: maximae propositiones + earum differentiae; 222.13 d. vs. rhetorica; 312.04
Diana 107.09; 307.53
dicere 322.98 d. vel in perorando vel in dictando
dictamen 319.91 cognoscuntur in d. colores rhetorici; 353.47
dictare 160.29; 223.43 perorandi vel dictandi subaudis; 274.31 duos iam dictatos libros; 317.28; 319.01 d. exempla ex arte; 322.98

Lydas 316.07
Lysippus 321.78

Macedones 343.68
magister 49.01 m. in scholis soli relinqui-
    mur: 49.06 dissimulando m.; 311.67;
    312.14 duabus de causis solent m. disci-
    pulos adhortari
magistratus 255.46
magnificentia 210.67
magnitudo 305.66 similitudo et nimia m.
    cognitionem confundit
magnitudo vocis 294.31
maiestas 183.21; 191.83 accusatur de dimi-
    nutione maiestatis
mala definitio 167.32 (in hoc loco d. dicitur
    argumentum)
malitiosus 113.43; 230.41
Malleolus 240.52
Mallia 357.69
Marius 357.84
Mars 307.29
Martianus 92.42; 92.47; 239.21
materia 49.15 m. artis rhetoricae; 51.56 m.
    cuiuslibet artis; 51.57 m. artis rhetoricae
    est hypothesis; 78.07 m. inventionis;
    78.36 m. vs. causa; 127.88 m. informis;
    221.02 m. artis rhetoricae
Mauri 356.64
maximae propositiones 128.07 m. p. prima
    probationum principia
Medea 266.16
mediocris 323.37 m. figura orationis;
    324.57; 326.12; 329.29 m. genus oratio-
    nis
medium 210.82 m. vs. bonitates et contraria
membrum 335.02 m. (color); 335.05 m. vs.
    repetitio
memoria 54.07; 244.09; 273.09; 301.53;
    301.59 m. sola natura comparari vs. m.
    natura et arte; 302.69 naturalis m.;
    302.71 artificiosa m.; 306.14 m. rerum
    vs. m. verborum; 308.64 artificiosa m. vs.
    naturalis m.; 308.74 m. tam rerum quam
    verborum; 308.79 habemus m. per novi-
    tatem vel admirationem; 311.86 m. ver-
    borum
memoriter 77.12
Menelaus 307.48
mercatura 133.68
meretrix 201.88
meridies 83.71 non licet causas agere post
    meridiem

metaphora 66.35; 316.09
metonomia 337.76 m. (color)
metrum 297.31 metrorum distinctionibus
Micio 235.93
militia 133.68
moderatio 77.14 m. vocis et corporis =
    pronuntiatio
modestia 210.79; 278.69
modestus 282.97
modius 239.24
modus 130.68 m. attributum negotio, locus
    argumenti; 141.38 m. pars in gestione
    negotii, locus argumenti; 141.38 m. divi-
    ditur per prudentiam et imprudentiam;
    153.23 m. argumenti; 248.30 m. non
    connumeratur in const. coniecturali
modus naturae 209.57 m. n. per vitium
    exceditur
modus reprehendendi 161.57 primus m. r.:
    reprehendere sumpta; 161.64 secundus
    m. r.: reprehendere conclusionem;
    161.66 tertius m. r.: reprehendere genus
    argumenti; 162.73 quartus m. r.: aeque
    firma aut firmior ratio
modus tractandi 127.78 duo m. t., unus
    distincte, alius communiter loci
mollitudo 294.32; 297.11 m. in tres partes:
    sermo, contentio, amplificatio
moralis 74.17 m. quaestio
mors 134.89; 285.11 mors vs. infamia
mos 133.59
mos hominum 190.49 consuetudinaria iusti-
    tia m. h.
motus corporis 299.87
movere 53.99 m. auditores; 106.97 prooe-
    mium et peroratio movent; 236.47 per
    exordium movemus auditores
Mucius 256.07 P. M.
mutatio 232.30 litterarum m.
Myro 321.80

narratio 82.11; 118.12; 119.21 species tres
    narrationum; 120.61 nomina n. proprie
    sunt rerum quae narrantur; 120.79 quo-
    modo fieri debeat: brevis, aperta, probabi-
    lis; 121.11 ordo narrandi secundum se-
    riem rei, ordinem temporis; 121.97 in
    narratione falsa brevitas; 122.19 n. aperta;
    122.32 n. probabilis; 123.64 servanda in
    narratione (virtutes n. vs. vitia n.); 123.65
    non in omni causa narrandum esse;
    123.66 n. aliquando ante argumenta,
    aliquando post, alibi; 226.30; 226.42;

234.76 n. oratoria, n. poetica; 235.05 n. brevis, aperta id est dilucida, probabilis; 245.36 debent esse argumenta narrationi adinmixta; 284.65 n. brevis, aperta, probabilis; 288.94; 292.28 n. secundo loco; 295.54; 297.03; 298.43

natio 131.27; 132.38 n. attributum personae, locus argumenti

natura 131.07 n. appellat naturalia; 294.25 figura vocis profecta a n., arte, studio

naturalis 74.13 n. quaestiones tractare per rhetoricam; 131.07 naturalia, locus argumenti; 131.19 naturalia tripliciter: ex animo, corpore, extrinsecis

necessarium 77.03 n. argumentum vocat veras res; 149.93 n. argumentum dividit per modos

necessitas 95.51 n. in purgatione (parte concessionis); 196.23; 241.92

necessitudo 214.15

Necius 241.77

negatio 341.99 commutatio per n.

neglegens 113.56; 282.96 dissolute neglegens

neglegentia 108.33 n. in studio (Theodorico) inculcat

negotialis 92.31 n. constitutio pars generalis, de futuro; 98.63 n. constitutio sine divisione; 189.20 n. constitutio; 238.05 sub legitima n.; 238.88 n. constitutio = ratiocinativus status; 240.54 eadem cum ratiocinatione; 240.61; 255.68 n. constitutione sive ratiocinativa

negotium 128.31 n. dictum vel factum personae, propter quod in causam devocatur; 129.62 attributa negotio, locus argumenti; 133.67 n. attributum personae; 137.91 continens cum negotio, attributum negotio, locus argumenti; 137.91 quattuor genera attributorum negotio; 137.91 continens cum negotio, locus argumenti; 137.92 in gestione negotii, attributum negotio, locus argumenti; 137.92 consequens negotium, attributum negotio, locus argumenti; 137.92 adiunctum negotio, attributum negotio, locus argumenti; 137.92 adiunctum negotio; 137.92 in gestione negotii; 137.92 consequens negotium; 137.98 summa negotii, pars continentium cum n.; 137.99 causa negotii, pars continentium cum n.; 137.99 triplex administratio negotii, pars continentium cum n.; 138.22

attributum negotio vs. attributum personae; 138.34 administratio negotii ... dividitur in tria; 138.36 administratio n.: praeparatio, dum fit, exitus; 139.54 in gestione negotii; 139.69 circumstantiae n. adiacent ipsi negotio, sed alterum alteri; 143.89 adiunctum negotio, attributum negotio; 146.13 consequens negotium; 152.65 continentia cum negotio: signum; 152.65 in gestione negotii: signum; 152.67 adiuncta negotio: comparabile; 152.68 consequentia negotium: iudicatum; 178.74 quattuor genera attributorum negotio; 245.46 collatio continet adiuncta negotio; 245.48 signum continetur in gestione negotii; 247.04 adiuncta negotio sub collatione; 248.52 differentia inter attributa personae et n.; 249.63 a gestione negotii, a triplici administratione negotii

nequam 287.70

nomen 129.64 n. attributum personae, locus argumenti; 130.91 n. personae, locus argumenti; 131.01 n. proprium vs. agnomen, cognomen; 185.99 n. extra ordinem acciperetur; 186.13 accipere n. extra ordinem; 192.95 sine certo nomine maleficii potest accusatio fieri; 221.03 n. artis rhetoricae: quare etiam rhetorica vocetur; 236.25 n. mobile

nomen artis 49.16 n. a. rhetoricae; 55.31 ars dicitur rhetorica a copia loquendi

nominatio 343.52 n. (color); 345.13 n. vs. abusio

non concessum 166.25 n. c. (argumentum) ; 167.41

nota 310.38 in memoria retinenda notas; 310.52 innumerabiles notas

notatio 356.58 n. (color)

Numantini 340.68

numerus 144.52 n. in adiunctis negotio

Numitor 307.36

Numitorius 197.53 N. Pullus

nuptiae 61.79

nutritura 133.73

obliqua 96.63 o. deprecatio apud omnes

obscuritas 330.52

obscurum genus 110.61 o. g. causae; 227.78

obstringere 204.74 capitula, quibus obstringuntur (iudices) ad agendum causas

occasio 130.69 o. attributum negotio, locus argumenti; 141.21 o. pars in gestione negotii, locus argumenti; 141.29 o. vs.

tempus; 141.35 o. tempus publicum, commune, privatim; 248.28 o. vs. tempus

occulta 115.15 o. detractatio

occupatio 340.53 o. (color)

oda 228.89

offensio 233.41

offensum 167.44 o. (argumentum)

officiosus 131.31; 290.61

officium 75.52 o. oratoris vs. philosophi; 112.19; 210.66; 223.47 o. oratoris; 226.25 o. oratoris in hoc loco vocantur partes artis; 229.27; 277.47 o. vs. virtus

officium artis 49.15 o. a. rhetoricae; 53.84 o. a. cuiuslibet; 53.85 o. a. rhetoricae; 53.97 o. a. vs. intentio artis sive oratoris; 71.28; 77.23; 221.02 o. artis rhetoricae; 244.08

operarius 226.18; 300.03 o. id est fossores vinearum

Opilius 197.53 O. (MS B, in app. crit.)

Opimius 197.54 L. Opimius

opinio 256.87 naturale ius est quod nobis non opinio, sed innata vis inseruit

opportunitas 141.31 o. temporis, occasio

oppositum 146.87 o. tamquam affirmatio et negatio

oraculum 170.45

oratio 54.21 o. rhetorica est instrumentum artis rhetoricae; 106.94; 324.74 o. non vitiosa: dictionum constructio competenter ordinata

orator 51.58; 54.08; 54.27 o. vs. rhetor; 107.11 o. te (famam) summum bonum reputant; 131.15 o. communem locum ex naturalibus trahit; 175.54 orator vs. auditor, iudex; 224.79 tria genera causarum ... recipere debet orator; 229.29 bonus o.; 329.43 o. vs. auctores; 350.76 virtus oratoris

oratorius 155.74 philosophicus usus inductionis et oratorius

ordinatio 304.42 recta o. (in memoria artificiosa); 330.58 o. incongrua; 330.64 o. recta

ordo 82.04 o. inventionis; 105.72; 225.99

ordo tractatus 225.91

origo rhetoricae 60.36 o. r. ex arte, studio, exercitatione, natura

ornatus 77.09; 124.22 o. verborum et sententiarum extraneus in partitione; 223.27 o. verborum et sententiarum; 323.35 o. orationis vel ornata locutio; 331.79 o. verborum et sententiarum; 332.26 alia est

verborum o. alia sententiarum; 346.61 o. sententiarum

oscitari 348.99

ostensio 112.31 o. adversitatis

ostentum 170.46

Ovidius 132.39; 132.45; 298.60; 322.90; 334.80; 334.84; 350.76; 356.45 O. Fastorum; 359.35 O. Metamorphoseon

pactum 190.34 p. species iustitiae consuetudinariae; 276.03

Pacuvius 271.69

Palamedes 262.84

Pallas 325.87

palliare 316.01

Pamphilus 235.93

par 190.40 p. species iustitiae consuetudinariae; 276.01 p. ius talionis; 276.99 p. pars iuris consuetudinarii

parabola 346.44; 353.68 p. (color)

paradigma 353.69 p. (color)

Paris 153.13; 342.37

parricidium 185.05; 240.46

pars causae 105.53

pars orationis 78.06; 105.79; 106.11 p. o. species an totius; 173.03; 223.47; 226.33 sex p. o.; 273.14 sex p. o.

partes artis 49.16 p. a. rhetoricae; 53.02; 77.18; 221.02; 223.48; 225.94; 226.25 officia oratoris vocantur partes artis; 244.08

partes causae 78.05; 125.24 p. c. quod in principio, medio, fine tractatur

particulatim 123.71 narrationem particulatim argumentis immiscendam, ut ipsa leniant ...

partitio 82.11; 124.75; 124.79 effectus p. oratio illustris, perspicua; 124.81 p. distributio eorum quae in narratione ponuntur; 124.87 species p.: distributio et enumeratio; 226.38 p.: divisio, distributio; 236.29; 237.48; 284.66; 288.01; 292.28 p. tertio loco

passus 248.36 p. substantivum 4. decl. vel adiectivum et est a "patior, pateris"

patria 131.28; 132.43 p. attributum personae, locus argumenti

paucitas 125.33 p. in partitione; 125.36 p. in generibus sine admixtione specierum

Paulus 185.87 P. in Libris institutionum; 186.23

paupertas 289.55

peculatus 240.38

scientia 50.28; 51.42 s. ars vel facultas; 75.65 potens in omnibus scientiis; 134.99 s. vs. ars; 271.75; 309.11 a natura scientiae principium est

Scipio 144.53; 274.58; 344.76

scriptor 101.49 de voluntate scriptoris; 202.11; 205.24 sententiam et voluntatem s.; 317.25 artium s.; 321.75; 323.28

scriptum 101.41 s. lex vel senatus consultum vel testamentum; 200.72 ratio scriptionis appellat aliquod s; 239.11 s. et sententiam sub legitima; 251.46 de s. et sententia

sculptura 321.85

scurra 327.59

sectator 107.11 quidam ex s. meis (famam) summum bonum reputant

semis 239.24

senator 198.98; 224.73 ante s. deliberativum genus tractatur; 279.24

senatus 276.06 s. decretum; 347.77 s. ex suo proprio officio facere debeat

Seneca 222.16; 280.52

sensus 294.12 quaedam per verba demonstrari posse et nullis s.

sententia 104.22 s. duplex: cum vel sine ratione; 251.47 de scripto et s.; 252.66 a s. vs. scripto; 319.93; 334.69 s. (color); 334.72 s. simplex, cum vs. sine ratione; 336.24 continuatio in s.; 351.15 s. in rationis confirmatione in sermocinatione (colore); 352.16 s. simplex vs. duplex, cum vs. sine ratione (color)

sententiosus 117.72

separatum 118.02 s. vitium prooemii

sermo 296.89 s. humilis pronuntiatio; 297.18 s. pars vocis mollitudinis: utamur in dignitate; 324.81 s. purus

sermocinatio 351.95 s. (color); 358.04; 358.06 s. vs. notatio

serpens 240.49

servitus 133.82

sexus 132.35 s. attributum personae, locus argumenti

sibilus 295.62

sicarius 186.34; 328.97

Sidonius 325.85; 333.37

significatio 359.49 s. (color); 359.50 s. vs. diminutio; 360.52 s. vs. praecisio; 360.54 s. vs. permutatio

signum 152.64 s. (pars probabilis) continentia cum negotio et in gestione negotii; 152.72; 163.14 modi reprehendendi signum; 245.48 s. continetur in gestione negotii; 247.22; 248.46 signa concurrunt:

locus, tempus, occasio; 251.25

Silvia 307.38

simia 240.48

similiter cadens 322.15; 330.71 s. c. (color); 337.59

similiter desinens 337.65 s. d. (color); 337.66 s. d. vs. similiter cadens, compar

similitudo 145.72 s. in adiunctis negotio, locus argumenti; 145.79 s.: imago, collatio, exemplum; 232.32; 353.67 s. (color); 353.68 tres species s.: collatio, exemplum, imago; 353.71 s. causa ornandi, probandi, apertius dicendi, ante oculos ponendi; 354.78 similitudinis assignatio per contrarium

simultas 251.32 s. id est minis ... vel adulatione

Sisonii 316.08

socius 275.67 recipere s. in civitatem

Socrates 155.54

sodalicium 357.77

soloecismus 330.55

sonoritas 117.79 splendor: sonoritas

specialis causa 73.91 s. c. sine certa persona; 74.26 s. c. vs. individua causa; 75.38

species 49.16 s. artis rhetoricae; 54.09 s. artis sunt genera causarum; 90.83 s. generum causarum; 126.41 s. non est cum genere in partitione ponenda; 131.09 genera, s., differentiae substantiales, propria, accidentia; 221.02 s. artis rhetoricae

speculativa 59.06 ad sp. pertinet cognitio rationis; 61.76

stadium 316.97

Statius 132.47; 132.49; 358.98

status 80.52; 80.62 s. principalis vs. s. incidens; 101.35 s. in scripto

status legales 238.07 sub legitima quinque legales status

sternutatio 116.58

stilus 323.49 alto stilo scribere (in gravi figura orationis); 324.71; 329.35 alto stilo scribere incipiunt, ad mediocre vel humile descendunt

stipulatio 251.50

studium 76.71 s. est animi applicatio cum magna voluntate; 134.12 s. attributum personae, locus argumenti; 271.75; 294.26 figura vocis profecta a natura, arte et s.

stultitia 232.22

suasio 224.85 s. vs. dissuasio (in deliberativo genere)

subiectio 338.13 s. (color); 338.15 s. vs.

ratiocinatione
subplaudere 300.22
subscribere 185.95 s. nomen est accusatio-
    nem in scripto ponere nominatim
substantialis 109.29 s. qualitas, genera tria
    causarum
Suetonius 357.66
suffragari 254.47
suffulta oratio 327.67 s. o. vicina gravi
    figurae
summa 130.77 s. negotii, attributum negotio,
    locus argumenti
summum bonum 107.11 s. b. famam
superbia 229.37
superbus 113.43
superlatio 344.86 s. (color); 344.99
supplicatio 112.34 s. continet precem et
    obsecrationem
syllaba 336.53 numerus syllabarum
syllogismus 88.17; 149.98 cornutus s.;
    150.12 s. = enumeratio; 154.35 s. =
    ratiocinatio; 156.09; 157.19 (numerus
    partium) syllogismi; 157.24 s. quinque-
    pertitus,   quadripertitus,   tripertitus;
    158.51 probationem esse partem s.;
    255.73 status ratiocinativus etiam s. nun-
    cupatur
synecdoche 344.99
Syphax 197.53

tabulae decem 235.16
Tarentini 172.07
temerarius 282.05
tempus 83.71 non in omni t. licet causas
    agere; 130.68 t. attributum negotio, locus
    argumenti; 140.94 t. in gestione negotii,
    locus argumenti; 140.98 generalem t.
    definitionem difficillimum; 248.27 t. vs.
    occasio
Terentius 120.50; 126.58; 133.75; 358.96
terminus 280.58 unicuique rei naturalem
    terminum esse constitutum
testamentum 188.87; 200.73
testes 250.94 loci communes, commen-
    dando vel vituperando t.
testimonium 146.16 t. personae, consequens
    negotium, locus argumenti; 317.50 t. vs.
    exemplum
testis 314.41 sicut per t. confirmatio, sic per
    exempla artis praeceptio
theatrum 327.55
Thebani 191.65
thema 100.98; 182.01; 275.76; 304.50 th.
    multiplex; 329.19

Theodoricus (= Theodericus in some MSS)
    49.09; 107.16 Theodoricus Brito; 108.24
    Th. fama accusat
theologus 131.14
theorica 61.76
thesaurus 325.06
thesis 51.46 logica circa thesim solam;
    74.09; 74.11 vis th.; 74.32 descriptio th.;
    75.48; 75.61 difficultas th.; 129.41
tibia 344.90 t. quaedam instrumenta quae in
    nuptiis adhibentur
tolerantia 230.55
tractatus 78.08 t. inventionis
traductio 332.14 t. (color)
tragoedia 297.23 recitatores t.
Transalpini 344.95 See also **Galli**
transgressio 344.77 t. (color)
transiectio 331.72; 344.81 t. (color) species
    transgressionis
transitio 338.91 verborum t.; 339.43 t. (co-
    lor)
translatio 239.13 t. sub legitima constitu-
    tione; 239.32; 325.89; 330.68 competen-
    tem t.; 341.88; 343.39 t. (color); 345.16
translativa 82.25 actionis quaestio = t.
    constitutio; 99.74 inventor t. constitutio-
    nis; 99.78 t. constitutio; 99.82 t. constitu-
    tio vs. remotio criminis; 99.85 t. non
    constitutio est, sed species depulsionis;
    184.51 t. constitutio; 187.59; 198.88 t.
    constitutio vs. assumptiva, de ratione
    poenae; 238.06 sub legitima t.; 255.58 t.
    constitutio; 345.08
translatum 118.05 t. vitium prooemii
transmutatio 115.01 t. rei et personae, pers.
    pro pers., res pro re
transsumptio 75.49 oratorem uti t. quando
    thesim inducit
Traso 358.96
tricaria 230.46 factionem quod vulgo "t."
    dicitur
tricator 270.37
triclinium 357.78
triens 239.25
tripertitus See **syllogismus**
Triptolemus 321.66
triumphus 359.39
Troia 215.26; 323.51
tropheum 359.38
Turnus 233.34
Turoni 233.35
turpe 114.94 t. est pro quo agitur; 167.44 t.
    (argumentum)
turpe genus 227.67